阿坝金石录

陈学志　范永刚　邓　勇　李　俊　李勤学　编著

科学出版社

北京

内 容 简 介

本书系统收录阿坝州境内存世碑刻资料和文献碑文资料共计257通。其中存世碑刻192通，分为摩崖题记题刻、御碑、乡规民约碑、布告碑、德政碑、功德碑、家谱碑及墓碑、墓志铭及买地券、其他等9小类，其中多数是第一次对外公布的；文献碑文65通，分别摘录于清同治《理番厅志》、乾隆《保县志》、道光《绥靖屯志》、道光《茂州志》，中华民国《汶川县志》、《松潘县志》、《南坪乡土志》，新编《南坪县志》等文献。本书是一本能从各个方面反映阿坝州历史文化的专业书籍，对阿坝州的历史、文化、民族、宗教、军事、交通、边疆史等若干重大问题，以及社会基层民众的历史活动的研究，都可提供宝贵的第一手史料。

本书可供从事民族史、边疆史的研究人员参考，也可供对四川地方志、阿坝州历史等感兴趣的读者阅读使用。

图书在版编目(CIP)数据

阿坝金石录 / 陈学志等编著. —北京：科学出版社，2019.9
ISBN 978-7-03-062183-2

Ⅰ. ①阿… Ⅱ. ①陈… Ⅲ. ①碑刻－汇编－阿坝藏族羌族自治州 Ⅳ. ①K877.42

中国版本图书馆 CIP 数据核字(2019)第 182306 号

责任编辑：张　展　叶苏苏 / 责任校对：杨聪敏
责任印制：罗　科 / 封面设计：墨创文化

科 学 出 版 社 出版
北京东黄城根北街16号
邮政编码：100717
http://www.sciencep.com

四川煤田地质制图印刷厂 印刷
科学出版社发行　各地新华书店经销
*

2019年9月第 一 版　开本：890×1240　1/16
2019年9月第一次印刷　印张：31 1/4　插页：16
字数：800 000

定价：399.00元
（如有印装质量问题，我社负责调换）

阿坝州社会科学事业专项资金资助项目出版说明

阿坝州社会科学事业专项资金资助项目旨在鼓励广大社科研究者潜心治学，扶持基础研究的优秀成果。他是经过严格评审，从业已完成的科研成果中遴选确定的。为扩大社科资金资助项目的影响，更好地推动学术发展，促进成果转化，州社科联按照"统一标识、统一板式、符合主题、封面各异"的总体要求，组织出版阿坝州社科资金资助项目。

阿坝州社会科学界联合会

序

霍 巍

四川大学历史文化学院院长　四川大学藏学研究所所长

四川大学博物馆馆长，教授、博士生导师、长江学者

阿坝藏族羌族自治州（简称阿坝州）文物考古工作者陈学志先生等所编著《阿坝金石录》一书出版在即，陈学志先生嘱我为此书作序。我对于这部内容博大精深的著作涉之甚浅，本来是断无此资格来此"狗尾续貂"的，但我和陈学志先生是多年的老友，实在是盛情难却，只得仓促应命。不过，能够先睹为快，并借此机会谈谈我的一些读后感，也是非常幸运的一件事情。

陈学志先生是四川省文物工作战线上一位长期坚守在民族地区从事文物考古工作的资深专家，他的大半辈子都是在阿坝州的山山水水中度过的。这个区域内许多重要的文物考古工作都是由他主持或者作为主研人员参加的，如对岷江上游石棺葬文化的研究、阿坝州境内藏羌文化遗产的调查与研究、红军长征过阿坝史事的调查研究等，他都做出了重要的贡献。这些工作也为理清阿坝州境内文物考古的"家底"、建立不同时代考古学文化的谱系、认识这一区域内多民族文化和谐共存和相互依托共生的历史面貌，奠定了坚实的基础。

陈学志先生一方面承担着州内文物行政管理工作的重任，另一方面却始终不改其学者本性，对于学术研究孜孜不倦、乐此不疲。他曾经撰写过许多重要的论著，其中，由他参与编写的《中国西南地区石棺葬文化调查与发现（1938—2008）》（四川大学出版社，2009年）、《红军长征过阿坝革命遗迹荟萃》（四川出版集团·四川科学技术出版社，2007年）等著作，都成为这一研究领域不可不读的重要参考书，给我留下的印象十分深刻。

今天，他又将这部新著《阿坝金石录》摆在了我们面前，我不能不为他的勤奋和努力所感动。这部著作系统地收录了阿坝州境内现存的碑刻资料，按照摩崖题记题刻、御碑、乡规民约碑、布告碑、德政碑、功德碑、家谱碑及墓碑、墓志铭及买地券、其他等分类方式加以编排，在每一通碑刻文字的篇末，他都进行了校注，花费了大量心血。此外，书中还对实物不存、文献有载的部分碑文分别从《理番厅志》《保县志》《绥靖屯志》《茂州志》《汶川县志》《松潘县志》《南坪乡土志》《南坪县志》等明清至中华民国等不同时代的相关地方志中加以辑录，与实物碑刻互为补充，形成一部具有重要价值的历史文献，对于我国边疆民族历史研究无疑具有重要的学术意义。

对于这部著作所蕴藏的巨大历史信息不断加以深化认识，从中发现若干具有重大研究意义的题

材，从而感悟其宝贵的史料价值和历史意义，可能会是一个长期的过程。但是即使如此，从这部著作中我们仍然可以发现，它所载录的许多重要碑刻对于我们研究自隋唐至明清、中华民国时期以来的边疆史地若干重大问题，都是第一手的资料。

例如，开篇辑录的理县朴头山隋代开皇九年（589年）《通道记》摩崖石刻，记载了自三国时代蜀国大将军姜维以来这条"公私往还"的官道年久失修、道路荒废，致使路人不得不"并由山上"行路，造成"人疲马乏、筋力顿尽"的情形，也描述了隋代开府仪同三司、总管二州五镇诸军事、会州刺史、永安郡开国公姜须达，司户参军事元博文等在开皇九年"开山伐木""遂治旧道"的历史功绩，是隋唐时期益州与边地之间交通道路治理的一通重要碑刻，对于我们认识当时的道路走向、交通管理与治理体制等问题都极有价值。南北朝时期，由于西至关陇、东至黄河中下游地区皆为北朝所控，西域与南朝之间的交通多利用所谓"河南道"，而理县所在的岷山、松州一线应是这条道路的重要路段，所以对于三国时代姜维以来直到隋代初年对其的利用与修葺、整治，这通摩崖石刻都提供了直接的证据。著名的茂县叠溪点将台佛教摩崖造像当中，也有唐代贞观年间往来此间的军政官员为皇帝和众生祈福造像的题记铭刻，表明唐代这条交通路线也是官方通行的"官道"之一，成为联结中原和西南边疆的咽喉之所。《通典》卷一七六"茂州通化郡"条下述其至唐代两京道里，曾记载有"东北取临翼（翼州），交川（松州）两郡，去东（西）京二千三百六十四里。南取蜀路，去东京三千五百五十里"等语，但对其间的关隘、路口等交通节点语焉不详，该书所披露的考古实物材料，可以在很大程度上丰富人们的历史地理认识。

又如，该书所收录的碑刻当中，还有不少涉及唐代与吐蕃之间的交通、战事，这也是十分珍贵的考古实物资料。众所周知，自唐代中后期"安史之乱"后，吐蕃与唐帝国争夺集中在两个方向，一是西域和西北，二是西南，而后者则主要围绕唐之剑南西川、南诏等地展开。从某种意义而论，正是唐王朝在西南战场上取得的胜利，才使得双方在力量对比上发生了颠覆性的变化，吐蕃的军事实力遭到巨大削弱，从而决定了唐蕃双方长庆会盟的成功。所以，剑南西川在这个时期地位显著，益州既是唐王朝的西南重镇，在政治、军事、宗教等各个方面都成为唐蕃交涉的中枢之地与前沿，也是中原王朝与吐蕃之间最为重要的一道屏障。现存于理县朴头山的《唐代战事碑》为唐代开元十五年（727年）所刻，虽然文字不长，但却反映了唐代边将与吐蕃将领侯坝、羌人董敦义等之间的战事片段，对于了解唐代中后期的唐蕃关系与战争史迹都弥足珍贵。

再如，发生在这一地区的清代乾隆时期平定大小金川之役，前后两次，断续近十年，耗银七千万两之巨，直接影响到清王朝政权的兴衰，而相关的史迹也在该书所收录的碑刻材料中有所反映，其中以"御碑"为题收录的七通清代碑刻，均刻写于清代乾隆时期，时代从乾隆十四年（1749年）到乾隆四十一年（1776年），真实而详尽地记录了此间平定大小金川的史事，成为研究这段历史不可或缺的史料。

除了这些重大历史事件之外，书中收录的其他一些平时并不为人所知的碑刻材料，也具有其特殊的意义和价值。例如，书中的碑刻中有对此地清代至中华民国时期诸多乡规民约的记录，内容涉及护林、婚姻、用水、水磨使用、茶园管理等诸多方面，成为了解民间基层社会生活宝贵的史料。

此外，明代、清代和中华民国中央政府在藏族、羌族地区实施管理所颁布的一系列文告，在该书中也以"布告碑"的形式系统收录，反映出中央政府和地方政府对民族地区实施管理的若干政策和具体实施举措。涉及家族及个人的家谱、墓碑、墓志铭、买地券等类石刻材料，更是从细致入微的角度和层面提供给我们深入了解这个多民族聚居区内社会基层和民众个体生活不可多得的信息来源。

综上所述，我们可以看到，陈学志先生经过多年的精心收集、记录并加以细心点校的这部新著，既涉及宏大的历史事件，又包括了细微的民间百态，其内容的丰富程度是令人感到震撼的。他对书中碑刻材料所做的校注工作，也倾注了他大量的心血，反映出他扎实的文献学和文史功底。毋庸讳言，虽然书中在材料的分类、具体名物的考订上还存在或多或少的不足之处，但这并不影响此书总体的史料价值和编写者的学术水平，该书可以说是近年来四川地方史志最具特色、最具学术价值的力作之一。我衷心地祝贺此书能够正式出版，惠之于学术界和社会大众，也衷心地祝愿陈学志先生在他所追求的学术道路上畅行通远，不断前行！

是为序。

同心联袂兄弟篇
——贺《阿坝金石录》出版

刘 弘

凉山彝族自治州博物馆原馆长 研究馆员

四川师范大学巴蜀文化研究中心 教授

当阿坝州文物管理所陈学志所长将编辑完成的《阿坝金石录》书稿发到我的QQ上时，我想起了我和他的一个约定，也想起了一首老歌的开头："多年以前，多年前……"

的确是在多年以前，我与学志老弟约定，将我俩工作的凉山和阿坝两个民族自治地区的历史碑刻搜集起来，编纂成集正式出版，为两个州的文物事业做一件实实在在的事，并约定由我和我领导的凉山彝族自治州（简称凉山州）博物馆负责凉山州的碑刻，学志和他领导的阿坝州文物管理所负责阿坝州的碑刻。从此，这项工作便在四川边地的两个民族自治州默默地开展起来。

遵照约定，2011年，凉山彝族自治州博物馆完成并正式出版了《凉山历史碑刻注评》。今天，经历了2008年"5·12"汶川大地震的阿坝州文物管理所编辑的《阿坝金石录》书稿也已经完成，且出版在即。这两本由两个民族地区兄弟单位相约编辑出版的同一类型的书，按世上常使用的称呼，往往会称为"姊妹篇"。但我们都是堂堂七尺男子汉，将我们的作品叫作"姊妹篇"总觉得有些不适宜。因此，我觉得称之为"兄弟篇"更为妥帖，学志老弟与我同感，也觉得还是阳刚些为佳。

《凉山历史碑刻注评》和《阿坝金石录》这两本兄弟篇虽然由两个文博单位各自调查、搜集、编辑、注释、出版，分别收集的是凉山州和阿坝州境内的历史碑刻资料，内容是两个地区各自的历史与文化，研究工作也都是独自完成的，但我觉得它们的完成得力于两家单位的四个共同信念，即信、韧、勇、勤。

所谓信，即重然诺、守信义。编辑出版这两本书的缘起是我与学志老弟多年前的一次约定，我俩都是长期在四川民族地区基层文博单位工作的文博工作者，对文博事业拥有相同的热爱，拥有相同的事业心和责任感，这是我们相约做这件事的基础。但这项工作既不是上级给我们下达的任务，也不是申请的某级社科基金课题，更没有任何外界的压力要求我们必须这样做，守约成了我们两个单位完成这项工作的精神支撑，这种看起来有点"江湖"的行为的的确确地推动了我们的工作。

所谓韧，即坚韧。我们两家编辑这两本书都经历了很长的时间，没有一股韧劲是无法将这项需

要花费很长时间的工作完成的。需要指出的是，在完成这两部书的过程中，我们都还有许许多多的事要做，仅规模宏大耗时需以年计的就有第三次全国文物普查、四川省馆藏文物登记、第一次全国可移动文物普查。特别是阿坝州的同行们还遭遇了2008年"5·12"汶川大地震，承担了抗震救灾、抢救文物的繁重任务。论小的则有基层文博单位难以枚举的各类琐事，但这些工作都没有影响我们对历史碑刻的调查、搜集、编辑、研究工作的进行，大家一如既往地坚持将这项工作进行下去，直至取得今天的成果。调查和搜集历史碑刻和摩崖石刻，必须摈弃一蹴而就和浅尝辄止，需要进行月复一月、年复一年持之以恒的努力，没有一股"咬定石根不放松"的精神，此事碍难成功，这是我们的感受，也是我们的经验。

所谓勇，即勇气。阿坝和凉山都处于四川的高山地区，境内山岩险峻，河流湍急，交通不便，道路艰险，许多碑刻题记散落在荒郊野外之中，矗立在高山悬崖之上，隐翳在丛莽野草之间，埋藏在荒冢遗址之下，在阿坝和凉山从事碑刻的田野调查绝对是一项需要勇气的工作。登高山、下幽谷、爬悬崖、钻深洞、探荒冢、觅古寺、顶烈日、冒风霜、人行羊肠道、车驱乱石路是必做的功课，没有吃苦耐劳的精神，没有克服诸般困难的勇气，想轻轻松松地就做成这件事是绝对不可能的。

所谓勤，即勤奋。完成《凉山历史碑刻注评》和《阿坝金石录》这两本书，调查、记录、测绘、搜集、拓片、照相、识读、注释，一个步骤需付出十分的勤奋，十个步骤则需付出百分的勤奋。野外调查要勤，室内整理要勤，足要勤，手要勤，眼要勤，心更要勤，所谓"业精于勤，荒于嬉"，我们两家是最有感受的。

《阿坝金石录》的价值是必须要谈的，该书搜集的全部碑刻和摩崖石刻包含了十分丰富的历史信息，特别是占重要部分的乡规民约碑、告示碑、功德碑和墓碑，是我们研究社会基层历史弥足珍贵的史料。

我同意这样一个观点，人类在历史上的活动分为三个层面，上面的层面乃统治阶级的历史活动，下面的层面为基层民众的历史活动，中间的层面则由上下两个层面的交集所构成。

历史文献是历史的文字记录形式，因为历史分成了三个层面，记载历史的文献也就自然分成了三个部分。中国的历史文献包括书籍、碑刻、题记、甲骨、铭文、简牍、帛书等，碑刻和题记是其中的重要组成部分，我认为《阿坝金石录》虽然收集的是阿坝州境内的碑刻与题记，却包含了这三个层面的内容。

第一部分是记载上层历史的文献，即所谓的"正史"。翻开"正史"，我们看到记载的是朝代更替、帝王世系、皇子后妃、重臣名将、礼仪祭祀、官制兵制、建制沿革、开疆拓土、攻城略地、天文历法、舆服食货、儒林文苑、佞臣酷吏、夷王豪酋、土司千户的内容，《阿坝金石录》搜集的《理县朴头山战事碑记》和《御制平定两金川告成太学碑》等题记与碑刻都属于这个内容。

第二部分是许多修史者不屑于记录的下层民众的历史，历史碑刻却将这部分历史记载了下来。还是以《阿坝金石录》为例，这些内容被记载在护林碑、兴修水利碑、修路建桥碑、乡规民约碑、市场管理碑、祠堂族规碑、家族墓碑、修建庙宇碑中，它们真实准确地记录了各历史时期下层社会民众的活动，记录了下层民众自发保护生态完整，维护社会稳定的行为。正是这些自觉的行为有效

地维系和保护了基层民众赖以生存的自然生态和社会生态环境，并满足了下层民众的精神需求，方才保证了社会的稳定和运行，无论上层社会如何"城头变幻大王旗"，下层社会都会顽强地依照自身的运动轨迹运行。因此对护林碑、兴修水利碑、修路建桥碑、乡规民约碑、祠堂族规碑、家族墓碑的研究可能更为重要，它们的价值可能更高，但往往被人们所忽视。

第三部分则是上下两个层面发生交集的历史。基层民众与上层统治阶级发生联系的主要中介一般是逐级设置的地方政权机构，无论善恶，它们与基层民众的关系最为密切，这种关系就构成了历史的第三个组成部分。从碑刻资料角度看，反映这部分历史的文献资料以告示碑最为典型。

部分告示碑是各级地方政权根据上层的命令向下层社会下达的政令，宣告朝廷的旨意，如《裁撤夫马局碑》等，这是各级地方官吏的职责。上层统治阶级需要通过中下级政权来落实自己的统治，中下级官吏则需根据当地民众的特点选择具体的统治手段，这种手段也表现在另一类告示碑上，如《汶川三江总督部堂锡示碑》等。还有不少属于基层政权为维系基层统治而控制胥吏胡乱施为所制定的法规，如《土司差役碑》等。

还有两类碑，即德政碑与功德碑。这类碑刻皆为地方官员为显示自己的政绩所立，虽然碑文多有谀辞，但其中还是包含了许多不见于正史的历史信息。如《阿坝金石录》中收录的许多德政碑与功德碑都有修建道路的内容，虽然这是官方和民间最常见的活动，但是正史中却从来没列出过"修路志"或"修路纪"一类的章节。

《阿坝金石录》搜集的碑刻内容十分丰富，是一本研究历史的珍贵宝库，书中的内容不是我在这里用短短的几句话就能一一评价的。我觉得我们应该感谢学志老弟和阿坝州文物管理所的兄弟们，是他们通过辛勤的努力为四川留下了一本珍贵的历史资料。我不敢设想，如果阿坝州的兄弟们不做此具大功德、得大欢喜、放大光明的事，再过十年、二十年，这批无比珍贵的文化财富还会在世吗？

感谢了，兄弟们！

目 录

第一篇 存世碑刻

第一章 摩崖题记题刻 ························ 3

理县朴头山《通道记》 ························ 3
理县朴头山战事题记 ························ 4
茂县叠溪点将台摩崖造像题记 ························ 6
松潘小姓狮头山"移县记"题记 ························ 9
松潘小姓狮头山"开州陈山于此守捉"题记 ························ 10
茂县叠溪点将台"刘文起引兵至此"题记 ························ 10
松潘镇坪上关口"修錾麻答嘴"题记 ························ 11
茂县叠溪较场吉双槐山人诗词题记 ························ 12
黑水洛多沃河山"播州营"题记 ························ 12
九寨沟郭元柴门关"秦蜀交界"题记 ························ 13
茂县叠溪野鹤山托云诗歌题记 ························ 14
汶川绵虒羌峰里坪界石 ························ 15
松潘施家堡丹云霞錾字碑 ························ 15
九寨沟郭元柴门关修路功德题记 ························ 18
九寨沟郭元柴门关"秦川锁钥"题记 ························ 19
小金美沃"懋功、沃日色布达交界"题刻 ························ 20
松潘大寨泽洛基摩崖题记 ························ 20

第二章 御碑 ························ 22

北京香山敕建实胜寺碑记 ························ 22
御制平定金川告成太学碑文 ························ 24
理县下孟沙吉嘉奖碑 ························ 31

御制平定金川勒铭美诺之碑……33
御制平定金川勒铭勒乌围之碑……37
御制平定金川勒铭噶喇依之碑……43
御制平定两金川告成太学碑文……44

第三章　乡规民约碑……57

茂县东兴牛家山玉皇庙护林碑……57
茂县曲谷河东十二寨议话碑……58
茂县光明中心劝世碑……59
茂县羌族博物馆馆藏赤不苏婚约碑……60
理县上孟绿叶寨用水民约碑……61
汶川克枯小寺寨神树林保护碑……62
茂县富顺敞子沟"牧牛关山"界址碑记……63
汶川雁门苁山用水管理碑……64
汶川草坡克充天佛寺碑记……65
汶川雁门月里乡规民约碑……67
茂县南新绵簇家林保护碑……69
茂县东兴和平田氏祠堂族规碑……69
茂县三龙河心坝永远章程条规碑……71
茂县白溪杜家坪永定章程碑……72
汶川雁门萝卜寨护林碑……74
汶川水磨茶园保护章程碑……75

第四章　布告碑……77

松潘进安告示碑……77
汶川水磨连山"灌瓦大界碑"……78
汶川博物馆馆藏应试章程碑记……79
茂县沟口水磨坪治安管理章程碑……85
金川勒乌马厂勘界碑……88
金川安宁崇化营"辞伍年岁章程"碑序……90
茂县羌族博物馆馆藏"体恤兵艰"碑……92
汶川博物馆馆藏瓦寺土司差役碑……93
小金美兴营盘街懋功营"马朋条规"碑……96
九寨沟永河大城增修大驿城碑记……98

汶川卧龙瓦寺宣慰使司"卧龙三寨"给发碑 …………………………………………… 100

汶川威州铁邑告示碑 …………………………………………………………………… 102

汶川雁门萝卜寨去恩碑 ………………………………………………………………… 105

理县薛城理番府"禁革袭补规费"告示碑 …………………………………………… 106

理县通化汶山寨告示碑 ………………………………………………………………… 107

黑水扎窝白尔窝告示碑 ………………………………………………………………… 109

汶川县博物馆馆藏"裁撤夫马局"碑 ………………………………………………… 111

汶川雁门小寨子勘界告示碑 …………………………………………………………… 113

小金抚边粮台勘界示谕碑 ……………………………………………………………… 115

茂县东兴牛家山护林告示碑 …………………………………………………………… 117

汶川博物馆馆藏三江总督部堂锡示碑 ………………………………………………… 118

茂县雅都罗娃告示碑 …………………………………………………………………… 119

茂县南新牟托巡检司土规告示碑 ……………………………………………………… 121

汶川水磨黄龙寺灌县知事公署布告碑 ………………………………………………… 122

汶川水磨黄龙寺国民革命军第二十八军第六混成旅司令部布告碑 ………………… 123

松潘黄龙寺松潘县政府布告碑 ………………………………………………………… 124

汶川克枯周达理番县知事公署示谕碑 ………………………………………………… 125

汶川水磨黄龙寺江防第一师师长邓布告碑 …………………………………………… 126

汶川水磨黄龙寺全川江防军司令布告碑 ……………………………………………… 127

汶川水磨黄龙寺四川省长公署布告碑 ………………………………………………… 128

第五章 德政碑 ……………………………………………………………………… 130

松潘进安苍坪张元佐德惠碑 …………………………………………………………… 130

马尔康松岗哈飘沈维祁德政碑 ………………………………………………………… 133

金川马尔邦袁国璜德政碑 ……………………………………………………………… 134

九寨沟郭元地震德政碑 ………………………………………………………………… 136

金川城厢老街张涤泉德政碑 …………………………………………………………… 138

松潘小河城门洞陈时霖德政碑 ………………………………………………………… 138

九寨沟县柴门关夏毓秀"德政"题记 ………………………………………………… 139

第六章 功德碑 ……………………………………………………………………… 141

松潘安宏修复高屯堡赞 ………………………………………………………………… 141

汶川龙溪重修霸州堡碑记 ……………………………………………………………… 141

松潘文管所馆藏重修雪栏山道碑记 …………………………………………………… 143

汶川克枯修路碑记	144
理县营盘街观音庙功德碑	145
金川县安宁修路功德碑	146
金川安宁重修安宁关帝庙碑序	149
汶川龙溪垮坡玉皇庙功德碑	150
茂县黑虎鹰嘴河观音庙功德碑	152
小金老营猛固桥功德碑	153
茂县白溪杜家坪祯祥寺吼佛碑记	154
汶川克枯修路功德碑	156
理县桃坪曾头寨修路功德碑	157
汶川三江四圣寺碑记	158
九寨沟双河朝阳洞碑碑记	160
茂县三龙龙窝寨引水功德碑	162
松潘小河补建城隍祠小引	162
茂县羌族博物馆馆藏重修宗渠川主庙碑记	165
汶川雁门索桥平正寺维修功德碑	167
茂县三龙杨家沟灵兴寺功德碑	168
金川安宁修路功德碑	169
金川马尔邦培修马邦汛武庙小序	172
茂县维城前村新路碑记	176
茂县叠溪排山营川主庙功德碑	177
九寨沟黑河塘重建黑河桥叙	178
茂县南新安乡五显庙种德碑	180
松潘安宏水草坝功德碑	182
汶川三江重修跃龙桥志	183
小金寺院功德碑	187
茂县凤仪宗渠回龙寺功德碑	188
茂县富顺鱼听龙王庙捐赀功德碑	190
茂县回龙白布宝峰寺功德碑	191
茂县南新白水寨买地功德碑	192
汶川水磨八一中学兴仁书院捐资功德碑	194
茂县光明和平三合桥功德碑	195
小金美兴营盘街清真寺功德碑	196
汶川漩口重建胜因院记	201

小金美兴营盘街清真寺功德碑 206

黑水瓦钵约窝修路功德碑 209

松潘镇坪重修扫水岩路道碑记 211

小金美兴营盘街武庙及龙王庙盂兰会佃客碑 212

汶川克枯竹石达川主庙碑序 215

汶川草坡金波寺瓦寺宣慰使司主母索杨氏给发碑 217

汶川草坡培修金波寺佛庙内外完字碑 218

茂县三龙卡玉观音庙碑文小序 219

汶川威州茨里川主庙碑记 220

茂县光明重修"佛心山各庙"序 221

汶川威州茨里修路功德碑 223

茂县富顺"指路碑" 224

九寨沟郭元重修青龙沟岩路碑 224

汶川草坡金波寺"广种福田"碑 225

小金沙龙沙龙沟修路功德碑 228

九寨沟黑河塘重修黑河塘桥路记 229

松潘黄龙寺赎回庙产记 231

茂县叠溪积水疏导纪念碑 232

小金美兴新筑三关石梯道路缘起碑 234

第七章 家谱碑及墓碑 236

四川博物院馆藏盖巨源墓志铭 236

汶川映秀娘子岭芳真人墓碑 243

小金日尔木桠桥袁国琏死事碑记 244

理县薛城水塘杨氏家谱碑 247

汶川克枯小寺寨余家火坟墓碑 248

茂县羌族博物馆馆藏陈敏墓碑 250

汶川绵虒大埃咪张氏家谱碑 252

金川安宁广法寺大喇嘛罗卜桑札木杨之茔柩 253

小金八角穆塔尔将军墓残碑 254

汶川三江刘氏百代兴隆碑 257

茂县三龙勒依世代宗枝碑 259

汶川三江刘正祥墓碑 260

理县薛城欢喜坡袁氏宗支总碑 261

茂县飞虹水草坪巡检司历代先祖墓碑	262
茂县光明刀溪何延福墓志	263
松潘施家堡双河义冢碑	265
小金抚边粮台王公殉节碑	266
茂县东兴亚坪重刊任氏历代历世宗支源序	269
理县下孟楼若穆氏宗支碑	272
小金崇德金川案内阵亡万人墓记事碑	273
马尔康松岗义塚碑	275
茂县凤仪克都余氏祖坟墓碑	276
茂县东兴亚坪王氏宗族家谱碑	278
茂县飞虹苏氏先祖之坟"禁火兴发"碑	280
小金沙龙桃梁刘子珍夫妻合葬墓碑	281
汶川威州茨里沟毛氏家谱碑	283
茂县三龙大寨子王氏排行碑	286
汶川银杏桃关董氏家族合葬墓碑记	287
汶川漩口姚富常夫妻合葬墓碑	288
汶川雁门小寨子袁氏族谱排行墓碑	290
理县蒲溪卜寨宋腾芳夫妻合葬墓碑	291
理县桃坪佳山马朝钦夫妻合葬墓碑	293
理县薛城水塘余则万保夫妻合葬墓碑	298
理县通化九子屯张寿泽夫妻合葬墓碑	300
茂县白溪陈万玉夫妻合葬墓碑	301
理县桃坪佳山龙氏家谱碑序	303
茂县南新牟托巡检司家史碑	304
九寨沟安乐寨杨官臣墓碑	307
茂县松坪火鸡村"义冢坟山"碑	309
茂县光明松坪组李国斌墓碑	310
汶川水磨黄家坪高世谦墓碑	313

第八章 墓志铭及买地券 314

重庆云阳景云碑	314
河南偃师郭虚己墓志铭并序	317
茂县羌族博物馆馆藏陈敏墓志	325
茂县羌族博物馆馆藏禹江苏墓志铭	328

松潘文管所馆藏徐太夫人墓志铭 ·································· 341
松潘文管所馆藏徐太夫人章氏镇墓文券 ···························· 344
松潘文管所馆藏明诰封徐太夫人墓志铭 ···························· 345
汶川映秀黄家院吴恒墓铭 ·· 350
汶川绵虒玉龙罗式中墓志铭 ······································· 351
汶川映秀黄家村吴思仲暨安人汤氏墓铭 ···························· 352

第九章　其他 ·· 354

理县木卡姜维城"□□武墩"匾额 ··································· 354
茂县沟口"宁江堡"匾额 ·· 354
茂县凤仪静州"佳城"匾额 ·· 355
金川安宁亮福"牢骚碑" ·· 356
汶川绵虒凤头关双镇塔赞 ·· 357
松潘进安观音阁"李德裕七层楼"碑记 ······························· 358
小金美兴观音阁"避水火书"碑 ······································ 359

第二篇　文献碑文

第十章　同治《理番厅志》、乾隆《保县志》 ···················· 363

报功祠碑记 ·· 363
南堡记 ·· 365
朱公开设南堡德政碑记 ·· 366
报功祠记 ·· 368
迁复威州厅事记 ·· 370
重建旧保县城记 ·· 372

第十一章　道光《绥靖屯志》 ····································· 375

新修惜字库碑记 ·· 375
创兴义学碑记 ·· 376

第十二章　道光《茂州志》 ······································· 382

张自成德政碑序 ·· 382
胡子岭修路记 ·· 384
茂州学宫记 ·· 384

第十三章　中华民国《汶川县志》·················388

龙池龙王庙碑记·················388
胜因院记·················390
沙窝陈氏茔墓碑记·················392
七盘山武侯庙题刻·················393
重修关帝庙碑记·················394
重修城隍庙碑记·················395
建修文庙碑记·················397
重修文庙碑记·················401
新建尤溪公馆记·················403
书院学田记·················404
重修城隍庙碑记·················408
戴家坪禹迹纪事碑·················408
石纽山圣母祠碑记·················409
购买学田碑记·················410
谕九寨羌民·················411
月里庙宇（川主庙）碑记·················412
神龙祠谕示·················413
重建索桥村外三圣宫庙宇碑序·················414
邓显廷德政碑·················415

第十四章　中华民国《松潘县志》·················418

参府题名记·················418
明司寇罗绮德政记·················419
文庙碑记·················422
同知何远庆德政碑·················423
御敕马元神道碑·················424
虹桥碑记·················427
重建三坛碑·················428
重修鼓楼、岷山书院碑·················429
建修本郡城隍庙碑·················431
李道人修路碑·················432
重修武庙序·················433
夏毓秀辖夷口修路碑·················436

夏公祠碑	437
马节妇墓志铭	439
雪泥鸿爪碑记	440
通远桥记	442
重修松潘文庙序	443
高等小学校碑	445
忠烈祠序	446
节孝坊序	447
高等小学校碑	449

第十五章　中华民国《南坪乡土志》······451

南坪明伦堂清顺治九年卧碑	451
乾隆四十五年署南坪都司吴公瑛德政碑记	452
松潘琅溪夏公德政碑记	453
钦命四川提督军门前松潘总镇夏公毓秀德政碑记	456
土守备杨官成并马公贞吉等靖难碑记	459
松潘县教育局长沙剑平南坪高小学校碑记	460

第十六章　新编《南坪县志》······463

重修聚宝山记	463
重修下桥碑记	464
重修鼓楼记	465

第十七章　其他······467

唐威戎军制造天王殿记	467
汶川绵虒董氏家谱家法碑（节录）	469
重修松潘卫文庙碑记	469
理县薛城"严禁转房"碑	472
黑水芦花"给发断碑谕"	473

后记······475

部分碑刻彩图

第一篇 存世碑刻

第一章　摩崖题记题刻

理县朴头山《通道记》

【位置】 理县杂谷脑镇朴头山古道旁崖壁上，左侧为宋碑

【年代】 隋开皇九年（589年）

【形制】 竖长方形

【尺寸】 高80、宽50厘米

【内容】

通 道 记

　　自蜀相姜维[1]尝于此行，尔来三百余年，更不修理。山则松草荒芜，江则汹沤出岸。猿怯高拔，鸟嗟地险。公私往还，并由山上。人疲马乏，筋力顿尽。大将军开府仪同三司[2]、总管二州五镇[3]诸军事、会州[4]刺史、永安郡[5]开国公姜须达[6]，愍[7]人生之茶苦[8]，报委寄之天恩。差发丁夫，遂治旧道。开山伐木，不易其功。遣司户参军事[9]元博文，县丞[10]郭子鸿、王文诚、晏荣、刘仲景监督。

大隋开皇九年[11]九月廿三日记

理县朴头山《通道记》

【注释】

[1] **姜维**（202—264）　字伯约，天水冀县（今甘肃甘谷东南）人。三国时期蜀汉著名将领、军事统帅。原为曹魏天水郡的中郎将，后降蜀汉，官至凉州刺史、大将军。姜维在诸葛亮去世后继承其遗志，继续率领蜀汉军队北伐曹魏，与曹魏名将邓艾、陈泰、郭淮等多次交手。然而由于蜀汉国力弱小等原因，终究回天乏术。蜀汉灭亡后，姜维希望凭自己的力量复兴蜀汉，假意投降魏将钟会，打算利用钟会反叛曹魏以实现恢复汉室的愿望，但最终钟会反叛失败，姜维也被魏兵所杀。据《三国志·后主传》载：延熙十年（247年）"汶山平康夷反，维征讨破平之"。《三国志·姜维传》亦载："十年，迁卫将军与大将军费祎共录尚书事。是岁，汶山平康夷反，维率众讨定之。"平康即今黑水县东北部，姜维进兵由今汶川威州经通化、薛城、杂谷脑，过朴头山北上经茂县维城进入平康县。碑中所说的"姜维尝于此行"，应指此事。

[2] **开府仪同三司**　魏晋南北朝时期的一种高级官位。隋唐至元文散官的最高官阶，从一品。

[3] **二州五镇**　据考证，二州即会州（今茂县县城）及扶州（今九寨沟县城）。五镇即嘉诚镇（今松潘县城）、金川镇（今理县薛城镇）、江源镇（今松潘县川主寺镇）、合江镇（今九寨沟县南部）及合川镇（今茂县沙坝乡境内）。

[4] **会州**　据《隋书》载，开皇初年改汶州为蜀州，寻改为会州，置总管府。治所在今茂县凤仪镇。

[5] **永安郡**　北魏建义元年（528年）置，郡治永安县（今山西霍州市），属晋州（治白马城，今山西临汾市），领永安、杨（今山西洪洞县）二县。东魏、北齐、北周因之。隋开皇三年（583年）废郡入晋州。

[6] **姜须达**　据《隋书·高祖本纪》载："壬申（隋开皇八年，588年），以成州刺史姜须达为会州总管。"其他生平事迹无载。

[7] **愍**　同"悯"。

[8] **荼苦**　艰苦；苦楚。《北齐书·文苑传·颜之推》："予一生而三化，备荼苦而蓼辛。"

[9] **司户参军事**　官名，亦作司户参军。汉、魏以下州、郡僚佐有户曹掾，主管民户。隋初称户曹参军，后改司户参军，隋炀帝改司户书佐。唐于府称户曹参军，州称司户参军，县称司户佐。宋各州置司户参军，掌户籍、赋税、仓库交纳等事。元废。

[10] **县丞**　官名。始置于战国，为县令之辅佐，掌管文书及仓狱。后历朝相沿，所置略同，唯晋及南朝宋无（宋只设建康狱丞）。丞之官秩，汉为二百石至四百石，清为正八品。

[11] **大隋开皇九年**　公元589年。开皇：隋文帝杨坚的年号。

理县朴头山战事题记

【位置】 理县杂谷脑镇西朴头山古道旁崖壁，右侧为隋、宋碑

【年代】 唐开元十五年（727年）

【形制】 横长方形

【尺寸】 高50、宽60厘米

【内容】

　　朝散大夫[1]、检校[2]维州[3]刺史[4]、上柱国[5]焦淑[6]，为吐蕃贼侯坝[7]并董敦义[8]投番，聚结逆徒数千骑。淑领羌、汉兵及健儿[9]等三千余人讨除，其贼应时败散。

　　　　　　　　　　开元十五年[10]九月十九日记

　　　　　　　　　　典施恩书

理县朴头山战事题记

【注释】

[1] **朝散大夫**　文散官名。隋始置。唐为从五品下，文官第十三阶。宋为从五品上，文官第十二阶，元

丰改制用以代中行郎中，后定为第十八阶。金仍从五品。元升为从四品。明废。

[2] **检校** 古代官名。始于南北朝，加于官名之上，有稽查核实之意，但非正式官衔，至隋时入衔。唐中前期，加"检校"官职虽非正式拜授，但有权行使该职，相当于"代理"。

[3] **维州** 唐置，在今四川理县杂谷脑镇，入吐蕃为无忧城。据《旧唐书》卷四一《志》第二十一《地理四》记载："武德元年（618年），白苟羌降附，乃于姜维故城置维州，领金川、定廉二县。贞观元年（627年），羌叛，州县俱罢。二年（628年），生羌首领董屈占者，请吏复立维州，移治于姜维城东，始属茂州，为羁縻州。麟德二年（665年），进为正州。寻叛，羌降，为羁縻州。垂拱三年（687年），又为正州。天宝元年（742年），改为维川郡。乾元元年（758年），复为维州。上元元年（760年）后，河西、陇右州县，皆陷吐蕃。赞普更欲图蜀川，累急攻维州不下，乃以妇人嫁维州门者，二十年中生二子。及蕃兵攻城，二子内应，城遂陷。吐蕃得之，号'无忧城'，累入兵寇扰西川。韦皋在蜀二十年，收复不遂。至大中（847—860年）末，杜忭镇蜀，维州首领内附，方复隶西川。"

[4] **刺史** 官名。西汉武帝时，分全国为十三部（州），元封五年（前106年）初置部刺史，根据六条规定监察各州，称"六条问事"。本为监察官性质，其官阶低于郡守。成帝时，改刺史为州牧。哀帝初又改旧制，不久复称州牧。东汉除首都设司隶校尉以外，在外十二州，每州设刺史1人，秩六百石。灵帝时，各地农民起义爆发，朝廷为加强镇压力量，于中平五年（188年）改刺史为牧，派朝中大臣出领州牧，其权势至大，地位较郡守为高，掌握一州的军政大权。自三国至南北朝，各州亦多置刺史，一般以都督兼任。隋以后，刺史为一州的行政长官。其间唯隋炀帝及唐玄宗时两度改州为郡，改刺史为太守，但不久均复旧称。唐代节度使、观察使兼领驻在地的州刺史，所辖境内之州刺史均为其属官，刺史之职位渐轻。宋制以朝臣充知州，称"权知军州事"。清代以刺史作为知州的别称，和前代的刺史不相同。

[5] **上柱国** 自春秋起为军事武装的高级统帅。汉废。五代复立为将军名号。北魏、西魏时设"柱国大将军、上柱国大将军"等。隋代有"上柱国""柱国"，以封勋臣。唐以后正式确立隋朝的六部制度，兵权归中央机构，"上柱国"逐渐成为功勋的荣誉称号。

[6] **焦淑** 其生平事迹史书无载。

[7] **侯坝** 应为吐蕃的一名军事将领，史书无载。

[8] **董敦义** 按史书记载，维州本是唐为安置内附的白狗羌而设置的。而在唐代史书中载唐之西山诸羌部落首领多为董姓，因此，董敦义当为本地羌人首领。

[9] **健儿** 又称长征健儿、长行健儿、兵防健儿。唐代开元以后长期戍守边远地区的雇佣兵，系由临时募行的征人演变而来。唐初，出于兵募的征人出征作战，事罢即归，一般不担负经常性的戍守任务。镇戍防人主要由府兵充当。随着军事形势的变化，军镇、守捉设置日益增多，由府兵充当防人的制度已不能适应当时的镇防需要。因而从高宗显庆时起，也征发兵募充当镇兵。以后镇防兵募逐渐由不定期变成定期，由临时性变成定制，期限一般为二年、三年。期满复员，由本州差遣另一批兵募替代。大致在玄宗开元二年（714年），镇防兵募已有"健

儿"的称号，期限已延长为四年、六年，原来定期差遣兵募轮番为镇兵的制度，开元初已难以继续下去。唐朝便经常在即将复员的征行人中召募自愿留镇者，给以赏赐。开元二十五年（737年），下诏令天下诸军镇所需兵额一律于各种征行人及客户中召募丁壮为长征健儿，允许携带家口。到军后，给以田地房屋，以便久住。次年又下令遣返原有镇兵，停止各州差遣兵募出戍。

长征健儿终身免除课役，装备、给养全由国家供应，因此又叫官健。安史之乱以后，内地也遍设军镇。军镇之兵多为官健，且各州州兵也有一部分是官健。官健主要任务为出征和军镇防守，但也有少数到关中备御吐蕃，称防秋兵。唐代后期宿卫京师的也有官健。官健绝大多数来源于无产业户，不事生产，往往父死子补，兄终弟代，世代为兵。久之，成为一股特殊势力。唐代后期，藩镇割据所依靠的军事力量主要就是官健。

长征健儿代替轮番镇防的府兵及兵募与长从宿卫（骑）代替府兵轮番宿卫京师，是唐代兵制变革中的两个重要内容。这种变革使召募制的雇佣兵、职业兵代替了征兵制的义务兵，是中国中古兵制发展史上的一件大事。

[10] 开元十五年　公元727年。开元：唐玄宗李隆基的年号。

茂县叠溪点将台摩崖造像题记

茂县叠溪点将台摩崖造像题记

【位置】茂县叠溪镇较场坝点将台

【年代】唐贞观四年（630年）

【形制】长方形

【尺寸】大小不一

【内容】

一、惟大唐贞观四年[1]岁次庚寅九月癸亥朔十五日丁丑，大施主持节[2]兼翼州[3]诸军事、翼州刺史[4]、上大将军李玄嗣[5]，行治中[6]张仲倡敬造释迦及弥勒像二龛。助布施主录事参军[7]常诠胄、司仓参军[8]李德超、行司户参军[9]王季扎、行参军[10]刘绍约，翼针[11]县令范孝同、丞冯师才，翼水[12]县令席义静、丞杨和鸾，左封[13]县令刘保德、丞常臣宽，如和府[14]统军宋成、右别将王君相，石臼戍[15]副郑宝贤敬造为法界[16]。

二、惟大唐贞观四年岁次庚寅十月壬辰朔十五日景午，斩州[17]司户参军刘绍约敬造释迦牟尼佛一龛，上为皇帝陛下及一切法界众生，见在[18]眷属、七世父母[19]咸同斯佛。

三、惟大唐贞观四年岁次庚寅十一月壬戌朔十九日庚寅，翼州翼水县丞、上骑都尉[20]杨和鸾为法界众生敬造释迦牟尼像一龛，□为法界众生□狱自应坏人，公□□见都成□胜向匀薇薇之意，薄

之口薄，□含露□□□□真。

四、贞观四年十一月十七日，清信弟子[21]古□莲夫妇敬造另释迦、药师佛，奉为七世父母及见在众生，肯为法界众生供养。

五、大唐贞观四年岁次庚寅十月壬辰□□景午，翼州行□□参军□敬造释迦像一龛，愿法界众生咸同斯佛。

六、惟大唐贞观四年岁次庚寅九月癸亥朔十五日丁丑，大施主持节兼翼州诸军事、翼州刺史、上大将军李玄嗣，行治中张仲俱敬造释迦佛一龛。助布施主录事参军常诠肯、司仓参军李德超、行司户参军王季扎、参军刘绍约，翼针县令范孝同、丞冯师才，翼水县令席义静、丞杨和鸾，左封县令刘保德、丞常臣宽，如和府统军宋威、右别将王君相，石臼戍副郑宝贤，梓州[22]前州行参军韩义展等。今即像成功就，□敬造愿法界众生咸同斯佛。

七、贞观四年十一月十五日，翼州孝刺史梁夫人为七世父母及见在造观音菩萨一躯供养。

八、惟大唐贞观四年十一月八日，佛弟子梁大逢夫妇奉为法界众生及见在先父母理释迦佛一龛，供养俱同。

九、惟大唐贞观四年岁次庚寅九月癸亥朔十五日丁丑，西义州[23]行参军张、录事[24]姚敬造救苦观世音菩萨一躯，往生西方一切众生共同此。

十、惟贞观四年十一月……

十一、贞观四年敬造救苦观世音菩萨一躯供养。

十二、翼州孝女佛弟子梁大逢妻往为孝母及父耆佛一躯供养。

十三、□□□□第二式佛、第三随叶佛、第四成□拘□□佛[25]、第五拘那含牟尼佛[26]，第六迦叶佛[27]，第七释迦文佛[28]。

十四、贞观四年十一月十五日，翼州孝刺史梁大逢为父母及见在造观世音菩萨一躯。

【注释】

[1] **大唐贞观四年** 公元630年。

[2] **持节** 汉末至魏晋南北朝时，掌地方军政的官往往加使持节、持节或假节的称号。使持节可诛杀中级以下官吏；持节可杀无官职的人；假节可杀犯军令者。到隋唐时，持节、假节已有名无实，但仍通称出任刺史、太守为持节、假节。

[3] **翼州** 《旧唐书·地理志》："隋汶山郡之翼针县。武德元年（618年）分置翼州。"《元和郡县图志》："今州即汉蜀郡蚕陵县之地也。……其城西枕大江，南面临溪。"汉蚕陵县即在今茂县叠溪镇叠溪地震遗址。

[4] **刺史** 汉武帝元封五年（前106年）分全国为十三部（州），各部置刺史一人，巡行郡县，检核问事。后通称州、郡的最高行政长官为刺史。

[5] **李玄嗣** 唐初将领李袭志之子，生平不详。

[6] **治中** 西汉元帝时始置，全称治中从事史，亦称治中从事，为州刺史的高级佐官之一，主众曹文书，位仅次于别驾。

[7] 录事参军　晋代置，亦称录事参军事，为王府、公府及大将军府等机关的属官，掌管各曹文书，纠查府事。其后刺史掌军开府者亦置。北魏至隋，州郡亦设录事参军。唐宋时废时置，元废。

[8] 司仓参军　即司仓参军事。西汉、东汉时有仓曹史，主管仓库。北齐以后，为曹参军。唐于诸卫府、东宫诸率府、王府、京府、都护府、都督府称仓曹参军，于州称司仓参军，县称司仓佐。

[9] 司户参军　即司户参军事。汉、魏以下，州郡僚佐有户曹掾，主管民户。隋初称户曹参军，后改司户参军，隋炀帝改司户书佐。唐于府称户曹参军，州称司户参军，县称司户佐。宋各州置司户参军，掌户籍、赋税、仓库交纳等事。元废。

[10] 参军　东汉末始有"参某某军事"的名义，谓参谋军事，简称"参军"。晋以后军府和王国始置为官员。沿至隋唐，兼为郡官。明清称经略为参军。

[11] 翼针　唐初属翼州，为州治。天宝元年（742年）改为卫山县。《旧唐书·地理志》载翼州：武德"六年（623年），自左封移州治于翼针县"。《元和郡县图志》："卫山县，中下、郭下。本汉蚕陵县地，周武帝于此置翼针县，以翼针水为名，属翼针郡。隋开皇三年（583年）罢郡，以县属翼州。皇朝因之。天宝元年（742年）改为卫山县。"则翼针故县与翼州同，今俱掩埋于地震遗址下。

[12] 翼水　《元和郡县图志》："翼水县，北至州六十里。本汉蚕陵县地，周于此置龙求县，属清江郡。隋开皇三年（583年）改为清江县，寻罢郡，以县属翼州。十八年（598年）又改清江为翼水县。皇朝因之。"故翼水县旧治应在今茂县西北的飞虹乡东部，黑水河注入岷江口隔江之东北岸。

[13] 左封　唐初属翼州，后属悉州。故城为夯土城墙，在今茂县维城乡前村。四川省文物保护单位。

[14] 如和府　按唐初承隋之府兵制于天下遍设府兵军府，至于如和府的驻防地，按题记中所列各县、戍皆在翼州辖下，则如和府亦当在翼州境内，不过因史籍无载，今不可考。

[15] 石臼戍　《元和郡县图志》："石臼戍在县北六十里。"故址当在今松潘县南岷江东岸的镇平关。

[16] 法界　佛教、道教术语。法，泛指宇宙万有一切事物，包括世出世间法，通常释为"轨持"，即一切不同的万物都能保持各自的特性，互不相紊，并按自身的轨则，能让人们理解是什么事物。界，含有种族、分齐的意思，即分门别类的不同事物各守其不同的界限。

[17] 斩州　史籍无载。但按题记内容来看，当在岷江上游地区。

[18] 见在　尚存；现今存在。

[19] 七世父母　这一说法来自佛教，七世不是指祖宗七代，而是指今世加过去生的六世在六道轮回时各道的父母，故是"一切众生"的代名词。其中的六道是指地狱、畜生、饿鬼、人、天、阿修罗道六道。

[20] 上骑都尉　职官名。唐为勋官十二转之第六转，相当于正五品。宋、金沿置，元、明正四品。

[21] **清信弟子** 在家修炼的佛家弟子,即居士。

[22] **梓州** 治今四川省三台县。

[23] **西义州** 史籍无载,但按题记内容来看,当在岷江上游地区。

[24] **录事** 职官名。晋代骠骑将军及诸大将军不开府办事,属官有录事,掌总录文簿。后代刺史领军而开府者亦置之,职任甚为重要,省称"录事"。隋初为郡官,相当于汉时州郡主簿。唐、宋因之,京府中则改称司录参军。元废。清初各部又设录事。

[25] **成□拘□□佛** 即拘留孙佛,又作鸠楼孙佛、拘留秦、迦罗鸠餐陀等。过去七佛的第四位,贤劫千佛之首。

[26] **拘那含牟尼佛** 又称作拘那含佛、拘那伽牟尼。过去七佛中的第五尊佛,贤劫千佛的第二尊佛。

[27] **迦叶佛** 又作迦叶波佛、迦摄波佛、迦摄佛。意译为隐光佛,称大迦叶。过去七佛的第六位,贤劫千佛中的第三尊佛。古印度摩揭陀国王舍城人。少欲知足,常修苦行,故称为"头陀第一",骑一头狮子。降生于释迦牟尼佛之前,相传为释迦牟尼佛的因地本师,是释迦牟尼前世之师。

[28] **释迦文佛** 即释迦牟尼佛。

松潘小姓狮头山"移县记"题记

【位置】松潘县小姓乡碑子寺村狮头山古道旁,左侧与"开州陈山于此守捉"题记相距3米

【年代】唐开元二十九年(741年)

【形制】竖长方形

【尺寸】高60、宽25厘米

【内容】

开元廿九年[1]六月,奉使[2]移县[3]。记令王公。

【注释】

[1] **开元廿九年** 公元741年。开元,唐玄宗李隆基的年号,共计29年。开元有开辟新纪元之意。开元初年,政治稳定,史称"开元之治"。开元年间,唐朝国力强盛,史称"开元盛世"。

[2] **奉使** 奉命出使。《史记·平津侯主父列传》:"奉使则张骞、苏武。"

[3] **移县** 迁移县府或县治。

松潘小姓狮头山"移县记"题记

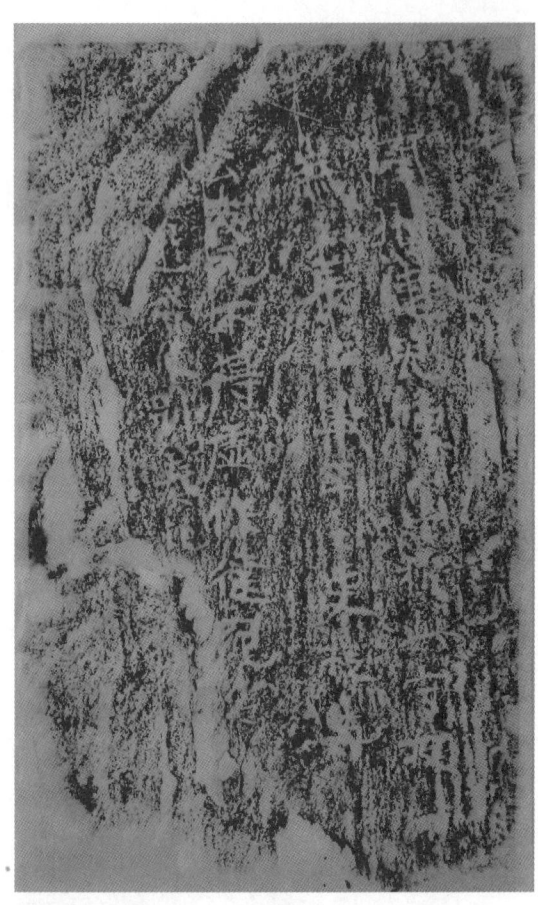

松潘小姓狮头山"开州陈山于此守捉"题记

【位置】松潘县小姓乡碑子寺村狮头山古道旁,右侧3米为"移县记"题记

【时代】唐代

【形制】竖长方形

【尺寸】高50、宽25厘米

【内容】

开州[1]健儿[2]陈山于此守捉[3]:

岁岁长征战,年年更捷报。公夫[4]无不得,虚作健儿名。

游弈使[5]别奏记

【注释】

[1] 开州　今重庆市开县。

[2] 健儿　唐代士兵的一种。唐代诸军镇置有健儿,其长住边军者,政府给以种种优待。

[3] 守捉　唐制,是唐朝在边地的驻军机构。唐代边兵守戍者,大者称军,小者称守捉、城、镇,各机构皆有使。守捉为唐朝独有,驻兵300至700多人不等。

松潘小姓狮头山"开州陈山于此守捉"题记

[4] 公夫　官方征用的役夫。

[5] 游弈使　唐代武官名,负责率领游兵巡逻。《资治通鉴·唐中宗景龙二年》:"于牛头朝那山北,置烽候千八百所,以左玉钤卫将军论弓仁为朔方军前锋游弈使,戍诺真水为逻卫。"胡三省注:"游弈使,领游兵以巡弈者也。"

茂县叠溪点将台"刘文起引兵至此"题记

【位置】茂县叠溪镇较场小学内点将台后部

【年代】元至元癸巳(1293年)

【形制】正方形

【尺寸】高30、宽30厘米

【内容】

大元开国忠顺公[1]玄孙刘上万户文起[2]引

茂县叠溪点将台"刘文起引兵至此"题记

10

兵至此。至元癸巳[3]七月廿七日记。

【注释】

[1] **大元开国忠顺公** 即刘伯林。据《元史·刘伯林传》载：刘伯林，济南人，金末为威宁防城千户，1212年以城降成吉思汗，在协助蒙古军攻拔燕京、山东诸州中功勋卓著，与史天泽、严实、张柔一起被封为汉军四大万户。刘伯林去世后，"累赠太师，封秦国公，盖忠顺"，其子刘黑马。

[2] **刘上万户文起** 即刘文起，史书无载。但据《元史》记载：刘伯林去世后，其子刘黑马袭父职为万户，佩虎符，兼都元帅。刘黑马有二子，长子刘元振袭万户。元振卒，子刘纬袭万户职。由此推之，刘文起即刘伯林玄孙，刘纬嫡子，享"上万户"待遇，当为无疑。按刘氏子侄历官陕西行中书省，故其统率的军队亦应为陕西军队。

[3] **至元癸巳** 元世祖至元三十年，1293年。至元：元世祖忽必烈的年号。

松潘镇坪上关口"修鏊麻答嘴"题记

【位置】松潘县镇坪乡镇坪村上关口石老虎崖壁

【年代】明嘉靖二十二年（1543年）

【形制】竖长方形

【尺寸】高70、宽50厘米

【内容】

修鏊麻答[1]嘴

钦差总爷[2]李；

提督[3]镇平[4]指挥同知[5]史谕；

掌贴[6]平定堡[7]指挥孟仁、百户[8]尹富；

松潘卫管工、冠带舍人[9]马鹏。

嘉靖二十二年[10]□月初六日起工，八月终完

【注释】

[1] **麻答** 西北话。麻烦，问题。

[2] **总爷** 明清时对总兵的尊称。

[3] **提督** 提调监督。

[4] **镇平** 今松潘县镇坪乡镇坪村，明曾于此设镇平堡驻军。

松潘镇坪上关口"修鏊麻答嘴"题记

[5] **指挥同知** 明朝的军事指挥职务，为卫所一级的副军事长官，从三品。

[6] **掌贴** 掌握、掌管。

[7] **平定堡** 在今松潘县镇坪乡新民村，城堡部分城墙尚存。

[8] 百户　明代卫所兵制百户所的长官，为世袭军职，统兵112人，正六品。百户所分为2总旗（正七品），旗各50人；10小旗（从七品），旗各10人，隶属千户所。

[9] 冠带舍人　冠带，指古代男孩发育之后到了允许使用成人装束的年龄阶段；舍人，明代军卫应袭子弟也称"舍人"。

[10] 嘉靖二十二年　公元1543年。

茂县叠溪较场吉双槐山人诗词题记

茂县叠溪较场吉双槐山人诗词题记

【位置】茂县叠溪镇较场村平石板茅草屋遗址西南约5米处

【年代】明隆庆元年（1567年）

【形制】横长方形

【尺寸】高45、宽112厘米

【内容】

　　春日行郊外，闲寻野鹤山[1]。芳草迷□过，淤泥壅磴阑[2]。

　　古洞[3]堪行乐[4]，新吟可笑谈。酩酊[5]西山巅，随柳过前川。

隆庆元年[6]莫春[7]

吉双槐山人识

【注释】

[1] 野鹤山　在今茂县叠溪镇叠溪中心校后，有明清时期题记多处。

[2] 磴阑　阶梯和栏杆。

[3] 古洞　即玉垒洞，在此题记附近。

[4] 行乐　玉垒洞右侧崖壁上有古人题刻的"玉垒洞行乐窝"。

[5] 酩酊　大醉的样子。唐元稹《酬乐天劝醉》诗："半酣得自恣，酩酊归太和。"

[6] 隆庆元年　公元1567年。隆庆：明穆宗朱载垕年号。

[7] 莫春　即"暮春"，指农历三月。莫："暮"之错别字。

黑水洛多沃河山"播州营"题记

【位置】黑水县洛多乡沃河村西500米崖壁上

【年代】明万历十九年（1591年）

【形制】横长方形

【尺寸】高 117、宽 250 厘米

【内容】

骠骑将军[1]杨[2]奉天征讨[3]

播州营[4]

万历十九年[5]四月廿九日记

黑水洛多沃河山"播州营"题记

【注释】

[1] **骠骑将军**　骠骑将军为汉代武官名，其地位仅次于大将军。但到明代后期，因征战频繁，将军之职泛滥，级别尤轻，多为临时授置。

[2] **杨**　即杨应龙。杨应龙（1551—1600），播州世袭土司杨氏地方政权的第二十九代统治者。明代时，在播州设立宣慰使司，受四川总督管理，驻地相当于今贵州遵义市。隆庆五年（1571年），杨应龙世袭了父亲杨烈的播州宣慰司一职。万历十四年（1586年），杨应龙升任都指挥使，因从调有功，加封为骠骑将军。同年，其因向朝廷进献大木美材70棵，受赐飞鱼服与都指挥使职。万历二十年（1592年）后杨应龙屡次抗命不从。二十五年（1597年）杨应龙发动叛乱，攻城略地，气焰日炽。朝廷派大将李化龙率兵平叛。二十八年（1600年）杨应龙兵败自杀，其子、弟等68人被俘，押解京城凌迟处死。

[3] **奉天征讨**　据《明史·四川土司·播州宣慰司》载，"万历十八年（1590年）征调播州土兵协守松潘"。而据《四川通志·艺文志》载明万历年间少保右侍郎徐元泰《西南三征记》载，自明万历八年（1580年）至万历十九年（1591年），播州营一直征战在松潘、叠溪一带。初驻漳腊罗锅岭，参加了商巴战役及河东战役。万历十四年（1586年）又参加了平定岷江西岸诸羌部落的河西战役，并由松坪沟翻越日多沃山口，到达沃河牧场，在此驻营设防。直到万历十九年（1591年）六月，茂州松坪羌民起义，播州营兵应调撤离沃河。同年九月，杨应龙率兵返回播州原地。

[4] **播州营**　播州，即今贵州省遵义地区。唐置，宋为播州东源郡。明万历二十九年（1601年）平定杨应龙叛乱后，析播州为遵义、平越二府。自唐始土酋杨氏统领其地，到杨应龙叛乱被诛，杨氏家族据有播州前后传二十九代共八百余年。播州营即播州兵旗号名称。明朝在少数民族地区和要塞之地驻兵镇守，实行卫所制度，一郡置所，联数郡为卫，兵员世籍。受朝廷命令离卫出征时，以其驻地卫名为营，故称"播州营"。

[5] **万历十九年**　公元1591年。万历，明神宗朱翊钧年号，其在位48年，是明朝在位最久的皇帝。

九寨沟郭元柴门关"秦蜀交界"题记

【位置】九寨沟县郭元乡青龙村柴门关内洞壁上

【年代】清雍正七年（1729年）

【形制】竖长方形

【尺寸】高170、宽86厘米

【内容】

秦蜀交界[1]

四川南坪营[2]所属关外八寨[3]：马尾山寨[4]、盐土山寨[5]、草地沟寨[6]、杨家湾寨[7]、登龙山寨[8]、水田寨[9]、固水沟寨[10]、邪坡寨[11]。

雍正七年[12]五月二十六日

四川松潘卫[13]守备罗林刻石

九寨沟郭元柴门关"秦蜀交界"题记

【注释】

[1] 秦蜀交界 甘肃与四川交界处。秦：古代指陕西、甘肃地区，因春秋时期这一地区为秦国属地，故名。后"秦"又为陕西省的简称。

[2] 南坪营 清雍正三年（1725年）设，隶属松潘厅，驻地在今九寨沟县城附近。

[3] 关外八寨 关即柴门关，为清代松潘厅东北与甘肃交界处的最后一道关隘。八寨即柴门关周围的八个山寨。

[4] 马尾山寨 今甘肃省文县石鸡坝乡马尾东村马尾山寨。

[5] 盐土山寨 今甘肃省文县石鸡坝乡边地坪村盐土山寨。

[6] 草地沟寨 今九寨沟县草地乡草地沟村草地沟寨。

[7] 杨家湾寨 今九寨沟县郭元乡杨家湾村杨家湾寨。

[8] 登龙山寨 今甘肃省文县石鸡坝乡登龙山村登龙山寨。

[9] 水田寨 今九寨沟县郭元乡水田村水田寨。

[10] 固水沟寨 今甘肃省文县石鸡坝乡明堡沟村固水沟寨。

[11] 邪坡寨 今九寨沟县永和乡斜坡村斜坡寨。

[12] 雍正七年 公元1729年。

[13] 松潘卫 置于明洪武十一年（1378年），雍正九年裁卫后属龙安府。乾隆二十七年（1762年）改置松潘直隶厅。

茂县叠溪野鹤山托云诗歌题记

【位置】茂县叠溪镇较场村平石板茅草屋遗址西南约5米处

【年代】清乾隆三十年（1765年）

【形制】横长方形

茂县叠溪野鹤山托云诗歌题记

【尺寸】高 142、宽 150 厘米
【内容】

　　　　　　山中野鹤飞何处，石窟[1]犹存宝帐[2]图。
　　　　　　古代战场指点在，汉关要害杳然无。
　　　　　　腰镰稚子横牛背，唱晚归樵觅酒垆[3]。
　　　　　　等说总戎[4]零鸟阵，夜深鬼语不相呼。
　　　　　　　　　　大清乾隆三十年[5]岁次乙酉天中长白托云题并书

【注释】

[1] 石窟　依山岩凿成的石室。亦泛指石洞。

[2] 宝帐　佛家的帷帐；华美的帐子。

[3] 酒垆　卖酒处安置酒瓮的砌台。亦借指酒肆、酒店。

[4] 总戎　即总兵。

[5] 大清乾隆三十年　公元 1765 年。

汶川绵虒羌峰里坪界石

【位置】汶川县绵虒镇羌峰村里坪组一巨石上，现已掩埋

【年代】清乾隆三十三年（1768 年）

【形制】竖长方形

【尺寸】高 260、宽 94 厘米

【内容】

　　功加千总高大胜遵奉分巡松茂兵备道李批饬，署汶川县事、安县正堂郭[1]审断定界。乾隆三十三年[2]五月十七日刊址……[3]

汶川绵虒羌峰里坪界石

【注释】

[1] 郭　即郭本才。据嘉庆《汶志纪略》载："郭本才，乾隆三十一年任。湖广广济进士。"

[2] 乾隆三十三年　公元 1768 年。

[3] ……　字迹模糊难辨，但据调查，此段内容大体是以此石向西直到山梁为界，界北为里坪，界南为簇头，并规定双方村民不准越界种植、放牧等。

松潘施家堡丹云霞錾字碑

【位置】松潘县施家堡乡双河村北十二道拐原小道旁一巨石上

【年代】清同治二年（1863 年）

【形制】竖长方形

松潘施家堡丹云霞錾字碑

【尺寸】高280、宽430厘米；高300、宽115厘米

【内容】

余于癸亥之岁[1]随同朗山吴元戎剿办松州事务[2]，屯营兹土。兵燹初经，庐舍为之一空，瓦裂土崩，不禁有此河山风景之感。简兵[3]之瑕，则与凯臣诸将士斩荆榛，刘茅茨，驱逐当道之虎狼，为旦夕进征计。无意观及此碑，风雨模糊，盖不知几经年代。细观其诗，激昂感愤，寄慨遥深，有古大家风焉。今日边陲不靖，复事征伐，不意对此茫然，百感交集。因仿佛郸邺之步[4]，走笔书此，非敢云诗，聊以抒旷世同情之意云尔。古人可作，其许我把臂入林[5]，因证缘于石上：

千崖万壑涌奇观，汉使西来□□□。洒献匋萄冷秋月，风吹杨柳朔风寒。

碑横道左诗犹在，□急□头血未干。不见松州老名士，一回游眺一登坛。

突兀丰碑耸道途，龙文□□半模糊。何年塞外销兵气，此老胸中拥壮图。

毡帐云连山势促，板桥水焕水声□。我来颇负安边志，肯许胡骑犯五都。

大清同治二年[6]清和月[7]上浣日。凯臣邹绍南刊石；清川李泽阳题；□山龙业洲书

松州一老歌　为林下监生[8]易文赋

松州老翁一侧居，皓齿童眸八十余。抚时论事露肝赤，胸中经验多成书。

世儒出门即高议，纸上文章等□□。殷浩[9]当时亦有名，子云[10]识字空为异。

圯桥[11]胯下[12]者何生，挥霍百战开炎精[13]。小敌逡巡[14]大敌勇，博衣长者南阳卿。

太平诸贤厌卑怯，耻为甲兵薄钱谷。补天柱地[15]竟何成，耀日争□几湮没。

西山豪家猛若云，生儿重武不重文。张弓挟矢格战斗，暴骨流血为膻荤。

谈兵成败古来有，白日青天韩范[16]后。谋臣经国贵万全，千载卧龙一回首。

英雄已去谁与同，眼底智计称何公[17]。横梁铁桥断复续，雪山之势为丰隆。

易生更是松州士，立谈顷刻尽边事。山川形胜画箸间，番房驰骤徒为耳。

我来得生恨已晚，三叹出处怀俛仰[18]。乾坤浩荡有穷人，绝塞寥寥见肮脏。

青稞美酒琉璃杯，为君倒尽扶桑台。长歌松州一老曲，日月不断春光回。

皇明嘉靖丙午[19]秋，宪大夫[20]、松州兵使[21]南中缪宗周维静[22]书，易文、男生员[23]易□刻石，蓝翎[24]统带诚右营官弁兵勇、尽先[25]游击[26]邹绍南重刊

【注释】

[1] 癸亥之岁　即清同治二年，公元1863年。

[2] 松州事务　指清咸丰十年（1860年）的松潘"庚申之变"。是年，英法联军攻占北京，火烧圆

明园。而松潘一带也发生"庚申之乱",城池被毁,生灵涂炭。直到同治初年始平。

[3] **简兵**　操练士兵。

[4] **郸邯之步**　即"邯郸学步",也作"学步邯郸"。语出《庄子·秋水》:"子往呼!且子独不闻夫寿陵余子之学行于邯郸与?未得国能,又失其故行矣,直匍匐而归耳。今子不去,将忘子之故,失子之业。"比喻一味地模仿别人,不仅学不到本事,反而把原来的本事也丢了。

[5] **把臂入林**　本义指互挽手臂,一同走入山林,旧指与朋友一起归隐。语出南朝宋刘义庆《世说新语·赏誉》:"谢公(安)道:豫章(谢鲲)若遇七贤,必自把臂入林。"

[6] **大清同治二年**　公元1863年。

[7] **清和月**　农历四月。

[8] **监生**　是国子监学生的简称。国子监是明清两代的最高学府,照规定必须贡生或荫生才有资格入监读书。所谓荫生即依靠父祖的官位而取得入监的官僚子弟,此种荫生亦称荫监。后监生也可以用钱捐到,这种监生,通称例监,亦称捐监。

[9] **殷浩(303—356)**　字渊源(因《晋书》避唐高祖李渊之讳,故改为深源),陈郡长平(今河南西华)人,豫章太守、光禄勋殷羡之子,东晋时期大臣、将领。早年以见识度量、清明高远而富有美名,酷爱《老子》,隐居十年不曾出仕做官,后受会稽王司马昱征召入朝任建武将军、扬州刺史。当时桓温因消灭成汉而逐渐坐大,司马昱为和桓温抗衡,开始有意栽培殷浩,令其参与朝政。因此,桓温和殷浩的两股势力开始令东晋朝廷内部矛盾激化。王羲之、荀羡等纷纷写信劝阻,殷浩一概不理。永和五年(349年),后赵皇帝石虎病死,诸子争位而致关中大乱,东晋朝廷开始决策北伐,并任殷浩为中军将军。永和八年(352年),殷浩奉命北伐,出兵攻打许昌、洛阳。永和九年(353年),殷浩中计兵败许昌,桓温趁机上表弹劾,朝廷只得将殷浩废为庶人,流放东阳。永和十二年(356年),殷浩病死于东阳,时年53岁。

[10] **子云**　即扬雄(前53—18),西汉官吏、学者。字子云,西汉蜀郡成都(今成都郫都区友爱镇)人。少好学,为人口吃,博览群书,长于辞赋。年四十余,始游京师,以文见召,献《甘泉》《河东》等赋。成帝时任给事黄门郎。王莽时任大夫,校书天禄阁。有《太玄》《法言》《方言》《训纂篇》。

[11] **圯桥**　即典故"张良圯桥进履"。出自《史记·留侯世家》:"良尝闲从容步游下邳圯上,有一老父,衣褐,至良所,直堕其履圯下,顾谓良曰:'孺子,下取履!'良愕然,欲殴之,为其老,强忍,下取履。父曰:'履我!'良业为取履,因长跪履之。父以足受,笑而去。良殊大惊,随目之。父去里所,复还,曰:'孺子可教矣。后五日平明,与我会此。'良因怪之,跪曰:'诺。'五日平明,良往。父已先在,怒曰:'与老人期,后,何也?'去,曰:'后五日早会。'五日鸡鸣,良往。父又先在,复怒曰:'后,何也?'去,曰:'后五日复早来。'五日,良夜未半往。有顷,父亦来,喜曰:'当如是。'出一编书,曰:'读此则为王者师矣。后十年兴,十三年孺子见我济北,谷城山下黄石即我矣。'遂去,无他言,不复见。旦日,视其书,乃《太公兵法》也。良因异之,常习诵读之。"

[12] **胯下**　即典故"韩信胯下之辱"。出自《史记·淮阴侯列传》:"淮阴屠中少年有侮信者,曰:

'若虽长大，好带刀剑，中情怯耳。'众辱之曰：'信能死，刺我，不能死，出我胯下。'于是信孰视之，俛出胯下，蒲伏。一市人皆笑信，以为怯。"

[13] 炎精　指火德；火的本性。后引申为应火运而兴的王朝。《东观汉记·冯衍传》："继高祖之休烈，修文武之绝业，社稷复存，炎精更辉。"

[14] 逡巡　因为有所顾虑而徘徊不前或退却。

[15] 补天柱地　修补天，支撑地，比喻伟大的功勋。出自南朝梁陆倕《新陋刻铭》："业类补天，功均柱地。"

[16] 韩范　宋名臣韩琦和范仲淹的并称。《宋史·韩琦传》："琦与范仲淹在兵间久，名重一时，人心归之，朝廷倚以为重，故天下称为'韩范'。"

[17] 何公　即何卿。据中华民国《松潘县志》卷六《宦迹》载："何卿，字荩臣，合肥人，嘉靖间总兵。先是，松潘南路番叛，夺踞七堡，劫掠行人，道路梗阻数十年。卿至，攻破诸番，克复七堡，改河修路以运粮饷，通行人。继平茂州十一寨，进中府都督佥事，仍镇松潘。复修长宁马路，于师家、永平各险要增筑御寇、靖虏诸墩，沿边夹道筑墙一千余里。又平浑水寨番乱，进同知，旋进总督京营总兵。松人戴其功，崇祀名宦。"

[18] 俛仰（fǔ yǎng）　低头抬头。《墨子·节用中》："俛仰周游威仪之礼，圣王弗为。"

[19] 嘉靖丙午　明世宗嘉靖二十五年，公元1546年。

[20] 宪大夫　即"中宪大夫"。文官名。金始置，正五品，元升正四品，宋、辽、金皆实施。明为正四品升授之阶，清正四品。

[21] 兵使　"兵宪""兵备道"的别称，或"兵备副使"的简称。兵备道：官名。明制于各省重要地方设整饬兵备的道员，明洪武年间始置，本为遣布政司参政或按察副使至总兵处整理文书，参与机要之临时性差遣。弘治年间始于各省军事要冲遍置整饬兵备之"道员"，称为兵备道，掌监督军事，并可直接参与作战行动。此官由按察使或按察佥事充任，是分巡道的一种。

[22] 缪宗周维静　缪宗周，字维静，云南通海人（今云南省玉溪市通海县），明代廉吏。正德进士，嘉靖间官至浙江布政使。归里，家居三十年，清约如寒士。

[23] 生员　明清指经本省县、府、院三级考试录取，由学政分入府、州、县学学习者。习称秀才，亦称诸生。生员常受本地教官（即教授、学正、教谕、训导等）及学政（明为学道）监督考核。

[24] 蓝翎　清官员冠饰。六品以下戴鹖鸟尾羽，称为蓝翎，无眼，俗谓老鸹翎。

[25] 尽先　即"尽先补用"。一个职位有空缺时，优先选用此人。

[26] 游击　明代武官名，清代绿营武官名，从三品，次于参将一级。

九寨沟郭元柴门关修路功德题记

【位置】九寨沟县郭元乡青龙村柴门关东南古道旁岩石上

【年代】清光绪五年（1879年）

【形制】竖长方形

【尺寸】高135、宽95厘米

【内容】

……委员治修城垣、路道。直隶州[1]熊自勳督……署会龙汛[2]把总[3]岳华增暨绅粮[4]、乡约[5]、督工金富元等，修理路道，自捐赀金[6]。

光绪五年[7]五月十二日寅时[8]地震，上下无路，五日无人行走。即开新路一条，无处求款。今有广元赵兴发钱四十千文；绅士马振甲、左凤鸣钱六千文；□□□□官首事王恺、刘隆廷钱三千文；所右司蓝永福、□长吴春和钱四千文。

　　陈万镒撰书

　　石匠李洪恩

九寨沟郭元柴门关修路功德题记

【注释】

[1] **直隶州** 指松潘直隶州。

[2] **会龙汛** 汛，清代兵制，凡千总、把总、外委所统率的绿营兵均称"汛"，其驻防巡逻的地区称"汛地"。会龙，今为回龙。会龙汛址在今九寨沟县郭元乡回龙村，部分城垣尚存。据中华民国《松潘县志》载："清雍正七年（1729年），巴州知州吴赫监筑土城。高一丈四尺，周不及一里，计一百四十丈。东西二门，上建鼓楼各一。"

[3] **把总** 清代绿营兵低级军官，秩正七品，位次于千总。

[4] **绅粮** 绅士和粮户。指地方上有地位有财势的人。

[5] **乡约** 指奉官命在乡、里中管事的人。

[6] **赀金** 资金。赀：同"资"。

[7] **光绪五年** 公元1879年。据中华民国《松潘县志》卷八《祥异》载："光绪五年夏五月，地震，有声，瓦屋皆落。"

[8] **寅时** 旧时计时法，指凌晨3点到5点。

九寨沟郭元柴门关"秦川锁钥"题记

九寨沟郭元柴门关"秦川锁钥"题记

【位置】九寨沟县郭元乡柴门关半山腰

【年代】清光绪乙酉年（1885年）

【形制】竖长方形

【尺寸】高370、宽120厘米

【内容】

大清光绪乙酉年[1]仲春月[2]刻

秦　川[3]　锁　钥[4]

镇松使者总旗[5]琅溪夏毓秀[6]题书

【注释】

[1] 大清光绪乙酉年　清光绪十一年，公元1885年。

[2] 仲春月　农历二月。因处春季之中，故称仲春。

[3] 秦川　甘肃与四川。

[4] 锁钥　喻指在军事上相当重要的地方。

[5] 总旗　明代军队编制五十人为总旗，十人为小旗。此处为自谦语，即松潘镇总兵。

[6] 夏毓秀　据中华民国《松潘县志》卷五《官师》载："夏毓秀，云南昆明县人。光绪七年（1881年）任（总兵）。九年（1883年）任。二十一年（1895年）任。"又据中华民国《松潘县志》卷六《宦绩》载："夏毓秀，字琅溪，云南昆明人。刚介有勇，咸丰滇乱，由偏裨累功至统将。每战身先士卒，积伤如鳞。光绪中，置松潘镇，实心图治，百废俱举。黑水、松坪诸番作乱，毓秀派员往谕解散。甘肃拉布朗番僧屡劫川商，毓秀禀咨四川、陕甘两督，派员三次划界，毋相侵扰，如遇抢劫，以该寺僧论罪。丙申（清光绪二十二年，1896年），包座生番构衅，毓秀带兵深入，诸夷悉定。募设'利'字马队百名，巡游边地，保护商旅。初，统兵入关日，西南彩云见，毓秀曰：'此云主占大有。'秋收麦稞双穗，遂建瑞麦、彩云二亭，创修广济仓、文武庙、武侯祠、相国祠。任松十余载，谦逊和平，未尝以显贵傲物。常集诸生会课，优给膏火，嘉惠寒畯。升任四川提督，调任广西提督、湖北提督。去之日，松茂、理、汶士民合建生祠于茂州。"

小金美沃"懋功、沃日色布达交界"题刻

小金美沃"懋功、沃日色布达交界"题刻

【位置】小金县美沃乡色木村色木达组

【时代】清代

【形制】竖长方形

【尺寸】高160、宽120厘米

【内容】

懋功[1]、沃日[2]色布达[3]交界

【注释】

[1] 懋功　今小金县。此处指懋功厅。

[2] 沃日　今小金县沃日乡。此处指沃日土司。

[3] 色布达　今小金县美沃乡色木村，原属沃日土司领地。

松潘大寨泽洛基摩崖题记

【位置】松潘县大寨乡政府北约10千米崖壁上

【年代】清宣统二年（1910年）

【形制】竖长方形

【尺寸】高180、宽77厘米

【内容】

　　署松潘文武佥事[1]李、许大人案处商巴[2]下五寨土目老民番众等称，我们草山原与上五寨草山连，以前未知。□□有祈命[3]番人来抢夺马牛羊支，杀死人马□已经官委员□验……在林波[4]、对河[5]二寺上界，准我下上五寨比照道光年间……在大马厂见人□一带放牧牛羊支，砍柴……烟墩牌坊又保□路道。一切差使□□□□□推诿，勿……祈命少赔下五寨人命一个，系作他寨累费。自后一不干预，一不妄言。如有违言抗遵，准断罚服银百两。倘再不遵，尽法处治。重审重断，取结完案。除将合知照命遵办外，特摘要谕勒石，永远遵守，切切此示。

大清宣统二年[6]庚戌八月谷吉

松潘大寨泽洛基摩崖题记

【注释】

[1] **佥事**　官名。金代，按察司属官有佥事。元代，诸卫、诸亲军及肃政廉访司、宣抚司、安抚司等皆有佥事，明代提刑按察使司（按察使，管理一省监察、司法的长官）属官有佥事，无定员，分道巡察。

[2] **商巴**　即商巴寨土司。据中华民国《松潘县志》卷四《土司》载："商巴寨土司，其寨主土千户占巴则之裔顿在王曲，系西番种类。其先罡让笑于康熙四十二年（1703年）归诚授职，颁给号纸，无印信。其地东境二十里交铁匠沟寨界，南境十里交祈命下小沟寨界，西境五里交祈命寨界，北境五里交寒盼元山寨界，四至共四十里，管辖十一寨。"

[3] **祈命**　即祈命寨土司，据中华民国《松潘县志》卷四《土司》载："祈命寨土司，其寨主土千户惠同之裔茹借，系西番种类。其先龙伴架于康熙四十二年（1703年）归诚授职，颁给号纸，无印信。曾孙良哥于道光十二年（1832年）、十八年（1838年）、咸丰九年（1859年）奉派赴京三次。其地东境十里交寒盼寨界，南境二十里交下商巴寨界，西境四十里交黄胜关宁西塘界，北境十里交商巴铁嘴寨界。四至共八十里，管辖十一寨。"

[4] **林波**　即林波寺，又称扎西明卓寺，位于松潘县川主寺镇林波村。本教寺庙。始建于清乾隆三十三年（1768年），由容中登毕木参、邓家喇嘛主持创建，占地面积2333平方米。

[5] **对河**　即对河寺，又称朗介更竹伦寺、朗恩色康，意指这里是黄金的地方，或是一座黄金筑成的庙。位于松潘县水晶乡水桶村。本教寺庙。始建于北宋熙宁二年（1069年），由西藏朗恩寺喇嘛容登甲木参创建，占地面积24 000平方米。

[6] **大清宣统二年**　公元1910年。

第二章 御 碑

北京香山敕建实胜寺碑记

【位置】北京香山团城演武厅南侧果园内的实胜寺碑亭内

【年代】清乾隆十四年（1749年）

【形制】四方立柱

【尺寸】高310、宽155厘米

(a)　　　　　　　　　　　　(b)

北京香山敕建实胜寺碑记

【内容】

敕建[1]**实胜寺**[2]**碑记**

去岁[3]夏，视师金川者，久而弗告其功，且苦酋之恃其碉也。则创为以碉攻碉之说，将筑碉焉。朕谓攻碉已为下策，今乃命攻碉者而为之筑碉，是所谓借寇兵而资盗粮者，全无策矣，为之憪然[4]。因忆敬观列朝实录，开国之初，我旗人蹑云梯肉搏而登城者，不可屈指数。以此攻碉，何碉弗克？今之人犹昔之人也，则命于西山之麓，设为石碉也者，而简[5]伙飞之士[6]以习之。未逾月，得精其技者二千人。更命大学士忠勇公傅恒[7]为经略[8]，统之以行，且厚集诸路之师，期必济厥事。赖天之佑，大功以成。此固经略智勇克兼，用扬我武，酋长畏威怀德，厥角[9]请命[10]，是以敌忾以往者率中道而归[11]。窃恨未施其长技，有余怒焉。记不云乎，反本修古，不忘其初。云梯[12]之习，犹是志也，

而即以成功，则是地者，岂非绥靖[13]之先声，继武之昭度哉！因命于碉傍，就旧有寺新之，易其名曰实胜。夫已习之艺不可废，已奏之绩不可忘。于是合成功之旅，立为健锐云梯营[14]。并于寺之左右，建屋居之，间亦依山为碉，以肖[15]刮耳[16]、勒歪[17]之境。昔我太宗皇帝[18]，尝以偏师破明十三万众于松山、杏山之间，归而建实胜寺于盛京[19]，以纪其烈。夫金川蕞尔[20]穷番，岂明师[21]比？然略昆明而穿池[22]，胜侨如而名子[23]，其识弗忘一也。《汉书》训：碉作雕，碉为石室，而雕则若雕鹗之栖云者，皆非是。盖西南夷语，彼中呼楼居，其音为碉云。

【注释】

[1] **敕建** 皇帝下令修建。

[2] **实胜寺** 位于北京市香山南麓，是乾隆效仿皇太极松、杏山战役胜利建实胜寺的史实，并为了彰显自己平定金川叛乱，而于乾隆十四年（1749年）在原来的鲍家寺基础上改建的。寺庙内立碑四通，分别为《敕建实胜寺碑记》碑（两通）、《乾隆十五年御制赐健锐云梯营军士食即席得句有序》碑和《实胜寺后记》碑。现寺庙无存，碑立团城演武厅等处。

[3] **去岁** 即乾隆十三年（1748年）。

[4] **懑然** 愤恨。

[5] **简** 选择。

[6] **伙飞之士** 精兵。伙飞，即伙非，春秋楚勇士。后亦泛指勇士。

[7] **傅恒**（约1720—1770） 富察氏，八旗满洲镶黄旗人，字春和，清高宗孝贤纯皇后之弟。乾隆时期历任侍卫、总管内务府大臣、户部尚书等职，授一等忠勇公、领班军机大臣加太子太保、保和殿大学士、平叛伊犁统帅。乾隆十三年（1748年）督师指挥大金川之战，降服莎罗奔父子。乾隆十九年（1754年）力主清军攻伊犁，平息准噶尔部叛乱。后任《平定准噶尔方略正编》《平定准噶尔方略前编》《平定准噶尔方略续编》正总裁。撰写《钦定旗务则例》《西域图志》《御批历代通鉴辑览》等书。乾隆三十三年（1768年）授经略，督师云南。次年四月，率京师京营八旗劲旅及驻防八旗满、蒙兵1.3万余人，分三路入缅甸作战，身患重疾，仍督军进攻，屡败缅军。后与云贵总督阿桂合兵攻老官屯不下，遂乘缅军遣使请和，疏奏罢兵。乾隆三十五年（1770年）二月班师，不久病卒。乾隆皇帝亲临其府奠酒，谥文忠。嘉庆元年（1796年）五月，以子福康安平苗功，赠郡王爵，配享太庙，入祀贤良祠。

[8] **经略** 官名。南北朝时曾设经略之职，唐初边州置经略使，宋置经略安抚使，掌一路民兵之事，皆简称"经略"。明及清初有重要军事任务时特设经略，职位在总督之上。

[9] **厥角** 像野兽折了头角一样。比喻畏惧不安的样子。出自《书·泰誓中》："百姓懔懔，若崩厥角。"孔颖达疏："以畜兽为喻，民之怖惧，若似畜兽崩摧其角然。"

[10] **请命** 代人请求保全性命或解除疾苦。

[11] **中道而归** 走到半路就回来了。比喻无功而返。

[12] **云梯** 古代攻城时攀越城墙的用具。引申为演练攀越技艺。

[13] **绥靖** 以安抚的手段使局势安定。绥：本义是借以登车的绳索，引申为安定、安抚。靖：安定之意。

[14] **健锐云梯营**　又称飞虎健锐云梯营、香山健锐营，是清京师禁卫军中具有特战性质的八旗部队。第一次金川之役期间，因大金川土司以碉堡攻守战术而使清军久不能胜，乾隆帝为使清军熟悉攻打碉堡之法，从京营八旗前锋营、护军营中挑选一批兵士，于乾隆十四年（1749年）在北京香山设健锐营。同时，将俘获的番兵和工匠迁入北京，编入营内，修筑石碉，供其攻防演练。魏源在《圣武记》之《乾隆初定金川土司记》中载："初上闻金川碉险，因于京师香山设石碉，造云梯，简羽林佽飞之士习之，未逾月，复精兵二千，命傅恒统之以行。次年，遂即其地立健锐营，以时训练。有征伐，则皆以此劲旅制胜。其筑碉者，即金川番兵也。"

[15] **肖**　相似、相像。

[16] **刮耳**　即刮耳岩。位于金川县安宁乡与卡撒乡之间，为交通要冲。地势险峻，上为绝壁，下临深渊，中通一线，路面狭仄，仅容一人侧身而过，且有刮耳之虞，故名。

[17] **勒歪**　即勒乌围，在今金川县勒乌镇前锋村，地处大金川河东岸一级台地，勒乌沟注入大金川河处，清乾隆中期前称"勒乌围"，原为大金川土司官寨所在地。"第二次平定金川"战役后，清廷于此修建御碑亭，竖碑于亭中。1958年，御碑亭被毁，御碑被打制成石磨、猪槽等。石磨现存于金川县文物局。

[18] **太宗皇帝**　即清朝正式称帝的爱新觉罗·皇太极。

[19] **盛京**　今辽宁省沈阳市。清朝（后金）在1625—1644年的都城。

[20] **蕞尔**　多形容比较小的地区或国家。

[21] **明师**　指明朝的军队。

[22] **略昆明而穿池**　指汉武帝元狩三年（前120年），为攻打昆明国而于长安西南郊仿滇池开挖的人工湖泊，以演练水战，名昆明池。宋以后淹没。《汉书·武帝纪》："（元狩三年春）发谪吏穿昆明池。"颜师古注引臣瓒曰："《西南夷传》有越嶲、昆明国，有滇池，方三百里。汉使求身毒国，而为昆明所闭。今欲伐之，故作昆明池象之，以习水战，在长安西南，周回四十里。"

[23] **胜侨如而名子**　指鲁文公十一年（前616年），北狄鄋瞒国伐鲁，鲁文公派叔孙得臣御敌，打败了鄋瞒，并击杀其国君侨如，特将自己的儿子宣伯命名为侨如，以表其功。

御制平定金川告成太学碑文

【位置】北京孔庙大成殿内

【年代】清乾隆十四年（1749年）

【形制】不详

【尺寸】不详

【内容】

御制平定金川告成太学碑文

　　天昈[1]我皇清握乾符[2]、俯坤轴[3]，函括万邦[4]，悉主悉臣[5]。五后缵承[6]，创守佑启[7]，亦

第二章 御 碑

惟是二三荩臣[8]，布德宣力[9]。予曰"有先后"，予曰"有御侮"。用造我丕丕基[10]，罔有蘖芽[11]，罔不煦妪[12]，长养游于大当[13]。粤有[14]金川莎罗奔[15]者，居西蜀桃关[16]以外，界绰斯甲[17]、小金川[18]间，向曾从征，得受符檄[19]，与诸土司齿[20]，顾[21]恃其险远，夜郎自大[22]，构衅[23]邻番。各土司申诉封疆吏，吏曰："蔓之不图，岂其视为瓯脱[24]。"乃请兵筹饷，期扫其穴。而司[25]其事者，或怯缩[26]以老师[27]，或儒狡[28]以蓄志[29]。军无适从，事用弗集，予心憪然[30]。念边徼[31]之不宁，或致增防置戍，重劳吾民。大学士忠勇公傅恒[32]，义同休戚[33]，毅然请肩斯任。乃命以经略印[34]，益厚[35]集诸路军，刍粟[36]相继，闾阎[37]不惊。卜吉于戊辰[38]十一月之三日，祁牙[39]以指所征，朕亲御一武帐，赐经略酒以行。天日永咏[40]，阳气宣复。都人士听睹笙跃[41]，罔不忭喜[42]，谓露布[43]之旦暮[44]至也。乃历燕晋，驱秦陇，赴剑阁，绝江川[45]，凌桃关之巘[46]，径天射之峻[47]，又曰讨军，实而教诫拊循[48]之。均其渴饮饥食，同其晓征夜眠。至于密赞[49]机务[50]，亲草奏章，则又经略独勤其劳。而诸武臣有所不知，有弗能共者。恩威既明，士用益励，度番落如户庭[51]，过部伍与衽席[52]。奸酋授首，军声大振，复以巨炮击其碉。坚碉以摧，将俟诸军之集，捣其中坚[53]，而番酋骈瞿骇喙[54]，稽首[55]请降，经略臣以彼罪重恶极，穷而乞生，久或渝且俏焉[56]，虑不允所请。朕惟天地之德在好生[57]，彼蚁溃而鼠骇[58]者，毋宁[59]赦而宥之。且求降而尽歼之，不可为武，剡[60]不足以污我斧也。于是，经略宣朕明旨，登坛受降。己巳[61]二月之望日[62]，金川平定，捷音至京。是役也，深入数千里，奏凯未七旬，而振旅之师，多有返自中途，未究其用者。昔之成功，巴蜀如建武帝之定公孙[63]，江陵之降李势[64]，皆在版图之内，无足比数。廷臣举皇祖朔漠[65]、皇考青海[66]成例，请勒碑成均，以示来许。夫秉丹诚[67]而运筹决胜，永靖荒徼者，经略大学士之功也；商可否于帷幄，冲石矢与行阵者，参赞大臣及诸将士力也。朕有何焉？惟是体乾元之德[68]，凛佳兵之戒[69]，保大定功，安民和众，庶几可以垂则乎？乃系之辞曰：

维天生人，类聚群分。凡兹林林，孰非我民。有羁而縻，有诲而谆。岂伊异视，远近殊伦。守在四夷[70]，稽古名言。无已[71]用之，寓义于仁。蠢彼金夷，恃其险阻，蚕食豨张[72]，谓莫我拒。不靖不庭[73]，侵厥邻聚[74]。骇奔叫呶[75]，以干大咎[76]。匪棘匪纾[77]，獯狁[78]之故。我张我伐，獯狁之故。我师既集，贼亦相持。匪敢相持，惧诛自支。两易寒暑，蒇功[79]稍稽。贼益以狂，怒臂当车。罪臣既诛，以询我师。朕咨于恒，汝往视之。朕咨于恒，惟汝同德。惟我庶士，亦久于役。将兹旗兵，羽林神策[80]。其勇熊罴[81]，其心金石。何敌弗摧，何攻弗克。济以汝忠，奏捷顷刻。恒拜稽首，臣敢弗覆[82]。既祃[83]既宜，师出于京。师出于京，时惟一阳[84]。未逾五旬，乃压其疆。前旌猎猎，有节煌煌[85]。群番乃惊，谓自天降。惟彼攸恃[86]，曰良尔吉。以侦以谍，如鬼如蜮。其恃爰诛，其类股栗[87]。纪律是明，戎兵是诘[88]。铸炮攻碉，其守以失。惟是惧诛，潜弗敢出。其潜弗出，乃旦夕延。将齐我军，披其中坚。大鞔大脾[89]，期目[90]之前。彼乃穷蹙[91]，乞降悚虏[92]。惟命是从，六事[93]永遵。除道筑坛，肉袒羊牵[94]。赳赳钟琪[95]，乃度之诉。聿抵贼巢，开诚以谕。携其二首，军门亲赴。悔罪归诚，车尘马足。顺斯抚之，昭我王度。昔也雷霆，今也雨露。七纵诸葛[96]，单骑汾阳[97]。曰我相臣，于前有光。晋爵锡服，黼黻龙章[98]。速归黄阁，左右赞襄。休养生息，惠鲜蜀邦。

25

我武既扬，无疆[99]惟庆。

——西藏学汉文文献丛书第二辑：（清）高宗《御制诗文十全集》卷二，北京：中国藏学出版社，1993年版

【注释】

[1] 畀（bì）　给；给予。

[2] 乾符　指帝王受命于天的吉祥征兆。《晋书·慕容儁载记》："寡君今已握乾符，类上帝，四海悬诸掌，大业集于身。"

[3] 坤轴　古人想象中的地轴。晋张华《博物志·地》："昆仑山北地转下三千六百里，有八玄幽都，方二十万里。地下有四柱，四柱广十万里。地有三千六百轴，犬牙相举。"后引申为大地。

[4] 函括万邦　函括：包含，包括。万邦：所有诸侯封国，后引申为天下，全国。

[5] 悉主悉臣　知道谁是君主谁是臣民。

[6] 五后缵承　继承了五代先祖的基业。五后：指乾隆的五位先祖，即清太祖努尔哈赤、清太宗皇太极、清世祖顺治、清圣祖康熙、清世宗雍正。缵承：继承。《周书·明帝纪》："今朕缵承大业，处万乘之上。"

[7] 创守佑启　创基守业，佑助启发。

[8] 荩（jìn）臣　忠臣。《诗·大雅·文王》："王之荩臣，无念尔祖。"朱熹集传："荩，进也，言其忠爱之笃，进进无已也。"本谓王所进之臣，后引申为忠诚之臣。

[9] 布德宣力　为弘扬祖宗的恩德而尽心尽职，不遗余力。

[10] 丕丕基　极大的基业。出自《尚书·立政》："以并受此丕丕基。"后用"丕丕基"指帝位。

[11] 罔有蘖（niè）芽　罔有：没有。蘖芽：草木萌生的新芽，引申为开始发生。蘖：被砍去或倒下的树木再生的枝芽。

[12] 罔不煦妪（xù yù）　罔不：没有不。煦妪：亦作"煦姁"，抚育，爱抚。《礼记·乐记》："天地欣合，阴阳相得，煦妪覆育万物。"郑玄注："气曰煦，体曰妪。"孔颖达疏："天以气煦之，地以形妪之，是天煦覆而地妪育，故言煦妪覆育万物也。"煦：温暖，春风和煦。妪：原意为年老的女人，后引申为养育，抚育。

[13] 长养游于大当　长养：抚育培养。《荀子·非十二子》："长养人民，兼利天下。"游：学习。大当：大致相当。《史记·卫将军骠骑列传》："时已昏，汉、匈奴相纷挐，杀伤大当。"

[14] 粤有　说有。粤：古同"聿""越""曰"，文言助词，用于句首或句中。

[15] 莎罗奔　大金川土司。康熙六十年（1721年）随岳钟琪出征羊峒有功，授以副长官司职衔，令其管理大金川驻牧事务。雍正元年（1723年）经川陕总督年羹尧请奏，授给安抚司职衔。后因边界纠葛和逐渐向外扩张势力，将女阿扣妻小金川土司泽旺，另一女妻巴底土司纳旺，采取政治联姻手段，以为牵制之策。乾隆十年（1745年）诱执小金川土司泽旺，夺其印信。经川陕总督庆复会同四川巡抚纪山，前往调处，于次年释放泽旺，并归还小金川土司印信。乾隆十二年（1747年）莎罗奔发兵围攻革布什扎正官寨，进而攻占明正土司的鲁密章谷，逼及川藏通道中的军事重镇打箭炉（今

康定市）。乾隆十三年（1748年）清军3万人分两路进讨，久而无功，川陕总督张广泗被清廷处死，改派岳钟琪为总兵，克期进讨。乾隆十四年（1749年）莎罗奔溃败请降，顶佛经立誓永不反叛，大金川事件初告平息，此系乾隆"第一次平定金川"之役。事后清廷赦其罪，仍为土司职。但因年老而由侄郎卡主事。乾隆二十五年（1760年）五月十一日，病逝于大金川土司官寨。

[16] **桃关**　今汶川县银杏乡桃关村。古为岷江上游的重要隘口之一。清乾隆平定金川时，于此设塘汛、驿站，置军政官员和驻军守卫。

[17] **绰斯甲**　今金川县观音桥区及周山区，壤塘县上寨以下绰斯甲河流域，原为绰斯甲宣慰司领地。中华民国时设绰斯甲县，20世纪50年代，观音桥区及周山区划入金川县，余划入壤塘县。

[18] **小金川**　今小金县抚边河及小金川河流域的广大地区，原为小金川土司领地。

[19] **符檄**　官符、移檄等文书的统称，一般又称印信号纸。

[20] **齿**　指大金川土司领地与周边土司领地犬牙交错。

[21] **顾**　文言连词。反而，却。《战国策·秦策一》："今三川、周室，天下之市朝也，而王不争焉，顾争于戎狄。"

[22] **夜郎自大**　典故，出自《史记·西南夷列传》："滇王与汉使者言曰：'汉孰与我大。'及夜郎侯亦然。以道不通，故各以为一州主，不知汉广大。"后比喻骄傲无知的肤浅自负或自大行为。

[23] **构衅**　故意制造争端。

[24] **瓯脱**　边地；边境荒地。王国维《〈国学丛刊〉序》："历代开疆，尚多瓯脱。"

[25] **司**　主持；主管。

[26] **怯缩**　畏缩怕事。

[27] **老师**　指军队出征日久而疲惫。老：历时长久。师：军队。《左传·僖公三十三年》："老师费财。"杜预注："师久为老。"

[28] **剽狡**　敏捷勇猛。《后汉书·马融传》："剽狡课才，劲勇程气。"李贤注："剽狡，勇捷。"

[29] **蓄志**　蕴藏已久的志愿。

[30] **憪（xiàn）然**　不安。

[31] **边徼**　边境。《梁书·萧藻传》："时天下草创，边徼未安。"

[32] **傅恒**（约1720—1770）　富察氏，八旗满洲镶黄旗人，字春和，清高宗孝贤纯皇后之弟。乾隆时期历任侍卫、总管内务府大臣、户部尚书等职，授一等忠勇公、领班军机大臣加太子太保、保和殿大学士、平叛伊犁统帅。乾隆十三年（1748年）督师指挥大金川之战，降服莎罗奔父子。乾隆十九年（1754年）力主清军攻伊犁，平息准噶尔部叛乱。后任《平定准噶尔方略正编》《平定准噶尔方略前编》《平定准噶尔方略续编》正总裁。撰写《钦定旗务则例》《西域图志》《御批历代通鉴辑览》等书。乾隆三十三年（1768年）授经略，督师云南。次年四月，率京师京营八旗劲旅及驻防八旗满、蒙兵1.3万余人，分三路入缅甸作战，身患重疾，仍督军进攻，屡败缅军。后与云贵总督阿桂合兵攻老官屯不下，遂乘缅军遣使请和，疏奏罢兵。乾隆三十五年（1770年）二月班师，不久病卒。乾隆皇帝亲临其府奠酒，谥文忠。嘉庆元年（1796年）五月，以子

福康安平苗功，赠郡王爵，配享太庙，入祀贤良祠。

- [33] **休戚** 喜乐和忧虑。

- [34] **经略印** 挂经略大臣印。经略："经略大臣"之简称，始于唐代之经略使或经略安抚使，明清时则称经略或经略大臣。清代自顺治以至嘉庆年间，于重大军事行动，特命亲信之王、大臣为经略大臣，统帅数省官兵，行使军政全权，地位高于督、抚等封疆大吏。但此职属于临时性简派，且以军事为主，事罢即撤。

- [35] **益厚** 越来越多。

- [36] **刍粟** 粮草。多指供军队用的饲料和粮食。

- [37] **闾阎** 原指古代里巷内外的门。后泛指平民百姓。

- [38] **戊辰** 清乾隆十三年，公元1748年。

- [39] **祁牙** 举行盛大的出师仪式，并授予军旗。祁：盛大、众多的意思。牙：指古代将军之旗，后亦转指官署。

- [40] **咏（ǎi）** 星名。此处应为"昹"之错别字，明亮。

- [41] **耸跃** 踊跃。《宋书·晋熙王昶传》："臣闻鹳鸣皋垤，则降阴吐雨，腾蛇耸跃，而沉云郁冥。"

- [42] **忭（biàn）喜** 高兴欢喜。

- [43] **露布** 一种写有文字并用以通报四方的帛制旗子，多用来传递军事捷报。代指胜利的消息。

- [44] **旦暮** 短暂的时间，形容时间过得很快。

- [45] **历燕晋，驱秦陇，赴剑阁，绝江川** 指讨伐大军调集了河北、山西、甘肃、陕西及四川剑阁、云南江川等地的驻防八旗兵及绿营兵。

- [46] **凌桃关之巘（yǎn）** 站在桃关的山顶。巘：山峰。

- [47] **径天射之峻** 直接征讨"射天"的残暴行为。天射：应为"射天"，典故名，典出《史记》卷三《殷本纪》："帝武乙无道，为偶人，谓之天神。与之博，令人为行。天神不胜，乃僇辱之。为革囊，盛血，卬而射之，命曰'射天'。"后借"射天"指暴虐和叛乱行为。

- [48] **拊循** 亦作"拊巡"，安抚；抚慰。《荀子·富国》："垂事养民，拊循之，唲呕之。"杨倞注："拊循，慰悦之也。"

- [49] **密赞** 密切辅佐。

- [50] **机务** 机要事务，多指机密的军国大事。

- [51] **度番落如户庭** 对当地风土人情、地形地貌等情况的了解掌握如同是对自己家里一样。户庭：户外庭院。亦泛指门庭、家门。

- [52] **过部伍与衽席** 与官兵同吃同住，甘苦与共。衽席：床褥与莞簟。

- [53] **中坚** 指军队中最重要最坚强的部分。《后汉书·光武帝纪上》："光武乃与敢死者三千人，从城西水上冲其中坚。"李贤注："凡军事，中军将最尊，居中以坚锐自辅，故曰中坚也。"

- [54] **骙瞿駾喙（kuí qú tuì huì）** 骙瞿：急速奔走的样子。駾喙：形容惊恐逃窜而极度疲困。语出《诗·大雅·绵》："混夷駾矣，维其喙矣。"毛传："駾，突。喙，困也。"

第二章 御 碑

[55] **稽首** 古代汉族跪拜礼,为九拜中最隆重的一种。常为臣子拜见君父时所用。跪下并拱手至地,头也至地。

[56] **久或渝且偝焉** 时间久了,可能再起背叛之心。渝:改变,违背。偝:古同"背",背弃,违反。

[57] **天地之德在好生** 即"天地有好生之德"。天地:指天地之间,自然界。好生:爱惜生灵。指有爱惜生灵、不事杀戮的品德。

[58] **蚁溃而鼠骇** 即成语"蚁溃鼠骇",形容敌军惊骇溃逃。蚁溃:谓大堤可因蚁穴而崩溃。比喻小事疏忽,可酿成大祸。语出《韩非子·喻老》:"千丈之堤,以蝼蚁之穴而溃。"鼠骇:像老鼠一样惊慌、惧怕。

[59] **毋宁** 也作"无宁"。宁可,不如。表示两相比较以后选取这一面:"与其临渊羡鱼,毋宁退而结网。"

[60] **矧(shěn)** 另外,况且,何况。唐柳宗元《敌戒》:"矧今之人,曾不是思。"

[61] **己巳** 清乾隆十四年,公元 1749 年。

[62] **望日** 农历每月十五日。望:古人称月亮最圆的那一天为"望"。

[63] **建武帝之定公孙** 建武帝:又称汉光武帝,即东汉开国皇帝刘秀。公孙:公孙述,东汉初曾在四川建立地方割据政权,自称"蜀王",后为刘秀剪灭。成语"得陇望蜀"即出于此事。

[64] **江陵之降李势** 江陵:今湖北省宜城之纪南城。李势(?—361),字子仁,十六国时期成汉最后一位皇帝。在位时,骄狂吝啬,贪财好色,杀人夺妻,不理国事,残害大臣,滥用刑法,当时人人自危。公元 347 年,东晋大司马桓温率军讨伐李势,李势兵败投降,成汉灭亡。桓温将李势及其亲族十多人迁往晋都建康(今江苏省南京市),封李势为归义侯。公元 361 年,李势去世。

[65] **皇祖朔漠** 皇祖:清康熙皇帝,乾隆之祖父。朔漠:原指北方沙漠地带,此处代指康熙亲征厄鲁特蒙古噶尔丹之事。康熙十六年(1677 年)厄鲁特首领噶尔丹奏表入贡,不意其性凶残,戕害其兄弟,兼并厄鲁特四部,蚕食邻封,成为北部一大边患。康熙帝为安定地方,维护国家安全,遂于康熙三十五年(1696 年)二月督师亲征,历时 99 天,行程 5000 里,噶尔丹兵败自杀,多年动乱的北疆由此趋于宁静。康熙四十二年(1703 年),在今内蒙古自治区呼和浩特市旧城席力图召和小召(崇福寺)内竖《御制平定噶尔丹纪功碑》纪其事。

[66] **皇考青海** 皇考:清雍正皇帝,乾隆之父亲。清雍正元年(1723 年)至雍正二年(1724 年),雍正皇帝派抚远大将军年羹尧统军平定青海和硕特蒙古首领罗卜藏丹津的武装叛乱。雍正三年(1725 年)在北京孔庙大成殿内竖《御制平定青海告成太学碑》纪其事。该碑现存于北京的孔庙和国子监博物馆。

[67] **丹诚** 赤诚之心。

[68] **乾元之德** 上天的好生之德。

[69] **佳兵之戒** 警诫人们用兵要慎重。佳兵:兵器,代指用兵动武。

[70] **四夷** 古代对中国四周边疆地区社会发展程度较低的东夷、南蛮、北狄和西戎的统称。此处应泛指边疆地区。

[71] 无已　不得已。

[72] 豨（xī）张　如野猪一般张狂。豨：巨大的野猪。

[73] 不庭　不朝于王庭，实属大逆不道。

[74] 邻聚　"邻居"之意。

[75] 骇奔叫呶　意为对四邻大肆侵扰，制造恐慌。骇：震惊。叫呶：喧哗叫闹。唐柳宗元《平淮夷雅》之一："狂奔叫呶，以干大刑。"

[76] 以干大咎　招致巨大的灾祸。干：触犯，冒犯，冲犯。大咎：非常的灾祸。《国语·晋语八》："非死逮之，必有大咎。"韦昭注："非常之祸。"

[77] 匪棘匪纾　指两国或双方关系的紧张与和平。匪：同"非"。棘：同"急"。纾：缓和，解除。

[78] 玁狁　中国古代的一个民族，即犬戎，活动于今陕西、甘肃一带，猃狁、岐山之间。相传远古时曾遭黄帝驱逐。殷周之际游牧于今陕西、甘肃北境及宁夏、内蒙古西部。西周初其势渐强，成为周王朝一大威胁。周宣王曾多次出兵抵御，并在朔方建筑城堡。春秋时被称为戎或狄。一说，玁狁为秦汉时匈奴的先民。

[79] 敉（mǐ）功　谓安抚天下之功。《书·立政》："亦越武王，率惟敉功。"蔡沉集传："敉功，安天下之功。"

[80] 羽林神策　指禁旅八旗，又称京旗，为清代八旗兵中留驻京城，具有禁卫军性质的部队。羽林：汉代禁卫军名。神策：唐代由宦官掌控的禁军。

[81] 熊罴（pí）　熊和罴，皆为猛兽。因以喻勇士或雄师劲旅。

[82] 覭（máng）　勤勉，努力。

[83] 祃（mà）　行军时在军队驻扎处举行的祭祀活动。《宋史·军礼》："祃，师祭也，宜居军礼之首。讲武次之，受降、献俘又次之。田猎以下，亦各以类附焉。"

[84] 一阳　即一阳月，指农历五月。

[85] 有节煌煌　比喻军队行进有序。

[86] 攸恃　有所依靠。攸：所。恃：依靠，凭借。

[87] 股栗　因紧张、害怕而两腿发抖。明冯梦龙《东周列国志》第七十一回："梁邱据得了性命，抱头鼠窜而去。于是大小三军，莫不股栗。"

[88] 诘　责备；质问。《广雅》："诘，责也。"

[89] 大鞣大膊　本意为用力鞣搓其胳膊。此处指大量消灭其溃逃的部下。

[90] 期目　预定的目标。

[91] 穷蹙（cù）　窘迫；困厄。穷：窘。蹙：紧迫。

[92] 悚虔　恐惧虔诚的样子。

[93] 六事　上古指领兵的六卿。《书·甘誓》："大战于甘，乃召六卿。王曰'嗟!六车之人，予誓告汝。'"孔传："各有军事，故曰六事。"后因以指朝中的军事大臣。

[94] 肉袒羊牵　古代战败投降的仪式。肉袒：脱去上衣，裸露肢体。古人在祭祀或谢罪时以此表示

恭敬或惶恐。羊牵，即牵羊：牵着羊，表示犒劳军队。

[95] **钟琪** 即岳钟琪（1686—1754）。字东美，号容斋，四川成都人。南宋岳飞的二十一世孙。清代康熙、雍正、乾隆三朝名将。雍正时受吕留良案牵连，下狱险死。乾隆时复用，授予总兵之衔，后改授四川提督，赏戴孔雀花翎，在"一定金川"中招降金川土司莎罗奔有功，加太子少保，赏三等威信公爵位。乾隆十九年（1754）病逝于四川资阳。乾隆皇帝赞为"三朝武臣巨擘"。

[96] **七纵诸葛** 指蜀汉丞相诸葛亮"七擒孟获"的故事。

[97] **单骑汾阳** 指唐代宗时，仆固怀恩叛变，引吐蕃、回纥、吐谷浑、党项等联兵数十万进犯关中。765年11月，汾阳王郭子仪在泾阳前线仅带数人入回纥军中说服回纥军首领与唐联兵大破吐番，再造唐室一段史事。

[98] **黼黻（fǔ fú）龙章** 绘或绣有龙纹的官服。黼黻：泛指礼服上所绣的华美花纹。古代衣服边上规律的"黑白""黑青"相间的花纹，多指官服。龙章：衮龙袍，绣有龙纹的衣服。

[99] **无疆** 亦作"无强"。没有止境；没有穷尽。

理县下孟沙吉嘉奖碑

【位置】理县下孟乡沙吉村建威将军墓旁
【年代】清乾隆十九年（1754年）
【形制】竖长方体
【尺寸】高120、宽80、厚11厘米
【内容】

奉天承运，皇帝制曰：国有修矛之吏[1]，克劳于旂常[2]。朝颂纶缚[3]之荣，必勤思于水木，用褒先世以大追。尔阿穆保乃正红旗蒙古[4]副都统[5]加一级扎克塔尔[6]之曾祖父，树德务滋[7]，发祥有自[8]。敦诗说礼[9]、克垂樽俎[10]之猷[11]；

理县下孟沙吉嘉奖碑

勇战敬官，早裕熊黑[12]之略。兹以覃恩[13]赠尔为振威大夫[14]，锡之诰命[15]。於戏[16]！懋功[17]有赏，宗朋溯于所生；庆典欣逢，恩不忘其自出。加兹[18]宠秩[19]，尚克钦承。

皇帝制曰：令仪[20]淑慎，启奕世[21]以凝麻[22]；懿则[23]昭垂[24]，遡芳型而锡祉[25]。爰申嘉命，用表慈徽。尔阿逊公□，乃正红旗蒙古副都统加一级扎克塔尔之曾祖母，温恭有恪，淑慎其仪。范著宜家，凤禀珩璜之训[26]；仁能裕后，丕[27]昭礼法之仪。兹以覃恩赐尔为一品夫人，於戏！紫纶贲宠[28]，惟能历世而寝昌[29]；彤管[30]增辉，庶使光前而媲美。用承优渥[31]，永袭隆麻[32]。

（满文略）

【注释】

[1] **修矛之吏** 意指武官或武将。修矛："修我戈矛"之缩写，源于《诗经·秦风·无衣》："岂曰无

衣？与子同袍。王于兴师，修我戈矛，与子同仇。"意思是修好你我的武器，我跟你抗击同样的仇人。

[2] 旂常　同"旗常"，王侯的旗帜，旂画交龙，常画日月。语出《周礼·春官·司常》："日月为常，交龙为旂……王建大常，诸侯建旂。"后也借指王侯。唐杨炯《群官寻杨隐居诗序》："以不贪为宝，均珠玉以咳唾；以无事为贵，比旂常于粪土。"

[3] 纶（guān）缚　代指官员。纶：古代官吏系印用的青丝带。缚：捆绑。

[4] 正红旗蒙古　应称为"八旗蒙古整红旗"。位于今内蒙古自治区乌兰察布市东部，清代八旗蒙古之一，建于1601年，因旗底色为纯红而得名。

[5] 副都统　武官名。清末时为第三阶，正二品。

[6] 扎克塔尔　一些文献又记载为"札克塔尔"。据同治《理番厅志》卷三《学校·人物》载："札克塔尔，杂谷厅五寨人。初从大军平金川，后随军入京师，能通国语，工骑射。乾隆中用为蓝翎侍卫。三省教匪作乱，随经略大臣额勒登保、参赞德楞泰等出师川中，转战秦楚。嘉庆八年（1803年），三省底定，以功擢头等侍卫御前行走、正红旗蒙古副都统、镶白旗护军统领，给恩骑尉世职，封三等男。十一年（1806年）出为科布多参赞大臣，旋授八旗汉军整蓝旗副都统、镶蓝旗护军统领兼武备院卿。卒赐祭葬如例。"

[7] 树德务滋　树：立。德：德惠。务：必须。滋：增益，加多。向百姓施行德惠，务须力求普遍。出自《尚书·泰誓下》："树德务滋，除恶务本。"

[8] 发祥有自　创基立业自有原因。发祥：泛指开始创建基业或兴起。有自：有其原因或有其来处。

[9] 敦诗说礼　敦：敦厚。诗：《诗经》。说：讲解，宣传。礼：《礼记》。诚恳地学《诗经》，大力讲《礼记》，表示要按照《诗经》温柔敦厚的精神和古礼的规定办事。

[10] 樽俎　古代盛酒肉的青铜器皿。樽，同"尊"。樽以盛酒，俎以盛肉，后来常用作宴席的代称。亦可谓不用武力而在酒宴谈判中制敌取胜。语出《战国策·齐策五》："此臣之所谓比之堂上，禽将户内，拔城于尊俎之间，折冲席上者也。"

[11] 猷（yóu）　计谋，打算，谋划。

[12] 熊罴（pí）　熊和罴，皆为猛兽，因以喻勇士或雄师劲旅。《史记·五帝本纪》："（轩辕）教熊罴貔貅貙虎，以与炎帝战于阪泉之野。"

[13] 覃（tán）恩　广施恩泽。旧时多用以称帝王对臣民的封赏、赦免等。覃：广，延长，延及。

[14] 振威大夫　武散官，从一品。

[15] 诰命　中国古代帝王诏令文书的文种名称之一，为皇帝封赠高级官员的凭证。诰：以上告下之意。

[16] 於戏　感叹词，表示赞美、称颂或感叹。

[17] 懋功　显著功绩。懋：大。

[18] 加兹　能够如此，能够比这更好。《三国演义》第十六回："操曰：'将军（指于禁）在匆忙之中，能整兵坚垒，任谤任劳，使反败为胜，虽古之名将，何以加兹！'"

[19] 宠秩　宠爱而授以官秩。《左传·昭公八年》："子旗曰：'子胡然，彼孺子也。吾诲之，犹惧

其不济，吾又宠秩之，其若先人何？'"

[20] 令仪　整肃威仪。《诗·小雅·湛露》："其桐其椅，其实离离。岂弟君子，莫不令仪。"孔颖达疏："虽得王之燕礼，饮酒不至于醉。莫不善其威仪，令可观望也。"

[21] 奕世　累世，代代。《国语·周语上》："奕世载德，不忝前人。"

[22] 凝庥（xiū）　永远得到上苍护佑。凝：凝固，引申为永恒。庥：遮盖，覆盖。

[23] 懿则　好的榜样。懿：美好（多指德行，指有关女子的）。则：榜样，准则。

[24] 昭垂　昭示垂范。明宋濂《送钱允一还天台》诗："龙剑一挥赴水死，大勋星日同昭垂。"

[25] 锡祉　恩赐福祉。锡：古通"赐"。

[26] 珩璜之训　即妇德。珩璜：妇女所饰的杂佩。《诗·郑风·女曰鸡鸣》："杂佩以赠之。"毛传："杂佩者，珩、璜、琚、瑀、冲牙之类。"

[27] 丕　《说文》："丕，大也。"

[28] 贲宠　光耀恩宠。唐白居易《杜式方可赠礼部尚书制》："俾趋荣于八座，用贲宠于九原。"

[29] 寝昌　家室兴旺。寝：本意睡卧之榻，引申谓之家室、宗室。昌：兴旺。

[30] 彤管　古代女史用以记事的杆身漆朱的笔。转指女子文墨之事。

[31] 优渥　优厚的待遇。宋王安石《谢执政启》："特蒙优渥，猥被方州，自惟阙然，何以称此？"

[32] 隆庥　深深的佑护。

御制平定金川勒铭美诺之碑

【位置】原竖立于小金县美兴镇，现已无存

【年代】清乾隆丙申年（1776年）

【形制】不明

【尺寸】不详

【内容】

御制平定金川勒铭美诺之碑

首祸[1]者，必有奇祸[2]之遭；佾德[3]者，必有凶德[4]之报。盖攒拉[5]之首祸，实由促浸[6]之教[7]。而促浸之佾德，亦因攒拉之肇[8]。故戊辰之役[9]，以救攒拉，而有促浸之征。前因金川侵扰小金川，拘其土司泽旺[10]，地方官谕之，不从，辄敢[11]干抗[12]。戊辰冬，遣经略大学士[13]傅恒[14]统禁旅往剿，我武方扬，而莎罗奔[15]、郎卡[16]穷蹙[17]乞命。因矜[18]其玩蠢，遂允受降。泽旺乃复得归故地。郎卡始尚畏惧敛迹。未十年，辄思吞噬邻封，时相仇杀。彼时以蛮触争衡[19]，乃其常事，亦遂听之。郎卡既死，其子索诺木[20]转与小金川僧格桑[21]狼狈为奸，负恩梗化，遂致复劳师旅，深悔前此之姑息矣。兹辛卯[22]之师，以伐攒拉，乃并促浸而扫。僧格桑恃有索诺木党恶[23]，欺蔑邻疆。攻围鄂克什[24]官寨，占其境地，羁其土司，经前督臣阿尔泰[25]等往谕，罢兵退地。逆酋阳奉阴违，浸至辛卯夏。僧格桑乘索诺木侵害革布什咱土司[26]之衅，益复滋横，并且修筑碉卡，谋抗天朝，势不得不加以兵革。而阿尔泰因循贻误，遂命温福[27]由滇入蜀，授以大学士，统兵征剿，即攻克巴朗拉[28]，继又克复达围[29]一带，以至资哩。官兵前抵

路顶宗，仍不能进。壬辰[30]夏，阿桂以参赞赴南路统兵。于是年冬，攻克僧格宗。甫半月，即乘胜攻得美沃[31]，其余寨落，悉传檄抚定，小金川平。而僧格桑逃往金川，索诺木匿而不献，于是移兵并计讨促浸矣。彼其缓则颉利[32]突利[33]之相猜，急则侨如荣如[34]之相保。然而地险人强，机谋深造，则攒拉远不如促浸，故美诺再入而再克。美诺未尝不险，而一克僧格宗，其势遂如破竹，逆酋僧格桑初窜布朗郭宗，温福由明郭宗统兵往捕，僧格桑已从美卧沟遁入金川，擒其父泽旺以归。温福为将军，始犹勇往，继乃昧于筹画，又不得人心。癸巳[35]夏，贼众从后路潜出，遂有木果木之变[36]，美诺亦寻失去。乃命阿桂为定西将军，发八旗劲旅往剿。阿桂部署稍定，于十月二十九日进兵，自资哩至美诺，五昼夜悉行恢复，实为神速。而僧格桑既至金川，索诺木即羁留不遣，即其谋扰木果木，但令小金川贼目七图安堵木同往美诺号召，而不使僧格桑复还故巢，则索诺木之密图吞并攒拉，以次蚕食旁近土司，并且欲侵及内地，固已渐露端倪，罪恶贯盈，实难轻逭[37]耳。虽南有僧格宗，北有明郭宗，而我师奋力攻取，无不立摧坚碉，遂据官寨之穴窖。美诺为小金川官寨，即其巢穴也。此固皇天助顺，将卒尽力，而亦其首祸偝德之招。是用勒铭酋巢，永镇筰徼[38]。

【注释】

[1] 首祸 开启祸端。宋文天祥《鲁港之遁》诗序："首祸之权奸，无救祸之理。"

[2] 奇祸 使人不测的、出人意料的灾祸。

[3] 偝德 背弃道德或恩德。偝：古同"背"，背弃，违反。

[4] 凶德 违背仁德的恶行。

[5] 攒拉 嘉绒藏语音译，意为"小河之滨"，又有"天子"或"凶神"之义，此处指小金川河流域，亦代指攒拉安抚司，即小金川土司。

[6] 促浸 嘉绒藏语音译，意为"大河之滨"。"第二次平定金川"战役前，为大金川土司辖地，今为金川县除观音桥镇和周山外的所有乡镇。此处亦代指促浸安抚司，即大金川土司。

[7] 教 教唆。

[8] 肇 引起；引发。

[9] 戊辰之役 指清乾隆"第一次平定金川"之役。戊辰：清乾隆十三年，公元1748年。

[10] 泽旺 小金川土司，娶妻大金川土司莎罗奔之女阿扣。泽旺生性懦弱，常受制于妻。乾隆十年（1745年），泽旺被大金川土司莎罗奔诱拘，夺其印信。后经清廷纪山调解，得以释还，不久让位于其弟良尔吉。此事为清乾隆"第一次平定金川"之役埋下了伏笔。

[11] 辄敢 总是敢于。

[12] 干抗 干扰抗拒。

[13] 经略大学士 官名，以大学士出任经略大臣而命名。经略："经略大臣"之简称。始于唐代之经略使或经略安抚使，明清时则称经略或经略大臣。清代自顺治以至嘉庆年间，于重大军事行动，特命亲信之王、大臣为经略大臣，统帅数省官兵，行使军政全权，地位高于督、抚等封疆大吏。但此职属于临时性简派，且以军事为主，事罢即撤。大学士：为辅助皇帝的高级秘书官。名称前要改加殿、阁衔，因此有内阁大学士、殿阁大学士、协办大学士等称谓。满、汉各二人，正一品，掌钧国政，赞诏命，厘宪典，议大礼、大政，裁酌可否入

告。修实录、史、志，充监修总裁官，经筵领讲官，会试充考试官，殿试充读卷官，春秋释奠，摄行祭事。

[14] **傅恒**（约1720—1770） 富察氏，八旗满洲镶黄旗人，字春和，清高宗孝贤纯皇后之弟。乾隆时期历任侍卫、总管内务府大臣、户部尚书等职，授一等忠勇公、领班军机大臣加太子太保、保和殿大学士、平叛伊犁统帅。乾隆十三年（1748年）督师指挥大金川之战，降服莎罗奔父子。乾隆十九年（1754年）力主清军攻伊犁，平息准噶尔部叛乱。后任《平定准噶尔方略正编》《平定准噶尔方略前编》《平定准噶尔方略续编》正总裁。撰写《钦定旗务则例》《西域图志》《御批历代通鉴辑览》等书。乾隆三十三年（1768年）授经略，督师云南。次年四月，率京师京营八旗劲旅及驻防八旗满、蒙兵1.3万余人，分三路入缅甸作战，身患重疾，仍督军进攻，屡败缅军。后与云贵总督阿桂合兵攻老官屯不下，遂乘缅军遣使请和，疏奏罢兵。乾隆三十五年（1770年）二月班师，不久病卒。乾隆皇帝亲临其府奠酒，谥文忠。嘉庆元年（1796年）五月，以子福康安平苗功，赠郡王爵，配享太庙，入祀贤良祠。

[15] **莎罗奔** 大金川土司。康熙六十年（1721年）随岳钟琪出征羊峒有功，授以副长官司职衔，令其管理大金川驻牧事务。雍正元年（1723年），经川陕总督年羹尧请奏，授给大金川安抚司职衔。后因边界纠葛和逐渐向外扩张势力，将女阿扣妻小金川土司泽旺，另一女妻巴底土司纳旺，采取政治联姻手段，以为牵制之策。乾隆十年（1745年），诱执小金川土司泽旺，夺其印信。经川陕总督庆复会同四川巡抚纪山，前往调解，于次年释放泽旺，并归还小金川土司印信。乾隆十二年（1747年），莎罗奔发兵围攻革布什扎正官寨，进而攻占明正土司的鲁密章谷，逼及川藏通道中的军事重镇打箭炉（今康定市）。清乾隆十三年（1748年），清军3万人分两路进讨，久而无功，川陕总督张广泗被清廷处死，改派岳钟琪为总兵，克期进讨。乾隆十四年（1749年），莎罗奔溃败请降，顶佛经立誓永不反叛，大金川事件初告平息，此系乾隆"第一次平定金川"之役。事后清廷赦其罪，仍为土司职。但因年老而由侄郎卡主事。乾隆二十五年（1760年）五月十一日，病逝于大金土司官寨。

[16] **郎卡** 莎罗奔兄长之子。清乾隆"第一次平定金川"之役后，因莎罗奔年老而代行土司事。

[17] **穷蹙** 窘迫；困厄。

[18] **矜**（jīn） 表示怜悯，怜惜。

[19] **蛮触争衡** 蛮触：典故名，典出《庄子集释》卷八下《杂篇·则阳》。说有建立在蜗牛角上的国家，右角上的叫蛮氏，左角上的叫触氏，双方常为争地而战，伏尸数万。后以"蛮触"比喻因小事争吵的双方。争衡：争强斗胜，比试高低。

[20] **索诺木** 莎罗奔侄孙，郎卡之子，清乾隆中期承袭大金川安抚司职，为大金川第五十九代土司。在位期间，与小金川土司僧格桑勾结，多次与周边各土司之间发生纷争，招致二次金川之役的发生。乾隆四十一年（1776年）正月，清军将大金川全境扫平，索诺木手捧印信率家族及残部、喇嘛二千余人，在其官寨之一的噶拉依向清定西将军阿桂跪降，后被押解到北京。乾隆四十一年（1776年）农历四月二十八日，乾隆皇帝亲审后，于北京菜市口

被凌迟处死。

[21] **僧格桑**　小金川土司，泽旺之子。在清乾隆"第二次平定金川"之役中，僧格桑与大金川土司索诺木联合反清。小金川平定后，僧格桑逃匿大金川，后被索诺木鸩杀。

[22] **辛卯**　清乾隆三十六年，公元1771年。

[23] **党恶**　结党作恶。

[24] **鄂克什**　即鄂克什土司，又称沃日土司，嘉绒藏族十八土司之一，其先是在当地信众中具有较高威望的本教巫师，清顺治十五年（1658年）归顺清朝，被册封为沃日贯顶净慈妙智国师。"沃日"是藏语，意为"领地"，即小金川支流沃日河流域是其世居之地。清乾隆二十年（1755年）因协助征剿大金川有功受封"安抚司"职衔。当时的全称是"鄂克什安抚司"。"鄂克什"是满语称号，其义不详。后来有"沃日"和"鄂克什"两称之名并用。其官寨在今小金县沃日乡政府驻地，全国重点文物保护单位。

[25] **督臣阿尔泰**　督臣：总督，因上对朝廷，故称。阿尔泰（？—1773）：伊尔根觉罗氏，八旗满洲整黄旗人。清雍正年间，以副榜贡生授宗人府笔帖式。乾隆中，屡迁至山东巡抚。阿尔泰抚山东七年，治水利有绩，擢四川总督，加太子太保。从征大小金川，作战不利。乾隆三十八年（1773年），狱具拟斩，上命赐自尽。

[26] **革布什咱土司**　即革什札安抚司，又有丹东、革什杂、革什札、单东革西杂、革布什咱等称呼，嘉绒藏族十八土司之一，辖今甘孜州丹巴县大桑地区和道孚、炉霍县境内部分地区。"革什杂"为藏语方言，意为"学生"，是嘉绒藏区于明代最早授封的土司之一。清代时又是明代土司中归顺较早的一个。康熙三十九年（1700年），其先土司魏珠布策凌归附清朝，被加封为安抚司，从四品。乾隆三十六年（1771年）促浸（金川土司）于热水塘杀害革布什咱土司色楞敦多布，引起第二次金川之役。事平后其子湛都尔承袭丹东土司职。

[27] **温福**（？—1733）　八旗满洲镶红旗人，费莫氏，字履绥，文华殿大学士温达孙。乾隆时曾历任户部郎中、湖南布政使、贵州布政使、内阁侍读学士、福建巡抚、吏部侍郎、理藩院尚书等职。乾隆三十六年（1771年）授定边右副将军，师征金川，十二月授定边将军，以阿桂、丰升额副之。与侍郎桂林率军自南北两路征讨大小金川。三十八年（1773年）春，驻军木果木。因刚愎自用，布防无章，遭土兵偷袭，中枪而亡。

[28] **巴朗拉**　即巴朗山，又称"斑斓山"。位于小金县东，为小金、汶川、宝兴三县界山，海拔5040米。藏语称"巴朗拉"，意为"圣柳山"。

[29] **达围**　今小金县达维镇。

[30] **壬辰**　清乾隆三十七年，公元1772年。

[31] **美沃**　今小金县美沃乡。

[32] **颉利**　东突厥可汗。其在位时（620—630年）屡次扰唐，唐武德九年（626年）颉利率十余万军队寇唐。唐太宗以初登帝位，不愿与之战，轻骑会颉利于渭水。颉利见唐军军容状盛，遂请和，杀白马结盟于便桥，引兵而退。后突厥国内矛盾突出，众叛亲离，于唐贞观三年（629年）

被灭，颉利被擒至京，太宗赐以田宅，授以右卫大将军，公元634年死于长安。

[33] **突利** 即突利可汗（603—631）。唐初，突利与唐修好结盟，与太宗结为兄弟，后东突厥可汗颉利政乱，骤征兵于突利，拒之不与，由是有隙。贞观三年（629年）表请入朝。太宗不许，并派将军周范屯太原，以图进取。突利乃率其众来奔，太宗礼之甚厚，频赐以御膳。四年（630年）授右卫大将军，封北平郡王，食邑封七百户，以其下兵众置顺、佑等州，帅部落还蕃。五年（631年）征入朝，至并州，道病卒，年二十九。太宗为之举哀，诏中书侍郎岑文本为其碑文。

[34] **侨如荣如** 春秋时北狄鄋瞒国首领，胞族兄弟共四人（侨如、简如、荣如、焚如）。鲁文公姬兴十一年（前616年），长狄由齐伐鲁，鲁国在东郡濮阳的咸地战败长狄，富父终甥杀侨如，埋其首于鲁子驹之门。齐惠公二年（前607年）长狄伐齐国，王子成父俘获侨如的弟弟荣如，将荣如斩首，并将其头埋在周之北门。卫国人又捕获其季弟简如，鄋瞒国灭亡。而其兄焚如尚存，他率领长狄人跑到了河南、山西一带，公元前594年被晋国消灭。

[35] **癸巳** 清乾隆三十八年，公元1773年。

[36] **木果木之变** 木果木：嘉绒藏语音译，意为"右下边地方"，直译为"不可认识的地方"，今金川县卡撒乡布达村境内。乾隆三十八年（1773年）春，定边将军温福等率清军驻扎于此。由于温福刚愎自用，布防无章。遭金川土司索诺木暗中策反已降土兵，发动袭击，清军惨败，温福被杀，史称"木果木之变"。

[37] **逭**（huàn） 逃避，免除。《太甲》："天作孽犹可违，自作孽不可逭。"

[38] **筰徼** 意为边疆之地。筰：筰都夷，中国古代西南民族，是西南夷的一支，活动于今雅安市及甘孜藏族自治州泸定县、九龙县一带。西汉元鼎六年（前111年），于其地设沈黎郡，治所在筰都县（今四川汉源县）。汉武帝刘彻天汉四年（前97年），并入蜀郡为西部，置两都尉：旄牛都尉，主管徼外夷；青衣都尉，主管汉人。徼：边界，边境。

御制平定金川勒铭勒乌围之碑

【位置】原竖立于金川县勒乌镇勒乌围，后毁。残碑现存于金川县文物局

【年代】清乾隆丙申年（1776年）

【形制】不明，现已被凿为磨盘两扇

【尺寸】不详

【内容】

御制[1]平定金川勒铭[2]勒乌围[3]之碑

美诺[4]既克，移问促浸[5]。狼狈为奸，而更谋深。劫木果木[6]，自壬辰[7]冬攻克美诺，逆酋僧格桑[8]窜去，索诺木[9]匿而不献，于是移兵申讨促浸。时温福[10]为将军，由功噶尔拉[11]进剿。阿桂[12]为参赞大臣[13]，由

37

御制平定金川勒铭勒乌围之碑

当噶尔拉进剿。温福旋攻据昔岭[14]，遂驻木果木。师久不得进。温福绌于谋，以营中所有之兵筑卡布守，即耗兵力，且以分而见少。癸巳[15]夏，贼酋窥其无能，乃逞狡谋，令贼目纠众，自美卧沟[16]及大板昭[17]潜出，号召攒拉[18]降番复叛，扰木果木后路。温福漫无部署，军营为贼所劫。绿营[19]怯兵[20]，一时俱溃，温福被害。其余大臣、官员、兵丁阵亡者甚多。我朝用兵从无如此挫折者，思之实堪切齿。其恨至今。将士何辜，弗雪冤沉？兵威大振，劲旅继至。师分两路，谷噶、马尼。去声。木果木之失，皆由营中无满洲兵为之表率，亦由温福等奏阻。故已派而未遣。及温福既偾事[21]，知绿旗兵之终不足恃，乃派健锐、火器营[22]兵二千，吉林兵二千，索伦[23]、黑龙江兵二千，并派西安、荆州驻防满兵四千前往，以为之倡。又添派陕、甘、滇、黔、两湖精锐数万，合力大举。以阿桂为定西将军，丰升额[24]、明亮[25]为副将军。阿桂遂统八旗劲旅[26]，阅五昼夜而恢复攒拉全境，乃进攻促浸。甲午[27]正月，阿桂自西路攻克谷噶丫口，占其山梁，入贼境百余里。明亮亦自南路攻克马尼，此为再进克捷之始，军声大振。上下同心，摅忠敌忾[28]，西路遂进，南路略泥[29]。去声。勒乌围从西路进攻，噶喇依[30]由南路进攻。阿桂自攻得谷噶丫口，遂能扼要，所进据皆其险隘。明亮等既得马尼，虽时有小捷，然庚额特[31]、马尔邦[32]俱未易攻进。于是遂专望西路之得手矣。丫口深入，爱克罗博。阿桂自丫口进兵，以罗博瓦[33]为贼人紧要门户，因派兵五路，分将领率之，超越而登，遂将罗博瓦山峰及山冈碉卡尽行攻克。喇穆喇穆，并占默格。叶。阿桂自三月间攻得罗博瓦，阻雨数月，至六月初稍晴，遂克其冈下之色溯普。又于六月下旬，尽克喇穆喇穆山梁及日则丫口。七月中，又克其该布达什诺大木城，并焚烧格鲁瓦角寨落。十月中复占其默格尔山梁，其地在日尔巴当噶之下、荣噶尔博之上。向阅地图，指以咨询阿桂，而所筹适相合。既占此山梁，遂克密拉噶拉木大寨，并克获凯立叶各寨，我兵势益联络矣。获康萨尔、木思工噶。叶。阿桂自十月攻得默格尔，驻兵密拉噶拉木，几两月余。至乙未[34]正月十二日，官兵乃攻克康萨尔山梁，其险倍于他处，贼之守御亦更坚。而官军于三日内全得之。其后复因雨雪，顿兵三月。至四月初十日，天霁雪消。十四日中夜，官兵潜进，攻夺木思工噶克丫口。阿桂自谓一日而收三年未竟之功，洵不妄也。逊克尔宗[35]，其险难托。逊克尔宗为勒乌围贼巢外险。自前岁四月间攻之，经年未克。阿桂自得木思工噶克丫口之后，于五月初攻克噶尔丹喇嘛寺[36]及噶朗噶，又抢占舍图旺卡，已居高得势，而留逊克尔宗在后，究属非计，乃于五月十二派兵前往。时雾气四塞，官军乘势攀越崖础[37]，直至碉根，遂将其地上下石碉、木城悉行攻克。是役也，丰升额之力居多，因于其公号"果毅"下增"继勇"二字，嘉其能绍乃祖额宜都[38]之绩也。凡此数处，林立坚碉，层次攻剿，我师实劳。据昆色尔，乃近贼巢。北军亦至，隔河匪遥[39]。七月初二，官军乘夜潜进，直上昆色尔山梁，蚁附登碉，立时攻克。初四夜，官军纵火焚贼寨，至拉枯喇嘛寺[40]，飞腾而入。又得喇嘛科尔三寨，并攻蕾则大海，竭三日三夜之力，占地纵横三四十里，焚其碉寨一百三十余。先是，明亮在南路，以其株守无益，令移兵北路会剿，甫至宜喜[41]，即得达尔图山梁[42]。至是复由茹寨[43]攻进，连克额尔替、石真噶等寨，尽得其上下沙尔尼[44]之地，与阿桂军营仅一河之隔矣。曰勒乌围，贼旧官寨。垣固碉高，力守要害。经楼辅车[45]，陡础[46]画界，木卡石城，蚕簇鳞绘[47]。拿栅[48]周遭，援路截其。泗水拽桥，囊土[49]济师。勒乌围为贼旧巢，恃其碉高墙厚，守拒甚力。且有转经楼相犄角。中间碉

卡鳞次，又阻以高碉五层，殊不易攻。阿桂于勒乌围、转经楼之中，拿栅以截贼人援路，并令冷角寺[50]一带官兵，由西北而南沿河拿栅，以断其下水之路。又募楚兵善泅水者，系巨索于甲尔日碌桥[51]柱，以拽圮之。又以碉边贼人枪石可及，乃令官军头戴柴捆，手推沙囊，匍匐而行，至碉沿层积堆起，赶列三层木栅，以击碉下之贼。穴道旁出[52]，轰以地雷[53]。叶。凡此百计，用尽无遗。并于所掘地道中，用炮轰击碉下，掘沟抗拒贼众。凡可以用力设法者，筹划备至，阿桂可谓善于谋矣。四面炮攻，碉摧垣裂。遂督大军，破墙冲关[54]。游魂弗支，奔迸虀蘖[55]。功成一夕，中秋八月。官军四面合围，炮轰枪击，并抛掷火弹。所遇碉卡，或拔栅斩关而入，或攀援踊跃而登。呼声四起，贼众披靡，歼戮殆尽。惟莎罗奔兄弟[56]及贼目丹巴沃杂尔闻风先窜，究亦难逃天网。计亥、子、丑三时，将勒乌围官寨、转经楼、喇嘛寺悉行攻克，凡贼所恃以抗拒之处，一夕无不摧破。时乙未[57]八月十五夜也。众军之力，一帅之谋。靖彼贼穴，安我蜀陬[58]。肫乎厥忠[59]，卓乎厥猷[60]。铭志鸿功，永示千秋。

乾隆丙申[61]仲春[62]日吉时辰

【注释】

[1] **御制** 帝王所作。

[2] **勒铭** 镌刻碑文。

[3] **勒乌围** 在金川县勒乌镇前锋村，地处大金川河东岸一级台地，勒乌沟注入大金川河处，清乾隆中期前称"勒乌围"，原为大金川土司官寨所在地。"第二次平定金川"战役后，清廷于此修建御碑亭，竖碑于亭中。1958年，御碑亭被毁，御碑被打制成石磨、猪槽等。石磨现存于县文物局。

[4] **美诺** 今小金县美兴镇。此处泛指小金川土司辖地，即今小金县除原沃日土司领地外的全部地域。

[5] **促浸** 嘉绒藏语音译，意为"大河之滨"。"第二次平定金川"战役前，为大金川土司辖地。今为金川县除观音桥镇和周山外的所有乡镇。

[6] **木果木** 嘉绒藏语音译，意为"右下边地方"，直译为"不可认识的地方"。在金川县卡撒乡布达村境内。乾隆三十八年（1773年）春，定边将军温福等率清军驻扎于此。由于温福刚愎自用，布防无章。遭金川土司索诺木暗中策反已降土兵，发动袭击，清军惨败，温福被杀，史称"木果木之变"。

[7] **壬辰** 清乾隆三十七年（1772年）。

[8] **僧格桑** 小金川土司泽旺之子。泽旺老病，他承袭土司职。"第二次平定金川"之役，逃至大金川，后被索诺木鸩杀。

[9] **索诺木** 清乾隆中期承袭大金川安抚司职，为大金川第五十九代土司。在位期间，与小金川土司僧格桑勾结，多次与周边各土司之间发生纷争，招致第二次金川之役的发生。乾隆四十一年（1776年）正月清军将大金川全境扫平，索诺木手捧印信率家族及残部、喇嘛二千余人，在其官寨之一的噶拉依向清定西将军阿桂跪降，后被押解到北京。乾隆四十一年（1776年）农历四月二十八日，乾隆皇帝亲审后，于北京菜市口被凌迟处死。

[10] **温福** 八旗满洲镶红旗人，费莫氏，字履绥，文华殿大学士温达孙。乾隆时曾历任户部郎中、湖南布政使、贵州布政使、内阁侍读学士、福建巡抚、吏部侍郎、理藩院尚书等职。乾隆三十六年（1771年），授定边右副将军，师征金川，三十六年十二月授定边将军，以阿桂、丰升额

副之。与侍郎桂林率军自南北两路征讨大小金川。三十八年（1773年）春，驻军木果木。因刚愎自用，布防无章，遭土兵偷袭，中枪而亡。

[11] **功噶尔拉** 又称"空卡山梁"或"空卡山"，嘉绒藏语音译。今金川县卡撒乡与小金县之界山。

[12] **阿桂（1717—1797）** 八旗满洲整蓝旗人，章佳氏，字广廷，号云岩，大学士阿克敦之子，乾隆三年（1738年）举人，充军机处章京。二十九年（1764年）任四川总督，巡边至杂谷脑，于十二月调京授工部尚书。乾隆三十五年（1770年）因处理缅甸入贡事被革职。三十六年（1771年）九月，随尚书温福征讨金川，署四川提督。三十八年（1773年）温福战死，阿桂受命为定西将军，统率征讨金川各军。四十一年（1776年）二月，平定大小金川，并奏请将两金川改土司制度为屯官制度，驻兵屯戍。乾隆皇帝谕以"金川之功，阿桂居首"，历任兵部、礼部、户部、吏部尚书，累官至武英殿大学士兼军机大臣。嘉庆二年（1797）八月病逝，赠太保，谥文成，入祀贤良祠。

[13] **参赞大臣** 清朝官名，多置边疆等地，等级略次于将军，皆由皇帝特旨简派，掌参赞军务，综理政事。而在战时，亦多临时设置参赞大臣，辅佐统帅，助理军务，分统军队。

[14] **昔岭** 今称"色尔岭"，地处今金川县卡撒乡色尔岭村至空卡山顶的尾段。

[15] **癸巳** 清乾隆三十八年（1773年）。

[16] **美卧沟** 今小金县抚边乡境内，与金川县万林乡接壤。

[17] **大板昭** 嘉绒藏语音译，意为"设置官员"，今小金县两河口镇大板村。清乾隆两定金川时，曾于此设立大板昭屯，料理粮务。

[18] **攒拉** 嘉绒藏语音译，意为"小河之滨"，又有"天子"或"凶神"之义。此处指小金川河流域。

[19] **绿营** 清朝国家常备兵之一。顺治初年，清朝在统一全国过程中，将收编的明军及其他汉兵，参照明军旧制，以营为基本单位进行组建，以绿旗为标志，称为绿营，又称绿旗兵。

[20] **怯兵** 胆小懦弱之兵。

[21] **偾（fèn）事** 败事。《礼记·大学》："一家仁，一国兴仁；一家让，一国兴让；一人贪戾，一国作乱，其机如此。此谓一言偾事，一人定国。"郑玄注："偾，犹覆败也。"

[22] **健锐、火器营** 即健锐营和火器营。健锐营：又称健锐云梯营、飞虎健锐云梯营、香山健锐营，是清京师禁卫军中具有特战性质的八旗部队。第一次金川之役期间，因大金川土司以碉堡攻守战术而使清军久不能胜，乾隆帝为使清军熟悉攻打碉堡之法，从京营八旗前锋营、护军营中挑选一批兵士，于乾隆十四年（1749年）在北京香山设健锐营。同时，将俘获的番兵和工匠迁入北京，编入营内，修筑石碉，供其攻防演练。魏源在《圣武记》之《乾隆初定金川土司记》中载："初上闻金川碉险，因于京师香山设石碉，造云梯，简羽林伙飞之士习之，未逾月，复精兵二千，命傅恒统之以行。次年，遂即其地立健锐营，以时训练。有征伐，则皆以此劲旅制胜。其筑碉者，即金川番兵也。"火器营：亦为清京师禁卫军之一。康熙三十年（1691年）组建，选八旗满洲、蒙古习火器之兵，另组为营。营兵有鸟枪护军与炮甲两种，额定满洲、蒙古每佐领下鸟枪护军六人，炮甲一人，分内外二营操演，在城内的为内火器营，分枪、炮两营。在城

外的为外火器营，专习鸟枪。内外二营，共有鸟枪护军五千二百多人（内有护军校、蓝翎长、队长各一百二十人，并有笔帖式十六人掌文案），炮甲八百八十人，养育兵一千六百五十人（备补充鸟枪护军），三种兵总数是七千八百多人。内外火器营分别定时训练，除操演枪、炮之外，并操演步射、骑射及各项技艺。

[23] **索伦** 我国少数民族名，即今鄂温克族。分布在黑龙江省嫩江流域。民风刚劲，勇敢善战。明以前称为通古斯、雅库特，清称索伦。明末清初以"索伦部"统称索伦、达斡尔、鄂伦春等族。

[24] **丰升额**（？—1777） 八旗满洲整白旗人，钮祜禄氏，阿里衮之子。二定金川时，受命为副将，功勋卓绝，获封果毅继勇公，并画功臣像于紫光阁。乾隆四十二年（1777年）十月病逝，赠太子太保，谥诚武。

[25] **明亮**（1736—1822） 八旗满洲镶黄旗人，富察氏，字寅斋，都统广成子，亦孝贤高皇后侄子，乾隆三十六年（1771年）二定金川时授副将军职。因其功勋卓绝，绘功臣像于紫光阁，居第三位。战后曾任成都将军、四川提督等职。道光二年（1822年）卒，赐陀罗经被，谥文襄，入祀贤良祠。

[26] **八旗劲旅** 即京师八旗。清代兵制，每都统为一旗，以黄、白、红、蓝、镶黄、镶白、镶红、镶蓝为旗，分别有八旗满洲、八旗蒙古、八旗汉军，共二十四旗。为清王朝进行统治的军队骨干力量。

[27] **甲午** 清乾隆三十九年，公元1774年。

[28] **摅忠**（shū zhōng）**敌忾** 奋力抗敌为国尽忠。摅忠：犹尽忠。敌忾：抵抗所愤恨的敌人。

[29] **略泥** 稍受阻滞，行动迟缓。

[30] **噶喇依** 亦作"噶拉依"或"嘎尔额"，嘉绒藏语音译，有"气候温和、小麦成熟较早"之意，今金川县安宁乡政府驻地，曾为大金川土司官寨所在地。二定金川后，官寨被焚毁。清廷于此修建御碑亭，于亭中立《御制平定金川勒铭噶喇依之碑》，今亭与碑尚存，四川省文物保护单位。

[31] **庚额特** 今金川县马奈乡卡卡足村之格岩。

[32] **马尔邦** 今金川县马尔邦乡。

[33] **罗博瓦** 今金川县勒乌镇境内山脉，九把锁左侧。

[34] **乙未** 清乾隆四十年，公元1775年。

[35] **逊克尔宗** 今金川县勒乌镇东风村，又名新开宗村。

[36] **噶尔丹喇嘛寺** 坐落在今金川县咯尔乡复兴村黄土碉，毁于清乾隆四十一年（1776年），现残墙尚存。

[37] **崖砌** 山崖。

[38] **额宜都**（1560—1621） 后金大臣，丰升额之祖父。钮祜录氏，隶八旗满洲镶黄旗，随努尔哈赤征战，屡立战功。

[39] **匪遥** 并不遥远，近在咫尺，伸手可接。

[40] **拉枯喇嘛寺** 坐落在今金川县勒乌镇云盘村，现已无存。

[41] **宜喜** 又名宜喜梁子，嘉绒藏语音译，意为"神山"。位于金川县城西北，是庆宁乡与撒瓦脚乡的界山。

[42] **达尔图山梁** 今金川县沙耳乡沙耳泥村赵家山后边之山梁，位于乡园艺场之顶。

[43] **茹寨** 今金川县庆宁乡团结村。清乾隆四十四年（1779年），清军于此设茹寨大营，三年后改为庆宁营。

[44] **上下沙尔尼** 今金川县沙耳乡沙耳村。

[45] **辅车** 比喻事物互为依存的利害关系。辅：颊骨。车：牙床。出自《左传》："辅车相依，唇亡齿寒者，其虞、虢之谓也。"

[46] **陡矶** 陡峭的山崖。

[47] **蚕簇鳞绘** 形容木卡石城如蚕山一样挺拔，如鱼鳞一样密集。蚕簇：供蚕作茧的草蔟，多为锥状，即"蚕山"。鳞绘：鳞次，像鱼鳞那样密密排列。

[48] **拿栅** 布置栅栏。

[49] **囊土** 以袋盛土。清魏源《圣武记》卷二："城坏于炮，囊土补之。"

[50] **泠角寺** 即林脚寺，坐落于今金川县万林乡境，时称"上有万里城，下有林脚寺"，现已无存。

[51] **甲尔日磉桥** 今金川县勒乌镇政府侧勒乌沟口桥名，原为木质伸臂桥，毁于"第二次平定金川"之役。现该处已建混凝土公路桥一座。

[52] **穴道旁出** 从旁边挖暗道。

[53] **地雷** 一种价格低廉的防御武器。最早出现于中国宋代，称"火药炮"。其后不断改进，到明代时出现了采用机械发火装置的真正的地雷。据1413年焦玉所著《火龙经》一书所载："炸炮制以生铁铸，空腹，放药杵实，入小竹筒，穿火线于内，外用长线穿火槽，择寇必由之路，连连数十埋入坑中，药槽通接钢轮，土掩，使贼不知，踏动发机，震起，铁块如飞，火焰冲天。""地雷"一词由此产生。

[54] **冲闑（niè）** 冲入大门。闑：门橛。《礼记·玉藻》："君入门，介拂闑；大夫中枨与闑之间；士介拂枨。"孔颖达疏："闑，谓门之中央所竖短木也；枨，谓门之两旁长木，所谓门楔也。"

[55] **蹩躠（bié xiè）** 尽心用力的样子。《庄子·马蹄》："及至圣人，蹩躠为仁，踶跂为义，而天下始疑矣。"成玄英疏："蹩躠，用力之貌。"

[56] **莎罗奔兄弟** 指莎罗奔冈达克和彭楚克。二人为"第一次平定金川"时乞降的金川土司莎罗奔的儿子，索诺木的堂兄弟。

[57] **乙未** 清乾隆四十年，公元1775年。

[58] **蜀陬（zōu）** 西蜀边远偏僻之地。陬：隅，角落。

[59] **肫（zhūn）乎厥忠** 多么真挚的忠诚勇士啊。肫：真挚。

[60] **卓乎厥猷（yóu）** 多么卓越的功绩啊。猷：功业；功绩。

[61] **乾隆丙申** 清乾隆四十一年（1776年）。

[62] **仲春** 农历二月。

御制平定金川勒铭噶喇依之碑

【位置】 金川县安宁乡御碑亭

【年代】 清乾隆丙申年（1776年）

【形制】 穹窿顶长方体

【尺寸】 碑高450、宽200、厚13厘米

(a)　　　　(b)

御制平定金川勒铭噶喇依之碑

【内容】

御制平定金川勒铭噶喇依之碑

向不云乎：费加征而自臣属，谓之归顺；始逆命而终来服，谓之归降。若今索诺木[1]之穷蹙[2]，率兄弟出碉献印，不但不可谓之归顺，即归降亦不可得。而方彼其抗命相拒，历五年之长，兹已密围巢穴，火器围攻，腹心溃内，羽翼失傍。官军初围贼巢，蚁众犹负嵎抗拒。我兵用大炮四面环击，贼自揣力不能支，日形窘迫。先是逆酋之母姑姐妹，情急来投，自请遣人回巢招谕，索诺木乃遣其兄冈达克、彭楚克以次诣营恳求，皆就拘系[3]。其党恶之布笼普、阿纳木等先后求降，山塔尔、萨木坦等并经擒获。于是进围益急，贼势日蹙。官军复摧其近碉，断其水道。番众恇惧[4]，纷纷溃出。索诺木遂率其兄弟莎罗奔甲尔瓦、沃杂尔斯丹巴及两土妇，并助恶之大头人丹巴沃杂尔、阿木鲁绅窝斯甲、尼玛噶喇克巴，偕两喇嘛，挈属二千余人出寨。逆酋跪捧印信，群泥首[5]乞命。由是罪人斯得，献俘奏凯。方将刳[6]岩搜穴，利斧其吭[7]，生擒亦易，旦夕灭亡。乃始匍匐请命，又安得比之肉袒牵羊[8]？噶喇依[9]者，盖其世守官寨，故多深堑高墙。我师万层险历，千战咸扬。譬之大木已尽去其枝叶，则本根亦可待其立殪[10]。然而逆贼有言，官军若至，当毁其重器，聚族焚而自戕。使果如所云，则虽献馘藏事[11]，终不如生获尽美尽善之庆。是

盖凶渠[12]罪大恶极，而且贪生苟延，以致献俘阙下[13]，明正典刑[14]。于是疆界辟地[15]，屯戍我兵。镇群番而永靖，树丰碑以告成功。岁在丙申[16]仲春[17]日吉时良。（满、蒙、藏文略）

【注释】

[1] 索诺木 清乾隆中期承袭大金川安抚司职，为大金川第五十九代土司。在位期间，与小金川土司僧格桑勾结，多次与周边各土司之间发生纷争，招致第二次金川之役的发生。乾隆四十一年（1776年）正月清军将大金川全境扫平，索诺木手捧印信率家族及残部、喇嘛二千余人，在其官寨之一的噶拉依向清定西将军阿桂跪降，后被押解到北京。乾隆四十一年（1776年）农历四月二十八日，乾隆皇帝亲审后，于北京菜市口被凌迟处死。

[2] 穷蹙 窘迫；困厄。宋文天祥《高沙道中》诗序："人生穷蹙，无以加此。"

[3] 拘系 拘禁。

[4] 恇（kuāng）惧 恐惧，惊慌。恇：害怕，惊恐，恐惧。

[5] 泥首 以泥涂首，表示自辱服罪。后指顿首至地。

[6] 劚（zhú） 掘，挖。

[7] 吭（háng） 喉咙，嗓子。

[8] 肉袒牵羊 古代战败投降的仪式。肉袒：脱去上衣，裸露肢体，古人在祭祀或谢罪时以此表示恭敬或惶恐。牵羊：牵着羊，表示犒劳军队。

[9] 噶喇依 亦作"噶拉依"或"嘎尔额"，嘉绒藏语音译，有"气候温和、小麦成熟较早"之意，今金川县安宁乡政府驻地，曾为大金川土司官寨所在地。二定金川后，官寨被焚毁。清廷于此修建御碑亭，于亭中立《御制平定金川勒铭噶喇依之碑》，今亭与碑尚存，为四川省文物保护单位。

[10] 立殭 直立而死。殭：古同"僵"，死。

[11] 献馘（xiàn guó）蒇事（chǎn shì） 战事顺利完成，奏凯报捷而归。献馘：古时出战杀敌，割取左耳，以献上论功。馘：被杀者之左耳。泛指奏凯报捷。蒇事：谓事情办理完成。

[12] 凶渠 元凶。《资治通鉴·宋顺帝昇明元年》："凶渠逆党，尽已枭夷。"胡三省注："凶渠，谓渠魁也。"

[13] 阙下 宫阙之下。指帝王所居之处，借指朝廷。

[14] 明正典刑 依照法律处以极刑。旧时多用于处决犯人的公文或布告中。明：表明。正：治罪。典刑：法律。

[15] 疆界辟地 开拓边疆之地。辟：开拓、开垦。

[16] 丙申 清乾隆四十一年，公元1776年。

[17] 仲春 农历二月。

御制平定两金川告成太学碑文

【位置】现收藏在江苏省常州市溧阳市文物管理委员会，原立溧阳孔庙前

第二章 御 碑

【年代】清乾隆四十一年（1776年）

【形制】不详

【尺寸】残长163、宽86、厚27厘米

【内容】

御制平定两金川告成太学碑文

太上[1]立德[2]，其次立功[3]，又其次为立言[4]。而德与功，皆赖言以传。言之无文，行而不远，文之时义大矣哉！然传德之辞直而寡，传功之辞费而多。直而寡者，不因文而德自见，二典[5]、三谟[6]，经世立教是也。费而多者，必因文而功乃明，周诰[7]、殷盘[8]，佶屈聱牙[9]是也。吾尝读韩昌黎[10]《平淮西碑》[11]，益悉此言之不爽[12]。何则？彼其藩镇[13]，乃家奴之类，怂恿因循，以致宛成敌国。削而平之，是宜引以为愧，而不可炫以为功。赖昌黎之文，几与《江汉》[14]、《常武》[15]同称者定[16]，然有识者，固知其辞费而多饰，而未知宪宗[17]之愧与弗愧耳。今之平定金川之文，不有类于斯乎？解之者曰：逆酋羁縻徼外，非若淮蔡之居中土，元济[18]之为世臣也。吾则以为既受职为土司，则是我臣，而其地近接成都，远连卫藏，则是我土。我土我臣，而横生逆志，蚕食邻封，将欲有大所为，弗剿而灭之，则四川将不能安枕。兹虽藏事[19]，与平定淮蔡，擒吴元济何以异。故宜引以为愧，而不可炫以为功者以此。金川之始，见于己巳[20]告功之文，兹不复记。记其复叛而复征，则其阴谋负恩，已自戊寅年[21]始。盖戊辰之师[22]，实缘其跳梁不靖，而师既临境，彼即穷蹙乞降，遂以赦罪颁师。甫十年，而其酋郎卡[23]即与革布什咱[24]构衅。又四年，遂与绰斯甲布[25]及三杂谷[26]为敌。而逆子索诺木[27]凶悖益甚，自恃地广人众力强，与各土司构兵[28]，迄无宁岁。故各土司皆畏之如虎，而以势力分散，又莫能如之何。余以为业已受其降，不宜复加兵，且蚁斗蛮触[29]，不足以劳王师。因命地方文武大吏，随宜弹压，令弗越内地界，亦足以安民而示度耳。不虞[30]地方大吏，欲息事而每示宽，逆酋转以为无足惧而日益逞。其小金川逆酋僧格桑[31]者，始则与索诺木水火相仇，继乃狼狈为奸。于是索诺木布计杀革布什咱土司色楞敦多布，取其印敕以归。而僧格桑亦侵占鄂克什[32]地界，且发兵围其土司色达拉之官寨[33]，期于必取。总督阿尔泰[34]、提督董天弼[35]，知事不可掩，乃有发兵之请。是役也，或咎阿尔泰依违误事之过，而余则以为阿尔泰之过，皆余之过，盖金川因地险众悍，久蓄异志，是以有杀至维州桥之谣。维州，本汉徼外羌冉駹地，蜀将姜维征羌，驻此筑垒，后因名为姜维城。唐武德初，因其地置维州，屡叛屡复。广德中，陷吐蕃，号为无忧城，遂累入寇扰。大中时，始复内附。五代蜀州内徙，改县曰保宁。宋景德初，改曰威州。元至元间，以州治保宁县并入。明洪武初，于州境析置保县。本朝雍正五年[36]，省威州，入保县，属茂州。今其地尚有维州桥之称。而促浸[37]番人，以杀至维州桥播为谣曲，似系闻吐蕃旧事，妄冀效尤耳。则其不忘内地情率可知。戊辰之役，我师深入屡胜，即不宜赦其罪而受其降，此一误也。甫十年，而郎卡背恩作乱，以及逆子踵其迹，皆不即发兵问罪，惟令地方大吏，随宜处置，又屡误也，以至尾大不掉，终于兴师。故余不咎人之议为穷兵黩武，而转咎己之类于姑息养奸。盖中国之制外域，张挞伐，则彼畏而敛迹；主和好，则彼轻而生心。汉、唐、宋、明之覆辙，率可鉴也。若谓余穷兵黩武，则余赖天恩平伊犁、定回部[38]，拓疆二万余里，岂其尚不知止足，而欲灭蕞尔[39]之金川，以为扬赫濯[40]、纪勋烈之图哉！虽然，平伊犁、定回部，其事大矣，然费帑不及

45

三千万，成功不过五年。兹两金川小寇，地不逾五百里，人不满三万众，而费帑至七千万，成功亦迟至五年。则以跬步皆险，番奴效命死守，故得延至今日。而我将军阿桂[41]，立志坚定，决机明敏，两副将军及参赞、领队诸臣，同心合力，各军士敌忾奋勇，凡经大小数百余战而后成功，视平伊犁、定回部，费力转不啻倍蓰[42]。设非天恩助顺，众志成城，则金川未易言灭，而国威或至少损矣。是不可以不记。观斯文者，尚谅余怀惭悔过之不暇，知非称功诩德而为言。其庶几乎，系之以辞，用志始末云尔。

小金首祸，曰僧格桑，兵救鄂什，向称沃日，今定为鄂克什，急呼之则鄂什也。竟抗颜行。僧格桑于庚寅夏与鄂克什土司构怨称兵，阿尔泰、董天弼亲往诫谕，奏称："逆酋遵教退归"，亦遂释而不问。未数月，复围鄂克什。辛卯[43]夏，阿尔泰乃遣兵护鄂克什，而逆酋亦遂与官兵交战。督臣□□，每事迁就。知弗胜任，将军别授。阿尔泰等名为进兵，仍思迁就完事，因谕温福[44]由滇赴川，经理军务，且命桂林[45]驰往视之。辛卯冬，因阿尔泰始终迟疑玩误，遂罢其职，而以温福代为大学士，授定边将军，由西路督兵进攻，其四川总督，则令桂林代之，统兵攻剿南路。攻破巴朗向讹为斑烂，今改，直取达围[46]，进抵资哩。数月克之，两路夹击，遂得美诺[47]，鼠窜狼奔，金川助恶。温福初至西路，即策励将士，攻克巴朗拉[48]乘胜直取达围，进攻资哩，数月而克之。继命丰升额[49]为副将军，同温福进剿，贼寻退还木兰坝，我兵进抵路顶宗。桂林在南路，其始颇合机宜，连破约咱[50]、卡丫诸寨，并复革什咱侵地，寻为宋元俊[51]所误，致有墨垒沟[52]之失。桂林匿不上闻，为阿尔泰所劾，因即罢斥。而今阿桂为副将军，赴南路代领其兵。南路自达乌至僧格桑，皆峭壁悬崖，碉卡林立。阿桂董饬官军，励勇摧坚，深入其阻，乘胜进捣美诺贼巢。壬辰[53]十一月，遂克之。温福亦攻克明郭宗，至美诺[54]，与阿桂会，复督兵攻取布朗郭宗，逆酋由僻径窜入金川，擒其父泽旺[55]解京，乃传檄抚定汗牛[56]、大板昭[57]等寨落，小金川悉平。而金川逆酋索诺木，复敢党恶拒命，因移兵并剿之。既平趑拉[58]小金川，番语本名，遂讨促浸[59]。即金川番名也。雪多境险，奏功[60]以沈。奏功以沈，贼更遮郡[61]。绿营怯懦，遇战辟易[62]。攻剿促浸之兵，温福由功噶尔拉，阿桂由当噶尔拉，分两路并进。功噶之前，为卡撒丫口，贼筑碉断径，不能进。遂由昔领[63]绕攻，而碉坚地险，兼多雨雪，攻之半年，虽屡得贼卡，终未扼其要害。绿旗兵即懦葸[64]，温福又不善调度，以二万余人，散布各卡防守，遂以分而见单。贼窥其罅隙，于癸巳[65]六月，遣番众数百，由间道潜出，煽诱趑拉降番复叛，董天弼庸懦失守，为贼所戕。贼益猖獗，扰温福后路，直侵大营，绿营兵众先溃，将领战殁者多矣。温福率亲兵与贼搏战，亦遇害。趑拉之地复失，逆酋等罪大恶极，愈不可宽矣。兵既无能，将复失算。岂如南路，全师而返。叶。阿桂在当噶，军律明而士心固，贼不敢犯，然木果木[66]有事之后，当噶亦难独驻，遂整励兵众，由南路全师而出。重调劲旅，吉林索伦[67]，健锐火器[68]，其心忠纯。前已简派[69]八旗兵三千，令赴川助剿，为温福等奏止。使木果木军营，有满兵在彼，则绿营得所依恃，亦不致仓皇溃窜，是其事仍有温福自误。幸阿桂一路，军气甚整，即授为定西将军，并选健锐、火器营兵三千，吉林索伦、黑龙江兵四千迅赴军营，重筹进剿。仍分两路，堂堂正正，不旬日间，美诺复位。癸巳冬，将军阿桂统兵由西路进攻，其南路责令明亮[70]为副将军进剿，两路并进，所向克捷。旬日之间，即收复小金川全部。谷噶既入，马尼去声并克，蓁养旗兵，允得其力。阿桂等于甲午[71]正月，抢占谷噶丫口山梁，明亮等亦于是时攻克马尼，两路之兵，皆因有八旗劲旅[72]，奋勇先登，绿营观感激励，皆效法恐后，奏绩甚速。酾[73]三路进，一阻宜喜[74]，及彼绒布[75]，遇险而止。副将军丰升额同舒常[76]于宜喜驻兵，与阿桂、明亮共成三路。第宜喜之兵，攻剿半截，未能寸进，而明亮则由马尼攻得木溪、卡卡角[77]，及抵庚额特[78]，亦阻险未能进，遂驻绒布寨。阿桂西路，则屡建功。罗博溯普，逮逊克宗。甲午三月，阿桂攻克罗博

46

瓦[79]山梁。六月,攻克色彭浦。此诸寨并峰峻碉坚,贼众悉力死守,官军皆涉险锐攻,歼丑甚重,遂临逊克尔宗[80]。喇穆山梁,日则丫口,举默格尔,以扰其后。我兵攻色溯普后,贼众防守益力。阿桂侦知喇穆喇穆,迤西峰陡崖削,贼备御稍疏,因分兵超越进攻,尽据其碉,并攻克日则丫口,亦六月中事,其后兵进稍阻。至十月初,复绕道攻得默格尔山梁,其荣噶尔博、日尔八当噶之贼,皆截于后。明亮宜喜,亦据岭梁。而复南进,徒然望洋。宜喜为贼要隘,守御极严。丰升额、舒常攻之,一年未下。继而命丰升额改赴西路。舒常在彼,更不能进。甲午夏,因明亮在绒布,屡攻未进。不宜顿兵于无用之地,令其分兵七千,移攻正地。明亮遣侦卒往探,不见贼踪,难以轻进,亦赴西路协剿,阿桂札止之。会绰斯甲布土司恳明亮驻宜喜,并愿效前驱。明亮乃出其不意,分兵冒雨直进,遂据宜喜山梁,并攻得俄坡格勒古,贼因掘壕断路,明亮等复为所阻矣。逮昨乙未[81],略康萨尔、木思工噶,贼碉并毁。阿桂自攻得默格尔,欲乘胜直进,贼复于康萨尔山梁,抗阻两月余。乙未正月,阿桂派兵分两路潜进,拔其鹿角,连越重壕,跃上碉顶,遂毁其碉,歼贼甚众。四月,复攻得木思工噶克丫口,从此下压,势益顺矣。明亮河西,亦有所据。日旁[82]以前,五十里路。明亮因达尔图之路为贼所断,商之阿桂,谓当仍由宜喜一路进攻。并派西路兵一千,令福康安[83]带往攻克甲索碉卡,海兰察[84]乃往会攻,合力并击,先克撒撒谷[85]。其日旁右之沙坝山,并达尔图得愕及沟内之斯年木咱尔各贼,皆纷纷弃碉遁,周围五十余里寨落,悉行焚烧。夹河两军,声息可通,并清后路,逊克尔宗。五月中,明亮攻克额尔替碉卡,可下至半坡。六月间,复攻克石真噶寨。阿桂派兵沿河从赤尔寨攻打隔河之沙尔尼[86]一带,两岸夹击,声息可通。迨阿桂攻得噶尔丹喇嘛寺[87]等处,居高得势,以逊克尔宗在我兵之后,留之非计,遂派兵三路分进。丰升额督率攻剿,或斫寨而入,或梯墙而进,遂得其碉,杀贼无算,后路益肃清矣。甾则大海,昆色拉枯,层层破要,步步披岨。阿桂以昆色尔喇嘛寺[88]在拉枯喇嘛寺[89]之上,于此路尤为扼要,其葡则大海,亦当并剿,分派将领,统兵同往。其昆色尔山梁最险,官兵皆附蚁上攻,占其碉寨,复纵火焚烧拉枯喇嘛寺,又攻得甾则大海,官兵无不超越而登,飞腾而入。遂克勒围[90],红旗飞递。而合四月,大捷未至,既克西里[91],乃若建瓴。科布曲、索隆古,不日而倾。阿桂于八月十五夜,攻克勒乌围,其附近碉卡、木城六十余处,一夕无不摧破。八日而红旗递至木兰[92],详见闻捷凯歌及志事诗。自奏捷后四阅月,虽时有克获,未能深入,直至十一月初攻克西里,军声愈壮。而贼势愈蹙,寻即攻得科布曲、索隆古山梁,并克格隆、古兜窝等要隘。又扫清安不鲁木一带,益据建瓴之势矣。雍中含齐[93],易如拉朽。密围噶喇依[94],贼其奚走。阿桂既由索隆古进攻朗阿古,则朗噶克丫口等处皆克之,并据噶占山梁。十二月十七日,遂由玛尔古、当噶一带寨落悉行扫荡,皆克舍齐喇嘛寺。次日,复攻克雍中喇嘛寺[95]。即于十九日统兵直捣噶喇依,四面围攻,水陆俱断。促浸番众,自攻克勒乌围以来,大小男妇,纷纷投出。其大头人布隆普、阿纳木达什、阿库鲁等,遂皆相率乞降,并索诺木之母阿仓、姑阿青及其姊妹,亦皆投至军营。佥[96]云:索诺木、莎罗奔兄弟,并作恶之大头人丹巴沃杂尔等,皆在围中,此盖逆酋贼党等,罪孽深重,天夺其魄,驱之一处,以就擒也。是时河西,明亮亦入。富德[97]马邦[98],传檄芥拾[99]。明亮既克阿尔古[100]等寨,克取独古木,开通乃当山梁[101],并捣甲杂[102],扫独松[103]、河西一带,悉行剿洗。过河,会阿桂,合攻贼巢。富德亦将河南北之噶咱普、庚额特、曾达等各寨落全行扫清,直据马尔邦,亦遣兵与阿桂会。富德所得之地,俱不烦兵力,易如拾芥。设非西路,围噶喇依。则其两路,亦无进期。明亮、富德两路,向皆艰于攻取。而富德久驻绒布,尤未能寸进,自阿桂既克索隆古,乘胜席卷,已围噶喇依。各处之贼,皆胆破心散,望风溃降,非果由力战而得。若非西路官兵,直捣贼巢,则明亮、富德西路,仍未有进取之期也。诸军既合。火攻周遭,虽据三穴,讫其奚逃。然犹死守四十余日,技穷力竭,乞命

而出。官军四面合围,贼犹负隅力抗。继用大炮环轰,摧其碉卡,将士等乘势克取旁近寨落,层层进逼,歼贼日多。逆酋惶畏,遣其兄冈达克、彭楚克次第诣营并即拘系。于是,攻围益急,据其近碉,断其水道。索诺木窘迫无计,遂于二月初四日早,率其兄弟莎罗奔甲尔瓦、沃杂尔斯丹巴,并两土妇及党恶大头人丹巴沃杂尔、阿木鲁绰窝斯、甲尼玛噶喇克巴,并两喇嘛,挈大小头目,男妇二千余人出寨,逆酋跪捧印信,乞免诛戮。因即悉就擒获,俘献京师。自围剿以来,计四十余日,至是全境荡平,罪人斯得。红旗[104]于二月二十日驰至桃花寺行宫[105],适当告功东陵[106]之期。此实仰赖皇祖默佑,益深感敬。遂谕将军阿桂等统成功将士,择日凯旋,俟东巡回跸,至黄新庄[107]举行郊劳大典[108],以昭偃武策勋之盛。金川之功,阿桂居首,特恩异数[109],加之宜厚。征剿金川之役,实由将军阿桂苾诚体国,不惮艰劳,制胜运筹,克成伟绩,实为此事首功。特封为头等诚谋英勇公,加赏双眼孔雀翎红宝石帽顶、四团龙补褂、金黄带、紫辔,以昭崇奖。能出能入,有权有经。运长击短,后实先声。金川之功,允资群力。寸步层峰,冰滑石仄。将军指挥,无不奋勇。以此破敌,鹿埵陇种[110]。金川之功,非予所期。事弗可已,久而得之。斗犹兽困,舍惩鸡肋[111]。念我众劳,至今心恻。金川之功,允赖上苍。靖彼蕃徼,我武惟扬。勒铭太学,用遵成例。静言思之,文以志愧。

【注释】

[1] **太上** 本意为至高无上,出之古典,如《老子》云:"太上,下知有之;其次,亲之誉之。"《左传》:"太上有立德,其次有立功。"《礼记》:"太上贵德,其次务施报。"后因"立德""贵德"与老子的清高相符,故太上又指老子。

[2] **立德** 树立德业。《左传·襄公二十四年》:"太上有立德,其次有立功,其次有立言,虽久不废,此之谓不朽。"孔颖达疏:"立德,谓创制垂法,博施济众,圣德立于上代,惠泽被于无穷。"

[3] **立功** 为国家建立功勋。孔颖达疏:"立功,谓拯厄除难,功济于时。"

[4] **立言** 指创立学说,成为名言,永为后人传诵。孔颖达疏:"立言,谓言得其要,理足可传,其身既没,其言尚存。"

[5] **二典** 《尚书》中《尧典》和《舜典》的合称。《宋史·太祖记三》:"晚好读书,尝读'二典',叹曰:'尧舜之罪四凶,止从投窜,何近代法网之密乎!'"典:重要的文献、典籍。

[6] **三谟** 《尚书》中的《大禹谟》、《皋陶谟》和《益稷》的合称。谟:臣下为君主就国家大事进行谋划称之曰谟。

[7] **周诰** 指《尚书·周书》中的《大诰》《康诰》《酒诰》《召诰》《洛诰》等篇。诰:古代帝王对臣子的命令。

[8] **殷盘** 指《书·盘庚》。唐韩愈《进学解》:"周《诰》殷《盘》,佶屈聱牙。"

[9] **佶屈聱牙** 同"诘屈聱牙"。形容文字艰涩生僻、拗口难懂。佶屈:曲折,不顺畅。聱牙:拗嘴,不顺口。

[10] **韩昌黎** 即韩愈(768—824),字退之,河南河阳(今河南省孟州市)人,祖籍郡望昌黎郡(今河北省昌黎县),故自称"郡望昌黎",世称"韩昌黎""昌黎先生"。唐代杰出的文学家、思想家、哲学家。是唐代古文运动的倡导者,被后人尊为"唐宋八大家"之首,与柳宗元并称"韩柳",有"文章巨公"和"百代文宗"之名。

[11] **《平淮西碑》** 又名韩碑，由唐代文学家韩愈撰文，记述了唐宪宗元和十二年（817年）裴度平定淮西（今河南省东南部）藩镇吴元济的战事。

[12] **不爽** 指不差；没有差错。语出《诗·小雅·蓼萧》："其德不爽，寿考不忘。"今多指不高兴、心情郁闷等负面情绪。

[13] **藩镇** 亦称"方镇"，是唐朝中后期设立的军镇。藩："保卫"之意。镇：军镇。唐代初年在各重要州设都督府，睿宗时设节度大使，玄宗时又在边境设置十节度使，通称"藩镇"。各藩镇掌管一个地区的军政，后来权力逐渐扩大，兼管民政、财政，掌握全部军政大权，形成地方割据，常与朝廷对抗。

[14] **《江汉》** 《诗经·大雅·荡之什》的一篇。记叙召穆公奉周宣王命平淮夷，受周王赏赐的故事。

[15] **《常武》** 亦为《诗经·大雅·荡之什》的一篇。赞美周宣王率兵亲征徐国，平定叛乱，取得重大的胜利。

[16] **耆定** 平定。宋岳珂《桯史·成都贡院》："议以为乾德平僭伪，虽鸾舆不亲幸，而耆定一方，实为隽功。"

[17] **宪宗** 即唐宪宗。此处指唐宪宗为削平割据势力，于元和元年（806年）到元和十五年（820年），对不法藩镇进行的一系列讨伐的战事。尽管削藩战争的最终结果是不彻底的，也是不成功的，但对于李唐王朝稳定和社会发展来说却有着很大的积极意义。

[18] **元济** 即吴元济（783—817），唐代宪宗时叛藩的首领，沧州清池（今河北沧州东南）人。吴元济之父吴少阳为淮西节度使，治蔡州（今河南汝南）。唐代宗、德宗以来，淮西镇勾结河北诸镇，成为唐廷心腹大患。宪宗元和九年（814年），吴少阳死，元济匿不发丧，伪造少阳表，称病，请以元济为留后，朝廷不许。元济于是遣兵焚舞阳（今河南舞阳西北）、叶县（今河南叶县南），攻掠鲁山（今属河南）、襄城（今属河南）、阳翟（今河南禹州），宪宗发兵讨伐。时河北藩镇中，成德（今河北正定）的王承宗、淄青（今山东益都）的李师道都暗中与吴元济勾结，出面为之请赦。因朝廷不许，李师道便遣人伪装盗贼，焚烧河阴（今河南荥阳东北）粮仓，企图破坏唐军的军需供应；又派刺客入京刺杀武元衡，砍伤裴度，企图打击主战派。但宪宗不为动摇，以裴度继武元衡为宰相，主持讨伐事宜。两方相持数年，元和十二年（817年）十月，唐邓节度使李愬在降将李祐导引下，于雪夜奇袭蔡州成功，破城俘元济。十一月，吴元济被斩于长安。至此，唐朝统一的局面暂时有所加强。韩愈《平淮西碑》即说此事。

[19] **蒇事**（chǎn shì） 谓事情办理完成。

[20] **己巳** 清乾隆五十年，公元1785年

[21] **戊寅年** 清乾隆二十三年，公元1758年。

[22] **戊辰之师** 指清乾隆"第一次平定金川"之役中岳钟琪所率的清军。戊辰：清乾隆十三年，公元1748年。是年，岳钟琪率军进攻金川，金川土司莎罗奔闻讯后向其投降。乾隆赦其罪，"一定金川"之役遂平。

[23] **郎卡** 莎罗奔兄长之子。清乾隆"第一次平定金川"之役后，因莎罗奔年老而代行土司事。

[24] **革布什咱** 即革布什咱安抚司，又有丹东、革什杂、革什札、单东革西杂、革布什扎等写法，嘉绒藏族十八土司之一，辖今甘孜州丹巴县大桑地区和道孚、炉霍县境内部分地区。"革什杂"为藏语方言，意为"学生"，是嘉绒藏区于明代最早授封的土司之一。清代时又是明代土司中归顺较早的一个。康熙三十九年（1700年），其先土司魏珠布策凌归服王朝，被加封为安抚司，从四品。乾隆三十六年（1771年）促浸（金川土司）于热水塘杀害革布什咱土司色楞敦多布，引起第二次金川之役。事平后其子湛都尔承袭丹东土司职。

[25] **绰斯甲布** 绰斯甲布宣慰司，又名绰斯甲宣慰司，嘉绒十八土司之一。唐为东女国，永隆间没于吐蕃，属安多地区三十六番诸部落之一，元代为吐蕃等处宣慰司管辖，明属朵甘思宣慰司管辖。清康熙三十九年（1700年），部落首领归附清王朝。两年后，清廷颁授绰斯甲安抚司职衔。乾隆三十七年（1772年），因出师大金川助战有功，于乾隆四十一年（1776年）升授宣慰司，其官为从四品。绰斯甲宣抚司原隶阜和协（在今甘孜州康定市）统辖。清乾隆五十一年（1786年），改隶懋功协统辖。其辖地含今金川县周山、观音桥镇及壤塘上寨一带。

[26] **三杂谷** 即杂谷安抚司，嘉绒十八土司之一。其祖为吐蕃悉恒谋之裔，唐大中三年（849年）内附，授世袭土官职。明朝授安抚司土同知。清康熙十九年（1680年）归附，仍授原职。此后，随着势力增大，野心膨胀，四方攻掠，残害民众，以至于建碉构堡，与清廷抗衡。乾隆十七年（1752年），岳钟琪率军进剿，土司兵败被诛，其地推行改土归屯运动，建杂谷、上孟、下孟、甘堡、九子五屯。

[27] **索诺木** 莎罗奔侄孙，郎卡之子，清乾隆中期承袭大金川安抚司职，为大金川第五十九代土司。在位期间，与小金川土司僧格桑勾结，多次与周边各土司之间发生纷争，招致二次金川之役的发生。乾隆四十一年（1776年）正月，清军将大金川全境扫平，索诺木手捧印信率家族及残部、喇嘛二千余人，在其官寨之一的噶拉依向清定西将军阿桂跪降，后被押解到北京。乾隆四十一年（1776年）农历四月二十八日，乾隆皇帝亲审后，于北京菜市口被凌迟处死。

[28] **构兵** 交战。《孟子·先子下》："吾闻秦楚构兵，我将见楚王说而罢之。"

[29] **蚁斗蛮触** 形容双方因些微之事而争吵、争斗。蚁斗："蚁斗蜗争"的省称，比喻微末的争斗。语出宋刘克庄《和仲弟》之四："蚁斗蜗争求予没，老夫身世自难栽。"蛮触：典故名，典出《庄子集释》卷八下《杂篇·则阳》，说有建立在蜗牛角上的国家，右角上的叫蛮氏，左角上的叫触氏，双方常为争地而战，伏尸数万。后以"蛮触"比喻因小事争吵的双方。

[30] **不虞** 指出乎意料的事。语出《国语·周语中》："昔我先王之有天下也，规方千里，以为甸服……以待不庭不虞之患。"

[31] **僧格桑** 小金川土司泽旺之子。泽旺老病，他承袭土司职。"第二次平定金川"之役时，逃至大金川，后被索诺木鸩杀。

[32] **鄂克什** 即鄂克什土司，又称沃日土司，嘉绒藏族十八土司之一。其先是在当地信众中具有较高威望的本教巫师，清顺治十五年（1658年）归顺清朝，被册封为沃日贯顶净慈妙智国师。"沃日"是藏语，意为"领地"，即小金川支流沃日河流域是其世居之地。清乾隆二十年（1755年）因协助征

50

剿金川有功受封"安抚司"职衔。当时的全称是"鄂克什安抚司"。"鄂克什"是满语称号，其义不详。后来有"沃日"和"鄂克什"两称之名并用。其官寨在今小金县沃日镇政府驻地。

[33] **色达拉之官寨** 即今小金县沃日镇政府驻地的沃日土司官寨。全国重点文物保护单位。

[34] **阿尔泰（？—1773）** 伊尔根觉罗氏，八旗满洲镶黄旗人。清雍正年间，以副榜贡生授宗人府笔帖式。乾隆中，屡迁至山东巡抚。阿尔泰抚山东七年，治水利有绩，擢四川总督，加太子太保。从征大小金川，作战不利。三十八年（1773年），狱具拟斩，上命赐自尽。

[35] **董天弼** 清朝将领。自武进士授四川提标前营守备。乾隆初，师征金川有功，累迁维州协副将。金川酋郎卡攻丹巴土司，天弼偕游击宋元俊谕郎卡归所掠，毁所筑碉，兵罢，迁松潘镇总兵，旋擢四川提督。郭罗克部劫西藏入贡喇嘛，上命天弼按治，未得其渠，诏责其苟且。三十五年（1770年）小金川土司泽旺子僧格桑为乱，攻鄂克什土司色达克拉，围其寨。天弼督兵驻达木巴宗，檄僧格桑敛兵退色达克拉，以其寨粮尽，乞徙达木巴宗。天弼与总督阿尔泰议留兵戍焉。三十八年（1773年）复为四川提督。时小金川已定，温福督师进讨大金川，令天弼以五百人守底木达，温福进驻木果木。后因温福刚愎自用，布防无章，致有"木果木之变"，温福中枪而亡，董天弼也在底木达战死，后追授内阁中书。

[36] **雍正五年** 公元1727年。

[37] **促浸** 嘉绒藏语音译，意为"大河之滨"。"第二次平定金川"战役前，为大金川土司辖地，今为金川县除观音桥镇和周山外的所有乡镇。

[38] **平伊犁、定回部** 指乾隆平定南疆大小和卓叛变。18世纪五六十年代，清朝平定天山北路准噶尔部贵族叛乱时，被准部俘虏的维吾尔族首领大小和卓先后逃回。乾隆二十二年（1757年），兄弟俩纠集其他各部维吾尔族上层分子发动暴乱。次年，清朝派军平叛。到乾隆三十四年（1769年），叛乱平定。事后清朝在新疆设置伊犁将军，加强了中央对新疆地区的统治。

[39] **蕞尔** 多形容比较小的地区或国家。

[40] **赫濯** 威严显赫貌。

[41] **阿桂（1717—1797）** 八旗满洲镶蓝旗人，章佳氏，字广廷，号云岩，大学士阿克敦之子，乾隆三年（1738年）举人，充军机处章京。二十九年（1764年）任四川总督，巡边至杂谷脑，于十二月调京授工部尚书。乾隆三十五年（1770年），因处理缅甸入贡事被革职。三十六年（1771年）九月，随尚书温福征讨金川，署四川提督。三十八年（1773年）温福战死，阿桂受命为定西将军，统率征讨金川各军。四十一年（1776年）二月，平定大小金川，并奏请将两金川改土司制度为屯官制度，驻兵屯戍。乾隆皇帝谕以"金川之功，阿桂居首"，历任兵部、礼部、户部、吏部尚书，累官至武英殿大学士兼军机大臣。嘉庆二年（1797年）八月病逝，赠太保，谥文成，入祀贤良祠。

[42] **倍蓰** 亦作"倍屣"或"倍徙"，数倍之意。倍：一倍。蓰：五倍。《孟子·滕文公上》："夫物之不齐，物之情也。或相倍蓰，或相什百，或相千万。"

[43] **辛卯** 清乾隆三十六年，公元1771年。

第一篇 存世碑刻

[44] **温福** 八旗满洲镶红旗人，费莫氏，字履绥，文华殿大学士温达孙。乾隆时曾历任户部郎中、湖南布政使、贵州布政使、内阁侍读学士、福建巡抚、吏部侍郎、理藩院尚书等职。乾隆三十六年（1771年），授定边右副将军，师征金川，三十六年十二月授定边将军，以阿桂、丰升额副之。与侍郎桂林率军自南北两路征讨大小金川。三十八年（1773年）春，驻军木果木。因刚愎自用，布防无章，遭土兵偷袭，中枪而亡。

[45] **桂林** 伊尔根觉罗·桂林（？—1755），清朝大臣，八旗满洲镶蓝旗人，两广总督鹤年子，乾隆帝循贵妃生父。自廪生入赀为工部主事，累迁山西按察使。乾隆三十六年（1771年）三月，擢户部侍郎、军机处行走。九月，命佐定边右副将军温福讨金川。十一月，授四川总督。从平大小金川，作战不力，戍守伊犁。四十年（1775年），授头等侍卫，授四川提督，迁两广总督。卒，加太子太保衔，谥壮敏。

[46] **达围** 今小金县达维镇。

[47] **美诺** 今小金县美兴镇。此处泛指小金川土司辖地，即今小金县除原沃日土司领地外的全部地域。

[48] **巴朗拉** 即巴郎山，又称"斑斓山"，位于小金县东，为小金、汶川、宝兴三县界山，海拔5040米。藏语称"巴朗拉"，意为"圣柳山"。

[49] **丰升额**（？—1777） 八旗满洲整白旗人，钮祜禄氏，阿里衮之子。二定金川时，受命为副将，功勋卓绝，获封果毅继勇公，并画功臣像于紫光阁。乾隆四十二年（1777年）十月病逝，赠太子太保，谥诚武。

[50] **约咱** 今甘孜州丹巴县岳扎乡岳扎坝。

[51] **宋元俊**（？—1772） 字旬芳，江南怀远人，清朝将领。以武进士授四川成都营守备，迁怀远营都司。乾隆二十年（1755年）孔撒、麻书两土司构衅，金川、绰斯甲布两土司乘隙为乱。元俊为抚定，集孔撒、麻书、金川、绰斯甲布、革布什咱、绰沃、白立、章谷、瞻对诸土司断曲直，使顶经立誓，累迁阜和营游击。二十九年（1764年）金川土司郎卡侵丹巴、绰斯甲布两土司，诸土司请兵，署总督阿桂、提督岳钟琪奏令元俊偕署副将长清谕各土司合兵进剿。移漳腊营参将，坐事左迁。三十五年（1770年），奉阿桂檄宣谕僧格桑还侵地及所掠番民，补阜和营游击。三十六年（1771年），与参将薛琮、都司李天佑率兵收复明正土司被侵之地，擢松潘镇总兵，据墨尔多山梁，旋赐孔雀翎。三十七年（1772年）因坐桂林事被夺职逮问，籍其家。经阿桂上疏保荐，留总兵，还所籍财产。后在墨龙沟卒于军中。

[52] **墨垄沟** 即墨龙沟，在今小金县抚边乡境内。因沟内森林茂密，山形似黑色的游龙，故名。

[53] **壬辰** 清乾隆三十七年，公元1772年。

[54] **美诺** 今小金县美兴镇。

[55] **泽旺** 小金川土司，娶妻大金川土司莎罗奔之女阿扣。泽旺生性懦弱，常受制于妻。乾隆十年（1745年），泽旺被大金川土司莎罗奔诱拘，夺其印信。后经清廷纪山调解，得以释还，不久让位于其弟良尔吉。此事为清乾隆"第一次平定金川"之役埋下了伏笔。

[56] **汗牛** 今小金县汗牛乡。

- [57] **大板昭**　今小金县两河口镇大板村。嘉绒藏语音译，意为"设置官员"。清乾隆两定金川时，曾于此设立大板昭屯，料理粮务。

- [58] **趱拉**　亦作"攒拉"，嘉绒藏语音译，意为"小河之滨"，又有"天子"或"凶神"之义。此处指小金川河流域，亦代指攒拉安抚司，即小金川土司。

- [59] **促浸**　嘉绒藏语音译，意为"大河之滨"。"第二次平定金川"战役前，为大金川土司辖地，今为金川县除观音桥镇和周山外的所有乡镇。此处代指大金川土司。

- [60] **奏功**　亦作"奏工"。收效；成功。

- [61] **遮郤**　掩饰其缺点错误。郤：同"隙"，空隙。

- [62] **辟易**　回避；退让；躲避。多指受惊吓后控制不住而离开原地。《史记·项羽本纪》："人马俱惊，辟易数里。"

- [63] **昔领**　今金川县卡撒乡色尔岭村，藏语意为"金色的山梁"。

- [64] **懦葸**（nuò xǐ）　畏怯。清王韬《淞滨琐话·倪幼蓉》："既抵任，士人懦葸，不能断事，一切皆女代为之。"

- [65] **癸巳**　清乾隆三十八年，公元1773年。

- [66] **木果木**　嘉绒藏语音译，意为"右下边地方"，直译为"不可认识的地方"，在今金川县卡撒乡布达村境内。乾隆三十八年（1773年）春，定边将军温福等率清军驻扎于此。由于温福刚愎自用，布防无章。金川土司索诺木暗中策反已降土兵，发动袭击，清军惨败，温福被杀，史称"木果木之变"。

- [67] **索伦**　我国少数民族名，即今鄂温克族，分布在黑龙江省嫩江流域。民风刚劲，勇敢善战。明以前称为通古斯、雅库特，清称索伦。明末清初以"索伦部"统称索伦、达斡尔、鄂伦春等族。

- [68] **健锐火器**　即健锐营和火器营。健锐营，又称健锐云梯营、飞虎健锐云梯营、香山健锐营，是清京师禁卫军中具有特战性质的八旗部队。第一次金川之役期间，因大金川土司以碉堡攻守战术而使清军久不能胜，乾隆帝为使清军熟悉攻打碉堡之法，从京营八旗前锋营、护军营中挑选一批兵士，于乾隆十四年（1749年）在北京香山设健锐营。同时，将俘获的番兵和工匠迁入北京，编入营内，修筑石碉，供其攻防演练。魏源在《圣武记》之《乾隆初定金川土司记》中载："初上闻金川碉险，因于京师香山设石碉，造云梯，简羽林佽飞之士习之，未逾月，复精兵二千，命傅恒统之以行。次年，遂即其地立健锐营，以时训练，有征伐，则皆以此劲旅制胜。其筑碉者，即金川番兵也。"火器营：亦为清京师禁卫军之一，康熙三十年（1691）组建，选八旗满洲、蒙古习火器之兵，另组为营。营兵有鸟枪护军与炮甲两种，额定满洲、蒙古每佐领下鸟枪护军六人，炮甲一人，分内外二营操演，在城内的为内火器营，分枪、炮两营。在城外的为外火器营，专习鸟枪。内外二营，共有鸟枪护军五千二百多人（内有护军校、蓝翎长、队长各一百二十人，并有笔帖式十六人掌文案），炮甲八百八十人，养育兵一千六百五十人（备补充鸟枪护军），三种兵总数是七千八百多人。内外火器营分别定时训练，除操演枪、炮之外，并操演步射、骑射及各项技艺。

第一篇 存世碑刻

[69] **简派** 选派。

[70] **明亮**（1736—1822） 八旗满洲镶黄旗人，富察氏，字寅斋，都统广成子，亦孝贤高皇后侄子。乾隆三十六年（1771年）二定金川时授副将军职。因其功勋卓绝，图功臣像于紫光阁，居第三位。战后曾任成都将军、四川提督等职。道光二年（1822年）卒，赐陀罗经被，谥文襄，入祀贤良祠。

[71] **甲午** 清乾隆三十九年，公元1774年。

[72] **八旗劲旅** 即京师八旗。清代兵制，每都统为一旗，以黄、白、红、蓝、镶黄、镶白、镶红、镶蓝为旗，分别有八旗满洲、八旗蒙古、八旗汉军，共二十四旗。为清王朝进行统治的军队骨干力量。

[73] **釃**（shī） 疏导分散。

[74] **宜喜** 又名宜喜梁子，嘉绒藏语音译，意为"神山"，位于金川县城西北，是庆宁乡与撒瓦脚乡的界山。

[75] **绒布** 今金川县马尔邦乡耿扎村茸不寨组。当地又称"不汝"，意为像龙的地方。

[76] **舒常** 舒穆鲁氏，八旗满洲整白旗人，舒赫德之孙，徐元梦玄孙也，清朝大臣。始为侍卫，后因其祖舒赫德议移置阿睦尔撒纳妻子得罪，舒常亦夺官，发黑龙江披甲。及舒赫德召还为副都统，授舒常三等侍卫。舒赫德以佐成衮紮布无功再得罪，舒常复发黑龙江。乾隆二十三年（1758年）二月，命释还。累迁至镶蓝旗护军统领。三十七年（1772年）随将军温福征金川，授参赞大臣。金川平，图形紫光阁，与舒赫德父子并列前五十功臣。

[77] **卡卡角** 今金川县马尔邦乡政府驻地卡卡足村。嘉绒藏语意为"下面河口"，当地又称"纳郭"。

[78] **庚额特** 今金川县马奈乡卡卡足村之格岩。

[79] **罗博瓦** 今金川县勒乌镇境内山脉，九把锁左侧。

[80] **逊克尔宗** 今金川县勒乌镇东风村，又名新开宗村。

[81] **乙未** 清乾隆四十年，公元1775年。

[82] **日旁** 即日旁梁子，嘉绒藏族奉为神山。山梁经庆林、撒瓦脚、集沐、卡拉脚，长三十多千米，其最高峰昔惹峰海拔4400米。

[83] **福康安**（1754—1796） 字瑶林，号敬斋，富察氏，八旗满洲镶黄旗人，经略大学士傅恒的第三子，乾隆帝嫡后孝贤皇后的侄子。乾隆年间名将、大臣。福康安历任云贵、四川、闽浙、两广总督，官至武英殿大学士兼军机大臣。先后参加第二次平定大小金川之役、平定甘肃回民田五起事、台湾林爽文起事、廓尔喀入侵、苗疆起事等，累封一等嘉勇忠锐公。嘉庆元年（1796年）二月赐福康安为贝子，同年五月去世，追封嘉勇郡王，谥号文襄，配享太庙，入祀昭忠祠与贤良祠。

[84] **海兰察**（1740—1793） 索伦杜拉尔氏，呼伦贝尔索伦左翼镶黄旗鄂温克人。乾隆二十年（1755年）从军，征战南北，勇武过人，身先士卒，晋升头等侍卫、一等超勇公、侍卫大臣、都统参赞大臣等要职。先后征战大小金川、西藏、台湾等地，战功赫赫，彪炳史册。乾隆五十八

年（1793年）病逝于京都，以神威之师入昭忠祠，图形紫光阁。

[85] **撒撒谷** 在今金川县撒瓦脚乡撒瓦脚沟。

[86] **沙尔尼** 今金川县沙耳乡沙耳村。

[87] **噶尔丹喇嘛寺** 坐落在今金川县咯尔乡复兴村黄土碉，毁于清乾隆四十一年（1776年）。

[88] **昆色尔喇嘛寺** 即噶尔丹喇嘛寺。

[89] **拉枯喇嘛寺** 坐落在今金川县勒乌镇云盘村，现已无存。

[90] **勒围** 即勒乌围。地处大金川河东岸一级台地，勒乌沟注入大金川河处，今金川县勒乌镇前锋村，清乾隆中期前称"勒乌围"，原为大金川土司官寨所在地。"第二次平定金川"战役后，清廷于此修建御碑亭，竖碑于亭中。1958年，御碑亭被毁，御碑被打制成石磨、猪槽等。石磨现存于县文物局。

[91] **西里** 今金川县万林乡西里寨村。

[92] **木兰** 即木兰围场，清代皇家猎苑，清朝皇帝狩猎的地方，位于河北省东北部（承德市围场满族蒙古族自治县），与内蒙古草原接壤。1681年清帝康熙为锻炼军队，在这里开辟了一万多平方千米的狩猎场。清朝前半叶，皇帝每年都要率王公大臣、八旗精兵来这里举行以射猎和旅游为主的活动，史称"木兰秋狝"。在清代康熙到嘉庆的一百四十多年里，就在这里举行木兰秋狝105次。

[93] **雍中含齐** 比喻万事俱备。雍中：北魏《齐民要术》中记载："作盐水，令极咸，于盐水中洗菜，即内雍中。"

[94] **噶喇依** 亦作"噶拉依"或"嘎尔额"，嘉绒藏语音译，有"气候温和、小麦成熟较早"之意，今金川县安宁乡政府驻地，曾为大金川土司官寨所在地。二定金川后，官寨被焚毁。清廷于此修建御碑亭，于亭中立《御制平定金川勒铭噶喇依之碑》，今亭与碑尚存，为四川省文物保护单位。

[95] **雍中喇嘛寺** 今金川县安宁乡广法寺。

[96] **佥（qiān）** 都，全部。

[97] **富德（？—1776）** 瓜尔佳氏，八旗满洲整黄旗人，清朝将领。乾隆初，自护军擢至三等侍卫。十三年（1748年）从经略大学士傅恒征金川，擒贼党阿扣，迁二等侍卫。三十八年（1773年），将军温福征金川，军溃木果木。发健锐、火器两营兵益阿桂军，授富德头等侍卫，为领队大臣，从副将军明亮出南路。富德自真登、梅列旧卡进兵，克得布甲喇嘛寺、得里两面山梁，日寨、策尔丹色木诸隘，复进克僧格宗、马奈、绒布寨、卡卡角诸隘，授副都统，待缺。复进克沙锡理穆当噶尔碉卡、羊圈河桥。四十四年（1779年），请拨兵三千往宜喜助明亮，允之。攻噶咱普得娄，夺卡五；攻布咱尔尼山梁，夺沿河卡五；攻庚额特山梁，夺大碉三、卡八；攻噶咱普得尔窝，贼弃碉窜，追至马尔邦，乞降。富德从军二年，未能大有摧破，屡下诏敦责之，至是，命下部叙功。金川平，受阿桂弹劾，自戕而亡。

[98] **马邦** 今金川县马尔邦乡八角塘村马尔邦组。

[99] **芥拾** 指轻易地取得。典源《汉书》卷七五《眭两夏侯京翼李列传·夏侯胜》："士病不明经术，

经术苟明，其取青紫如俯拾地芥耳。学经不明，不如归耕。"意思是"儒者最怕不懂经术，经术如果能通晓了，要取得高官就像捡起地上的小草一样简单。学经不精，还不如回家种地"。

[100] **阿尔古** 今金川县勒乌镇老街。原为大金川安抚司管辖的一个寨落，嘉绒语叫"阿尔古"，意为"河岸上面"。两定金川后，清朝在此设阿尔古直隶厅，下属阿尔古、噶拉依、马尔邦粮务，派重兵镇守。厅治先在勒乌，后移至阿尔古。1779年改阿尔古粮务为绥靖屯务。

[101] **乃当山梁** 今金川县撒瓦脚乡柔热尔村附近。

[102] **甲杂** 今金川县河西乡甲咱村。

[103] **独松** 今金川独松乡独松村。

[104] **红旗** 指捷报。

[105] **桃花寺行宫** 位于天津市蓟县城东十七华里的桃花山上，据道光《蓟州志》记载："桃花山，在州东十八里，山有桃花，放时较他处独先，以此得名。山半有涤襟泉，纡曲流绕，碧澄可爱。有刹名桃花寺。东接皇陵五十里，为銮舆必经之路。乾隆十八年（1753年）建行宫于山半。"

[106] **东陵** 即清东陵。位于河北省唐山市遵化市西北三十千米处，西距北京市区一百二十五千米，占地80平方千米。顺治十八年（1661年）开始修建，历时247年，陆续建成217座宫殿牌楼，组成大小15座陵园。陵区南北长125千米、宽20千米，埋葬着5位皇帝、15位皇后、136位妃嫔、3位阿哥、2位公主，共161人。是中国现存规模最宏大、体系最完整、布局最得体的帝王陵墓建筑群。全国重点文物保护单位，列入《世界遗产名录》。

[107] **黄新庄** 即黄新庄行宫。位于北京市房山区良乡地区黄辛庄村，建于乾隆十三年（1748年），是清朝皇帝谒西陵时的驻跸之所。

[108] **郊劳大典** 到郊外为迎接并慰劳有功之臣而举行的盛大隆重的典礼。郊劳：到郊外迎接并慰劳。《左传·昭公二年》："叔弓聘于晋，报宣子也。晋侯使郊劳。"杜预注："《聘礼》：宾至近郊，君使卿劳之。"

[109] **异数** 特殊的情况；例外的情形。

[110] **鹿埵陇种** 古方言。指军队所向披靡，敌人望见而逃。鹿埵：败退溃散的样子。陇种：跌撞摇晃的样子。《荀子·议兵》："案角鹿埵陇种东笼而退耳。"杨倞注："其义未详，盖皆摧败披靡之貌。"

[111] **鸡肋** 鸡的肋骨。"食之无味，弃之可惜。"比喻无多大价值，但又不忍舍弃之事物。语出《三国志·魏书·武帝纪》裴松之注引《九州春秋》曰："夫鸡肋，弃之如可惜，食之无所得，以比汉中，知王欲还也。"

第三章 乡规民约碑

茂县东兴牛家山玉皇庙护林碑

【位置】茂县东兴乡永和村牛家山玉皇庙

【年代】清道光十六年（1836年）

【形制】弧顶长方体

【尺寸】高90、宽40、厚6厘米

【内容】

尝思民依神而出，神得人而灵。故知人赖神而乐业者，□□□严而神□□□□□者，都缘地胜。庙宇辉煌，草木茂盛，岂可少哉。粤稽[1]茂州所属牛家山，自前人创修庙宇一座，周围树木，绝胜荫浓。居此地者，财发人兴，民康物阜，皆缘此地有灵，风脉所致。固建庙宇之所宜培，而树林之所宜植也。迨至嘉庆十一年[2]，有牛姓族内四人，将此庙树木砍伐出卖以后，家道[3]遂不顺，而财丁亦不旺发。至二十一年[4]正月十八日，我等三人不忍□□□□□，经理有守，复又长成，因之神灵妥侑[5]，从此更兴不忘。本牛族内竟有不肖之徒，□□□□□等查实，斗口生非，于是不得已邀集我族合族人等，上庙商议，牛姓无论大小男女，不准乱斫[6]乱伐。如果实须伐一根者，许罚诵经一遍。而所有斫伐，亦必捐修庙其所归，其余亦不得妄伐。况此地庙宇树木，系是我三家古来而分之地，即至我后来三家子孙，亦不准争论。定准之言，倘有言说，神灵鉴察。再系斫伐，定必遭殃。今虽议论，恐后无征[7]，刻立碑文，垂万世鉴。

承首叙□人：牛维才、刚、兴仝[8]侄宗志、文、华、全、祭、元、曲、宗、宇公众等同立。

道光十六年[9]七月十五日

【注释】

[1] 粤稽　考查核实。粤：助词，古与"聿""越""曰"通用，用于句首或句中。

[2] 嘉庆十一年　公元1806年。

[3] 家道　家庭或家族的命运。

[4] 二十一年　即清嘉庆二十一年，公元1816年。

[5] 妥侑　安稳宽宥。

[6] 斫（zhuó）　用刀、斧等砍劈。

[7] 无征　没有证明；没有实据。宋王谠《唐语林·文学》："举之《春秋》，则明白而有实；合之左氏，则丛杂而无征。"

[8] 仝　古同"同"。

[9] 道光十六年　公元1836年。

茂县曲谷河东十二寨议话碑

【位置】茂县曲谷乡河东村议话坪

【年代】清咸丰元年（1851年）

【形制】长方体抹角

【尺寸】高95、宽65、厚7厘米

【内容】

千 垂 万 古

河东十二寨[1]大众尚议[2]尔团。为其人命[3]之找本人不随[4]，搬粮[5]弟兄一案，法[6]银五十两。若有吊死之人[7]白死[8]一案。为江情[9]拿葬[10]并杀死无也[11]一案。不抱酒下州一案。有打葬[12]之人情女[13]背[14]一两五钱一案。财里[15]钱二十五千一案。为其读药[16]娘旧[17]不得二[18]一案。两寨不打一寨，两家不打一家，二人不打一人一案。提刀龙斧[19]一案。为账木[20]之找本人不随，找家门[21]弟兄一案。上不打民房，下不打门坎一案。生儿女情娘[22]情旧[23]去得一案。死后无哇[24]不葬，外人不其[25]一案。头河东人[26]五桶哑酒下泰[27]一案。为人民[28]情旧旧[29]得银三两一案。送包子五个不席[30]一案。

咸丰元年[31]八月十五日　纳木什勺立

茂县曲谷河东十二寨议话碑

【注释】

[1] 河东十二寨　在今茂县曲谷乡境内。

[2] 尚议　商议。尚："商"之错别字。

[3] 人命　人的性命。指死亡。

[4] 不随　不遂，没有找到。随："遂"之错别字。

[5] 粮　"俩"之错别字。

[6] 法　"罚"之错别字。

[7] 吊死之人　因某种原因而上吊自杀的人。

[8] 白死　未得到赔偿而白白死去。

[9] 江情　奸情。江："奸"之错别字。

[10] 拿葬　拿赃。葬："赃"之错别字。

[11] 无也　即方言"屋里"，家里的人。亦可能是羌族人名。

[12] 打葬　打仗，此处为方言，指"群殴""械斗""打架"等。葬："仗"之错别字。

[13] 情女　亲女。情："亲"之错别字。

[14] 背　背负，负担。

[15] 财里　财礼。里："礼"之错别字。

[16] 读药　毒药。即"毒药猫"，亦称"毒药娘"，是羌族宗教信仰的一种邪神，多为女人，有家室，为母女相传或媳妇继承。平时和常人一样生活，一般人甚至其丈夫也辨认不出。只在晚上活动。读："毒"之错别字。

[17] 娘旧　娘舅。母亲的兄弟，即舅舅。旧："舅"之错别字。

[18] 二　"儿"之错别字。

[19] 龙斧　弄斧。龙："弄"之错别字。

[20] 账木　账目。木："目"之错别字。

[21] 家门　本家，家族。

[22] 情娘　亲娘。情："亲"之错别字。

[23] 情旧　亲舅。情："亲"之错别字。

[24] 无哇　无娃，没有孩子。哇："娃"之错别字。

[25] 不其　不欺。其："欺"之错别字。

[26] 头河东人　应为"河东头人"。

[27] 下泰　下台。泰："台"之错别字。

[28] 人民　人命。民："命"之错别字。

[29] 情旧旧　亲舅舅。旧："舅"之错别字。

[30] 不席　没有座位，不能参加筵席。

[31] 咸丰元年　公元1851年。

茂县光明中心劝世碑

【位置】茂县光明镇中心村土主宫

【年代】清咸丰八年（1858年）

【形制】正方形柱

【尺寸】高140、边宽40厘米

【内容】

闻之俗美风醇，虽十室必有忠信；地灵人杰，纵万亿不无梗顽[1]。溯我东乡上河村[2]土主宫，建自雍正年间[3]。前有楼亭，后殿太清，左楼风俗，右树银花，敢谓蓬莱仙境不过，日祷告微区。历年多而风飘雨洒，神光尘垢，庙貌倾颓。时值道光，欲培此功而未逮[4]。今逢咸丰[5]桂月[6]，众等喜心而喜成。今虽神像光辉，阶梯巩固，但我村地瘠民贫，所产无多。频年以来，尽有无耻之徒，每至芋麦[7]成熟，以寻猪草为名，乘隙其间而偷窃包谷[8]。即或有此，虽见其实处，宜当思其奸恶必察之说。

是牛也者，乃衣食之父母，农人尤当牧养。俱皆急则耕于田亩，缓则放于荒郊，此情本固。然不思牛本畜类尔，焉知其苗、草？倘或食之，多则虽求里甲理处[9]，少则□姑宽忍让。况猪、羊、马匹，孰是有心如此。夫如是，自然行余一除三之庆，共处有□干有年之天。

人非圣贤，焉能无过？是是非非，人所不免。大事劝小，小事劝无，切勿以细微之□□经官府押役，甲里通融。亦勿使乡党不和，亲朋不睦。

喜、忧两事宜节用，不尚奢华。持家之法，当勤俭不贵懒惰。不知一生之计在于勤，一年之计在于春，一日之计在于寅[10]。古语有云：勤俭生富贵，懒惰受饥寒。以上谚云并非为规条种种，不过是劝勉之方。果不阳奉阴违，谁肯作奸放科[11]。夫如是，将此从尔之微区不几变为钟鸣鼎食[12]之村云。

大清咸丰八年[13]秋八月吉旦众等公立

【注释】

[1] 梗顽　顽固。

[2] 东乡上河村　今茂县光明镇中心村。

茂县光明中心劝世碑

[3] 雍正年间　公元 1723—1735 年。

[4] 未逮　不及；没有达到。

[5] 咸丰　按碑文内容，应为咸丰八年，公元 1858 年。

[6] 桂月　农历八月，桂花飘香的季节。

[7] 芋麦　玉米的俗称。

[8] 包谷　即玉米棒子。

[9] 理处　评理处置。

[10] 一生之计在于勤，一年之计在于春，一日之计在于寅　出自《增广贤文》，原文为："一年之计在于春，一日之计在于寅，一家之计在于和，一生之计在于勤。"

[11] 放科　即"犯科"。放："犯"之错别字。

[12] 钟鸣鼎食　钟：古代乐器。鼎：古代炊器。击钟列鼎而食，形容贵族的豪华排场。后则多比喻人丁兴旺，生活富裕的家庭。

[13] 大清咸丰八年　公元 1858 年。

茂县羌族博物馆馆藏赤不苏婚约碑

【位置】茂县羌族博物馆藏

【年代】清同治十一年（1872 年）

【形制】穹窿顶长方体

【尺寸】通高120厘米，顶宽75厘米，碑高65、宽65、厚7厘米
【内容】

　　盖闻自开霹[1]以来，男大须婚，女大当嫁，此系古人之所有也，普天之下，合为一礼。今我前股子四村[2]大众人等，公议婚姻嫁娶之条。想我前辈公议嫁娶之条，财礼[3]甚重。我村之人，贫富不一，难以出办。是以前后公议：财礼银六两，粮食拾桶，将财礼过完，随后接人。若生事阻挡，投明众人，照规处罚。倘如无礼，男家偷接，准照规处罚。

　　□□□□□有匪徒刁棍[4]来村□□□□□□□□偷盗，许我□□□□□□□□其村内招留面坐……

同治十一年[5]六月十八日

茂县羌族博物馆馆藏赤不苏婚约碑

【注释】

[1] 开霹　即"开天辟地"之简称。霹："辟"之错别字。

[2] 前股子四村　今茂县维城乡前村、中村、后村、四瓦四个村寨。

[3] 财礼　旧时男女订婚或结婚时，由男方付给女方的货币或财物，也称聘金、聘礼。

[4] 刁棍　奸恶之徒。

[5] 同治十一年　公元1872年。

理县上孟绿叶寨用水民约碑

【位置】理县上孟乡绿叶村老年活动室

【年代】清同治十一年（1872年）

【形制】竖长方体

【尺寸】高111、宽54、厚8厘米

【内容】

　　尝闻古来无沟，因同治十年[1]天干，地方官凭众公仪[2]，首事严泽绒保、松格凳添，乡约额托王能日、庙祠伍脊耳、格喜邦、苟跟冬、苟板握、啸□□等，开水沟东西四条，通共[3]去石匠银照派，不得一养[4]地方官。具结：河东上段每斗派银一两，中段六钱，下段四钱五分；河西去银四十六两，磨子为止。仝[5]公仪到放水时节，从头一二[6]哀[7]放，不许争放。倘有争放水，众仪罚油三斤、香一封、杂酒一斗坛子[8]，罚在庙子上敬神。开水沟之后，无论亲朋家门，田内居系，过水不得异言生端。如有生非，凭众罚油十斤。开沟大吉，年年丰收。

同治十一年[9]仲春月[10]众姓人等立

理县上孟绿叶寨用水民约碑

【注释】

[1] 同治十年　公元1871年。

[2] 公仪　公议。仪："议"之错别字。

[3] 通共　总计；共计。《红楼梦》第三十四回："我已经五十岁的人，通共剩了他一个。"

[4] 一养　应为"依仰"。依靠仰仗。

[5] 仝　"同"的古文字。唐卢仝《与马异结交诗》："昨日仝不仝，异自异，是谓大仝而小异。"

[6] 从头一二　方言，意为从头到尾。

[7] 哀　"挨"之错别字。依次，顺次。

[8] 一斗坛子　方言，一大坛子。斗："大"的意思。

[9] 同治十一年　公元1872年。

[10] 仲春月　农历二月。

汶川克枯小寺寨神树林保护碑

【位置】汶川县克枯乡周达村小寺寨

【年代】清光绪四年（1878年）

【形制】长方体抹角

【尺寸】高160、宽80、厚12厘米

【内容】

特授[1]直隶理番府分驻新保关照政厅[2]加级纪录五次胡□为示禁事。照得小寺寨[3]向有神树林，经阖寨[4]公议，封禁有年，不许入山砍伐。兹有乡民不知议规，私自砍伐，经小寺约首拿获，伊[5]抗不服，理控来厅。盗伐属实，拟应当处。准众姓罚羊三只、油三头[6]、香一万，以作酬神[7]祭山之资。为此出示禁止，已后[8]无论本寨乡村人等，不得私自入山樵采[9]，亦不得牧放猪羊，践踏神树，乡民永遵。一经拿获，许该寨约首，指名具禀，捉拿严惩，决不姑息。禁之凛之，毋违示禁。若有人偷卖神树，罚钱拾千文。寨后神山神树，值山约首轮流巡转。树节草叶，不准捞取。

光绪四年[10]二月十二日小寺众姓人等公立

汶川克枯小寺寨神树林保护碑

【注释】

[1] 特授　超越常规授予某项官职。

[2] 照政厅　即照磨厅，清代府署的派出机构。

[3] 小寺寨　今汶川县克枯乡周达村小寺寨。

[4] 阖（hé）寨　全寨。阖：全，总共。

[5] 伊　他或她。

[6] **头** 应为"桶"字。

[7] **酬神** 亦作"酧神",祭谢神灵。

[8] **已后** 同"以后"。宋沈括《梦溪笔谈·活板》:"已后典籍。"

[9] **樵采** 即砍柴、割草、扫树叶等。

[10] **光绪四年** 公元1878年。

茂县富顺敞子沟"牧牛关山"界址碑记

【位置】茂县富顺镇槽木村小坪组敞子沟

【年代】大清光绪己卯年(1879年)

【形制】竖长方体

【尺寸】残高127、宽70、厚7厘米

【内容】

永 垂 万 古

牧 牛 关 山

  盖自人有田地,牛有草山。因曹木[1]众有关山一段,古号木城,原系牛厂。上有高峰之险,下有长江之固,深沟高垒,回还[2]左右,孰非一乡之保障矣哉。我众等仰太平之世,追桃林[3]之胜迹,以为后之开辟侵争者戒,又为后之维俗持世者,是以为记。

  再有牛厂界至,众等恐其世远年湮[4],而有估辟[5]侵吞之徒,以生枝蔓[6],故一一垂碑为证。上界齐众等采樵关山,下界至木城,左右相连之地,共有界石八皮[7]以为境。勒石千载,永远流传。

大清光绪己卯年[8]孟夏月[9]之中浣日[10]

曹木众等立

茂县富顺敞子沟"牧牛关山"界址碑记

【注释】

[1] **曹木** 今茂县富顺镇槽木村。

[2] **回还** 应为"回环"。循环往复;环绕。

[3] **桃林** 指陶渊明《桃花源记》中的桃花林,意为仙境。

[4] **湮** 埋没。

[5] **估辟** 强行开辟。估:方言,意为不讲道理,强迫。

[6] **枝蔓** 枝条和藤蔓。因枝条和藤蔓相依相附,纠缠不清,后以枝蔓代指"其他问题"。

[7] **皮** 皮即"匹",意为"块""通"。

[8] **大清光绪己卯年** 即清光绪五年,公元1879年。

[9] **孟夏月** 农历四月。

[10] **中浣日** 中旬。浣：唐代定制，官吏十天休息、沐浴一次。每月分为上浣、中浣、下浣，后借作上旬、中旬、下旬的别称。

汶川雁门芤山用水管理碑

【位置】汶川县雁门乡芤山村观音庙前

【年代】清光绪辛巳年（1881年）

【形制】长方体抹角

【尺寸】高85、宽67、厚6厘米

【内容】

天 礼[1] 良 心

□□□芤山之种植，堪称沃土肥田，在得天雨水流滋生。流水不停，五谷丰登。奈地肥而水少也。其当春耕下立[2]之际，厚望天雨淋漓，山溪泛涨。以数十之苗田同争一溪之灌溉，乃以溪之涨水而至数十家分用，故争夺殴嚷是势之所别[3]然也。若无规额[4]以定□络，因一水之争，反使淳风之□兹者。聚集里约首人一同合寨商议，其逢溪水发涨时，或水大以至四五股，或水小以至二三股。我寨中之人先占水者先泡，后占水者后泡，指名轮次，不得□□争泡。其泡者但准泡满种地四斗□□头次，泡完二次者，即连水□泡，不得延缓。禁以水□情，如巴□□□泡，别一轮之□□□。未硝[5]，有愿泡者准便自泡方可，不以轮次拘之。须当各宜遵守，以息泡水争端。如谁执傲抗□，乱次败规，公众罚银四□□□□派之用，倘不依罚，公禀官前。特所铭碑，以垂永远。

里正[6]：陈什斤

乡约[7]：朱元喜、王祥安

首人[8]：陈□□……

光绪辛巳年[9]六月十八日

汶川雁门芤山用水管理碑

【注释】

[1] **天礼** 应为"天理"。礼："理"之错别字。

[2] **立** "粒"之错别字。种子。

[3] **别** "必"之错别字。

[4] **规额** 方言。即规矩或规定。

[5] **未硝** 应为"末梢"。末尾；最后。硝："梢"之错别字。

[6] **里正** 又称里君、里尹、里宰、里有司等，春秋时期开始使用的一种基层官职，明代改名里长。主要负责掌管户口和纳税。

[7] 乡约　奉官命在乡里中管事的人。

[8] 首人　村寨内承头的人。一般由德高望重或有能力的人担任。

[9] 光绪辛巳年　清光绪七年，公元1881年。

汶川草坡克充天佛寺碑记

【位置】汶川县草坡乡克充天佛寺

【年代】清光绪十一年（1885年）

【形制】竖长方体

【尺寸】高100、宽60、厚7厘米

【内容】

永 垂 不 朽
碑 序

（碑阳）尝思山石能磨新铁杵，莲花不烂旧根头；搜遍海山真仙子，发尽世间应文人。全赖有仙佛以策为善之志，无仙佛则勇力精造矣。窃于咸丰先年，众公发心，建立观音佛庙，以保图我沟寨善靖，寓民灾咎，有求必应，无惑不通。近来三十余载，庙宇毁坏，神祇[1]不安。众等闻心不忍，会同诸公同立捐簿，是以募化，成功重建，培修易四。作善降之百祥，作不善降之百殃。阴阳感应，主其富而且贵，贵而□而且寿。文现三元之庆[2]，武受万里之封[3]，寿敦彭祖[4]，财培[5]陶朱[6]，善意不胜，终古不朽也，是以为叙。众公所议条规开列于左：

一议会首临会期，若佛神位前香、蜡、祭油末有[7]，罚钱一千文；

一议会首公用佛钱，不得损神利己。私吞公项[8]，罚钱一千文；

一议会首临期，不准吃酒。於凡[9]凶酒[10]、打架、闹会，罚钱一千文；

一议会首临期，敬神不准二人。如或二人来会，罚钱五百文；

一议外来烧香敬神者，会上无有款待准坐者，罚钱加一千文；

古建总领首事：周安甲、周哈吉、贾德林、田正兴。

新建、培修首事：

二月：周长生、曹明通、姜万芳、周仁富、刘道同，各上钱二百文；

六月：白乡约[11]、刘道荣、何荣山、杨天长、曹明达，各上钱二百文；

九月：吴三德、曾坤全、黄玉山、杨春长、周仕元，各上钱二百文。

梓匠[12]：范木匠。
石工：秦万才。
大清光绪十一年[13]小阳[14]吉日立

汶川草坡克充天佛寺碑记

（碑阴）盖闻天地有存古之道，阴阳有消长之极。萃于阁于一堂，序昭序穆[15]；祀□异于百世，报德报功。不有父母祖宗，何由得尔？但知夫妇儿女，难言是人也。今□□设中元会[16]一局，慎终追远[17]，度死超生。孝子贤孙，难忘祖德。时思报本，以尽人意也。以及鳏寡孤独[18]、殁亡[19]岩崖沟壑、投河自缢、刀兵遇难，一切孤魂等，凭□□于一堂，年年鉴纳，岁岁收领，以保同沟家家靖泰[20]，户户平安之兆也。

一议首事为公，不得私吞获利。如获者，罚钱三千文；

一议会首临期，不得凶酒打架，摆钱赌博。公罚钱二千文；

一议各客上钱者，临期上纸，粗茶拱[21]使，各具包一封；

一议会首及各客上钱者，各异州县。年久后，首事照规具包。

总领会首：周长生、曾轧泰、邵洪泰、冷真兵、吴王德、曹明通、杨万长、黄玉山、姜万芳，每各会首捐钱一千文。

蓝天兴、鲁坤全、陈德仁上钱贰千文；刘道荣上钱一千文；周哈吉，曹应高、陈氏、邵万靖、程氏、白哈泰、周氏，吴国元、曹奇珍、吕氏、得耳甲、周氏，黄朝洪、周氏、姜连升、左氏、蓝金成、马氏、陈有元、廖氏、刘大孝、雷升祥上钱一千文；汪相化上钱一千文；周素友上钱二百文；林冯氏上钱六百文；陈能春上钱一千文；左永盛、江氏六百文。

光绪十一年小阳月吉日立

【注释】

[1] **神祇** 应为神祇（qí）。指天神和地神，泛指神明。

[2] **三元之庆** 意为金榜题名。三元：解元、会元、状元的合称。

[3] **万里之封** 即"封侯万里"。典出《后汉书》卷四七《班梁列传·班超》。曾有看相的人对班超说："祭酒，布衣诸生耳，而当封侯万里之外。"意思是班超将来必定封侯于万里之外。后班超果真成就大业，被封为定远侯。后遂以"封侯万里"指在边疆立功以求取功名。

[4] **彭祖** 传说故事人物。姓篯名铿，颛顼玄孙。生于夏代，至殷末时已七百六十七岁（一说八百余岁）。殷王以为大夫，托病不问政事。事见《神仙传》及《列仙传》。后世因以彭祖为长寿的象征。

[5] **培** "倍"之错别字。

[6] **陶朱** 即陶朱公范蠡。范蠡，字少伯，春秋时期楚国宛地三户邑（今河南南阳市）人。春秋末期著名的政治家、军事家和经济学家，被后人尊称为"商圣"，"南阳五圣"之一。他出身虽贫贱，但是博学多才，与楚宛令文种相识，相交甚深，因不满当时楚国政治黑暗，非贵族不得入仕，而一起投奔越国，辅佐越王勾践。传说他帮助勾践兴越国，灭吴国，一雪会稽之耻，功成名就之后急流勇退，化名姓为鸱夷子皮，西出姑苏，泛一叶扁舟于五湖之中，遨游于七十二峰之间。其间三次经商成巨富，三散家财，自号陶朱公。世人誉之："忠以为国，智以保身，商以致富，成名天下。"后世许多生意人皆供奉他的塑像，称之财神。

[7] **末有** 没有。

[8] **公项** 清代用于各省地方公事之经费称为公项。此处指公款。

[9] **於凡** 方言。但凡。

[10] 凶酒　酗（xù）酒。酗：四川人多读为"凶"。

[11] 乡约　指奉官命在乡、里中管事的人。

[12] 梓匠　木工。《孟子·尽心下》："梓、匠、轮、舆，能与人规矩，不能使人巧。"赵歧注："梓匠，木工也。"孙奭疏："梓人成其器械以利用，匠人营其官室以安居。"

[13] 大清光绪十一年　公元1885年。

[14] 小阳　即小阳春，农历十月。

[15] 序昭序穆　排列祖先次序。古代宗法制度规定，宗庙或宗庙中神主的排列次序，始祖居中，以下父子（祖、父）递为昭穆，左为昭，右为穆。

[16] 中元会　即中元节，俗称鬼节、七月半，佛教称为盂兰盆节。

[17] 慎终追远　语出《论语·学而》："曾子曰：'慎终追远，民德归厚矣。'"意思是谨慎地对待父母的去世，追念久远的祖先，自然会培育出忠厚老实的百姓。

[18] 鳏寡孤独　泛指没有劳动力而又没有亲属供养、无依无靠的人。鳏（guān）：年老无妻或丧妻的男子。寡：年老无夫或丧夫的女子。孤：年幼丧父母的孩子。独：年老无子女的老人。

[19] 薨（hōng）亡　死亡。薨，《尔雅》："薨，死也。"

[20] 靖泰　平和安定。

[21] 拱　"供"之错别字。

汶川雁门月里乡规民约碑

【位置】汶川县雁门乡月里村二组，村民赵国红责任田，小地名"磨盘地"

【年代】清光绪十六年（1890年）

【形制】四方柱体

【尺寸】高179、宽35厘米

【内容】

永垂万古

月里村、放马坪、大寨子、罗挂搭[1]四寨人等，从来古村自洪武二年[2]以来，迄今数百余年。从来积善，必有余庆。正直无私，福自天由。四村人等，同心协力，公议坚碑[3]一事，为善最乐，坚碑于中乡坪上。

一议各村人等知之，若有远方来者，姑芳[4]匪徒闲杂人等，人名不对，不许招留在家。如过[5]留在家，以在各村壳索[6]银钱，挝[7]拿骗吃，害给[8]各村，投众首人、各村齐团，令众以在公仝[9]议论，扭禀送官，休得见怪。永垂万古不朽之云尔。

一议各村人等大男小妇、远方近邻、人仁君子之悉[10]，众等公议坚碑在此。所有每年秋收以来，万保[11]告沿芊麦下树[12]，大男小妇，假借扯猪打草[13]，刁[14]搬芊麦。若是将人拿获，投知首人、齐团，令众各村人等以到中乡坪[15]议论，发[16]钱贰千文。若是不遵令者，各村首人、乡约[17]，扭禀送

官，受予刑罚，休得见怪言知不先也。

　　一议各村人等之知[18]，因有首人坚碑在此。四村人等若有口各[19]生非，兴词告状，必须投之团约、首人知到[20]，以至中乡坪面礼[21]。若是不从令者，发钱五千文。各村首人上了禀帖[22]，二家兴词告伏[23]，休得见怪言知不先也。

　　　　　　大寨子总乡约：王安福。

　　　　　　月里首人：赵永义、赵永□、赵长狗、王福长。

　　　　　　放马坪首人：赵□□、王清发。

　　　　　　罗挂答：张应长、龙□保。

　　　　　　　　　　　光绪十六年[24]冬月[25]十五日　　四村首人公立

【注释】

[1] **月里村、放马坪、大寨子、罗挂搭**　今汶川县雁门乡月里村的四个村民小组，即月里、放马平、大坪子、罗垮达。

[2] **洪武二年**　公元1369年。

[3] **坚碑**　即"竖碑"。坚："竖"之误笔。

[4] **姑劣**　方言，估计拿不准。

[5] **如过**　即"如果"。过："果"之错别字。

[6] **壳索**　即"课索"，敲诈勒索。壳："课"之错别字。

[7] **挝**　古同"抓"。

[8] **害绐（dài）**　即"害诒"，祸害欺诈。给：古同"诒"，欺骗；欺诈。

[9] **公仝**　即"公同"，共同。仝：古同"同"。

[10] **之悉**　即"知悉"，知晓熟悉。之："知"之错别字。

[11] **万保**　人名。

[12] **芋麦下树**　"芋麦树下"之误。芋麦树：方言，玉米秆。下树：应为"树下"。

[13] **扯猪打草**　"扯打猪草"之误。

[14] **刁**　方言，挑选，刁钻。如"这个人嘴好刁啊"，意思是吃东西还要选择。

[15] **中乡坪**　小地名，在今月里村附近，为月里四寨村民集会、议话的地方。

[16] **发**　"罚"之错别字。

[17] **乡约**　指奉官命在乡、里中管事的人。

[18] **之知**　"知之"之误。

[19] **口各（kǒu gě）**　即"口角"，方言，意为小事引起的争端。

[20] **知到**　即"知道"。到："道"之错别字。

[21] **面礼**　即"面理"，当面理论。礼："理"之错别字。

[22] **禀帖**　旧时老百姓向官府或官员向上司报告、请示的帖子。

[23] **告伏**　即"告状"。伏："状"之错别字。

[24] 光绪十六年　公元 1890 年。

[25] 冬月　农历十一月。

茂县南新绵簇家林保护碑

【位置】茂县南新镇绵簇村三组机耕道旁崖壁上

【年代】清光绪十六年（1890 年）

【形制】横长方形

【尺寸】高 57、宽 92 厘米

【内容】

　　立写禁惜家林，以培林木，

永不准盗伐，我村众姓人等公立

　　想我村地处边隅，九石一土，遵先人之德，体前人之道，禁惜家林。只准捞叶沤粪，不准妄伐树株。其家林盘，上至长流水为界，下至河脚为界，左至四里白为界，右至大槽水井为界，四至分明，以遗后世子孙，永远禁惜。不料今岁有本村杨泰顺父子，起心不良，偷砍家林烧炭，经众人拿获，罚钱壹千二百文，以作香资。众姓公议，自禁之后，所惜林盘，无论干湿，偷砍者罚钱四千八百文，羊一只，酒十斤，以作山神宫香资。看见赏钱八百文，以作辛苦。

　　以及春起放大沟之水，泡[1]芋麦[2]之时，无论亲朋，单进双出，不得紊乱所争。若有人乱争者，罚钱八百文。再有秋收之时，偷搬芋麦者罚钱四千八百文，羊一只，酒十斤。看见者赏钱贰百。永垂不朽，是以为序也。

大清光绪十六年[3]十月初一日[4]绵簇[5]众姓公立

【注释】

[1] 泡　灌溉。

[2] 芋麦　即玉米。

[3] 大清光绪十六年　公元 1890 年。

[4] 十月初一日　本日为羌族的传统节日——羌历年。

[5] 绵簇　今茂县南新镇绵簇村。

茂县东兴和平田氏祠堂族规碑

【位置】茂县东兴乡永和村溪子坪中部田家祠堂

【年代】清光绪二十一年（1895 年）

茂县南新绵簇家林保护碑

【形制】长方体抹角

【尺寸】高150、宽87、厚7厘米

【内容】

永垂万古

尝闻人生天地，木本水源。先年新建宗祠，以至拾壹载[1]功完。自光绪七年[2]三月朔六日[3]，合族公议，新立清明胜会[4]。每年春秋二会[5]，祭奠宗祠，每人名下捐出芊麦[6]贰斗，集成壹会。

一议每年二会费用，凭神算明。若有私心，神天鉴察。子孙不得昌达，异后先亡默佑也。

(a)　　　　　　　　　　　　(b)

茂县东兴和平田氏祠堂族规碑

一议每年租佃地土纸约，交总领收执，租子以交新会首承收。合族在内，寻使钱者，以楚交清[7]，以烦后续。万古不朽，是以为序。

拾九家人的子孙，永世不许提说分会。入有[8]一人说分会者，全家死亡。

承领会首：田国祥、田玉文、田国安、田玉武、田国正、田国树、田玉贵、田玉明、田玉伦、田玉顺、田玉山、田玉昌、田万贵、田正川、田正发、田正福、田玉姜、田正有、田正璠。

在会者不准摊私也。

清之光绪贰拾壹年[9]岁次乙未小阳月[10]朔肆日[11]合族公立

【注释】

[1] 拾壹载　十一年。

[2] 光绪七年　公元1881年。

[3] 朔六日　农历每月初六。朔：农历每月初一，亦可代表"月"。

[4] 胜会　犹盛会。

[5] 春秋二会　即春祭和秋祭，均为宗庙、宗祠之祭。

[6] 芋麦　方言，即"玉米"。

[7] 以楚交清　应为"以交清楚"。

[8] 入有　如有。入："如"之错别字。

[9] 光绪贰拾壹年　公元1895年。

[10] 小阳月　农历十月，又称"小阳春"。明代《五杂俎》："四月多寒，而十月多暖，有桃李生华者，俗谓之小阳春。"

[11] 朔肆日　农历每月初四。

茂县三龙河心坝永远章程条规碑

【位置】茂县三龙乡纳呼村河心坝组王国享碉内

【年代】清光绪二十二年（1896年）

【形制】穹窿顶长方体

【尺寸】通高125厘米，顶高30、宽80厘米，碑高95、宽70、厚7厘米

【内容】

永远章程条规碑于后

尝闻官有禁条而柔治，民有私禁以清地方。而安良善，皆以戒人。为不善□□□□□□合心坝[1]，皆因前人住居此地，立有规模议定章程。至今，地方人等青年子弟，贪图口腹，□□□□，扰乱条规，肆行纵横，事乱纷纭，三二成群，五六结党，通□□□，不论尊卑，只说强弱，横行霸道，世□□□，寝食难安。因我村中老人、首人、花户[2]人等于心不忍，照依古礼，不负前人之心也。

一议村中有等不孝之徒，不思父母养，反与父母抵敌。倘有此等，定要投鸣村中知晓，照男丁童□□□□，众罚香钱十千文存公。若不依章程，集众绳系，送官惩治。

一议村中自古至今，有买有卖。上中下田，肥瘦不一。土分市价，勿得内中包买包卖，私吞贿赂，正直公办。若有谢中[3]，买卖二家，心情意悦，不得多取分文。倘有田土房屋，不得估买估卖，若卖估当[4]，众罚香钱五仟文存公。

一议村中每逢神会之期，有等不法之徒，私造妄言曲语，酗酒法风[5]，行凶打架，提刀弄斧，依老要嗐，依贫要柰[6]，父子行凶，弟兄恶霸。倘此等查出，罚香钱十仟文。若不依章程，绳系送官。

一议村中穷富不等，所有钱米债帐，自古以来，对年[7]加二，粮食加四。若年成久远，只得一本一利，不得盘剥，重利磊算[8]，瞒心昧己。勿使大称小斗，轻出重入。故此，本份之人，难以兴家。此等查出，众罚香钱十仟文存公。

茂县三龙河心坝永远章程条规碑

一议村中有等本份之人，远方买卖生理人等，无论大小买卖，只许公平交易，不许套哄小男弱女，亦不许交接空仓粮食、菜籽、洋烟等项。倘此等查出，众罚香钱五仟文。

一议村中恐有外来不知名姓之人，犯有案卷，假充生理为实，不许招留歇宿。至今各处匪人盛多，倘村中停留歇宿，恐遇不明之事，查出招主罚钱十仟文。

一议村中有妇女私造妖言无有世界，使其二家争斗，以小事大，听信妖言，以假作真。倘此等妇，查出众罚香钱十仟文存公。

一议村中青年子弟假充精伶[9]，不知利害二字反说，自逞其能，不务正业，日因打眠，反起偷盗之意，连累全家。至于大小事务，行至驾庙[10]正直公断，内中不得包揽词讼。倘查出，众罚香钱十仟文。若投明老、首人众等公断不了之事，词讼不迟。□□老、首人连一台。

光绪廿二年[11]七月初七日合心坝老首人花户众等同立

倘有不依章程，众等其集[12]，自捐口食送官。邑生相荣宗撰书

【注释】

[1] 合心坝　今茂县三龙乡纳呼村河心坝组。

[2] 花户　旧时对户口的称呼，即在册之民。

[3] 谢中　酬谢中介人。

[4] 当　抵押。

[5] 法风　发疯。法："发"之错别字。风："疯"之错别字。

[6] 耍奈　耍赖。奈："赖"之错别字。

[7] 对年　周年。

[8] 磊算　累算，重复计算。磊："累"之错别字。

[9] 精伶　精灵，机智灵敏。伶："灵"之错别字。

[10] 驾庙　在茂县三龙乡纳呼村河心坝组，原为专门保护永远章程条规碑而修的一间一层平顶小屋，当地俗称"驾庙"。

[11] 光绪廿二年　公元1896年。

[12] 其集　齐集。其："齐"之错别字。

茂县白溪杜家坪永定章程碑

【位置】茂县白溪乡杜家坪村一组

【年代】清光绪二十四年（1898年）

【形制】抹角长方体

【尺寸】高115、宽79、厚15厘米

【内容】

永　定　章　程

盖闻朝廷有……今我八村[1]境内上杜兴义坪[2]核定条规，永远遵照……境内□□□□□□排枪[3]

贰拾贰杆，刀□二把。因我村属地方，世依大寨，境外所有□□匪徒籍□□，不论贫富……鸣锣齐集，勿得迟延，大众核定章程，垂碑勒石，永远遵照，谨是为序。

一议□□所造刀枪，勿得出外当卖，或有帐目往……若查出该家，公罚上田叁斗该家播种……

一议境内倘有盗窃之徒，惯以偷盗……实犯同窝者，公罚钱拾仟文。如有不服，以……

一议境内匪人勿结，凡邻中倘有结外匪，无保……帽顶[4]，成群结党，故纸[5]重来，寄拜干子[6]，滋扰乡民，集众……

一议境内无论……至于□婚、□土、口角[7]、债帐，恨至三四……恐有不明之事……州城有犯……

一议境或有老少男女，勿得违犯寿长者，恐有青年子弟□□教化……斗殴，违犯寿长者，该家等惩治。

一议境内自古至今，护惜林盘[8]，倘有小男妇无耻之辈，私砍神树……罚钱五两、罚钱拾两，以作公用，培修路道，存公。

一议境内无论本乡外来客商、杂货生理[9]等人，不得大利盘剥，重……对年[10]加贰。每钱壹仟文行利加贰、银利九分、钱利三分、白盐四分……清油一□，以上四项各合芋麦[11]壹斗。违者充公，不服禀……

一议境内若有捍匪帽充[12]生理，妄当邪术，来历不明之人，……违者炮锣[13]为记，集众捆缚，送官惩治。

众等详定同立

光绪二十肆年[14]孟冬月[15]下浣日[16]

茂县白溪杜家坪永定章程碑

【注释】

[1] **八村** 即今白溪村、王家山村、杜家坪村、罗顶村、向家坝村、二叉河村、三寨村及雅珠家寨村。前五村今属白溪乡，后三村于1962年划入洼底乡。

[2] **上杜兴义坪** 今白溪乡杜家坪村一组上杜境内。

[3] **排枪** 即火药枪或火绳枪。

[4] **帽顶** 冒名顶替。帽，"冒"之别字。

[5] **故纸** 疑为"故人"或"故意"。

[6] **干子** 即"干儿子"。

[7] **口角** 争吵。

[8] **林盘** 即"神树林"。

[9] **生理** 即"生意"。

[10] **对年** 俗语，意为实满一年。例如，从今年一月至明年一月底，即为"对年"。

[11] **芋麦** 即"玉米"。

[12] **帽充** 即"冒充"。

[13] **炮锣** 即"炮烙",用火烧的金属器在身体上烙下印记。

[14] **光绪二十肆年** 公元 1898 年。

[15] **孟冬月** 农历十月。

[16] **下浣日** 即下旬。浣：唐代定制,官吏十天休息、沐浴一次。每月分为上浣、中浣、下浣,后借作上旬、中旬、下旬的别称。

汶川雁门萝卜寨护林碑

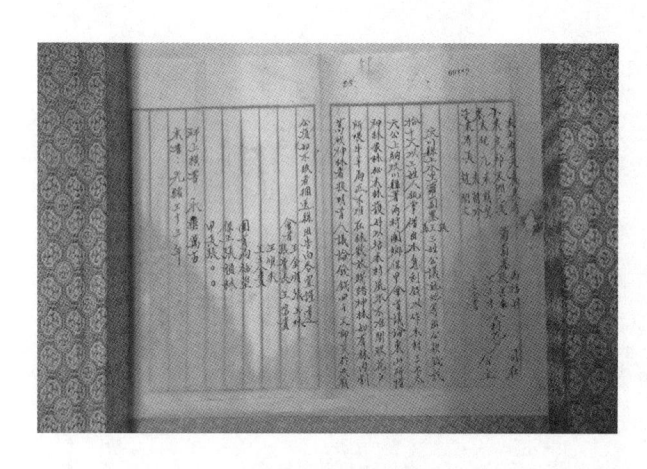

汶川雁门萝卜寨护林碑

【位置】原碑立汶川县雁门乡索桥村小寨子,现已无存。抄本存阿坝州档案局

【年代】清光绪三十三年（1907 年）

【形制】不详

【尺寸】不详

【内容】

永垂万古

小寨子[1]：袁土应长、袁长寿、袁定邦、袁润元长、袁起元、袁朝宝、袁寿长、袁朝珍、赵开文

萝卜寨[2]：马福兴、张世泰、王正才、王土金贵

合村花户[3]同在公立

汶川县上水里[4]萝卜寨张、王、马三姓公议,就地筹出公款钱贰拾千文,以三姓人执掌借出,本息利钱以作本村三七冬天公上纳汶川县署。两村团、乡、保、甲、会首议论,东山所惜神林、家林、松木林护好,以培本村风水,不准开砍。花户所喂牛、羊、马匹,不准在林散放,践踏神林。如有林内割蒿、砍神林者,投明首人议论,发[5]钱四千文,即交于夫庙公项。如不服者,捆送县。出告白,各宜谨遵。

会首：王金顺、张玉林、张贵长、王富贵、王顺水、王土金贵。

团首：马福升。

保正：张顺林。

甲长：张□□。

光绪三十三年[6]

【注释】

[1] **小寨子** 今汶川县雁门乡索桥村小寨子组。

[2] 萝卜寨　今汶川县雁门乡萝卜寨村。

[3] 花户　旧时对户口的称呼，意为在册之人。

[4] 上水里　清置。自绵虒以南飞沙关起，北到雁门乡萝卜寨的岷江东岸所有村寨及河西簇头以上的各村寨。

[5] 发　"罚"之错别字。

[6] 光绪三十三年　公元1907年。

汶川水磨茶园保护章程碑

【位置】汶川县水磨镇八一中学内

【时代】清代

【形制】竖长方体

【尺寸】残高100、宽65、厚10厘米

【内容】

……粘呈各条

……以杜盗窃之弊。凡我茶园众人均不得割卖生茶[1]，以免混淆，盗源始可净尽；

……投明本处保甲[2]，近邻搜查。一经查获，协同园众送官究惩。若系有茶之家，所窃强谓己物，可……茶斤多寡，即可分辨；

……园若见窃盗，不分畛域[3]，均可捕拿。庶使贼盗畏惧，不敢肆窃，此即守望相助[4]之意；

……之家，不准私佃茶苗，收买零茶生理，有坏园规，致兹端弊。倘有私贩违抗，许园众指名禀究；

……均可缉捕。或在园地，或在途间，遇有盗负生茶，即行扭获，投明附近园户，通知园众，赃贼属……；

……有时。既割之后，向有盗采二茶[5]，焙干充细茶[6]售卖，将茶树生机过伤，渐至枯槁[7]，此宜翦除。……园众拿获送究。买茶之人希图便宜，贪此小利，利[8]当责惩；

……零茶。园户若有急需，而茶正可采割，许告知园董，命人将茶树看清，果有若干，凭证说妥。……如有虚假妄指，希图撞骗，凭众公罚；

……身家商号，转卖夷人[9]，以资税课，彼此相需。商号不得抑价捐买[10]，以亏茶园，茶园不得造……

汶川水磨茶园保护章程碑

【注释】

[1] 生茶　新鲜的茶叶采摘后以自然的方式陈放，未经过渥堆发酵处理即谓生茶。

[2] **保甲**　指保长、甲长。旧时户籍管理制度。若干家编作一甲，若干甲编作一保。保设保长，甲设甲长。

[3] **畛（zhěn）域**　指两物之间的界限。畛：田间小路；界限。

[4] **守望相助**　互相警戒，互相援助。语出《孟子·滕文公章句上》："死徙无出乡，乡田同井。出入相友，守望相助，疾病相扶持，则百姓亲睦。"

[5] **二茶**　头茶采摘后再次发出的茶叶。谚语有："头茶不采，二茶不发。"

[6] **细茶**　经过精细加工制成的茶叶。

[7] **枯桥**　枯憔。桥："憔"之错别字。

[8] **利**　"理"之错别字。

[9] **夷人**　指藏、羌等少数民族。

[10] **掯（kèn）买**　强迫买卖。掯：①方言，卡；按。②强迫；刁难。

第四章 布 告 碑

松潘进安告示碑

【位置】松潘县明城墙南门瓮城东门左侧外壁上

【年代】明崇祯十六年（1643年）

【形制】横长方形

【尺寸】高130、宽185厘米

【内容】

后军都督府[1]指挥同知[2]、管松潘副总兵[3]事朱[4]为重订军粮规事。□□□不毛之地，无值庚癸[5]两银之待矣。每把、堡官□□□□兵媚上。嗟哉！□□□疲堪此剥削……两院[6]批行松潘道任移会本镇，镌石永为遵凛。今将款列于后。

松潘进安告示碑

计开：

一、旧例总镇[7]上任，卫、操、营、所及镇、路、关、堡军兵每名科派赞见[8]银一钱，今详裁革；

一、旧例新镇巡边，军兵每名科钦规银一钱，外派下程[9]、小饭供应等项，今本镇一粒一蔬皆系自备，关、保只供薪[10]水，前规悉行详革；

一、旧例总镇出塞秋防[11]，镇、路、关、堡军兵每名科派铲草问安银一钱，今详裁革；

一、旧例生辰令节呈送礼仪[12]皆出军兵，今悉详革；

一、把、堡新任，科派军兵馈送赞见礼仪，今悉详革；

一、旧例营、堡军兵旷伍，察点不到，奉文拘究，把、堡官不行解惩，藉倚罚钱回镇，以苦穷军。本镇惟知执法，凡有犯者，必欲解赴辕门[13]，照依轻重处治，以儆其后，罪赎详革。

以上数条，蠲[14]之于我辈不过减皮上之一毛，派之于军兵则已剜心头之肉，愿后来君子共相则效，庶俯仰无愧，清梦自安。如或不相体谅，以为悯军兵也可以为沽钓[15]也，亦可知我罪，我亦听之尔矣，□何敢题详识[16]？

崇祯十六年[17]八月望日[18]镌令

【注释】

[1] **后军都督府** 官署名。是明末五军都督府之一，为明朝的军队管理机构与军事行政区划单位。与中军都督府、左军都督府、右军都督府、前军都督府合称"五军都督府"，置于大都督府之下。

[2] **指挥同知** 明清官名。为知府的副职，正五品，因事而设，每府设一二人，无定员。与州判分掌督粮、捕盗、海防、水利诸事。同知办事衙署称"厅"。

[3] **副总兵** 明武职官名，次于总兵，高于参将，又称为协镇。

[4] **朱** 应为朱化龙。据史书记载，1644年（明崇祯十七年）张献忠建立大西政权后，从1645年起，曾多次派兵进入川西松潘一带，由于南明副将朱化龙手下有羌、藏族组成的"番兵"，勇不可当，大西军多次征剿皆大败，朱化龙牢固占据着川西北一方。直到清顺治初期，朱化龙仍在松潘一带活动。

[5] **庚癸** 古代军中隐语。谓告贷粮食。典出《左传·哀公十三年》："吴申叔仪乞粮于公孙有山氏……对曰：'梁则无矣，粗则有之。若登首山以呼，曰"庚癸乎"，则诺。'"杜预注："军中不得出粮，故为私隐。庚，西方，主谷；癸，北方，主水。"后称向人告贷为"庚癸之呼"，又称同意告贷为"庚癸诺"。

[6] **两院** 明代承宣布政使司（一省之最高行政机构）、提刑按察使司（一省刑狱之事）之简称。

[7] **总镇** 总兵的别称。

[8] **贽见** 持物以求见。

[9] **下程** 送别时赠的盘缠或礼物。亦指官场馈赠。《平山冷燕》："又送许多下程，亲自来拜。"

[10] **薪** 柴火。

[11] **出塞秋防** 明代边军每年秋高牧草茂盛时出塞放火烧草原牧草，以削弱敌对游牧民族军事潜力。

[12] **礼仪** 即礼品。

[13] **辕门** 古时军营的门或官署的外门，转指官署或衙门。

[14] **蠲** 同"捐"。

[15] **沽钓** "沽名钓誉"的缩写。

[16] **详识** 详细标识。

[17] **崇祯十六年** 公元1643年。

[18] **望日** 农历每月十五日。望：月亮最圆的时候。

汶川水磨连山"灌瓦大界碑"

【位置】汶川县水磨镇连山村碑杠岭

【年代】清乾隆五十六年（1791年）

【形制】弧顶长方体

【尺寸】通高175、宽70厘米，顶高40厘米，碑高135厘米

【内容】

（碑额）遵镌奉宪勘定灌瓦大界[1]示碑

草鞋岗、韩婆岭、鸱子山、吊钟岩隔河之陈加沟正中分岭为界

灌瓦大界

大清乾隆贰五年九月二十八日立

（碑体）特谪[2]四川巡省盐茶分巡成绵兼理兵备道林

钦命四川分巡松茂兴隆道兼理先政□传倭为严禁越界采□滋生争端，以据……照令事。照得瓦寺土司境连汶川、灌县，乾隆二十五年汉、夷争界兴讼，勘定界址：以韩婆崖、鹞子山、吊钟岩并隔河之陈加山等处山梁正中分岭为界，内归灌县，外属土司。其水磨沟一带总名三江口，□□灌民管业，载在廒册[3]，界址判然。有民人傅金伟因见土司境内之龙竹园、大水金坪树林繁茂，欲图占开炭窑，因该土民刘复受查知，投明头人长宁保往阻，将其窑房拆去。傅金伟因知从前控争地界有三江口名，固造该处有大河会合，小沟二道，方名三江口，即将此三江口影射当年所断灌民耕管之三江口，现名水磨沟一带之地方，谎称刘复受等移碑越界情词，邀伙叠控各衙门。经该管之成都府禀，经本盐茶茂绵道同督一□亲临所争之处，详加核勘，悉与原定界址相符，实系土司应管之业，并无移碑越界之事。将傅金伟等发交灌县等审询，问得山场诬告属实，已将傅金伟依诬告反望律处以杖一百、流三千里安置。其随同具告之卢海山、吴崇秀、岳廷根、徐伸扬等各分别处□棍杖，以警奸棍诬陷之无赖。恐乡愚无知，妄思牟利，越境滋端，覆蹈故辙，合行会同示谕。为此示抑汉、土民人知悉，尔等务须遵照原定界址，各管各业。汉民勿得潜入土司境内藉端滋事，而土舍、土民亦不许妄行越界生事。倘有故遗[4]，一经告发，或被访拿，律法森严，定将按例究办，决不宽贷。各宜凛遵勿违。特示。

大清乾隆五十六年[5]十月十八日示

四川加渴瓦寺安抚司官遵勒鹞子山界

汶川水磨连山"灌瓦大界碑"

【注释】

[1] 灌瓦大界　即灌县和汶川瓦寺宣慰司辖境交界处。

[2] 谪　封建时代特指官吏降职，调往边外地方。

[3] 廒（áo）册　即粮册。廒：收藏粮食的仓房。

[4] 故遗　"故意"之错别字。

[5] 大清乾隆五十六年　公元1791年。

汶川博物馆馆藏应试章程碑记

【位置】汶川县博物馆馆藏

【年代】清嘉庆三年（1798年）

【形制】竖长方体

汶川博物馆馆藏应试章程碑记1

【尺寸】高185、宽90、厚5厘米
【内容】

批准详定汶川学籍，嗣后[1]非土著廪生[2]不得保结[3]、非土著人民不得应试章程碑记。

嘉庆元年[4]岁试[5]。三月，阆县[6]士民等为恳恩详请立定章程，以杜岐冒[7]、以正学校事呈，蒙县主丁[8]批："俟据情转，禀批示夺。"又于四月，以沥陈[9]冒滥，恳除滋蔓[10]，以振边塞事上控，学宪[11]李批札[12]："饬仰茂州详查，报粘单[13]并发。"奉州宪伯转札"饬查该县有无冒籍[14]应考？系何人引进？包揽何人？一并声明具文，申赉[15]本州，以凭详报"等因。六月，县主丁详开："窃查汶川境内，尽属崇山峭壁，土瘠民贫。其民间子弟亦有俊质，往往无力读书，是以应试之童寥寥。附近州县，视其入学之易，心存觊觎。或认本籍同姓为一宗，或置买些微山场，称为载粮民籍，希图考试。当时无从查办，日久遂难攻讦[16]，此数十年来汶川外籍入考之原委[17]也。迨至徼幸[18]功名，其恂谨[19]者，得意已去，终身不入汶境；其狡黠者，并欲引其同姓，冒为一家，包揽图考。本籍被其强估，暄客夺主，无可如何。甚至挟嫌捏控，如徐吉彦者，本系灌县石羊场[20]人，伊父先年在汶置地，载粮四厘。兄弟数人入汶学，便益已极。乃因包引同姓，硬估出保，末遂所欲，胆敢以串局把持，上控学宪。蒙札查询，及由灌县移关[21]到案，当堂质讯，俱属子虚[22]，情实可恶，应宜究办。但查汶川县外籍考试，由来已久，碍难深究。以卑职管见，请嗣后非系本地土著人民，即有分厘微粮，及冒认本籍同姓为一宗，其实现住他县，有籍可归者，一概不准应试。至廪生，非本地土著素行端谨者，不准出保。如送州、送院考试以后，倘有冒籍情事，一经查出，或被告发，即将本籍廪保[23]，指名详革，并将冒考之童，从重究办。如此，请定章程，庶[24]冒考之弊可除，汶川学校不至有名无实，将见阆邑士民，感激宪恩于生生世世，衔结[25]无穷。禀恩宪台察核，转详批示，饬遵立案，实为恩便。"奉州主伯转详批示："仰如该县所拟，立案缴外[26]。"又径详[27]学宪李详开[28]本年六月，据卑职士民等以呈乞转详示禁等情。据此，卑职伏查："汶川境内，系是崇山峭壁，土瘠民稀。其子弟虽有俊秀，揆[29]因地方苦寒，以致父兄无力教读，乃尚稽昔日，往往以诗书世家犹能争。自灌磨[30]绿[31]边地，以学名为重，就地取才，有长必录，有以鼓舞而作兴之也。讵[32]近今数十年来，附近州县之人，窃窥汶邑童试寥寥，心存觊觎。或认汶川同姓为一宗，或置买些微山场，称为载粮民籍，希图考试。当时无从查办，日后遂难攻讦。以卑职管见，请嗣后非系汶川土著人民，即有分厘微粮，并冒认本籍同姓为宗，其实现居他县，各有□处本籍可归者，一概不准应试，以杜冒滥岐考。第[33]严于童生，莫若严于廪保。合无仰恳，推广培植边地之恩，申明定例。饬令自今以后，廪生非本地土居素行端谨者，不准作认保、派保。倘临考时，有流籍[34]估保硬考者，许该地绅衿[35]并廪保生童，指名禀报，立即究逐。倘土著廪生中，有受嘱舞弊者，一经查出，或被告发，即将原保廪生指名详革，将冒考之童从重究办。如此，则汶邑岐冒之弊可除于万一，而学校不致有名无实，边塞寒士[36]得以鼓舞而兴起，不但士民感激宪天[37]于生

80

生世世,衔结无穷。亦于盛世教养之道,大有裨益。是否有当?卑职末敢擅专,伏乞宪台批示饬遵。"奉批:"据禀已悉,抑即移知该学教官,嗣后岁科两试[38],慎选土著廪生中素行端谨者出保。若系住居外县禀生,即无滥保情弊,亦不许保结。童生应试,该土著与廪保生亦不得藉端[39]指保。并将本院准定章程出示晓谕,该县生童遵知缴随。"蒙县主丁录批,于九月初七日牒学[40]出示,晓谕在案。嘉庆二年[41]科考于六月初一日,有郫县人骆凌霄等,上州呈控。奉州主伯批:"廪生既不认保,县考又未申送,无凭收录,各归原籍,毋渎[42]"等批。又灌、郫、温、崇人徐安然等,复上省呈控。奉学宪李批:"尔等即系载粮民籍,该土著廪生岂无认识保结之理?尔今赴考,廪生不肯画押,其非土著可知,妄渎不准。骆兴□、□遇时、吴澍等各词俱批,已于徐安然呈内批明矣。"又雷鸣霄、徐安行、卢向南、锁遇□□□月二十五日,以串阻图索叩宪雷,究事呈控。藩宪[43]林奉批:"抑茂州即查报,毋任延塌[44]滋讼。"行县[45]于七月十五日,奉县主□□□□□随卷查:"嘉庆元年岁试之后,据县属士民等,以恩杜岐冒等事具呈到县,当经卑职以冒籍岐考,例禁[46]綦严[47]。然欲杜岐冒,莫若先严廪保。是以筹议章程,通禀□□□□准在案。兹奉前回遵即票差查唤,县属境中并无徐安然等。科试之期,廪生郭上拔等遵照宪示,实力奉行。乃徐安然等,均非汶川土著民籍,辄因岐考不遂,胆敢连名,越控不休,实为刁健[48]已极。今奉札提,而该犯等又俱匿不到案,饬差遍查,亦不知其籍隶何方。是徐安然等呈恳收考之处,应请立案不行,以杜岐冒。除将高从孔、孟其敏、郭上廉、郭上拔、郭锜等,概行省释[49]外,理合具文,详请宪台俯赐,转详销案。"蒙州宪转详,旋奉藩宪批:"如详销案,缴。"以上嘉庆元年、二年岁科两试,阖县士民呈控并各冒等上控。藩宪林、学宪李、县主解批准,州主伯、县主丁详定章程,土民禀请俯赐泐石,永远遵行。

汶川博物馆馆藏应试章程碑记2

邑增生[50]孟维聪书

【注释】

[1] **嗣后** 以后。

[2] **廪生** 又称"廪膳生员",科举制度中生员名目之一。明代府、州、县学生员最初每月都给廪膳,补助生活。名额有定数,明初府学四十人,州学三十人,县学二十人,每人月给廪米六斗。清代沿其制,经岁、科两试一等前列者,方能取得廪生名义。名额因州、县大小而异,每年发廪饩银四两。

[3] **保结** 指官吏应选或童生科举应考时证明其身份、情况的凭证。

[4] **嘉庆元年** 公元1796年。

[5] **岁试** 岁考。秀才升附生，附生升增生，增生升廪生，皆由岁考升级而来。

[6] **阖（hé）县** 全县。阖：全，总。

[7] **岐冒** 被其他地方的人冒充。

[8] **县主丁** 即丁葵籀，嘉庆元年（1796年）任汶川知县，山东日照举人。

[9] **沥陈** 竭诚陈述。

[10] **滋蔓** 生长蔓延。比喻祸患的滋长扩大。《后汉书·史弼传》："陛下隆于友于，不忍遏绝，恐遂滋蔓，为害弥大。"

[11] **学宪** 即"学政"，俗称学台，古代学官名，提督学政，主管一省教育科举，与按察使属同级别，正三品。

[12] **札** 古代公文的泛称。

[13] **粘单** 附件。

[14] **冒籍** 假冒籍贯，科闱弊端之一种。清制，凡科举考试，各省参加考试的生员名额以及录取名额，均有限定，录取之规定亦有别。故士子参加考试，必归于本籍（亦可在本籍与寄籍中作一选择）投考，不得越籍赴试。但有的士子为了取巧投机，假冒他省之籍投考者，称之冒籍。

[15] **申赉（lài）** 送达。赉：赐予，给予。

[16] **攻讦（jié）** 检举揭发。讦：揭发、攻击别人的隐私、缺点。

[17] **原委** 事物的始末。引申为原因、缘由。

[18] **徼幸** 即"侥幸"。徼：通"侥"，作非分企求。

[19] **恂谨（xún jǐn）** 恭顺谨慎。清袁枚《新齐谐·吴子云》："吴亡后，儿颇恂谨，能守其业，家日以富。"

[20] **灌县石羊场** 今都江堰市石羊镇。

[21] **移关** 移交。清方苞《狱中杂记》："移关诸部。"

[22] **子虚** 即"子虚乌有"。毫无根据或虚无的事。

[23] **廪保** 按规定为他人出具担保证明的童生。

[24] **庶** 也许；或许。《左传·桓公六年》："君姑修政而亲兄弟之国，庶免于难。"

[25] **衔结** 即"衔环结草"。旧时比喻感恩报德，至死不忘。衔环：嘴里衔着玉环。结草：把草结成绳子，搭救恩人。

[26] **立案缴外** 在省里立案。缴外：边界外。

[27] **详** 此处字意不明，疑为衍字。

[28] **详开** 详细开列。

[29] **捴** 古同"总"。

[30] **濯磨（zhuó mó）** 亦作"濯摩"，洗涤磨炼。比喻加强修养，以期有为。宋苏轼《〈居士集〉叙》："自欧阳子出，天下争自濯磨，以通经学古为高，以救时行道为贤，以犯颜纳说为忠。"

[31] 绿　此处意义不明，疑为衍字。

[32] 讵（jù）　岂，怎。

[33] 第　但，只是。《明史·海瑞传》："此人可方比干，第朕非纣耳。"

[34] 流籍　外地籍贯。

[35] 绅衿　泛指地方上体面的人。绅：绅士，有官职而退居在乡者。衿：青衿，生员所服，指生员。

[36] 寒士　出身低微的读书人。

[37] 宪天　旧时上诉案件，希望上一级官员能平反冤情，因称之为"宪天"。此处为学宪的尊称。

[38] 岁科两试　清朝科举考试制度之一。各省学政一任三年，到任后第一年举行岁试，第二年举行科试。而对于边远地区则在规定期限内，先岁试后科试，两试接连举行，称为岁科并考。

[39] 藉端　假托某一事由作为借口。

[40] 牒学　即"牒文"。公文；文书。

[41] 嘉庆二年　公元1797年。

[42] 渎　"读"之错别字。

[43] 藩宪　对布政使的尊称。藩：藩台，布政使的别称。

[44] 延塌　延缓拖查。塌："杳"之错别字。

[45] 行县　巡行所主之县。《后汉书·崔骃传》："（崔篆）乃遂单车到官，称疾不视事，三年不行县。"

[46] 例禁　条例中所明令禁止的。

[47] 綦（qí）严　很严。綦：极，很。

[48] 刁健　犹狡悍，刁悍。《儒林外史》第四十回："沉大年又补了一张呈子。知县大怒，说他是个刁健讼棍，一张批，两个差人，押解他回常州去了。"

[49] 省释　释放。清黄六鸿《福惠全书·刑名·自首》："今老而知非，谅无他逞，自应悯其归意，取具连名公保，径行省释。"

[50] 增生　科举制度中生员名目之一。明代生员都有月廪，并有一定名额，称廪膳生员。后又于正额之外，增加名额，称为增广生员，简称"增生"，无月米，地位次于廪生。清沿袭明制。

小金美兴营盘街懋功营禁令碑

【位置】小金县美兴镇营盘街关帝庙前
【年代】清嘉庆二十年（1815年）
【形制】穹窿顶长方体
【尺寸】顶高38、宽92厘米，碑高167、宽87、厚12厘米
【内容】

禁 令 碑

窃惟教练营伍[1]，固贵乎严；而驱使兵丁，尤贵以礼。故《武经》有云："动之以礼，抚之

以仁。"[2]盖以执掌兵权者,须宜惠爱焉,而未可滥役加之也。惟查懋功地方,自安设营制以来,即有杂派差徭之陋习。协宪[3]大人卢到任以来,体恤兵艰,饬令将营中一切差派,全行禁止。各等因层次转行下队众目等遵,将奉札禁止缘由层次禀复协宪,并请竖立碑记,以垂久远。旋蒙协宪批示:"据禀奉行,将营中不应有之鍥[4]兵丁,遵即裁撤。并将背运板片、砍伐树林以及背柴、割草之兵,全行禁止,并请勒石刊碑,以垂久远。缘由已悉,查营中兵丁,原以技艺[5]正项[6],差掺[7]为重。从前陋习相沿,亟当剔除,以肃营伍。是以令将此等匠役及背运差丁,全行裁撤,归伍掺演技艺,以资掺防。今据该马步队目等,恳请勒石刊碑,久远遵照。据此如禀准行。至所补枪炮、箭靶以及利棍等项,需用板片、木条,仍由各队轮流拨兵砍运。应目等情,虽系营中公件,究恐藉此又开派众背运之渐,难以准行。况查此项须用无多,嗣后遇有枪炮、箭靶损坏,应需板片、木条修补之处,即由该队目回明两哨,转请钱粮。衙门给价制买,勿许派拨兵丁砍伐背运,更不许摊扣众兵。至称营门堆卡一项,虽此处风雪飘零,易于颓塌,亦非常用修葺之事。如当大宪巡阅之际,修补整齐,以壮观瞻,所议尚是,如禀准行。但大宪巡阅非常有之事,设遇按临,营中大小员弁,均有应派差事,俱不能安坐营中,况兵丁乎?尤须秉公轮流派拨,以昭公允而均劳逸。事毕,即行停止,毋得稍滋纷扰为要。仰即转饬弁目等,一体遵照办理可也,毋违此缴。"各等因批示下队队目等,是以遵奉勒石,以期久而不违云。

<pre>
    协镇四川懋功等处地方都督府带寻常加一级卢
    四川懋功协标中军都阃府胥
    四川懋功协标领左、右哨部厅李、刘、刘、赖
    四川懋功协标分防明、崇、僧、翁、约汛司厅黄、侯、谢、□
    阖营马、步、战、守兵丁等公立
    广汉李淇撰书
    石匠任思辅敬刊
</pre>

大清嘉庆二十年[8]岁次乙亥夹钟月[9]下浣[10]谷旦

【注释】

[1] **营伍** 指军队、部队。

[2] **动之以礼,抚之以仁** 出自战国名将吴起著的《吴子兵法》。《吴子兵法》为中国古代《武经七书》之一,分图国、料敌、治兵、论将、应变、励士六篇,主要论述战争观问题。

[3] **协宪** 对协镇的尊称。协镇:清代绿营副将,别称协台,位次于总兵,秩从二品,统理一协军务。

[4] **鍥(jiè)匠** 木工一种。鍥:锯、割、切、裁等意。

[5] **技艺** 富于技巧性的武艺。宋司马光《涑水记闻》卷一:"凡其才力技艺有过人者,皆收补禁军,聚之京师,以备宿卫。"

[6] **正项** 正规的项目;首要任务。

[7] **差掺** 即"差参",水平不一或很不整齐。《诗经·周南·关雎》:"参差荇菜,左右采之。"掺:"参"之错别字。

[8] **大清嘉庆二十年** 公元1815年。

[9] **夹钟月** 农历二月。

[10] **下浣** 下旬。浣:唐代定制,官吏十天休息、沐浴一次。每月分为上浣、中浣、下浣,后借作上旬、中旬、下旬的别称。

茂县沟口水磨坪治安管理章程碑

【位置】茂县沟口乡水磨坪村南450米东岳庙

【年代】清道光七年(1827年)

【形制】长方立柱攒尖顶

【尺寸】通高195厘米,侧面宽58厘米,正面宽68厘米

【内容】

永垂万古

盖闻朝廷者,施法之地;乡党者,奉法之臣。即我佛像寺[1]东岳山之木通沟,相连数十寨,□□数百家。其间老幼尊卑,虽非奉法之人也耶。虽然上人[2]无言,我辈不敢妄揣,上人有数也。民不敢不遵□□□□□□□□□。总督部堂戴[3]、布政使司李、按察使司兴三宪颁行条数章程,垂碑勒石于后,永远奉行,是以为序。

计开条规于左:

一、保正、甲长自重。保人回来,保甲多系地保兼管,或无赖之辈承充,或□□□□以兹□□保甲之名,而无保甲之实。命饬地方官先札谕保甲□□□□其明白端方,为一方□□□者,□充甲长保正……千者多不肯□□地方公禀,且每□□□□为贼……甲长,初为一甲之长,兴同官□之间,骨何异,顾名思义……地方官接见,当应以□□□有成效,当从优奖励□□□□□□□□为众人所望,甲□□□□□□用教有减□扰善恶事,地方官即照□□□□□宽□。

一、保甲户口宜先□□□册簿□□□□以备查核。十户宜制十家牌,以资统□□□□□,以便□□其□□工资□□抵账,□□等项均由地方官补给,丝毫不用。

一、教民之道,莫备扵[4]《圣谕广训》[5]十六条。除地方官、教职[6]认真宣讲,仰于耆中自相推

茂县沟口水磨坪治安管理章程碑

举。每逢朔望[7]□□□□□□勿懈者，地方官给匾优奖。其民□易犯规条，亦随时讲解，俾僻壤□□□□□□□。

一、前奉总督部堂戴劝设乡学，除地方官劝捐设立外，该保甲中如有倡议□□□□□□子弟皆得就读。该正长务当妥为经理，以期行之，永远为要。□□□□□□旌奖。又前奉刊刻《圣训六谕》[8]、《敬衍养蒙诗》[9]及《劝孝歌》[10]，皆有益于身心。该保甲户内各有□□□□□□□□□蒙以养正之功，并令其背诵纯熟，讲解透彻，其有造于各□□□□□□□明显，即妇子亦能领略，父母夫男皆可令其通解，其视诵解□□□□□□纪切要之言，大有裨益也，该正长等均宜留意。

一、例载凡钦奉皇帝勅谕，该督抚督率属员，缮写刊刻板榜[11]，悬挂于申明亭[12]，并将旧有一切条例□□□□□等。因又律注州、县各里皆设申明亭。里民有不孝、不弟、犯盗、犯奸□□□□□□劣迹，俱书于板榜，以示惩戒，而发其劝恶之心。能改过自新，则去之。其□□□□□□里老于此劝导解惑等语，今责成地方官各于城内设立申明亭，□□□□□□□□谨办理，并于乡场镇市人□□□之处，相应地势，各设申明亭，□□□□□□□勅谕，敬谨缮写，并将旧有条约，悉行刊刻晓谕。其里民有不孝、不弟情□里□□审□该正书役乡地人等，借端需索，许□指禀地方官，从严惩处。或地方官徇□□□□□□□衙门，指实控告，以凭查办。

一、编查保甲[13]。无论大小村镇，该保正甲长务须挨户编联。每十户为一牌，设牌长一人；每十牌为一甲，设甲长一人；十甲为一保，设保正一人。或酌量地方远近，三百、五百户□□□□□皆可。其附近该村近之零星散户及路旁小店、庵观寺院、僧道尼姑，一体编联□□□□□镇之来编完，即用草册，开明户口，送县填注备环册，并规□十家牌门牌给州以□□□□循册，岁终将牌中迁去、搬来各户注明，呈换环册；三年另换册牌，以归简易。凡绅粮兵丁小店铺俱一体编查。

一、牌甲中有平日犯窃及习过各色邪教并一切作奸犯科、不安本份之徒，各牌保甲□□与之同牌，或不屑与之为伍，不知编联保甲，正为此辈而设。倘不编联，使□□□□□身牌外，肆无忌惮，又安用此保甲为也？地方官为该牌众等作主，务将一体编入保甲，不准一户遗漏。或另编一牌，作为畸零户，附于册尾亦可。此等人户正长牌众等，凡有入册□□□□时刻留心，稽查真伪。有犯，随时指禀严办。如果畏沃知悔，改归年□，一年之内不犯，即□□以旬验之，□归入正牌。该正长□宜诱掖[14]奖励，以竖其归正之心。此外或有抗不入牌者，必定非善类，经禀明地方官惩处，令其入牌。

一、……长即将恶迹罪名书于板榜，俾众知警。其□□不听教训及偶尔言语触犯等事，以及犯盗犯奸不□为恶之人，该甲长即分别会同其里正人□并牌众，将其事迹书于板榜，以示惩戒。如能改过自新，则去之。其户□田地等□事，许该保正甲长等，立约而□□□解纷。但不许挟嫌诬蔑，藉端[15]把持武断，地方官查出重究。其申明亭□□□□之三面墙壁，悬挂板榜，前面空敞，排列木签[16]，遮栏律载。凡拆毁申明亭房屋及亭中板榜者，杖一百，流三千里，仍各令修立。

一、本官因公下乡，携带环册，顺道查账。先期不知某日某时到某处等点核，附近里保甲正长齐集听点，不到者惩处。不准另委□□□□□□拨扰，本官及从人□□□□均系自备，丝毫不得累及牌众。

86

一、川东、川北一带百姓，喜团练而畏保甲。不知团练系有事之秋所宜，现在保正甲长□□之名，殊觉不雅，况保甲与团练无异。本司寻访得从前编查保甲书役人等，有需□□□□以百姓不乐保甲之名。今一切费用，地方官捐廉办理。一切门牌等费，永远□□□百姓不必过虑。倘嗣后再有需索门牌等费，许抄粘本司革除章程，赴各□□□□□□无不严行惩办也。

道光七年[17]**丁亥之夏四月中浣**[18]**之吉日立**

【注释】

[1] **佛像寺** 今茂县沟口乡水磨坪村东岳庙。

[2] **上人** 上司或长辈。

[3] **总督部堂戴** 即四川总督戴三锡。戴三锡（1758—1830）字晋藩，号羡门，顺天大兴人，原籍江苏丹徒，清朝大臣。乾隆五十八年（1793年）进士，授山西临县知县。连丁父母忧，嘉庆六年（1801年），服阕，发四川，补南充。历马边、峨边两厅通判，署资州、眉州、邛州，并有政声。邛州民黄子贤以治病为名，倡立鸿钧教，捕治之。事闻，仁宗命送部引见，擢茂州直隶州知州。道光二年（1822年），迁江宁布政使，回避本籍，仍调四川。三年，署总督，五年，实授，兼署成都将军。在川二十余年，政绩显著，口碑极佳。道光九年（1829年），因年老召来京，署工部侍郎。寻致仕，未几，卒。诏嘉其"宣力有年，官声素好"，赠尚书衔，依赠衔赐恤。

[4] **扵** 古同"於"。

[5] **《圣谕广训》** 是由清朝官方颁布，并运用官方渠道使之广为刊行的官样书籍。《圣谕广训》一书的内文，基本上分为康熙《圣谕十六条》与雍正《广训》两个架构。《圣谕十六条》摘录自康熙九年（1670年）所颁上谕：①敦孝弟以重人伦；②笃宗族以昭雍穆；③和乡党以息争讼；④重农桑以足衣食；⑤尚节俭以惜财用；⑥隆学校以端士习；⑦黜异端以崇正学；⑧讲法律以儆愚顽；⑨明礼让以厚风俗；⑩务本业以定民志；⑪训子弟以禁非为；⑫息诬告以全善良；⑬诫匿逃以免株连；⑭完钱粮以省催科；⑮联保甲以弭盗贼；⑯解雠忿以重身命。《广训》部分完成于雍正即位次年（1724年）。雍正自云：期望其子民"俾服诵圣训者咸得晓然于圣祖牖民觉世之旨，勿徒视为条教、号令之虚文"，因此就康熙《圣谕十六条》各条目，逐一"寻绎其义，推衍其文，共得万言，名曰《圣谕广训》"，而创作了十六篇短文，及一篇序言。至此《圣谕广训》一卷问世（后简称《广训》）。

[6] **教职** 官制名。凡府厅之教授，厅州之学正，县之教谕，府厅州县之训导等官，以及京内各类官学之博士、助教、学正、学录、教习等，均属教职。

[7] **朔望** 农历每月初一和十五日。亦指每逢朔望朝谒之礼。

[8] **《圣训六谕》** 又称"圣谕六言"、"圣谕六条"、"教民六条"或"圣训六条"等，为明太祖朱元璋登基后的第二年制定颁布的《教民榜文》，内容为："孝顺父母，尊敬长上，和睦乡里，教训子孙，各安生理，毋作非为。"后成为整个明代实行教化的指导性文件。

[9] **《敬衍养蒙诗》** 内容不详。

[10] **《劝孝歌》** 明朝朱柏庐编，内容为："孔子著孝经，孝乃德之属。父母皆艰辛，尤以母为笃。

胎婴未成人，十月怀母腹。渴饮母之血，饥食母之肉。儿身将欲生，母身如在狱。惟恐生产时，身为鬼眷属。一旦儿见面，母命喜再续。爱之若珍宝，日夜勤抚鞠。母卧湿簟席，儿眠干被褥。儿睡正安稳，母不敢伸缩。儿秽不嫌臭，儿病身甘赎。儿要能步履，举止虑颠状。哺乳经三年，汗血耗千斛。儿要能饮食，省口姿所欲。劬劳辛苦尽，儿年十五六。慧敏恐疲劳，愚憨忧碌碌。有善先表扬，有过则教育。儿出未归来，倚门继以烛。儿行千里路，亲心千里逐。孝顺理当然，不孝不如禽。"

[11] 板榜 又称"板题"，木板匾额。

[12] 申明亭 明太祖朱元璋于洪武五年（1372年）创建的读法、明理、彰善抑恶、剖决争讼小事、辅弼刑治之所。设申明亭处，也必设旌善亭，亭上书写善人善事、恶人恶事，以示惩劝。

[13] 保甲 保甲制度是中国封建王朝时代长期延续的一种社会统治手段，它的最本质特征是以"户"（家庭）为社会组织的基本单位。始于汉代，到清代基本完善成熟。即以10户为1牌，10牌为1甲，10甲为1保，由此建立起了封建王朝对全国的严密控制。

[14] 诱掖 引导扶持。

[15] 藉端 假托事由，借口某件事。

[16] 木签 即木栅栏。

[17] 道光七年 公元1827年。

[18] 中浣 中旬。浣：唐代定制，官吏十天休息、沐浴一次。每月分为上浣、中浣、下浣，后借作上旬、中旬、下旬的别称。

金川勒乌马厂勘界碑

【位置】金川县勒乌镇马厂村一农户家中
【年代】清道光九年（1829年）
【形制】穹窿顶长方体
【尺寸】通高190、宽84、厚9厘米
【内容】

永垂不朽

管理绥靖、庆宁等处[1]军粮屯政[2]、宁远府[3]冕宁县[4]抚番分县王；四川绥靖兼管庆宁等处地方副总府[5]、叠溪营[6]副总府马 为刊碑示：

照得番民王应德强挖绥靖马厂[7]一案。经本屯政[8]会勘界址，查明旧卷，查得王应德之□□□□乾隆四十四年[9]报呈界址本宽，嗣于五十一年[10]奉文，将屯户栽垦之地，先后拨补不足之兵。□□□屯政开采铸铁，巴站山[11]临河一带作为兵地。又因营中双柏树[12]、马厂投放，不宜将山腰大坪[13]拨马厂王安维具有，归营退结在案。王安维报垦勒乌围[14]地界内，不经补报。巴站山界址北至□山大路为界，即鸡功子口山下□禹王宫□城隍庙□□神祠并胡姓等地界有土墙，墙外均系马厂，是王

安维四十四年报呈，不是□□□□补报呈界址为□地。又查五十七年[15]前屯政李[16]禀复民人张应奎联名赴司请照一案，又内载巴站山腰、大坪临河一带及□官地，其空□之左右山□为王秀□□□等十六家户口地，案评有其是山腰大坪临河山嘴，均属绥靖营兵地，马厂与□□□涉更铸铁处。嘉庆十五年[17]，前任屯政慕[18]案内王应德等控告，又经会营勘查界址，四至并有，绘图存卷。乃王应德今又胆敢强挖，占为己有，除将王应德、王显锁枷责取，其不敢生事，甘结[19]断案旧卷外，惟思巴站山营地马厂宽平土厚，百姓利其开垦便易，群相虎视。若不刊碑垂示，使众皆知定案难移，图谋无益，难斩讼根。为此刊碑置示马厂，俾兵知接界径迹，民不敢越界妄争，以息讼端而垂永久。各宜遵守，凛之毋违，特示。计开绥靖营马厂四至界址内：

东至胡纯学并禹王宫、张道场山脚土墙为界；南至大干沟坪上新修矮土墙为界，墙外从王应德倾交喻姓，喻姓又倾交王汝恒地亩为界；西至绥靖营兵地为界；北至大沟城隍庙、后街神树香火地□口沟心为界。

署四川绥靖营中军副府[20]、即升[21]守府[22]李率同左哨部厅[23]刘、右哨部厅黄、马队弁目[24]常应龙……河东总约[25]周廷泰等。

道光九年[26]五月十九吉日公同刊立

【注释】

[1] **绥靖、庆宁等处** 即绥靖营和庆宁营所管辖的范围。绥靖营和庆宁营均为清乾隆四十五年（1780年）设置。绥靖营设有游击一员，归懋功协副将统辖，驻地在今金川县勒乌镇老街。庆宁营受绥靖营游击统领，驻地在今金川县庆宁乡庆宁村。

[2] **军粮屯政** "军粮屯政厅"的简称。清代在边疆地区所设的专管屯田事务的机构，其主要职责就是负责农业耕种，为军队提供粮食等物资。屯政：负责屯田事务的官员。

[3] **宁远府** 在今四川省凉山彝族自治州内。明洪武十五年（1382年），改建昌路为建昌卫。清顺治初，因明制为卫；雍正六年（1728年），改为宁远府，府治西昌（今四川省西昌市区），辖西昌、盐源、冕宁共3县及会理1散州、越嶲1散厅。1913年废。

[4] **冕宁县** 今凉山彝族自治州冕宁县。

[5] **副总府** "副总兵府"之简称。副总兵：清绿营兵副将，次于总兵，高于参将，又称为协镇，官秩从二品。

[6] **叠溪营** 在今茂县叠溪镇较场村。明清时属松潘厅管辖。

[7] **马厂** 即今金川县勒乌镇马厂村。清乾隆平定金川后，将此划定为放牧战马的范围，故名。

[8] **屯政** 管理屯田事务的官员。

[9] **乾隆四十四年** 公元1779年。

[10] **五十一年** 即乾隆五十一年，公元1786年。

[11] **巴站山** 金川县勒乌镇马厂村所在的山梁名。

[12] **双柏树** 今金川县勒乌镇双柏树村。

[13] **大坪** 金川县勒乌镇马厂村大坪组所在台地。

[14] **勒乌围** 地处大金川河东岸一级台地，勒乌沟注入大金川河处，今属金川县勒乌镇前锋村。清乾隆中期前称"勒乌围"，原为大金川土司官寨所在地。"第二次平定金川"战役后，清廷于此修建御碑亭，竖"御制平定金川勒铭勒乌围之碑"于亭中。

[15] **五十七年** 即乾隆五十七年，公元1792年。

[16] **屯政李** 即李堂。按道光《绥靖屯志》卷六《职官》载：李堂，直隶永年人。由监生捐办军需案内议叙州同，分发四川。乾隆五十四年（1789年）二月到屯，五十七年（1792年）五月交卸。

[17] **嘉庆十五年** 公元1810年。

[18] **屯政慕** 即慕湘道。按道光《绥靖屯志》卷六《职官》载：慕湘道，江苏吴县人。由监生应甲子科顺天府乡试挑取四库馆誊录，议叙签掣主簿，分发四川，补平武县大印山主簿。嘉庆十三年（1808年）六月到屯，十六年（1811年）六月交卸。

[19] **甘结** 指旧时交给官府的一种画押字据，表示愿意承担某种义务或责任，如果不能履行诺言，甘愿接受处罚。

[20] **副府** "副守备府"简称。守备：清绿营兵军官名，管理军队总务、军饷、军粮等，正五品。

[21] **即升** 官制名。按例即将提拔任用。

[22] **守府** 武官名，明清时期常备军武职有守备，武五品。

[23] **左哨部厅** 统领绿营兵左哨部的官员。哨部：绿营兵的一级军事编制，在营之下，一般以千总统领。

[24] **马队弁目** 清代绿营骑兵的头目。弁目：清代低级武官的通称，意为兵弁的头目。

[25] **总约** "总乡约"的简称，管理辖区内所有乡约的头目，由乡约推举产生或官方指任，有一定的经济待遇和行政权力。乡约：指奉官命在乡、里中管事的人。

[26] **道光九年** 公元1829年。

金川安宁崇化营"辞伍年岁章程"碑序

【位置】原立金川县安宁乡安宁村关帝庙内，现已无存，拓片存阿坝州文物管理所

【年代】清道光十二年（1832年）或光绪十八年（1892年）

【形制】竖长方体

【尺寸】残高100、宽78厘米

【内容】

……之者，迩意无穷，是为捐帮之说也，岂可浅易言哉。查崇化营[1]自金川平定，改屯为营，额驻兵丁……每兵用银五分、四分、三分，以系回籍[2]之需，究因辞伍者以所领捐帮无多，不能回归故里，乃……营者仅有四百零

金川安宁崇化营"辞伍年岁章程"碑序

一名。内除外委[3]领外伙粮外,认摊捐帮者计有三百七十名,较之从前人数减……五分。数年来,禀奉批准,遵办在案,曷敢妄行谬议,致于冒渎[4]。因思辞伍之丁,于年力富强之时,投……经恩准辞,释其所领捐帮,将节年[5]负债开销,余剩无几。近在营中者,室家不保;远隔原籍者,仍……复入商之,阖营人等仍遵前。经议定辞伍年岁章程:头等二十四年,加以捐为二钱;二等十八年……或在营,或回籍,俱可保守终身,不致离散,以玷行伍[6]。外有在营数年,未满年限及因病不愈,公……如多辞一名,按所辞前后日期,留为下季摊扣捐给。设遇营中有病故之丁,查明入伍□□,如与……者,除墓费外,余银交……魂,所有原本不动,以待该故丁原籍亲人来领。如无亲人前来,将银长存,所生之息照前办。……会之期,明众一次,均令各兵知晓,以资经久,以杜弊端。再者,一兵丁在营,必因年老病衰、升迁授权及……年限等□,摊给捐帮。又兵丁在营,年力正强,差操可靠。托故具辞,盖图捐帮,以及不守营规,玩者开除……均甘情愿。是以各队随出具联名甘结[7],具禀哨司[8]会衔加结,禀恩请示。荷蒙转禀奉批:先有行知[9]遵照,后忽……有三百六十三名,捐帮征减[10],恐致訾议[11]。是以一并勒石,永远遵行,谨序。

　　……崇化营左司厅[12]王。……崇化营副部厅[13]马。……崇化营副司厅[14]张。……崇化营副司厅范。……崇化营副司厅李。……川崇化营副司厅王。总领旗[15]:马遇贵、王成、邓世凤、王章。营书:梁栋梁、唐守恒、陈飞鹏、吴文昌。阖营队目:包占魁、邵长福、杨万□、张廷珍、王应龙、黄贵、牛□荣、王纶、王占春、曾世鸿、刘志、王长春、唐□龙、谢朝陞、张廷彪、杨文、张王生、刘文贵、黄玉春、马成龙、唐宗林、唐典冈、邱绍春、蒋会元、傅有贵、杨奇秀、康廷才、曾春杨、彭永祥、杨万受、梁标兴、邓文高、刘怀芳、邓贵、陈万寿、戴玉龙、杨正春、蔡占元、李应举、曹思有、邹应烽、苏增泰、张正堂、邱绍林、邹元璋、刘正坤、邱得胜、万文芳、马永升、黄继贵。

　　石匠:师文王……壬辰[16]四月初一日竖立

【注释】

[1] 崇化营　清乾隆平定金川后驻防崇化屯的绿营兵,驻地在今金川县安宁乡安宁村。

[2] 回籍　退伍返回原籍。

[3] 外委　清代的额外低级武官,有外委、外委把总,职位与千总、把总相同,但薪俸较低。

[4] 冒渎　冒犯亵渎。

[5] 节年　积年;历年。

[6] 行伍　旧时军队编制,五人为一伍,五伍为一行。后泛指军队或当兵出身的人。

[7] 甘结　指旧时交给官府的一种字据,表示愿意承担某种义务或责任,如果不能履行诺言,甘愿接受处罚。

[8] 哨司　哨和司,为清代绿营的两级基层军事组织,与城守营、分防营的汛地相结合。一般来说一哨或一司的长官都领一汛,所驻之兵亦称"汛兵"。其长官多以千总领哨把总领司,但也有外委领军哨司。

[9] 行知　指通知事项的文书。

[10] 征减　应为"增减"。征:"增"之错别字。

[11] 訾（zī）议　亦作"訿议"，议论、指责。訾：古同"恣"，恣纵，狂放。

[12] 左司厅　"左司把总厅"的简称。清代绿营兵司部副把总的办公地方。

[13] 副部厅　"副哨部千总厅"的简称。清代绿营兵副千总的办公地方。

[14] 副司厅　"副司把总厅"的简称，与"左司厅"相同。

[15] 领旗　指挥员；军官。

[16] 壬辰　道光十二年（1832年）或光绪十八年（1892年）。

茂县羌族博物馆馆藏"体恤兵艰"碑

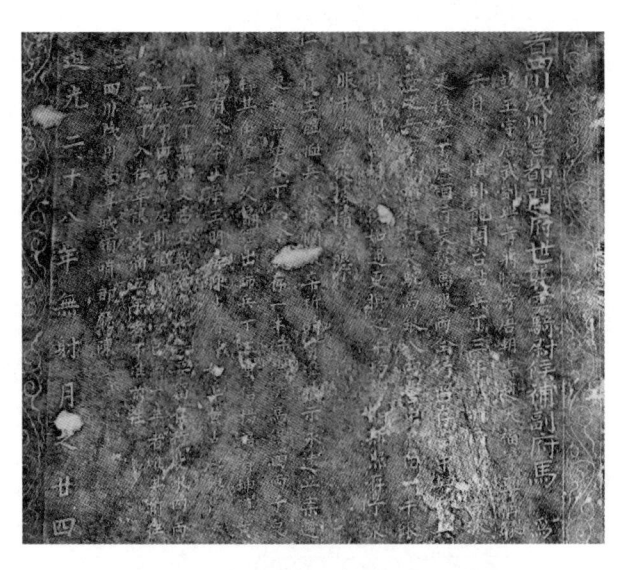

茂县羌族博物馆馆藏"体恤兵艰"碑

【位置】现藏茂县羌族博物馆

【年代】清道光二十八年（1848年）

【形制】圆角长方体

【尺寸】通高160、宽70厘米

【内容】

　　署四川茂州营都阃府[1]、世袭云骑尉[2]、候补[3]副府[4]马为公恳体恤以济兵艰事。兹据八队目兵潘宣□□□□□□□□开喜、马溶、彭玉宇、唐武、刘兴贵、蒋怀芳、唐朝寿、赵天福等专称：缘因茂营设在冲衢[5]，路当松、省[6]孔道，往来□□□□□□□□兵自认。兹值卧龙关[7]台站[8]兵丁三年期满，□茂州营当派兵一十名前往更换，目等筹议□□□□□□□□卧龙关台派更换兵丁，应领行装、驼马银两，全行留存营中，与□□□生息，以资帮补盘费。是以目□□□酌议□□□□□□□□□□之兵，每名应领行装、驼马银八两，营中□□一千银。四两二十名共留银八十两，存于营中，与众生息□□□□□□□□卧龙关台，以后如遇更换之年，均皆如斯照存，予众生息，俾众兵将来大有裨益，得有帮补盘费，不致苦□□□□□□□□服，甘愿乐从。据情，公恳仁廉[9]作主，体恤兵艰，怜悯战卒，祈请赏准，以示永远。立案遵行等情前来，已悉该目等众公议，甚属善举，应如所禀，以示体恤，准其□□□更换为始，各丁俱令只存一半行装、驼马银四两，予众生息，以资将来帮补盘费。永远立案，勒石遵行。本府专准□□□□□□择其在营年久，曾经出师兵丁王里信、杨福寿、坤镇、黄遇春、杨福安、石占魁、邵文寿、蒋怀芳、刘有富、邵文福、文光照……

　　一、兵丁无论交马、交战留守者，只要留存行装银四两，准其前往；

　　一、兵丁入伍年限已满五年者，准其前往；

　　一、兵丁由台、藏[10]及卧龙关回营已满六年者，准其前往；

　　一、兵丁无论交马、交战、食守，不留行装银两者，不准前往；

　　一、兵丁入伍年限未满五年者，不准前往；

92

一、兵丁由台、藏及卧龙关换回未满六年者，不准复派前往。

四川茂州营专城[11]领哨部厅[12]陈

道光二十八年[13]无射月[14]之廿四日阖营马步兵丁等公立

【注释】

[1] 都阃府　清代正四品武官都司的别称。

[2] 云骑尉　武散官名。宋、金沿置。明正六品。清为世爵名。在骑都尉下，七品。

[3] 候补　清制。没有补授实缺的官员在吏部候选后，吏部再汇例呈请分发的官员名单，根据职位、资格、班次，每月抽签一次，分发到某一部或某一省，听候委用，称为候补。

[4] 副府　即"副将"。清代绿营武官名。清沿明制之副总兵而改称副将，秩从二品，位次于总兵。统理一协军务，又称协镇，别称协台。

[5] 冲衢　交通要道。衢：四通八达的地方。《说文》："衢，四达谓之衢。"

[6] 松、省　指松潘和成都。

[7] 卧龙关　今汶川县卧龙沟内。乾隆平定金川后，于此设千总一名，辖兵丁五十名，分设瓦寺土司界内，共九塘。

[8] 台站　清代在边疆设立的军事上防守、调度的机构，亦称为"军台"。

[9] 仁廉　仁义廉洁之人，此处是对上司的尊称。

[10] 台、藏　泔台及藏区。

[11] 专城　指任主宰一城的州牧、太守等地方长官。

[12] 哨部厅　统领绿营哨部的官员。哨部：清绿营兵的基层军事编制，在营之下，一般以千总统领。

[13] 道光二十八年　公元1848年。

[14] 无射月　农历九月。无射系古十二律之一。《周礼·春官·大司乐》："乃奏无射，歌夹钟，舞《大武》，以享先祖。"郑玄注："无射阳声之下也。"《史记·律书》："九月也，律中无射。无射者，阴气盛用事，阳气无余也，故曰无射。其于十二子为戌。戌者，言万物尽灭也，故曰戌。"

汶川博物馆馆藏瓦寺土司差役碑

【位置】原立汶川县绵虒乡涂禹山瓦寺土司公署内，现存汶川县博物馆

【年代】清咸丰三年（1853年）

【形制】竖长方体

【尺寸】高128、宽78、厚6厘米

【内容】

详 定 批 准

特调四川茂州直隶州汶川县正堂[1]、加五级纪录十次黄[2]为给发[3]断牌，以垂永遵事。案查前升

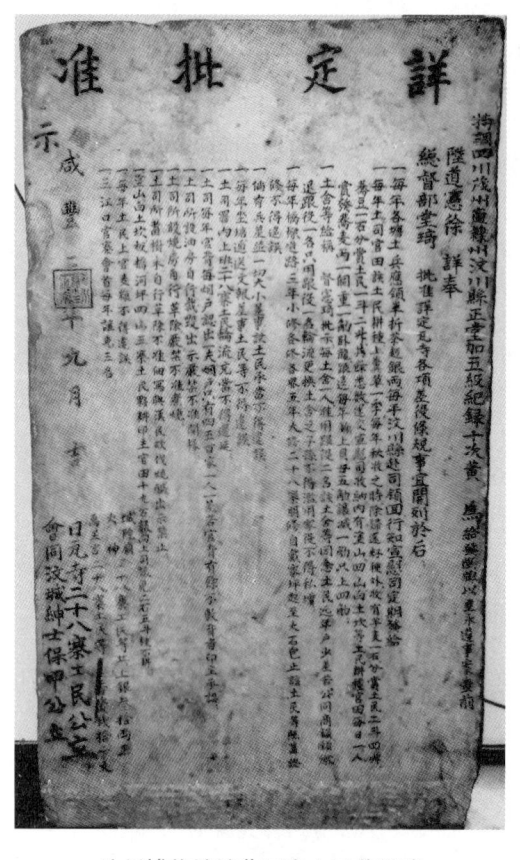

汶川博物馆馆藏瓦寺土司差役碑

道宪[4]徐详奉总督部堂[5]琦[6]批准，详定瓦寺[7]各项差役条规事宜，开列于后：

一、每年各塘[8]土兵应领半折茶面银两，每年汶川县赴司领回，行知宣慰司定期发给；

一、每年土司官田，该土民耕种，上粪草[9]一季。每年秋收之时，除归还籽种[10]外，收有芊麦[11]一石[12]，分赏土民二斗[13]四升；荞、豆一石，分赏土民一斗二升，其余悉数运交宣慰司收纳。内有涂山、四山、白土坎[14]等土民耕种官田，每日一人赏发荞麦丙[15]一个，重一勉[16]。卧龙、跟达[17]每年所上贝母五勉，让减一勉，只上四勉；

一、土舍[18]等给称，督宪琦批示：每土舍一人，准用跟役二名。该土舍等因念土民近年户少差苦，公同[19]商议，愿缴退跟役一名，只用跟役一名，轮流更换。土舍之子孙，不得滥用家役，不得私增；

一、每年桥梁、道路，三年小修，各修各界。五年大修，二十八寨[20]朋修[21]，自戴家坪[22]起至大石包[23]止，该土民等照旧认修，不得违误；

一、倘有兵差并一切大小差事，该土民承当，不得违误；

一、每年坐塘递送文报差事，土民等不得违误；

一、土司署内上班，二十八寨土民轮流充当，不得迟延；

一、土司每年官背[24]，每烟户[25]认出一夫。烟户只有四五百家，一人一差。若官背有余，不敷背者，印主[26]承认；

一、土司所设油房，自行裁毁，出示严禁，不准开榨；

一、土司所设烧房[27]，自行革除，严禁，不准煮烧；

一、土司所蓄树木，自行革除。不准佃写[28]与汉民砍伐、烧碱[29]，出示禁止；

一、涂山、白土坎、板桥、河坪、四山五寨[30]土民，伙耕印主官田十九石。报向土司，让免二石五斗种不耕；

一、每年土民上官麦粮，不得违误；

一、三江口[31]官寨会首，每年让免三名。

城隍庙、火神庙：二十八寨土民等共上银三拾两正。禹王宫：二十八寨土民等共上香资钱拾千文。

咸丰三年[32]九月吉日瓦寺二十八寨土民公立。会同汶城绅士保甲公立

【注释】

[1] 正堂　明清时对府、州、县等正印官的称呼。

94

[2] **黄** 即黄杰。道光进士，咸丰二年至咸丰五年（1852—1855年）任汶川县知县。

[3] **给发** 发给。

[4] **道宪** "道台"的尊称。道台：道员，清代官名。介于省（巡抚、总督）与府（知府）之间的地方长官。

[5] **总督部堂** 明清总督称呼。明代各衙署之长官因在衙署之大堂上处理重要公务，故称堂官。清沿明制，称各官署长官为堂官，各省、大区总督凡例兼兵部尚书、都察院右都御史衔，通称部堂。

[6] **琦** 琦善。全名博尔济吉特·琦善（1790—1854），字静庵，博尔济吉特氏，八旗满洲整黄旗人。历任刑部员外郎，刑部郎中，通政使司副使，河南按察使，江宁、河南布政使，河南巡抚，河南按察使，山东巡抚，两江总督兼署漕运总督，内阁学士，直隶总督，热河都统，四川总督，陕甘总督，两广总督，协办大学士，文渊阁大学士等职。

[7] **瓦寺** 即瓦寺宣慰使司之简称。瓦寺土司，嘉绒十八土司之一，来源于西藏加渴地方，驻牧于汶川县绵虒镇涂禹山，管辖范围为三江、草坡、绵虒一带。明英宗六年（1441年）加渴部落酋长之弟雍中罗洛思奉命率部征讨岷江上游，后"奉诏留驻汶川县之涂禹山"，并授给其"宣慰使司"职，颁银印一枚及敕书、诰命各一，自此始"世袭其职"。清顺治九年（1652年）投诚归顺，授安抚司职。康熙五十九年（1720年）随征西藏有功，第17代土司桑朗温恺加赏宣慰司衔，乾隆二年（1737年）加封为指挥使职衔。乾隆十七年（1752年）及三十六年（1771年）随征平定杂谷土司及金川等处土司有功，第19代瓦寺土司桑朗荣宗，赏戴花翎，并赐名姓索诺木荣宗（此后瓦寺土司便以索为其汉姓）。嘉庆元年（1796年），随征四川达州白莲教起义，四川总督勒保奏请批准升宣慰司，换给印信号纸。至1950年汶川解放，前后共计二十五代，历时达五百余年。

[8] **塘** 即"塘汛"。清时各地驻绿营兵因警戒而设的两种大小不同的关卡。

[9] **粪草** 方言，一种用于种植的有机肥料，是用禽畜粪便及各种秸秆、树叶进行发酵制成的。

[10] **籽种** 种子。

[11] **芋麦** 即"玉米"的俗称。

[12] **石（dàn）** 古代容量单位，即十斗。明张自烈《正字通》："斛，今制五斗曰斛，十斗曰石。"

[13] **斗** 古代容量单位，即十升。

[14] **涂山、四山、白土坎** 今汶川县绵虒镇涂禹山村及白土坎村。四山不详。

[15] **丙** "饼"之错别字。

[16] **觔** 古同"斤"。

[17] **跟达** 今汶川县耿达乡。

[18] **土舍** 土司的属官，一般由土司的直系亲属担任，在土司家族中具有特殊地位，与土司一同构成本土的最高统治集团。它由土目转化而来，之后又转化为不同级别的土司及土司自署官员。

[19] **公同** 共同。

[20] **二十八寨** 即涂禹山三寨，四山三寨，草坡十一寨，卧龙、耿达、三江等地十一寨。涵盖今汶川县草坡乡、卧龙乡、耿达乡、三江乡的全部及绵虒镇的部分村寨。

[21] 朋修　共同维修。

[22] 戴家坪　在汶川县绵虒镇至高店村之间老灌汶路旁，因住户姓戴而得名。

[23] 大石包　在原汶川县白花至漩口间，因山边有一巨大石头而得名，现已淹没于紫坪铺水库内。

[24] 官背　为官府服务的背夫。

[25] 烟户　人户。《清会典·户部·尚书侍郎职掌五》："正天下之户籍，凡各省诸色人户，有司察其数而岁报于部，曰烟户。"

[26] 印主　掌握印鉴的人，指官员或官府。此处指瓦寺土司。

[27] 烧房　酿酒的作坊。

[28] 佃写　租赁。

[29] 烧碱　用清水把木柴或草烧成的灰烬浸泡搅拌，把水中杂物过滤，再将水烧煮干后获得的白色晶体，即为碱。

[30] 涂山、白土坎、板桥、河坪、四山五寨　今汶川县绵虒镇涂禹山村、白土坎村、板桥村、河平村，四山不详。

[31] 三江口　今汶川县三江乡政府驻地。因在中河、西河、黑石江三水汇合处，故名。

[32] 咸丰三年　公元1853年。

小金美兴营盘街懋功营"马朋条规"碑

【位置】小金县美兴镇营盘街关帝庙内
【年代】清同治七年（1868年）
【形制】穹窿顶长方形
【尺寸】顶高30、宽70厘米，碑高120、宽65厘米
【内容】

永勒遵循

为公议章程禀请立案，以济永远事。

窃照我营，原自乾隆年间金川善后安设，营伍[1]禀立马朋应领条规各款。于嘉庆二十三年[2]八月十四日，奉协宪苏札批"据禀各条，均属妥协。如禀准行，仰即饬令，嗣后照此，永远遵办，此缴"等。因立规久经办理在案。因同治四年[3]五月内，奉协宪苏、都宪王堂示："已接督、协明函，开：云及川省各营，历起出师各处，由军支领草干。现奉部查，摧取应急，应如何办理？旋据提塘[4]粮书[5]禀报，奉督、协传谕：'同由。已据该书等折报，由省呈交督、协衙门银六百六十余两，以作部费[6]等谕。'奉此，当将我营并未带马出征，亦未由军前支领草干，祈请声明，申覆不难。部示：'庶免[7]诸疑[8]，连此禀请，均奉批饬。其马干[9]一项，量来川省一律，而所交部费银数，饬由营设弥填销[10]。'众等共商，莫可如何？只得将先年原买马桑寨[11]马兵放马草厂荒地一段，佃写民人萧□□，取收压租银贰百两，填销垫费。但刻今，荒地开垦宽敞，而该佃民从中分佃花户[12]。诚恐年久弊生，

96

是将萧姓原佃银贰百两退给该民。营中各认花户,照量取压收租,共计压佃银贰百两,芋麦[13]租九十三斛[14]。同治八年[15]为始,以请照前批于采买定盘,照价折算,于十月内分给各马兵添补草料,以济枥槽[16]喂养。至于委、署、汛缺原因,上宪鼓励人材,自有该汛筹麦。及坐省供差坐塘之兵,均与在营骑标之兵[17]劳逸不同,其出征之马兵分有行粮坐饷,不得入此摊分存。诚原属帖缺[18],应请入于摊分之数。其马价奖赏,均另从同治八年为始起算。至坐塘马兵,不得私行回营取巧,寅缘[19]当差,以异旧章。各项条程,除立朋档登注,呈请盖印遵办外,为此具禀。"于同治七年[20]十一月二十四日,奉专宪包札开:"为录批札知事,案奉都宪周札开:'照得前据领哨禀称,为公议章程,禀请马朋登档立案,俾济永远遵循事。'案奉协宪秀批开'据禀已悉。该哨司马队弁目等,公议马朋条规,甚属当宜。准其每年例报马价十匹,迭销[21]费项以三匹,二分留朋开销。至于马桑寨所收租粮,亦准以折价,分给各马兵草料之需。着照造立朋档,务须按年清算迭销,勿得挪移浸吞[22],方昭公允,而免物议[23]。仰该中军转饬该马队,遵照立案,永远循章办理,可也。惟所议派往坐塘之马兵,不得私行取巧,回营当差。既有旧章,自应仍循其旧办理,勿庸再议。是为至要[24],切切毋违'等批。转行奉此,公同竖碑,永远循照此章。"

一计所招佃户取压收租花名银两、租石数目内:□□□银贰拾两,租捌斛;□□□银贰拾两,租八斛;□□银贰拾两,租七斛;□□□银叁拾两,租拾叁斛;□□□银贰拾五两,租拾一斛;□□□银贰拾两,租三斛;□□□银三两五钱,租五斛;□□□银贰拾五两,租五斛;□□□银贰拾壹两五钱,租七斛;□□□银拾五两,租九斛;□□□其佃无银,租五斛;蛮桥沟[25]共租拾五斛。其所取压银,俟将朋项销清,充裕逐退压佃,以退银拾两,加租贰斛。是以爰将各项,一并注立于石。

小金美兴营盘街懋功营"马朋条规"碑1

懋功营马队总领目及朋内人宋万春、蒋钦等公立

同治七年季冬月[26]中浣[27]藩诚□书

【注释】

[1] 营伍　军队。亦借指士兵或军人。

[2] 嘉庆二十三年　公元1818年。

[3] 同治四年　公元1865年。

[4] 提塘　官名,"提塘官"的简称,古称邸吏、邸官,明代称提塘,视军事需要而设置,专司军事情报的传递。清代由各省督、抚选派专人驻京,均由武进士及候补、候选守备咨部充补,如无合例之人,亦可从已拣选之武举保送。职掌传递本省来往公文。

[5] 粮书　专门记录粮草需求的公文。

第一篇 存世碑刻

[6] **部费** 清时官员任实缺或者办事时,向吏部人员贿赂的活动费。

[7] **庶免** 避免。

[8] **谘疑** 疑问。《陈书·徐陵传》:"向所谘疑,谁能晓喻。"

[9] **马干** 喂马的干食料。《六部成语注解·户部》:"马干,马之食料也。"

[10] **设弥填销** 想方设法去填补销账。

[11] **马桑寨** 今小金县美兴镇马桑村马桑寨,因附近多马桑树得名。

[12] **花户** 有户籍的人户。

[13] **芋麦** "玉米"的俗称。

[14] **斛（hú）** 古代量器名,亦为容量单位。一斛本为十斗,后来改为五斗。

[15] **同治八年** 公元1869年。

[16] **弇（yǎn）槽** 满槽。弇:覆盖,深。

[17] **骑标之兵** 骑兵和步兵。

[18] **帖缺** 花名册上遗漏的人。

小金美兴营盘街懋功营"马朋条规"碑2

[19] **寅缘** 应为夤缘。指某种可资凭借攀附的关系。比喻拉拢关系,阿上钻营。

[20] **同治七年** 公元1868年。

[21] **迭销** 重复报销。

[22] **浸吞** 侵吞。浸:"侵"之错别字。

[23] **物议** 众人的议论,多指非议。《南史·谢几卿传》:"不屑物议。"

[24] **至要** 紧要;极其重要。

[25] **蛮桥沟** 今小金县美兴镇营盘村解放沟。沟上原建一木桥,名"蛮桥"。中华人民共和国成立后更名为"解放桥"。现桥已无存,但地名尚在。

[26] **冬月** 农历十一月。

[27] **中浣** 中旬。

九寨沟永河大城增修大驿城碑记

【位置】九寨沟县永河乡大城村

【年代】清同治十二年（1873年）

【形制】长方体

【尺寸】高150、宽100、厚7厘米

【内容】

特授四川直隶松潘抚民理番府、南坪理番分司、加三级纪录五次李

钦加总兵衔、尽先[1]协镇都督[2]、分守四川松潘右营南坪等处地方都阃府[3]、三级五次范　为据□□□□□□□大驿城[4]、桥头村[5]绅士乡老禀明众修堡寨，协请赏示，保卫地方，以垂永远事。缘士民祖居两寨，世守故土，勤耕苦读，安居乐业。上年南番作乱[6]，众遭涂炭。迨至同治二年[7]，后山□番□□□抢，不惟财物掳空，而且纵火烧毁，实将大驿城、桥头两寨□□化为焦土。历年逆番滋扰，地方踩蹭。近年来驿城山崩地烈[8]，房檐倒塌，士民等上无片瓦，下无立椎，日夜不安，无法可效。□□□□□士民等意欲补修，增建土围堡寨一座。众力培补，内造民房，俾得有地迁徙，以备不虞。惟堡内系属众民花分地□，业主□□□□□齐。众议堡内房基方圆五丈，评定价钱□拾贰千文，众民输捐，以归业主。街道庙基碎难作价，是以众等□□禀明□□□□。

李分司复查该地，两寨东连武都，邻比□□。西接本城[9]，山高阻隔，相距百里。北至杨□□后山草地接壤。南与文邑[10]□路□□□□被逆番扰袭屡年，众民警惶。兹据众民等禀报补修堡寨，前来询属，众志成城，有备无患。除将原禀批准适□□合行晓谕，为此抑□□□两寨士民人等知悉。自示之后，士民等务须协力同心，补修坚固，出入相友，守望相助，和睦邻里，共□□□□有街道庙基，众议□尤，毋得勒揹[11]价直，亦不得格外增涨。若有从中把持阻扰，许该绅约指名具禀，严惩不贷，决不宽宥。永垂万古，碑记序。

乡老：梁作栋钱四百文、刘玉树钱八百文；

监员：何延臣钱四千文、谭大□钱四百文；

乡约：张万朝钱四百文、谭大荣钱四百文；

总管首事领袖：李富□、梁大富、金发明、张大福、□□顺、张大财、张富荣、梁□才、张大荣、张□城，每人助钱一千五百文；

金发□钱八百文；□□兴钱八百文；黄贞国钱四百文；王文贵助钱六百文；

秦国兵二百文。高登山、周国寿、高登荣、孙朝顺、张大□、张尚仁，每人钱四百文；赵时联一千文。

乡约：□□□众人帮工一天；

下顺高助钱三千文；何延玉、王德贵、毛正顺、毛正富、张进福，每人助钱四千六百文；张□义、王树丰、张清□、张清瑞、李廷才、李先林，每人助钱八百文；

陈元喜钱一千二百文；梁朝林钱六百文；黄元□钱□百；□继优、黄□兴、唐德兴、李发祥、李过祥、张申高、张书□、温万顺、高文廷、白莲玉，每人助钱四百文；陈瑚琏钱八百文、□□□钱一千文；高文□钱八百文；梁天顺钱八百文；金德珍钱四百文；毛正有钱八百文；郭继□钱八百文；李中□□□文；

张现清、赵凤林、严继清、周文富、梁增辉、梁文玉、周玉花、秦国荣、秦国甫、张占玉、张玉廷、高文学、梁任□、梁文进、王朝申、刘喜□、刘定修、李贵才钱四百文；王洪顺钱八百；白义明钱八百文；高文玉钱四百文；梁大才钱□文；张清□钱□□□；周文广、张正承、梁贤赟、李栋保、王文□、梁大来、张殿元、梁□□、张大□、□福寿、周文明、□□□、李飘□。

总理举事兼理督功、劝捐钱文、约正刘振□助钱贰百文敬书。

石匠：李载德、靳天申刊建。

同治十二年[12]孟冬月[13]念九日巳时立

【注释】

[1] **尽先**　遇缺优先任用。

[2] **协镇都督**　"副将"的别称。清代绿营武官名。清沿明制设副总兵而改称副将，秩从二品，位次于总兵。统理一协军务，又称协镇，别称协台。

[3] **都阃府**　清代正四品武官都司的别称。

[4] **大驿城**　又名斜坡大驿城。今九寨沟县永和乡大城村，部分城址尚存。

[5] **桥头村**　今九寨沟县永和乡桥上村。

九寨沟永河大城增修大驿城碑记

[6] **南番作乱**　指清咸丰十年（1860年）的"庚申之变"。是年，英法联军攻占北京，火烧圆明园。而松潘一带也发生"庚申之乱"，城池被毁，生灵涂炭。直到同治初年始平。

[7] **同治二年**　公元1863年。

[8] **山崩地烈**　即山崩地裂。烈："裂"之错别字。

[9] **本城**　即南坪城。

[10] **文邑**　今甘肃省文县。

[11] **勒掯**（kèn）　强迫。掯：强迫；刁难。

[12] **同治十二年**　公元1873年。

[13] **孟冬月**　农历十月。

汶川卧龙瓦寺宣慰使司"卧龙三寨"给发碑

【位置】汶川县卧龙镇脚木山村花红树组喇嘛庙

【年代】清同治七年（1868年）、光绪四年（1878年）

【形制】穹窿顶长方体

【尺寸】通高90厘米，顶宽50厘米，碑高65、宽40、厚9厘米

【内容】

钦赐诚敬名号加渴四川瓦寺宣慰使司[1]宣慰使索[2]为给发[3]遵。照得卧龙三寨[4]目民□□，知悉尔等尚□体□，平日深念。自本司袭职以来，负□□□，尔等不能坐视，是以公同[5]商议，愿据数……

帮给。惟思尔等自同治二年起至六年[6]止，应领数十余季银两……本司无恩加赏。细查该三寨目民等，每年应上贝母、差粮等合……至该总目应上六斤，准上三斤；头目、寨首应上六斤，准上一斤。……中，照数完纳，毋得短少。尔等若能愈加勤俭，不误差徭，一经查实……本司重加恩赏，各宜遵知，札至遵照者……值年总管明全寿、明过，寨首金福山。

　　右给卧龙三寨目民。

同治七年[7]□月二十八日给司行

　　钦赐诚敬名号四川加渴瓦寺宣慰使司宣慰司索为札饬知。案据该处头目金廷发、明芳、寿民、杨二古可节、杨泽郎等迭次呈恳前来词，称卧龙三寨地瘠民贫，山高风烈，目民等山谷受地一分，历来耕种，较之他处收获，仍有不敷，加以近年雨泽[8]不时，秋收更觉减少。所以头目民人，食费维艰，生活难备。合词禀恳，将该处坐□只银两支领数年，以备食用而赈哀鸿[9]等情。据此，本司查阅此禀，系属实在情形。维念该目民等世俱系瓦寺，民称子孙，必不忍谟然相视，而稍事给发，除□□据该目民等支领甘结[10]，筹发七年□饷银，承领以备食用外，维查该目民等受地一分，山高风烈，□不类他处，民鲜益藏[11]，故一经雨泽失时，口食大为拮据。今本司再立予恩施，所有该目民等先年开过二荒火地，准其一休间种，不征租粮，以备种食。自今□□尔等须永远遵行，无怠无荒。外如高山大林，自不准妄行擅开，以区分□□。此札抑卧龙关正副总目及目民等一体知照。切切，此札，遵。

　　右札仰卧龙关正副总目各目民……

光绪四年[12]十一月初六给司行

【注释】

[1] **瓦寺宣慰使司**　即瓦寺土司，嘉绒十八土司之一，来源于西藏加渴地方，驻牧于汶川县绵虒镇涂禹山，管辖范围为三江、草坡、绵虒一带。明英宗六年（1441年）加渴部落酋长之弟雍中罗洛思奉命率部征讨岷江上游，后"奉诏留驻汶川县之涂禹山"，并授给其"宣慰使司"职，颁银印一枚及敕书、诰命各一，自此始"世袭其职"。清顺治九年（1652年）投诚归顺，授安抚司职。康熙五十九年（1720年）随征西藏有功，第17代土司桑朗温恺加赏宣慰司衔，乾隆二年（1737年）加封为指挥使职衔。乾隆十七年（1752年）及三十六年（1771年）随征平定杂谷土司及金川等处土司有功，第19代瓦寺土司桑朗荣宗，赏戴花翎，并赐名姓索诺木荣宗（此后瓦寺土司便以索为其汉姓）。嘉庆元年（1796年），随征四川达州白莲教起义，四川总督勒保奏请批准升宣慰司，换给印信号纸。至1950年汶川解放，前后共计25代，历时五百余年。

汶川卧龙瓦寺宣慰使司"卧龙三寨"给发碑

[2] **宣慰使索**　即瓦寺第21代土司索世蕃。

[3] **给发**　发给。《明熹宗实录》："伏乞皇上敕该部查照有功员役，照例升赏，其所请钱粮酌令给发，责令登莱抚臣（袁可立）综核其事，无日功不必核其虚饷，不必问其实。"

[4] **卧龙三寨**　今卧龙镇卧龙关村卧龙关、川北营、五里墩村民小组。

[5] **公同**　犹共同。

[6] **同治二年起至六年**　公元1863—1867年。

[7] **同治七年**　公元1868年。

[8] **雨泽**　雨水。北魏贾思勰《齐民要术·大小麦》："当种麦，若天旱无雨泽，则薄渍麦种以酢浆并蚕矢，夜半渍，向晨速投之，令与白露俱下。"

[9] **哀鸿**　悲鸣的鸿雁。比喻哀伤苦痛、流离失所的人。源自《诗·小雅·鸿雁》："鸿雁于飞，哀鸣嗷嗷。维此哲人，谓我劬劳。"

[10] **甘结**　旧时交给官府的一种画押字据，表示愿意承担某种义务或责任，如果不能履行诺言，甘愿接受处罚。

[11] **民鲜益藏**　民间很少有多的存储。鲜：少。益：多。

[12] **光绪四年**　公元1878年。

汶川威州铁邑告示碑

【位置】汶川县威州镇铁邑村

【年代】清光绪四年（1878年）

【形制】穹窿顶长方体

【尺寸】顶高25、宽100厘米，碑高125、宽75、厚11厘米

【内容】

永 垂 万 古

太子少保[1]、头品顶戴[2]、四川总督部堂[3]管巡抚[4]事丁[5]

特用四川直隶理番府即补[6]民府、加三级纪录十次傅

四川维州协镇[7]都督府大人万

新保关[8]照厅[9]胡

通化汛司厅[10]向

为示禁事。照得本部堂访闻川省应纤[11]一事，最为民害。每逢委员过境州县□□一□□□□委员，即在沿途各场开店，索夫拉纤，名为店纤。每员坐轿一乘，索纤夫六名、八名、十名不等，甚至□□□□□□地方或索一纤票，即到□□□索纤夫。似此骚扰，彼开店之家利益无几，何堪供此徭役。□大乘□□□□□□□□尤为□闻，如店家无人支应，大班[12]即向各店拉人，以至老少逃避，鸡犬皆惊。此等□□□堪□□□□□□□。

前督部堂吴[13]通饬禁止，迄今此风未息。除再饬各镇府州县，毋得[14]□□□□□□□□□

□□□□谕，为此示仰各属城乡、场市、店铺人等知悉，嗣后[15]无论大小委员及一切官□□□过境□□□□□□，倘有大班、内差[16]向各店拉纤者，许尔等立即扭交该场保正团约[17]，就近解赴地方官惩究，倘□□□使□□地方官人情放纵，一经查出，同干[18]参处。各宜遵照，并许该保店人刊立碑石，以垂永远勿违。

自古历代以来：普天之下，莫非王土；率统之兵，莫非王臣[19]。朝廷设于官长，官长设立于乡、保、府、州。各县、各府□□乡村里甲，各有界址。修桥补路，各修各界。纳粮当差，各有定例章程。我里[20]估种报粮二十九差半一，各每年完纳扯票存。修理阳角墩为界牌。哨楼修炮、修竹木材料，立架、打巴、盖床、上架、短水[21]匠人工价。番民整修白土阳山村[22]，番民调送泥水匠人，番民支应背工；泥石水汉民运送，送到不管。桥索长夫以及外派仍旧，番民支应役□□汉民相□，久定章程，并无紊乱。至乾隆卅二年[23]，为金川不法[24]，夫差蟹兵差过境，催修路道，汉番互控县主案下，蒙批本城乡约[25]踏勘，指关为定。石洞子水沟起至流水止，番民修理；石洞子东起汉民修理，阳角墩沟止。前九子寨[26]屯民搬移理增布康，开垦流水墩河坝，我下村不准□开垦。流水墩、龙凤坪、锅盖子、石洞子[27]顺路一带地方，此来[28]下村采樵割草，上山牧放牛羊畜地，互控到府。府主蒙旧例：番民只有修路界，无有河坝、山场地界。番民座住山顶，路隔十数余里之远，何得霸占河坝汉民之地。只准下村汉民牧放牛羊开垦，不准番民侵占估霸。倘有侵占，汉民存有布据、纸约、印约为凭。汉民上流水墩下至阳角墩，汉民灌木处不准番民开垦，永垂万古。呈开三村[29]公山：打樵坪、色三把、四方火地、务白口撒□里、水塘头、磨刀石、大坪□□雄村后增布马[30]，此来三村公山，先年各庙上有租谷，多年无人礼说，今仪[31]只准伊子孙耕种，不准当卖私□□□□□□姓者存有把凭约据，该约保凭票究官，永垂千古。

右谕通知。

保正乡约：郭正洪、尚□□、□□□。
上村□□□□□□，中村□□□□□□，
下村□□□□□□□。

汶川威州铁邑告示碑

光绪四年[32]三月二十八日实贴铁邑里，晓谕告示

【注释】

[1] **太子少保**　周朝始设，太保的副手，负责教导太子，因是东宫官职，简称"宫保"。明清为正二品，但多作为一种荣誉性的官衔加给重臣近臣。

[2] **头品顶戴**　清代职官中的最高品级。顶戴：清代的官帽，以帽顶镶嵌的珍珠数量及翎管中所插的不同翎枝来区别官位品级。

[3] **总督部堂**　明清总督称呼。明代各衙署之长官因在衙署之大堂上处理重要公务，故称堂官。清朝沿袭明朝制度，称各官署长官为堂官，各省、大区总督凡例兼兵部尚书、都察院右都御史衔，通称部堂。

[4] **巡抚** 又称"抚台",以"巡行天下,抚军安民"而名。始设于明。清代巡抚为一省最高军政长官,具有处理全省民政、司法、监察及军事指挥大权。

[5] **丁** 即四川总督丁宝桢。丁宝桢(1820—1886年),字稚璜。贵州平远(今织金)人。道光二十五年(1845年)迁往平远州进修,咸丰三年(1853年)中进士,选翰林院庶吉士,自此步入仕途,后任翰林院编修。丁宝桢是洋务派重要成员,官至四川总督,曾诛杀骄纵不法的大太监安德海。去世后赠太子太保,谥文诚,并在山东、四川、贵州建祠祭祀。著名川菜"宫保鸡丁"传说即其在川任职时发明的。

[6] **即补** 官有缺位,即可补用。

[7] **维州协镇** 维州:今理县薛城。协镇:清代绿营武官名。清沿明制设副总兵而改称副将,秩从二品,位次于总兵。统理一协军务,又称协镇,别称协台。

[8] **新保关** 今汶川威州镇,清代曾为保县临时驻地。

[9] **照厅** 即照磨厅。直隶厅的派出机构。

[10] **通化汛司厅** 通化:今理县通化乡。汛司厅:管理汛的官署。汛:清代兵制,凡千总、把总、外委所统率的绿营兵均称"汛",其驻防巡逻的地区称"汛地"。

[11] **应纤** 为官员指派纤夫。

[12] **大班** 随官员出行的领班。

[13] **前督部堂吴** 即吴棠,字仲宣,一字仲仙,号棣华。安徽盱眙县人。咸丰七年(1857年)奉旨调补四川总督,十年(1860年)兼署成都将军。光绪元年(1875年)因病开缺回籍。二年,病逝于滁州西大街吴公馆。

[14] **母得** 毋得。不许;不要。母:"毋"字误笔。

[15] **嗣后** 以后。

[16] **内差** 官员身边的差役。

[17] **保正团约** 保正:保长。团:团首或团总。约:乡约。

[18] **同干** 等同于。

[19] **普天之下,莫非王土;率统之兵,莫非王臣** "率统之兵"应为"率土之滨"。原话出自《诗经·小雅·谷风之什·北山》,意思为:普天之下,哪一处不是王土;四海之内,哪个不是王的臣仆。

[20] **我里** 指铁邑里。

[21] **立架、打巴、盖床、上架、短水** 本地修房造屋的程序及术语。

[22] **白土阳山村** 今汶川县威州镇万村阳山寨。

[23] **乾隆卅二年** 公元1767年。

[24] **金川不法** 指乾隆"第二次平定金川"。

[25] **乡约** 指奉官命在乡、里中管事的人。

[26] **九子寨** 今理县木卡乡九子村。

[27] **流水墩、龙凤坪、锅盖子、石洞子** 今汶川县威州镇铁邑村至克枯乡下庄一线小地名。

[28] 来　从来。历来；一直以来。

[29] 三村　按碑文所示，即下村、中村、上村。对应为今汶川县威州镇铁邑村河坝、铁邑、水井湾三个村民小组。

[30] 打樵坪、色三把、四方火地、务白口撒□里、水塘头、磨刀石、大坪□□雄村后增布马　今汶川县铁邑村河坝组后山上的小地名。

[31] 仪　"议"之错别字。

[32] 光绪四年　公元1878年。

汶川雁门萝卜寨去恩碑

【位置】原碑立汶川县雁门乡萝卜寨十字路口，现已无存。抄文存阿坝州档案局

【年代】清光绪四年（1878年）

【形制】不详

【尺寸】不详

【内容】

去 恩 碑

　　立写合据，永相合好，永息抗争，两相友助。□□小寨子[1]、萝卜寨[2]众花户[3]等情，我们两村之邻山场地，上下毗连，因界限[4]相侵，互控到县，蒙县主曾[5]亲临踏勘，当堂讯明，断令岭田坪[6]山场一段，归作公山。上节准两村人等牧放牛羊、砍柴割蒿，移[7]松木老林，准砍取桥梁、道路柱木，并住宅房屋，余不得招商烧礕[8]，抱[9]掀开做撒板[10]，私取山价。下节即经小寨子袁定邦等拾壹户人已开垦耕种，所种之地仍归定邦等拾壹户人耕管。萝卜寨原来所当之夫□□名，以二名拨在上节，归小寨子众花户；以一名拨在下节，归种地之袁定邦拾壹户分当。又将萝卜寨之钱粮，分拨二钱归定邦等拾壹花户分担。两寨人等均各欣悦，无议谨遵。

　　当言立合同约据，恳请照验。两寨各执约据息争，就[11]而相友助。如有不遵，再行侵占，录纸呈公认，留之慎之，切特示遵。

　　钦加同御[12]、拜授[13]汶川县正堂[14]、加三级记录[15]汶[16]曾为严禁争执事。

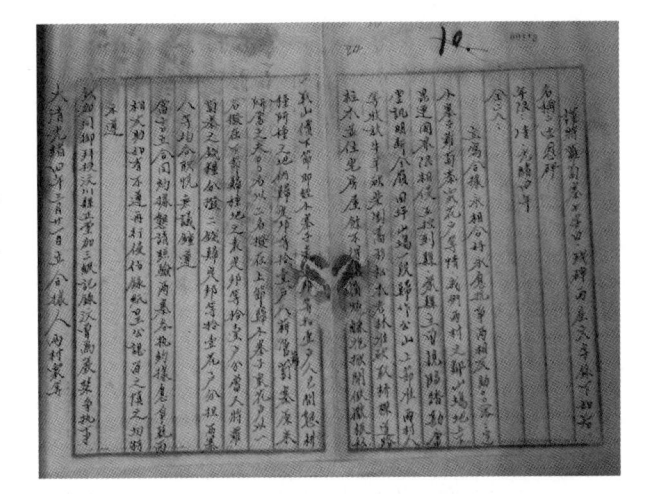

汶川雁门萝卜寨去恩碑

大清光绪四年[17]三月廿一日，立合据人两村众等

【注释】

[1] 小寨子　今汶川县雁门乡索桥村小寨子组。

[2] 萝卜寨　今汶川县雁门乡萝卜寨村。

[3] 花户　旧时对户口的称呼。意为在册之人。

[4] 界限　边界。

[5] 县主曾　即曾景福，云南举人。光绪二年至四年（1876—1878年）任汶川县正堂，后调署金堂县知县。在任时曾捐廉救饥。

[6] 岭田坪　按现存于小寨子之告示碑文，应为"岭岗坪"。

[7] 移　此处抄录有误，疑为衍字。

[8] 烧鏻　即"烧碱"。用清水把木柴或草烧成的灰烬浸泡搅拌，将水中杂物过滤后，再将水烧煮干后获得的白色晶体，即为碱。

[9] 抱　"刨"之错别字。

[10] 撒板　按现存于小寨子之告示碑文，应为"橄板"。

[11] 竞　"进"之错别字。

[12] 同御　此处抄录有误，应为"同知衔"。同知：明清时期官名，为知府的副职，正五品，因事而设，每府设一二人，无定员。主要负责分掌地方盐、粮、捕盗、江防、海疆、河工、水利以及清理军籍、抚绥民夷等事务。

[13] 拜授　此处抄录有误，应为"特授"，即超越常规授予某项官职。

[14] 正堂　明清时对府、州、县等正印官的称呼。

[15] 记录　此处抄录有误，应为"纪录"。

[16] 汶　此处抄录有误，疑为衍字。

[17] 大清光绪四年　公元1878年。

理县薛城理番府"禁革袭补规费"告示碑

【位置】理县薛城镇较场村

【年代】清光绪五年（1879年）

【形制】竖长方体

【尺寸】高140、宽75、厚7厘米

【内容】

　　□□□□府即补[1]直隶州正堂[2]署理番府、加三级纪录十次邓　为照例禁革四土五屯[3]袭补[4]规费，以示抚恤……□□公正为行政大纲，清廉尤居官首重。凡处事之不公，皆由于不廉，能廉则必□□□□□自能得宜。本府莅任伊始，闻理属屯土官弁，凡有袭补之事，必出规费，盈□□□随□□□后苛虐其下，征求克扣，不但补规费之款，而又有赢余以肥己，殊属大干[5]法纪，一应照例禁革。今自本府到任起，所有五屯四土承袭拔补及请领印信图记[6]规费，均一并革除。若遇本屯土袭补等事，本府必秉公按例核办，断不收受一切规费，尔官弁等不得□□□□而谋袭补。致于

查究，本府概不受尔一丝一毫，尔等即无须取偿于下，务当守□□□，自将爱其兵民。该屯土官弁各安居乐业，万不得克扣苛敛，以致百姓困苦，□□□朝廷豢养之深恩，并违上宪[7]抚恤之德意也。为此示仰五屯四土官弁人等知悉，自示之后，该官弁等□□□自新，勿再蹈营谋克扣故习。致于咎戾[8]，本府清白有素，诚言无欺，其各凛遵毋违。

右谕通知

光绪五年[9] 月 日
告示实刊头门晓谕

【注释】

[1] **即补** 官有缺位，即可补充。

[2] **正堂** 明清时对府、州、县等正印官的称呼。

[3] **四土五屯** 四土即梭磨土司、卓克基土司、松岗土司和党坝土司，均在今马尔康市境内。五屯即杂谷屯、乾堡（甘堡）屯、上孟屯、下孟屯及九子屯，均在今理县境内。

[4] **袭补** 承袭世职和提拔补弃空缺。

[5] **干** 触犯，冒犯，冲犯。

[6] **印信图记** 即官方颁给的各种公私印章。

[7] **上宪** 指上司。

[8] **咎戾**（jiù lì） 罪过；灾祸。《三国志·蜀志·郤正传》："是以贤人君子，深图远虑，畏彼咎戾，超然高举。"

[9] **光绪五年** 公元1879年。

理县薛城理番府"禁革袭补规费"告示碑

理县通化汶山寨告示碑

【位置】理县通化乡汶山寨禹王庙

【年代】清光绪七年（1881年）

【形制】竖长方体

【尺寸】高128、宽68、厚7厘米

【内容】

永 垂 万 古

钦加[1]盐运使衔[2]、知府用特授[3]四川直隶理番府、加五级纪录甘次雷 为永远禁革枯里绅民认办桥索、柱料、板片等项，以免派累而恤民困事

照得保子关大小索桥[4]，向系枯里绅民领价购料，以作岁修。廿余年来，桥工固无贻误，惟所

领价银不能敷用，以至绅民等频年摊赔，无有底止，实为地方之累。兹本府检查旧卷，此起桥工，本归新保关照磨[5]经理，是以札饬照磨：自光绪八年[6]为始，凡有修桥应用之柱料、篾索、板片等项，概由照磨按照市价自行采买，永远不令枯里绅民认办，以免派累地方，合行示谕。为此仰九枯六里[7]绅民，一体遵照，切切毋违，特示。

    仰各砦[8]约首[9]自行泐石[10]，永远遵守
      右谕通知

  昔日义皇年间，有新保关大小索桥二道。上通四土[11]，下达京陵[12]，土斯[13]每每进贡，朝廷取科兵民，此乃官马要道之途，永不休矣。因此枯里古人，往来报知圣上。朝廷施恩于百姓，每岁发桥价银贰百两整，将银采办桥资，免枯里良民之苦。殊知新保关衙内，心怀不良，串弊于官长，害毒枯里良民，藏用[14]朝廷纪禄[15]，私吞至光绪七年[16]。

  六里九枯人等公立。

  庠生[17]孟学芝、保正[18]黄谆、周光迁三位同办，其控于部堂[19]，按下转批理番雷主，永远免派，开列于后。

      大清光绪七年十一月廿八日
      实贴禹王宫[20]晓谕勿损

理县通化汶山寨告示碑

【注释】

[1] **钦加** 指皇上亲自加封，一般多是破格录用或破格提拔。

[2] **盐运使衔** 即盐运使的官衔。盐运使：全称为都转盐运使司盐运使。元置都转运盐使司于产盐地区，管理盐务。明清沿置。清称盐运使，别称都转，通称盐台，俗称运司，从三品，有代宫廷采办贵重物品特权。

[3] **知府用特授** 即特别授予知府官职。知府：明清地方职官名，一府最高行政长官。特授：超越常规授予某项官职。

[4] **保子关大小索桥** 保子关：亦称新保关，即今汶川县威州镇岷江、杂谷脑河交汇处之保子关。自唐朝始，于此设索桥两道，分别跨越岷江及杂谷脑河，为西山大道的重要隘口。今已改为铁索桥，又名"红军桥"。

[5] **照磨** 照磨厅的长官。照磨厅为直隶州的派出机构。

[6] **光绪八年** 公元1882年。

[7] **九枯六里** 均分布在今汶川威州镇、克枯乡、龙溪乡及理县通化一带。按同治《理番厅志》卷一《舆地志》载：九枯指前三枯（在桑坪铁野江北山岭，共含十四寨：太子坟、龙山、浦凹、大寺、

小寺、挖替、怕布、竹打、竹实打、周达、克枯、卜村、布挖、劳底），中三枯（在铁野旧州江北山岭，含二十七寨：木上、布南村、罗卜底、龙溪、罗布、地里、马岛、八家岛、鹿耳、慈鸦、立壁、昔丢、挖巴、不杂、只台、器布、马房、昔格、大门、勒利、巴岛、斗沟、木尚寨、适布、阴阳十村、屋布、儿利），后三里（在古城通化江北山岭，含十七寨：牛山、罗山、曾头三寨、星上、水田、其力、纳溪、提挖、瓦奔、立密、一湾、纳黑、哇迹、立木鸡、挖布、达马、捉口）。六里指乾溪里、通化里、古城里、下庄里、铁邑里及桑坪里。

[8] 砦　古同"寨"。

[9] 约首　乡约和首事。

[10] 泐（lè）石　刊刻石碑。泐：铭刻。

[11] 四土　指在今马尔康市境内的四个嘉绒土司，即梭磨土司、卓克基土司、松岗土司、党坝土司。

[12] 京陵　即北京。

[13] 土斯　即"土司"之别写。

[14] 藏用　暗藏其用意。

[15] 纪禄　即纪律。禄："律"之错别字。

[16] 光绪七年　公元1881年。

[17] 庠生　古代学校称庠，故学生称庠生，为明清科举制度中府、州、县学生员的别称。庠生也就是秀才之意。

[18] 保正　古代农村每十户为一保，设保长；每五十户设一大保，设大保长；每十大保（也就是五百户）设都保，都保的领导叫都保正，还有一个副保正。保正大体上相当于现在乡长的职位。

[19] 部堂　明清时总督的称呼。明代各衙署之长官因在衙署之大堂上处理重要公务，故称堂官。清朝沿袭明朝制度，称各官署长官为堂官，各省、大区总督凡授兵部尚书、例兼都察院右都御史衔者，通称部堂。

[20] 禹王宫　在今理县通化乡汶山寨内，庙址尚存。

黑水扎窝白尔窝告示碑

【位置】黑水县扎窝乡西里村白尔窝组
【年代】清光绪七年（1881年）
【形制】长方体
【尺寸】高140、宽90、厚17厘米
【内容】

永垂万古
告　示

查办松潘番务、盐运使[1]衔统带达字军[2]即补[3]道、富隆阿巴图鲁[4]张垂碑勒石，永资遵守事。

照得西番杂谷[5]地方，均与猼猓子[6]界址相连。前因猓民偷抢西番杂谷牛马，遂致集众械斗，几酿巨祸。本道统兵查办，探悉各情，亟应执法，严惩各治所应得之罪。姑念身处边隅，周知利害。先行示谕解散，调取各该头目，当堂质讯。现据西番王作巴、杂谷郎松及猼猓子土官峩[7]不笑等，均各遵断具结。本道悯其庸愚而从宽宥，除明定章程十二条，移交松潘镇、厅出示晓谕，使各周知外，为此刊立石碑。嗣后，该头目及猼猓子土官等，务宜各安住牧，严加管束。如再有越界偷抢情事，即将该管土官并偷抢之人，照章严治其罪。该番民亦不得擅自聚众，同斗诛戮。本道慈爱，为协其各激发天良，各安本分，毋得仍蹈故辙，自取灭亡也。凛之，遵照毋违。

（藏文略）

右谕通知

光绪七年[8]九月拾六日立

刻碑晓谕

黑水扎窝白尔窝告示碑

【注释】

[1] 盐运使　官名，全称为都转盐运使司盐运使。元置都转运盐使司于产盐地区，管理盐务。明清沿置。元大都、河间等路都转盐运使司长官称都转运使。明亦以都转运使为长官。清称盐运使，别称都转，通称盐台，俗称运司，从三品，有代宫廷采办贵重物品特权。

[2] 统带达字军　统带：官名。清末推行新兵制度，统辖一标（团）的长官称统带，亦称标统。达字军即湘军名将周达武在四川所创的防军名称。

[3] 即补　官有缺位，即可选员补用。

[4] 富隆阿巴图鲁　清朝皇帝赐给下属的勇号。"巴图鲁"，满语勇士。富隆阿，是勇号前加字。

[5] 西番杂谷　西番：战国秦汉之际专指居住在甘青、四川、云南等地的西羌，族种最多，此处专指居住在岷江以西的少数民族。杂谷：指今理县杂谷脑河流域薛城以上至鹧鸪山一带区域，常住居民为藏族。

[6] 猼（bó）猓（guō）子　旧时对居住在小黑水的部落人群的蔑称。

[7] 峩　同"峨"。

[8] 光绪七年　公元1881年。

汶川县博物馆馆藏"裁撤夫马局"碑

【位置】 汶川县博物馆馆藏

【年代】 清光绪十年（1884年）

【形制】 长方体抹角

【尺寸】 高127、宽67、厚7厘米

【内容】

　　署理茂州直隶州汶川县正堂罗[1]为遵示刊碑以垂永远事。奉总督部堂丁[2]札，光绪九年[3]六月二十九日专差具奏为裁撤夫马局[4]，请旨立案以垂久远，恭折具奏，仰祈圣鉴事。窃查川省自同治初年，本省、邻省军务紧急，各处征兵防剿，地方供给兵差，始创设夫马局，由地方官委绅设局，按粮派钱，预备支应。其初专为防剿紧要，办理兵差而设，原为万不得已之举。迨后军务肃清，兵勇大半遣撤，而各厅、州、县积习相沿，仍藉支应兵差，名色任意，可派夫马盈千累万，有较正供[5]浮多加至数倍。地方官以此为应酬入私之具，局绅以此为迎合渔利之阶，小民脂膏半入官绅私囊。二十余年，视为固有。民力几何？岂堪长此剥削。虽前督臣吴[6]查明，分别裁撤酌减，而各属仍多借口差使，大都阳奉阴违。臣于光绪三年[7]到川，民间具控夫马之案层见迭出，民情嗟怨，困苦堪怜，当应通饬，一律裁撤。惟查南路之雅安、邛州[8]，上至省城，由省至北路广元[9]出境，十八州县为藏差、喇嘛、学差、试差往来要道，例有支应，不能不酌为酌留，以资津贴。仍饬由臣亲为核定，于向派钱数大加删减，以杜侵蚀，而纾民力。其余各属，均自光绪三年六月起一律全撤，不准再派民间分文。如违，严参惩办。嗣据各厅、州、县陆续禀报裁撤，复经遴委贤员分赴各地，明查暗访，亦尚无巧立名目，影射私情事。至今数年以来，民力稍纾，应供之差，亦无贻误。现在各厅、州、县均尚恪遵办理，第恐年久弊生，不肖官绅复□□□□□设夫马局，亦不可不预防。合无仰恳天恩俯准，敕部立案以垂久远。以后如有不肖厅、州、县，擅自开端，私行摊派，一经发觉，除将该牧令[10]严行参办外，并请将递行批准及夫马之总督[11]、藩司[12]一并降级示惩。俾川中士民长获休息，上副[13]圣主轸念[14]民艰之至意。除将酌留夫马厅、州、县另缮清单，恭呈御览，并咨部外，理合恭折陈奏，伏乞太后、皇上圣鉴训示，谨奏。光绪九年九月七日原折批回：军机大臣奉该部知道事情，发，钦此。

汶川县博物馆馆藏"裁撤夫马局"碑

计开川省酌留夫马各州、县清单：

北路：成都、新都、汉州、德阳、罗江、绵州、梓潼、剑州、昭化、广元。南路：华阳、双流、新津、邛州、名山、雅安、清溪、荥经。以上十八州、县为驻藏大臣、喇嘛及学差、试差往来必由之路，例有支应，应请酌留夫马。

光绪十年[15]三月　日竖立大堂

【注释】

[1] **汶川县正堂罗**　即罗汝林，广西贺县增生，光绪九年（1883年）任汶川知县。正堂：明清时对府、州、县等正印官的称呼。

[2] **总督部堂丁**　即四川总督丁宝桢。丁宝桢（1820—1886年），字稚璜。贵州平远（今织金）人。道光二十五年（1845年）迁往平远州进修，咸丰三年（1853年）考中进士，选翰林院庶吉士，在庶常馆学习期满，授翰林院编修。丁宝桢是洋务派重要成员，官至四川总督，曾诛杀骄纵不法的大太监安德海。去世后赠太子太保，谥文诚，并在山东、四川、贵州建祠祭祀。著名川菜"官保鸡丁"传说即其在川任职时发明的。

[3] **光绪九年**　公元1883年。

[4] **夫马局**　设立于同治元年（1862年），本来是为了应付紧急军情，临时设立的类似于"兵站"性质的军事后勤保障系统。后来战事结束，兵勇遣散，但各厅州县的夫马局仍然存在，不过专供应因公往来过境人员。后来一些省级办事人员总是借着各种出差机会，到各地厅州县走动，公款旅游，公款吃喝。所到之处，夫马局不仅供给夫马费，还必须送上几十上百两馈赠，甚至仆从也有犒赏。这些费用都是夫马局取之于当地的按粮摊派。管局之绅，借着公款向上级献媚。全省每年的夫马开支，达到100多万两。光绪三年（1877年）四川总督丁宝桢上奏朝廷称，两个月来收到民间对夫马局的控告信不计其数，大多是"浮收滥用"。后经丁宝桢查明核实上奏，取缔了夫马局。

[5] **正供**　法定的赋税。《清会典事例·户部·赐复一》："大兵屯驻西边，一切军兴征缮，皆动支正供帑项，不使累及闾阎。"

[6] **督臣吴**　即吴棠，字仲宣，一字仲仙，号棣华。安徽省盱眙县三界市人。道光十五年（1835年）中乙未恩科江南乡试六十二名举人。先后任桃源知县、清河知县、邳州知州、徐州知府、江宁布政使、两广总督、四川总督、成都将军等职。光绪元年（1875年）十一月，因病奏请开缺回籍；二年闰五月二十九日（1876年7月20日）病逝于滁州西大街吴公馆。

[7] **光绪三年**　公元1877年。

[8] **雅安、邛州**　今四川雅安市和成都市邛崃市，为清代时西藏官员、活佛、喇嘛等进入内地的必经之地，也是茶马古道的重要节点。

[9] **广元**　今四川广元市。

[10] **牧令**　原指州牧和县令。清朝为知州、知县的习称。

[11] **总督**　清代地方最高长官，正二品（若加尚书衔者为从一品），位在从二品的巡抚之上，管辖一

112

省或多省。各省、大区总督依例均有兼衔，雍正元年（1723年）规定，除授为兵部尚书例兼都察院右都御史者外，其余各省总督，俱为兵部右侍郎兼都察院右副都御史。

[12] **藩司** 清代布政使的别称。布政使为地方行政机关布政司之长官。

[13] **副** 辜负。

[14] **轸念** 悲痛地思念。出自《梁书·沈约传》："思幽人而轸念，望东皋而长想。"

[15] **光绪十年** 公元1884年。

汶川雁门小寨子勘界告示碑

【位置】汶川县雁门乡索桥村小寨子

【年代】清光绪二年（1876年）、光绪五年（1879年）、光绪十二年（1886年）

【形制】歇山式顶二柱一开间。碑呈竖长方体

【尺寸】高200、宽90、厚10厘米

【内容】

天 理 良 心

太霸久必险，岂在奸滑可压良
天网疏不漏，要图厚报方行正

钦加同知[1]衔、升用[2]直隶州代理茂州直隶州事、署汶川县正堂[3]、加五级军功、加二级纪律十次赵[4]为勘界立碑示谕遵照事。案查小寨子与萝葡寨[5]山场地界毗连，马福兴、袁定邦等于光绪四年[6]控，经曾前县[7]讯明，断令岭岗坪山场之顶作为公山，准两寨民人牧放牛马、砍柴割草，杉木老林准取桥梁、道路柱木、房料，不得招商烧礶[8]，砍做檩板[9]，私取山价。袁定邦等十一户在岭岗坪下节开荒，准其照常耕种营业。萝葡寨向设夫差[10]三名，以二名拨归上节小寨子花户[11]摊记，以一名拨归袁定邦等十一户充当，并准萝葡寨朋粮[12]分拨叁钱，归袁定邦等十一户完纳。岁经两造边照[13]，书立合同，具结完案。又查光绪五年[14]前县[15]勘察议明，前断岭岗坪□□□□，漏去断粮，应断令王正才年纳粮两拨肆钱在小寨子袁朝辅花户人等完纳，以示公允，而免争讼。王正才不得派及小寨子□□□两造，亦甘结备案。光绪十二年[16]春间，该处妇女复在岭岗坪山中，寻□争□控，经本县查卷□证讯明，仍照原断。亲临□□□□□节，向有深沟，盖界限分明。应沟外该[17]小寨子管理，沟内该萝葡寨管理，谕令两寨民人和合，两寨□□□□□，两□□□□□□竖立界石。岭岗山场，一分归小寨子管业[18]，所有山坡松林归萝葡寨管业，人字沟老林归作公山。旋据萝葡寨民马福兴□□□□□□金贵等并小寨子民袁朝宾、袁天长、赵冬□等各具切结[19]前来，合行[20]出示晓谕。为此示谕该处居民人等知晓，岭岗坪深沟□□□□上现立界碑，尔等萝葡寨、小寨子居民自应永远遵照。嗣后各营各业，互相和睦，共为善良，毋得再启争端，致负本县谆□□□之至意，毋违特示。遵。

具结状[21]：上水里[22]萝葡寨羌民马福兴等人于大老爷台前为结状事，实结得。民等以违开荒等情，互控在案，蒙恩当堂讯明，亲临踏勘沟上界石。岭岗坪山场，一分归小寨子管业，松林归萝葡

寨管业，人字沟杉木老林归作公山。俱各遵断，中间不虚，结状是实。案经本县亲临勘复，勘岭岗坪上节原有深沟一道，界限分明，岁经两造合同，立石为凭。日后两寨人等永远遵守，不得再起争端，既据遵断，准予完结。

光绪十二年四月十五日，具结得此案马福兴侄、女，金天寿□公山……

光绪十二年四月二十八日右谕通知

刊立碑界勿损

（左侧柱）钦加同知衔、特授茂州直隶州汶川县正堂、加五级纪律十次曾 为晓谕遵照、永敦和睦事。据小寨子孟□□□□□□□□□□寿保、赵松、保长袁瑞廷，索桥寨民人陈世亨、朱光才、朱光斗、朱光华、朱光泗、朱喜喜、朱其章等因互争山林□□□□□□□□本县亲临踏勘，集案讯明，断令将新开槽道永远封禁，私鏖字迹概行铲毁。其牧放牲畜小道，仍照先年旧路□□□□山顶立界石，东以边上大沟为界，西以牛间大沟为界，二沟以内作为公山，不准两寨人民私行斫伐，只准在内牧放牲畜，割蒿捞叶。如日后树林茂盛，两寨公议禀官，匀派工资采取[23]，作价[24]两寨均分，以作培补庙宇、修砌道路之费。其新开槽道之地仍归本主营业，两寨人民不得侵占。除取该民等甘结备案存查外，合行出示晓谕。为此仰小寨子、索桥寨两寨民等遵照，永远照案遵行，永敦和好。自示之后，倘有不遵，私行斫伐，藉影生枝。一经察觉或被告发，定即拿案究治，决不姑宽，各宜凛遵毋违，特示。遵。

光绪二年[25]十月初一日。右谕通知。

刊立碑石于小寨子，永垂于右，勿损

（右侧柱）具结：据上水里小寨子羌民袁定邦等人于大老爷台前为结状事，实结得。萝葡寨马福兴等具控□□□□，蒙恩堂前讯明，前任曾主任内所断岭岗坪上，断老林作公山，准尔等与萝葡寨牧放牛羊，其荒山、熟地[26]，编户[27]□□□小寨子管理。复断夫二名，未定断粮，因之成讼。今断尔等小寨子，在于王正才……拨□上段公粮叁钱，各扯各票。王正才等日后不得派及尔等小寨子私粮……各结□□，中间不虚，结状是实。

光绪五年十二月十七日

汶川雁门小寨子勘界告示碑

【注释】

[1] 同知 明清时期官名，为知府的副职，正五品，因事而设，每府设一二人，无定员。主要负责分掌地方盐、粮、捕盗、江防、海疆、河工、水利以及清理军籍、抚绥民夷等事务。

[2] 升用 提拔任用。明沈德符《万历野获编·吏部一·科道升州府》："先年升用官员，要依上登极恩诏，一体擢用。"

[3] 正堂　明清时对府、州、县等正印官的称呼。

[4] 赵　即赵鸿畴。国子监监生出身，光绪十二年至十三年（1886—1887年）任汶川县正堂。

[5] 小寨子与萝葡寨　今汶川县雁门乡索桥村小寨子组和萝卜寨村。

[6] 光绪四年　公元1878年。

[7] 曾前县　即前任知县曾景福。云南举人出身，光绪二年至四年（1876—1878年）任汶川县正堂，后调署金堂县知县。在任时曾捐养廉银救饥。

[8] 烧鹻　即"烧碱"。用清水把木柴或草烧成的灰烬浸泡搅拌，将水中杂物过滤后，再将水烧煮干后获得的白色晶体，即为碱。

[9] 檄板　菜板。

[10] 夫差　差役。

[11] 花户　旧时对户口的称呼，意为在册之人。

[12] 朋粮　公粮。

[13] 两造边照　文理有误，应为"两边造照"，双方编制凭据。

[14] 光绪五年　公元1879年。

[15] 前县　指前任知县汪懋源。汪懋源，国子监监生出身，光绪四年到六年（1878—1880年）任汶川县知县。之前任金堂知县。

[16] 光绪十二年　公元1886年。

[17] 该　口语。应当，应该。

[18] 管业　管理。业："理"之错别字。

[19] 切结　古语词汇，一般在官方文件、文书上使用。有"保证书""证明文件""承诺书"等多种含义。

[20] 合行　应当；应该施行。

[21] 具结状　即保证书。

[22] 上水里　清置。自绵虒以南飞沙关起，北到雁门乡萝卜寨的岷江东岸所有村寨及河西簇头以上的各村寨。

[23] 采取　原意为采纳听取；选取实施；采摘；收取。此处应为"开采获取"。

[24] 作价　原意为估定物品的价格；规定价格。此处应为"出卖后获得的收入"。

[25] 光绪二年　公元1876年。

[26] 熟地　已开垦并种植庄稼多年的土地。

[27] 编户　编入户籍的人家，亦称"花户"。

小金抚边粮台勘界示谕碑

【位置】小金县抚边乡粮台村

第一篇 存世碑刻

【年代】清光绪十八年（1892年）

【形制】穹窿顶长方体

【尺寸】通高195厘米，顶高30、宽90厘米，碑高165、宽85、厚12厘米

【内容】

永垂不朽

　　钦加同知[1]衔、赏戴蓝翎[2]、管理洪雅[3]军粮屯政[4]、大挑县[5]正堂[6]、加三级纪录□次史赏赐花翎[7]、四川抚边营副府、即升副总府加□级带寻常、加□级纪录□次江

　　奉札勒石，永远遵守。案□□十八年□月十七日奉□□□奉布政使司德、总督部堂……思山……委员……抚边营……抚边营……荒一案。饬令官……清查……地，应准百姓占……偿……地，不准侵占尺寸。查□□□□立案□□守务思山烈……会同阜职金声……乾隆四十二年[8]……妥设抚边……制，营汛眷单兵□各给有一律……分别畛域[9]，颇……绘图贴记，毫无……用不成亩开垦成熟，查在□□界内□□□管，屯民不许……营增加租因欲……年收成歇薄佃……宪批遵。即传□□民王登□□等十余户到案，再……批示□佃户所佃营……完纳，加租一概豁免。加增大板昭汛属之黄草坪余荒租□□□板洛泊古□□尔撒城等处□□□□上仍归本汛经管□余每年□□□八斛半、牛厂酥油……断上入文昌宫，以作培修庙宇并春秋祭祀之费。众各悦服，甘愿具结□案是□协使候衡示饬遵，以便刊碑立石，用垂久远。实……地皮出息案。奉批示由营转行各汛，照薄管理外，理合会禀批示，案□□情奉批。既据该屯备会查明，确如禀办理，准予立案。抑布政使司……因奉此除□抚边营知照□□札……札饬该屯务即□□□办理，毋违此札等因，奉此除地皮、水口等息，前经□奉……批示，业……各汛照旧办理外，□□□衔勒石示谕，为此抑……余荒地各照原租……

完纳年清年款……蒀久其租，营中永不加增……余荒，该租户等不准私自……不得预支……均不得异言，……准予一概豁免……黄草坪每年……牛厂酥油四斤……脩祭……

　　右谕通告

　　……哨司：……萧松山、江得元、杨锡、马怀荣、夏开贞、王现廷

　　……说约：魏□□、姜□□、罗万□、安□□、刘□□、梁□□

　　六甲团首：喻洪元

　　乡约：彭仕英。木城团首张仲林……

光绪十八年二月

（1935年中国工农红军长征途经此地时，在碑上镌刻宣传标语"彻底粉碎川陕会剿"，故缺字太多。）

小金抚边粮台勘界示谕碑

【注释】

[1] 同知　明清时期官名。同知为知府的副职，正五品，因

事而设，每府设一二人，无定员。负责分掌地方盐、粮、捕盗、江防、海疆、河工、水利以及清理军籍、抚绥民夷等事务。

[2] **蓝翎**　清官员冠饰。六品以下戴鹖鸟尾羽，称为蓝翎，无眼，俗谓老鸹翎。

[3] **洪雅**　今四川省眉山市洪雅县。

[4] **屯政**　屯田措施。《清史稿·食货志一》："光绪二年，朱以增亦言：'或谓屯政宜边陲，不宜腹地。'"

[5] **大挑县**　清代县名，具体地方不详。

[6] **正堂**　明清时对府、州、县等正印官的称呼。

[7] **花翎**　清官员、贵族冠饰。清制，武职五品以上、文职巡抚兼提督衔及派往西北两路大臣，以孔雀翎为冠饰，缀于冠后，称花翎，除因军功赏戴者外，离职即摘除，花翎有单眼、双眼、三眼（"眼"即孔雀翎毛上圆花纹）之别。除贝子、固伦额驸因其爵位戴三眼花翎，镇国公、辅国公、和硕额驸戴双眼花翎外，品官须奉特赏始得戴用，一般为单眼花翎。

[8] **乾隆四十二年**　公元 1777 年。

[9] **畛域**　界限。

茂县东兴牛家山护林告示碑

【位置】茂县东兴乡永和村牛家山组玉皇庙内

【年代】清光绪二十八年（1902 年）

【形制】竖长方体

【尺寸】高 140、宽 80、厚 8 厘米

【内容】

永垂万古
告　示

钦加四品衔调署茂州直隶州事[1]、特授[2]绵州直隶州[3]正堂[4]、加五级纪律十次、记大功四次张　为示谕事。案据东路[5]牛家山[6]团首牛林泰，吏员[7]牛树森，监生[8]牛树芳，族众牛林秀、牛林富、牛林俊、牛林元、牛林松、牛永兴、牛林述、牛林金、牛林绪、牛林庆、牛林恭、牛林品、牛大智、牛林忠等，为恳请出示刊碑，以资永远护蓄事情。首等处有古庙[9]壹座，周围护蓄树林约有壹千余株，庙后有大古柏树壹株，历年护蓄，均无砍伐。查此树林地基，系牛族公众栽成。道光初年[10]，首等先祖请示刊碑护守，牛姓以及村众均不得砍伐，至今约八十余年，碑文模糊。有不肖[11]之徒，私自偷砍，并剥树皮，以致树林不茂，

茂县东兴牛家山护林告示碑

村中常有祸非，因此民间称为神树林。首等窃思，此树只可护守，非补庙宇，不可砍伐。前有碑示不现[12]，公同商谈，惟有恳乞仁天[13]赏示刊碑，永远以资护荫。如蒙俯准，阖村沾感，世代不忘，为此伏乞等情。据此，除禀批示外，合行示谕刊碑。为此示仰该处牛族及村众人等知悉，自示之后，倘有牛族及村众不肖之徒，私自偷砍树木并剥树皮，一经查获，准予送案，从严惩办，决不姑息。其各凛遵毋违。特示。遵！

右谕通知

大清光绪二十八年[14]仲冬月[15]吉日立
实刊州东玉皇庙内

【注释】

[1] **茂州直隶州事** 茂州直隶州：明洪武十七年（1384年）废汶山县入茂州，并置茂州卫。清雍正后升为直隶州，州治茂（今茂县凤仪镇），下辖汶川1县。光绪三十四年（1908年）裁。州事：掌管一州的行政事务，即一州行政长官。

[2] **特授** 超越常规授予某项官职。

[3] **绵州直隶州** 隋开皇五年（585年），改涪县为绵州。清雍正五年（1727年），升绵州为直隶州。州治绵（在今绵阳市区）。辖德阳（县治在今德阳市区）、安（今绵阳市安县）、绵竹（今德阳市绵竹市）、梓潼（今绵阳市梓潼县）、罗江（德阳市罗江县）共5县。1913年废。

[4] **正堂** 明清时对府、州、县等正印官的称呼。

[5] **东路** 俗语，指茂县土地岭以东土门河流域。

[6] **牛家山** 今茂县东兴乡永和村牛家山组。

[7] **吏员** 指地方官府中的小官。

[8] **监生** 明清两代称在国子监读书或取得进国子监读书资格的人。清代中晚期可以用捐纳的办法取得这种称号。

[9] **古庙** 指牛家山玉皇庙，今庙宇尚存。

[10] **道光初年** 公元1821年后。

[11] **不肖** 指品行不好，没有出息，亦作自谦之辞。

[12] **不现** 俗语。意为看不见或不明显。

[13] **仁天** 比喻仁慈官员。

[14] **大清光绪二十八年** 公元1902年。

[15] **仲冬月** 农历十一月。

汶川博物馆馆藏三江总督部堂锡示碑

【位置】原立汶川县三江镇政府驻地，现存汶川县博物馆

【年代】清光绪三十年（1904年）

【形制】竖长方体

【尺寸】高95、宽54、厚7厘米

【内容】

总督部堂[1]锡示[2]

　　文武官员点团，自备夫马一切。

　　所带家丁勇役，均给口食钱物。

　　不准需索[3]规费，需索准民控告。

　　团首[4]如敢私派，亦准指控其罪。

　　违者官必究办，团首提省重惩。

　　特此严申示谕，其各一体懔遵[5]。

光绪三十年[6]正月十五日三江口[7]公同竖立

【注释】

[1] **总督部堂**　即总督。部堂：明清时期对总督的另一称呼。明代各衙署之长官因在衙署之大堂上处理重要公务，故称堂官。清朝沿袭明朝制度，称各官署长官为堂官，各省、大区总督凡例兼兵部尚书、都察院右都御史衔，通称部堂。

[2] **锡示**　告知，示知。锡：古通"赐"，给予。

[3] **需索**　敲诈勒索。

[4] **团首**　清末至中华民国初期地方武装团练的头目。

[5] **懔遵**　犹谨遵。

[6] **光绪三十年**　公元1904年。

[7] **三江口**　今汶川县三江镇政府驻地。当中河、黑石江注入西河之中，故名。

汶川博物馆馆藏三江总督部堂锡示碑

茂县雅都罗娃告示碑

【位置】茂县雅都镇俄口村罗娃组

【年代】清光绪三十年（1904年）

【形制】长方体抹角

【尺寸】高153、宽85、厚15厘米

【内容】

永 垂 不 朽

　　……为先。国者，民之本也；民者，食之先也。因我等原系理番厅所管西路新旧两番……以来领有策[1]、岳[2]二公札照，又领有皇告[3]，上谕饬免。年年只有麦粮，并无骡马夫价杂派等项。自嘉

庆以来，我等倍受污吏之弊，私派骡马夫价。我等上纳百有余年，使三番山尽民穷，花户之家只剩二三。因我三番众等商议□□，才过理番城中王大老爷台前，恳恩裁免骡马夫价……把总[4]焦光荣二台，承蒙二公累次哀求新任程大老爷位下，再三挽言[5]邀……大宪[6]赏赐准免，规条章程，垂碑刊石，永远裁免。自甲辰年[7]起，骡马夫价……二公之德，恩泽百代，我三番子子孙孙永沾福泽，是以为序云耳。再有前任张……规条，出示晓谕，开列于左：

……下钱发脚，无论远近□□二千四百文。被告无论几名，给钱叁千六百文；

……准两造[8]喊禀□□□□□报窃偷之家，以来报认门户，不准需索钱物；

……证赴厅开单，除差钱已经给发，不准再索。原、被告各给钱文百文，站堂书辩……共给钱二千文；

……勘验生伤，一十里内原、被告各给口食血费钱四百文。百里内原、被告各给口食……

……成都副都统苏、都督部堂锡为剡[9]晓谕：照得理番厅属三番夷民，向例[10]支应骡马夫价……三百文□□□由该厅收作堂费，供给差使之用，历……骡马夫价，已蒙拨款抵免。邀集多人到厅，声称番地苦寒，援请将该番……倍先抵，禀报在案。查三番地方苦寒，实属可怜，聚众亦殊可恨。本不应所请……管理□□年，麦粮及夫差等项，遵章完纳清楚，并无丝毫尾欠[11]，尚能悔罪……合行出示晓谕。为此示仰三番人等知悉，现在本署将军、部堂已拨款补贴，厅署勿……骡马夫价钱文一律准予裁免，以示格外体恤。若遇巡阅大典以及非常事……支夫，庶能不误。至丁粮乃维正之供，协标兵食所需，务须遵章于……此次谕免常年夫价，以后尔番民等宜知感恩，各安住牧，勿再听命……需索，许尔赴厅指名控究，但不得挟嫌妄控，同干[12]严惩。其各凛遵毋违。特示！

右谕通知

……日三番众花户[13]等仝立

茂县雅都罗娃告示碑

（该碑上半部分于20世纪七十年代镌刻有毛主席语录："敌人是不会自行消灭的。无论是中国的反动派，或是美国帝国主义在中国的侵略势力，都不会自行退出历史舞台。毛泽东。"）

【注释】

[1] 策 即策楞（？—1756），钮祜禄氏，八旗满洲镶黄旗人，尹德长子，清朝大臣。乾隆十三年至十七年（1748—1752年），任四川总督，参加"第一次平定金川"之役及平定杂谷土司叛乱。

[2] 岳 即岳钟琪（1686—1754），字东美，号容斋，四川成都人。清代康熙、雍正、乾隆时期名将，累官陕甘总督，封三等威信公。乾隆年间曾任四川总兵和四川总督，参加了"第一次平定金川"之役及平定杂谷土司叛乱。

- [3] 皇告　皇帝的命令。
- [4] 把总　清代绿营兵下级军官，亦称百总，秩正七品，位次于千总。又四川、云南、甘肃、贵州的土司官中有土把总。
- [5] 挽言　即"婉言"。挽："婉"之错别字。
- [6] 大宪　旧时府吏对上司的称呼。
- [7] 甲辰年　清光绪三十年，公元1904年。
- [8] 两造　原告、被告。专指有关争讼的双方当事人。词出《书经·吕刑》中的"两造具备，师听五辞"。
- [9] 剀（kǎi）　规劝。
- [10] 向例　以往的规则；惯例。
- [11] 尾欠　指剩下尚未交纳或偿还的一小部分财物。《六部成语·户部》："所欠之零数，曰尾欠。"
- [12] 同干　共同触犯。
- [13] 花户　旧时对户口的称呼。

茂县南新牟托巡检司土规告示碑

【位置】茂县南新镇牟托村温耀萍门前

【时代】清代

【形制】横长方体

【尺寸】高48、宽77、厚8厘米

【内容】

　　欲体皇上之恩，继前人之盛。凡新旧土规，所有条程，序列于后：

　　一、司地与州民接壤，各守各界界角山隅[1]，毋得强侵茂土；

　　一、司地巨谷岩乡，易为藏奸匿匪。凡外来男女诸人，投宿安站，当经问来历清白，可留则留；

　　一、司民婚、丧、酬神[2]等事，酒后忌狂言妄语，惹祸生非；

　　一、自项业土，当尽力耕种，毋好食惰农，累债逃亡；

　　一、琐屑[3]忿争[4]，当忍耐消释。若甚不忌事，方可来辕[5]伸屈[6]；

　　一、应征大粮、盐税，六月二拾四日完。差事、杂派钱，拾月廿日缴销完案；

　　一、罗、锅、耳、渠[7]等处投民，八月廿日应征盐税、菽麦、豆粮、黄腊。差事杂派、日行更夫一案；

　　一、应该纳差粮，年当照期早完，毋得推延日月。

　　以上数条，各宜恪遵照，违重究，定照土律治罪枷杖[8]。

实贴碑示额门堂口[9]晓谕
石匠：王有正、王有才

茂县南新牟托巡检司土规告示碑

【注释】

[1] 山隅　亦作"山嵎"。山角。

[2] 酬神　祭谢神灵。

[3] 琐屑　指细小、琐碎的事情。

[4] 忿争　亦作"忿诤"。忿怒相争。

[5] 辕　旧时指军营、官署的外门，借指衙署。

[6] 伸屈　伸冤。

[7] 罗、锅、耳、柒　今茂县南新镇牟托村罗巴寨、锅扎儿、耳一朵、柒树坪四寨。

[8] 枷杖　上枷并受杖刑。

[9] 额门堂口　公堂正门的台阶上。额门：第一道门，即正门。堂口：公堂的台阶前。清黄六鸿《福惠全书·莅任·出堂规》："须挨次至堂口跪禀。"

汶川水磨黄龙寺灌县知事公署布告碑

【位置】汶川县水磨镇郭家坝村黄龙寺

【年代】中华民国十四年（1925年）

【形制】竖长方体

【尺寸】高110、宽60、厚7厘米

【内容】

灌县[1]知事公署[2]为据情示谕事。案据漩口乡第十区团总[3]宋运英，绅士[4]金运昌、王者瑞、董宗炳、万志纶，绅商[5]蔡光清、李文章、姚燮阳，住持[6]张永平等呈称：民等昨以协恳豁免[7]词，禀恳豁免黄龙寺一切杂捐。在案沐批：该寺业有粮若干，着另详细注明，在侯察核。但查该寺载粮贰分，筏村[8]一甲[9]，着寺户内拨出完纳。又民国十三年[10]经刘正奎施地一段，载粮肆分，仍拨种一户。自清光绪中年，该寺偶遭回禄[11]，无款建修，道众四散，以致诸神露坐，为雨飘淋。适今道士张永平倡首募捐，集腋成裘，该寺重修，焕然一新。值是年日食[12]常忧，祈恩大发慈悲，维持三宝[13]。赏将该寺杂捐各款豁免，正副业每年照纳。呈恩立案，刊碑永远不磨，神人两感。此呈等情据此转呈批准外，合行[14]示谕。为此，示仰该地团甲及庙住人等，一体知悉，此后该寺杂捐各款，均宜永远豁免毋违。特示遵示。

中华民国十四年[15]五月拾日

知事陈亮撰

【注释】

[1] 灌县　今四川省都江堰市的旧称。

[2] 知事公署　即县政府。知事：中华民国初期对县一级最高行政官的称呼。公署：旧时公务人员办理政事的处所。

[3] **团总** 清末至中华民国年间地方武装团防的头目。

[4] **绅士** 旧称地方上有势力有地位的人。一般是地主或退职官僚。

[5] **绅商** 有文化的商人。

[6] **住持** 源于佛教,又称方丈。原为久住护持佛法之意,是掌管一个寺院的主僧。后道教也称道观中的负责人为住持。

[7] **豁免** 免除。

[8] **筏村** 今都江堰市紫坪铺镇新渡口。

[9] **一甲** 即100户。中华民国时期的户籍管理主要采用了与元、明、清保甲制极为相似的十进位的"牌甲制",以10户为1牌,10牌为1甲,10甲为1保。

[10] **民国十三年** 1924年。

[11] **回禄** 传说中的火神,引申为火灾。《左传·昭公十八年》:"郊人助祝史除于国北,禳火于玄冥,回禄。"杜预注:"回禄,火神。"

[12] **日食** 又作"日蚀",一种天文现象,即月球运动到太阳和地球中间,如果三者正好处在一条直线,月球就会挡住太阳射向地球的光,月球身后的黑影正好落到地球上,这时发生日食现象。在古代,日食被认为是不吉利现象,多要到寺院里焚香祈祷。

[13] **三宝** 即佛教中"佛、法、僧"的总称。佛宝指圆成佛道的本师释迦牟尼佛;法宝指佛的一切教法,包括三藏十二部经、八万四千法门;僧宝指依佛教法如实修行、弘扬佛法、度化众生的出家沙门。后以"三宝"代指佛教或寺院。

[14] **合行** 应当;应该施行。

[15] **中华民国十四年** 1925年。

汶川水磨黄龙寺灌县知事公署布告碑

汶川水磨黄龙寺
国民革命军第二十八军第六混成旅司令部布告碑

【位置】汶川县水磨镇郭家坝村黄龙寺
【年代】中华民国十六年(1927年)
【形制】竖长方体
【尺寸】高110、宽60、厚8厘米
【内容】

国民革命军第二十八军第六混成旅司令部布告

国民革命军第二十八军第六混成旅司令部为布告事案。据漩口清正乡第十区团总[1]姚燮阳、金运昌、黄宗炳，水磨沟团总宋治安暨黄龙寺住持张永平等公呈，协恳豁免黄龙寺山地杂捐，以维三宝[2]一案。当经本部复查，该庙建修伊始，经费无着，实属清苦异常。除该庙每年应缴正粮共六分，照章完纳外，所有各款杂捐暨土药窝捐，既据前旅长郑核准有案，自应庚续[3]照免，以示体恤而维三宝。但事关破格，其他寺庙不得沿以为例，除一面批示令遵外，合行布告。为此告仰各属官兵团甲人等，一体遵照。自免之后，无论何项杂捐杂税，均不得再向该庙藉端[4]摊派，需索滋扰，致干重究。切切勿违。特告。

中华民国十六年[5]八月二十四日吉立

族长邓国章[6]

汶川水磨黄龙寺国民革命军第二十八军第六混成旅司令部布告碑

【注释】

[1] 团总　清末至中华民国年间地方武装团防的头目。

[2] 三宝　即佛教中"佛、法、僧"的总称。佛宝指圆成佛道的本师释迦牟尼佛；法宝指佛的一切教法，包括三藏十二部经、八万四千法门；僧宝指依佛教法如实修行、弘扬佛法、度化众生的出家沙门。后以"三宝"代指佛教或寺院。

[3] 庚续　继续。

[4] 藉端　假托某一事由作为借口。

[5] 中华民国十六年　1927年。

[6] 邓国章（1897—1950）　四川永川人，绿林出身，川军将领。1921年投身绿林，1922年接受招抚，任川军第3师独立2团团长，1923年11月任四川江防军第1旅旅长，1927年任国民革命军第28军江防第1师师长，1931年任四川江防军第2路司令，1932年任第24军独立旅旅长，后任第21军边防第2路司令，1934年参加追堵长征红军的战斗，1937年任独立第11旅旅长，1938年任第78军新编15师师长，1939年因病回川。1949年12月从成都回到永川向县公安局报到，1950年在永川病逝。

松潘黄龙寺松潘县政府布告碑

【位置】松潘县黄龙风景区后寺前

【年代】中华民国二十三年（1934年）

【形制】竖长方体

【尺寸】高175、宽95厘米

【内容】

松潘县政府布告第四号

为布告保护庙产事。照得黄龙寺[1]乃松邑[2]名胜古刹[3],素为汉番民众所信仰。凡寺内庙产以及森林古迹,均应一律保护,以资永久,而示尊崇,合行布告。为此告仰汉番民众一体遵照。除庙内产业,由首事等负责经营外,至于林木古迹,务须一体保护,不得任意侵犯及有砍伐之事。倘敢违犯,一经发觉,定即依法处究不贷,切切此布。

中华民国廿三年[4]六月七日
县长余戒需[5]

松潘黄龙寺松潘县政府布告碑

【注释】

[1] **黄龙寺** 又名雪山寺、白鹿寺,藏语称"色尔嗟拉康",意为"金海子寺庙",位于世界自然遗产——松潘县黄龙风景区内,始建于明,分前寺、中寺、后寺。供奉黄龙真人及佛、道诸佛、神,在本地汉、藏、羌人中影响甚大。四川省文物保护单位。

[2] **松邑** 即松潘县或松潘地区。

[3] **古刹** 年代久远的寺庙。

[4] **中华民国廿三年** 1934年。

[5] **余戒需（1907—1974）** 字敏士,江苏省淮安县人。保定陆军军官学校第8期步科毕业,陆军少将衔。土地革命战争至抗日战争时期,任国民政府松潘县县长。解放战争时期,1947年任国民革命军整编第39师新编9旅少将旅长。1948年9月任第95军225师师长。1949年12月9日在四川灌县参加起义,加入中国人民解放军序列。中华人民共和国成立后,历任中国人民解放军第180师副师长,眉山军分区副司令员,成都市人民政府参事室主任。1974年因病在成都逝世,终年67岁。

汶川克枯周达理番县知事公署示谕碑

【位置】汶川县克枯乡周达村

【时代】中华民国

【形制】竖长方体

【尺寸】高90、宽45、厚9厘米

【内容】

永垂万古

理番县知事公署[1]为示谕事

案移新堡关[2]县佐[3]赵翼呈称，该若布、作石达、周达[4]三村纷争柴路，呈经会同团绅[5]查明，议定界址条件，请存案刊碑等情前来。令照准外，悉行示谕[6]。仰该各村民一体遵守界址条件，永息纷争，勿违，此示。

计开画定[7]放柴地界列后：一放柴以作石达村房右边李姓白石包为界；二准周达在石包右边滚放，不准在石包左边近村房滚放。旧张□□□□□□□经由白石包右边放至杨永悒田中止。□□□□□□□人一律不得逾界滚放。

右谕碑示。

首事：杨…………

五月十九日

汶川克枯周达理番县知事公署示谕碑

【注释】

[1] 知事公署　即县政府。知事：中华民国初期对县一级最高行政官的称呼。公署：旧时公务人员办理政事的处所。

[2] 新堡关　今汶川威州镇，清代曾为保县临时驻地。

[3] 县佐　官名。清朝末期和中华民国初年设置，为县知事的佐理，实即县丞改名，但不普遍设置，且驻于县内要地，不与县知事同城。掌理县知事委办的各项事务，并于驻地就近指挥监督该地警察及处理违警案件。

[4] 若布、作石达、周达　今汶川县克枯乡周达村若布、竹石达、周达组。

[5] 团绅　团总和乡绅。

[6] 示谕　告知；晓示。常用于上对下或书札中。

[7] 画定　划定。画同"划"。

汶川水磨黄龙寺江防第一师师长邓布告碑

【位置】汶川县水磨镇郭家坝村黄龙寺内

【时代】中华民国

【形制】竖长方体

【尺寸】高95、宽51、厚8厘米

【内容】

江防第一师师长邓[1]布告

照得黄龙古刹[2]，原属仙佛[3]胜境[4]。

年前惨遭回禄[5]，神殿久已毁倾。
来此立愿重修，现有张道永平[6]。
新建玉皇大殿，工程费用匪轻。
十方随缘募化，捐簿各书己名。
无论军商学界，保护务须认真。
倘敢践踏滋扰，准即捆送严惩。
告尔近寺人等，其各守分凛遵[7]。

【注释】

[1] 邓　即邓国璋（1897—1950），四川永川人。绿林出身，川军将领。1921年投身绿林，1922年接受招抚，任川军第3师独立2团团长，1923年11月任四川江防军第1旅旅长，1927年任国民革命军第28军江防第1师师长，1931年任四川江防军第2路司令，1932年任第24军独立旅旅长，后任第21军边防第2路司令，1934年参加追堵长征红军的战斗，1937年任独立第11旅旅长，1938年任第78军新编15师师长，出川参加武汉会战，1939年因病回川休养。1949年12月从成都回到永川向县公安局报到，1950年在永川病逝。

[2] 古刹　年代久远的寺庙。

[3] 仙佛　指道教和佛教。

[4] 胜境　佳境，风景优美的地方。

[5] 回禄　相传为火神之名，引申为火灾。《左传·昭公十八年》："郊人助祝史除于国北，禳火于玄冥，回禄。"杜预注："回禄，火神。"

[6] 张道永平　即张永平道士，黄龙寺住持。

[7] 凛遵　谨遵。

汶川水磨黄龙寺江防第一师师长邓布告碑

汶川水磨黄龙寺全川江防军司令布告碑

【位置】汶川县水磨镇郭家坝村黄龙寺内

【时代】中华民国

【形制】竖长方体

【尺寸】高100、宽50、厚7厘米

【内容】

全川江防军司令黄[1]示

照得黄龙古寺，乃本邑名胜丛林[2]，历经保护在案，所以崇祀典而重维持也。倘有不法之徒，仍敢在寺滋扰，无论军民人等，均不准践踏。如敢不遵，准该庙住持[3]指名禀究[4]，切切勿违。此令!

【注释】

[1] 黄　即黄隐。原名黄良忠，字逸民，四川华阳县（今属双流县）人，生于1890年。保定陆军军官学校第一期毕业。曾任川军第1师上尉、少校参谋。1918年任川军独立旅参谋。1921年任川军第三师参谋长兼炮兵团长。1923年任独立旅长。1924年任四川江防军总司令。1930年2月任成都市市长。1930年任川军第28军第2师师长。后改作第45军第126师师长。1936年2月晋升为中将。1938年4月任第95军军长。1946年任整编第39师（军）师长。1948年前后任川陕甘边区绥靖公署副主任，兼第95军军长。1949年12月在四川彭县率部起义。中华人民共和国成立后，黄隐95军与解放军的60军合并，黄隐调任川西军区任副司令（后改为四川省军区）。四川省人民委员会成立后，黄隐又被调任四川省人民委员会委员，并担任成都市政协主席，同时被选为全国人民代表大会代表。1969年，黄隐因病在成都逝世，终年79岁。

[2] 丛林　佛教僧侣聚集、修道之处。后泛称寺院为丛林。

[3] 住持　源于佛教，又称方丈。原为久住护持佛法之意，是掌管一个寺院的主僧。后道教也称道观中的负责人为住持。

[4] 禀究　报告追究。

汶川水磨黄龙寺全川江防军司令布告碑

汶川水磨黄龙寺四川省长公署布告碑

【位置】汶川县水磨镇郭家坝村黄龙观

【时代】中华民国

【形制】竖长方体

【尺寸】高110、宽60、厚9厘米

【内容】

四川省长公署[1]布告碑

照得僧流[2]道侣[3]，同为中华人民。

寺庙[4]庵观[5]财产，不得无故相侵。

近来各属绅首[6]，每藉[7]公益为名。

擅行提业伐树，以及勒派捐金。

实属故违通令，亟应诰诫重申。
责成官吏团保[8]，一体保护认真。
至于僧道产业，应传徒子徒孙。
严禁变卖抵当[9]，与夫[10]擅加押金。
对于原有林木，尤禁擅寻斧斤[11]。
非此双方禁制，不足以资保存。
人民串同党□，一律从重严惩。
特此明白示谕，其各一体凛遵[12]。

【注释】

[1] 省长公署　中华民国初期对省政府的称呼。

[2] 僧流　指僧人及信徒。

[3] 道侣　道家指一起修行、修炼的同伴。

[4] 寺庙　此处专指佛教修行场所。

[5] 庵观　此处专指道教修行场所。

[6] 绅首　官绅和团首。

[7] 藉　同"借"。

[8] 团保　团总及保长。

[9] 抵当　抵押。

[10] 与夫　或者。

[11] 斧斤　亦作"斧斳"，泛指各种斧子，转意为砍伐。《孟子·梁惠王上》："斧斤以时入山林，材木不可胜用也。"

[12] 凛遵　谨遵。

汶川水磨黄龙寺四川省长公署布告碑

第五章 德 政 碑

松潘进安苍坪张元佐德惠碑

【位置】松潘县进安镇苍坪村大悲寺旁

【年代】清雍正六年（1728年）

【形制】竖长方体

【尺寸】高190、宽105、厚16厘米

【内容】

总镇都督府张公讳元佐字次卿号□□德惠[1]碑记

　　松潘乃蜀省极边，距黄胜关[2]四千里，即口外彝人[3]之地。其境内峦山峻岭，螺髻[4]云盘，碉居野处，率多番蛮。使镇抚兹土者，非恩威相济，德化相感，欲内外□□□□王化，地方绅士兵民群安宁谧也得乎？盖番人之种类不一，负山据险，力农业者少，务剽掠者多，向来不无陆梁[5]间作之虞，我城中老稚，不遑安居者。匪□□□□□，地方稍有所警，而贩枲[6]米粮之客商裹足不前，且东南西路皆绝壁深沟，茂林密箐[7]。水涸则驮载往来稍易，水发则搬运者恒艰。甚至月余，城无斗米斤面，兵民皆多饿殍。松非惟边防重地，又为岩疆[8]硗瘠[9]之区矣。自我都督张公于雍正三年[10]春下车[11]时，即慨然以靖边安民为己责。谓僚属曰："地当边陲紧要，杂以番彝，以恩抚之则玩，以威驭之则迫，是必恩威互用，斯玩梗者遵王章[12]，不致猖獗，而地方永辑[13]俾兵，若斯长乐少睽之世，岂非镇抚兹土者分所宜尔耶？"盖公自筮仕[14]至通显[15]，勋伐炳著，其劳迹不可胜数。即以康熙五十七年[16]内兴兵进讨，路程遥远，粮饷辇运[17]艰难，时莫能继，以致兵丁馁毙者[18]无算。是时闻知需粮甚急，深虑不独[19]路途险远，又虞各处劫贼截夺，须智勇胆力超距[20]绝伦者押运，始克万全。众论推公曰："非将军莫能胜任此。"乃举卮酒[21]于公曰："西兵远在绝域，忍饥待毙，此行必须兼程，俾彼兵丁得济，无损中国威。在斯行也，其慎之□□□□。"公奋然曰："丑类犯顺，恨不即时擒馘[22]，虽各处不无草贼在路截夺，盖狐兔[23]耳，不足虑。"即日发粮起马，众壮之。凡百日，抵大兵驻扎之所，得济者万余人，公之功居多。其在途所历险境，所受艰苦，他人所最难当者，公备尝之。凡各处劫贼闻公粮过，皆不敢近。他处粮饷，往往为贼要截者[24]不少。公所运之粮□□□，威名素著也。又西海[25]、铁布[26]等处，昔年负固背恩，大军进剿时，公独麾兵奋勇直前，敌遇辄靡，虔刘[27]斩刈[28]，所至如入无人之境，贼众无不惊愕失措，望风归诚。雍正二年[29]秋，羊峒[30]诸番蠢动，公乃爰整师旅，捣其巢穴，歼灭丑类，抗者剿之，归者抚之，诸峒番平。莅任后，适郭罗克[31]彝人不遵法纪，肆行抢劫，公亦以平羊峒者□□，四震远近，番彝莫不慑服。先是杂谷[32]、黑水[33]、暨峨箬、七布[34]各头目鸱张[35]自恣，皆不听调，至此群戴公之恩威，洗心向化，无敢为匪，以迄于今。每遇朔望[36]宣读上谕，择文行[37]兼优之士，逐条疏讲，务期人人共晓，公必拱立于旁，无惰容，

其敬君尽礼如此。若是者，意以吾松地在边方，子弟皆为愚懵[38]，事亲敬长之风或有不逮[39]，无非推广皇仁，欲使兵民归于孝弟[40]而已矣。嗣是以来，群知孝于父母，逊于尊长，渐臻雍睦[41]者，是皆公有以成之也。又捐俸广修东南一带道路、桥梁，于绝壁深沟之处伐斫枝蔓，通商便民，以利往来。至于今，百货辐辏[42]，米粮络绎，路无嶔崄[43]之虞，人歌[44]饱暖之乐者，又皆公有以赐之也。

他如重修黉宫[45]，设立义学[46]，尊贤而礼士，惠众以恤下，俾儒者笃于文，□贫者安以室家。善政多端，难以罄述。独是公自镇松以来，化番彝为良善，转瘠壤为乐土，使城中数千物阜[47]而安衽席[48]，其乐何极，此绅士兵民所以镂于坚珉不能已于怀也。吁！若我公者，信所谓恩威相济，德化相感者矣。行看[49]翊赞[50]皇猷[51]，我松人之不获长沐德化，宜何如少抒爱戴之□□是相聚而言曰：公之保惠吾松也，其心至周，其泽至渥[52]。公应长膺[53]圣眷靡既[54]也。吾侪[55]小人，奚足以留公哉？爰是纪公镇抚松土者□□□勒石以志，弗暄俾后之人知，所以安居而永逸者，何一而非？公之恩施也。是为记。

松潘合镇绅士兵民

雍正陆年[56]岁次戊申清和月[57]谷旦

（捐资者姓氏模糊，略）

松潘进安苍坪张元佐德惠碑

【注释】

[1] **德惠** 德泽恩惠。《管子·五辅》："务功劳，布德惠，则贤人进。"

[2] **黄胜关** 位于松潘县川主寺镇黄胜关村西600米处，是明清以来松潘地区的重要关隘，现存关堡残墙一段，泥土夯筑，长200米，底宽2.7米、顶宽1.2米。据中华民国《松潘县志》载："黄胜关，县西北隅七十里，为汉夷分界之处。过此关外，尽属草地。"

[3] **彝人** 即夷人，指少数民族。

[4] **螺髻** 形状像螺壳的发髻。

[5] **陆梁** 横行无阻。《后汉书·马融传》："狗马角逐，鹰鹯竞鸷，骁骑旁佐，轻车横厉，相与陆梁，聿皇于中原。"

[6] **贩粜**（tiào） 贩卖。粜：本意为卖米，引申为"卖出"之意。

[7] **密箐**（qìng） 茂密的竹林。箐：山间的大竹林，泛指树木丛生的山谷。

[8] **岩疆** 边远险要之地。

[9] **硗瘠** 亦作"硗堵"，土地瘠薄。

[10] **雍正三年** 公元1725年。

[11] **下车** 官吏到任。

[12] **王章** 王室的礼仪。转指王法。

[13] 永辑　永远聚集。

[14] 筮（shī）仕　出仕为官。筮：本义是用蓍草占卜。古人迷信占卜，在进行任何事物前，都要先卜测一番凶吉与否。士人要出仕做官时，也一定要先占卦占吉凶。据《左传·闵公元年》记载："初，毕万筮仕于晋……辛廖占之，曰：'吉。'"后人便称出仕做官为"筮仕"。

[15] 通显　谓官位高、名声大。《后汉书·应劭传》："自是诸子宦学，并有才名，至玚七世通显。"

[16] 康熙五十七年　公元1718年。

[17] 軛运　车辆运送。軛：驾车时搁在牛马颈上的曲木。

[18] 馁毙者　饿死的人。

[19] 不独　不但，不仅。语出《韩非子·孤愤》："凡法术之难行，不独万乘，千乘亦然。"

[20] 超距　古代练习武功的一种跳跃活动。《管子·轻重丁》："男女当壮，扶辇推舆，相睹树下，戏笑超距，终日不归。"此处为"超过"之意。

[21] 卮（zhī）酒　酒杯。卮：古代盛酒的器皿。

[22] 擒馘（guó）　生俘敌人，割下被杀敌军将士的左耳计功。

[23] 狐兔　小人，坏人。《东周列国志》第一回："鹰犬借势而猖狂，狐兔畏威而乱窜。"

[24] 要截者　拦路抢劫的人。要，"腰"之错别字。

[25] 西海　今青海湖一带。

[26] 铁布　今若尔盖县东北边缘至甘肃迭部一带。

[27] 虔刘　劫掠，杀戮。《后汉书·西羌传赞》："虔刘陇北。"

[28] 斩刈　砍伐。清陈康祺《郎潜纪闻》卷三："兵燹后，寿藤古木斩刈无存。"

[29] 雍正二年　公元1724年。

[30] 羊峒　今九寨沟县漳扎镇一带。

[31] 郭罗克　今若尔盖县上下包座一带。

[32] 杂谷　今理县杂谷脑以上一带。

[33] 黑水　今黑水县知木林、毛尔盖一带，旧称小黑水。

[34] 暨峨箸、七布　今黑水、松潘、茂县交界一带。

[35] 鸱（chī）张　亦作"鸱张"，像鸱鸟张翼一样。比喻嚣张，凶暴。鸱：一种凶猛的鸟。

[36] 朔望　农历每月初一和十五日。亦指各级官员在每月初一与十五上朝参见或宣讲、聆听圣谕。

[37] 文行　文章与德行。《论语·述而》："子以四教，文行忠信。"

[38] 愚戆（zhuàng）　亦作"愚赣"。愚笨戆直。亦用作自谦之词。戆：傻，愣，鲁莽。

[39] 不逮　不足之处；过错。

[40] 孝弟　亦作"孝悌"。孝顺父母，敬爱兄长。出自《论语·学而》："其为人也孝弟，而好犯上者鲜矣。"朱熹集注："善事父母为孝，善事兄长为弟。"

[41] 雍睦　和睦。

[42] 辐辏　亦作"辐凑"，形容人或物聚集像车辐集中于车毂一样。

[43] 嵚（qīn）险　高拔险峻。嵚：山势高峻的样子。

[44] 攲（qī）　通"倚"，斜倚，斜靠。

[45] 黉（hóng）宫　古代称学校。由于古代一般将学校设于文庙的后面，故有时也将文庙称为"黉宫"。黉：古代的学校。

[46] 义学　也称"义塾"，中国旧时靠官款、地方公款或地租设立的蒙学。对象多为贫寒子弟，免费上学。

[47] 物阜　物产丰盛。

[48] 衽席　亦作"袵席"，泛指卧席。借指太平安居的生活。语出《大戴礼记·主言》："是故明主之守也，必折冲乎千里之外；其征也，衽席之上还师。"

[49] 行看　且看。唐韩愈《郴州祈雨》："行看五马入，萧飒已随轩。"

[50] 翊赞　辅助，辅佐。《三国志·蜀志·吕凯传》："今诸葛丞相英才挺出，深睹未萌，受遗托孤，翊赞季兴，与众无忌，录功忘瑕。"

[51] 皇猷　帝王的谋略或教化。

[52] 渥　浓，厚。

[53] 膺　接受，承当。

[54] 靡既　没有穷尽。洪秀全《改太平天国为上帝天国诏》："普天一家尽归爷哥，世世靡既，永远人间恩和于无尽也。"太平天囯（1851年—1864年），后期曾先后改称上帝天囯、天父天兄天王太平天囯。囯 guó，同"国"。

[55] 侪（chái）　辈；类。黄宗羲《柳敬亭传》："此故吾侪同说书者也，今富贵若此！"

[56] 雍正陆年　公元1728年。

[57] 清和月　农历四月。

马尔康松岗哈飘沈维祁德政碑

【位置】马尔康市松岗镇哈飘村山道

【年代】清乾隆三十九年（1774年）

【形制】长方形

【尺寸】高80、宽50厘米

【内容】

惠及征夫[1]

各州县长夫[2]、□民：

恭颂

管理改北河粮务、备补[3]郫县[4]督捕厅[5]、军功加一级、纪大功四次沈太爷讳维祁德政碑。

乾隆三十九年[6]十二月上浣[7]之吉
邛州、茂州、井研、平武、南充、营山、资阳[8]汉军[9]仝[10]立

【注释】

[1] 征夫　古代指出征的战士，也指离家远行的人。

[2] 长夫　旧时军队中长期征用的民夫。清江忠源《条陈军务疏》："军中兵勇而外，有长夫，有余丁，有随营贸易之人。"

[3] 备补　即候补。

[4] 郫县　今成都市郫都区。

[5] 督捕厅　清官署名，始属兵部，后改属刑部，专职缉捕京营八旗及各省驻防八旗逃亡者。

[6] 乾隆三十九年　公元1774年

[7] 上浣　上旬。浣：也作"澣"。唐代定制，官吏十天休息、沐浴一次。每月分为上浣、中浣、下浣，后借作上旬、中旬、下旬的别称。

[8] 邛州、茂州、井研、平武、南充、营山、资阳　分别为四川省成都市邛崃市，阿坝州茂县，乐山市井研县，绵阳市平武县，南充市顺城区（原为南充县）、营山县，资阳市雁江区（原为资阳县）。

[9] 汉军　八旗汉军的简称。清代军事组织名称，也是清朝旗籍的一种。"凡汉人于明季降清者，依满洲兵制，编入汉军各旗。"

[10] 仝　古同"同"。

马尔康松岗哈飘沈维祁德政碑

金川马尔邦袁国璜德政碑

【位置】金川县马尔邦乡政府驻地公路旁

【年代】清乾隆四十三年（1778年）

【形制】穹窿顶长方体

【尺寸】高190、宽82、厚8厘米

【内容】

德 政 流 芳

标下[1]邦、曾两营[2]守备[3]、千把[4]、外委[5]、书识[6]、行营马步兵丁等□颂祝：

统领邦、曾营步马兵、四川阜和营[7]副总府[8]、带功加十一级纪录二十五次大老爷袁讳国璜[9]德政碑。

约长：商民李文佐、郑启伦、夏明昌、杨□□、□庆□、钟泳太、杨理、李十吉、胡正运、张云奉、宁万友、黄文太、张□□、王□□、张大斌、唐和光、宋文义、范廷杰、朱升先、罗天华公竖。

石匠：张君、宋上圣。

大清乾隆四十三年[10]岁次戊戌季春月[11]朔一日[12]

【注释】

[1] **标下** 部下、属下的意思，是明清时期军队中武官对上级的自称。

[2] **邦、曾两营** 即马尔邦汛和曾达汛，属崇化营统辖。驻地分别在今金川县马尔邦乡八角塘村马尔邦组和曾达乡曾达村曾达关。

[3] **守备** 清代绿营统兵官，分领营兵，位在都司之下，称营守备，为正五品武官。

[4] **千把** 清代对武官千总、把总的并称。

[5] **外委** 清代绿营的额外低级武官，有外委、外委把总，职位与千总、把总相同，但薪俸较低。

[6] **书识** 清代正额书吏之外的一种临时性书吏，称为书识。在经制之吏出缺之后，书识可以递补其缺。光绪《大清会典事例》卷一四六载："乾隆五年（1740年）议准，嗣后各省大小衙门经制书吏，即在于现充书识内，择其勤慎办事之人，验看核实，令其取结承充。"

[7] **阜和营** 清代绿营兵，驻地在今甘孜藏族自治州康定市。据《雅州府志》记载："雍正八年（1730年），安设阜和营，倚山砌石城一百四十五丈，为五门。"

[8] **副总府** "副总兵府"之简称。副总兵，清代绿营兵副将，次于总兵，高于参将，又称为协镇，官秩从二品。

[9] **袁讳国璜** 即袁国璜，据直隶《理番厅志》卷三《学校志·忠义》记载，"袁国璜，本城人，由战功历升重庆镇总兵，钦赐花翎、黄马褂、坚勇巴图鲁及博齐巴图鲁勇号，两次绘像紫光阁，于嘉庆元年（1796年）十一月二十一日在达州牛背山打仗阵亡"。直隶《理番厅志》卷三《学校志·人物》又载："袁国璜，字希亭，旧保县人。家于成都，少负奇气。习骑射，娴韬略，每读古名将传，辄慷慨击节。年十九，值金酋煽动，喟然曰：'此丈夫立功时也。'遂入伍。乾隆十七年（1752年）随征杂谷脑，奋勇将军岳钟琪见而奇之，任使辄当意。三十六年（1771年）金川再叛，六师分道进剿，屡立战功。补把总晋千总，旋随参赞舒常进剿绰斯甲布。贼方运石修碉卡，国璜率兵击之，贼遁。又攻马尔邦，为甲索后路，贼恃险负固。国璜乘其无备，斫门径进，剿杀甚多，毁其二碉，奏入赏戴蓝翎，以守备用。俄以在南路时身当前矛，侦得要害，以奇兵攻克之，军声大振，遂捣其巢。金川平，赏换花翎，累功历都、游、参、副。"《二十六史大辞典·人物传》载："袁国璜，由行伍从征金川，屡克坚碉，复革布什咱全境及达尔图，功皆最。乾隆五十三年（1788年），从征台湾，克大埔尾、斗六门、水沙连、大里杙，赐号'博济巴图鲁'。生擒林爽文于老道崎，累迁重庆镇总兵。从征廓尔喀，克象巴宗山、甲尔古拉卡。六十年（1795年），由川

金川马尔邦袁国璜德政碑

境进剿苗疆,数有功。嘉庆元年(1796年),四川白莲教起事,进剿达州,苦战三日,力竭阵殁,予骑都尉兼云骑尉世职。"

[10] **乾隆四十三年** 公元1778年。

[11] **季春月** 农历三月。

[12] **朔一日** 即初一。朔,《释名》:"月初之名也。"

九寨沟郭元地震德政碑

【位置】九寨沟县郭元乡郭元一村二组(塘上)南100米

【年代】清光绪六年(1880年)

【形制】穿窿顶长方体

【尺寸】通高165、宽67厘米,碑高135、宽57厘米

【内容】

德 政 碑
恩 同 再 造

光绪五年[1]五月初十、十二等日,南坪[2]地震成灾,惟下塘[3]一带最甚,地方文武禀明各大宪[4]。仰蒙四川总督部堂宫保丁[5]、成都将军恒[6]、藩台大人程[7]念切民瘼[8],委员查勘,随即解来库秤库色[9]赈恤银三千两,桥路工银一千两,除城工银两不计外。当蒙委员孙大老爷会同南坪范大人、李大老爷,亲赴各乡,逐户按名发散赈济银两。灾民亲身承领,实系库秤库色,并无减扣分毫,城乡灾民均沾实惠。又面谕桥路工程,俟地震稍息,土恒安定,赶紧兴修,以工代赈,勿负上宪恩典。灾民无不胜欢忻[10]鼓舞之至,似比渥荷[11]。殊恩万难报答,惟有铭心镂骨,刊名立志,颂德政于生生世世尔。

署会龙汛[12]把总[13]徐发祥、郭元塘绅粮[14]葛荣山督工建立。

光绪六年[15]孟秋月[16],南坪下汛被赈灾民士老[17]李文耀、郭恒山、陶元,乡约[18]陶绪祥、张占元等敬勒。

【注释】

[1] **光绪五年** 公元1879年。据中华民国《松潘县志》卷八《祥异》载:"光绪五年夏五月,地震,有声,屋瓦皆落。"

[2] **南坪** 古称羊峒,古属梁州西北境,殷商以后至秦均属氐羌。汉为广汉郡甸氐道。北周为扶州(今松潘黄龙乡)地,隋开皇七年(587年)将扶州迁至今九寨沟县安乐乡下安乐村(旧称水扶州),

九寨沟郭元地震德政碑

此后至明皆为扶州。清雍正三年（1725年）设松潘厅南坪营，因扶州旧城毁坏，另选城址于扶州之南、西山之麓的南坪坝，至雍正七年（1729年）筑成。自此，南坪之称见诸史端。1949年12月16日南坪和平解放，1953单独建县，1998年更名为九寨沟县。

[3] **下塘** 今九寨沟县郭元乡郭元村塘上一带。

[4] **大宪** 旧时府吏对上司的称呼。

[5] **宫保丁** 即四川总督丁宝桢。宫保：明清时太子太保、太子少保的通称。明代习惯上尊称太子太保为宫保，清代则用以称太子少保。丁宝桢（1820—1886年），字稚璜，贵州平远（今织金）人。道光二十五年（1845年）迁往平远州进修，咸丰三年（1853年）中进士，选翰林院庶吉士，自此步入仕途，后任翰林院编修。洋务派重要成员，官至四川总督，曾诛杀骄纵不法的大太监安德海。去世后赠太子太保，谥文诚，并在山东、四川、贵州建祠祭祀。相传名菜"宫保鸡丁"即为他在川任职时所发明的。

[6] **成都将军恒** 即成都将军恒训，生平无考。成都将军：全衔称"镇守成都等处地方将军"，于乾隆四十一年（1776年）平定金川之役后特设，为清朝最后一处设置的驻防将军。衙门位于今成都市胜利西路军区招待所。

[7] **藩台大人程** 即四川布政使程豫明。藩台：明清时布政使的别称，掌管一省的财赋、民政。程豫（1807—1889），字立斋，陕西省山阳县高坝店人，祖籍安徽休宁。咸丰六年（1856年）考取进士，历任山西徐州知县、解州知州、大同知府、山西按察使，最后调任四川布政使。因屡建功勋，清廷拟简授河南巡抚，以年老乞休，诰封荣禄大夫。

[8] **瘼**（mò） 病，疾苦。

[9] **库砰库色** 应为"库平库色"，即存于各省藩库的足斤足两、成色颇高的银两。

[10] **欢忻** 欢欣。忻同"欣"。

[11] **渥荷** 深深地感激。

[12] **会龙汛** 汛，清代兵制，凡千总、把总、外委所统率的绿营兵均称"汛"，其驻防巡逻的地区称"汛地"。会龙，今为回龙。会龙汛址在九寨沟县郭元乡回龙村，部分城垣尚存。据中华民国《松潘县志》载："清雍正七年（1729年）巴州知州吴赫监筑土城。高一丈四尺，周不及一里，计一百四十丈。东西二门，上建鼓楼各一。"

[13] **把总** 清代绿营兵低级军官，秩正七品，位次于千总。

[14] **绅粮** 绅士和粮户。指地方上有地位有财势的人。

[15] **光绪六年** 公元1880年。

[16] **孟秋月** 农历七月。

[17] **士老** 地方上德高望重，有一定学问的老人。

[18] **乡约** 奉官命在乡、里中管事的人。

金川城厢老街张涤泉德政碑

【位置】金川县勒乌镇龙河村城隍庙

【年代】清光绪己亥年（1899年）

【形制】穹窿顶长方体

【尺寸】通高150厘米，顶宽77厘米，碑高134、宽67、厚8厘米

【内容】

恭颂：

□宪涤泉父台大人[1]张德政[2]

恺悌君子[3]

沐恩三街[4]十屯[5]绅民、两河屯备[6]、弁练[7]等叩

光绪己亥年[8]季夏月[9]上浣[10]吉日敬立

【注释】

[1] 父台大人　古代下属对上司的尊称，俗称"父母官"。

　父台：父母。大人：指在高位者，或对父母长辈的称呼。清朝后期常指在职的官员。

[2] 德政　指有仁德的政治措施或政绩。

金川城厢老街张涤泉德政碑

[3] 恺悌君子　泛指品德优良、平易近人的人。出自《左传·僖公十二年》："恺悌君子，神所劳矣。"

　恺悌：平易近人君子，先秦时代对诸侯卿士的美称。

[4] 三街　指今金川县城勒乌镇之老街、新街、半边街。

[5] 十屯　除河东屯、河西屯外，余不详。

[6] 两河屯备　即河东、河西屯守备。

[7] 弁练　官兵。弁：旧时称低级武官。练：屯兵，俗称番练或土兵。

[8] 光绪己亥年　公元1899年。

[9] 季夏月　农历六月。

[10] 上浣　上旬。浣：唐代定制。官吏十天休息、沐浴一次。每月分为上浣、中浣、下浣，后借作上旬、中旬、下旬的别称。

松潘小河城门洞陈时霖德政碑

【位置】松潘县小河乡小河城门洞旁

【年代】清光绪十五年（1889年）

【形制】弧顶竖长方体

【尺寸】高 190、宽 75、厚 18 厘米

【内容】

志 略 兼 优

时霖大老爷陈德政

特授松潘镇标中营[1]中军副府[2]陈公讳源济字时霖德政。

小河营绅粮[3]、书传[4]、总领[5]马步战守兵丁等同立

光绪十五年[6]四月初十日良旦

【注释】

[1] **镇标中营**　由总兵统辖的绿营兵称"镇标"。镇标分三营，即左营、中营和右营。

[2] **副府**　即"副将"。清代绿营武官名。清沿明制之副总兵而改称副将，秩从二品，位次于总兵。统理一协军务，又称协镇，别称协台。

[3] **绅粮**　绅士和粮户。指地方上有地位有财势的人。

[4] **书传**　词意不详。

[5] **总领**　统领，统管。

[6] **光绪十五年**　公元 1889 年。

松潘小河城门洞陈时霖德政碑

九寨沟县柴门关夏毓秀"德政"题记

九寨沟县柴门关夏毓秀"德政"题记

【位置】九寨沟县郭元乡柴门关半山腰

【年代】清光绪年间

【形制】竖长方形

【尺寸】高 210、宽 83 厘米

【内容】

恭颂德政[1]流芳

钦命[2]镇守四川松潘等处地方总镇都督提督军门[3]、利勇巴图鲁[4]夏[5]德政。

钦命总镇衔[6]升用[7]协镇[8]、分守四川松潘右营驻南坪都阃府[9]范；

□□官兵绅粮乡老士□□□标下[10]署隆康汛[11]□哨把总[12]鲁华增。

【注释】

[1] **德政**　指有益于人民的政治措施和政绩。《左传·隐公十

139

一年》:"既无德政,又无威刑。"

[2] 钦命　皇帝的诏命。

[3] 提督军门　明代称总督、巡抚为军门。清代则为提督或总兵加提督衔者之尊称。

[4] 利勇巴图鲁　巴图鲁,满语"英雄、勇士"之意,清朝赏赐武官的封号,一种是普通勇号,一种是专称勇号。清中后期开始使用汉字,常称作"某勇巴图鲁"。

[5] 夏　即夏毓秀。据中华民国《松潘县志》卷五《官师》载:"夏毓秀,云南昆明县人。光绪七年(1881年)任(总兵)。九年(1883年)任。二十一年(1895年)任。"又据中华民国《松潘县志》卷六《宦绩》载:"夏毓秀,字琅溪,云南昆明人。刚介有勇,咸丰滇乱,由偏裨累功至统将。每战身先士卒,积伤如鳞。光绪中,置松潘镇,实心图治,百废俱举。黑水、松坪诸番作乱,毓秀派员往谕解散。甘肃拉布朗番僧屡劫川商,毓秀禀咨四川、陕甘两督,派员三次划界,毋相侵扰,如遇抢劫,以该寺僧论罪。丙申(清光绪二十二年,1896年),包座西番构衅,毓秀带兵深入,诸夷悉定。募设利字马队百名,巡游边地,保护商旅。初,统兵入关日,西南彩云见,毓秀曰:'此云主占大有。'秋收麦稞双穗,遂建瑞麦、彩云二亭,创修广济仓、文武庙、武侯祠、相国祠。任松十余载,谦逊和平,未尝以显贵傲物。常集诸生会课,优给膏火,嘉惠寒畯。升任四川提督,调任广西提督、湖北提督。去之日,松、茂、理、汶士民合建生祠于茂州。"

[6] 总镇衔　总兵的官衔。清代总兵为绿营兵一镇主官,官阶正二品,受提督统辖,掌理本镇军务,又称"总镇"。

[7] 升用　提拔任用。

[8] 协镇　"副将"的别称,清代绿营武官名。清沿明制设副总兵而改称副将,秩从二品,位次于总兵。统理一协军务,又称协镇,别称协台。

[9] 都阃府　清代正四品武官都司的别称。

[10] 标下　即部下、属下的意思,为明清时期军队中武官对上级的自称。

[11] 隆康汛　汛:清代兵制,凡千总、把总、外委所统率的绿营兵均称"汛",其驻防巡逻的地区称"汛地"。隆康:今九寨沟县隆康乡隆康村,尚存部分城垣。

[12] 把总　清代绿营兵低级军官,位次于千总,秩正七品。

第六章 功 德 碑

松潘安宏修复高屯堡赞

【位置】松潘县安宏乡云屯村贾国友家

【年代】明正德己卯年（1519年）

【形制】竖长方体

【尺寸】高150、宽65、厚7厘米

【内容】

修复高屯堡[1]赞

呜呼！此屯堡之修复，固由有感于激者，而然实天地鬼神尤握[2]，固松潘，驯诸番，用肇[3]我国家亿万年太平之基也欤[4]！激修而成之者，何年月日？皇明正德己卯[5]八月四日也。督修者何官？何舍？指挥张俊、袁松、荣卷；百户王斌、韩启、谢启、潘林、范伏三、钱镛、高魁、丁松、韩成、袁启、吴政、桂峙；官舍胡永吉、永贵、永太；史实杜瑀、□资；总小旗张圣、林彪、李四儿；小旗王明、萧鸾、覃公望、马义。架梁、采木、盖皮，军竖坛帐，同心同济，修复至功。完者则番僧喃哈□、橡子喇嘛林洞、小弯卜图头儿上乘芭喇嘛等番也盛矣卦。

松潘安宏修复高屯堡赞

【注释】

[1] **高屯堡** 位于松潘县安宏乡云屯村后山隘处，始建于明，名高屯堡。清沿用，改名云屯堡。今已损毁无存。

[2] **尤握** 特别掌握。

[3] **肇** 创造；打造。

[4] **欤（yú）** 文言句末语气助词，表示疑问、感叹、反诘等语气。

[5] **皇明正德己卯** 明正德十四年，公元1519年。

汶川龙溪重修霸州堡碑记

【位置】汶川县龙溪乡东门寨林强家

【年代】明正德十六年（1521年）

第一篇 存世碑刻

【形制】横长方体

【尺寸】长99、高52、厚14厘米

【内容】

粤[1]自我太祖高皇帝[2]奄及[3]，九有[4]华夷宾服[5]。西蜀极边霸州堡[6]，设于层峰叠障之中，乃前改威州之旧州治也。城池不满三里，硐下旧州二里，细民[7]居焉，与龙溪[8]等夷寨巢穴相抵。夷虽素常向化[9]，性类犬羊，心无定在，有时为细民害。盖因城不险阻，兵革未利。弘治[10]初年以来，参将房公[11]令茂州卫指挥田玉巡督，至后兵参将周节委指挥章玺、蒋成、田鉴、重庆卫指挥张勇、威所[12]千户宋琏、唐光恭督堡，各添修镇夷、宣威、太平等墩，加增城垣，以丽威武，保障颇固。正德庚辰[13]冬，予奉抚巡兵参吴芮诸公命，任本堡提督。上下须得镇夷墩，要冲番路，先年被番犯境焚毁，弗堪御患。予赤心拆建，巍雄其势，□夫城铺台桥，次第聿新，精兵坚革，整饬逾前。视之往昔，似与不作。墩完纪叙，以来千万载之一目云。

　　正德拾陆年[14]岁次辛巳孟夏[15]谷旦立

　　眉山[16]青云子陈俊秀夫书于养志轩

　　提督西路保、霸[17]等关堡□□□

　　茂州卫指挥佥事[18]万嘉言克行重修

　　巡视地方威州千户所千户万威

　　掌霸州堡重庆卫右所千户□□仁

　　领哨百户秦□□

　　督工威州王合运

　　茂州卫总旗[19]杨六十、袁生保、杨文贤、郑知文……

　　重庆卫总旗乔二、李三三、朱仝、张来保……

　　重州卫总旗陈藩奇、雷五、罗信中、郑……

　　威州守御千户所……

　　重宁二卫……

汶川龙溪重修霸州堡碑记

【注释】

[1] 粤　古同"聿""越""曰"，文言助词，用于句首或句中。

[2] 太祖高皇帝　即明朝开国皇帝朱元璋，庙号太祖。

[3] 奄及　覆盖到。

[4] 九有　九州。《诗·商颂·玄鸟》："方命厥后，奄有九有。"毛传："九有，九州也。"

[5] 宾服　服从，臣服。出自《庄子·说剑》："无不宾服而听从君命者。"

[6] 霸州堡　乾隆《保县志》载："在河北，去威州三十里，旧威州遗址。州既东迁，乃改为堡。明弘治间，龙溪等寨倡乱，增修保子等十三墩。嘉靖二十七年（1548年），水溢，冲塌西南城垣，

142

兵备马九德、总兵何乡重修城岸，改建挑桥，设官兵防戍。"

[7] 细民 平民。《晏子春秋·谏下二十》："遂欲满求，不顾细民，非存之道。"

[8] 龙溪 今汶川县龙溪乡。

[9] 向化 归服。

[10] 弘治 明孝宗朱祐樘的年号（1488—1505年）。

[11] 房公 即房骥，直隶人，茂州卫参将。

[12] 威所 威州千户所。

[13] 正德庚辰 明武宗正德十五年，公元1520年。

[14] 正德拾陆年 公元1521年。

[15] 孟夏 农历四月。

[16] 眉山 今四川省眉山市。

[17] 保、霸 保子关、霸州堡。

[18] 佥事 官名，秩正四品。指挥使之助手，一般分掌训练、军纪。

[19] 总旗 明代军队编制，十人为小旗，五十人为总旗。

松潘文管所馆藏重修雪栏山道碑记

【位置】松潘县文物管理所馆藏

【年代】清乾隆二十一年（1756年）

【形制】弧顶长方体

【尺寸】残高50、宽48、厚3厘米

【内容】

日　月　碑

重修雪栏山道碑记

雪栏山[1]者，去松城[2]仅三十里耳，虽非崇……望之皎若玉垒[3]，奇似冰台，故名之为雪栏山……迨春则白雪满山，灵眸[4]皎洁，诚□欲…过是山者，寻途觅径，备磨难辛，若一不慎……，因公务迭出，而未遑[5]筹划[6]。近因回、汉两断……道路治。喜其好善乐施，遂之既砍菁[7]徒之……替，惟沿途连置木栏，俾往来行人无忧……功成告竣，受超数请，以弁诸石，以珉不朽云尔。

四川龙安府[8]分驻松潘抚民理番分府同知……

大清乾隆二十一年[9]岁次丙子……

松潘文管所馆藏重修雪栏山道碑记

【注释】

[1] **雪栏山** 中华民国《松潘县志》卷一《山川》载：县东三十里。山势蟠蜒，俗呼宝鼎山，一名崆峒山，又名雪岭。岭上旧有关，终岁积雪如银，一白无际，为县八景之一。

[2] **松城** 即今松潘县城。

[3] **玉垒** 指玉垒山。在四川省理县东南。晋左思《蜀都赋》："廓灵关以为门，包玉垒而为宇。"刘逵注："玉垒，山名也，湔水出焉。在成都西北岷山界。"

[4] **灵眸** 水灵的眼珠。

[5] **未遑** 没有时间顾及；来不及。南朝梁刘勰《文心雕龙·时序》："爰至有汉，运接燔书，高祖尚武，戏儒简学，虽礼律草创，《诗》《书》未遑。"

[6] **筹划** 谋划。

[7] **箐**（qìng） 山间大竹林。泛指竹木丛生的山谷。

[8] **龙安府** 明嘉靖四十五年（1566年）实行改土设流，改龙州宣抚司为龙安府，隶四川承宣布政使司。明万历十八年（1590年）新设宁武县（次年更名平武）附郭。清顺治六年（1649年）仍设龙安府。清末府治平武（今四川省平武县城）。辖：平武（今四川省平武县）、江油（今四川省江油市）、石泉（今四川省北川羌族自治县）、彰明（县治在今四川省江油市彰明镇涪江西）共4县。1913年废。

[9] **大清乾隆二十一年** 公元1756年。

汶川克枯修路碑记

【位置】汶川县克枯乡克枯村南800米栈道旁

【年代】清乾隆二十四年（1759年）

【形制】竖长方体

【尺寸】高83、宽44、厚10厘米

【内容】

　　盖闻修千万里崎岖之路，造千万人来往之桥，功德无量。兹有县城河北克枯岩[1]，路途窄狭，屡经崩塌，上有悬岩[2]，下临深渊，携厄屉险，举步维艰。来往之人，无不惊心丧胆。予怀恻隐[3]，竭力捐金，凿岩穿崖，修理坦平，以利往来。予今告竣，改名"万公岩"，勒珉石[4]以志，永垂不朽。

　　共计路工筹费去艮[5]三十一两二分二钱。

　　捐金修理栈道信善[6]木上村[7]赵顺萃、仝缘[8]苟氏立石。

　　乾隆二十四年[9]**己卯六月初七日立**

汶川克枯修路碑记

【注释】

[1] 克枯岩　今汶川县克枯乡克枯栈道所在崖壁。

[2] 悬岩　方言，即"悬崖"。

[3] 恻隐　对别人的不幸表示同情。出自《孟子·告子上》："恻隐之心，人皆有之。"

[4] 珉石　似玉的美石。后为石碑的代称。

[5] 艮　古代通"银"。

[6] 信善　即信女善男，指信徒。

[7] 木上村　今汶川县克枯乡木上寨村。

[8] 仝缘　即"同缘"，信仰或因缘相同的人。此处应含有双重意思，也可代指妻子。

[9] 乾隆二十四年　公元 1759 年。

理县营盘街观音庙功德碑

【位置】理县杂谷脑镇营盘村，杂谷脑河与胆扎木沟交会处观音庙废墟上

【年代】清乾隆四十三年（1778 年）

【形制】穹窿顶长方体

【尺寸】通高 145 厘米，顶高 30、宽 90 厘米，碑高 110、宽 80、厚 9 厘米

【内容】

永垂不朽

　　盖闻护国佑民，自昔共仰；崇德报功，必先立庙。是庙之建也诚亟，而建于穷土边寨之地，尤不□绥之。况我山寨，崇尚礼义，人敦敬信。间□游蜀，每各大小会馆，以崇祀典，龙飞祥舞，介于西陲，向之往来于斯，□□□□□，圣天子德教远振，仕宦商贾主止界：东至田为界，南至后山顶为界，西至正面坎田为界，北至底河为界。以四界方圆一百三十七路，□泽皆仰赖神庇，而乐利相随。因思功德丕极，无从入庙致敬，咸乐输锱铢，以鳞选福。而西省高人，异其址不异其心，同比[1]试哉。因同比议商……用，是购址基，采木石授之工匠，合创会庙于河之南，不期年[2]告成，谨勒诸□□□□共祀神恩于无疆，恳志当事，嘉□给凭□□□。

　　代办四川维州协副标、署左右二营都司总务[3]、带功加二十四管[4]、军功加一级纪录二十二次张占魁[5]五两六钱；四川维州协标右营都阃府[6]、带纪律十次又纪录二次沈宽五两六钱；四川直隶杂谷理番府照政厅濮一两；协镇[7]四川维州等处地方都督府、仍兼世袭佐领[8]、带

理县营盘街观音庙功德碑

纪录一次王福一两；四川松潘镇属维州协标□□；四川维州协标右营领哨部[9]、两司厅[10]穆国成二两、何一两五钱。

总领、监管、会首：郭孝明立计协地，李成荣、任万聪、任效喻、常德敏、王昭、贾建武仝立。

（功德人名及捐款数目字小模糊，此处略）

龙飞乾隆肆拾叁[11]满蒲月[12]拾五日敬立
文江寥凤耆拜稿，信正安手撰。主持僧洪□□

【注释】

[1] 同比　同仁。

[2] 期年　一年。《战国策·齐策》："期年之后，虽欲言，无可进者。"

[3] 都司总务　清代专管后勤事务的绿营军官。都司：正四品，职位次于游击。

[4] 管　等级。

[5] 张占魁　据《绥靖屯志》卷六《职官·武秩》载：张占魁，四川成都县人。由行伍出身。乾隆五十五年（1790年）四月升补到营。五十七年（1792年）七月初三日，征西藏廓尔喀阵亡。

[6] 都阃府　清代正四品武官都司的别称。

[7] 协镇　即副将。

[8] 佐领　清朝八旗兵官名，牛录章京的汉译，前者为编制单位名称，后者为官名。

[9] 哨部　清代绿营兵的基层军事编制，在营之下，分防各哨，一般以千总统领。

[10] 两司厅　即都司厅。都司：清代绿营军官，正四品，职位次于游击，分领营兵。

[11] 乾隆肆拾叁　公元1778年。

[12] 满蒲月　即农历五月，来自民间门窗挂菖蒲的习俗。菖蒲：多年生水生草本，有香气，民间用它做药，可提取芳香油，也可用根做芳香健胃剂。宋代就酿菖蒲酒，可治妇科疾患。农作物防治病虫害也可以用菖蒲，把根茎用水煮，滤汁为药，可治棉花水稻虫害。民间视菖蒲为灵草，与兰花、水仙、菊花并称为"花草四雅"。每年端午节时，江南一带人家多悬菖蒲、艾叶于门窗，饮菖蒲酒，以祛避邪疫；夏、秋之夜，燃菖蒲、艾叶，驱蚊灭虫，其习俗保持至今。

金川县安宁修路功德碑

【位置】金川县安宁乡政府驻地一农田边，与清道光十九年修路功德碑相邻

【年代】清乾隆五十一年（1786年）

【形制】穹窿顶长方体

【尺寸】通高170厘米，碑高140、宽75、厚8厘米

【内容】

咸履康庄

尝稽古政有云：岁十一月徒杠成，十二月舆梁成，民未病涉[1]。则桥梁道路，在所急务也。而

刮耳岩[2]更非他处可比，北通绥、庆[3]，南极炉城、建昌[4]一带，东达美诺、维、松[5]直抵省会[6]，乃新疆[7]第一要区也。且每年□□□□□□□□路，各部土司、土目觐朝广法圣庙[8]□□□□□由之□□□□生苗日繁，商贾□□大改观矣。惟其虚险危状，莫可□言。东靠崖壁约高百丈有余，西临深潭渊渊莫测，凡触目者莫不寒心。虽旧有偏桥[9]□□□□搭，仅可侧身而通，故名刮耳岩。□□□□□务须□□□□至屯防□增修补，方便车马。然其间□狭窄处，转身维艰，兼之久经岁月，诸多朽坏，渐次坍塌。游斯区者，不啻临深履滩，战慄魂飞。游击亮[10]、屯务蒋[11]职莅斯区，□□□而心伤□□□□行旅之悽怆，若不□□修，难免时常遗□□□捐廉[12]，好为重修，并凿开窄处，以□攸往。统计一百六十丈，每距二、三尺许，深凿岩洞，横斗大木，无易中流之砥。上铺厚板，铁钉连环，恍若周道之如砥。其西傍河崖有基址处所，用石砌墙，而空虚之处，尽造吊脚栏杆。自今以后，人夫轿马登斯域也，又不啻慢天过海，□无惊惶。正值其中，就岩搭亭，祀有观音菩萨一尊，俨然普陀南海[13]，蓬莱慈航[14]矣。独是工程浩大，独木难以撑天，集腋方可成裘。既向商绥、庆二营官兵，共凑助赀银，而又属我营屯官兵者□老及本地商贾人等，随缘布施，共襄□□□□观厥成焉。今大功告竣，罄无不易□□□□□余庆为念，惟竖碑以垂永年也云尔。

  督工领袖官：四川崇化营游击亮福、四川崇化屯屯务蒋士椿。

  助修：懋功协中军都司[15]张占魁[16]、崇化营中军守备[17]汤万年、绥靖营中军守备王仕杰、绥靖屯务李心衡[18]、庆宁营守备舒廷秀、署理崇化营中军守备李端。

金川县安宁修路功德碑

  管□□把总[19]陈万□；马步队目[20]：曹易浙、□□□、马万忠、余联升、黄贵、余玺、韦世雄、萧腾龙。

  崇化、绥靖、庆宁三营官兵等俱随缘布施。

  乡约[21]：萧世发、赖清、王众禹、王法尧。商贾：雷义盛、刘积盛、杨华丰。屯民：余同学、安志梅等随缘布施。

  仝修大桥一座。

乾隆五十一年[22]岁次丙午夏月[23]谷旦公立

【注释】

[1] **岁十一月徒杠成，十二月舆梁成，民未病涉**　出自《孟子·离娄下》第二章，原文为："子产听郑国之政，以其乘舆济人于溱、洧。孟子曰：'惠而不知为政。岁十一月，徒杠成，十二月，舆梁成，民未病涉也。君子平其政，行辟人可也，焉得人人而济之。故为政者，每人而悦之，日亦不足矣。'"徒杠：可供徒步行走的小桥。朱熹集注："杠，方桥也。徒杠，可通徒行者。"民未病涉：人民何苦于涉水渡川。

[2] **刮耳岩**　位于金川安宁乡与卡撒乡之间，地势险峻，为交通要冲。上为绝壁，下临深渊，中通一线，路面狭窄，仅容一人侧身而过，且有刮耳之虞，故名。

[3] **绥、庆**　绥：绥靖。庆：庆宁。今金川安宁以上地区，清代于此设绿营兵绥靖营及庆宁营。

[4] **炉城、建昌**　今甘孜藏族自治州康定市及凉山彝族自治州西昌市。

[5] **美诺、维、松**　今小金（清代称懋功）、理县（清代称维州）及松潘。

[6] **省会**　指今成都市。

[7] **新疆**　新的疆域。清乾隆两定金川后，废除了土司制度，实行"改土归流"和"归土归屯"，委派流官或屯官统治，使之正式纳入中央王朝的行政管理体系。此处非指新疆维吾尔自治区。

[8] **广法圣庙**　今金川县安宁乡广法寺。原名雍仲拉顶寺，雍仲本教的著名三大寺之一（余为达顶寺、甲莫寺）。清乾隆平定大小金川后，于乾隆四十一年（1776年）改为格鲁派寺院，发帑银重修，赐名广法寺，曾为清代四大皇庙之一。

[9] **偏桥**　在悬崖绝壁上用器物开凿一些孔穴，孔穴内插上石桩或木桩，其上横铺木板或石板，用以行人和通车。因木桩或石桩一端插入岩壁，外部悬空，故名。书面语多称"栈道"。

[10] **游击亮**　即游击亮福。游击：清代绿营武官名，从三品，位在参将之下，率游兵往来防御。亮福：生平不详。

[11] **屯务蒋**　屯务，亦称"屯政"，管理屯田事务的官员。蒋：蒋士椿，生平不详。

[12] **捐廉**　指官吏捐献除正俸之外的养廉银。

[13] **普陀南海**　普陀，今浙江省普陀山，传为南海观音道场。

[14] **蓬莱慈航**　蓬莱，又名蓬莱山，今山东省烟台市蓬莱市，传为神仙居住的地区。慈航，又称慈航道人、慈航真人或慈航大士，"观音"在道教中的别称，为佛、道的共同信仰。

[15] **中军都司**　中军、都司，均为清朝绿营官名，但二者合在一起时，前者为官名，后者则为级别。中军：绿营中各标、协、营的总首领官称中军，负责协助领兵长官统理所辖各营军务。都司：秩四品，职位次于游击。

[16] **张占魁**　据《绥靖屯志》卷六《职官·武秩》载：张占魁，四川成都县人。由行伍出身。乾隆五十五年（1790年）四月，升补到营。五十七年（1792年）七月初三日，征入侵西藏的廓尔喀人时阵亡。

[17] **中军守备**　中军、守备，均为清朝绿营官名，但二者合在一起时，前者为官名，后者则为级别。中军：绿营中各标、协、营的总首领官称中军，负责协助领兵长官统理所辖各营军务。守备：秩正五品官，管理军队总务、军饷、军粮。

[18] **李心衡**　据《绥靖屯志》卷六《职官·文秩》载：李心衡，江南上海县人。由候补经历，分发四川。乾隆四十九年（1784年）八月至屯，五十四年（1789年）二月交卸。著有《金川琐记》。

[19] **把总**　清代绿营兵低级军官，位次于千总，秩正七品。

[20] **马步队目**　马、步兵的头目。

[21] **乡约**　指奉官命在乡、里中管事的人。

[22] **乾隆五十一年** 公元 1786 年。
[23] **夏月** 农历四月。

金川安宁重修安宁关帝庙碑序

【位置】原立金川县安宁乡关帝庙，现已无存。拓片存阿坝州文物管理所

【年代】清乾隆五十一年（1786 年）

【形制】穹窿顶长方体

【尺寸】高 235、宽 90、厚 10 厘米

【内容】

俎 豆[1] 重 修

盖闻建修殿宇为善者，创始于前，以明禋[2]祀。而年远倾颓，乐善者重葺于后，永奉蒸尝[3]。况我帝君[4]，赫濯[5]之声灵，古今所共仰。普天存浩气，中外所咸钦。宇庙自屯防时，各官兵捐赀[6]建造，然皆版片[7]扇盖[8]，久经风雨飘淋，多损坏之处。朔望[9]诣叩，实不足以昭诚敬。今我营官兵等目击感奋，悉愿各捐俸饷，鸠工[10]重建，以肃观瞻而敬抒诚，非敢曰积善余庆之□期，亦以续明禋于永祀云尔。

督修领袖：

懋功协[11]中军都司[12]张占魁[13]，四川崇化营[14]游击[15]亮福，前任崇化屯务[16]蒋士椿，管理崇化屯务卞潮，中军守备[17]汤万年同左、右哨总[18]龚应魁、李端，左、右司把总[19]陈万年、戴升云，领哨外委[20]钱朝聘，左、右司外委[21]韩大魁、康恒彩，额外外委[22]周纯明、刘永清。

阖营书传马步兵丁等重建。

乾隆伍拾壹年[23]岁次丙午孟夏月[24]吉旦

【注释】

[1] **俎豆** 俎和豆，古代祭祀、宴飨时盛食物用的两种礼器，亦泛指各种礼器。后引申为祭祀和崇奉之意。语出《论语·卫灵公》："卫灵公问陈（同阵）于孔子。孔子对曰：'俎豆之事，则尝闻之矣；军旅之事，未之学也。'"

[2] **明禋** 洁敬。指明洁诚敬的献享。《书·洛诰》："伻来毖殷，乃命宁予以秬鬯二卣，曰明禋，拜手稽首休享。"蔡沉集传："明，洁；禋，敬也。以事神之礼事公也。"

[3] **蒸尝** 本指秋冬二祭，后泛指祭祀。《国语·楚语下》："国于是乎蒸尝。"

[4] **帝君** 旧时对神中位尊者的敬称，此处为关公尊称。

[5] **赫濯**（hè zhuó） 威严显赫的样子。

[6] **捐赀** 私人或团体出资金办理或资助公共事业。赀同"资"。

[7] **版片** 木板瓦。即将木材剖成板状覆盖于房顶上以蔽风雨，为嘉绒藏族地区建筑屋顶的传统形式，20 世纪 80 年代前还常见。

[8] **扇盖**　呈扇形覆盖。

[9] **朔望**　农历每月初一及十五日。旧时官员在这两日都要去寺庙祭祀祈祷。

[10] **鸠工**　聚集工匠。

[11] **懋功协**　协：清代绿营兵编制单位，在镇之下。三营为标，两标一协。因驻防之地得名。懋功协，驻防在今小金县美兴镇营盘街。

[12] **中军都司**　中军、都司，均为清朝绿营官名，但二者合在一起时，前者为官名，后者则为级别。中军：绿营中各标、协、营的总首领官称中军，负责协助领兵长官统理所辖各营军务。都司：秩四品，职位次于游击。

[13] **张占魁**　据《绥靖屯志》卷六《职官·武秩》载：张占魁，四川成都县人。由行伍出身。乾隆五十五年（1790年）四月，升补到营。五十七年（1792年）七月初三日，征入侵西藏的廓尔喀人时阵亡。

[14] **崇化营**　清代绿营兵，驻地在今金川县安宁乡。清乾隆平定金川后，于此设置有崇化屯和崇化营。

[15] **游击**　亦称游府，即"游击将军"之简称，清代绿营武官名，从三品，位在参将之下，率游兵往来防御。

[16] **屯务**　又称"屯政"，管理屯田事务的官员。

[17] **中军守备**　中军、守备，均为清朝绿营官名，但二者合在一起时，前者为官名，后者则为级别。中军：绿营中各标、协、营的总首领官称中军，负责协助领兵长官统理所辖各营军务。守备：秩正五品官，管理军队总务、军饷、军粮。

[18] **左、右哨总**　"左、右哨部千总"的简称。哨部：清代绿营兵的基层军事编制，在营之下，分防各汛，一般以千总统领。

[19] **左、右司把总**　"左、右司部把总"的简称。司部：清代绿营兵的基层军事编制，在哨总之下，分防各汛，一般以把总统领。

[20] **领哨外委**　清代绿营兵哨部的额外低级武官，职位与领哨千总相同，但薪俸较低，正八品。

[21] **左、右司外委**　清代绿营兵司部的额外低级武官，职位与把总相同，但薪俸较低，正九品。

[22] **额外外委**　清代绿营兵哨司部的额外低级武官，从九品。

[23] **乾隆伍拾壹年**　公元1786年。

[24] **孟夏月**　农历四月。

汶川龙溪垮坡玉皇庙功德碑

【位置】汶川县龙溪乡垮坡村委会围墙上

【年代】清乾隆五十七年（1792年）

【形制】竖长方体

【尺寸】高120、宽80、厚10厘米

【内容】

盖闻人杰者地灵，有感斯应，此理势[1]之固然，报施之不爽[2]者也。矧[3]我适布[4]一邑之人，靡不洗心涤虑，各敬其精虔之诚，而沾圣神之默佑也。但以观善人之心，诚犹夫一人之心，诚以一心而推善心。心心向善，而各□其□在之诚；户户捐金，喜续垂其香火之盛。由前而观，先辈之创建非常，一境之富足不浅。由今而观，我等人诚更深，圣神之锡[5]福亦深。自是贸易者财发万金，耕耘者芃芃彧彧[6]，忆焉？歆焉？无一人肄勩惸惸[7]，□□而家家乐其福泽。因以铭留钟而贯金石[8]以刊，永垂不朽云。

信善[9]我木舍、青保太、张保、董盖、拆木白、新志保共六人使费。捐金银肆拾贰两五钱：龙溪寨[10]□耳志助银一两二钱，高山保上银一两二，余保舍上银□□，拆木舍上银二钱四分，罗□□上银五钱，巴西勺上银三钱，勒木勺上银二钱五分；布南村[11]杨保寿上银一两二钱；马房寨[12]拆保太上银六分，我布上银二分，巴西保上银二分；龙溪寨陈玉上银五钱，志少上银五钱，保耳上银五钱，王世林上银五钱，南干勺上银五钱，王洪上银五钱，东保上银二钱四分，青圣上银五钱二钱，孟艮贵上银二钱四分，易邓舍上银二钱，我□上银三钱，布西勺上银五钱。

汶川龙溪垮坡玉皇庙功德碑

适布村众性[13]等每户捐金上银四钱。

勒石工匠：蒋忠刊。

乾隆五十七年[14]岁次壬子孟夏月[15]穀旦[16]

【注释】

[1] 理势　事理的发展趋势。汉贾谊《新书·阶级》："高者难攀，卑者易陵，理势然也。"

[2] 不爽　不差；没有差错。《初刻拍案惊奇》卷一三："天理昭彰，报应不爽。"

[3] 矧（shěn）　另外，况且，何况。唐柳宗元《敌戒》："矧今之人，曾不是思。"

[4] 适布　今汶川县龙溪乡垮坡村。

[5] 锡　古通"赐"，给予；赐予。

[6] 芃芃（péng péng）彧彧（yù yù）　形容草木茂盛，五谷丰登。芃芃：草木茂盛的样子。《诗·鄘风·载驰》："我行其野，芃芃其麦。"彧彧：茂盛貌。《诗·小雅·信南山》："疆埸翼翼，黍稷彧彧。"毛传："彧彧，茂盛貌。"

[7] 肄（yì）勩（yì）惸惸（qióng qióng）　形容无忧无虑，生活幸福。肄：学习、练习。《后汉书》："兵官皆肄孙吴兵法。"勩：劳苦。惸惸：同"茕"，没有兄弟、孤独、忧愁，"茕茕孑立，形影相吊"。

[8] 金石　钟鼎碑碣。唐韩愈《平淮西碑》："既还奏，群臣请纪圣功，被之金石。"

[9] **信善** 信女善男，即信徒。

[10] **龙溪寨** 今汶川县龙溪乡龙溪村龙溪寨。

[11] **布南村** 今汶川县龙溪乡布南村。

[12] **马房寨** 今汶川县龙溪乡大门村马房寨。

[13] **众性** 应为"众姓"。性："姓"之错别字。

[14] **乾隆五十七年** 公元 1792 年。

[15] **孟夏月** 农历四月。

[16] **穀旦** 即"谷旦"。吉日，好日子。

茂县黑虎鹰嘴河观音庙功德碑

【位置】茂县黑虎乡河坝村鹰嘴河组观音庙旧址

【年代】清乾隆六十年（1795 年）

【形制】穹窿顶长方体

【尺寸】通高 130 厘米，顶宽 85 厘米，碑高 95、宽 75 厘米

【内容】

茂县黑虎鹰嘴河观音庙功德碑

创修寺院，自古皆然，原以妥神灵而庇生民也。因以建庙宇于前，而复培厢楼于后。则是无庙之创，非独一人一家之念，乃我村众志之忱诚，有此足以开风气。建斯庙宇，能以兴教化，肃肃雍雍[1]之仪，是是非非评不于斯庙而已。概见庙貌隆而香火愈兴，神灵妥而叩求以应有示，所求如意者哉！上功果[2]各烟户[3]姓名，开列于后：

承领会首：杨富贵助银七两七钱；王□□助钱六两三钱；杨永凤助钱四两八钱；何万年助钱四两八钱。

会首：何凤助银五两一钱；何万春助银四两一钱；余□梅助银三两九钱；何正秀助银三两七钱；何万正助银三两六钱；□元贞助银三两八钱；杨射布助银一四两；余昌龙助银三两五钱。

杨宗助银二十两零一钱；杨天贵助银十九两零五钱；杨正林助银十二两零八钱；杨正玉助银八两九钱；杨□助银八两五钱；杨永寿助银七两九钱；杨受助银七两八钱；杨贵助银六两九钱；孙正秀助银六两五钱；杨永才助银六两一钱；何万九助银五两五钱；陆国高助银五两二钱；杨永秀助银五两；杨国相助银五两一钱；杨登朝助银五两；杨容清助银五两；杨□明助银四两；杨宗寿助银四两二钱；何国贵助银四两二钱；孙国秀助银四两二钱；余超秀助银三两九钱；何

仁美助银五两五钱；余勒助银三两三钱；杨忠助银三两五钱；何正贵助银三两三钱；余四才助银三两；杨国珍助银三两；何万才助银三两三钱；何正元助银三两；杨秀助银三两；孙廷贵助银三两；杨□布助银三两；杨春荣助银三两三钱；杨国龙助银三两；杨春贵助银一两三钱；杨红寿助银八钱；马一文助钱八百文；□□志助钱八百文；何心正助钱八百文；余花惠助六百文；勿了助钱六百文；何贵助钱六百文。

龙飞乾隆六十年[4]孟秋月[5]下瀚日[6]莺嘴河[7]村众姓公议仝等建立

【注释】

[1] **肃肃雍雍**　亦写成"雍雍肃肃"，意为华贵，有威仪，让人生敬。源自《诗经·文王有声》："有来雍雍，至止肃肃，诒阙孙谋，以燕翼子。"

[2] **功果**　即功德。指念佛、诵经、斋醮、捐钱等。

[3] **烟户**　在册的人户。《清会典·户部·尚书侍郎职掌五》："正天下之户籍，凡各省诸色人户，有司察其数而岁报于部，曰烟户。"

[4] **乾隆六十年**　公元1795年。

[5] **孟秋月**　农历九月。

[6] **下瀚日**　下旬。

[7] **莺嘴河**　今茂县黑虎乡河坝村鹰嘴河组。

小金老营猛固桥功德碑

【位置】原碑立小金县老营乡猛固桥附近，现已毁。拓片存阿坝州档案局

【年代】清嘉庆五年（1800年）

【形制】竖长方体

【尺寸】不详

【内容】

尝思善由我积，福自天申。夫善者，心存古道，百事之源流，此人生之所难得也。易曰有云：积善之家，必有余庆；积不善之家，必有余殃[1]。惟鉴惟神必察，善恶昭彰，不能一毫而掩焉耳。兹猛固[2]地方，乃自两金荡平以后，设镇安屯，居民人等经营勃勃，跻跻谋为，系属总汇之区，通衢之要道。因有吴杨有明、楚左君保共同生理[3]，建修店房一院，旧址载明：东与万寿宫店为界，西与李姓店为界，北以街心为界，南以官地为界，不幸均皆病故。所该[4]各省客账不少，或多或寡，岂□□给。于是思酌筹计，议将所遗店房便价摊还以□□，伏自思之，视不忍见。各省告民人等，愿献圣庙管业[5]，

小金老营猛固桥功德碑

所获利以作每年香灯之俸。外有地基一段，每年佃写银贰两，以作杨友明、左君保二人中元[6]焚化之资，毋敢擅自窃取，神灵鉴察，共施功果[7]无量。刊立碑石，以为永远续世之垂善也，是以为序。

石匠：李荣；广汉[8]年履仁撰。

嘉庆五年[9]夷则月[10]会首公立

【注释】

[1] **积善之家，必有余庆；积不善之家，必有余殃** 语出《周易·坤·文言》。意思是说，积累善行善德的家族，这个家庭的福报不会断绝，家族的后代也会承受福报；常常做不善之事的家族，这个家族会经常发生灾祸，甚至连累后代。

[2] **猛固** 今小金县老营乡猛固桥。

[3] **生理** 做生意。

[4] **该** 欠，欠账。

[5] **管业** 管理营业。

[6] **中元** 一般指"中元节"，又称"七月节"或"盂兰盆会"，为三大鬼节之一。中元节是道教的说法，"中元"之名起于北魏，有些地方俗称"鬼节""施孤"，又称亡人节、七月半，放灯之习俗就是为了让鬼魂可以托生。同时依照佛家的说法，阴历七月十五日这天，佛教徒举行"盂兰盆法会"供奉佛祖和僧人，济度六道苦难众生，以及报谢父母长养慈爱之恩（孝亲节）。所以中元节这天，一死一生，既可以寄托对逝去之人的哀思，又让人谨记父母的恩德。

[7] **功果** 功德。

[8] **广汉** 今四川省德阳市广汉市。

[9] **嘉庆五年** 公元1800年。

[10] **夷则月** 农历七月的别称。因与古代音律中的第九律"夷则"相应，故名。

茂县白溪杜家坪祯祥寺吼佛碑记

【位置】茂县白溪乡杜家坪祯祥寺

【年代】清嘉庆癸亥年（1803年）

【形制】竖长方体

【尺寸】高120、宽72、厚10厘米

【内容】

吼 佛 碑 记

从来名山大川，神灵之所居；宗庙社稷，神圣之所临。朝廷尊崇祀典，长享太平之福；人民建修庙宇，永赖护佑之恩。故我境内，穆然[1]深思，勃发善念，在于乾隆庚寅年间[2]，创修祯祥[3]寺。顾盼福地之形，朱雀玄武，青龙白虎，天生地成，实为奇观。加之圣德昭彰，罄无不宜，何幸如之？但历览天下庵观寺院培补，庙前者或为金狮、银狮，或为铜狮、铁狮，纷纷不一。而诘[4]其所

由来，有扫邪归正之雄，神钦鬼伏之德。爰是粤稽[5]狮子之出处，于南方[6]乌弋国[7]所产。威能加于虎豹，力足胜于良骥[8]。其修德在于西方，而成吼佛。钦哉！洵[9]足与龙马麟凤而同瑞，夏瑚商琏[10]而并美。昔文王[11]占之："师，贞，丈人，吉。无咎是艮。"[12]因我杜姓孝义弟兄，取其"贞吉无咎"之义，发心作福，他山之石，可以攻狮。不惜资财，雕琢成像，布列两廊。庙貌益显，神威愈彰。地脉龙神，于是奠安。邪魔妖怪，于是降伏。兼其风调雨顺，国泰民安。文风丕显，富贵丕承。世世出俊秀之士，代代生英奇之才。观光四境，民康物阜。名流当时，声施奕禅。勒铭刊石，永垂不朽云尔。

弟子：杜朝俊，男芝清、芝万；杜文才，男瑛、琦；杜文先，男元英、元瑞；杜文珍，男元富；杜朝龙，男芝茂、芝秀；杜文钦，男元宗。杜文魁，男琛、玥；杜朝虎，男芝兰、芝山；余尚成；罗永昌，男万钟、万全。

瑢、沐、平、元惠、朝敬撰。

石匠：但子章、但子芳、袁功成。

杜芝春书。

大清嘉庆癸亥年[13]夹钟月[14]朔一日[15]立

茂县白溪杜家坪祯祥寺吼佛碑记

【注释】

[1] **穆然** 静思。《汉书·东方朔传》："于是吴王穆然，俯而深惟，仰而泣下交颐。"颜师古注："穆然，静思貌。"

[2] **乾隆庚寅年间** 即乾隆三十五年，公元1770年。

[3] **祯祥** 吉祥的征兆。《礼记·中庸》："国家将兴，必有祯祥；国家将亡，必有妖孽。"

[4] **诘（jié）** 追问。

[5] **粤稽** 于是考证。粤：助词，古与"聿""越""曰"通用，用于句首或句中。稽：考核；核查。

[6] **南方** 方位有误，应为西方。

[7] **乌弋国** 即乌弋山离国，位于亚洲西部伊朗高原东部的一个地区或半独立国家，《汉书》把苏林家族统治下的、安息人与塞人杂居的东部地区称为乌弋山离国。汉荀悦《汉纪·武帝纪三》："乌弋国去长安万五千三百里，出狮子、犀牛。"《汉书·西域传》载："乌弋国有狮子，似虎，正黄，尾端毛大如斗。"

[8] **良骥** 骏马。

[9] **洵** 诚实，实在。

[10] **夏瑚商琏** 瑚琏：古代祭祀时盛黍稷的尊贵器皿，夏朝叫"瑚"，殷朝叫"琏"。源自《论语·公

冶长》："子贡问曰：'赐也何如？'子曰：'女器也。'曰：'何器也？'曰：'瑚琏也。'"《朱熹集注》："女，音汝。瑚，音胡。琏，力展反。器者，有用之成材。夏曰瑚，商曰琏，周曰簠簋，皆宗庙盛黍稷之器而饰以玉，器之贵重而华美者也。"后以此比喻人特别有才能，可以担当大任。

[11] **文王** 即周文王。姓姬名昌，生卒年不详。商纣时为西伯，建国于岐山之下，积善行仁，政化大行，因崇侯虎向纣王进谗言，而被囚于羑里，后得释归。益行仁政，天下诸侯多归从，子武王有天下后，追尊为文王。

[12] **师，贞，丈人，吉。无咎是艮** 出自《周易·师卦·第七》。意思是出兵正义会使主帅吉利。无：《说文·旡部》"饮食气屰不得息曰旡"。

[13] **大清嘉庆癸亥年** 清嘉庆八年，公元1803年。

[14] **夹钟月** 农历二月。夹钟：古代乐律名。古乐分十二律，阴阳各六，第四为夹钟。十二律对应农历十二个月份，夹钟为二月。

[15] **朔一日** 农历每月初一。朔：《释名》"月初之名也"。

汶川克枯修路功德碑

【位置】汶川县克枯乡克枯村南800米崖壁内
【年代】清嘉庆九年（1804年）
【形制】穹窿顶长方体
【尺寸】高136、宽58、厚8厘米

汶川克枯修路功德碑

【内容】

履 险 如 夷

道路所以通往来。□我里万功崖[1]，上属层峦，下临大江，实为崎险。前木上村[2]赵文斗、文星捐金修理，今又倒塌。构木度[3]行，不亦难乎。兹集同人[4]，再行修理。所有捐资姓名，共泐于左：

杨明富上银拾两五分；夏王全上柏木一根；□□□、□□□、□□□各□顺明一上银□分；□□□上银二两；康开文一两八分；张学伦一两五分；杨文富、陈之富、王有道、余文才、康开明、张学真各一两二钱八分；余芝美六钱四分；王忠学六分；陈元六分；宋琪六分；我若贴六分；杨成德六分；陈应全五分；余耀龙五分；杨金玉五分；陈朝恕五分；康荣贵、康荣华五分；张朝贵、王开来五分；义保、赵□□、□□□、□□□四分；□绍富、余怀金、耿忠良、必色甲各

四分；余正明、肖开亮、欧耳各三分；来五保、登保各二分；偶察吉二分五；陈朝相三分；杨全二分；张文贵、曾本祯、郭万□、王文秀、王富、韩宗道各二分四；我若西一分；张柏万五分；董□□一分。

共化银四十三两：使□银四十五两，□□亏空银二两五钱。大元元二钱四分，周宏义一钱四分，上木一钱。

嘉庆九年[5]十一月中浣[6]吉旦
石工：陈龙

【注释】

[1] 万功崖　又名"万公岩"，即今汶川县克枯乡克枯栈道所在之山崖。

[2] 木上村　今汶川县克枯乡木上寨村。

[3] 度　"渡"之错别字。

[4] 同人　即"同仁"，志同道合的人。

[5] 嘉庆九年　公元1804年。

[6] 中浣　中旬。浣：唐代定制，官吏十天休息、沐浴一次。每月分为上浣、中浣、下浣，后借作上旬、中旬、下旬的别称。

理县桃坪曾头寨修路功德碑

【位置】理县桃坪乡曾头村村委会以东200米

【年代】清嘉庆十一年（1806年）

【形制】穹隆顶长方体

【尺寸】通高150、宽77厘米，碑高104、宽70、厚9厘米

【内容】

永 垂 万 古

尝闻修路之由大矣哉。君有护民自保金山之情，民有护路……其忠。野有人焉而自有其路也，人岂独无修开之理也。□新……道修理宽坪，人之来往，老幼、无目[1]、身之不全者[2]，以步易行。而愿首人……有功而利后，子孙生长日繁，亦无不出人头地可立者也耳，昔……会首共拾三人等：

尚文贵上银拾两五钱；陈正文一两八钱；周朝达三两七钱；杨天寿六两五钱；杨玉秀一两八钱；余天富二两三钱；周朝坤二两三钱；周朝国一两三钱；杨富清二两三钱；王文富一两七钱；杨贵□一两七钱；石□礼一两三钱。领首人等以上。

理县桃坪曾头寨修路功德碑

周天成三两二钱；杨天荣二两五钱；王廷富二两四钱；王文秀二两，同男周朝金、周朝仁一两；周世珍二两；杨天才一两八钱；杨天禄一两八钱；王廷相一两八钱；周奇龙、周朝旺、陈正珠、周朝秀、周文相、余正明、杨正朝、周万林各银一两；杨天贵二两；余天贵、陈文秀、陈富寿二钱；陈正贵一两二钱；彭舟煮一钱二分；周登朝一钱二分。周文朝、杨正□、陈文秀、陈□贵、周□□、周奋生、王子□、梁□显、梁□□、余福志各上银一钱五分；杨天总上银……

大清嘉庆拾壹年[3]**岁次丙寅夏仲**[4]……

【注释】

[1] 无目　即瞎眼。汉司马迁《报任安书》："乃如左丘无目，孙子断足。"

[2] 身之不全者　即残疾人。

[3] 大清嘉庆拾壹年　公元1806年。

[4] 夏仲　应为仲夏，农历五月。

汶川三江四圣寺碑记

【位置】汶川县三江镇照壁村二组村道旁

【年代】清嘉庆十四年（1809年）

【形制】竖长方体抹角

【尺寸】高156、宽85、厚11厘米

【内容】

万　古　流　芳

岸柳春回甘露注　池莲风动妙香闻

碑　记

四川瓦寺宣慰使司[1]宣慰使索[2]在此修建汶川三江四圣庙[3]，供奉琼霄、碧霄、云霄[4]、痘疹[5]，后为四圣殿。庙貌峨灵[6]，自古□□。前正统之年[7]，修造殿宇，年久数十余载，而乃朽损。三江目民捐资募化，十方善男信女不吝锱铢[8]，鸠工培修正殿，铸造钟炉一座，□□□□□，后世□□□□保安者，莫顶敬爱□□莫□□上下□□□人民，保境平安，锡福[9]无穷矣，永远不朽，是以为序。

儒生[10]刘正元题，刘润元书

属下军功加升游府[11]、三江口总理[12]王讳宝敬刊。

住持僧：得合保。

石匠：邓福义造。

大清嘉庆十四年[13]**岁次己巳夏吉日立**

汶川三江四圣寺碑记

【注释】

[1] **瓦寺宣慰使司** 即瓦寺土司，嘉绒十八土司之一，来源于西藏加渴地方，驻牧于汶川县绵虒镇涂禹山，管辖范围为三江、草坡、绵虒一带。明英宗六年（1441年）加渴部落酋长之弟雍中罗洛思奉命率部征讨岷江上游，后"奉诏留驻汶川县之涂禹山"，并授给其"宣慰使司"职，颁银印一枚及敕书、诰命各一，自此始"世袭其职"。清顺治九年（1652年）投诚归顺，授安抚司职。康熙五十九年（1720年）随征西藏有功，第17代土司桑朗温恺加赏宣慰司衔，乾隆二年（1737年）加封为指挥使职衔。乾隆十七年（1752年）及三十六年（1771年）随征平定杂谷土司及金川等处土司有功，第19代瓦寺土司桑朗荣宗，赏戴花翎，并赐名姓索诺木荣宗（此后瓦寺土司便以索为其汉姓）。嘉庆元年（1796年），随征四川达州白莲教起义，四川总督勒保奏请批准升宣慰司，换给印信号纸。至1950年汶川解放，前后共计25代，历时五百余年。

[2] **宣慰使索** 即瓦寺20代土司索衍传。曾于道光二十二年（1842年）派遣土舍索文茂率领土兵前往宁波抗击英军，斩敌百余人，功加一等，赏戴花翎。

[3] **四圣庙** 位于汶川县三江镇照壁村的半山腰上，现庙宇已毁，仅存少许残墙基础。

[4] **琼霄、碧霄、云霄** 又称为"三霄娘娘"、"感应随世仙姑正神"或"感应随世三仙姑"。传说有二：一是道教神话传说中的三位仙女，为财神爷赵公明的三个结义妹妹。她们执掌混元金斗，凡是神、仙、人、圣、诸侯、天子等，不论贵贱贫愚与否，降生都要从金斗转动。从前信士求儿女，都要拜三霄娘娘，所以民间也称三霄娘娘为送子娘娘或送子奶奶。二是《封神演义》里的人物，截教通天教主座下弟子，为人善良，法力高强，三姐妹一同在三仙岛上修炼，过着与世无争的生活，持有法宝混元金斗。为报师兄赵公明之仇，三姊妹布下九曲黄河大阵，凭借教主级别宝物混元金斗先捉二郎真君，后十二仙尽被所擒，在黄河阵里被削去了顶上三花。后来此阵为原始天尊及太上老君所破，三霄亦被杀死。之后被封神，为感应随世仙姑正神。

[5] **痘疹** 又称"天花娘娘"。民间信仰中司痘疹的女神，流行于全国各地。痘神之说见于明代，初无女神。《封神演义》第九十九回称姜子牙封神时，因余化龙其父子拒守孤城，一门死难。永堪华衮之封，特赐新纶。姜太公封余化龙为主痘碧霞元君，同时封其元配金氏为卫房圣母元君即痘神奶奶，并封其五个儿子余达、余兆、余光、余先、余德为东、西、南、北、中五方主痘正神，共同掌人间之时症，主生死之修短，秉阴阳之顺逆，立造化之元神。授其权限是"任其施行"。另有以痘疹娘娘为珠妈、柳夫人者。民间都相信《封神演义》的说法，认为痘疹娘娘是痘神余化龙之妻金氏。

[6] **峨灵** 巍峨灵秀。

[7] **正统之年** 此处应指清乾隆年间，而非明朝第六个皇帝明英宗朱祁镇的年号。

[8] **锱铢** 旧制锱为一两的四分之一，铢为一两的二十四分之一，比喻极其微小的数量。后多转指钱财。

[9] **锡福** 赐福。锡：古通"赐"。

[10] **儒生** 指遵从儒家学说的读书人。后来泛指读书人。

[11] 游府　转指游击，清代绿营武官名，从三品，次于参将一级。

[12] 总理　总理事；总管。

[13] 大清嘉庆十四年　公元1809年。

九寨沟双河朝阳洞碑碑记

【位置】九寨沟县双河乡朝阳村西北朝阳庙旁

【年代】清嘉庆十四年（1809年）

【形制】弧顶长方体

【尺寸】高125、宽75、厚7厘米

【内容】

朝阳洞碑碑记

　　盖闻中国寺观之设，随地皆有；而山林庙洞之建，无在[1]。不几[2]是前人作而后人述，前辈创而后禁，因理之必然也，夫岂探幽冥[3]矫语妄作哉！昔予村黑龙口之左，有一古洞焉，秉天地之秀，得形气之精，郁结[4]为洞。嵯峨则高峻也，营窟则清杰也，捉东岳之泰山可与比其肩，视古都之水连可与颉其顽[5]，巍巍乎真莫与京矣。然而所属者非大圣所居者，非诞降[6]安能寄意哉？卓哉！洞也。洵[7]千古之奇，赏万世之常昭[8]也。求其睹此而欣美，睹此而感寓[9]者有几人哉？不意村中有一好善者，名曰汪琏，审其势，窥其形，于乾隆十四年[10]择期良辰，劝众商议建三庙厦，处塑神像。上妆三尊佛像，中妆观音、文昌祖师、地藏菩萨，下妆还子、瘟疹[11]，左修关圣帝君，右修镇江泗王[12]，神圣不一，功阁甚烦。告竣以后，于庚辰年[13]二月初九日，恭迎术士。紫钵声里，高讽[14]大乘真言经[15]文，案前皈命[16]三昧[17]忏果。伏愿[18]神圣施恩，令我村世世子孙被泽[19]无疆矣。厥后慈云[20]，无往不被福德普照。十方以敬，朝之者不独余三寨也。推之邻邦之区，蛮貊[21]之乡，亦如是焉。神圣之感应，夫何至于此极也。迄于今，春秋代更，宇屋凋残，神像颓坏。予等目击心伤，欲举足而不敢，欲坐视而难安。汪琏之孙生启又择期嘉庆十三年[22]齐集三族，商议募化。左右行愿[23]，添补神缺，振修宇屋，无非祈神灵之默佑，□神圣之鉴察也。冥冥之中，不日即成矣。予等延缓数月，方获表忏，逐日在心。敬检良辰，迎请羽士[24]，还于沐浴，以表愚忱。又勒石碑，一则溯神灵之渊源，一则垂捐赀[25]之姓名，以立万代不朽二[26]，是为序。邑□山人左甲第[27]沐子敬书。

九寨沟双河朝阳洞碑碑记

（姓名字迹模糊，此略）

嘉庆十四年[28]五月二十五日勒石

【注释】

[1] 在　疑为"载"，记录，记载。

[2] 不几　几，通"岂"。难道不是。《闲情偶寄》："使与不费辛勤之牡丹、芍药齐观等视，不几恩怨不分，而公私少辩乎？"

[3] 幽冥　幽僻，荒远。

[4] 郁结　凝结，蕴结。

[5] 颉（xié）其颃（háng）　意为不相上下，可以抗衡。颉：鸟飞向上。颃：也作"亢"，鸟飞向下。

[6] 诞降　原意为降生或从天而降，此处引申为神灵。

[7] 洵　诚然，确实。

[8] 常昭　昭显后世。

[9] 感寓　寄托感慨。明谢榛《四溟诗话》卷四："古诗'胡马依北风，越鸟巢南枝'。此感寓自然。"

[10] 乾隆十四年　公元1749年。

[11] 还子、瘟疹　传为王母娘娘身边的两位夫人，专司送子和治瘟疹的。

[12] 镇江泗王　即杨泗，亦称杨四将军、杨家四爷、斩龙杨泗将军，宋代湖南长沙人氏。传说七岁成神，斩作恶多端的无义龙后，被封为将军，能镇水驱瘟，长江流域供奉者众。道教尊号为：九水天灵大元帅紫云统法真君水国镇龙安渊王灵源通济天尊。

[13] 庚辰年　即清乾隆二十五年，公元1760年。

[14] 讽　不看着书本念，背书。

[15] 大乘真言经　大乘，即大乘佛教。真言，原为表思维之工具，佛教中特指对神、鬼等所发之神圣语句。经，经文、经书。此处指大乘佛教经典。

[16] 皈命　皈依，诚心归向。

[17] 三昧　来源于梵语 samadhi 的音译，意思是止息杂念，使心神平静，是佛教的重要修行方法。

[18] 伏愿　俯伏的希望，为表示愿望的敬辞。

[19] 被泽　被：覆盖。泽：恩泽、恩惠。恩惠遍及后代子孙。

[20] 慈云　祥云。比喻佛之慈心广大，犹如祥云覆盖世界众生。

[21] 蛮貊（mán mò）　亦作"蛮貉"或"蛮貃"。古代对南方和北方落后部族的称呼。亦泛指四方落后部族。《论语·卫灵公》："子张问行。子曰：'言忠信，行笃敬，虽蛮貊之邦行矣。言不忠信，行不笃敬，虽州里行乎哉？'"

[22] 嘉庆十三年　公元1808年。

[23] 行愿　源于佛教文化中普贤菩萨的精神理念，指身之行与心之愿，此二相资方成大事。

[24] 羽士　即道士。

[25] 捐赀　私人或团体出资金办理或资助公共事业。赀：同"资"。

[26] 二　"耳"或"尔"之误。

[27] 甲第　明清时指进士。《二刻拍案惊奇》卷三："他自登甲等，在京师为官，一载有余。"

[28] 嘉庆十四年　公元1809年。

茂县三龙龙窝寨引水功德碑

【位置】茂县三龙乡杨家沟村龙窝寨中水池旁

【年代】清嘉庆二十一年（1816年）

【形制】穹窿顶长方体

【尺寸】高90、宽70、厚5厘米

【内容】

茂县三龙龙窝寨引水功德碑

　　盖闻天地之间，人为最贵。既为人，心不愧不报，如是……立功差堪，有补于世，作人皆……水不在深，有龙则灵，其德甚……昔处山高水远，妇女日行，负水者……望意有危，惕意有慈，悯意一村人……修葺开导，地安水涧[1]数百余丈，引放长流之水，拜泉龙王神位，更祈水满盈余，能使……善功皆为，至宝地理云发福，□□定见水流。玄武神灵[2]……物阜[3]之兆，为序耳。

　　领袖会首：王宗杰，男文忠助银一两五钱二分；王朝重，男宗荣、宗兴助银四两零八钱；王宗贤，男文举助银二两六钱五分；王朝辅，男宗仁助银二两二钱；余永清，男昌兴助银二两五钱三分；王世德，男明选助银二两五钱一分；王英助银二两三钱二分；王宗野助银二两零一分；王宗元助银一两六钱三分……

　　　　　　　　　　大清嘉庆二拾壹年[4]……

【注释】

[1] 水涧　水沟。

[2] 玄武神灵　玄武亦称玄冥，龟蛇合体，居北海，民间奉为水神。

[3] 物阜　物产丰盛。

[4] 大清嘉庆二拾壹年　公元1816年。

松潘小河补建城隍祠小引

【位置】松潘县小河镇小河城东门外侧

第六章 功德碑

【年代】 清道光元年（1821年）

【形制】 弧顶长方体

【尺寸】 通高210、宽100、厚6厘米

【内容】

补建城隍祠小引

窃闻国家建邦分职持守，斯王而保兵民。王计者，明藉廷官之化理[1]，幽凭神灵之潜庥[2]。若夫妙用灵通，荫民育物者，惟推城隍尊神，无论都府州县，天下皆然。如我涪关[3]，肇自嘉靖年间[4]，原建有祠宗于南门之内，曩[5]被暴水冲塌，只存神像。是于乾隆三十三年[6]，有前任王公发心领神，迁于府署之前，□游城之侧。又于乾隆六十年[7]，有前任赵公见得柱檩损塌，不足以妥神贶[8]。是以募化鸠工，改建于□□之旁，迄今已届二十余年矣。余自乙亥[9]夏承奉简命[10]，护守斯土。每逢朔望[11]行香，见得神祠，柱脚损坏，砖卷倾颓，意欲议举，兴工茸补。奈余甫经[12]到任，碍难议举。今经三载，且有阖属幸庇之瑞，而民不习伪，吏不怀私，市不预价，每户无闻见利，不争风雨。时若人无夭札[13]，物不疵疠[14]，斗麦一钱，兵民欢歌。此数者，皆出于我辅德大王[15]赏恩之所至也。历年以来，兼之木料朽坏，站将并侍者皆侧塌，使余实在不忍坐视，任其倾败。是以筹议于两司，并官弁兵民人等，俱各发愿乐从。发心领袖捐资，邀集邻好，各领绿薄[16]募化，鸠工新建大殿一座，正殿改作行宫，□□两廊，头二山门。奈工程浩大，独力难成。伏愿合属有福、有寿、有为、知者好施乐助□□□□□共襄盛事，大功告竣。一则少报三年丰收之恩于辅德大王之前。今者垂名于石，千古不昧，以是为序。

四川小河营左司把总□□□助钱四千文；四川小河营右司把总杨得荣助钱四千文；原任小河营右司把总边得义助银三两五钱；四川小河营左司额外杨恺助钱四千文；四川小河营蓝翎……；小河营世职恩骑罗□助银□两五钱。

王永安助银二两；罗春元助银一两二钱；罗登龙助银一两五钱；魏国安助银一两；杨魏助银一两；宋□助银一两；王国佐助银一两；路永太助银一两；周文元助银一两；魏顺助银一两；薛朝升助银一两；魏□明助银一两；付□珍□□□；苟廷□助银一两；陈怀□助银八钱；唐朝标助银八钱；魏国太助银八钱；袁文成助银八钱；陈学映助银八钱；张才富助钱八百文；苟廷俸助钱八百文；□□□助钱八百文；□明助钱八百文；□□发助钱六百文；□学成助钱六百四十文；袁天良助钱七百文；唐际全助银六钱；吴朝元助钱六百文；□□□助钱六百文；□应升助银五钱；马喜罗助银五钱；王有贵助银五钱；王国成助银五钱；□□□助银五钱；□□□助银四钱；□□□助银四钱；□□□助银四钱；□□□助钱四百文钱；第六魁助钱四百文；肖

松潘小河补建城隍祠小引

登榜助钱四百文；谢清助钱四百文；刘应志助钱四百文；杨朝彩助钱四百文；陈太福助钱四百文；李三洪助钱四百文；杜生魁助钱四百文；吴有伏助钱四百文；边启升助银三钱；李得元助银三钱；罗顺助银三钱；孟□荣助钱二百文；□□□助钱二百四十文；梁登富助钱二百文；□□助钱二百文；□□□助钱二百文；□□□助钱二百文；□□□助钱二百文；□□□助钱二百文；赖学文助钱一百文；□能□助钱一百文；唐思文助钱一百文；陈昌文助钱一百文；任宝珍助钱一百文；□益助钱三百五十文；赵廷贵助钱三百二十文；朱□朝助钱三百文；陈思才助钱二百四十文；陶应朝助钱二百二十文；余应朝助钱二百二十文；何朝珍助钱八十文；廖祖兴助钱八十文；雍登洲助钱八十文；刘伍元助钱八十文；□□□助钱二八十文；□□□助钱八十文；□□□助钱八十文；□□□助钱八十文。

　　石匠：宋贵□。

大清道光元年[17]岁次重光大荒落[18]蕤宾月[19]上浣[20]

【注释】

[1] **化理**　教化治理。唐柳宗元《河间刘氏志文》："克生良子，用扬懿美，有其文武，弘我化理。"

[2] **潜庥**　暗中庇护。

[3] **涪关**　即今松潘小河城，因居涪江源头之临口，故名。据中华民国《松潘县志》载："（小河城垣）明宣德四年（1429年）。筑石城，高二丈八尺九寸，周二里七分有奇，计四百九十八丈零四尺七寸，门四。清光绪九年（1883年），溪水、河水同时泛涨，冲塌西北隅，同知周侨亮、总兵夏毓秀会禀，于厘税项下拨款，至十八年（1892年）补修完固。"现为四川省文物保护单位。

[4] **嘉靖年间**　公元1522—1566年。

[5] **曩**（nǎng）　以往，从前，

[6] **乾隆三十三年**　公元1768年。

[7] **乾隆六十年**　公元1795年。

[8] **神贶**　神灵的恩赐。

[9] **乙亥**　即清嘉庆乙亥。清嘉庆二十年，公元1815年。

[10] **简命**　选派任命。

[11] **朔望**　农历每月初一和十五日。亦指各级官员在每月初一与十五上朝参见或宣讲、聆听圣谕。

[12] **甫经**　刚刚到任。

[13] **夭札**　遭疫病而早死。《左传·昭公四年》："疠疾不降，民不夭札。"杜预注："短折为夭，夭死为札。"

[14] **痹疠**（bì lì）　病害。痹：古同痹，风湿引起的病。疠：疠气，又称疫疠之气、毒气、异气、戾气或杂气。《素问·六元正纪大论》："厉大至，民善暴死。"

[15] **辅德大王**　即城隍。

[16] **绿薄**　即功德薄。因封面为绿色，故名。

[17] **大清道光元年**　公元1821年。

[18] **重光大荒落** 辛巳年，即道光元年。

[19] **蕤宾月** 农历五月。

[20] **上浣** 上旬。

茂县羌族博物馆馆藏重修宗渠川主庙碑记

【位置】原立茂县凤仪镇宗渠川主庙，现藏茂县羌族博物馆

【年代】清道光三年（1823年）

【形制】竖长方体

【尺寸】高115、宽75、厚7厘米

【内容】

　　特授四川茂州直隶州右堂[1]、加三级纪录五次刘为题重修宗渠[2]川主庙碑记事事。□□□□□□□，威灵赫濯[3]，历□□□□一方之保障。旧志载：川主楼，明时修建。年月则缺失无闻，庙中又无碑碣可考，前来入庙者，莫知其由来矣。本年正月，士人王先扬等因庙宇欹斜[4]，虑其倾圮[5]也，集众善士而重修之，于梁端得一纸，内记此庙明洪武年[6]创建，正德三年[7]重建，崇祯[8]培修，康熙年[9]重建。雍正十三年[10]首人孟时盛等捐赀[11]修理，乾隆二年[12]告成。寥寥数语，朴实无久[13]，而建修之经始，则历历可考焉。噫嘻！前人之智慧虽浅小，而其计虑则尚远无也。不勒于石碣[14]，不载于志乘[15]，而独以诸书藏之斗拱[16]之间，其迹知后人改造时□□此而可传之后，是后人能知此读□书而藏□，则继此而又改造者□□得此，而可传之远，勿著而□□□而□不与碑碣、志乘同一□在人□□也。后人闻其事，心□□□□□□□□□□而志序，今人□□数目□□□修斯庙□□□后□可证□□□□有此遗字□夫□□此漏。捐赀钱类壹佰伍拾两，□□壹百柒拾两□□□□□□计，首事王自富清厘[17]而记载之，以垂不朽毋□。余赞□□是为序。

　　流清本村本□等于后：

　　领袖：白马梁尚忠一两六钱五分；杂足生员[18]王先扬一两一二钱八分；王恭一两二钱八分；孟维禧□两□钱；梁尚选六两五钱八分；顺侃二两□钱；顺登选二两一钱；顺拥二两一钱；梁浦二两一钱；王□锡一两九钱；吏员[19]顺学逸一两八钱；梁尚仁一两九钱二分；吏员衡联顺一两七钱；王明一两六钱三分；王□德一两□钱；顺朝还一两六钱；文□□一两六钱；顺万孺一两□钱；生员王光鸣一两五钱；吏员孟□一两五钱；吏员梁彪一两四钱八分；顾清举一两三

茂县羌族博物馆馆藏重修宗渠川主庙碑记

钱；吏员宋澜一两一钱八分；王清德一两一钱；顺学周一两□钱；顺学思九钱四分；梁俊九钱一分；梁□澹五钱五分；任联贵五钱。

　　□□办立

大清道光叁年[20]岁次癸未小阳月[21]吉日谷旦[22]

（1935年中国工农红军长征途经此地时，在碑上镌刻宣传标语："共产主义青年团是反帝抗日的先锋。西北军区政治部！"）

【注释】

[1] 右堂　即吏目。清代州官佐吏之一，佐理缉捕、刑狱及文书等官署事务。

[2] 宗渠　今茂县凤仪镇宗渠村。

[3] 赫濯　威严显赫的样子。

[4] 攲斜　歪斜不正。宋苏辙《再赋葺居》之三："南北高堂本富家，百年梁柱半攲斜。"

[5] 倾圮　倾倒垮塌。

[6] 明洪武年　公元1368—1398年。洪武：明朝开国皇帝明太祖朱元璋的年号。

[7] 正德三年　公元1508年。正德：明朝第十位皇帝明武宗朱厚照的年号。

[8] 崇祯　公元1628—1644年。崇祯：明朝第十六位皇帝朱由检的年号。

[9] 康熙年　公元1662—1722年。

[10] 雍正十三年　公元1735年。

[11] 捐赀　私人或团体出资金办理或资助公共事业。赀同"资"。

[12] 乾隆二年　公元1737年。

[13] 朴实无久　疑为"朴实无华"。

[14] 石碣　石碑。北魏郦道元《水经注·济水》："又西北入济水，城西北三里有项王羽之冢，半许毁坏，石碣尚存。"

[15] 志乘　志书。清章学诚《文史通义·〈和州志政略〉序例》："夫州县志乘，比于古者列国史书，尚矣。"

[16] 斗拱　中国古建筑特有的一种结构。在立柱和横梁交接处，从柱顶上一层层探出的成弓形的承重结构叫拱，拱与拱之间垫的方形木块叫斗，两者合称斗拱。此处转指梁架。

[17] 清厘　即清理。

[18] 生员　明清指经县、府、院三级考试录取，由学政分入府、州、县学学习者。习称秀才，亦称诸生。

[19] 吏员　指地方官府中的小官。

[20] 大清道光叁年　公元1823年。

[21] 小阳月　农历十月。明代《五杂俎》："四月多寒，而十月多暖，有桃李生华者，俗谓之小阳春。"

[22] 谷旦　良辰；晴朗美好的日子。旧时常用为吉日的代称。

汶川雁门索桥平正寺维修功德碑

【位置】汶川县雁门乡索桥村

【年代】清道光九年（1829年）

【形制】竖长方体

【尺寸】高120、宽70、厚10厘米

【内容】

　　盖闻□□□□□□□□□□□□□义可弗彰也。惟我索桥一村[1]所建川主祠□□庙□□□□□唐、宋、元、明以至我朝，历有年所矣。忆昔顺治年间[2]，已经前人补葺，乐善记名□□后世□□□□不磨之功耳，特是物无不敝之理，而事亦无不变迁之会。即虽庙貌辉煌，经百十余年之风霜雨雪，而未有凋残颓败者乎？于是乎也，我村中□□厚长者，聚积公项[3]，共乐为善。于是乎存积数年，收来□□余钱百十千文。所以村内老幼，同心协力募化，仁人囊贮[4]锱铢[5]，乐善适从。鸠工化材[6]，坚意修建，择吉于道光九年[7]仲夏五月内。开阔庙基，宽有数丈，兴工建修。庶几庙宇为之一新，诚足以壮大观哉。兹则功成告竣，□□美丽，殿宇巍峨，神灵赫濯[8]，斯是神以妥而以灵，而人宜福亦宜寿，此固神人胥庆[9]，而正所谓：天有丰年，时和岁稔[10]，祝颂升平[11]，而□永醉饱备耶。兹以捐赀[12]勒石，芳名永著，以使后嗣[13]子孙，共鉴此意。而庙宇之香火，俱□□不朽云。

　　本村会首

　　领事：朱世发捐钱一千文；朱世文捐钱二千四百文；陈梦寿捐钱一千十百文；朱世才捐钱三千二百文；□□阶二千四百文……（残，略）

汶川雁门索桥平正寺维修功德碑

【注释】

[1] **索桥一村**　今汶川县雁门乡索桥村索桥组。

[2] **顺治年间**　公元1644—1661年。

[3] **公项**　清代用于各省地方公事之经费称为公项。

[4] **囊贮（zhù）**　储存于袋中的物品。囊：口袋。贮：储存、储藏。

[5] **锱铢**　旧制锱为一两的四分之一，铢为一两的二十四分之一。比喻极其微小的数量。后也代指钱财。

[6] 鸠工化材　应为"鸠工庀材"。招集工匠，准备材料。化："庀"（pǐ）之错别字，准备。

[7] 道光九年　公元1829年。

[8] 赫濯（hè zhuó）　威严显赫。

[9] 胥庆　共同庆祝。胥：全，都。

[10] 稔（rěn）　庄稼成熟。

[11] 升平　太平。《汉书·梅福传》："使孝武帝听用其计，升平可致。"颜师古注引张晏曰："民有三年之储曰升平。"

[12] 捐赀　捐资。赀：同"资"。

[13] 后嗣　子孙后代。唐元稹《告赠皇祖祖妣文》："公实能德，延于后嗣。"

茂县三龙杨家沟灵兴寺功德碑

【位置】茂县三龙乡杨家沟村灵兴寺

【年代】清道光十六年（1836年）

【形制】竖长方体抹角

【尺寸】高150、宽110、厚7厘米

【内容】

茂县三龙杨家沟灵兴寺功德碑

尝闻自开国以来，有四大名山[1]，诸神各省累年，人心善念，光驾[2]朝睹，古来有矣，岂是我今世善哉。虽然杨姓众等又暨会首其意由来久矣，且以众皆说之善念，夙夜静思，殊深耿耿，独僻偏偶，再三寿量[3]，新造圣驾[4]一乘，祯珠、名伞、执队全套，佑一境之中，固昭昭[5]之不爽[6]也。惟灵兴寺祯祥[7]会诸神案下，历年朝睹。予等虽有斯念，先化会内钱两壹伯余贯[8]，驾价无深，独力难成，集众踌躇[9]，请驾恭迎，本庙风水培而人杰地灵。为此竭力募化劝捐赀[10]，福果不昧[11]，以成其美。爰具小补[12]，伏望[13]远近绅士、大户、士民，欣发锱珠[14]，广积无量之福果，将来圣驾迎来，功成告竣，何莫非增功益禄，求功利而自成，科名显达之助也。乃是四方善士仁人之功果，而非一二人之功果，庶古人之遗风，可复见于以后。金名勒石垂碑，万古不朽，是以浅序。

总领会首：杨廷玉，男文清、松助钱拾贰两九钱八分；杨廷桂，男福、禄助钱七两八钱四分；杨廷凤，男文泰助钱拾壹两四钱四分；杨廷秀，男文宝、元助钱拾六两零八分；杨廷高，男文富助钱八两八钱八分；杨廷苍、华，男文康助钱七两七钱七分；杨廷虎，男文斗助钱六两零四分。

会首：杨廷芳、海助钱六两八钱二分；杨廷尚，男文喜助钱六两零四分；杨廷□，男文光助钱六两零四分。

会首：杨文贵、通，男士荣助钱拾两零八分。

会首：杨文魁、□，男士明、清助钱拾七两零二分；杨文超，男士海助钱八两零八分；杨文发，男士林拾二两五钱零四分；杨文彩，男士安助钱六两五钱八分；杨文富助钱四两一钱二分。

会首：杨文泰，男士禄。会首：杨文德。会首：杨文清。会首：杨文富。

杨石匠。

大清道光十六年[15]六月十二日杨家沟从姓等立

【注释】

[1] 四大名山　汉地佛教认为山西五台山是文殊菩萨的道场，四川峨眉山是普贤菩萨的道场，浙江普陀山是观音菩萨的道场，安徽九华山是地藏菩萨的道场，故称之为"佛教四大名山"。

[2] 光驾　犹光临。明何景明《中秋十七夜留康德涵饮》诗之一："君子枉光驾，嫌婉情未央。"

[3] 寿量　应为"筹量"，筹划商量。寿："筹"之错别字。

[4] 圣驾　原指皇帝或临朝皇后的车乘。此处为抬神灵巡游的轿子。

[5] 昭昭　明白。《老子》："俗人昭昭，我独昏昏。"

[6] 不爽　不差；没有差错。《诗·小雅·蓼萧》："其德不爽，寿考不忘。"毛传："爽，差也。"

[7] 祯祥　吉祥的征兆。祯：国家出现朱雀。祥：国家出现凤凰。

[8] 壹伯余贯　伯："百"之错别字。贯：旧时用绳索穿钱，每一千文为一贯。

[9] 踌躇　应为"筹措"。

[10] 捐赀　即捐资。赀：同"资"。

[11] 不昧　不忘。

[12] 小补　或多或少的帮助或好处。

[13] 伏望　表示希望的敬辞，多用于下对上。宋王禹偁《滁州谢上表》："伏望陛下思直木先伐之义，考众恶必察之言。"

[14] 锱珠　古代货币单位，锱是一两的四分之一。珠："铢"之错别字。铢是一两的二十四分之一。比喻极其微小的数量。后为钱财的代称。

[15] 大清道光十六年　公元1836年。

金川安宁修路功德碑

【位置】金川县安宁乡政府驻地一农田边

【年代】清道光十九年（1839年）

【形制】弧顶长方体

【尺寸】通高170厘米，碑高140、宽110、厚9厘米

【内容】

美 继 前 功

　　屯治之东有刮耳岩[1]，向无道路，只有小径一线，在崖脊之上，乃诸屯营官商、军民、番练必由之路。上逼崇岩，下临深渊。乾隆五十一年[2]，经前屯务[3]蒋名士椿、游府[4]亮名福捐赀[5]，于岩下开小路一线□□□尚堪行走。嘉庆六年[6]□□屯务张名锡毂、游府□名朝龙捐廉[7]募化，相形度势，凿石架木□□□道□□□建……观音□□庙半楹[8]。历年久远，□□□已朽坏，残破不堪，行人□□□旧竖碑亭，亦已倾圮。今屯务邹、署都府[9]方、专城[10]高莅任斯土，目击难安，叹前功之覆篑[11]；心期力任，愧绵薄之莫伸。然而途长二百余丈，栏、墙均已坍塌，第[12]工程浩大，非众等擎义举，不能共襄成事。是以持簿募化，各屯、营官长、善士慨发倾囊一斛，永□□□□固兹□□功告竣，道路□成，计费银□百两。谨将□□□□成数□□□于左，是为序。

　　钦加总镇[13]、懋功协镇都督府[14]□□卿捐银五两；署懋功协镇、漳腊参府[15]富哈岱捐银四两；管理懋功军粮屯政厅[16]钱堉捐银十二两；管理绥靖[17]军粮屯政厅张□铭捐银六两；□□□□督左副□□□□捐银三两；钦命□□□□□堪布[18]□□□□捐银□两；□□□□骑尉[19]署部厅□□龙捐银□钱；署懋功领哨[20]、约咱汛部厅[21]唐□□捐银三两；署庆宁[22]领哨、绥靖营部厅李国安捐银一两；绥靖营分防独松[23]汛部厅吴腾蛟捐银一两；领袖官崇化营[24]军粮屯政邹照捐银十两；领袖官崇化营署都阃府[25]方廷超捐银十两；绥靖噶尔[26]汛部厅□占春捐银一两；绥靖营左哨头司厅陈明升捐银五钱；绥靖营右哨头司厅张文寿捐银五钱；即选[27]左堂[28]赵建城捐银五钱；□□□□崇化副司厅[29]□□芳捐银□两；崇化分防卡撒[30]署部□祥捐银□五钱；崇化分防马邦[31]署部厅□礼捐银五钱；崇化分防广法[32]署司厅王临捐银五钱；崇化分防曾达[33]署司厅王成捐银五钱；崇化分防马奈[34]署司厅马□裕捐银五钱；庆宁营署领哨副司厅杨春祥捐银五钱；领袖官署崇化领哨卡撒汛部厅高映晨捐银二两。

　　崇化屯署幕[35]舒照撰。房□张翰□书

　　督修路工经理张青。首事领旂[36]高长春

大清道光十九年[37]岁次己亥小阳月[38]谷旦[39]公树

金川安宁修路功德碑

【注释】

[1] 刮耳岩　位于金川安宁乡与卡撒乡之间，上为绝壁，下临深渊，中通一线，路面狭窄，仅容一人侧身而过，且有刮耳之虞，故名，为古代交通要冲。

[2] 乾隆五十一年　公元1786年。

- [3] **屯务** 又称"屯政",管理屯田事务的官员。
- [4] **游府** 转指游击。游击:清代绿营武官名,从三品,位在参将之下,率游兵往来防御。
- [5] **捐赀** 私人或团体出资金办理或资助公共事业。赀:同"资"。
- [6] **嘉庆六年** 公元1801年。
- [7] **捐廉** 旧谓官吏捐献除正俸之外的养廉银。
- [8] **半楹** 半间,正面无墙或门的房间。楹:量词,古代计算房屋的单位,一说一列为一楹,一说一间为一楹。
- [9] **都府** "都督府"的简称。都督:军事长官或领兵将领。
- [10] **专城** 主宰一城的州牧、太守等地方长官。
- [11] **覆篑**(fù kuì) 倒一筐土。形容积小成大,积少成多。语出《论语·子罕》:"譬如平地,虽覆一篑,进,吾往也。"马融注:"加功虽始覆一篑,我不以其功少而薄之。"篑:本义为盛土的筐子。
- [12] **第** 但,只是。
- [13] **总镇** "总兵"的别称。清代总兵为绿营兵正二品武官,受提督统辖,掌理本镇军务,他直接统辖的绿营兵称"镇标"。此处应为总镇衔,非实职,享受总镇待遇。
- [14] **协镇都督府** 协镇都督办公的官署,亦代指协镇都督。协镇:亦称协台,清代绿营兵副将的俗称。都督为加衔,即协镇等要有都督衔才有统军实权。
- [15] **参府** "参将府"的简称,参将办公的官署。参将:清代绿营兵的将领,秩正三品,位次副将,掌理本营军务,其主要任务是镇戍地方。
- [16] **军粮屯政厅** 简称"屯政厅",清代在边疆地区所设的专管屯田事务的机构,其主要职责就是负责农业耕种,为军队提供粮食。屯政:负责屯田事务的官员。
- [17] **绥靖** 即绥靖屯,今金川县安宁乡以上、集沐乡以下地区,清乾隆平定金川后,推行改土归屯运动,于此设置绥靖屯,屯署在今勒乌镇老街。
- [18] **堪布** 原为藏传佛教中主持授戒者之称号,相当于汉传佛教寺院中的方丈。其后举凡深通经典之喇嘛,而为寺院或扎仓(藏僧学习经典之学校)之主持者,皆称堪布。担任堪布的僧人大都是获得拉然巴格西学位的高僧。
- [19] **骑尉** 清绿营兵中统领马队的军官。
- [20] **领哨** 清绿营兵中统领哨、司一级的官员,各营有总领哨官一名、领哨若干,分驻各汛塘。
- [21] **约咱汛部厅** 统领约咱汛的官员。约咱:今甘孜州丹巴县岳扎乡。汛:清代兵制,凡千总、把总、外委所率的绿营兵均称"汛",其驻防巡逻的地区称"汛地"。
- [22] **庆宁** 今金川县庆宁乡庆宁村。清乾隆平定金川后,于此设置有庆宁营。
- [23] **独松** 今金川县独松乡独松村。清乾隆平定金川后,于此设置有独松汛。
- [24] **崇化营** 清代绿营兵,驻地在今金川县安宁乡。清乾隆平定金川后,于此设置有崇化屯和崇化营。

[25] **都阃府** "都司"的别称。都司：清代绿营军官，职位次于游击，秩四品，分领营兵。

[26] **噶尔** 今金川县咯尔乡金江村。清乾隆平定金川后，于此设置有噶尔汛。

[27] **即选** 官制名。即凡须经月选之官员内，除奉旨即用人员及特用班人员可不论单、双月遇缺即选外，另有一些具有某些资格或条件的候选官员，也可尽先选用，称为即选。

[28] **左堂** 各部院左右侍郎称左堂或右堂，自称部堂。

[29] **副司厅** 清代绿营中司部的助手或幕僚的办公场所。

[30] **卡撒** 今金川县卡撒乡巴拉塘村。清乾隆平定金川后，于此设置有卡撒汛。

[31] **马邦** 今金川县马尔邦乡八角塘村马尔邦组。清乾隆平定金川后，于此设置有马邦汛。

[32] **广法** 今金川县安宁乡末末扎村广法寺组，因广法寺而得名。清乾隆平定金川后，于此设置有广法汛。

[33] **曾达** 今金川县曾达乡曾达村曾达关组。清乾隆平定金川后，于此设置有曾达汛。

[34] **马奈** 今金川县马奈乡马奈村。清乾隆平定金川后，于此设置有马奈汛。

[35] **署幕** 供职于官府里的文书。

[36] **领旂** 即"领旗"，指挥官。旂：古同"旗"，指系有铃铛的旗子。

[37] **大清道光十九年** 公元 1839 年。

[38] **小阳月** 又称"小阳春"，农历十月。

[39] **谷旦** 良辰；晴朗美好的日子。旧时常用为吉日的代称。

金川马尔邦培修马邦汛武庙小序

【位置】金川县马尔邦乡八角塘村马尔邦组雷音寺内

【年代】清道光二十年（1840 年）

【形制】弧顶长方体

【尺寸】高 193、宽 89、厚 19 厘米

【内容】

万 古 流 芳

培修马邦汛武庙小序

马邦汛[1]之有关帝庙[2]由来旧[3]矣。历年既多，倾颓益甚。愚等目击心伤，不忍坐视，邀同志为绍厥前徽[4]计。幸而事以义举，集腋成裘。于是鸠工它材[5]，舍旧图新。虽非改铉更张[6]，实为补偏救弊。高其闬阓[7]，则殿宇辉煌矣；厚其墙垣，则外观有耀矣。一经振作，焕然可观。视前此萧条寂寞之状，不啻相悬万万。更复装彩神像，改塑周、平[8]二位神祇[9]，易立而为侍坐马夫。于事功告竣之余，追维[10]往日零落之象，倘非好施者不乏人，乐助者不乏人，曷克臻[11]此。是之谓：土壤不辞，所以成泰山之高也；细流不择，所以成河海之深也。兹将姓氏勒石，岂求表扬于后世，莫非共白[12]于今兹[13]。庶凡[14]美无弗彰，善无不扬也云尔，是为序。

计开：

小金汉牛屯守备[15]头人上功德银三两；测隆屯[16]守备板橙尔甲上功德钱贰千文。

署崇化营都司[17]、长宁营守备[18]方廷超助银肆两、外瓦三千、灰一千觔[19]；管理崇化军粮屯政[20]、加三级邹照助钱贰千文；署崇化营领哨[21]、卡撒汛[22]把总[23]高映晨助钱壹千文；崇化营广法汛[24]领哨外委[25]马茂祥助钱壹千文；崇化营曾达汛[26]左司外委[27]陈廷芳助银一两五钱；崇化营马奈汛[28]右司外委杨占魁助银一两五钱；署崇化营曾达汛外委何定芳助钱贰仟三百文；崇宁县[29]文生[30]方新助银壹两；署崇化营广法汛外委王临助钱四百文；前任崇化营卡撒汛把总邹洪宽助钱一千文；国子监[31]刘时彦助一千文；正九品[32]曾毓鉴助钱一千文；日格脑屯[33]把总、代办[34]守备生根助钱贰千文；格尔党寨[35]代办守备、屯把总何尔甲助钱贰千文；执布朗屯外委[36]、行营都司[37]苍旺什吉助钱一千文；卡卡角屯[38]把总思丹巴助钱贰千文；执布朗头人甲噶助钱一千文；四卡[39]南喇嘛助钱一千五百文；执布朗小头人行营守备苍旺龙助钱一千文；阖营马步兵丁等共助银三拾两。

唐贵助钱三千三百文；王纶、杨廷贵二名各助钱二千文；魏斌、颜怀朝、安国全、李福、王玉林、得耳江本，以上六名各助钱一千五百文；陈万寿、喻廷忠、游德明、戴业兴、黄春元、傅有贵、傅在朝、游学忠、周培天，以上九名各助钱一千文；黄开照、胥大有、直忠、李永昌、李福成、路超林、三卡、王成、黄正贵、牟升、王兴顺、金芳利、韩泰、安国富、钱迫、金芳训、张文仲、舒道芳、孟启有、刘仲康、甲木初江本，以上二十一名每名各助钱壹千文；陈飞鹏、汪朝贵、杨兴顺、向茂林、郭文喜、袁芝荣，各助钱八百文；蒋三贵、雷大顺、周尚才、张伦、苏王魁、赖文贵、宁忠怀、李玉成，各助钱陆百文；何文贵、赵天才、贾玉龙、胡应祥、赵永清、饶玉春、陈仁和、杨奇秀、黄廷举，各助钱五百文；童定国、天登贵、向廷元、戴荣升、戴万和、陈恺、罗朝福、张文学、王玉顺、王忠、杨奇元、那沙泗、唐焕章、杨纯志、张翰霄、王廷杨、毛登魁、甲木初、杨通事、梁舟国、赵文书、俞在朝，廿二名各助钱伍百文；俞澄俸、迥奈、唐文林、赵天龙、蔡文贵、杨兴顺、高映洪、木太、曹良友、韩九贵、陈文贵、吴天才、戚国玺、龙太、程乌、丫雀、姜木、朱世元、杨忠大、马天俸、赵天荣、康华，二十三名各助钱伍百文；雷世荣、松扎、日根太，各五百文；舒晴川、杨万清、许明岱、盛贵、杨秀龙、郭子龙、钱光玉、寇金保，各助钱四百文；杨万富、何永福、王元海、王天福、向良贵、舒道明、向良得、殷成章、汪占春、廖正超、金芳友、金芳贵、向良元，十三名各助钱三百文；康永富、肯蚌、陈四超、生庚、林广兴、周尚元、韩飞、雷乃欢、刘学祥、李三仲、刘玉春、李文寿、聂万贵、牟开印，以上十三名各助钱三百文。

金川马尔邦培修马邦汛武庙小序

募化会首：王国相、胡应祥、傅有贵、陈万寿、王长春、刘天常、杨奇秀、盛贵、吴登贵、饶遇春、戴业兴、金致福、游学忠、赵永清、童定国。

领袖会首：

总管：署马邦汛把总姚忠礼、署曾达汛外委何定芳、署马奈汛外委马志林。

仝办：邹长福、马遇贵、杨万清、喻廷忠、安国全、金玉贵、高长春、王章、王纶、牟升、唐贵、喻在朝。

营书喻长荣撰并书。

大清道光贰拾年[40]仲夏月[41]下浣[42]吉日谷旦[43]

【注释】

[1] **马邦汛**　清乾隆平定金川后设置的绿营兵，驻地在今金川县马尔邦乡八角塘村马尔邦组，属崇化（今金川安宁）营统辖。

[2] **关帝庙**　又称武庙，在金川县马尔邦八角塘村马尔邦组内，现名"雷音寺"。

[3] **旧**　久。《小尔雅》："旧，久也。"

[4] **绍厥前徽**　继承发扬前人美好的德行。

[5] **鸠工它材**　即"鸠工庀材"，招集工匠，准备材料。它："庀"（pǐ）之错别字，准备，具备。

[6] **改铉更张**　即"改弦更张"，琴声不和谐，换了琴弦，重新安上，比喻改革制度或变更方法。此处指推倒重来或做大的改动。铉：古通"弦"，弓弦，或琴弦。

[7] **闬闳（hàn hóng）**　指住宅的大门。宋邵博《闻见后录》卷一二："以为高其闬闳，固其扃鐍，不如开门发箧而示之无有也。"

[8] **周、平**　即周仓、关平。在关帝庙内常塑于关羽座像左右。

[9] **神祗**　应为神祇（qí）。指天神和地神，泛指神明。

[10] **追维**　亦作"追惟"，追忆、回想。

[11] **克臻**　能够达到。明刘若愚《酌中志·逆贤羽翼纪略》："（马谦）诚区画安详，任劳任怨，祁寒暑雨，未之少懈，不四五年，克臻厥成。"

[12] **共白**　共同告白。

[13] **今兹**　今天，现在。

[14] **庶几**　希望；但愿。《左传·襄公二十六年》："惧而奔郑，引领南望曰：'庶几赦余！'"

[15] **汉牛屯守备**　汉牛屯，在今小金川汗牛乡。屯：清乾隆平定大小金川后，在川西北藏、羌地区实行"改土归流"后所设立的军屯。为与"汉屯""满屯"相区别，而称之为"土屯"。屯民平时务农，战时充兵。乾隆朝在原杂谷和大小金川土司辖区内，设土屯十余处，置守备以下各屯官。守备：正五品土官，多以本土土司或头人充任，接受地方官府及绿营武官的约束和调遣。

[16] **测隆屯**　今小金县宅隆乡宅隆村。

[17] **崇化营都司**　崇化营：清乾隆平定金川后驻防的绿营兵，驻地在今金川县安宁乡安宁村。都司：清代绿营统兵官，职位次于游击，正四品武官，分领营兵。

[18] **长宁营守备**　长宁营：驻防于长宁（今四川省叙永县）的清绿营兵。守备：绿营统兵官，分领营兵，位在都司之下，称营守备，为正五品武官。

[19] **觔**　"斤"之异体字。

[20] **军粮屯政**　"军粮屯政厅"的简称。清代在边疆地区所设的专管屯田事务的机构，其主要职责就是负责农业耕种，为军队提供粮食等物资。屯政：负责屯田事务的官员。

[21] **领哨**　清绿营兵中统领哨、司一级的官员，各营有总领哨官一名、领哨若干，分驻各汛塘。

[22] **卡撒汛**　驻防在今金川县卡撒乡卡撒村的清绿营兵。汛：清代兵制，凡千总、把总、外委所统率的绿营兵均称"汛"，其驻防巡逻的地区称"汛地"。

[23] **把总**　清代绿营兵中的低级军官，位次于千总，秩正七品。

[24] **广法汛**　驻防在今金川县安宁乡末末扎村广法寺组的清绿营兵。

[25] **领哨外委**　清代绿营兵哨部的额外低级武官，职位与哨部千总相当，但薪俸较低，正八品。

[26] **曾达汛**　驻防在今金川县曾达乡曾达村曾达关组的清绿营兵。

[27] **左司外委**　清代绿营兵司部的额外低级武官，职位与司部把总相当，但薪俸较低，正九品。

[28] **马奈汛**　驻防金川县马奈乡马奈村的清绿营兵。

[29] **崇宁县**　今成都市郫都区唐昌镇。

[30] **文生**　又称"生员"。明清时经过考试录入府、州、县学的学生。

[31] **国子监**　是中国元、明、清三代国家管理教育的最高行政机关和国家设立的最高学府。凡有入国子监读书资格的，称为"监生"。

[32] **正九品**　清朝官员等级的第十七等级。

[33] **日格脑屯**　清朝设置于今金川县曾达乡日格闹村的土屯。

[34] **代办**　代理。

[35] **格尔党寨**　今不详。

[36] **执布朗屯外委**　执布朗屯：今不详。外委：土外委，清代武职土官名，秩正七品，属世袭之职。管辖所属土军丁，受所在地方武职长官管辖，其承袭之事则归隶兵部。

[37] **行营都司**　受命出征时充任都司职。行营：行军、出征。都司：土都司，清代武职土官名，秩正四品，属世袭之职。管辖所属土军丁，受所在地方武职长官约束，其承袭之事则归隶兵部。

[38] **卡卡角屯**　清朝设置于今金川县马奈乡卡卡足的土屯。卡卡足：嘉绒藏语"下面河口"之意。

[39] **四卡**　今不详。

[40] **大清道光贰拾年**　公元1840年。

[41] **仲夏月**　农历五月。

[42] **下浣**　下旬。

[43] **吉日谷旦**　良辰吉日。

茂县维城前村新路碑记

【位置】茂县维城乡前村至雅都俄口村的小道旁

【年代】清道光二十二年（1842年）

【形制】穹窿顶长方体

【尺寸】通高160厘米，顶高20、宽80厘米，碑高140、宽70、厚7厘米

【内容】

永 垂 万 古

新 路 碑 记

从来阴功[1]不在大小，要肯为是。是故人有善念，天必从之。如我前村□□岩一带，路虽不通大道，往来行人，不知凡几。而况岩之□□□惊，非石工不能坚固。是以首人请匠补修，以度行人。永垂万古，仰福赐无疆矣。今将募化功德，垂列于左：

总领首人：

石坝地[2]：不才他耳、□□□、耳不合匀、银耳止不、□登他耳、不格、南我他、格得才、河尚濯，以上各出银三两五钱，大众共上粮食二十三桶。

瓦不寨[3]：哪吗[4]格西龙、□□□、阿查耳，各出银□两七钱，大众共上粮食叁拾桶。巴地弟兄上银三钱。

瓦子寨[5]：保正[6]陈□□、农官[7]陈□龙上银一两五钱；乡约[8]王富上银五钱二分；才思甲上粮食五桶；沙巳甲上粮食五桶；王荣上粮食五桶；长明上银三钱五分；陈长贵上银四钱；板登思甲三桶；牙木初上银三钱；板吉思满三桶；王君二钱二分；余成二钱二分；格什二钱五分；甲木初二钱五分；牙忠二钱。

纳格寨[9]：陈光华上银一两四钱，西卡耳上银一两□□，沙纳上银□□□□，咱香上银□□□□，瓦吉上银□□□□……

大清道光二十二年[10]孟冬月[11]下浣日[12]吉旦

【注释】

[1] **阴功** 指在人世间所做而在阴间可以记功的好事。

[2] **石坝地** 具体村寨不详。

[3] **瓦不寨** 今黑水县瓦钵乡瓦钵村。瓦钵：羌语，意为"岩山梁"。

[4] **哪吗** "喇嘛"的异写。

[5] 瓦子寨　今茂县维城乡四瓦村瓦子寨组。

[6] 保正　即保长。

[7] 农官　明清时由县官任命的乡中小吏，负责主管农事。

[8] 乡约　明清时由县官任命的乡中小吏，负责传达政令，调解纠纷。

[9] 纳格寨　具体村寨不详。

[10] 大清道光二十二年　公元1842年。

[11] 孟冬月　农历十月。

[12] 下浣日　下旬。

茂县叠溪排山营川主庙功德碑

【位置】茂县叠溪镇排山营村小沟子组"庙子梁梁"

【年代】清道光二十五年（1845年）

【形制】竖长方体

【尺寸】高150、宽90、厚8厘米

【内容】

永垂万古

　　盖闻积善之家，必有余庆[1]。建修庙宇，装塑神像，估一境之中，固昭昭之爽[2]矣。况我本处，山青水秀，龙脉蜿蜒，是以纳福生财之区也，安得不敬福神？风水培而人杰地灵。夙夜静思，殊深耿耿。予等再三筹量[3]，惟川主、山王、牛王三尊大神本庙，即笃建修，装塑神像。窃虑向无蓄积[4]，于是我等会首，虽有斯念，又无资珠[5]。虽功不大，独力难成。集众商议，竭力募功德，福果不昧[6]，以成其美。锱珠[7]广积，无量之福果，将来成功告竣，何莫非增功益禄，求名利而自成，科名显达之助也。勒石垂碑万古，以是为序。

　　装塑神像信善[8]：苟文相、朱万清、苟钦定、王廷玉、苟钦艮八户人。

　　堪舆师[9]：杨青荣。

　　总领会首：许德贵、朱登达、苟喜每人出钱六两四钱。

　　胡文彩助钱四两二钱；胡文忠助钱二两一钱八分；晏德用助钱一两五钱；胡文玉助钱一两八钱八分；胡文寿助钱一两七钱五分；王正明助钱一两六钱；王正富助钱二两四钱八分；苟文荣助钱一两五钱五分；苟国安助钱一两五钱五分；周先贵助钱一两四钱八分；胡永眠助钱一两四钱八分；王正龙助钱一两三钱二分半；金永贵助钱一两三钱；王正兴助钱一两二钱八分；赵登元助钱一两二钱五分；唐开基助钱一两二钱；周为成助钱一两二钱五分；王辅荣助钱一两一钱八分；杨国富助钱一两一钱五分；王启顺助钱一两一钱八分；王文山助钱一两二分；谢升辅助钱一两二分；唐开丞钱一两；李熊助钱一两八分；赵登才助钱九钱二分；苟钦寘助钱五钱五分；唐应寿助钱五钱二分；唐开遂助钱五钱五分；唐开换助钱五钱；唐开荣助钱五钱；苏元德助钱五钱二分；罗寿长助钱五钱八

分；王启富助钱五钱；王友助钱五钱八分；王启苟助钱五钱五分；王朝清助钱五钱八分；王启友助钱五钱五分；李全助钱五钱二分；魏朝元助钱五钱八分；王海从助钱二钱二分半；姜荣助钱五钱二分；李如喜助钱五钱；姜友助钱五钱；郁如惠助钱五钱；王朝奉助钱五钱三分；王友助钱五钱八分；张典议助钱五钱；苟清洪助钱五钱；金朝宗助钱五钱；金朝清助钱五钱；金朝林助钱五钱；金朝明助钱五钱五；金永发助钱五钱；金永才助钱五钱；王朝东助钱三百；金方方助钱三钱；王启荣助钱三钱；张洪得助钱二百；金主保助钱二钱；苟文明助钱五钱八分；苟文朝助钱五钱二分；金永林助钱五钱五分；苏永长助钱五钱；杨浦助钱五钱；杨玉助钱三钱；王学元助钱五钱二分；杨正元助钱五钱五分；马师圣助钱五钱；王学成助钱四钱；许得明助钱三钱；苟文高助钱三钱。

立灯干王廷彪书。

大清道光二拾五年[10]八月十五日立

茂县叠溪排山营川主庙功德碑

【注释】

[1] **积善之家，必有余庆** 意为积德行善之家，恩泽惠于子孙。出自《周易·坤·文言》："积善之家，必有余庆；积不善之家，必有余殃。"

[2] **昭昭之爽** 应为"天理昭昭，报应不爽"之简称，意为天理清清楚楚，恶有恶报、善有善报，不会有什么差错。爽：差错。

[3] **筹量** 筹划商量。

[4] **蓄积** 即积蓄。积聚；储存。

[5] **资珠** 应为"锱铢"，旧制锱为一两的四分之一，铢为一两的二十四分之一。比喻极其微小的数量。后转指钱财。

[6] **不昧** 不忘。《逸周书·王会》："佩之令之不昧。"孔晁注："不昧，不忘也。"

[7] **锱珠** 即锱铢。

[8] **信善** 信男善女，即信徒。

[9] **堪舆师** 古代专职的风水师。

[10] **大清道光二拾五年** 公元1845年。

九寨沟黑河塘重建黑河桥叙

【位置】九寨沟县白河乡水沟坝村黑河塘

【年代】清道光二十六年（1846年）

【形制】竖长方体

【尺寸】高150、宽90、厚7厘米

【内容】

流 芳 千 古

重建黑河桥[1]叙

　　盖闻补修道路，造设桥梁，固阴阳之所昭，垂永功德之，是无量者也。维我本营[2]黑河汛[3]上通松、省[4]，下接甘、文[5]之冲途，亦商贾贸边之要道。向设桥梁一座，依山傍险，势若盘蛇。途遇此之初，目睹危险，甚切惊心，真所谓难于上青天也。爰恳松、南仁人善士，大施佽助[6]，欲建兴修。而传话五寨[7]番民，均各踊跃乐助。于是凿石□□，求大木而为梁立，上盖以覆庇[8]。巍然巩固，焕然改观，从此一劳永逸，共颂王道之平坦，咸乐杠舆[9]之□□。往来督理，颇费筹画[10]之苦心耳。今于落成之际，爰泐[11]短章，以志不朽，是为序。

　　上虞备用处[12]侍卫[13]、四川松潘镇标右营移驻南坪河间府、加三级纪录五次□□□。

　　督工：右司把总[14]黎发泰、右司外委[15]吴绳智。监工：夏得全、徐陞。监工：抚夷子关刘永长、王中杨。监工：寨堡李桂、王永贵、袁得贵。

　　南坪营□□□张炉敬撰，李毓秀敬书。

道光二十六年[16]岁次丙午小阳[17]□□□吉旦

九寨沟黑河塘重建黑河桥叙

【注释】

[1] **黑河桥**　在今九寨沟县白河乡水沟坝村黑河塘隔河对岸悬崖旁。碑之西侧，为原松潘至南坪古道之要隘，现已坍塌，仅存遗址。

[2] **我本营**　指南坪营，清雍正三年（1725年）设，隶属松潘厅，驻地在今九寨沟县城附近。

[3] **黑河汛**　汛：清代兵制，凡千总、把总、外委所统率的绿营兵均称汛，其驻防巡逻的地区称汛地。黑河：今九寨沟县黑河乡头道城村。

[4] **松、省**　松潘和成都。

[5] **甘、文**　甘、川交界处。

[6] **佽（ci）助**　帮助。佽：古通"次"，帮助，辅佐。

[7] **五寨**　即芝麻五寨：芝麻寨、南岸寨、霞雾寨、决那寨、黑雾寨。

[8] **覆庇**　亦作"覆芘"，覆盖遮蔽之意。

[9] 杠舆　"徒杠舆梁"的简称。徒杠：可供徒步行走的小桥。舆梁：桥梁。《孟子·离娄下》："十二月，舆梁成。"孙奭疏："今云舆梁者，盖桥上横架之板若车舆者，故谓之舆梁。"

[10] 筹画　谋划。

[11] 泐（lè）　铭刻。

[12] 上虞备用处　清代官署名，初置时又称尚虞备用处或黏竿处，主要是日常协助侍卫处与护军营护卫皇帝，并备皇帝出巡时偶作"垂钓"的承应事务。

[13] 侍卫　清朝官名。最初由八旗满州整黄旗、镶黄旗、整白旗等上三旗子弟担任，清末亦授予汉人等。

[14] 把总　清代绿营兵低级军官，秩正七品，位次于千总。

[15] 外委　清代绿营兵额外低级武官，有外委千总、外委把总、额外外委，职位与千总、把总相同，但薪俸较低。

[16] 道光二十六年　公元1846年。

[17] 小阳　即小阳春。在我国的夏历中，把十一月作为一年之始，称为"阳"，故习惯上把十一月叫"小阳春"。而对应农历就是十月，对应公历亦为十一月。

茂县南新安乡五显庙种德碑

【位置】茂县南新镇安乡村一组五显庙前
【年代】清咸丰三年（1853年）
【形制】攒尖顶四方柱体
【尺寸】通高180厘米，碑高143、边宽40厘米
【内容】

种　德　碑

尝闻神得人妥，人得神安。神非人，无以崇庙宇而奉明烟。人非神，何以托庇护而隆昭报，是神与人两相需者也。州南安乡[1]旧有五显神[2]庙，建自康熙年间，迄今百有余岁。经风雨所漂摇，而庙庑坍塌，鸟鼠所休息，而丹臒[3]剥残，是神不妥者，人亦不安也。爰有首事蔡国荣、刘清华等，于道光十一年[4]承领募化，重修前后殿宇，满堂神像从新[5]装塑，圣庙一新，数十年矣。今将凡我同乡善士、仁人君子所施田地，以及所买采次一并功德勒石，不朽善名永播矣。

众等首事公立。

住持：源成。

汶邑文生赵万森撰书。

石匠：麦地尚益修。

大清咸丰三年[6]岁次癸丑九月十九日谷旦

施 福 田

福圣寺买明曹寿长名下山田，坐落庙上下，田价钱四千文整，有约。外山地一分，买价钱五百文。

杨发荣、杨□长二人名下山后田一并发心上二田寺用，有约。

蔡国瑞仝[7]钱登祥二人发心上田两块，麦种二斗，有约。

蔡登祥仝李上荒田三台，坐落上□坪路上下，有约。

邱玉仁、杨成玉二人上田一块，座落[8]黑石头。

杨成玉山后田一块，上在寺内，座落水沟下边。

关永昌上山地一块，座落山梁上。

永 垂 万 古

署四川茂州事、射洪县正堂[9]方；

署四川茂州营都阃府[10]许；

特授直隶茂州右堂[11]、卓异[12]侯升刘；

署四川茂州营专城[13]、世袭云骑尉[14]苏；

署四川茂州营南城、世袭恩骑尉[15]顾。

道光二十三年[16]，福泉寺首事蔡国荣买明凤毛坪[17]苟有能名下每月水放一日，夜灌溉寺中田地，买水价钱拾陆千文整，有约。

茂县南新安乡五显庙种德碑

【注释】

[1] **安乡** 今茂县南新镇安乡村。

[2] **五显神** 宋代江西德兴、婺源一带崇奉的财神。原为兄弟五人，宋代封为王，因其封号第一字皆为显，故称五显神。《三教源流搜神大全》载：（五显神）第一位，显聪照应灵格广济王柴显聪，显庆协慧昭助夫人；第二位，显明昭烈灵护广佑王柴显明，显慧协庆善助夫人；第三位，显正昭顺灵卫广惠王柴显正，显济协佑正助夫人；第四位，显真昭佑灵祝广泽王柴显真，显佑协济喜助夫人；第五位，显德昭利灵助广成王柴显昭，显福协爱静助夫人。其庙亦称为五显庙，祈之颇灵验。

[3] **丹雘**（dān huò） 可供涂饰的红色颜料。

[4] **道光十一年** 公元1831年。

[5] **从新** 重新。从："重"之错别字。

[6] **大清咸丰三年** 公元1853年。

[7] **仝** 古同"同"。

[8] **座落** "坐落"的不规范用词。

[9] **正堂** 明清时对府、州、县正印官的称呼。

[10] **都阃府** 清代正四品武官都司的别称。

[11] **右堂** 即吏目。清代州官佐吏之一，佐理缉捕、刑狱及文书等官署事务。

[12] **卓异** 清制，吏部定期考核官吏，文官三年，武官五年，政绩突出、才能优异者称为卓异。

[13] **专城** 指任主宰一城的州牧、太守等地方长官。

[14] **云骑尉** 清爵名，正五品，在骑都尉下。

[15] **恩骑尉** 清爵名，正七品。凡阵亡者子孙，袭爵次数已尽，授以恩骑尉，令其世袭。

[16] **道光二十三年** 公元1843年。

[17] **凤毛坪** 今茂县南新镇凤毛坪村。

松潘安宏水草坝功德碑

【位置】松潘县安宏乡安宏村水草坝半山坡上

【年代】清咸丰五年（1855年）

【形制】穹窿顶长方体

【尺寸】高140、宽64、厚8厘米

【内容】

永 垂 千 古

盖闻管鲍分金[1]，义重千古，有无相济，利大于今。原因松属之安顺关[2]阖堡善士仁人等，新塑财神一尊，每年神诞[3]公同[4]庆祝。兹有远方客商以及堡内首事人等，乐聚一会。其会虽是堆金积玉[5]之名，而别有由来者，为其每年庆祝神寿而兼补修庙宇。于是会内之人，每人捐钱壹两，共助成资，放出生息，日积月累，以寡增多。日后或为补修庙宇，或买义地[6]布施。切思上下远方贸易客商、担挑下苦之人，在于此境，倘有病故，并无好地埋葬者，多不忍尸骸暴露，故于咸丰三年[7]，公同承买地壹块，约种叁斗，价钱叁拾叁两整。会内出钱贰拾陆两，善士乔元达上功德七两，将地以作义地。倘有远方无主之人，在于此境病故者，布施此地埋葬。更祈生意茂盛，五谷丰隆，故尔勒石，永垂不朽。

众首事：

松潘安宏水草坝功德碑

大邑县[8]胡灵盛；罗江县[9]肖应群；顺庆府[10]梁文发、乔元达、周朝贵、张志君、乔永安；绵竹县[11]王廷金；湖广[12]叶楚山；潼川[13]王忠兴、张尚荣、蒲世海、张尚才、蒲世魁；江油县[14]李腾蛟、叶先昭；绵竹县邓世安、张尚吉、王尚蒲、杨友贵、杨璟、魏自寿；陕西刘升元；德阳县[15]卿一富；雅州[16]竹廷元；汗源[17]敖映洪。

大清咸丰伍年[18]七月二十二日公立

石匠：敖映洪

【注释】

[1] **管鲍分金**　管：管仲，战国时齐国的名相。鲍：鲍叔牙，战国时齐国大夫。典出司马迁《史记·管晏列传》："吾始困时，尝与鲍叔贾，分财利多自与，鲍叔不以我为贪，知我贫也。吾尝为鲍叔谋事而更穷困，鲍叔不以我为愚，知时有利不利也。吾尝三仕三见逐于君，鲍叔不以我为不肖，知我不遭时也。吾尝三战三走，鲍叔不以我怯，知我有老母也。公子纠败，召忽死之，吾幽囚受辱，鲍叔不以我为无耻，知我不羞小节而耻功名不显于天下也。生我者父母，知我者鲍子也。"

[2] **安顺关**　在今松潘县安宏乡安宏村，尚存石砌烽火台一座。

[3] **神诞**　中华民间诸神诞辰日。此处指财神诞辰日，即每年农历正月初五。

[4] **公同**　犹共同。

[5] **堆金积玉**　金玉多得可以堆积起来，形容占有的财富极多。出自唐李贺《昌谷集·嘲少年》诗："堆金积玉夸豪毅。"

[6] **义地**　旧时由私人或团体设置埋葬贫民的公共坟场。

[7] **咸丰三年**　公元 1853 年。

[8] **大邑县**　今成都市大邑县。

[9] **罗江县**　今德阳市罗江县。

[10] **顺庆府**　辖今四川省南充、广安一带。南宋理宗宝庆三年（1227 年），升果州为顺庆府。元代属顺庆路。明代隶四川布政使司，置顺庆府。清代隶四川省川北道。明、清府治南充（在今四川省南充市顺庆区）。清末辖南充、西充、营山、仪陇、邻水、岳池 6 县及蓬州（州治在今四川省蓬安县）、广安 2 散州。1913 年废。

[11] **绵竹县**　今德阳市绵竹县。

[12] **湖广**　在清朝中后期主要指湖南、湖北两省，设有湖广总督管辖。

[13] **潼川**　今绵阳市三台县。古称梓州，宋、元、明时期是潼川府府治所在地。

[14] **江油县**　今绵阳市江油市。

[15] **德阳县**　今德阳市旌阳区。

[16] **雅州**　今雅安市雨城区。

[17] **汗源**　今雅安市汉源县。

[18] **大清咸丰伍年**　公元 1855 年。

汶川三江重修跃龙桥志

【位置】原立于汶川县三江镇政府北 300 米，现已佚失，拓片存阿坝州文物管理所

【年代】清咸丰六年（1856 年）

【形制】不详

【尺寸】不详

【内容】

汶川三江重修跃龙桥志

重修跃龙桥志

闻尝[1]稽[2]古志[3]之犹仕[4]，溯[5]后世之咏谈[6]。既有风而有政[7]，亦载五而载四。忆夫鸢飞鱼跃[8]，无非活泼之象；财行物生，皆是不言[9]之邦。握乘[10]盖于再传，共仰古之四圣[11]；本廉让[12]以持身[13]，群推今之三江[14]尔。其境情物[15]不异，性理[16]亦然，扲以[17]乐家，守之升平[18]，则国家之盛治[19]也。洋洋沟洽[20]，浩浩三江[21]，自近而远，由中达外，是即三江[22]。而思夫中流[23]，乃汶灌[24]通衢[25]，为商贾之要道也。旧有桥焉，创自前代，后被湮没，而基址犹存，往往阻碍行人。尔等久欲重建，而架索横空，庶免[26]临流返辔[27]之嗟。当斯之举，奈独力难成，爰集诸同志而酌议，日必仗众善乐助，共勤[28]厥德[29]。工成[30]告竣，书名泐石，永垂不朽，是以为记。

钦赐诚敬名号四川加渴瓦寺宣慰使司[31]宣慰司索[32]助银[33]壹对；瓦寺土舍[34]功加游府[35]军功加升花翎[36]参府[37]索讳文茂助钱一千；属下三江口[38]总理[39]王讳肇成助银一对；属下军功蓝翎[40]加升守府[41]三江口副目领袖刘讳福寿助钱一千文；属下军功加升守府三江口寨目领袖刘讳珍助钱一千文。

会首：姚清振一千文；毛福寿一千文；刘永福六百文；姚思汉三百文。

会首：杨茂春、孟童子、徐友贵。

骆荣昌三千；肖洪生三千；姚森和上柱料；邱荣生十二根；蒋洪发、刘洪兴、周应俸、陈学璋各上钱一千六百文；李柏荣、刘意美、周国位、杨锡春各上钱一千二百文；周三才、陈元春、肖天发、刘方洪、李文俸、刘映钟、明思忠、刘大才各一千文；二才太六百文；姚善常、徐桂芳、罗登柱、姚桂常、马仕俸、杨文仲、肖福佑、李明山各上六百文；刘英贵、刘英正、李代聪各一百文；李清顺、二合才、雷一文、雷一明、浦秀庚、刘双喜各五百文；梁昌德、杨朝正、石锦元、杨富耀、文钦贵各上四百文；袁成应三百廿；张子贤、杨永安、王怀斌、赵国明、曾方成、明万通、李喜才、张万清各上三百文；吴继瑚、吴立金、罗明安、殷洪明、岑怀林、马思芳、吴安文、李成喜、姜天明、杨万荣、杨吴氏、蒲志秀各上钱三百文；林富顺、王明寿、唐清仲、周天元、丁廷聪、明思彩、尹祥荣、王万安、岑怀福各上钱二百四十文；刘玉会、罗吉光、姚常友、杨永惠、陈凤真、马顺元、杨二淋、唐官聪、尚万才、罗遇沟、蒋武仲、杨国顺、杨寿全、覃仲一各上钱二百文；唐明元、俄公木、张元恒、刘恭本、李元兵、王乾坤、肖玉兴、龙大佑、薛金富、余腾龙、陈公举、庄成洪、林文玉各上钱一百六十文；杨正国、杨正银、郑元洪、罗公洪、腾章元、谢文林、蒋文龙、袁进心、明方心、施廷元、颜永才、明方春、阮季名、腾洪春、罗元太、张全明、庞廷意、何明太、郑显明、

刘孝伦、肖朝富、周奇贵、刘志洪、杨文□、李文钦、俞开贵、李开龙、胡太喜、魏长肖各上钱一百廿文；冯天成、徐金贵、杨春发、田成孝、杨春斌、张正扬、王洪照、张永盛、□大臣、胡星玉、肖开地、罗开元、徐永乐、刘世代、□荣魁、余寅宗、陈春喜、郭正文、刘德春、王廷友、陈孝仲、陈奋飞、龙君明、唐道秀、张金洪、蒋子芳、熊成顺、杨洪林、吴继元、梁文德、张方顺、王福义、龙□品各上钱一百廿文；杨亲宵、□增全、罗大明、杨洪春、贾兴奉、王正富、李子芳各上钱一百文。

青城含芳氏谨识[42]；林仁贵文；永川新安[43]雨亭敬书；木匠刘春山；墙画吴忠保、刘贵生；石匠刘青寿；李正品刊字。

共化来钱六十二千四百四十文，用去钱一百五十余千文。

大清咸丰六年[44]六月十八日

【注释】

[1] **闻尝** 按古碑文的行文规范，应为"尝闻"，经常听说。

[2] **稽** 核查；考察。

[3] **古志** 古代地方志。亦泛指古代书籍。

[4] **犹仕** 像做官一样。《九灵山房集》卷一〇《丹溪翁传》："士苟精一艺，以推及物之仁，虽不仕于时，犹仕也。"

[5] **溯** 逆着水流的方向走，逆水而行。后引申为追求根源或回想，比喻回首往事、探寻渊源。

[6] **咏谈** 即"谈咏"，谈论吟咏。明何良俊《四友斋丛说·史十二》："相与谈咏，时将及鸡鸣未散。"

[7] **既有风而有政** 既有风物人情又有治理政绩。

[8] **鸢（yuān）飞鱼跃** 鹰在天空飞翔，鱼在水中腾跃，形容万物各得其所。鸢：老鹰。

[9] **不言** 不依靠语言；无法用言语介绍。《老子》："是以圣人处无为之事，行不言之教，万物作焉而不辞。"

[10] **乘** 春秋时晋国的史书称"乘"，后通称一般的史书。

[11] **古之四圣** 一指伏羲、文王、周公、孔子；二指孔子、孟子、曾子、颜子；三指琼霄、碧霄、云霄、痘疹四神。

[12] **廉让** 廉泉、让水的并称。原比喻为官清廉逊让，后也比喻风土习俗淳美。语出《南史·胡谐之传》："帝言次及广州贪泉，因问柏年：'卿州复有此水不？'答曰：'梁州唯有文川、武乡、廉泉、让水。'"

[13] **持身** 指对自身言行的把握；要求自己。语出《列子·说符》："子列子学于壶丘子林。壶丘子林曰：'子知持后，则可言持身矣。'"

[14] **三江** 即三江口，今汶川县三江镇政府驻地。

[15] **情物** 风情物产。

[16] **性理** 规律。宋司马光《初见白发慨然感怀》诗："万物壮必老，性理之自然。"

[17] **扵以** 即"于是"。扵："于"之异体字。

第一篇 存世碑刻

[18] **升平** 太平。

[19] **盛治** 昌明的政治。清钱谦益《苏州府修学记》:"成周之盛治,岂复可几于后世哉!"

[20] **沟洽** 即"沟壑"。洽:"壑"之错别字。

[21] **三江** 指中河、黑石江、西河。

[22] **是即三江** 这就是三江得名的由来。

[23] **中流** 中游地带。

[24] **汶灌** 汶川到灌县。

[25] **通衢** 四通八达的道路,转指交通枢纽。

[26] **庶免** 也许可以避免。

[27] **返辔(pèi)** 返回;回马。辔:驾驭牲口的嚼子和缰绳。

[28] **共勷(xiāng)** 即"共襄",齐心协力共同完成。勷:古同"襄",辅助。

[29] **厥德** 无上功德。

[30] **工成** 应为"功成"。工:"功"之错别字。

[31] **瓦寺宣慰使司** 即瓦寺土司,嘉绒十八土司之一,来源于西藏加渴地方,驻牧于汶川县绵虒镇涂禹山,管辖范围为三江、草坡、绵虒一带。明英宗六年(1441年)加渴部落酋长之弟雍中罗洛思奉命率部征讨岷江上游,后"奉诏留驻汶川县之涂禹山",并授给其"宣慰使司"职,颁银印一枚及敕书、诰命各一,自此始"世袭其职"。清顺治九年(1652年)投诚归顺,授安抚司职。康熙五十九年(1720年)随征西藏有功,第17代土司桑朗温恺加赏宣慰司衔,乾隆二年(1737年)加封为指挥使职衔。乾隆十七年(1752年)及三十六年(1771年)随征平定杂谷土司及金川等处土司有功,第19代瓦寺土司桑朗荣宗,赏戴花翎,并赐名姓索诺木荣宗(此后瓦寺土司便以索为其汉姓)。嘉庆元年(1796年),随征四川达州白莲教起义,四川总督勒保奏请批准升宣慰司,换给印信号纸。至1950年汶川解放,前后共计25代,历时五百余年。

[32] **宣慰司索** 即瓦寺第21代土司索世蕃。

[33] **银** 此处非指散银,而是"银锭",俗称"元宝""翘宝"。

[34] **土舍** 土司的属官,一般由土司的直系亲属担任,在土司家族中具有特殊地位,与土司一同构成本土的最高统治集团。它由土目转化而来,之后又转化为不同级别的土司及土司自署官员。

[35] **游府** 转指游击。清代武官名,从三品,次于参将一级。

[36] **花翎** 清官员、贵族冠饰。清制武职五品以上、文职巡抚兼提督衔及派往西北两路大臣,以孔雀翎为冠饰,缀于冠后,称花翎,除因军功赏戴者外,离职即摘除,花翎有单眼、双眼、三眼("眼"即孔雀翎毛上圆花纹)之别,除贝子、固伦额驸因其爵位戴三眼花翎,镇国公、辅国公、和硕额驸戴双眼花翎外,品官须奉特赏始得戴用,一般为单眼花翎。

[37] **参府** 即参将府或参将署。参将:清制,参将次于副将一级。凡参将之为提督及巡抚总理营务者,称提标或抚标中军参将。

[38] 三江口　今汶川县三江镇政府驻地，当中河、黑石江注入西河之中，故名。

[39] 总理　总理事；总管。

[40] 蓝翎　清官员冠饰。六品以下戴鹍鸟尾羽，称为蓝翎，无眼，俗谓老鸹翎。

[41] 守府　指明清时期常备军武职有守备，武五品。此处指土守备，归土司统辖。

[42] 谨识　郑重记叙。宋汪藻《〈苏魏公集〉原序》："今乃尽得其书读之，可谓幸矣。故谨识其端，而归其书于苏氏。"

[43] 永川新安　今重庆市永川区。

[44] 大清咸丰六年　公元1856年。

小金寺院功德碑

【位置】小金县寺院，具体地点不详。拓片存阿坝州文物管理所

【年代】大清咸丰岁次丁巳（1857年）

【形制】竖长方体

【尺寸】高135、宽70厘米

【内容】

　　袁□□、范全、尹善魁、方云相、黄应升、蒲显庆、方遂超、赵洪开、吕才盛、唐维发、王天奇、李洪支、陈永才、刘守林、袁明来，四钱；刘允柱、冷复兴、邓天纯、康代安、陶发清，叁钱；何绍清、鼓贵、朱贵、王基元、董思宽、张国泰、李逢春、蓝绍庆、陈得升、陈敬先、吴腾龙、邓朝广、范玉贵、罗记云、胡天润、邓元礼、段文礼、关应榜、黎国全、袁廷朝、孙兴贵、周志先、黎畲吉、周凤龙、刘荣仕，叁钱；王耀林、焦明、徐廷章、任朝富、申仕德，银贰钱。

　　一、收进功德银肆百贰拾壹两捌钱九分；一、当沙龙沟[1]户地一分，进银陆拾两；一、卖沙冲沟[2]杨一贤户地一分，进钱陆拾两；一、进沙冲沟肖应龙当价银贰拾六两；一、卖沙冲沟李元能户地贰分，进银壹百肆拾贰两；一、卖石灰窑[3]西梁子杨加林户地一分，进银伍拾伍两贰钱；一、卖美济沟[4]赵卿富户地半分，进钱伍拾伍；一、卖新街[5]周殿川店房一座，进银壹百壹拾两；一、收进李文举银拾两；一、收李荣华银拾两；一、收街房四间，押租钱三拾五两；一、收沈和顺钱五千文。

　　一、修□程店房木工，去银壹百两；一、泥石工，去银壹百叁拾两；一、画工，去银捌拾陆两四钱贰分；一、木料枋板，去银壹百六拾六两贰钱壹分；一、片瓦、琉瓦、脊兽，去银壹百□拾四两捌钱捌分；一、石匠，去银叁拾壹两叁钱；一、干胶、钉子、铁皮、麻觔、□□、桐油、佛金铅锡，去银叁拾叁两柒钱六分；一、开□演戏六场，去银贰拾叁两五钱六分；一、□□□□请客、酒水、买碗、零用，去银贰百□五两贰钱壹分；一、□□□□殿一座，去银九十六两；一、立碑一通，去银拾四两四钱。

　　以上共收□银九百八十九两零九分，共收进利银八十一两四钱五分。

　　以上共化去银壹千零七十二两五钱四分。

总理领袖：汪洪济、徐成、徐括、黎兆祥。

募化：张世位、任俸祯、苟学仪、王成恩、邹清贵、茹贵、左大洪、徐应奎、邹朝龙、喻兴龙、杨洪庆、周万旭、程国富、向春明、余应鳌、何文贵、刘成馀、张朝发、张开龙、王宪文、任肇基、彭汝兰、何鸿仪、何德芳、刘玉龙、易明斗、邓明相。

梓匠[6]：周先用、雷福顺。

画匠：姚玉山。

石匠：肖正书。

泥土：王武成。

春城[7]徐达源撰
大清咸丰岁次丁巳[8]孟春月[9]中浣日[10]公立

【注释】

[1] 沙龙沟　今小金县沙龙乡沙龙沟。

[2] 沙冲沟　今小金县沙龙乡沙冲沟。

[3] 石灰窑　今小金县美兴镇石灰窑村石灰窑组。

[4] 美济沟　今小金县美沃乡美沃沟。

[5] 新街　今小金县城美兴镇新街村。

[6] 梓匠　木工。《孟子·尽心下》："梓、匠、轮、舆，能与人规矩，不能使人巧。"赵歧注："梓匠，木工也。"

[7] 春城　今云南省昆明市。因气候温和，夏无酷暑，冬无严寒，四季如春而得名。

[8] 大清咸丰岁次丁巳　即清咸丰七年，公元1857年。

[9] 孟春月　农历三月。

[10] 中浣日　中旬。浣：唐代定制，官吏十天休息、沐浴一次。每月分为上浣、中浣、下浣，后借作上旬、中旬、下旬的别称。

茂县凤仪宗渠回龙寺功德碑

【位置】茂县凤仪镇宗渠村回龙寺内

【年代】清同治四年（1865年）

【形制】竖长方体

【尺寸】高135、宽85、厚8厘米

【内容】

闻之诸恶莫作，众善奉行。帝君垂训有云：从来有积善之道，莫先于心正，而正心□□在一诚。是故诚者，天之道也；斯诚者，人之道也。善得以移风化俗，亦可以转祸为祥。因余积苦飘零有年，每驱动念，长此居心，往来思忖，上下已然[1]。常览道途寺观，有颓败而神像存者，有□□

贻缺金容[2]者，皆不一也。适值观音降诞之辰[3]，阅悉昔年大士显应[4]，各人善长乐捐，簿首叙及绘塑诸天罗汉等语，相沿已久，未经落成。予甫今[5]离尘脱俗，愿坠空门，以效前人之类念，应遵檀越[6]之规模。谨将箧积[7]壹百余金带入寺中以备，衣单有缺，未敢耗费。查得前天宫庙后禅住田五斗五升，因牛厂购讼[8]，公项不济，已将此田当去。予不忍坐视当去之田二块，去钱壹百零贰两，概行取回。斯时意欲兴工装塑，奈僧力薄身轻，单丝何可购线，独木岂造祥林。愿我同人，有意焚祀于生前，法由装塑于没后。惟盖喜施乐助之仁人，不吝锱铢，得以神貌庄严，壮彩光瞻，金名勒石，善举不忘，俾妥神像于万古之也。夫籍隶德州[9]人氏，俗名杨进兴，皈依如来门下，本寺住持僧上本、下兴敬慕，徒觉聪同□。

兼理首事：吏员[10]顺维藩撰并书。

李占才、王得符、衡仁发、王永祯、文廷泰、孟陶成、顺维一、梁□龄、余登科、董富舒、袁成志各一尊；聂兴元、莫长春、唐超、乔合义各一尊；顺秉聪、顺维宁、唐士伦、坤顺、陈有忠、王宗礼、钱恭恕各半尊；衡仁义、杨映荣、坤喜元各半尊；黄吉贰两；永顺号一千一；夏有瑞三两；杨如林八百；文廷国六百；王兆俊、肖贵、杨永第、杨加秀各四百；萧贵、王得超、蔡富各四百；余登榜、李正华、梁丕世三百；□国祥、顺学泰、胡志成、梁朝训、王恩用、梁德清各贰百七十五文；衡仁发、王兆甫、王兆炳、王得龙、梁义世、王怀、余得材、顺维礼、谢钦还、杨朝映、梁得珍、王得泰各二百四十文；梁得炳、王得寅、付士成二百；□成、曾禄宗、陈映章、蔡永林、孙文全、吴朝富各一百六十文；梁得龙、蔡庆一百廿文；王应先、王应明各二百四十；王得超、孟朝禄、陈铁匠、陈明惠、孟朝福、杨永孚、王荣、顾清彦、王永安、顺学羊、罗永安各一百文；王管、王永祯、坤庆、陈朝富、杨继宗、王钦真、安启□、王国中各一百文；黄有才八十；晏廷柱、冯得康五十；刘意成四十；马调元二百四十。

大清同治四年[11]岁次乙丑夏五月中浣[12]吉日立

茂县凤仪宗渠回龙寺功德碑

【注释】

[1] **已然** 已经这样；已经成为事实。

[2] **金容** 指金光明亮的佛像面容；对神的尊称。

[3] **观音降诞之辰** 观音得道成佛的日子，即农历九月十九日。

[4] **大士显应** 即观音菩萨显灵。

[5] **甫今** 从现在开始。

[6] **檀越** 即施主。

[7] **箧（qiè）积** 存放在箱子里(的财物)。箧：箱子一类藏物的东西，大曰箱，小曰箧。

[8] **购讼** 应为"构讼",造成诉讼。购:"构"之错别字。

[9] **德州** 今山东省德州市。

[10] **吏员** 指地方官府中的小官。

[11] **大清同治四年** 公元 1865 年。

[12] **中浣** 中旬。每月十一至二十日。浣:唐代定制,官吏十天休息、沐浴一次。每月分为上浣、中浣、下浣,后借作上旬、中旬、下旬的别称。

茂县富顺鱼听龙王庙捐赀功德碑

【位置】茂县富顺乡鱼听村龙王庙组庙坪

【年代】清同治六年(公元 1867 年)

【形制】穹窿顶长方体

【尺寸】通高 130 厘米,顶宽 70 厘米,碑高 100、宽 60、厚 10 厘米

【内容】

神佑人和

同治六年[1]春三月发心敬竖捐赀[2]。

夫龙王古有杉柏四株,于咸丰七年[3]为盗案兴讼[4],被前首事发卖后,值新首事等复捐钱买回,以培风水,永不得侵卖,为志。

首事人名:胡万镒捐银贰两;刘尧顺捐钱五千文;李发捐妣芋麦[5]一斗;王步月捐钱六千八百文;李王捐芋麦二斗;李兴捐芋麦一斗;杨永安调理[6]取回;杨正清芋麦贰斗;张清和芋麦一斗;陈正才一斗;何正才二斗;王林东贰斗;牟中圣芋麦贰斗;马金龙一斗;陈元禄一斗;长泰烧坊[7]捐钱一仟二百八十文;牟瑞清芋麦贰斗;白杨氏一斗;张登朝贰斗;田福宇钱二百六十文;邱金山芋麦一斗;高壬龙一斗;陈金富钱二百廿文;余成贵一斗;张得仲一斗。

为善同乐,刊碑祈保。

信人[8]王永杨为寄拜[9]孙男双喜立

茂县富顺鱼听龙王庙捐赀功德碑

【注释】

[1] **同治六年** 公元 1867 年。

[2] **捐赀** 私人或团体出资金办理或资助公共事业。赀:同"资"。

[3] **咸丰七年** 公元 1857 年。

[4] **兴讼** 发生诉讼,打官司。

[5] **妣芋麦** 未成熟的玉米，又称嫩玉米。芋麦：方言，即"玉米"。

[6] **调理** 调和或协调。

[7] **烧坊** 酿酒的作坊。

[8] **信人** 信奉宗教的人，信徒。《西游记》第九十一回："当晚只听得佛殿上钟鼓喧天，乃是街坊众信人等，送灯来献佛。"

[9] **寄拜** 一种传统民间习俗，即"拜干爹"。

茂县回龙白布宝峰寺功德碑

【位置】茂县回龙乡白布村小道旁

【年代】清同治八年（1869年）

【形制】竖长方体抹角

【尺寸】高160、宽70、厚7厘米

【内容】

永垂万古

大清国四川西道直隶茂州河西上下白布[1]村民，自咸丰年间[2]阖众谪议[3]，将三处庙宇移修一处，盖益兴隆香火而损冷坛庆祝，仰人杰地灵之谓。今将前后捐赀[4]金名垂刊于后：

会首：盛廷金十五千一百；曹子明十三千三百；王以元八千六百；陈山六千九百；陈廷瑞七千九百；侯维仲十千六百；蔡国元八千一百；侯维光三千八百；何全八千九百；陈天贵三千三百；杨逢春七千九百；王隆清三千九百；王登荣七千七百；侯元玉七千五百；侯元良八千三百；侯登惠三千三百；侯登全七千三百；陈芳六千七百；侯登崇八千一百；侯元照四千四百；侯登玉三千七百；侯维刚六千六百；侯维彦五千地百；侯维莲三千七百；侯维云五千五百；陈廷海五千二百；陈凤六千九百；陈广五千一百；陈廷元六千七百；陈升五千一百；陈廷栋五千一百；王登恩五千四百；王登盛五千四百。

同治八年[5]仲秋月[6]十日立

茂县回龙白布宝峰寺功德碑

【注释】

[1] **上下白布** 今茂县回龙乡白布村上、中、下组。

[2] **咸丰年间** 公元1851—1861年。

[3] **谪议** 商议。谪："商"之错别字。

[4] **捐赀** 私人或团体出资金办理或资助公共事业。赀：同"资"。

[5] 同治八年　公元1869年。

[6] 仲秋月　农历八月。

茂县南新白水寨买地功德碑

【位置】茂县南新镇白水寨余金会家

【年代】清同治己巳年（1869年）

【形制】长方体柱

【尺寸】高160厘米，边宽33、37厘米

【内容】

永 垂 万 古

　　闻之□□□福，春日祭，夏日禘，秋日尝，冬日烤[1]。……闲以来建□各□□，至今以[2]三百余年……用钱□□无有□始，将庙上之地……经理二无。春秋……议，首事邀结本街善士……同治五年[3]又将徐……安当中山田一段一并在内。又张姓草坪子地……坝地方一段又岭岗大寨子□□□界以上一带山岭，均系众姓人等各自买田，而庙……神寿之香资有贷。其有尖石头等处地方，准其间伐，任随首事招佃收租，而安当中之山作牧牛放马……有，每经理租谷，首事务要公正之人轮流更换，必须照天行事，……五拾□千六百文。据约五张，勒石垂碑，以传后世。惟愿神……时，不染水火之灾，入节有春来之象，水火潜消，瘟疫远离，五谷丰登……地方张姓、周姓、王姓、韩姓、杨姓等则沾感无暨[4]矣。谨序此闻令[5]，将捐资众姓金名开列于后。候选训导[6]李始元题。

　　总领首事：生员[7]李始元、杨天荣、王维垣、李鼎元、□□罗（上历租银六十两）。

　　庙主领袖：周光荣、杨华宗、贾廷寿、周光凤、郭上永、周成士、张联魁、张时运、韩正凤、张连升、吴得贵、贾儒超、张联佐、周金华、王维高、杨思典公同办理。

　　援笔书曰：我富村建立神庙，却小[8]上五年粮。同治四年[9]众等捐资，治买[10]山产田土共五，币价值、地界俱载碑记。恐后世子孙或者持强私吞，奸许同谋，众议戒言如一，巡能[11]□□管理，则富贵荣华，私吞者必不获福。子孙各存善念，以察予等置买之苦心则得矣。生员杨天荣题，赠给后云。

　　一、卖明本街张升荣、张福林尖石头山田一段。东至以石鼓路为界，南至以大寨岭岗路为界，西至以大坝为界，北至以□□□为界。外有寨路侧边相连田一块在内，共去买价钱卅[12]八百文。同治四年正月廿八日立。田证贾儒学、杨思道，代字顺万年。

　　一、卖明中寨徐洪顺山场一坐[13]，地名安当中。东至经老荀窝韩、余二姓田为界，南至以安乡进沟大路为界，西至以格字对面大岩为界，北至以进沟大路河坝为界。共去买价钱廿八千文。田证吴洪太，代字王应举。六年[14]十一月卅日立。

　　一、卖明本街韩正其、张福林二人山地一段，坐落王保坪。东至以石鼓必力寨[15]大路为界，南

192

至以豹倦[16]高坎沟为界，西至以大坝大石包张姓田为界，北至以石鼓大沟为界。共去买价钱五十一千二百文。田中黄士善、吴得贵、杨思道，代字刘永和。

一、买明张佑林草坪子山场一坐，上以下寨神树林为界，下以河心为界，左以木耳上水头为界，右以格字上吴姓田为界。共去买价钱十二千文。引进代字杨思道。七年[17]冬月[18]廿二日立。外带沟内安乡蓬篾里[19]粮一斗八升，白云寺上粮。

一、买明张佑林山地，坐落挖锄坝岭岗。东至以石鼓路为界，南至以杨姓地沟为界，西至以大坝为界，北至以王保坪众姓买明地为界。外有土塌台上地一块在内。共去买钱十四千四百文。引进杨思道，代字刘永和。同治八年[20]五月初二日立。

白水村川主庙神圣山田粮五斗二升二合。众人粗谷上纳。

功果不昧

王维垣上钱一千四；杨天荣八百；李映善一千九；周光荣八百；韩正凤一千贰；李联升八百；郭上永一千二；贾廷寿五百；张联魁一千二；张时运五百；荣士贵一千；周光凤八百；周成士一千；杨天寿一千；张联才三百；吴得贵八百；王维高、张联顺、张联龙、李兴会、张思茂、赵万志、尚士洪、王应第八人各上钱八百；吴有明六百；贾廷秀五百七；吴洪太、周成登、韩明发、龙兴发、刘福长、甘学芳六人各上钱五百；杨天福、贾儒超、吕联科、杨天禄、周金荣、苏文瑞、张联其、黄士善八人各上钱四百文；贾儒学、杨长宗、蓝良华、张起福、王国梁、杨思典、韩上周、张联富、张升华、张联佐、万腾选、张长寿、杨天瑞、李昌荣、杨天祥、周金华、夏成发、蒋金玉、石大兴、杨七寿、张联贵廿一人各上钱二百六；李义店、唐光星、宋正洪、孟良玉、贾廷善、尚其全、尚其士、甘学礼、涂国玉、罗良通十二人各上钱二百；付喜长钱四百。

李殿元书。

石匠：蒋彦才。

大清同治己巳年[21]惟八年孟秋月[22]上浣日[23]谷旦[24]立

茂县南新白水寨买地功德碑

【注释】

[1] **春曰祭，夏曰禘，秋曰尝，冬曰烤** 即古代"四时之祭"，但祭名有异。按《礼记·王制》载："天子诸侯宗庙之祭，春曰礿，夏曰禘，秋曰尝，冬曰烝。"郑玄注："此盖夏、殷之祭名，周则改之，春曰祠，夏曰礿。"又汉董仲舒《春秋繁露·四祭》："古者岁四祭。四祭者，因四时之

所生孰，而祭其先祖父母也。故春曰祠，夏曰礿，秋曰尝，冬曰蒸。此言不失其时，以奉祀先祖也。"

[2] 以　"已"之错别字。

[3] 同治五年　公元1866年。

[4] 无暨　不已，无限。

[5] 闻令　接受教诲。《战国策·秦策二》："义渠君曰：'谨闻令。'"姚宏注："闻，犹受也。令，教也。"

[6] 训导　明清府、州、县儒学的辅助教职，在清朝之位为从七品。训导职能通常为辅佐地方知府，为基层官员编制之一，主要功能为负责教育方面的事务。

[7] 生员　即秀才。通过童试入学者取得的功名。

[8] 小　"少"之错别字。

[9] 同治四年　公元1865年。

[10] 治买　置买。治："置"之错别字。

[11] 巡能　能够遵循。巡：疑为"循"，遵循。

[12] 卅　三十。会意字，从一，从川。"一"指"一世"，等于"三十年"。《说文》："一世三十年。"

[13] 坐　"座"之错别字。

[14] 六年　同治六年，公元1867年。

[15] 必力寨　今茂县南新镇别立村。

[16] 倦　"圈"之错别字。

[17] 七年　同治七年，公元1868年。

[18] 冬月　农历十一月。

[19] 篷簇里　清设。包括吉鱼村、岩头、高山、壁立（别立）、安乡、凤毛坪、绵簇、斗簇、文镇、青坡，设保长一人。

[20] 同治八年　公元1869年。

[21] 大清同治己巳年　清同治八年，公元1869年。

[22] 孟秋月　农历七月。

[23] 上浣日　上旬。浣：唐代定制，官吏十天休息、沐浴一次。每月分为上浣、中浣、下浣，后借作上旬、中旬、下旬的别称。

[24] 谷旦　良辰；晴朗美好的日子。旧时常用为吉日的代称。

汶川水磨八一中学兴仁书院捐资功德碑

【位置】汶川县水磨镇八一中学内

【年代】清同治九年（1870年）

【形制】竖长方体

【尺寸】高 90、宽 50、厚 10 厘米

【内容】

兴仁书院,建自同治乙丑岁[1],又名"储秀"者,今邑侯[2]柳芷翁赐题也。里[3]有崇儒诸君子,虑束脩[4]或有不敷,因乐捐佃租铜钱,以期永久。予等恐年远废弛,因勒诸石,以志不朽。

胡志朝,男金安、贵捐钱叁拾捌仟文;孙凤喜、孙凤翔、孙凤鳌、孙凤柱捐钱伍拾叁仟文;李文升仝任李星泰,子星洪、成、顺捐施钱叁佰壹拾仟文

大清同治九年[5]季夏月[6]

汶川水磨八一中学兴仁书院捐资功德碑

【注释】

[1] 同治乙丑岁　清同治四年,公元 1865 年。

[2] 邑侯　县令。

[3] 里　即下水里,清置。管辖今汶川县岷江东岸自羊店起至珠脑坝及岷江西岸中滩堡各村寨。

[4] 束脩　旧时送给老师的酬金。早在孔子时候已经实行,学费即是"束脩数条",束脩就是咸猪肉,后来基本上就是拜师费的意思,也可以理解为学费。

[5] 同治九年　公元 1870 年。

[6] 季夏月　农历六月。

茂县光明和平三合桥功德碑

【位置】茂县光明镇和平村三组

【年代】清同治十年（1871 年）

【形制】竖长方体

【尺寸】高 160、边长 33 厘米

【内容】

三　合　桥[1]

昔禹平水土而水有所归,其为江、淮、河、汉[2]也,则有舟楫[3]以济之。其为溪涧沟也,则有桥梁以通之,皆所以利行人而使无望洋之叹也。兹我下村沟两山排连,一水横流,行人往来,举步维艰。虽置构可以通险,此固能暂而不能久也。窃欲雇工镌石,以建雁齿[4]挥联之功,但非独力可成,是不能不将伯之助[5]。爰欲仁人同德同心,共捐锱铢,以襄义举。庶几[6]积腋而裘可成,积土而山可为也,是以为序。

共捐来钱壹百陆拾捌仟捌百玖十文，共使去钱壹百伍拾陆千文。本郡信士何□□笔，王石匠工价钱一百□壹拾九仟文。众等公立。

钦赐三品花翎[7]、特袭四川茂州世袭陇木长官司[8]何。

（捐资姓名略）

大清同治拾年[9]岁次辛未季秋月[10]吉日

【注释】

[1] 三合桥　位于茂县光明镇和平村三组，南北横跨拱桥沟。由三条长462、宽64、厚45厘米的条石平铺构成，无栏，现仍在使用。

[2] 江、淮、河、汉　指长江、淮河、黄河、汉水。

[3] 舟楫　亦作"舟檝"。《诗·卫风·竹竿》："桧楫松舟。"毛传："楫所以棹舟，舟楫相配，得水而行。"后以"舟楫"泛指船只。

[4] 雁齿　像雁行一样排列整齐，多以喻桥的台阶。北周庾信《温汤碑》："秦皇余石，仍为雁齿之阶。"倪璠注："雁齿，阶级也。《白帖》：'桥有雁齿。'"

[5] 将伯之助　请求长者帮助。指别人对自己的帮助。出自《诗经·小雅·正月》："载输尔载，将伯助予。"

[6] 庶几　差不多。

[7] 花翎　清代官员的冠饰，授予武职五品以上、文职巡抚兼提督衔及派往西北两路大臣，用孔雀翎毛饰于冠帽后，以翎眼多者为贵。

[8] 陇木长官司　据道光《茂州志》卷三《土司》载："陇木长官司何棠之，其先杨文贵，于宋时随剿罗打鼓有功授职。明洪武四年（1371年）颁给印信。嘉靖间土司杨翱随总兵何卿征白草番，著有劳绩，命改何姓。国朝顺治九年（1652年）投诚，康熙二十四年（1685年）颁给印信号纸，住（驻）牧陇东（今茂县光明镇刀溪沟村）。"

[9] 大清同治拾年　公元1871年。

[10] 季秋月　农历九月。

茂县光明和平三合桥功德碑

小金美兴营盘街清真寺功德碑

【位置】小金县美兴镇营盘街清真寺内

【年代】清光绪三年（1877年）

【形制】竖长方体

【尺寸】高200、宽100、厚10厘米

第六章 功德碑

【内容】

永垂万古

尝闻千圣一心，万古一理。圣人之事，莫外乎正心诚意[1]。所以参赞造化[2]，熏沐人心[3]，实所以承天命，不敢稍负造化生成之德。西域至圣穆罕默德[4]，受命立教之行，源至西晋，经传普慈[5]，若何符节[6]。自古及今，造化万物，真主也。人之事天，所以报化生之德。圣人之教，以尽天之道也。天之道，惟向敬而已矣。礼拜者，所以将其敬也。□寺之修理者，礼拜所以敬主之道也。履其地，将其净，礼拜之敬心耳，斯可谓事天之道也，圣人之教，于是乎日新。砖瓦物料，克济其事，由是以壮观瞻。斯吾人礼拜真主者，得其振扬圣教，使天下咸之[7]清真古今一教。自金川平定，安设营屯，故有告留屯防、货易[8]到此，不过数户。在营盘街建盖清真寺一所，以为每年斋拜处所。至嘉庆十三、四年[9]，协镇[10]、都府[11]马公文斌、玉林莅任，人烟日众。观其寺院窄，相商同人[12]，另置基址创造，至今数十年。倾颓虽常有，培修上未[13]告成，不足以壮观瞻教道。庶乎[14]，予等守教善阳同心，众公平垣基地，大兴土木，建殿宇，创修经堂、厢、厨等房，墙垣、前后天井净面[15]。虽同仁人捐廉[16]出资，固属者不少，将使辅助圣教，不愧为倡明振兴，吾教中之传也。□以庶可全成，诸公名泐金石，永垂不朽

诰授[17]建威将军[18]、期颐[19]周文喜捐银三拾两。

钦赐花翎[20]、诰授武功将军[21]衔马旭明捐银伍拾两。

钦赐花翎、抚边营守备[22]、尽先[23]游击[24]江思山捐银贰拾两。

钦赐花翎、知府[25]衔候选[26]直隶州正堂[27]江映葵捐银三拾两。

钦赐花翎、崇化营[28]都司[29]、尽先游击、戡勇巴图鲁[30]蔡廷超捐银拾两。

钦赐蓝翎[31]、川北镇[32]属广安州汛外委[33]马云鹏捐银伍两。

钦赐花翎、原任广东南绍左营游击张鸿渐捐银陆两五钱。

马腾云、马良恭、周天魁、陈培基各捐银伍两；马文王、虎佐胜各捐银贰两。

钦赐花翎、原任提标[34]右营守备马成举捐银贰两。

马廷元捐银七两；魏金□捐银未收；米连胜、绥靖张万福各捐银肆两；王天贵、王启贤、章谷马荣贵各捐银三两。

马耀升、马步廷、江保元、罗正品、马光辉、马成喜、马耀山、马占春、马荣寿、马培恩，以上十名各捐银贰两；马荣喜捐银壹两伍钱；江思铭、袁天德、灌邑黎元茂，以上三名各捐银陆钱；彭国良捐银四钱；金万明、刘子贵各捐钱一千文；童廷寿捐银壹两。

张正卿、马天受、余登云、曹廷彪、陈天佑、包秀品、毕成贵、灌邑马廷珍、达玉龙、马保干、彭吉祥、余沛云、马耀成、张行元、童恩黎、童进意、马耀宗、孟德春、马国恩、张培升、马占云、彭国林、王天锡、江得林、马步顺、魏兆伦、马成奇、彭国珍，以上二十八名各捐银壹两。

项瑞华、马荣芳、马朝庆、洪得胜、余登俸、马明魁、张得富、王占敖、陈培元、刘廷喜、马廷良、江长升、马朝云、童登云、虎登山、冯玉升、马光斗、马绍芳、刘廷晏、王国柱，以上二十名各捐银五钱。

金世得、苏元龙、李兴全、张玉春、江长秀、刘洪青、马成蛟、马文清、胥玉德、江得恩、杨永受、袁友才、李复元、张明节、江长青、马兴、马全胜、江得升、张怀义、蔡复元，以上二十名各捐银三钱。

季吉庆、达玉林、彭国喜、马文得、张成恩、马国胜，以上六名各捐钱贰两；马德秀捐银一两；金万顺捐银二钱。

抚边营

马正海捐银三两；马朝清、马天富、罗正春、马朝云、马朝林、郭子洪、马天元、杨长青、马朝喜、马天得、马廷祯、达玉柱，以上十二名各捐银壹两。罗虎臣捐银伍钱；张定国捐银四钱。

王天福之妻马氏、贾王氏如海母，各捐银伍两；袁俞氏天福之母、魏兆祥之妻马氏、李陈氏大才之母、苏国栋之妻马氏、廖兴祥之妻冯氏，各捐银壹两；魏兆元之妻苟氏捐银壹两；马文达捐银贰钱；收童姓房租银八两；汗牛赵思明捐银二两；刘明章、陈占超各捐银二两；陈定国捐银四钱。

一、保宁功德四两，买施王坪大二□□□□一起，代民买药物，去银一十一两二钱二分。

一、买瓦三万零四百匹，价十六千贰百文，共去钱四十九千三百文。

一、买柱料、领挂，去钱二十七千五百文。

一、买枋板八十八丈，价四百九十文，共钱五十一千九百文。前后平地基，去钱五十七千二百文。

一、买石灰一千六百四十八斤，价四百，去钱六千六百文。买石条六丈，去钱九千□□□□□匹，去钱一千九百文。

一、段木匠工价钱二十九千文。康石匠工钱二十九千文。朱木匠雕湾门、撑拱去钱□千二百文。

一、邓、张木匠包点工，共去身工。饭食去钱三十千文。唐泥水匠弟兄二人身工饭食，去钱一十六千五百文。

一、画匠身工饭食、颜料等项，共去钱十一千二百文。去[35]石墙三十丈，每丈价银五钱五分，去银十六两五钱。

一、由灌县购买铅钉、胶麻、烟红、松烟等，共去银八两。由省购买佛金银朱明□□等，去银□两七钱四分。

一、破土、架木、上梁、宝鼎、花红、鞋袜、酒、菜、礼封，前后一切零星各项，共去钱二十二千一百文。

一、总共用去公钱三百三十八千一百文，每千四百九十文合银一两，共银二百二十七两，共用去银五十四两二钱四分。

小金美兴营盘街清真寺功德碑

一、当大水沟户地一段,去银五十两;以上三项共去银三百三十一两四钱六分。

一、收功德、房租共银三百二十一两七钱,内选除开销费用外,下余散银□两八分。每年应收童姓房租银四两,左右小铺面房钱四千文,外给麦三斗以作为□□□□寺院四师作薪水。

一、收大水沟租麦十四斛[36],每年圣忌[37]、夜头[38]各麦四斛,按年由寺内值□□□□□□前后存项生息,永定程章。不得借培修寺院为名,挪移变更,有存无亏。值年□老,按年更换,不得空纸充数,凭众查明。不得含糊交接,庶免侵吞之弊。若能有同心协力,清真寺中渐炽生辉,永为荣庆,庶几我同人□□□主圣相助,天国佑之,永彰善果于不朽矣。

经理总领袖:马旭明、江思山、马耀林、苏天盛、王天贵同心协办。

易成林书;童朝荣录;石匠康朝万、彭国玉敬立。

大清光绪三年[39]孟夏月[40]谷旦

【注释】

[1] **正心诚意** 原是儒家提倡的一种修养方法,现泛指心地端正诚恳。出自《礼记·大学》:"欲正其心者,先诚其意。"正心:使自己的知、情、意与外界融合。诚意:使心志真诚。

[2] **参赞造化** 寻找人、自然、人与自然和谐相处的方法。参赞:来自儒家经典《中庸》中之"参赞化育",指人与天地自然间的参与和调节作用。造化:自然界。

[3] **熏沐人心** 洗涤净化人的心灵。

[4] **穆罕默德** 全名穆罕默德·本·阿卜杜拉·本·阿卜杜勒·穆塔利·本·哈希姆(约570年—632年6月8日),含意为受到善良人们高度赞扬的真主的使者和先知。政治家、宗教领袖,穆斯林认可的伊斯兰先知,广大穆斯林认为他是安拉派遣人类的最后一位使者。伊斯兰教教徒之间俗称"穆圣"。享年六十三岁,葬于今沙特阿拉伯王国麦地那。

[5] **普慈** 《古兰经》中提到的真主的99个尊名之一。

[6] **符节** 古代朝廷传达命令的凭证。

[7] **咸之** 应为"咸知",全部知道,都知道。之:"知"之错别字。

[8] **货易** 应为"贸易",交易。货:"贸"之错别字。

[9] **嘉庆十三、四年** 公元1808、1809年。

[10] **协镇** 清代绿营武官名。清沿明制设副总兵而改称副将,秩从二品,位次于总兵。统理一协军务,又称协镇,别称协台。

[11] **都府** "都司府"的简称。都司:清绿营军官,位次于游击,正四品,分领营兵。

[12] **同人** 应为"同仁"。人:"仁"之错别字。

[13] **上未** 应为"尚未"。至今未曾;还没有。上:"尚"之错别字。

[14] **庶乎** 近似,差不多。

[15] **净面** 白色墙面,未作任何装饰。

[16] **捐廉** 清代官吏捐献除正俸之外的养廉银。

[17] **诰授** 朝廷用诰命授予封号。

[18] **建威将军** 清代武阶名，正一品。

[19] **期颐** 也称为"人瑞"，指百岁以上的老人。源于《礼记·曲记篇》："人生十年曰幼，学；二十曰弱，冠；三十曰壮，有室……八十九十曰耄，……百年曰期，颐。"意思是人生以百年为期，所以称百岁为"期颐之年"或"期颐人瑞"。

[20] **花翎** 清官员、贵族冠饰。清制，武职五品以上、文职巡抚兼提督衔及派往西北两路大臣，以孔雀翎为冠饰，缀于冠后，称花翎。除因军功赏戴者外，离职即摘除。花翎有单眼、双眼、三眼（"眼"即孔雀翎毛上圆花纹）之别，除贝子、固伦、额驸因其爵位戴三眼花翎，镇国公、辅国公、和硕额驸戴双眼花翎外，品官须奉特赏始得戴用，一般为单眼花翎。

[21] **武功将军** 清代武阶名，从二品。

[22] **守备** 清朝绿营武官名，正五品，管理军队总务、军饷、军粮，受各省提督、巡抚或总兵管辖。

[23] **尽先** 清官制名。"尽先升补"的简称，优先考虑遇缺补用。

[24] **游击** 明代武官名，清代绿营武官名，从三品，次于参将一级。

[25] **知府** 明清地方职官名，一府州县的最高行政长官。

[26] **候选** 清官制名。内自郎中，外自道员以下官员，凡初由考试或捐纳出身，及原官因故开缺依例起复，皆须赴吏部报到，开具履历，呈送保结。吏部查验属实，允许登记后，听候依法选用，称候选。

[27] **正堂** 明清时对府、州、县正印官的称呼。

[28] **崇化营** 清代绿营兵，清乾隆平定金川后设，驻地在今金川县安宁乡。

[29] **都司** 清代绿营军官，位次于游击，正四品，分领营兵。

[30] **戬勇巴图鲁** 清朝皇帝赏赐给下属的荣誉称号。戬勇为汉字勇号，即"戬字勇号"。巴图鲁为满语，意为勇士、英雄。

[31] **蓝翎** 清官员冠饰。六品以下戴鹖鸟尾羽，称为蓝翎，无眼，俗谓老鸹翎。

[32] **川北镇** 清代绿营兵，驻防在今四川省南充市阆中市。

[33] **外委** 清代绿营兵额外低级武官，有外委千总、外委把总、额外外委，职位与千总、把总相同，但薪俸较低。

[34] **提标** 清朝兵制名。各省提督直辖的绿营官兵，称为"提标"。凡提标均置中军参将一员，主掌全标营务。

[35] **去** "砌"之错别字。

[36] **斛**（hú） 古代量器名，亦是容量单位。一斛本为十斗，后来改为五斗。

[37] **圣忌** 即圣纪节，伊斯兰教三大节日之一，是纪念伊斯兰教的创始人穆罕默德的诞辰和逝世的纪念日。相传穆罕默德于伊斯兰教历纪元前五十一年三月十二日（571年4月21日）诞生于阿拉伯麦加一个没落的贵族家庭，取名穆罕默德（意为"受到高度赞美的人"）。伊斯兰教历第十一年三月十二日（632年6月8日）穆罕默德因病归真，终年63岁，葬于麦地那。由于穆罕默德的诞辰与逝世恰巧都在伊斯兰教历三月十二日，因此，回民一般合称"圣纪"。国内外的伊斯兰教徒一般都过"圣纪节"，以纪念穆罕默德。

[38] **夜头** 即盖德尔夜，伊斯兰教节日。盖德尔夜引意为前定、高贵之夜，在伊斯兰教历斋月（九月）中。据伊斯兰教传述，真主在此夜始降古兰经文。穆罕默德曾对其弟子说："你们要在斋月末旬的单数日子里，估定盖德尔夜。"多数学者认为应在斋月的第27夜。《古兰经》说，该夜胜过一千个月，是极为贵重的一夜。故伊斯兰教鼓励穆斯林在此夜多行善功，以期获得真主的千万倍厚赏。该夜，清真寺张灯结彩，举行礼拜、诵经、赞主、赞圣，发表劝善演说等。穆斯林沐浴佩香，参加庆祝活动，通常彻夜不眠，直至拂晓。中国内地的穆斯林将该夜庆祝活动称为"坐夜"或"守夜头"。

[39] **大清光绪三年** 公元1877年。

[40] **孟夏月** 农历四月。

汶川漩口重建胜因院记

【位置】碑原立汶川县漩口镇圣因寺村圣因寺一组，后搬移至阿坝铝厂后胜因寺内

【年代】清光绪八年（1882年）

【形制】竖长方体

【尺寸】高160、宽75、厚10厘米

【内容】

重建胜因[1]院记

自古名山古刹[2]，为僧寮[3]羽客[4]所栖迟[5]，夥[6]矣。然不皆名胜[7]即胜矣而不传，非经朝延之勒赐[8]与名流之题迹，传之而亦不久。况绵虒[9]近西南之徼[10]，去京师数千里哉，而胜因院之名，独显于世。其地三面皆平畴[11]，后倚水洞溪[12]，前临滋茂池[13]。右侧高峰插云，层峦万叠；左环江水，宛如衣带。院下里许有庙，奉川主，昔传八庙堂也。又里许曰柘坪坝[14]，由此经漩口而之灌，路远七十里。考之《汶志》宋文湖州[15]《碑序》云：此院初名罗汉，有头陀[16]德钦，戒操甚严。拣选僧众，将院事付与大中祥符寺[17]僧义海，传五世。至惟简师特兴象教[18]，宏修院宇，功逾一纪[19]始竣，以其名上列，乃锡[20]斯名。明末经献贼[21]之乱，土壤皆荒，寺宇半罹[22]锋燹[23]。至圣朝[24]平一[25]，宇内民获安居。有罗维尧、维第暨马汝麟、兆麟重建大殿，名书"上栋"，是向[26]之属于汶[27]者，今则隶于灌[28]也。道光年间[29]，大殿渐即倾颓，惟两廊略具。有罗金醇倡首，募建前殿，斯庙得以克全[30]。但院无所出，仅有薄田数亩，旱地一段，卧有勒赐"胜因院"石碑一通，存"崇宁元年"[31]字迹，余皆漫灭不可辩。时逾数百载，雨蚀风飘，金石虽坚，不能不就[32]消磨，而志乘[33]长留，犹因名贤手迹而彰也。自元迄今，俱未存有，碑目独传。嘉庆年间[34]归娘子岭[35]，道人楚献、曹本植曾改装佛像[36]，吴合慎、田教真亦称守律焉，其后均无可纪。咸丰丁巳年[37]，高永升由中滩堡[38]清闲庙来接院事，行道教，诵皇经[39]。见栋折榱[40]崩，毅然发重建之志。每年所出，纤悉[41]不敢妄动，外以行教[42]所得，买置零星木料、瓦片，积至辛未年[43]兴工，壬申年[44]大殿并东廊落成，不幸羽化[45]。其徒高元敦继

修西廊,并及彩画。其有山门,久拟建修,尚未举事。至置买水田一十五块,旱地一方。若元敦师弟邓元林者,为人敦朴,赞襄[46]庙务,亦与有功焉。虽土木之兴,方境不无资助,然亦不过小补。惟此两人者,苦心耗力,撙节[47]赀财[48],得以完兹钜任[49],克遂初心。又以见古今之事无难,"有志者,事竟成"[50]也。罗君燮臣等因两人苦行,不忍听其淹没,尤望后之嗣今者[51],亦如两人之心。庶[52]法界[53]常新,琳宫[54]永丽,得以资生民之福者,岂有涯[55]哉。予虽不文,乐取其事而记之。勅授文林郎[56]、吏部栋选知县[57]、即选[58]儒学教谕[59]、丁卯[60]举人[61]傅毓秀拜撰。

计刊清胜因捐赀[62]姓名数目,刊碑食费工赀[63]俱出捐项内。

保正[64]马芝尧、马国发、吴凤喜助钱二千。罗玉琦、罗玉琨、罗玉琮、罗玉珍、罗玉成助钱□千文;罗玉藻、男,漩口局大保正[65],监生[66]靖国、安国捐银拾肆两、上木三根;罗玉珊、罗玉铨、罗其剑、罗其珍、罗其宗、马国用、马国连、马国湖、马国英助钱壹千文。

马正江、马正廷、马文通、何廷万、李凤蔷、王永顺、陈世崇助钱壹千;马正荣、刘大贵各五百文;马正明、马正魁、马天章、义合号[67]、陈皋、陈光明各助钱陆百文;马天寿、郭忠寿、连治高肆百文;罗玉玲、尚思诚、蔡德清、陈华、马国增各上木一根;罗玉泰瓦三千;马国林钱一千、木二根;罗奠国、弟罗治国捐银拾两柒钱、上木三根;节妇罗马氏、男、保正罗裕国捐银拾贰两、上梁木一根、杂木二根;伍洪泰钱壹千;周泰源、刘万合各橛子[68]三块;马国蟹、马正先各木二根;马正丰木三根;马国坤木二根、钱三千。

住持:元敦、元林。徒:明上、明金、明光、明也、明□。

石工:杨吉荣、巴洪顺、孙元龙。

灌县儒学生员[69]刘清彦沐手[70]敬书。

大清光绪八年[71]岁次壬午季春月[72]中浣日[73]谷旦[74]

汶川漩口重建胜因院记

【注释】

[1] **胜因** 亦作"圣音",佛教语,善因。

[2] **古刹(chà)** 年代久远的寺庙。刹:梵语"刹多罗"的简称,指寺庙佛塔。

[3] **僧寮(liáo)** 僧舍。清黄宗羲《申自然传》:"居无定所,野店僧寮,匡床布被之外,更无长物。"寮:小屋。

[4] **羽客** 即道士。羽:含飞升之意,指道士喜言飞升成仙。

[5] **栖迟** 隐遁。《晋书·简文帝纪》:"栖迟丘壑,徇匹夫之洁,而忘兼济之大邪?"

[6] **夥** 今简写为"伙",多。

[7] **名胜** 有古迹或优美风景的著名的地方。

[8] **勅赐** 皇帝的赏赐。勅：同"敕"，帝王的诏书，命令。

[9] **绵虒** 今汶川县绵虒镇，清代汶川县府所在地。

[10] **徼** 边界。

[11] **平畴（chóu）** 平坦的田地。畴：田地。

[12] **水洞溪** 今汶川县寿溪河。

[13] **滋茂池** 今都江堰市龙溪乡内，又名慈母池、白龙池。

[14] **柘坪坝** 汶川县漩口镇胜因寺村南里许小地名，现已淹没于紫坪铺水库。

[15] **文湖州** 即文同。文同（1018—1079），字与可，号笑笑居士、笑笑先生，人称石室先生。北宋梓州梓潼郡永泰县（今属四川绵阳市盐亭县）人。著名画家、诗人。宋仁宗皇祐元年（1049年）进士，迁太常博士、集贤校理，历官邛州、大邑、陵州、洋州（今陕西洋县）等知州或知县。元丰初年（1078年），文同赴湖州（今浙江吴兴）就任，世人称文湖州。元丰二年正月二十日，文同在陈州（今河南省淮阳县）病逝，未到任而卒，享年61岁。他与苏轼是表兄弟，以学名世，擅诗文书画，深为文彦博、司马光等人赞许，尤受其从表弟苏轼敬重。

[16] **头陀** 又作"驮都、杜多、杜荼"，出自梵语，原意为抖擞浣洗烦恼，佛教僧侣所修的苦行。后世也用以指行脚乞食的僧人。

[17] **大中祥符寺** 即今江苏省无锡市小灵山祥符寺。创建年代不详，原始寺名无考。旧传唐朝高僧玄奘到此，见山峰灵秀，叹此处堪称东土小灵山，由此寺随山名小灵山寺。并命弟子窥基任方丈，开创汉传佛教八大门派之一的法相宗。北宋大中祥符间，真宗赵恒诏改小灵山寺为祥符禅院。徽宗赵佶政和四年（1114年），升"院"为"寺"。清咸丰三年（1853年）太平军与清兵战于此，殃及佛寺，殿宇毁坏殆尽。中华民国三年（1914年），古刹重建。

[18] **象教** 即佛教。释迦牟尼离世，诸大弟子羡慕不已，刻木为佛，以形象教人，故称佛教为象教。南朝梁元帝《内典碑铭集林序》："象教东流，化行南国。"

[19] **一纪** 即十二年。岁星（木星）绕太阳一周约需十二年，故古称十二年为一纪。《国语·晋语四》："公在狄十二年，狐偃曰：'……蓄力一纪，可以远矣。'"韦昭注："十二年，岁星一周为一纪。"

[20] **锡** 古通"赐"，赏赐，给予。

[21] **献贼** 即张献忠。张献忠（1606—1647），字秉吾，号敬轩，明末民变首领之一，1640年率部进兵四川。1644年在成都建立大西政权，即帝位。1646年，清军南下，张献忠引兵拒战，在西充凤凰山中箭而死。

[22] **罹（lí）** 遭逢，遭遇。清方苞《狱中杂记》："无罪者罹其毒。"

[23] **锋燹（xiǎn）** 兵乱、战火。燹，《玉篇》："燹，野火也。"后专指兵火、战火。

[24] **圣朝** 指清朝。

[25] **平一** 亦作"平壹"。平定统一，一统天下。《史记·秦始皇本纪》："皇帝休烈，平一宇内，德惠修长。"

[26] 向　往昔，从前。

[27] 汶　即汶川县。

[28] 灌　即灌县，今都江堰市。

[29] 道光年间　公元1821—1850年。

[30] 克全　保存完整。

[31] 崇宁元年　即宋徽宗崇宁元年，公元1102年。崇宁（1102—1106年）为宋徽宗赵佶的第二个年号，取继承神宗常法熙宁之意。

[32] 不就　不能完成。

[33] 志乘　志书。清章学诚《文史通义·〈和州志政略〉序例》："夫州县志乘，比于古者列国史书，尚矣。"

[34] 嘉庆年间　公元1796—1820年。

[35] 娘子岭　位于汶川县映秀镇与都江堰市龙溪乡交界处，海拔1570米，山上有汶川八景之一"银台积雪"。据中华民国《汶川县志》卷一《山川》载："娘子岭，在治南一百里，一名银岭。山岭高绝，越三十里。夏秋多雨，春冬积雪，望若银台。"

[36] 佛像　佛教造像。意为寺院改为佛教寺院。

[37] 咸丰丁巳年　即咸丰七年，公元1857年。

[38] 中滩堡　今汶川县映秀镇中滩堡村。

[39] 皇经　泛指道经。

[40] 榱（cuī）　椽子。

[41] 纤悉　细微详尽。此处转指一丝一毫。

[42] 行教　外出传教或做法事。

[43] 辛未年　即清同治十年，公元1871年。

[44] 壬申年　即清同治十一年，公元1872年。

[45] 羽化　道教中"死亡"之讳语。古代道士修炼到极致，跳出生死轮回、生老病死，是谓羽化成仙，飘飘乎如遗世独立，羽化而登仙。羽化源自古代阴阳学，古人认为阳气产生于盘古开天辟地，阳清为天，阴浊为地。

[46] 赞襄　辅助，协助。孙中山《建国方略〈行易知难〉自序》："卒赖全国人心之倾向，仁人志士之赞襄，乃得推覆专制，创建共和。"

[47] 撙（zǔn）节　节省；节约。撙：裁减，节省。

[48] 赀财　钱财，财物。赀：通"资"。

[49] 钜任　巨大的任务。钜：同"巨"。《礼记·三年问》："创钜乾其日久。"注："大也。"

[50] 有志者，事竟成　比喻有志气的人，最后一定成功。语出《后汉书·耿弇传》：（汉光武帝）"将军前在南阳，建此大策，常以为落落难合，有志者事竟成也。"

[51] 后之嗣今者　后来者。

[52] 庶　但愿，希冀。

[53] **法界** 佛教术语。法：泛指宇宙间一切事物，包括世出世间法，通常释为"轨持"，即一切不同的万事万物都能保持各自的特性，互不相紊，并按自身的轨则，能让人们理解是什么事物。此处代指道教。

[54] **琳宫** 仙宫。亦为道观、殿堂之美称。《初学记》卷二三引《空洞灵章经》："众圣集琳宫，金母命清歌。"

[55] **有涯** 有边际，有限。《庄子·养生主》："吾生也有涯，而知也无涯，以有涯随无涯，殆已。"

[56] **文林郎** 古代文散官名。隋文帝开皇六年（586年）始设，从九品上。隋炀帝大业三年（607年）时废。唐武德七年（624年）又置，从九品上。宋初为四十二阶之第三十五阶，直到宋元丰改制时又废除。金、元时皆用为文散官名称，金为正八品上，元为正七品。明清时都用来授正七品文官。

[57] **拣选知县** 凡举人参加全国会试科不中者，可铨补知县，是谓拣选。

[58] **即选** 清官制名。即凡须经月选之官员内，除奉旨即用人员及特用班人员可不论单、双月遇缺即选外，另有一些具有某些资格或条件的候选官员，也可尽先选用，称为即选。此外丁忧服满之员、进士就教职之员、亲老告近之员等，均可尽先即选。

[59] **儒学教谕** 官名。元、明、清各县儒学置教谕，掌教诲县学生员。

[60] **丁卯** 即清同治六年，公元1867年。

[61] **举人** 为一种士人的身份，等级在"生员"之上。明清时称乡试中试的人为举人，亦称为大会状、大春元。中了举人叫"发解""发达"。习惯上举人俗称为"老爷"，雅称则为孝廉，也被称为乡进士。

[62] **捐赀** 即"捐资"。赀：同"资"。

[63] **工赀** 即"工资"。赀：同"资"。

[64] **保正** 一保之长，亦称保长。古代保甲制规定，在农村每十户为一保，设保长一名。

[65] **大保正** 即大保长。保甲制规定，在农村每五十户为一大保，设大保长一名。

[66] **监生** "国子监学生"的简称。国子监是明清两代的最高学府，照规定必须贡生或荫生才有资格入监读书。所谓荫生即依靠父祖的官位而取得入监的官僚子弟，此种荫生亦称荫监。监生也可以用钱捐到，这种监生，通称例监，亦称捐监。

[67] **义合号** 商行名。

[68] **櫈子** 方言，音dēng。即用锯或斧将圆木改制成横截面为矩形的木材。

[69] **儒学生员** 俗称秀才。

[70] **沐手** 洗手，以示虔诚和尊重。

[71] **大清光绪八年** 公元1882年。

[72] **季春月** 农历三月。

[73] **中浣日** 又称中瀚日，每月11—20日。浣：唐代定制，官吏十天休息、沐浴一次。每月分为上浣、中浣、下浣，后借作上旬、中旬、下旬的别称。

[74] **谷旦** 良辰；晴朗美好的日子。旧时常用为吉日的代称。

小金美兴营盘街清真寺功德碑

【位置】小金县美兴镇营盘街清真寺内

【年代】清光绪十二年（1886年）

【形制】穹窿顶长方体

【尺寸】通高185厘米，顶高50、宽90厘米，碑高135、宽70、厚10厘米

【内容】

敬 信 同 诚

　　盖闻圣德崇隆，其诚广传，古籍经书，九重[1]赞言，七政[2]尽齐，说教拾万二千天，始分三才[3]之妙。正邪两辩，而化醎泉[4]。正教西来，殊恩比至[5]，由是宏开，已历万世。若不阐扬，其何而昭诚信？但我懋营，自乾隆奠安后，已历百年，虽建有清真寺宇一座，而学未开，以致轻年[6]子弟述谬者多。不知解卸之门[7]，惟礼之要。是以会商募化各方，使集腋即可成。以公田收其租石藉资裕，如是请阿洪[8]开学，教其经典，扬我教规，模使[9]之轻年不致漂沉[10]，则我教幸甚。兹荷蒙各方，不惜锱珠[11]，厥成其事。现在治地收租，开学教诫，讲求征言[12]。所有捐资姓名开列泐石，俾昭万福攸同[13]于不朽。

　　简放[14]总镇[15]、前湖南保靖营[16]参府[17]马旭林捐银伍拾两；

　　督中[18]、世袭骑都尉[19]、尽先[20]、前游府[21]周天桂捐银壹拾两；

　　建昌[22]中营副府[23]、兼世袭骑都尉周天禄捐银壹拾两；

　　道衔[24]、班前补用[25]知府[26]马中龙捐银肆两；

　　钦赐花翎[27]、尽先都府[28]、僧汛千总[29]穆得隆捐银伍两；

　　升用[30]守府[31]、建昌中营普格[32]千总马耀章捐银壹拾两；

　　署理[33]漳腊营[34]守府、世袭骑都尉周国钧捐银肆两；

　　特授建昌中营分防交脚把总[35]张廷栋捐银贰两；

　　钦赐花翎抚边守府、尽先游府江思山捐银叁两；

　　马边[36]协万金营外委[37]、尽先千总马保乾捐银叁两；

　　署泸州营[38]专城把总、普安[39]外委马云龙捐银贰两；

　　候选从九[40]马腾蛟捐银贰两；

　　世袭云骑尉马盛荣捐银壹两；

　　皇城寺[41]郭阿洪捐银贰两；

　　皇城寺告谋[42]等共捐银三两七钱；

　　哈马氏捐银五两；马本立捐银四两；张定阳捐银二两；周觉真捐银二两一钱；蓝宗芳捐银一两；洪春发、马天有、马成富、马有元、祁应文、马俊世、蓝良华、丁玉龙、马升贵、马元友，以上各捐银壹两；马长兴、秦有志、米占有、苏廷友、马洪得，以上各捐银五钱；赵恩明捐银十两；苏荣

昌捐银十一两；米连盛捐银十四两；马步廷、马耀林各捐银二两；马天受捐银一两五钱；马马氏、康佐胜、马占春，各捐银一两；湖南马道福捐钱一千文；张培升、马亩圆、陈培基、王成贵、马成喜、王启贤、达玉龙、马光明、马光辉、江得元、江得树、刘曼清、谢国玉、罗正品，以上各捐银五钱；马培恩、金万福、江得林、马升高、马耀成、马兴、贾如海，各捐银叁钱；马耀宗、余登俸、魏秀娟、秦顺元、马步元、王长明、农得富、金万镒、马成青、马云意、王仕桂、胥士德、马世龙、马正□、赵绪增、金万顺、余清晏、张怀文、余登云、江得升、蔡元□、马成蛟、蓝和兴、彭玉□、马朝庆、周庆忠，各捐银壹钱。

以上总共收来功德银贰百零贰两贰钱，又入来压佃银叁拾伍两六钱。

总计来银贰百叁拾柒两捌钱，内除买户地壹分去银贰百壹拾叁两；书□谢中帝掉共银贰拾柒两壹钱；免佃客去银二两；附去笔资银二两；附寺使夫银三两；附周阿洪轿银、脚力共银十五两五钱；复又构讼重索去银五两，给由□事往灌邑□；附上省化功德人情、脚力、盘费等项共银拾五两七钱五分。以上共用去银一百八十三两三钱五分，下不敷银四十五两五钱五分。

募化首事：马云鹏、马耀林、马步廷、周国柱、苏云昌。

石匠：康朝万。

何□□书并撰。

大清光绪十二年[43]四月吉日立

【注释】

[1] 九重　指帝王。唐李邕《贺章仇兼琼克捷表》："遵奉九重，决胜千里。"

[2] 七政　指天、地、人和四时。《尚书大传》卷一："七政者，谓春、秋、冬、夏、天文、地理、人道，所以为政也。"

[3] 三才　指天、地、人。语出《易传·系辞下》："有天道焉，有人道焉，有地道焉。兼三才而两之，故六。六者非它也，三才之道也。"《三字经》："三才者，天地人。三光者，日月星。"

[4] 醎泉　含盐分的泉水，可以制盐。宋范镇《东斋记事》卷四："蜀江有咸泉。有能相度泉脉者，卓竹江心，谓之卓筒井，大率近年不啻千百井矣。"醎：古同"咸"。

[5] 比至　及至；到。《礼记·杂记下》："诸侯出夫人，夫人比至于其国，以夫人之礼行。"

[6] 轻年　青年。轻："青"之错别字。

[7] 解卸之门　解惑释疑的方法。

小金美兴营盘街清真寺功德碑

[8] **阿洪**　即"阿訇",波斯语,意为老师或学者。回族穆斯林对主持清真寺宗教事务人员的称呼。一般分为"开学阿訇和散班阿訇"两种,前者是指全面执掌清真寺教务工作的穆斯林,亦称为正任阿訇。后者是指只具备阿訇职称,而未被聘请为正任阿訇的穆斯林。阿訇是经数年伊斯兰教育与培训,通熟《古兰经》与圣训,精通伊斯兰的种种法律与法规,并具备《古兰经》与圣训的真精神——做人的完美品德,以身作则,为人师表,劝善戒恶,品德高尚的穆斯林。

[9] **模使**　即"莫使",不要让。模:"莫"之错别字。

[10] **漂沉**　漂泊沉沦。唐白居易《初入峡有感》诗:"自古漂沉人,岂尽非君子。"

[11] **锱珠**　即"锱铢",珠,"铢"之错别字。

[12] **征言**　验证言辞。南朝梁刘勰《文心雕龙·辨骚》:"将核其论,必征言焉。"

[13] **万福攸同**　大家同福多福。语出《诗·小雅·蓼萧》:"和鸾雍雍,万福攸同。"

[14] **简放**　清代谓经铨叙派任道府以上的外官。铨叙:旧时一种叙官制度,按照官吏的才能功绩,确定官位的等级升降。清末设有叙官局,为责任内阁所属机构之一,掌内外官员的简授、奏补、委任,各官履历的稽核存储以及文官考功定课等事。

[15] **总镇**　"总兵"的别称。

[16] **湖南保靖营**　驻扎于今湖南省湘西土家族苗族自治州保靖县的清代绿营兵。

[17] **参府**　"参将府"的简称。参将:清绿营统兵官,位于总兵、副将之下,游击之上,秩正三品。

[18] **督中**　"中军都督"的简称。

[19] **骑都尉**　清世袭的爵位名。乾隆元年(1736年)改拜他喇布勒哈番汉名骑都尉,在轻车都尉下,云骑尉上,正四品。

[20] **尽先**　"尽先升补"的简称,优先考虑遇缺补用。

[21] **游府**　转指游击。清代武官名,从三品,次于参将一级。

[22] **建昌**　今四川省西昌市。

[23] **副府**　"副将府"的简称。指副将,清绿营军官,次于总兵,高于参将,又称为协镇,从二品。

[24] **道衔**　道一级的官衔。道:中国历史上的行政区域名。唐代分全国为十道,相当于后来的省;清代和中华民国初年在省以下、府以上设道。

[25] **班前补用**　即"尽先补用班",得了功劳或是捐了银子保举在别的候补之先补用的。

[26] **知府**　明清地方职官名,一府州县最高行政长官。

[27] **花翎**　清朝官员、贵族冠饰。清制,武职五品以上、文职巡抚兼提督衔及派往西北两路大臣,以孔雀翎为冠饰,缀于冠后,称花翎。除因军功赏戴者外,离职即摘除。花翎有单眼、双眼、三眼("眼"即孔雀翎毛上圆花纹)之别,除贝子、固伦、额驸因其爵位戴三眼花翎,镇国公、辅国公、和硕额驸戴双眼花翎外,品官须奉特赏始得戴用,一般为单眼花翎。

[28] **都府**　"都司府"的简称。都司:清绿营军官,位次于游击,正四品,分领营兵。

[29] 千总　清代绿营兵编制，营以下为汛，以千总、把总统领之，称"营千总"，为正六品武官，把总为正七品武官。

[30] 升用　升了官职。

[31] 守府　指明清时期常备军武职有守备，武五品。

[32] 普格　今四川省凉山州普格县。

[33] 署理　代理办事。

[34] 漳腊营　清代驻防在松潘县漳腊的绿营兵。

[35] 把总　清代绿营兵编制，营以下为汛，以千总、把总统领之，把总为正七品武官。

[36] 马边　今四川省乐山市马边彝族自治县。

[37] 外委　清代的额外低级武官，有外委千总、外委把总、额外外委，职位与千总、把总相同，但薪俸较低。

[38] 泸州营　清代驻防在泸州的绿营兵。

[39] 普安　今宜宾市宜宾县普安镇。

[40] 候选从九　"候选从九品"的简称。

[41] 皇城寺　即成都皇城清真寺。坐落于成都市西城区永靖街（原西鹅市巷）30号。因临原明蜀王宫护城（习称皇城），故名皇城寺。是四川最大的清真古寺，也是全国较著名的清真古寺之一。

[42] 告谟　清真寺的神职人员，但具体职守不详。

[43] 大清光绪十二年　公元1886年。

黑水瓦钵约窝修路功德碑

【位置】黑水县瓦钵乡约窝村东100米旧道之崖壁上

【年代】清光绪十五年（1889年）

【形制】竖长方形

【尺寸】高136、宽88厘米

【内容】

永 垂 万 古

　　盖闻善事，光中之影，致诚有敬，应如□利之身，万神扶持。功课善念，天必从之；民若诚心，神有感应。积善之家，必有余庆；不积善之家，必有余殃[1]。三元神君[2]，□身命□□□□圣□□□□合村，而甚浩大。我常□路道，悬岩陡险，来往人等，行走艰难，独自□□。是予等发心修理，功果[3]浩大，独力难成。予等募化各寨善士，捐助金资，培修路道宽阔，来往人等以免触目惊心。人人好善，今将善士金名刊碑于左：

　　知布寨[4]陈正新上银五钱，粮食五桶；瓜黑寨[5]□□□□□母上粮食□□；桃芝寨[6]□□□粮食

□桶；瓜黑寨□□上粮食拾□桶；桃至[7]□□□□粮食二桶，□□哭莫粮食□桶；瓦不娘子[8]乡约[9]茶金上银五钱，十卡日上粮食拾桶；二□□上粮食五桶，咱本木上银四钱，□□众人上粮食拾桶；只布[10]大众上粮食拾二桶；□□□□上粮食拾桶；六合寨[11]□□乡约上粮食伍桶；小瓜子[12]哭四太上粮食五桶；庙上二哪吗[13]上粮食拾桶；六合寨众人上粮食拾伍桶，纳恩□上银五钱；大哪吗上粮食拾桶；出勿寨[14]众人上粮食拾桶；□□□□上粮食四桶；□乡约上银五钱；二里寨[15]众人上股子拾桶，木耳番寨[16]众人上粮食五桶；小瓜子五木知上粮二桶；麻擦寨[17]龙言上粮食五合十卡；窝和寨[18]□立木知上粮食五桶；麻擦寨众上粮食□桶；□□□□格上□众人上粮食四桶；勿梳[19]众人上粮食贰拾六桶；大瓜子[20]里长[21]上粮食五桶；勿梳和尚文一上粮食六桶；大瓜子众人上粮食拾五桶；勿梳和尚哭知母上粮食拾桶；上下□□上粮食十桶，□□□□上各什，□□上粮食五桶，□□告勒各上粮食五桶；约窝[22]略咱上粮食拾桶；黑哈[23]首人泽龙格什捐银一两；基哈[24]首人八什木上粮食十桶，特耳司登上银五钱；约窝木匠上粮食五桶；约窝首人折白、学洽勺六人总领修理路道；执马建基勿□侧成捐银□□；咱发上粮食五桶；……

　　石匠潘柱富

　　里长陈正新正□□□月亭笔

光绪十五年[25]冬月下浣日[26]立

（1935年5—8月，中国工农红军长征途经此地时，在碑上镌刻宣传标语："胡宗南想来烧尽番民寨子，杀尽番民弟兄！西路军司令部。"）

【注释】

[1] **积善之家，必有余庆；不积善之家，必有余殃**　语出《周易·坤·文言》。

[2] **三元神君**　指三官大帝，即天官、地官、水官，亦称"三官"，为道教较早供祀的神灵。一说天官为唐尧，地官为虞舜，水官为大禹。道经称：天官赐福，地官赦罪，水官解厄。中国上古就有祭天、祭地和祭水的礼仪。《仪礼》的《觐礼》篇称："祭天燔柴，祭山丘陵升，祭川沉，祭地瘗。"不过，上古祭祀天地水是君主的权利，庶民百姓只能祭祖。东汉时，张陵创立五斗米道，就以祭祀天地水三官，上三官手书作为道教徒请祷治病的方法。

[3] **功果**　功德。指念佛、诵经、斋醮等。此处转指修路工程。

[4] **知布寨**　今黑水县瓦钵乡赤布寨。

[5] **瓜黑寨**　今黑水县瓦钵乡瓦钵村。

[6] **桃芝寨**　今黑水县瓦钵乡桃支村桃支组。

[7] **桃至**　今黑水县瓦钵乡桃支村桃支组。

[8] **瓦不娘子**　即瓦钵梁子，今黑水县瓦钵乡瓦钵村。瓦钵：羌语译音，意为"岩山梁"。

[9] **乡约**　奉官命在乡、里中管事的人。

[10] **只布**　具体地点不详。

[11] **六合寨**　今黑水县瓦钵乡曲瓦村六合组。

[12] **小瓜子**　具体地点不详。

[13] 哪吗　即喇嘛。

[14] 出勿寨　今黑水县瓦钵乡曲瓦村曲瓦寨。

[15] 二里寨　今黑水县瓦钵乡约窝村二里寨。

[16] 木耳番寨　今黑水县瓦钵乡曲瓦村木十多寨。

[17] 麻擦寨　具体地点不详。

[18] 窝和寨　今黑水县瓦钵乡瓦钵村俄瓜寨。

[19] 勿梳　具体地点不详。

[20] 大瓜子　具体地点不详。

[21] 里长　主管一里的人。里：古代最基层的管理机构之一，初五家为邻，五邻为里。后管辖范围不断变化，时大时小。到清中晚期时，达到顶峰，可管若干乡、镇。里长由官方委任，享有一定待遇，负责掌管户口、赋役之事。

[22] 约窝　今黑水县瓦钵乡约窝村约窝组。

[23] 黑哈　具体地点不详。羌语，意为"下面的"。

[24] 基哈　具体地点不详。羌语，意为"我这里的"。

[25] 光绪十五年　公元1889年。

[26] 冬月下浣日　农历十一月下旬。

松潘镇坪重修扫水岩路道碑记

【位置】松潘县镇坪乡镇坪村北扫水岩岩窝内
【年代】清光绪十六年（1890年）
【形制】横长方体
【尺寸】高60、宽98、厚5厘米
【内容】

重修扫水岩路道碑记

自明朝洪化年间[1]开设以来，至嘉靖十一年[2]，又于嘉靖十五年[3]共三起新工[4]，其工浩大，独立难成，上面岩窝字迹可凭[5]。今于大清光绪十六年[6]岁次庚寅闰二月二十一日，阖堡公议，会首督工募化，来往客商乐善好施，护福无量，永垂不朽矣。

今将承办会首姓名录载于后：
仁寿县督工客民[7]刘德胜。
六关汛外委部厅赵玉超。

松潘镇坪重修扫水岩路道碑记

陕西义合号商民高凌漠。

镇平[8]经理、会首、乡约岳应龙、岳清龙、黄贞祥、李永清。

坚工[9]岳中廷沐手书

【注释】

[1] **明朝洪化年间** 明洪武至成化年间（1368—1487 年）。

[2] **嘉靖十一年** 公元 1532 年。嘉靖：明朝第十一位皇帝明世宗朱厚熜的年号，是明朝使用时间第二长的年号，共 45 年（1522—1566 年）。

[3] **嘉靖十五年** 公元 1536 年。

[4] **新工** 即兴工。

[5] **上面岩窝字迹可凭** 在距此碑右上角约 5 米处，有两侧墨书题记。一则为"自洪化年间以至嘉靖十一年又十五年……为□可远"。另一则为"镇平堡经理……。坚工岳槐禄沐手书"。

[6] **大清光绪十六年** 公元 1890 年。

[7] **客民** 寄寓外地的居民。《后汉书·马援传》："诏武威太守，令悉还金城客民，归者三千余口，使各反旧邑。"李贤注："金城客人在武威者。"

[8] **镇平** 今松潘县镇坪乡镇坪村。

[9] **坚工** 应为"监工"。坚："监"之错别字。

小金美兴营盘街武庙及龙王庙盂兰会佃客碑

【位置】小金县美兴镇营盘街武庙右厢房墙壁上

【年代】清光绪十七年（1891 年）

【形制】穹窿顶长方体

【尺寸】通高 220 厘米，顶高 63、宽 100 厘米，碑高 157、宽 87 厘米

【内容】

永 垂 不 朽

窃维我懋功，自乾隆年间金川善后，营中建修武庙一所。下余功德银两，曾由前辈同事等置买户地、街房，每年收纳租麦、地皮银钱等项，以作庙内香火应用之需。嗣因营中官弁兵丁，历奉调遣各省打仗，阵亡以及故丁等，均系为国捐躯，殁于王事。迨军务肃清后，凡我在营首事等，不忍忠魂寂寞，是以倡首捐资银两，在于龙王庙[1]后殿内新设盂兰会[2]，将历起阵伤亡故姓氏，设立牌位，供奉[3]于此。先后置买街房、菜园以及戏厢等项，每年收纳各项银钱，作为会内清明、中元[4]、经卫并楚献等项应用之需，以彰祀典而慰忠魂。但此二庙向来由营中拣派领目等充当首事，其庙地内有修造房屋者，每年纳租点钱。嗣因会内有不肖首事，陡起觊觎之心，或佃客系伊等亲谊，私将钱项减数付给，或全行不付；兼之有将庙地化为乌有，并将原立簿据涂改杂乱；抑且将庙内所收银钱，私行肥己，难以查考。较之上年所收租项，有减无增，每年入不敷出。是以予等窥破其中颠末[5]，

再三筹画，恐生车鉴[6]，伊于胡底[7]。惟有会商当事人等，逐层陈明，各上司奉准，饬将各佃客现纳各项银钱、租麦数目，刊碑勒石，以垂永远，免致日久，弊隙丛生，扯止将来，以为永志。

武庙佃客：杨照租钱十千文；钟光明租钱九千文；何学俸租钱四千文；张磨房租钱四千文；马兴源租钱贰千文；王春林、张应槐各租钱一千五百文；蒋文寿、陈芝林租钱六百文；郭俸荣、何友明各租钱一千文；张治堂、王平各租钱五百文；汪老七、赵益合各租钱四百文；唐三师、祁国富、吴世龙各租钱贰百文；钟躬巴租钱贰百文；边成龙租钱一百文；刘映榜地租八钱，租银三钱；韦得馨房租银六两；周国瑞租银三两；申道明、邓文玉各房租银贰两四钱；龙云卿房租银贰两；王耀基房租银一两四钱；王锡章地租银六钱；许桂芳租银六钱；范维勋、刘俸举各租银五钱；宋廷梁地租银五钱；龙济瀛租银四钱；周世兴、罗石匠各租银三钱；曹云章地租银一钱五分；陈国安租银一分；刘映福地、房租银各三钱；黄金玉地租银贰钱；陈培基、陈培元、邓□林各租银贰钱；史应奎租银五钱；童登山地租银贰钱；吴绍增、张万云各租银一钱，刘大兴地租银一两五钱。

小金美兴营盘街武庙及龙王庙盂兰会佃客碑

又收沙龙沟[8]租麦三十六合。由钱粮衙门经收，照采买折价。

盂兰会佃客：郑复兴房租银十一两；何长顺租银十贰两；吕善隆租银十一两；吴登榜房租银六两；许桂芳租银一两贰钱；钟光明租钱八千文；王天元房租钱五千文。

盂兰会收万慰斌租麦八合。

钦加提督[9]衔、记名[10]遇缺简放[11]、总镇[12]四川懋功等处地方协镇都督府克勇巴图鲁[13]滕，钦加协镇[14]衔、调署四川懋功协中衡[15]都阃府[16]、宁越营[17]都阃府即升游府[18]马，署四川懋功协标领哨专城部厅、提标[19]左营即升副府[20]杨。

马步领旗[21]：龙耀腾、王启贤、马永富、马光耀、彭永祥、罗三品。

首事：刘俸全、赵安邦、郑仁恺立。

张先志书。

石匠：康朝万。

光绪十七年[22]仲夏月[23]吉日竖

【注释】

[1] 龙王庙 在今小金县美兴镇营盘街，与武庙毗邻，现庙宇尚存。

[2] **盂兰会** 农历七月初七，是古人祭祀祖先的日子，也是佛教徒追念在天之灵的祭日，称"盂兰分会"或"盂兰盆斋"。

[3] **供俸** 古同"供奉"。

[4] **中元** 一般指"中元节"，又称"七月节"或"盂兰盆会"，为三大鬼节之一。中元节是道教的说法，"中元"之名起于北魏，有些地方俗称"鬼节""施孤"，又称亡人节、七月半，放灯之习俗就是为了让鬼魂可以托生。同时依照佛家的说法，阴历七月十五日这天，佛教徒举行盂兰盆法会供奉佛祖和僧人，济度六道苦难众生，以及报谢父母长养慈爱之恩（孝亲节）。所以中元节这天，一死一生，既可以寄托对逝去之人的哀思，又让人谨记父母的恩德。

[5] **颠末** 始末。明黄道周《节寰袁公传》："公（袁可立）心疑之，移文东江审其颠末。毛帅以是恨公。"

[6] **车鉴** "前车之鉴"的省称。出自《荀子·成相》："前车已覆，后未知更何觉时！"比喻把前人或以前的失败作为借鉴。

[7] **伊于胡底** 指对不好的现象表示感叹，意同"不堪设想"。语出《诗经·小雅·小旻》："我视谋犹，伊于胡底？"

[8] **沙龙沟** 今小金县沙龙乡沙龙沟。

[9] **提督** 武官名，全称为提督军务总兵官，为清朝各省绿营最高主管官。

[10] **记名** 清制，官吏有功绩，交吏部或军机处记名，以备提升。

[11] **简放** 清代谓经铨叙派任道府以上的外官。铨叙：旧时一种叙官制度，按照官吏的才能功绩，确定官位的等级升降。清末设有叙官局，为责任内阁所属机构之一，掌内外官员的简授、奏补、委任，各官履历的稽核存储以及文官考功定课等事。

[12] **总镇** "总兵"的别称。

[13] **克勇巴图鲁** 清朝皇帝赏赐给军功者的荣誉称号。克勇为汉字勇号，即"克字勇号"。巴图鲁为满语，意为勇士、英雄。

[14] **协镇** 清代绿营武官名。清沿明制设副总兵而改称副将，秩从二品，位次于总兵。统理一协军务，又称协镇，别称协台。

[15] **中衡** 即中军。

[16] **都阃府** "都司"的别称。都司：清绿营军官，位次于游击，正四品，分领营兵。

[17] **宁越营** 清代驻防于今凉山州甘洛县海棠镇的绿营兵，清雍正六年（1728年）设置。

[18] **游府** 转指游击。清代武官名。从三品，次于参将一级。

[19] **提标** 兵制名。清制，各省提督直辖的绿营官兵，称为"提标"。凡提标均置中军参将一员，主掌全标营务。

[20] **副府** "副将府"的简称。指副将，清绿营军官，次于总兵，高于参将，又称为协镇，从二品。

[21] **领旗** 亦作"领旂"，指军官。

[22] 光绪十七年　公元1891年。

[23] 仲夏月　农历五月。

汶川克枯竹石达川主庙碑序

【位置】汶川县克枯乡周达村竹石达小学

【年代】清光绪十九年（1893年）

【形制】穹窿顶长方体

【尺寸】通高130厘米，顶高30、宽110厘米，碑高100、宽90、厚8厘米

【内容】

永 垂 万 古

黄河澄清万里功　紫云封号千秋国

川主庙碑序

川主显英[1]之岁，本是西蜀之主从前矣。开西江，狩河权，斩蛟龙，大功。故唐朝天子[2]敕封川主，以镇四川之地，故仁人敬之。本村先古以来，天子莫不有民居，其地莫不有神。故我先辈择居此地，古有川主神庙，由来久矣。乾隆天子起初，金川作乱[3]，夫马[4]甚重。每月垫夫马银六两，又男女上路咏[5]兵粮，口食夫马，先辈受此艰难，故花户[6]逃走在外甚多，因此将夫马银两亏空。后乾隆五十七年[7]，金川平息。先辈在庙议能[8]算账，逃走花户亏空夫马艮两[9]。故取旱地一股受种[10]，可开一石七斗[11]，门户一，外麦粮三斗，上于川主庙，每年以作焚献之资[12]，依众昭客[13]。自咸丰年间，凭众将地佃与，以后耕种。同治初年，将地压租[14]培修。庙内议伦[15]，外有每年租各存行，六月廿四[16]神期[17]费用归与首事。以后光绪八年[18]，府主雷公祖将前三枯[19]桥工概行免完[20]，新保关听主忍办[21]，不与枯里相干，故我万代之恩。凭众面举首事四人，每年执长芋麦[22]租石矣[23]作香火。每年外存长利息，将钱算明四十五千文。首事四人将□所当入布山田一股，每年约租二石之数，共山田二股，共三石之数。每年除一石，首事照市合钱，以作六月廿四庆贺神期外，首事掌管此钱，以后不准乱用。如有此心，神圣威灵，负悖[24]赦夺[25]伍显神圣[26]案下。首事收有神本芋麦一石四斗，每年有利，九月廿八日[27]以作庆神之期，六月六山神王爷案下。本村新春龙灯会上，所有存行钱七仟文，将行钱以作神分之。本村先辈议有钱一仟三百文，公用于磨稞。杨玉光先年夫马艮两不足，先老所议，每年邦[28]出磨稞钱四百文。光绪年间张贰有所买王姓田，每年帮出磨稞钱四百文；王廷栋每年帮出磨稞钱一百文，王八涛一百文。本村无门户[29]，众仝公议，所有邦出磨稞钱四百文，麦食一升。今将于石花户今名开立，培修川主庙捐项开列于后，是以为序。

首事：杨春秀捐钱贰仟文；王廷顺捐钱一仟六佰文；王廷栋捐钱贰仟文；杨天富捐钱一仟九佰文。

张先金捐钱贰仟文；王保贝捐钱贰仟文；王旭龙捐钱贰仟文；王永安捐钱贰仟文；王和立

捐钱贰仟文；王保元捐钱贰仟文；王□元捐钱一仟六佰文；杨□长捐钱一仟六佰文；杨田元捐钱一仟贰佰文；杨什二捐钱一仟六佰文；王八涛捐钱一仟六佰文；王廷洪捐钱一仟贰佰文；王碑委捐钱一仟贰佰文；王元保上钱一仟三佰文；杨玉光捐钱一仟文；陶金云捐芋麦贰斗，上□□一耕[30]。

众仝公立。

光绪拾玖年[31]三月吉日立

汶川克枯竹石达川主庙碑序

万百姓的生命财产。后人为纪念其斩蛟治水功绩，在灌口立祠相祭。因赵昱在家排行老二，人称二郎，故亦称赵昱为灌口二郎。唐玄宗幸蜀，特封赵昱为"赤诚王昱应候"。宋真宗出于对赵家本姓的推崇，特追封其"清源妙道真君"。清朝封为"承绩广惠显英王"，民间则奉为川主，庆坛时均以坛神崇祀。

【注释】

[1] **川主显英** 又称"川祖"、"灌口神"或"灌口二郎"。一说是秦朝蜀太守李冰，一说是隋朝嘉州刺史赵昱。碑文中所说为后者。赵昱，系隋朝嘉州（今乐山）刺史。任上，犍为水蛟作乱，致使洪水泛滥，百姓深受其害。为救百姓于水深火热之中，赵昱毅然率领全城军民，前去降妖。并亲自持剑跳入水中，与孽蛟作殊死搏斗。终于在两岸军民呐喊助威下，力斩千年老蛟，平定水患，拯救了千

[2] **唐朝天子** 即唐太宗。唐太宗从地方官的奏折中获知赵昱事迹后，即封他为神勇大将军，在灌江口为之立庙。

[3] **金川作乱** 指乾隆年间大小金川土司内乱。

[4] **夫马** 役夫与车马等。

[5] **咏** "运"之错别字，系方言读音所致。运：在本地方言中就读"yǒng"。

[6] **花户** 旧时对户口的称呼，引申为在册之户。

[7] **乾隆五十七年** 碑文有误，应为乾隆四十一年，公元1777年。

[8] **议能** 即"议论"。能："论"之错别字。

[9] **艮两** 即"银两"。艮：古代通"银"。

[10] **受种** 开垦种植。

[11] **一石（dàn）七斗** 石、斗：古代粮食重量单位。一百二十市斤为一石，十二市斤为一斗。石，亦可作地积单位，具体数量各地不一，有以十亩为一石的，也有以一亩为一石的。在岷江上游地区，一石即一亩。

[12] **焚献之资** 祭祀活动的费用。

[13] 昭客　即"招客",招待客人。昭："招"之错别字。

[14] 地压租　租赁土地时支付的保证金。压租："押租"。压："押"之错别字。

[15] 议伦　应为"议论"。伦："论"之错别字。

[16] 六月廿四　关帝君圣诞日。

[17] 神期　神灵诞生的日子。

[18] 光绪八年　公元1882年。

[19] 前三枯　分布在今汶川威州镇、克枯乡、龙溪乡境内。按同治《理番厅志》卷一《里居》载："太子坟、龙山坟、蒲凹、大寺、小寺、挖替、怕而、竹打、竹实打、周达、克枯、卜村、布挖、劳底。以上十四寨为前三枯,在桑坪铁野江北山岭。"

[20] 桥工概行免完　事见《理县通化汶山寨告示碑》。

[21] 听主忍办　应为"厅主认办"。听："厅"之错别字。忍："认"之错别字。

[22] 芋麦　方言,即"玉米",又称"包谷"。

[23] 矣　"以"之错别字。

[24] 负悖　违背。

[25] 赦夺　即"赦赎",赎罪以求宽宥。

[26] 伍显神圣　即五显神或五显王。根据神话传说,在《铸鼎余闻》中记载,南齐柴姓五兄弟为五显神财神。老大名叫柴显聪,老二名叫柴显明,老三名叫柴显正,老四名叫柴显直,老五名叫柴显德,弟兄五人为猎人,经常打猛禽走兽,采草药为民疗伤治病,吃不完的野兽送给贫穷百姓,深受人民爱戴,人缘非常好,在他们逝世后,民间尊他们为神仙,即称五显神,五显王。另五显神为宋代江西德兴、婺源一带信奉的财神。兄弟五个,均被封为王,因其封号首字都为显,所以叫五显神。

[27] 九月廿八日　孔子诞辰日。

[28] 邦　"帮"之错别字。

[29] 无门户　指没有家庭或家中没有男丁。

[30] 耕　"根"之错别字。

[31] 光绪拾玖年　公元1893年。

汶川草坡金波寺瓦寺宣慰使司主母索杨氏给发碑

【位置】汶川县草坡乡金波寺
【年代】清光绪二十年（1894年）
【形制】穹窿顶长方体
【尺寸】通高90厘米,顶宽50厘米,碑高65、宽40、厚9厘米
【内容】

永垂万古

宣慰使司主母索杨氏为给发遵照以垂永久事。

缘治属草坡旧有金波寺[1]，业经廿世。每焚献，辄有金波寺不济。氏今年逾八十有二，艰辛康健，泰极否来，神天之所佑也。婆为同媳金氏、孙氏文等榷商无异，愿上功德钱陆拾两正，亲交该住持大树子罗喇嘛手执管，每岁生息，为氏祖孙唪经[2]檩旗，消灾解厄，毋不负氏之称意。自经上给之后，索姓子孙并不得擅索收，致逆初愿。倘经该喇嘛示寂[3]后，凡属继祀香火者，务须一体遵行，仍照旧规，代为忏诵，毋得擅违干咎，持给。

右给金波寺住持大树子罗喇嘛，准此。

高张氏上银拾两，穹哇杨□上钱五千，姚登喜上钱拾千，山波期上银五两。

光绪二十年[4]六月廿日给发

汶川草坡金波寺瓦寺宣慰使司主母索杨氏给发碑

【注释】

[1] 金波寺　又名金坡寺，位于汶川县草坡乡金波村北200米半山坡上，占地面积约830平方米。始建于明崇祯年间，后毁于战火。清乾隆年间复建，后又多次维修。现已破败不堪，但基础尚存。据中华民国《汶川县志》载："金波寺，在草坡。中涌一顶，周约六十余丈。四面崇林，中建佛庙一，创自明崇祯时。至今庙宇辉煌，香火不绝。古历十二月十五日，朝者尤多。人有七绝赞之曰：巍巍庙宇接云间，金波之名自古传。佛法西来留胜迹，不亚蓬莱一洞天。"

[2] 唪（fěng）经　诵经。清富察敦崇《燕京岁时记·盂兰会》："中元日各寺院设盂兰会，燃灯唪经，以度幽冥之沉沦者。"唪：大声吟诵。

[3] 示寂　即指涅槃，又作圆寂、归寂、入寂、寂灭、寂。示寂，一般用于佛、菩萨及高德之死。

[4] 光绪二十年　公元1894年。

汶川草坡培修金波寺佛庙内外完字碑

【位置】汶川县草坡乡金波寺内

【年代】清宣统二年（1910年）

【形制】竖长方体

【尺寸】高105、宽70、厚6厘米

【内容】

功垂百世古千秋

光绪二十六年[1]前后培修金波寺[2]佛庙内外完字碑。

老太太上银十两；大老爷即代兴[3]上银十两；王喇嘛[4]已下前后捐银四十两；克总[5]罗喇嘛上银五十两；高丁贵上银十两；姚登喜上钱十千文；明喇嘛上钱二千文；索大老爷即代杨、吴美章各上钱一千文；尹登高、松皆各上钱五百文；朱阳明上银五两；陈文喜、彭志安、克葱[6]无名氏各上钱二百文。

宣统二年[7]二月十二日住持王喇嘛竖

【注释】

[1] 光绪二十六年　公元1900年。

[2] 金波寺　又名金坡寺，位于汶川县草坡乡金波村北200米半山坡上，占地面积约830平方米。始建于明崇祯年间，后毁于战火。清乾隆年间复建，后又多次维修。现已破败不堪，但基础尚存。据中华民国《汶川县志》载："金波寺，在草坡。中涌一顶，周约六十余丈。四面崇林，中建佛庙一，创自明崇祯时。至今庙宇辉煌，香火不绝。古历十二月十五日，朝者尤多。人有七绝赞之曰：巍巍庙宇接云间，金波之名自古传。佛法西来留胜迹，不亚蓬莱一洞天。"

[3] 大老爷即代兴　索代兴，第二十二世瓦寺土司，马尔康卓克基土司索观瀛之生父。

[4] 王喇嘛　金波寺住持喇嘛王四丹增。

[5] 克总　疑为"克葱"之误。

[6] 克葱　今汶川县草坡乡克充村。

[7] 宣统二年　公元1910年。

汶川草坡培修金波寺佛庙内外完字碑

茂县三龙卡玉观音庙碑文小序

【位置】茂县三龙乡卡玉观音庙内

【时代】清光绪年间

【形制】竖长方体

【尺寸】残高77、宽70、厚7厘米

【内容】

……碑文小序

……十八寨以及新旧两番一带等地，自乾隆年间归化以来，……上谕部文为凭，每年只有青稞麦粮，并无骡马夫价，一切……贪官污吏之弊，苛虐玩民，私派骡马夫价，延今一百余年，……民无安息。今光绪之年，俾有三溪塞[1]之大保正[2]，皇恩……字松柏，协同两番约、保、首人等，筹议数次，又祈本城优绅……案部厅堂三公，特闻新任府主桂大人不日莅任，

茂县三龙卡玉观音庙碑文小序

叵有……侯之智，伏波之龙，三公当要[3]恩求免，府主□□雷、焦二……食，无聊说透，大尊赏准，全免骡价一切杂派，准批立……一切苛派，应照部文概行免尽，每年只有青稞麦粮，除……全免，禀贴俱尤。纳福村[4]之教读[5]，温江人也，呆署之吏目……之赀，挈苦而矣。自今以后，新旧两番以及三溪十八寨……人之德，以延后世，永垂不朽，是为小序。

……纳吉……儿文波……木格曹、事只、格世、余茶、作格仲朱、四大太乐保、陈宗相、罗长寿、杨顺才、儿基母、皱皱、木吉勺、泽巴。

……上浣八日[6]刊吉立

【注释】

[1] 三溪塞 即三齐寨，今茂县三龙乡。塞，"寨"之错别字。

[2] 保正 古代农村每十户为一保，设保长；每五十户为一大保，设大保长；每十大保设都保；都保的领导叫都保正，还有一个副保正。

[3] 要 "邀"之错别字。

[4] 纳福村 今茂县三龙乡纳呼村。

[5] 教读 即教师。明王守仁《传习录》卷中："故特叮咛以告尔诸教读，其务体吾意，永以为训。"

[6] 上浣八日 即每月的初八日。

汶川威州茨里川主庙[1]碑记

【位置】汶川县威州镇茨里村川主庙，现已佚失。拓片存阿坝州文物管理所

【年代】清道光十四年（1834年）

【形制】长方形条石

【尺寸】高85、宽20厘米

【内容】

尝闻神灵赫赫，固足保境邑之风光；庙貌辉煌，实克显神圣之威灵。兹者我村中及□□上下人等，覩[2]殿宇之败坏，见风雨之飘摇，不惟神祇之不安，亦惟斯民之不□□也。但我村藜尔[3]之区，地瘠民

贫，岂能舍旧而图新。爰是合村公议首事，补其残阙，□□倾颓。而我山王会、土主会亦稍捐微资，以助其万一，壮其弹丸之光耳。道光十一年[4]做匾，上钱一千一百文；十四年[5]□□，一千二百文。

（中华民国《汶川县志》卷七《艺文·附文献》亦有载，但文字略有不同）

【注释】

[1] 茨里川主庙　在今汶川县威州镇乡茨里村。川主庙及碑已毁无存。

[2] 覩　古同"睹"。

[3] 蕞（zuì）尔　形容地方小。嵇康《养生论》："夫以蕞尔之躯，攻之者非一涂。"

[4] 道光十一年　公元1831年。

[5] 十四年　即道光十四年，公元1834年。

茂县光明重修"佛心山各庙"序

【位置】茂县光明镇光明组佛心山

【时代】清代

【形制】竖长方体

【尺寸】高240、宽130、厚10厘米

【内容】

佛心圣山

钦加知州[1]衔、署理茂州直隶州事、候补[2]班前遇缺补用直隶州正堂[3]加五级纪录十次曹

特授四川茂州营都阃府[4]、世袭骑都尉兼云骑尉[5]连

特授四川茂州直隶州右堂[6]、加三级纪录五次韩

钦赐五品蓝翎[7]、世袭陇木长官司[8]、加一级何

署理四川茂州营领哨部厅[9]、龙安营[10]司厅[11]李

特授四川茂州营分防东汛部厅[12]、尽先副府[13]、加五级马

署理四川茂州营专城部厅[14]余联科助钱贰两

重修佛心山各庙序

尝闻州东旧治兴隆场[15]，有山曰佛心，离场二十余里。形势巀嶪[16]，鼎峙西南，众山拥护，瑞气盘结。溯自前明修建，相传庙貌巍峨，神像罗列，而为居民祷仰祈晴之所。但……遂至莲花座下，尽长莓苔[17]，杨柳枝头，半摧风雨，众神之灵爽[18]莫凭，农民之祈祷无地。士民等触目警心，培修无力。前于同治十三年[19]暂为兴工，聊将已倾旧址，安设各神祇……年□叠至，凡居民如竭诚祈祷，无不灵念[20]，所以相继兴工，已建玉祖正殿，两廊文武圣像，并建奎星阁、观音阁、三清殿、灵祖殿、药王殿、三皇殿、送子殿、鲁班殿、雷祖殿、佛心殿、云华殿……东乡一带[21]士民乐捐。但山为灵山，而每年朝觐[22]，闯关[23]已似鸡寮[24]之集。进香路启，不减蚁线之牵。险阻之惊心，可畏[25]悬之，失足堪虞。天梯石栈，已布千墩。板屋木栏，将逾百丈。惟是……况凌霄之殿，夫岂片瓦之

功，因是禀恩文武各州作庄，赏示在治，募捐仍不忘始初乐捐之意，所愿仁人君子□□囊力之余金，积身后之景福，成此浩大之功，将不仅为东乡居民祈祷之便也，护国佑民尽登……增百代之灵长，名垂不朽，泽播无疆，是为序。

领袖：殷正秀、杨维德、李光灿、王赵章、殷正训、殷正邦、陈占龙、赵青太；

总领：王有、王才、李成太上银四两，赵青龙上银十两，李登弟、殷有善上银三两，殷元太、殷正洪、李光华、李克安；

承行[26]：李□□、李□□、李□□、殷□□、万□□、张□□、吴□□；

王天元上银五十两；傅良弼上银三十五两；李必福上银二十两；韩世铭上银十五两；张有信上银八两；吴春富上钱十仟；苟兴富上钱十仟；杨梁氏上银十两；小阳上银十两；观音会上钱廿仟；龙三元上银十八两；杜万春上银十两；吴宗周上钱六仟；刘天金上银八两；杨定川上银七两；周玉堂上银六两；谢永发上银十两；李世贵上钱五仟二；孙大本上银七两；李光宗上钱十仟；刘兆林十五两；文加斌上银六两；年丰会上银五两；张文星上银五两；吴崇高上银五两；候云珠上钱四仟四；聂朝章五两；坤茂春上银钱五两；李兆明上钱五仟；何国栋上银五两；文光谟上银五两；孙李氏上银十二两；何谢氏上钱五仟；张有和上钱四仟四又上钱八仟；邓恩寿上银四两；候美珠父子三仟二；王修善上银四两；刘光燕、罗杭氏上银四两；李永顺上银四两；罗仁堂上钱三仟四；龙春元上钱三仟二；李克贤六两；李克兴四两；李元章、李光藻四两；郑得时上银五两；王天启、候（侯）富珠、吴龙氏、梁仕旺、梁宗有、正有昌各上银二两；蒋贵、张唐氏、何陞、万韩梁、何叶氏、肖进福、刘安全、朱文氏、□光纪、何明德、卞启凤十一人各上银三两；李洪隆、曲树醺、何黄氏、罗安贞、康代兴、杨春发、傅英俊、何永芝、陈万春、陈同春、王喜章十一人各上银三两；孙坤氏二仟；黄纪云二仟；贾本善二仟；牛王会、邹文运、吴朝品、何腾龙、杨义兴、赵万兴、□□□、义合会八人各上银二两；王玉□、潘□□、杨永□、胡玉□、刘连□、黄有□、王正□、王廷□、马成□……

【注释】

[1] **知州** 中国古代官名。宋以朝臣充任各州长官，称"权知某军州事"，简称知州。"权知"意为暂时主管，"军"指该地厢军，"州"指民政。明清以知州为正式官名，为各州行政长官，直隶州知州地位与知府平行，散州知州地位相当于知县。

[2] **候补** 清制，没有补授实缺的官员在吏部候选后，吏部再汇例呈请分发的官员名单，根据职位、资格、班次，每月抽签一次，分发到某一部或某一省，听候委用，称为候补。

[3] **正堂** 明清时对府、州、县等正印官的称呼。

[4] **都阃府** 清代正四品武官都司的别称。

[5] **骑都尉兼云骑尉** 骑都尉和云骑尉均为清代世代承袭爵位名称，官秩正四品和五品。按清制，世爵均定有承袭次数，一般是每一代减一等，袭次既尽，世爵也就取消。因此，本文中应是指上代承袭为骑都尉，本人承袭为云骑尉。

[6] **右堂** 吏目。清代州官佐吏之一，佐理缉捕、刑狱及文书等官署事务。

[7] **蓝翎**　清代礼冠上的饰物。插在冠后，用鹖尾制成，蓝色，故称。初用以赏赐五品以下功臣。后很滥，可出钱捐得。

[8] **陇木长官司**　据道光《茂州志》卷三《土司》载："陇木长官司何棠之，其先杨文贵，于宋时随剿啰打鼓有功授职。明洪武四年（1371年）颁给印信。嘉靖间土司杨翱随总兵何卿征白草番，著有劳绩，命改何姓。国朝顺治九年（1652年）投诚，康熙二十四年（1685年）颁给印信号纸，住（驻）牧陇东（今茂县光明镇刀溪村）。"

[9] **哨部厅**　哨部：清代绿营兵的一级军事编制，在营之下，分防各哨，一般以千总统领。

[10] **龙安营**　清代驻防在龙安府的绿营兵。龙安府：明世宗嘉靖四十五年（1566年）实行改土归流，改龙州宣抚司为龙安府，隶四川承宣布政使司。神宗万历十八年（1590年），新设宁武县（次年更名平武）附郭。清世祖顺治六年（1649年），仍设龙安府，府治平武（今四川省平武县）。辖：平武、江油（今四川省江油市）、石泉（今四川省北川羌族自治县）、彰明（县治在今四川省江油市彰明镇涪江西）四县。1913年废。

[11] **司厅**　即都司厅。都司：清代绿营军官，正四品，职位次于游击，分领营兵。

[12] **汛部厅**　汛部：清代绿营兵的一级军事编制，在营之下，分防各汛，一般以千总统领。

[13] **副府**　"副都司府"的简称。都司：清代绿营军官，职位次于参将，正四品，分领营兵。

[14] **专城部厅**　专城：主宰一城的州牧、太守等地方长官。

[15] **兴隆场**　今茂县光明镇明脚村，旧称明角底。

[16] **巀嵲**（jié niè）　山高耸。

[17] **莓苔**　青苔。晋孙绰《游天台山赋》："践莓苔之滑石，搏壁立之翠屏。"

[18] **灵爽**　指精气。明徐渭《隍灾对》："土木，神之托也，贱也；灵爽，神之真也，贵也。"

[19] **同治十三年**　公元1874年。

[20] **灵念**　即"灵验"。念："验"之错别字。

[21] **东乡一带**　即茂县东路，指今土门河流域的光明、富顺、土门、东兴及北川县的青片区等。

[22] **覩**　古同"睹"，看见。

[23] **闳**（hóng）**关**　即山门。闳，《说文》："巷门也。"

[24] **鸡寮**　即鸡棚。

[25] **畏**　"谓"之错别字。

[26] **承行**　明清时期府、州、县署中承办某项案件的书吏。此处专指"承办"。

汶川威州茨里修路功德碑

【位置】汶川县威州镇茨里村
【时代】清代
【形制】竖长方体

【尺寸】高 75、宽 15 厘米

【内容】

　　盖闻崎岖非崎岖，远通九寨；崀嶐[1]非崀嶐，近至三村。因培修水沟坡石梯子，本村弟子今名开列于左：

　　薛廷梁十步；张思仲七步；毛万荣三步；薛位兰三步；王明玉二步。

【注释】

[1]　崀嶐　逦迤。连绵不断。

茂县富顺"指路碑"

【位置】原立茂县富顺乡政府驻地，现已遗失。拓片存阿坝州文物管理所

【时代】清代

【形制】竖长方体

【尺寸】高 60、宽 40、厚 6 厘米

【内容】

指　路　碑[1]

上走茂州[2]五十里；

下走土门[3]二十里。

左走岰山[4]八里；

右走鱼亭[5]二里。

张代顺为子全泰立

【注释】

[1]　指路碑　一种古老巫术文化习俗。如果家有孩子多病多难，招魂无效，便认为孩子命中带煞，于是立指路碑于交叉路口，以便消灾于己，造福于人。

[2]　茂州　今茂县县城凤仪镇。

[3]　土门　今茂县土门镇政府驻地。

[4]　岰山　山名，今茂县富顺乡唱斗村斗子山。

[5]　鱼亭　今茂县富顺乡鱼听村。

九寨沟郭元重修青龙沟岩路碑

【位置】九寨沟县郭元乡青龙村一农户家中

【年代】中华民国二年（1913 年）

【形制】长方体抹角

【尺寸】残高 40、宽 45、厚 7 厘米

【内容】

重修青龙沟岩路[1]碑

原夫嵯峨无险利济之功，非小康倡和之美岂没。我南邑青龙岩路一段为秦川之锁钥[2]，自庚申[3]克复之时，断绝无路，始由此间取道进兵，因而略事砌筑，面盖茅土，形如羊肠，以通往来。上而巉巉之石，下而滔滔洪波，行负贩旅过此者，莫不落魂丧魄。延至今日，数十余年，其中坠入江心，葬于鱼腹者，固已指不胜屈计也。生长于斯，以通行大道，不忍行人为圻坡。因思鸠工，筑阶为夷[4]，以利往来。奈工宏大，需费颇多，非数十千金，不能成此壮举。幸好善乐施，尚不乏人。有蒋、葛、左诸君，见义勇为，不惜锱珠[5]，又复城乡募捐。经年间，工已告竣。从此人马驰驱，绝无险象。长途负载，亦少忧心。一劳永逸，在此一举。固□□□□略表□□□□不没人善云耳。

秦蜀关键瑞色攒，猿猱欲度晚风寒。

忆昔凿险缒幽[6]者，丕著神功壮大观。

将捐资姓名开列于右：

蒋文龙、葛秀春、左晋堂、韩光熙、刘洪元、长顺源、天兴长、陈继周、熊三元、何孟生……

民国二年[7]立

（原碑已残，今据新编《南坪县志》补齐）

【注释】

[1] **青龙沟岩路**　在今九寨沟县郭元乡青龙村境内，上连回龙村，下连柴门关，古代有"秦川锁钥"之称，为柴门关栈道的组成部分。依山临水，凿壁为路，曲折盘旋，极其险要。

[2] **秦川之锁钥**　甘肃省和四川省交界的隘口，即柴门关，现关上崖壁上还有"秦川锁钥"摩崖题记。

[3] **庚申**　清咸丰十年（1860 年）。是年，英法联军攻占北京，火烧圆明园。而松潘一带也发生"庚申之乱"，城池被毁，生灵涂炭。直到同治初年始平。

[4] **夷**　平坦。

[5] **锱珠**　即"锱铢"。珠："铢"之错别字。

[6] **凿险缒幽**　原意指写文章时追求峻险幽奇的艺术境界。此处则形容修路的艰辛。

[7] **中华民国二年**　公元 1913 年。

汶川草坡金波寺"广种福田"碑

【位置】汶川县草坡乡金波村金波寺

【年代】中华民国三年（1914 年）

【形制】竖长方体

【尺寸】高 110、宽 60、厚 9 厘米

【内容】

广 种 福 田

瓦寺宣慰使司[1]宣慰使索[2]为给凭照[3]事。照得本司所辖湾寨[4]金波寺[5]之焚献地一段，系先年祖母老太太所赏功德之地。其地戴姓佃耕，每年收租以作祀神之用。后于宣统二年[6]经前统领加押叁拾两之数，于民国二年[7]本司承袭瓦寺业，复加押银四十两、钱十六千文。自加押后，戴家湾[8]之地及连年地租均归金波寺住持，以作敬神等用。如有格外需索之弊，许住持执照申明，自有本司主允，为此切切特照。右给金波寺住持收执[9]，附将是年[10]培修金波寺、转经楼功德善士等名，勒列于后：

前田主索代兴[11]上钱十四千六百文、麻龙[12]舍主索代杨上钱二千文、草坡总管董承芳上钱三千文、龙珠嘞吗[13]上钱三千文、杨国栋上钱三千文、杨炳南上钱二千二百文、刘怀兴上钱二千文、业多[14]罗四太太上钱一千六百文、杨万顺上钱一千六百文、何光廷上钱一千四百文、吴万兴上钱一千二百文。

嘞吗王四丹增宣统二年培修正殿，共用银一百一十两、钱十五千文。民国三年[15]又共用钱一百六十千文。石工宋发山。

彭志安、易嘞吗、易永福、杨绍江、董坤廷、和尚杨洪顺、涂禹山[16]王嘞吗各上钱一千文；

杨嘞吗、唐三兴、陈开太、王哈六、杨玉元、杨贵生、蓝二嫂、毛福兴各上钱一千文；

山不期、杨兴发、林洪兴、刘兴顺、王正兴、童大娘、户人吴万洪、林德兴、戴安林、杨七斤、董春山各上钱一千文；

萧兴发、张品三、李大兴、宋乡约[17]各上钱五百文；

伍洪兴、杨洪顺、陈玉山、岳万山、康三洪、田品贤、文崇理、唐清银、唐光才、谭伍氏各上钱四百文；

况荣华上钱三百文，年卜上芋麦[18]二斗，董石包上芋麦二斗，杨小江、戴李氏、王正元、姚金山、杨玉兴、杨成发各上芋麦一斗。

得力[19]王正隆上工三十个。

除完字外，住持王嘞吗垫用钱□□□文涂禹山王嘞吗。

中华民国三年[20]仲春月[21]谷旦[22]

住持嘞吗王四丹尊

【注释】

[1] **瓦寺宣慰使司** 即瓦寺土司，嘉绒十八土司之一，来源于西藏加渴地方，驻牧于汶川县绵虒镇涂禹山，管辖范围为三江、草坡、绵虒一带。明英宗正统六年（1441年）加渴部落酋长之弟雍中罗洛思奉命率部征讨岷江上游，后"奉诏留驻汶川县之涂禹山"，并授给其"宣慰使司"职，颁银印一枚及敕书、诰命各一，自此始"世袭其职"。清顺治九年（1652年）投诚归顺，授安抚司职。康熙九年（1670年）随征西藏有功，第17代土司桑朗温恺加赏宣慰司衔，乾隆二年（1737年）

加封为指挥使职衔。乾隆十七年（1752年）及三十六年（1771年）随征平定杂谷土司及金川等处土司有功，第19代瓦寺土司桑朗荣宗，赏戴花翎，并赐名姓索诺木荣宗（此后瓦寺土司便以索为其汉姓）。嘉庆元年（1796年），随征四川达州白莲教起义，四川总督勒保奏请批准升宣慰司，换给印信号纸。至1950年汶川解放，前后共计25代，历时五百余年。

[2] **宣慰使索**　即瓦寺第22世土司索代兴。

[3] **凭照**　由官方发给的证件、执照。

[4] **湾寨**　今汶川县草坡乡足湾村上足组。

[5] **金波寺**　又名金坡寺，位于汶川县草坡乡金波村北200米半山坡上，占地面积约830平方米。始建于明崇祯年间，后毁于战火。清乾隆年间复建，后又多次维修。现已破败不堪，但基础尚存。据中华民国《汶川县志》载："金波寺，在草坡。中涌一顶，周约六十余丈。四面崇林，中建佛庙一，创自明崇祯时。至今庙宇辉煌，香火不绝。古历十二月十五日，朝者尤多。人有七绝赞之曰：巍巍庙宇接云间，金波之名自古传。佛法西来留胜迹，不亚蓬莱一洞天。"

汶川草坡金波寺"广种福田"碑

[6] **宣统二年**　公元1910年。

[7] **民国二年**　即中华民国二年，公元1913年。

[8] **戴家湾**　今汶川县草坡乡金波村戴家湾组。

[9] **收执**　收存。

[10] **是年**　今年。

[11] **索代兴**　第二十二世瓦寺土司，马尔康卓克基土司索观瀛之生父。

[12] **麻龙**　今汶川县草坡乡金波村麻龙组。

[13] **嘞吗**　"喇嘛"之别写。

[14] **业多**　今汶川县草坡乡金波村业多组。

[15] **民国三年**　即中华民国三年，公元1914年。

[16] **涂禹山**　今汶川县绵虒镇涂禹山村涂禹山组。

[17] **乡约**　奉官命在乡、里中管事的人。

[18] **芋麦**　方言。即"玉米"。

[19] **得力**　地名，不详。

[20] **中华民国三年**　公元1914年。

[21] **仲春月** 农历二月。

[22] **谷旦** 良辰；晴朗美好的日子。旧时常用为吉日的代称。

小金沙龙沙龙沟修路功德碑

【位置】小金县沙龙乡沙龙沟

【年代】中华民国十二年（1923年）

【形制】穹窿顶长方体

【尺寸】顶高40、宽100厘米，碑高90、宽70厘米

【内容】

考《左襄三十一年》纪载云：司空以时平易道路[1]。夫道路者，亦交通之一端[2]。例如山路崎岖，艰难履蹑，为自治者，亟宜于邱阜[3]凸蠢之处铲凿之，涧溪低窄之处填补之，悬岩峭壁之上剑削之。俾峻岭化为康庄[4]，行者咸□□恒坦[5]，洵利[6]交通也。如我懋之沙龙屯隅之油房沟大岩、米家堰之岩嘴及溜沙坡、水冲湾并大岩窝等处道路，皆属险阻。复被上年蛟水[7]暴发，冲毁难行。经我同人[8]等募集捐银，暨领凑罚项。关于此各路一一修筑，以利遄行[9]。工竣三年后，应镌石碣[10]以彰劝惩，庶几为藉他山之助，成兹善举，不朽云尔。

计开谨将前后修理道路收支数目，分别注后：

边卉山、胡鼎元二人捐来功罚银壹百两；毛喇嘛来罚款贰□串；官老七、二来罚款钱肆拾元、六串；何岐山来功德罚款存洋肆拾元；邵文云来罚款钱肆串；周眾不□□罚款钱叁拾贰串；陈金山来罚钱拾伍串；杨□珍来罚钱拾串；□木匠来罚钱伍串；行政公署甄知事、登东、秦发执罚存洋壹百伍拾元。

以上共收来银洋壹百□□□□□二百五十七两，支□□□□□元拾两四百一十四串□□□□。

外补修路道去钱□□一百伍拾陆两，此□□众人修路剩□。一付冯春廷去修溜□沟大岩钱伍百贰拾串；又付修米家堰顶岩嘴去钱肆拾串；又付修大岩窝路去钱叁百串；又付修水冲湾去钱壹百伍拾串，又付去加增钱贰拾柒串；一付龙自珍修溜沙坡去钱柒拾串；一付刊碑去钱柒串。

来去□□不敷贰百玖拾玖串，由土药款□□二十串填消，余程□宣捐。

首士程廷宣、马荃青撰；杨雅堂、杜阑□书；刘元怀刊；工匠冯春廷修。

中华民国十二年[11]**岁次癸亥清和月**[12]**中浣日**[13]

【注释】

[1] **司空以时平易道路** 原文载《左传·襄公三十一年》："司空以时平易道路，圬人以时塓馆宫室。"意思为司空按时平整道路，泥瓦匠人按时粉刷馆舍房间。司空：中国古代官名，西周始置，位次三公，与六卿相当，与司马、司寇、司士、司徒并称五官，掌水利、营建之事，金文皆作司工。春秋、战国时沿置。汉朝本无此官，成帝时改御史大夫为大司空，但职掌与周代的司空不同。易：治。

[2] **一端** 指事情的一点或一个方面。

[3] **邱阜** 土丘；土山。《淮南子·泰族训》："故邱阜不能生云雨，涔水不能生鱼鳖者，小也。"

[4] **康庄** 宽阔平坦，四通八达的大路。

[5] **恒坦** 永远平坦的道路。

[6] **洵利** 实在有利于。

[7] **蛟水** 洪水。古人以为蛟所发，故称。清薛福成《庸盦笔记·轶闻·死生有命》："询知上游五里之牛口滩，蛟水陡发，是日舟过巴斗滩者，无不覆溺。"民间尚有"走蛟"一说。

[8] **同人** 即"同仁"。"人"，"仁"之错别字。

[9] **遄行** 迅速通行。

[10] **石碣** 圆顶的石碑。

[11] **中华民国十二年** 公元1923年。

[12] **清和月** 农历四月。

[13] **中浣日** 中旬。

九寨沟黑河塘重修黑河塘桥路记

【位置】九寨沟县白河乡水沟坝村黑河塘

【年代】中华民国十三年（1924年）

【形制】竖长方体

【尺寸】高160、宽100、厚7厘米

【内容】

永 垂 万 古

重修黑河塘桥路记

尝闻平阳[1]大川，造舟航[2]以涉江汉；偏壤小地，架桥梁而渡江河。何哉？盖为天下大小地方，各界山川之通气也，使之五方各种远近客商，往来程途无阻隔也。有舟则九江通达，有桥则八方利益，故此二者，天下各界人民不可须臾离也，人人无不赖之。夫桥者，可有也，不可无也，宜其随时而造修也，不可任其朽败也，更不令其断间[3]者也。"文昌经天造河桥"[4]以济人渡，正谓此也。阴阳中第一功德，地方中第一重务也。如我黑河塘地方，黑、白两河[5]合江之处，雌雄二龙交会之地。古有大桥一座，名曰"双龙桥"，上通松州岷江，下通甘文碧水，虽曰山河小臣，亦系边疆通行冲要之道也。幸于民国九年[6]秋水正溢之际，蒙署南坪县佐[7]李君茂先者，因公到舍。言及此桥码头虚悬，梁木朽坏，不能竖久，诚恐损塌，阻碍行人。查询敝处桥路，向归五寨[8]番人承修，近因各寨番人力单薄，无力承办。是以再再面谕，委令余监修，并饬各寨土目，协同助力。余不得不遵行办理，未敢辞责。即于是年冬初，诹吉[9]兴工，搬土运石，伐木构梁。幸各寨土目并各乡首人协力同心，不惮辛劳。芝麻五寨汉番，桥梁折木成规旧例，所用木、石匠工价募化捐修，所有新民坝、羌活沟首人并桥上、水柞成规旧例。甫经一

年，工完告成。今者桥、路二项，工俱圆全，应将出功官长衔名以及督工、监修、绅首、乡约[10]、土目姓名并土、木、石工需用数目，勒碑刻铭永远，以为记序。

计开督令重修桥路前任官：

署南坪县佐李景澄捐钱壹百二拾千文；

署南坪县佐文耀光捐钱四百千文；

二项共钱五百二拾千文。付修桥各项工师费用，去钱三百二十千文；付修路各项工师费用，去钱二百千文。

督工：赵怀琇、徐步蟾。

在事出力乡约：薛占科、周朝先、龚连富。

五寨土目：王天元、杨万春、连秀。

署南坪县佐冯大老爷、驻防南坪连长王联陞捐钱壹百串文。

踏藏[11]团总王茂林捐钱四十串文。

打新岩路石匠、包工筑石匠钱二百串文；木、石匠、桥工、岩路共费用钱一千有余。

民国拾叁年[12]蒲月[13]吉日
监修桥路保正[14]薛世全勒碑敬立

【注释】

[1] 平阳　即平原。俗语有"虎落平阳被犬欺"。

[2] 舟航　即船只。《淮南子·主术训》："大者以为舟航柱梁，小者以为楫楔。"

[3] 断间　即"间断"。时断时续。

[4] 文昌经天造河桥　源自《文昌帝君阴骘文》："点夜灯以照人行，造河船以济人渡。"

[5] 黑、白两河　为白水江的干流。黑河发源于热莫克喀，全长 139 千米。白河发源于弓杠岭斗鸡台，全长 57 千米。二者在黑河塘汇合后称白水江。

[6] 民国九年　即中华民国九年，公元 1920 年。

[7] 县佐　官名。中华民国初年设置，为县知事的佐理，实即县丞改名，但不普遍设置，且驻于县内要地，不与县知事同城。掌理县知事委办的各项事务，并于驻地就近指挥监督该地警察及处理违警案件。

[8] 五寨　即芝麻五寨：芝麻寨、南岸寨、霞雾寨、决那寨、黑雾寨。

[9] 诹（zōu）吉　选择吉日。清昭梿《啸亭杂录·内务府定制》："凡皇子婚礼，先期移文钦天监，诹吉以闻。"诹：咨询、询问之意。

[10] 乡约　指奉官命在乡、里中管事的人。

[11] 踏藏　今九寨沟县塔藏乡。

[12] 民国拾叁年　即中华民国拾叁年，公元 1924 年。

[13] 蒲月　即农历五月。蒲：菖蒲，多年水生草本植物，具有观赏、药物之功效。民间有在五月初五端午节时，悬挂于门窗用以驱邪避鬼之习俗。

[14] 保正　一保之长，俗称"保长"。

松潘黄龙寺赎回庙产记

【位置】松潘县黄龙风景区后寺前
【年代】中华民国二十三年（1934年）
【形制】竖长方体
【尺寸】高175、宽95、厚8厘米
【内容】

黄龙寺[1]赎回庙产记

考诸名山胜迹，因地脉以生成。是凡寺观庙堂，仗人力之培护。蜀西松潘黄龙寺，古庙也。初创何时，无从详考。第[2]以现有之殿宇，实建造于前明，迄今三百余年，不免墀[3]崩栋折。倚岷山之绝顶[4]，位涪江之水源。景色幽奇，不亚蓬莱弱水；苍松怪石，俨然梵刹仙乡。池沼异形，水充绚彩，举此天生自然之佳境，较之人工点缀之凡区，则不啻霄壤之别也。惜乎地接遐荒，道途偏僻，既少名士之题韵，更无檀越[5]之布施。致古雅之庙廓，渐见倾颓之象；清新之妙境，未与名胜齐臻。游览来斯，靡不嗟叹。兹于民国十八年[6]，有善士蒲启泰者，本邑之老农也，以县东寺望堡[7]之己业旱地二股，慷慨捐输半股，交由本庙保管，永作常资。不料当时首事张定真，见启泰诚朴可欺，竟将此项捐产隐匿不宣。至二十三年[8]，公然转售，所得之价全入私囊。首事等接管庙事，始悉此情，乃联名呈请县府追究，以儆贪婪。蒙县长于[9]准理在案，经曼卿唐代县长、信丞何司法官彻底查明，将该定真及同谋者分别惩罚，原产准本庙赎回，授给管业证据，着首事保存，轮班交代。以后招租换佃，概责本庙全权。每年所收之租，即作培修常款。嗟乎！世道之险恶如斯，人心之奸贪莫测。是以将赎产略情，泐[10]石垂后，以戒将来。但首事等保守庙产，一秉大公，愿此后同德同心，勿私勿怠。俾庙款之丰裕，免培修之艰难。庶几，不负首事等此次不避嫌怨，赎回庙产之本意也夫。

附计赎产各费总共实去钱肆仟叁佰捌拾千文。除有花账可稽未列外，尚有寺望堡因拦路发生酿案，该堡绅民捐去钱贰仟余钏，俟又两次赴松上诉，该堡民众等约去钱一千余钏，合并声明。

本庙首事：王泽生、葛如松、孙露普、程镜如、郭兆丰、孙承杰、孙运尧、刘秉忠、赵恺全、王正明、母荃仁、郭兆泰、唐熙朝、何有清

寺望堡代表：刘期玉、黄炳南

绅民：万登朝、向朝礼、袁万年、邓敬林

县绅文克中撰，孙兹甫书

住持：周德富、聂培得

石工：肖伯志

中华民国二十三年六月吉日立

松潘黄龙寺赎回庙产记

【注释】

[1] **黄龙寺** 又名雪山寺、白鹿寺，藏语称"色尔嗟拉康"，意为"金海子寺庙"，位于松潘县世界自然遗产——黄龙风景区内，始建于明，分前寺、中寺、后寺。供奉黄龙真人及佛、道诸佛、神，在本地汉、藏、羌人中影响甚大。现为省级文物保护单位。

[2] **第** 但。

[3] **墀**（chí） 台阶上的空地，亦指台阶。

[4] **岷山之绝顶** 即岷山的最高峰——雪宝顶，藏语为"夏旭冬日"，即东方的海螺山，海拔5588米。坐落在南北延伸的岷山南段，地处松潘县境内，为藏区本教七大神山之一。

[5] **檀越** 施主。施与僧众衣食，或出资举行法会等的信众。

[6] **民国十八年** 即中华民国十八年，公元1929年。

[7] **寺望堡** 今松潘县施家堡乡四旺堡村。

[8] **二十三年** 即中华民国二十三年，公元1934年。

[9] **县长于** 指时任松潘县长余戒需（1907—1974），字敏士，江苏省淮安县人。保定陆军军官学校第8期步科毕业，陆军少将衔。土地革命战争至抗日战争时期，任国民政府松潘县县长。解放战争时期，1947年任国民革命军整编第39师新编9旅少将旅长。1948年9月任第95军225师师长。1949年12月9日在四川灌县参加起义，加入中国人民解放军序列。中华人民共和国成立后，历任中国人民解放军第180师副师长，眉山军分区副司令员，成都市人民政府参事室主任。1974年因病在成都逝世，终年67岁。于："余"之别字。

[10] **泐**（lè） 铭刻，用刻刀书写。

茂县叠溪积水疏导纪念碑

【位置】茂县叠溪镇较场中心校内

【年代】中华民国二十三年（1934年）

【形制】横长方体

【尺寸】高122、宽254厘米

【内容】

叠溪积水疏导纪念碑

民念二年[1]秋八月念五午，叠溪陷落地震[2]，山崩压断岷江正、支各流，积水数潭成海。九月十

日[3]积水溃决一部，沿江遂演未有奇灾。川西人士暨当局诸公，深以叠溪积水为险患，积极筹议消除。当蒙四川善后督办刘[4]拨款万二千元，特派上校参谋郭雨中督工疏导，并委任重为工程技士，又派无线电台朱明心台长驻叠。同时，在省各耆老成立疏导监察委员会，茂县官绅复发起疏导扶进会，川西各县又派监工委员来叠。念三年[5]春四月，疏导第一期工程进度完成。时以水患既减，春洪复碍工作，遂止。从此江山永奠，水患潜消，共庆康宁，可预卜也，此记。

中华民国二十三年[6]四月十五日勒石

【注释】

[1] **民念二年**　即中华民国二十二年，1933年。念："廿"的大写，意为二十。

[2] **叠溪陷落地震**　即叠溪大地震。1933年8月25日15时50分，在四川松潘和茂县之间的叠溪镇发生了7.5级强烈地震，震源深度为6.1千米。城中心部分在巨震发生的几分钟内几乎笔直地坠落，呈单条阶梯状地震的下滑距离达500~600米。强烈的地震引起岷江两岸山崩，堵塞河道，形成地震湖。崩塌的山体在岷江上筑起了银瓶崖、大桥、叠溪三条大坝，把岷江拦腰斩断，使流量为每秒上千立方米的岷江断流。截断了的江水立即倒流，

茂县叠溪积水疏导纪念碑

扫荡田园农舍、牛马牲畜。经过30多天的倒流，因叠溪超过银瓶、大桥两坝的高度，注入叠溪坝内的江水又倒淹银瓶崖、大桥两坝，使三座地震湖连成了一片。湖水随群山回旋绕曲，逶迤四五十华里，最宽处达四五华里。同时松坪沟、水磨沟、鱼儿寨沟等地山崩数处，形成大小海子十一个，叠溪城及附近21个羌寨全部覆灭，死亡6800多人。10月9日下午7时，叠溪海子坝暴溃，积水倾泻涌出，浪头高达20丈，壁立而下，浊浪排空。急流以每小时30千米的速度急涌茂县、汶川。次日凌晨3时，洪峰仍以4丈高的水头直冲灌县，沿河两岸被蜂涌洪水一扫俱尽。茂县、汶川沿江的大定关、石大关、穆肃堡、松基堡、长宁、浅沟、花果园、水草坪、大河坝、威州、七盘沟、绵虒、兴文坪、太平驿、中滩堡等数十村寨被冲毁。都江堰内外江河道被冲成卵石一片，冲没韩家坝、安澜桥、鱼咀、金刚堤、平水槽、飞沙堰、人字堤、渠道工程、防洪堤坝等，邻近的崇宁、郫县、温江、双流、崇庆、新津等地均受巨灾，据不完全统计，死亡人数2500余人。只有公棚和白蜡寨两个一大一小的海子保留至今，人们统称它们为"大小海子"，即今天的叠溪海子。

[3] **九月十日**　应为十月九日。

[4] **四川善后督办刘**　即刘湘。

[5] **念三年**　即中华民国二十三年，公元1934年。

[6] **中华民国二十三年**　公元1934年。

小金美兴新筑三关石梯道路缘起碑

【位置】小金县美兴镇三关桥村三关桥桥楼内

【年代】中华民国十二年（1923 年）

【形制】穹窿顶长方体

【尺寸】顶高 30、宽 85 厘米，碑高 135、宽 80、厚 12 厘米

【内容】

新筑三关石梯道路缘起

今之谈敬恭桑梓[1]义务者，咸以地方自治[2]为□图，而欲图地方自治，必先自修理道路。始夫道路者，供公众之交通，货物之转运，□□于而境之丰裕。道路，村市之门，一入境门，方获欣睹。故一县文野[3]、通塞之如何，恒于重政之□夷□□□我懋功三关桥[4]，方面通达乎？绥、崇、丹巴直接康巴。兹改造铁索桥，遂建设将竣外，惟相联最切新村[5]下场斜坡之道路[6]，颇形腐败。一遇下雨过后，人马往来，徒叹[7]泞滑[8]之苦。是以组织四人[9]团结力[10]，共捐钱肆百仟文，备修筑石梯千余步。但傍山坡一隅，应筑石坡墙保护，免岩崩石陨，致梯途常见填塞砾块之象。惜筑墙工资尚属阙如[11]，估计约需贰百钏[12]之谱，应呼各方将伯[13]助襄，告厥成功。兹乞我□不吝锱铢相助已[14]，予维□□□步履康庄，喜听人人再诵，如砥如矢[15]之□□□，感激于有功德者。名泐贞珉[16]，昭著不朽云尔。

谨将捐资姓名暨匠夫工价开列于左：

党泰成捐钱肆拾仟文，马麟书捐钱贰拾仟文，马协盛捐钱拾仟文，姚□兴捐钱拾仟文，杜盛兴捐钱叁拾仟文，曹光发捐钱肆仟文，王金山捐钱肆仟文，傅天中捐钱拾仟文，王合顺捐钱拾仟文，杨定波捐钱拾仟文，苏□□捐钱拾仟文。

以上共捐钱壹佰伍拾捌仟文。

（1935 年中国工农红军长征途经此地时，曾在碑正面阴刻有宣传标语"回番夷穷人一致起来打发财人，分发才人的粮食、土地、房屋，才不愁穿吃！红乙"）

小金美兴新筑三关石梯道路缘起碑

【注释】

[1] **敬恭桑梓** 指热爱故乡的人。敬恭：尊敬，热爱。桑梓：桑树和梓树，古时家宅旁边常栽的树木，比喻故乡。出自《诗经·小雅·小弁》："维桑与梓，必恭敬止。"

[2] **自治** 自行管理。

[3] **文野** 文明与野蛮。梁启超《十种德性相反相成义·自由与制裁》:"是故文明人最自由,野蛮人亦最自由,自由等也。而文野之别,全在其有制裁力与否。"

[4] **三关桥** 原名三观桥,位于小金县美兴镇三关桥村东 20 米处,东南紧邻小金县城,桥身横跨小金川河,为中华人民共和国成立前小金县城西行至丹巴、金川及康北地区茶马古道上必经关隘。桥前身为竹索桥,中华民国十二年(1923 年)改为铁索桥,东南至西北走向,两岸有桥头堡。南岸桥头堡为重檐歇山式木结构建筑。北岸桥头堡为片石修砌的西欧哥特式建筑。该桥集汉式重檐歇山式顶木结构、西欧哥特式片石建筑及地方民族建筑特色于一体,可谓中、西、土结合之典型,具有较高的研究价值。1935 年 6 月—1936 年 7 月,中国工农红军长征时在此活动期间,曾于该桥与国民党军队及反动地方武装数次激战,并在桥头堡的石条上鏨刻多条标语,至今桥头堡的累累弹迹仍清晰可见,石刻标语耀眼醒目。特别是 1935 年 6 月,红四方面军占领小金县城后,曾派重兵扼守此桥,阻敌东进,为红一、红四方面军的胜利会师起到了重要的保障作用。四川省文物保护单位。

[5] **新村** 今小金县美兴镇新街村。

[6] **下场斜坡之道路** 指原小金县医院至三关桥的道路。

[7] **徒叹** 白白地在叹气。表示没办法,无所适从的意思。

[8] **泞滑** 泥泞溜滑。

[9] **四人** 四方仁人志士的省称。

[10] **团结力** 团体精神。

[11] **阙如** 欠缺。《论语·子路》:"君子于其所不知,盖阙如也。"

[12] **贰百钏** 中华民国十八年(1929 年)成都恒裕银号发行的铜元兑换券。兑换数目暂不详。

[13] **将伯** 出自《诗·小雅·正月》:"将伯助予。"毛传:"将,请也;伯,长也。"孔颖达疏:"请长者助我。"后以"将伯"称别人对自己的帮助或向人求助。

[14] **已** "也"之错别字。

[15] **如砥如矢** 形容道路平坦,畅通无阻。出自《诗·小雅·谷风之什·大东》:"周道如砥,其直如矢。君子所履,小人所视。"

[16] **贞珉** 石刻碑铭的美称。

第七章　家谱碑及墓碑

四川博物院馆藏盖巨源墓志铭

【位置】现存四川省博物院

【年代】唐咸通十四年（873年）

【形制】长方体

【尺寸】高61、宽61、厚10厘米

【内容】

　　大唐故银青光禄大夫[1]、检校[2]国子祭酒[3]、守兴元[4]少尹[5]、兼侍御史[6]、清河[7]盖府君[8]墓志铭[9]并序。前摄泸州[10]司马[11]兼军事判官[12]、将仕郎[13]试太常寺[14]协律郎[15]崔璲撰。

　　盖氏之先，起于神农时姜姓，封于齐，是为襄公之裔。襄公生桓公，当周世，与晋同称霸。后姜氏族分吕氏，亦为周尚父[16]。周天子复封于齐，始自王父[17]字为氏焉。逮于西汉，司隶校尉[18]讳宽饶[19]，家于魏郡[20]，冠冕相继，皆族冠清河，今为清河人。昔者校尉直声[21]大振于本朝，抗礼[22]每持于卫尉[23]，道秉刚毅，千古美谭[24]，余庆不泯，钟于南阳贰尹[25]。府君之德行，可谓绍继祖先也。府君讳巨源，字匡济，文武上才，金玉重器。立名既彰于流派，立字可表于智谋。故名之与字，得谓其实矣。曾祖讳庭佺，骁卫大将军。王父讳俶，河南府巩县令。皇考[26]讳自正，剑南[27]镇静军使[28]，公即镇静之子也。公筮仕[29]西蜀，年始佩觿[30]，职虽列于军戎，道每亲于儒墨[31]。尔后艺业双茂，书剑齐声。攻笔札[32]而八体[33]是精，躭[34]典坟[35]而五行[36]俱下。故名儒之词藻刊在贞石[37]者，多请公之能事，即郪中[38]《牛头山寺冯翊公瑞圣记》《益部江渎庙酒泉公广源碑》，皆公之遗迹也。以数善皆绝，吾道益高，节制相承，见待独异。主连营[39]而训齐[40]有序，临军镇[41]而关戍无虞。既多立事之功，累授中权[42]之职。大中[43]初，冉駹[44]故俗首率归降时，节度使扶风公虑扣关[45]之精诚，恐蓄情之多诈。将为侦逻[46]，慎选全才。公去，乃单车深逾雪岭，斥候[47]边徼，具审戎心。不劳百战之功，归复数城之地。因权郡印，以报殊功。自后监抚汶山[48]，假领僰道[49]，皆闻异绩，布在人谣。咸通四年[50]，蛮寇凭凌[51]，烽燧相警。一郡既失，万井[52]未安。是时丞相兰陵公委公以左厢军侯，司察巡警，人心怗然[53]。殊绩是列于奏章，竹使[54]俄分于严道[55]。公襄帷[56]问俗，化洽[57]藩条[58]。廉每投钱[59]，俭唯洗帻。长河既闻于兽去，合浦果见于珠还[60]。开铃阁[61]而琴尊满床[62]，登庾楼[63]而履舄交错[64]。盖以公操有守，莅理无私，以致郡斋[65]居多暇日[66]。及闻受代[67]，耆老乞留，事类卫卒之叩头，不坠次公之厚德[68]。他日征黄[69]之后，阖境去思。果闻新恩，再临旧地。寇恂[70]之重来河内，异世齐名；黄霸[71]之再莅颍川，今不襄古。熊伏前轼[72]，隼飞旧旟。仁化复露于齐人[73]，颂庭更增于茂草。公修孟氏之天爵[74]，味老聃[75]之退名[76]。累至乞骸[77]，因而辞禄。虽罢符竹[78]，爰奉诏书。慚息繁机，又授兴元亚尹[79]。

居官未几，疾瘵所侵。以至挂冠[80]，寻医旧里。遽闻大限，风烛俄随。名德将沉，远迩伤悼！以咸通十四年[81]正月廿六日，殁于成都府成都县花林坊之私第，享年六十有三。夫人太原郝氏，故黎州[82]刺史郝同美之女。闺门令德，姻族所推。公已歌鼓盆[83]，早伤舞镜[84]，先公七年而终。子二人，长曰居训，兼殿中侍御史。义遵慈教，训禀趋庭[85]。亦擅二王[86]之殊踪，兼负七步[87]之才思。职列已重，宪秩[88]兼崇；次子居诲，始总角[89]之岁，有国士[90]之风。皆公之行义所积，钟于令嗣矣。女三人，长适将仕郎吕庆；次适吴郡陆翱，早年天逝；次适兼侍御史杜武。皆泣血居丧，时称达礼，即以来年五月廿三日葬于成都府华阳县升仙乡贸迁里，祔夫人权茔。嗣子居训，虑陵谷之变迁，恐遮节之莫辩，因捧官讳，求族人而铭纪。

铭曰：

盖氏之先，齐襄之裔。分族姜吕，辅佐周世。周复封齐，冠冕相继。奇节大名，汉朝司隶。当时名士，前古清风。德行独彰，秉直在躬。绵绵远派，积庆是钟。南梁亚尹，不坠强宗。束发戍行，风标迥美。才艺优长，职业勤至。藩府重难，次第荏苒。节制相承，见待独异。才赡八斗[91]，书侔二王。金错连珠[92]，鸟跱鸾翔[93]。大儒词藻，翰墨是彰。援毫贞石，处处垂芳。冉駹故俗，姜维旧地。蕃浑[94]向化，降书日至。将侦深情，慎选其使。既审戎心，雅歌投壶[95]。考绩既周，人惜贤守。卫卒叩头，今而复有。惟惧徵黄，前思借寇。一境蒸黎[96]，同心异□。旋闻新命，重褰旧帷。班白[97]相庆，尪瘵[98]伸眉[99]。化理益静，良术重施。严道于今，未息去思。亚尹南梁，官声才振。将迎宠徵，遽闻疾瘵。哲人[100]其萎，高岳颓峻。逝水云流，哀悼远近。所叹者何，公之才长。清名虽振，大位[101]未彰。幸有令子，其门必昌。松楸[102]永茂，嗣续传芳。

【注释】

[1] **银青光禄大夫**　光禄大夫：相当于战国时代置中大夫，汉武帝时始改为光禄大夫，秩比二千石，掌顾问应对。隶于光禄勋。魏晋以后无定员，皆为加官及褒赠之官：加金章紫绶者，称金紫光禄大夫；加银章青绶者，称银青光禄大夫。唐、宋以后用作散官文阶之号，唐朝光禄大夫为从二品，紫金光禄大夫为正三品，银青光禄大夫为从三品。宋朝光禄大夫为从一品，紫金光禄大夫为正二品，银青光禄大夫为从二品。

[2] **检校**　南北朝以他官派办某事，加"检校"，如检校秘书等，非正式官衔。隋时入衔。唐中前期，加"检校"官职虽非正式拜授，但有权行使该职，相当于"代理"。

[3] **国子祭酒**　古代学官名。晋武帝咸宁四年（278年）设，以后历代多沿用。为国子学或国子监的主管官。

[4] **兴元**　唐德宗的年号（784年），共计1年。

[5] **少尹**　唐代制度，凡州升为府者，其刺史称为府尹。下设少尹2人，为府尹之副职。府尹从三品，少尹从四品。

[6] **侍御史**　官名。秦置，汉沿设，在御史大夫之下。其职守或给事殿中，或举劾非法，或督察郡县，或奉使出外执行指定任务。

[7] **清河**　今河北省邢台市清河县。

[8] **府君** 旧时对已故者的敬称。

[9] **墓志铭** 古代的一种悼念性的文体，一般由志和铭两部分组成。志多用散文撰写，叙述逝者的姓名、籍贯、生平事略；铭则用韵文概括全篇，主要是对逝者一生的评价。但也有只有志或只有铭的。墓志铭可以是自己生前写的，也可以是死后请别人写的。

[10] **泸州** 即唐代泸州都督府。辖泸川县、富义县、江安县、合江县、绵水县。

[11] **司马** 军官名。汉武帝定制，主武也，掌管军事之职。大将军所属军队分为五部，各置司马一人领之。魏晋南北朝，诸将军开府，府置司马一人，位次将军，掌本府军事，相当于后世的参谋长。

[12] **军事判官** 官名。主管军队军纪执法。

[13] **将仕郎** 文散官名。隋始置，唐为文官第二十九阶，即最低一阶，从九品下。

[14] **太常寺** 属于五寺之一。五寺包括大理寺、太常寺、光禄寺、太仆寺、鸿胪寺。秦置奉常，汉改太常，掌宗庙礼仪，至北齐始有太常寺，清末废。

[15] **协律郎** 官名。汉代称协律都尉，武帝以李延年善新声，为之置此官。晋改称协律校尉。北魏以后各朝设有协律郎，掌管音律，属太常寺。唐为正八品上，明为正八品。清在乐部设协律郎，后废。

[16] **尚父** 亦作"尚甫"。指周朝吕望，即姜子牙。意为可尊敬的父辈。

[17] **王父** 先祖父。《书·牧誓》："昏弃厥遗王父母弟不迪。"孔颖达疏："《释亲》云'父之考为王父'，则王父是祖也。"

[18] **司隶校尉** 官名。旧号"卧虎"，是汉至魏晋监督京师和地方的监察官。始置于汉武帝征和四年（前89年）。

[19] **宽饶** 即盖宽饶（前105—前60），字次公，魏郡（今属河北）人，生约当西汉武昭宣时期，为汉宣帝太中大夫，奉使称意，擢为司隶校尉。宽饶刚直奉公，正色立朝，公卿贵戚惧恨。因上书言事，宣帝信谗不纳。神爵二年辛酉（前60年）九月，宽饶引佩刀自杀，众莫不怜之。

[20] **魏郡** 西汉到唐朝时的一个行政区划，位于今河北邯郸市以南及河南省北部安阳市一带，其中心在邺城。

[21] **直声** 正直之言。《汉书·张敞传》："今朝廷不闻直声，而令明诏自亲其文，非策之得者也。"颜师古注："言朝臣不进直言，以陈其事。"

[22] **抗礼** 又作"亢礼""伉礼"，行平等的礼。《史记·货殖列传》："子贡结驷连骑，束帛之币聘享诸侯，所至，国君无不分庭与之抗礼。"

[23] **卫尉** 官名。始于秦，为九卿之一，汉朝沿袭，为统率卫士守卫禁宫之官，隋以后改掌军器、仪仗等事。

[24] **美谭** 即"美谈"，指为人所乐道称颂的事。谭：古通"谈"。

[25] **贰尹** 指唐代州府副职少尹，因掌贰府州之事，故名。从四品下。

[26] 皇考　对死去父亲的尊称。《礼记·曲礼下》："祭……父曰皇考，母曰皇妣。"

[27] 剑南　唐太宗贞观元年（627年），废除州、郡制，改益州为剑南道，治所位于成都府。因位于剑门关以南，故名。开元年间置剑南节度使。安史之乱后，乾元元年（758年）分为剑南西川节度使和剑南东川节度使。辖境相当今四川省大部，云南省澜沧江、哀牢山以东及贵州省北端、甘肃省文县一带。

[28] 军使　官名。掌军中的赏功罚罪。

[29] 筮仕　初出为官。据《左传·闵公元年》记载："初，毕万筮仕于晋……辛廖占之，曰：'吉。'"后人便称出仕做官为"筮仕"。

[30] 年始佩觿（xī）　简作"觿年"，佩带由象骨制成解绳结饰物的年龄，指成年。觿：古代由象骨制成的解绳结饰物。

[31] 儒墨　指儒家和墨家。后又泛指多种学派。

[32] 笔札　毛笔与简牍。后又代指书法或书信。

[33] 八体　指秦代通行的八种书体。汉许慎《说文解字》："自尔秦书有八体：一曰大篆，二曰小篆，三曰刻符，四曰虫书，五曰摹印，六曰署书，七曰殳书，八曰隶书。"

[34] 躭（dān）　同"耽"。沉溺、迷恋。

[35] 典坟　亦作"典贲"。"三坟五典"的省称，指各种古代文籍。三坟：指伏羲、神农、黄帝的书。五典：指少昊、颛顼、高辛、唐、虞的书。

[36] 五行　即五行学说。中国古代的一种辩证物质观。认为世界上的一切事物，都是由木、火、土、金、水五种基本物质的运动变化而生成的。同时，还以五行之间的生、克关系来阐释事物之间的相互联系，认为任何事物都不是孤立的、静止的，而是在不断的相生、相克的运动之中维持着协调平衡。

[37] 贞石　坚石。亦作碑石的美称。

[38] 郪中　今四川省三台县。

[39] 连营　扎营相连。转指军队。

[40] 训齐　训练整治。

[41] 军镇　唐代在边远地区设置军、镇以驻扎部队。转指偏远地区。

[42] 中权　主将。

[43] 大中　唐宣宗李忱的年号（847年正月—860年十月），共计14年。

[44] 冉駹　秦汉时期在岷江上游地区由氐人羌人建立的部落联盟或国家。此处指冉駹人的后裔，即羌人或少数民族。

[45] 扣关　敲关门求见。意为主动归顺。

[46] 侦逻　侦察巡逻。

[47] 斥候　古代的侦察兵，起源于汉代，因直属王侯手下而得名。此处引申为侦察。

[48] 汶山　今四川岷江上游地区，西汉属汶山郡，唐属会州。

[49] **僰道** 古县名。汉置，治所在今四川宜宾县西南安边镇。此处借指川南的少数民族地区。

[50] **咸通四年** 公元863年。咸通：唐懿宗李漼的年号，共计15年。

[51] **凭凌** 即凭陵。侵犯；欺侮。

[52] **万井** 古代以地方一里（一平方里）为一井，万井本意即一万平方里。后引申为千家万户。

[53] **怗（tiē）然** 平静的样子。《北史·柳崇传》："郡中畏服，境内怗然。"怗：安静。

[54] **竹使** 即竹使符。据《汉书·文帝纪》载："初与郡守为铜虎符、竹使符。"颜师古注引应劭曰："竹使符皆以竹箭五枚，长五寸，镌刻篆书，第一至第五。"亦省称"竹使"。后泛指地方官吏的印符。

[55] **严道** 古县名。秦惠文王更元十三年（前312年）置，今四川省雅安市荥经县。是古代南丝绸之路及茶马古道的重要驿站。

[56] **褰（qiān）帷** 褰：提起、掀开。帷：围在四周的帐幕。借指官吏体察民情。

[57] **化洽** 指使教化普治。

[58] **藩条** 汉代州刺史以六条考察州郡官吏，后因以指刺史之职。

[59] **廉每投钱** 比喻为人廉洁，不损公肥私。投钱：典出汉赵岐《三辅决录·饮马》："安陵道者有项仲仙，饮马渭水，每投三钱。"

[60] **合浦果见于珠还** 即"合浦珠还"。比喻东西失而复得或人去而复回。合浦：汉代郡名，在今广西合浦县东北。典出《后汉书·循吏传·孟尝》："（合浦）郡不产谷实，而海出珠宝，与交阯比境……尝到官，革易前敝，求民病利。曾未逾岁，去珠复还，百姓皆反其业。"

[61] **铃阁** 指翰林院以及将帅或州郡长官办事的地方。

[62] **琴尊满床** 形容宾朋满座。琴尊：又作"琴樽"，琴与酒樽，是古代文士悠闲生活用具。此处引申为志趣相投的文人。满床："满床笏"的省称。典出赵璘《因话录》：唐朝名将汾阳王郭子仪六十大寿时，七子八婿皆来祝寿，由于他们都是朝廷里的高官，手中皆有笏板，拜寿时把笏板放满床头。此处引申为达官显贵。

[63] **庾楼** 楼名，又名庾公楼，在江西九江，相传为晋庾亮镇江州时所建，故名。后泛指楼阁。

[64] **履舄（xì）交错** 形容男女杂坐不拘礼节之态。《史记·滑稽列传》："男女同席，履舄交错。杯盘狼藉，堂上烛灭。"履舄：古代单底鞋称履，复底鞋称舄，故以"履舄"泛称鞋。

[65] **郡斋** 郡守起居之处。

[66] **暇日** 空闲的日子。

[67] **受代** 旧时谓官吏任满由新官代替为"受代"。

[68] **事类卫卒之叩头，不坠次公之厚德** 据《汉书·盖宽饶传》载："盖宽饶初拜为司马，未出殿门，断其禅衣，令短离地，冠大冠，带长剑，躬案行士卒庐室，视其饮食居处，有疾病者自抚循临问，加致医药，遇之甚有恩。及岁尽交代，上临飨罢卫卒，卫卒数千人皆叩头自请，愿复留共更一年，以报宽饶厚德。宣帝嘉之，以宽饶为太中大夫，使行风俗，多所称举贬黜，奉使称意。"

[69] **征黄**　典出《汉书·循吏传·黄霸》。黄霸：西汉颍川太守，有治绩，被征为京兆尹。后因以"征黄"谓地方官员有治绩，必将被朝廷征召，升任京官。

[70] **寇恂**（？—36）　字子翼，上谷昌平（今北京市）人，东汉开国名将，云台二十八将第五位。寇恂出身世家大族，原是新朝上谷功曹，后与耿弇一起投奔刘秀，被任命为偏将军、承义侯。此后，寇恂镇守河内，治理颍川、汝南，协助刘秀建立东汉。刘秀称帝后，寇恂任执金吾，封雍奴侯。建武十二年（36年）病逝，谥号威侯。

[71] **黄霸**（前130—前51）　字次公，淮阳阳夏（今河南太康）人，西汉大臣，事汉武帝、汉昭帝和汉宣帝三朝。黄霸自幼攻读法律之学，少有大志。汉武帝末年，捐官出仕，先后任河南太守丞、廷尉正、扬州刺史、颍川太守等地方官职。汉宣帝五凤三年（前55年），出任丞相，总揽朝纲社稷。甘露三年（前51年），黄霸去世，谥号定侯。黄霸善于治理郡县，为官清廉，外宽内明，文治有方，政绩突出。后世常将黄霸与龚遂作为"循吏"的代表，并称为"龚黄"。

[72] **前轼**　古代车厢前面用作扶手的横木。

[73] **齐人**　平民。晋刘琨《劝进表》："齐人波荡，无所系心。"

[74] **天爵**　天然的爵位。指高尚的道德修养，因德高则受人尊敬，胜于有爵位，故称。典出《孟子·告子章句上》："有天爵者，有人爵者。仁义忠信，乐善不倦，此天爵也；公卿大夫，此人爵也。古之人修其天爵，而人爵从之。今之人修其天爵，以要人爵，既得人爵，而弃其天爵，则惑之甚者也，终亦必亡而已矣。"

[75] **老聃**　即老子，姓李名耳，字聃，一字或曰谥伯阳。楚国苦县厉乡曲仁里人，约生活于前571年至前471年。是我国古代伟大的哲学家和思想家，道家学派创始人，被唐朝帝王追认为李姓始祖。著有《道德经》存世。

[76] **退名**　功成名就之后就退隐不再做官。出自《老子》："金玉满堂，莫之能守，富贵而骄，自遗其咎，功遂身退，天之道。"

[77] **乞骸**　又作"乞骸骨"。古代官吏因年老请求退职的一种说法，使骸骨得以归葬故乡。

[78] **符竹**　《汉书·文帝纪》："（二年）九月，初与郡守为铜虎符、竹使符。"颜师古注引应劭曰："铜虎符第一至第五，国家当发兵遣使者，至郡合符，符合乃听受之。竹使符皆以竹箭五枚，长五寸，镌刻篆书，第一至第五。"后因以"符竹"指郡守职权。

[79] **亚尹**　"少尹"的别称。

[80] **挂冠**　指辞官、弃官。典出《后汉书》卷八三《逸民列传·逢萌》："逢萌字子康，北海都昌人也。家贫，给事县为亭长。时尉行过亭，萌候迎拜谒，既而掷楯叹曰：'大丈夫安能为人役哉！'遂去之长安学，通《春秋》经。时王莽杀其子宇，萌谓友人曰：'三纲绝矣！不去，祸将及人。'即解冠挂东都城门，归，将家属浮海，客于辽东。"

[81] **咸通十四年**　公元873年。

[82] **黎州**　北周天和三年（568年）置州。隋废。武周大足元年（701年）复置。治所在今四川省汉源县。辖大渡河两岸三县十一城，领五十五羁縻州，为剑南西部边防要地。

第一篇　存世碑刻

[83] **已歌鼓盆**　即"鼓盆而歌"。出自《庄子·至乐篇》："庄子妻死，惠子吊之，庄子则方箕踞鼓盆而歌。惠子曰：'与人居，长子老身，死不哭亦足矣，又鼓盆而歌，不亦甚乎！'"表示对生死的乐观态度，也表示丧妻的悲哀。

[84] **舞镜**　"青鸾舞镜"的省称。典出南朝宋刘敬叔《异苑》卷三："罽宾国王买得一鸾，欲其鸣，不可致，饰金繁，飨珍馐，对之愈戚，三年不鸣。夫人曰：'尝闻鸾见类则鸣，何不悬镜照之。'王从其言，鸾睹影悲鸣，冲霄一奋而绝。"后以"青鸾舞镜"用以比喻失去伴侣的孤独和痛苦，或用以比喻夫妻的离别。

[85] **趋庭**　典故名。典出《论语注疏·季氏》："（孔子）尝独立，鲤趋而过庭。曰：'学诗乎？'对曰：'未也。''不学诗，无以言。'鲤退而学诗。"鲤，孔子之子伯鱼。后因以"趋庭"为承受父教的代称。

[86] **二王**　东晋大书法家王羲之和王献之父子的合称。

[87] **七步**　典故名。典出《文学》：曹植为曹操的儿子，自幼聪慧过人，是几兄弟中最有才干的，深得其父疼爱。曹操曾几次打算立曹植为太子，但终因他好酒和不讲礼仪而作罢。后曹丕登基，对曹植的才华非常嫉妒，总想加害于他。一日进宫上朝，曹丕要他走七步吟出一首诗，否则处死。曹植果然不凡，刚走完七步就吟道："煮豆持作羹，漉豉以为汁。萁在釜下燃，豆在釜中泣。本是同根生，相煎何太急。"曹丕听后，深感惭愧，于是打消了杀害曹植的念头。后以此典故比喻人才思敏捷。

[88] **宪秩**　御史的职位。

[89] **总角**　古时儿童束发为两结，向上分开，形状如角，故称总角。借指童年时期。

[90] **国士**　对国家和君主死忠的人才。

[91] **八斗**　即八斗之才。语出《南史·谢灵运传》："天下才共一石，曹子建独得八斗，我得一斗，自古及今共用一斗。"后指极高超的文才。

[92] **金错连珠**　形容文章辞藻华丽，文采飞扬。金错：又作错金，在铸造的青铜器表面上用金丝或金片镶嵌成各种华丽图案。连珠：把许多珠子用一根线连接起来，比喻连在一起，不间断。

[93] **鸟跱（zhì）鸾翔**　像鸟儿一样挺立，像鸾鸟一样飞翔。形容书法作品飘洒俊逸。跱：站立。

[94] **蕃浑**　吐蕃与吐谷浑。泛指我国西部的少数民族。唐王建《送振武张尚书》诗："尽收壮勇填兵数，不向蕃浑夺马群。"

[95] **雅歌投壶**　吟雅诗及作投壶游戏。语出《后汉书·祭遵传》："遵为将军，取士皆用儒术，对酒设乐，必雅歌投壶。"李贤注："雅歌谓歌《雅诗》也。《礼记·投壶经》曰：'壶颈修七寸，腹修五寸，口径二寸半，容斗五升。壶中实小豆焉，为其矢之跃而出也。矢以柘若棘，长二尺八寸，无去其皮，取其坚而重。投之胜者饮不胜者，以为优劣也。'"后常指武将之儒雅行为。

[96] **蒸黎**　黎民百姓。

[97] **班白** 须发花白。借指老人。"班"古通"斑"。

[98] **尪瘵**（wāng zhài） 体弱多病。

[99] **伸眉** 舒展眉头。谓解脱愁苦。

[100] **哲人** 智慧卓越的人。

[101] **大位** 显贵的官位。南朝梁刘孝标《辩命论》："然则高才无贵仕，饕餮而居大位。"

[102] **松楸** 松树与楸树。墓地多植，因以代称坟墓。

汶川映秀娘子岭芳真人墓碑

【位置】汶川县映秀镇老街村东北娘子岭

【年代】清嘉庆十七年（1812年）

【形制】竖长方体

【尺寸】高200、宽96、厚30厘米

【内容】

碧 洞[1] 遗 徽[2]

洞化龙门正宗一十三代恩师邓公派来芳真人之墓

公本吴之赣州[3]籍也。生居蜀之内江[4]，幼登甲第[5]，久真玄风[6]。乾隆甲子[7]弃隐[8]青城[9]，投天仙大戒[10]阳炳王公[11]派下。簪冠[12]进道，苦志修持。越壬午岁[13]，得王□通。公师伯同志来汶，报垦娘岭[14]，承粮驻杖[15]。开修官道，建庙施茶，栽杉置田，参研道德[16]，开承先启后之光，继传登衍派[17]之范。历三十七载古功，享八十六春[18]寿期，脱化[19]于嘉庆戊午[20]孟夏[21]。派等难忘木本，敬叙履历，以志不朽云耳。

派徒：周复宗、黄复厚、李复茂、黄复金、鲁复庄。徒孙：蒋本全、王本玲、操本存、彭本如、谢本修、王本禄、杨本升、吕本仁、陈本根、李本先、方本中、姚本定、唐本立、马本俊、张本敬、郭本虹、艾本信、丁本癸、李本善、张本仪、毛本青、杨本泰、曹本真、李本□。曾徒：杨合春、韩合庆、侯合祥、文合根、吴合真、刘合富、李合荣。玄孙：徐教洪、游教敏立。

汶川映秀娘子岭芳真人墓碑

嘉庆十七年[22]仲春月[23]谷旦[24]

【注释】

[1] **碧洞** 即碧洞宗，为全真道龙门派的支派。由龙门派道士陈清觉于清康熙年间创立。陈为湖北武昌人，曾在武当山太子坡投师于全真道士詹太林，后入川在青城山传道。康熙皇帝诏见，敕封为

碧洞真人，并赐御书"碧洞丹台"匾、赤龙黑虎诗章等物。从此开创全真道龙门派碧洞宗，对四川道教影响很大。现在都江堰青城山、成都青羊宫的道士都属此派。

[2] **遗徽**　死者生前的美好德行。宋岳珂《愧郯录·追册后》："是时，郭后正位中宫，仁宗追念遗徽，特崇位号。"

[3] **吴之赣州**　即今江西省赣州市。

[4] **内江**　今四川省内江市。

[5] **甲第**　即进士。清李渔《奈何天·隐妒》："自龆龀之年，出来应试，早登甲第之先。"

[6] **玄风**　道教学说。

[7] **乾隆甲子**　即乾隆九年，公元1744年。

[8] **弃隐**　弃世归隐。

[9] **青城**　今都江堰市青城山。中国四大道教名山之一，中国道教发祥地之一，是全国道教十大洞天的第五洞天。

[10] **天仙大戒**　天仙大戒是三坛圆满的最后一个大戒。三坛圆满即为全真传戒时以初真戒、中极戒、天仙大戒三戒为主的三坛传授方式。持三百中极大戒毫无过犯者，方授天仙大戒。

[11] **阳炳王公**　即王炳阳，据《龙门正宗碧洞堂上支谱》记载，为碧洞宗第十二代传人。

[12] **簪冠**　插簪于冠，古谓做官。此处指道冠。

[13] **壬午岁**　乾隆二十七年，公元1762年。

[14] **娘岭**　即娘子岭。位于汶川县映秀镇与都江堰市龙溪乡交界处，海拔1570米，山上有汶川八景之一"银台积雪"。据中华民国《汶川县志》卷一《山川》载："娘子岭，在治南一百里，一名银岭。山岭高绝，越三十里。夏秋多雨，春冬积雪，望若银台。"

[15] **驻杖**　驻扎修行。

[16] **道德**　即《道德经》，为春秋时期的老子（即李耳）所作，是道家思想的主要来源。

[17] **衍派**　指姓氏的发源或渊源、支脉。

[18] **春**　泛指一年。高适《人日寄杜二拾遗》："一卧东山三十春。"

[19] **脱化**　尸解羽化，即逝世。清蒲松龄《聊斋志异·珠儿》："冤闭穷泉，不得脱化。"

[20] **嘉庆戊午**　即嘉庆三年，公元1798年。

[21] **孟夏**　农历四月。

[22] **嘉庆十七年**　公元1812年。

[23] **仲春月**　农历二月。

[24] **谷旦**　良辰；晴朗美好的日子。旧时常用为吉日的代称。

小金日尔木桠桥袁国琏死事碑记

【位置】小金县日尔乡木桠桥村一组

【年代】清乾隆四十五年（1780年）

【形制】穹窿顶长方体

【尺寸】高270、宽100、厚12厘米

【内容】

义 烈 长 垂

皇清诰赠[1]昭武大夫[2]、四川泸州营[3]都司[4]、先兄袁公讳国珲[5]死事碑记

呜呼!此吾兄战殁之地也。悲哉!我袁氏之先，由楚迁蜀，耕读相传。吾兄弟八人，惟兄与璜身列行间[6]。金酋[7]不庭[8]，兄与璜同执干戈，以从天讨。兄南弟北，两军遥应。方吾兄以守戎[9]晋秩[10]都阃[11]而奏请花翎[12]也，璜闻之喜且惧。盖赏重则战益力，恩厚则身愈轻矣。无何？兄进攻南山梁险隘[13]，身先士卒，中火枪数伤，然犹奋刃督兵，兵进而吾兄创甚，躯捐。呜呼悲哉!尚忍言哉!璜[14]以泰宁[15]游击[16]拨置懋功新营[17]之官至此，下马伏哭，忠魂何在？悲风四来。念我手足，摧我肝肠。呜呼悲哉!吾兄子超，既承难荫[18]，已复成立。恐他日不知吾兄战殁之所，爰立石其地以为志。至吾兄之英风义烈，则载于国史，祀于昭忠，无庸多述云。

乾隆四十五年[19]十一月

四川懋功营游击同怀[20]弟国璜勒石

【注释】

[1] **诰赠** 明清对五品以上官员的曾祖父母、祖父母、父母及妻室之殁者，以皇帝的诰命追赠封号。

[2] **昭武大夫** 清朝武散阶称号，即武职正四品之封赠。初，八旗与绿营分制封赠，名称不一。乾隆三十二年（1767年）统一为昭武大夫，五十一年（1786年）改名为昭武都尉，遂成定制。

[3] **泸州营** 驻扎在四川泸州的绿营兵。营：绿营，清朝常备兵之一。顺治初年，清廷在统一全国过程中将收编的明军及其他汉兵，参照明军旧制，以营为基本单位进行组建，绿旗为标志，称为绿营，又称绿旗兵，常以兵营驻地之名统称。

[4] **都司** 清朝绿营武官，位居参将、游击下，守备上。初制从三品，康熙三十四年（1695年）改为正四品，统理一营军务，分属总督、巡抚、提督、总兵、副将及参将管辖。或专守一城，或与上级武官同守一城；又有充任

小金日尔木桠桥袁国珲死事碑记

副将之中军官。乾隆时，全国设四百二十九员，光绪（1875—1908年）时，增至四百九十四员，内水师都司八十二人。此外，四川、云南少数民族聚居地区置有土都司。

[5] **国琏** 据同治《理番厅志》卷三《学校志五·忠义》记载，"袁国琏，本城人（今理县薛城），峨边营守备，出师金川有功，钦赐花翎。在金川（小金）木丫桥阵亡，奉旨议恤给恩骑尉世职"。另，现存于理县薛城欢喜坡的《袁氏宗支碑》中亦有其名。

[6] **行间** 在军队中间，即从军。行：古代军队编制，二十五人为行。

[7] **金酋** 此指大金川第五十九代土司索诺木，为当时金川地方的最高统治者，掌握着政治、经济、军事大权。在位期间，与小金川土司僧格桑勾结，多次与周边各土司之间发生纷争，招致第二次金川之役的发生。乾隆四十一年正月（1776年2月），清军将大金川全境扫平，索诺木手捧印信率家族及残部、喇嘛二千余人在其官寨之一的噶拉依向清定西将军阿桂跪降，阿桂派大将福康安将索诺木，红教喇嘛舍拉思丹增、雍中泽康槛解到北京，在北京凌迟处死索诺木等人，"金川之役"至此全部结束。

[8] **不庭** 不听命于朝廷。

[9] **守戎** 即守备。清代绿营兵中管理军队总务、军饷、军粮职务之正五品武官。

[10] **晋秩** 晋升官职或等级。

[11] **都阃（kǔn）** 清代绿营兵武官都司之别称。阃：门槛。

[12] **花翎** 清官员、贵族冠饰。清制，武职五品以上、文职巡抚兼提督衔及派往西北两路大臣，以孔雀翎为冠饰，缀于冠后，称花翎。除因军功赏戴者外，离职即摘除。花翎有单眼、双眼、三眼（"眼"即孔雀翎毛上圆花纹）之别，除贝子、固伦额驸因其爵位戴三眼花翎，镇国公、辅国公、和硕额驸戴双眼花翎外，品官须奉特赏始得戴用，一般为单眼花翎。

[13] **南山梁险隘** 指今小金县日尔乡木桠桥山梁。

[14] **璜** 即袁国璜，袁国琏之胞弟。据同治《理番厅志》卷三《学校志五·忠义》记载，"袁国璜，本城人，由战功历升重庆镇总兵，钦赐花翎、黄马褂，坚勇巴图鲁及博齐（济）巴图鲁名（勇）号，两次绘像紫光阁，于嘉庆元年（1796年）十一月二十一日，在达州牛背山打仗阵亡"。同治《理番厅志》卷三《学校志八·人物》又载："袁国璜，字希亭，旧保县人。家于成都，少负奇气。习骑射，娴韬略，每读古名将传，辄慷慨击节。年十九，值金酋煽动，喟然曰：'此丈夫立功时也。'遂入伍。乾隆十七年（1752年）随征杂谷脑，奋勇将军岳钟琪见而奇之，任使辄当意。三十六年（1771年）金川再叛，六师分道进剿，屡立战功。补把总晋千总，旋随参赞舒常进剿绰斯甲布。贼方运石修碉卡，国璜率兵击之，贼遁。又攻马尔邦，为甲索后路，贼恃险负固。国璜乘其无备，斫门径进，剿杀甚多，毁其二碉，奏入赏戴蓝翎，以守备用。俄以在南路时，身当前矛，侦得要害，以奇兵攻克之，军声大振，遂捣其巢。金川平，赏换花翎，累功历都、游、参、副。"《二十六史大辞典·人物传》载："袁国璜，由行伍从征金川，屡克坚碉，复革布什咱全境及达尔图，功皆最。乾隆五十三年（1788年），从征台湾，克大埔尾、斗六门、水沙连、大里杙，赐号'博济巴图鲁'，生擒林爽文于老道崎。累迁重庆

镇总兵。从征廓尔喀，克象巴宗山、甲尔古拉卡。六十年（1795年），由川境进剿苗疆，数有功。嘉庆元年，四川白莲教起事，进剿达州，苦战三日，力竭阵殁，予骑都尉兼云骑尉世职。"今金川县马尔邦乡有其德政碑一通。

[15] **泰宁** 今甘孜藏族自治州道孚县，是仅次于康定的茶马驿站和军事重镇，清朝于此设泰宁营，有守兵1800人。

[16] **游击** 清朝绿营武官名，位居参将下，初制正三品，顺治十年（1653年）改从三品。

[17] **懋功新营** 懋功，今小金县。清乾隆"第二次平定金川"之役后，为了加强对大小金川的统治，于乾隆四十一年（1776年）在两地实行了"改土设屯"制，在小金川设美诺厅，大金川设阿尔古厅。乾隆四十四年（1779年），裁阿尔古厅，并入美诺厅。乾隆四十八年（1783年）改美诺厅为懋功厅，管理两金川地区的五汉屯（懋功、抚边、绥靖、崇化、章谷）和六番屯（河东、河西、八角碉、汗牛、别斯满、宅垄）。后鄂克什、绰斯甲均改归懋功厅管辖。懋功新营即懋功营，是乾隆大小金川之役后清政府在懋功设置的军事机构，驻地在今小金县美兴镇营盘街。

[18] **难荫** 清朝文武职荫叙制度，凡先代因公殉职而录用其子孙者，称难荫。有四品、五品、六品、七品、八品荫生，无品级荫生，恩荫生改武等。

[19] **乾隆四十五年** 公元1780年。

[20] **同怀** 同胞兄弟姐妹。清汤之旭《皇清太学生吏部注选州同知尹思袁公（袁可立曾孙）墓志铭》："舅氏同怀兄弟四人。一门孝友，咸克厥家，而舅氏最少。"

理县薛城水塘杨氏家谱碑

【位置】理县薛城镇水塘村村委会活动室西30米

【年代】清乾隆五十三年（1788年）

【形制】竖长方体

【尺寸】高130、宽70、厚10厘米

【内容】

先理来明故祖

祖：禄保、氏卓姐

男[1]：日得血、氏依婆

孙：茶肉保、氏忠朋

玄孙[2]：南木杰、氏阿保在、阿保

磨孙[3]：韩李□。奎事□

祖：依止物、氏阿事太

第一篇 存世碑刻

理县薛城水塘杨氏家谱碑

男：我止物、氏石姐马

孙：衣物、氏拾耳

玄孙：依磨物、氏言蒲铁、茶马；哭物他；我息物、氏切马事

磨孙：杨万明；杨万恒；杨万金；杨万才、金氏；杨万成

祖：肉止物、氏乃赵

男：白止物；茶物、氏板尼马；哭血物、氏布姐马

孙：阿太把息、氏别婆姐；茶止物、氏阿姐；夺他、氏事蒲铁

玄孙：耳米我；古肉马；得舟物；阿日本、氏茶马事；冀他、氏别肉事、切息□；哭古；念肉铁

磨孙：茶物木、氏我肉事；依息物；阿肉；格□铁；日明；板底□；根□；查□□；茶□物

祖：日得吉

男：茶血他、氏依婆姐

孙：依肉他、氏婆依姐

玄孙：别肉吉；得杰他；哭磨舟

磨孙：哭舟吉；得舟吉；舟来保

大清乾隆伍拾三年[4]岁在戊申季夏月[5]首八日立

（原碑文为竖排，祖辈共4人，其下为男、孙、玄孙、磨孙及配偶名字。现按横排版予以调整）

【注释】

[1] **男** 即儿子辈。

[2] **玄孙** 从碑文中看，应为第四代人。按中国传统称呼，应称为"曾孙"。

[3] **磨孙** 即末孙，末代子孙。但从碑文中看，这应为第五代人。按中国传统称呼，应称为"玄孙"。

[4] **大清乾隆伍拾三年** 公元1788年。

[5] **季夏月** 农历六月。

汶川克枯小寺寨余家火坟墓碑

【位置】汶川县克枯乡周达村小寺寨王家火坟墓南15米

【年代】清乾隆五十三年（1788年）

【形制】弧顶长方体

【尺寸】高75、宽45、厚8厘米

【内容】

　　从来前人之功德[1]非有，所以表之则不彰；后人之孝思[2]非有，所以得之则不著。故夫碑之者，言□也。所以悲先人之□□长眠，而失言莫接也。然数十世之灵魂[3]虽悬于天，而□□□年之精魄[4]悉源于地，此祖宗栖神之域[5]。为人子孙者，安可不急讲哉。□□□我宗□为□本氏昭穆，岂谓能尽仁人孝子之心，亦姑以伸祠禴尝烝[6]之义，竖石以勒名。自今以后，世世子孙共□先人之墟墓[7]云耳。

　　余天祥、陈明、余□□、陈文举、陈思恭、余佐、余福、余贵、余洲、陈德修、陈元福、陈元□、陈朝珍、陈元华、余上珍、陈明珠。

乾隆五十三年[8]应钟月[9]吉日吉旦[10]
领首人余才全敬立

【注释】

[1] **功德**　功劳和恩德。佛教中功是指善行，德是指善心。

[2] **孝思**　孝亲之思。《诗·大雅·下武》："永言孝思，孝思维则。"毛传："则其先人也。"郑玄笺："长我孝心之所思。所思者其维则三后之所行。子孙以顺祖考为孝。"

[3] **灵魂**　宗教认为附在人的躯体上作为主宰的一种非物质的灵体，灵体离开躯体人即死亡。

汶川克枯小寺寨余家火坟墓碑

[4] **精魄**　精神魂魄。

[5] **栖神之域**　指墓地。《宋史·陈尧佐传》："（尧佐）自志其墓曰：'寿八十二不为夭，官一品不为贱，使相纳禄不为辱，三者粗可归息于父母栖神之域矣。'"

[6] **祠禴尝烝**　一年四季在宗庙里举行的祭祀的名称，春曰祠，夏曰禴，秋曰尝，冬曰烝。出自《诗经·小雅·天保》。

[7] **墟墓**　墓地。《礼记·檀弓下》："墟墓之间，未施哀于民而民哀。"

[8] **乾隆五十三年**　公元1788年。

[9] **应钟月**　农历十月。应钟：古乐律名，十二律之一。古人以十二律与十二月相配，每月以一律应之，应钟与十月相应。《礼记·月令》："（孟冬之月）其音羽，律中应钟。"郑玄注："孟冬气至，则应钟之律应。应钟者，姑洗之所生，三分去一，律长四寸二十七分寸之二十。"

[10] **吉日吉旦**　好的日子好的时辰，即"良辰吉日"。

茂县羌族博物馆馆藏陈敏墓碑

【位置】茂县羌族博物馆馆藏

【年代】清乾隆五十九年（1794年）

【形制】长方体抹角

【尺寸】高140、宽80、厚9厘米

【内容】

爱 遗 万 古

明州牧[1]陈公[2]墓碑

癸丑[3]嘉平[4]，予代庖[5]汶山。越甲寅[6]春三月，簿牧[7]稍暇，属[8]同事诸公，访求州乘[9]，得悉明牧陈公事。公讳敏，字志学，吴之华亭[10]人。永乐[11]中知州篆[12]，历官垂三十年。当正统[13]初，土蕃[14]为边患，公与都督徐甫，协力剿平，论功升布政司右参议[15]，仍摄州事。以茂地广而荒，劝民开垦，引泉为池，以资灌溉。一时野无旷土，麦穗五歧，宣宗[16]制《满庭芳》[17]词赐之。其他迁学校，葺城堡，以及山川、道路、津梁、祠宇之属，罔不殚精研虑，整饬无遗。夫妻并卒于官，州人感其恩德，合葬南明门[18]外，祀公于名宦祠。呜呼！如公者，真不愧古循吏[19]矣。距今三百余载，陵谷[20]迁变，而墓几为人有。我国家崇德报功，凡前贤祠墓，岁命有司修省[21]。今公墓在州城，特以岁久湮没，废为丘墟，非守土者之责而谁也？爰诹日[22]遣工修葺，封土筑垣。禁樵牧不得入，并于墓前置亭，为文纪其事，以妥公灵，以洽舆望[23]，且以告之来者。

赐进士出身、文林郎[24]署知州事、黔东[25]丁映奎[26]撰。□□□□□□麟书。

乾隆五十九年[27]四月

（原碑已剥蚀严重，字迹多漶漫不清。今据道光《茂州志》卷一《古迹·陵墓》补齐）

【注释】

[1] **州牧** 古代以九州之长为"牧"，"牧"是管理人民之意。汉武帝时设十三州部，每部设一刺史。汉成帝时，改刺史为州牧。后废置无常。东汉灵帝时，为镇压农民起义，再设州牧，并提高其地位，居郡守之上，掌一州之军政大权。以后历代设都督、总管、节度使等，州牧之名即废。唐、宋时唯

京师或陪都地方最高长官以亲王充任者，尚称为"牧"，其他州牧之名均废。清代往往借作"知州"的别称，实际职权远非东汉州牧可比。

[2] **陈公**　即陈敏。道光《茂州志》载："陈敏，甘肃华亭人。永乐中知茂州，遭丧去官。诸长官司、番民百八十人诣阙奏言：'州僻处边徼，在万山中，与松、叠诸番邻近，岁被其患。自敏莅州，抚驭有方，民得安业。今以忧去职，军民失所依，乞矜念远方，还此良牧。'帝立报'可'。九载满，军民复请留，进成都同知，仍视州事。秩满擢参议，又进右参政，视州事如前。景泰时，麦穗五歧，明宣宗制《满庭芳》词赐之。后为按察司张淑所劾罢职。任茂几及三十年，威信大行，番民胥悦。解任后夫妻卒于茂，州人为之合葬于南门外。通判王升即墓前建祠祀之。"另据《明史》卷一六五载："陈敏，陕西华亭人。宣德时为四川茂州知州。遭丧去官，所部诸长官司及番民百八十人诣阙奏言：'州僻处边徼万山中，与松潘、叠溪诸番邻，岁被其患。自敏莅州，抚驭有方，民得安业。今以忧去职，军民失所依，乞矜念远方，还此良牧。'帝立报'可'。正统中，九载满，军民复请留。进成都府同知，视茂州事。都司徐甫言敏及指挥孙敬在职公勤，群番信服。章下都御史王翱等核实，进敏右参议，仍视州事。以监司秩莅州，前此未有也。黑虎寨番掠近境，为官军所获。敏从其俗，与誓而遣之。既复出掠，为巡按御史陈员韬所劾，诏贳之。提督都御史寇深器其才，言敏往来抚恤番人，赞理军政，乞别除知州，俾敏专戎务。吏部以敏莅茂久，别除恐未悉番情，猝难驯服，宜增设同知一人佐之。报可。敏既以参议治州，其体俪监司。遂劾按察使陈泰无故杖死番人。泰亦讦敏，帝不问。而泰下狱论罪。景泰改元，参议满九载，进右参政，视州事如前。莅州三十余年，威信大行，番民胥悦。秩渐高，诸监司郡守反位其下，同事多忌之者。为按察使张淑所劾，罢去。"

[3] **癸丑**　即乾隆癸丑年，乾隆五十八年，公元1793年。

[4] **嘉平**　"腊月"的别称，农历十二月。《史记·秦始皇本纪》："三十一年十二月，更名腊曰'嘉平'。"《索引》："殷曰嘉平，周曰大腊，亦曰腊。"相传周朝末年，有一个叫茅濛字初成的人，陕西咸阳南关人，为东卿茅君盈的高祖。茅濛性情慈悲良善，平日常积德行善，俭朴素净，博学多闻。他预见周朝将越来越衰败，所以从来不到诸侯那里求官做。他常常感慨于人生转眼即逝，要抓住适当的时机处理好自身的事。于是他拜北城鬼谷子为师，学习长生之术和仙丹秘方。周亡后，他又进入华山，远离尘世静心修炼，修道炼丹，后来乘龙驾云，白日成仙升天。在他成仙之前都城里就流传着一首歌谣："神仙得者茅初成，驾龙上升入太清。时下玄洲戏赤城，继世而往在我盈。帝若学之腊嘉平。"后来秦始皇爱好修仙求道，听说这事后，就把腊月改名叫"嘉平"了，一直流传到现在。

[5] **代庖**　"越俎代庖"的简称。出自《庄子·逍遥游》："庖人虽不治庖，尸祝不越樽俎而代之矣。"比喻超出自己职务范围去处理别人所管的事。此处为谦词，即出任汶川知县。

[6] **甲寅**　即乾隆甲寅年，乾隆五十九年，公元1794年。

[7] **簿牧**　即州簿，管理公文、案卷的官员。

[8] **属**　古同"嘱"。

[9] **州乘**　州志。

[10] **吴之华亭**　按注[2]载，此处有误，应为"陕西华亭"或"甘肃华亭"，即今甘肃省华亭县。

[11] **永乐** 明成祖朱棣的年号，公元1403—1424年。

[12] **知州篆** 原意为掌管知州印，引申为知州。知州：古代官名。宋以朝臣充任各州长官，称"权知某军州事"，简称知州。明清以知州为正式官名，为各州行政长官，直隶州知州地位与知府平行，散州知州地位相当于知县。篆：官印。

[13] **正统** 明英宗朱祁镇登基后的年号，公元1436—1449年。

[14] **土蕃** 指居住在松潘、叠溪一带高半山的少数民族部落。

[15] **参议** 官名。明代在布政使下设左右参议，以分领各道。

[16] **宣宗** 明朝第五位皇帝朱瞻基（1426—1435）。

[17] **《满庭芳》** 原文："连野盈畴，黄云铺处，千顷灿金珠。黎庶惊呼，奔走告，方牧驰进天衢。称嘉瑞丕隆景运，尽说古来无，昭孚天助我，生民富足，国用丰余。昔两歧呈秀，安得同途。自愧徵躬菲薄，荷祖宗垂佑鸿图。齐称庆，千官万姓，歌满皇都。"

[18] **南明门** 又名阜康门，茂县城南门，外有牌坊一座，20世纪六七十年代拆除。

[19] **循吏** 奉公守法的官吏。最早见于《史记》的《循吏列传》，《汉书》《后汉书》直至《清史稿》皆设《循吏列传》，遂成为正史中记述那些重农宣教、清正廉洁、所居民富、所去见思的州县级地方官的固定体例。

[20] **陵谷** 陵墓。清顾炎武《十月二十日奉先妣葬于先曾祖兵部侍郎公墓之左》诗："六十年间事反覆，到今陵谷青模糊，止存松楸八百树，夜夜宿鸟还相呼。"

[21] **修省** 修身反省。

[22] **诹日** 商量选择吉日。《仪礼·特牲馈食礼》："特牲馈食之礼，不诹日。"郑玄注："诹，谋也。"

[23] **舆望** 众望。宋苏舜钦《代人上申公祝寿》诗："舆望知难转，王心几不宁。"

[24] **文林郎** 清朝时为正七品文官所授的散官名。散官非实职，主要是用来定级别的。

[25] **黔东** 贵州省东南部，今黔东南苗族侗族自治州，首府凯里。

[26] **丁映奎** 贵州开泰县（今黎平）人，乾隆三十四年（1769年）己丑科进士。乾隆四十七年（1782年）任苍溪知县，行政及民，专尚德化，亲手纂修乾隆年间《苍溪县志》。乾隆五十八年（1793年）任茂州州牧。后官至四川保宁府知府。

[27] **乾隆五十九年** 公元1794年。

汶川绵虒大埃咪张氏家谱碑

【位置】汶川县绵虒镇白土坎村大埃咪组

【年代】清乾隆五十九年（1794年）

【形制】竖长方体

【尺寸】高80、宽40厘米

【内容】

永垂奕世[1]

原籍湖广麻城县孝感乡[2]蜈蚣桥民籍，入川寓居汶属马念坪[3]。自明时搬移岩鸣[4]居住。本姓汪，因小名长生，故而改名张生，后世改姓张，其相传代序。

始祖张生，生汪家保，生□□□，生仙一保，生磊比，生楼保，生赤止，生田保，生张万余、张其昌、张其佐。后其佐招[5]董保受，以婿作子，承顶宗祀[6]，勿议。

张其佐□□同村立。

乾隆五十九年[7]三月初五日清明

【注释】

[1] 奕世（yì shì） 累世，代代。《国语·周语上》："奕世载德，不忝前人。"

[2] 孝感乡 今湖北省麻城市鼓楼办沈家庄。孝感乡是明代麻城县四乡区之一，为明清时"江西填湖广"和"湖广填四川"两大移民运动的聚散地和中转站。

[3] 马念坪 今汶川县绵虒镇涂禹山村马念坪组。

[4] 岩鸣 亦写为"崖鸣"，即今汶川绵虒镇白土坎村埃咪组。

[5] 招 即"招赘"，俗称"上门""倒插门"。

[6] 承顶宗祀 继承顶替宗脉，俗称"顶门户"。宗祀：对祖宗的祭祀。

[7] 乾隆五十九年 公元1794年。

汶川绵虒大埃咪张氏家谱碑

金川安宁广法寺大喇嘛罗卜桑札木杨之莹柩

【位置】金川县安宁乡末末扎村广法寺

【年代】清乾隆岁次乙卯（1795年）

【形制】竖长方体

【尺寸】不详

【内容】

皇清诰赠[1]**钦命**[2]**广法寺班智达**[3]**札萨克**[4]**大喇嘛**[5]**罗卜桑札木杨之莹柩**[6]

堪布[7]大喇嘛一视同仁，闻扬黄教[8]经典。远方之人，无不悦从敬奉，期寿命延长。不意[9]天不加年[10]，竟别尘而登仙境[11]。徒从[12]谨择良辰，葬于寺之东隅，以垂永久，以期报答于万一云尔。每年设有资费，存寺支取。阿旺盆□□□札什等立。

乾隆岁次乙卯[13]花月[14]望冬日[15]

金川安宁广法寺大喇嘛罗卜桑札木杨之莹柩

【注释】

[1] 诰赠　明清对五品以上官员的曾祖父母、祖父母、父母及妻室之殁者，以皇帝的诰命追赠封号。

[2] 钦命　皇帝的诏命。

[3] 班智达　班智达的称号来源于印度，意思是学识渊博的大学者，所以班智达在印度并不是佛教的名词，而泛指不受宗教局限的博学者。班智达在古代也被翻译为扳的达、板的达、班第达、班迪达、班哲达等。

[4] 札萨克　官名，蒙古语"执政官"的意思，俗称"王爷"，是一种清朝时主要对蒙古族和满族人授予的军事、政治官职爵位。札萨克其等级依次为汗、亲王、郡王、贝勒、贝子等，均由朝廷册封，受当地办事大臣或参赞大臣节制。

[5] 喇嘛　藏传佛教术语，意为上师、上人，是对藏传佛教僧侣之尊称，长老、上座、高僧之称号。

[6] 莹柩　坟墓。莹：墓地。柩：盛装尸体的棺材。

[7] 堪布　原为藏传佛教中主持授戒者之称号，相当于汉传佛教寺院中的方丈。其后举凡深通经典之喇嘛，而为寺院或扎仓（藏僧学习经典之学校）之主持者，皆称堪布。担任堪布的僧人大都是获得拉然巴格西学位的高僧。

[8] 黄教　藏传佛教格鲁派之别称。因该派僧人戴黄色僧帽，故又称黄教。

[9] 不意　不料，意想不到。

[10] 天不加年　即"天不假年"。意为天公不给以寿命。

[11] 别尘而登仙境　辞别红尘而到极乐世界。即"逝世"之隐语。

[12] 徒从　指随从的徒众。

[13] 乾隆岁次乙卯　清乾隆六十年，公元1795年。

[14] 花月　农历二月的别称。

[15] 望冬日　二十二或二十三日。

小金八角穆塔尔将军墓残碑

【位置】小金县八角乡太阳沟村穆塔尔将军墓前

【年代】清嘉庆元年（1796年）

【形制】竖长方体

第七章　家谱碑及墓碑

【尺寸】残

【内容】

（一）……弁，于是……不法，吾公揣度天意[1]，投顺……次，屡建勋猷[2]，名标紫阁[3]，不幸于……军中患病，奉……春光年五十一岁。……塔尔府君穆公[4]之墓

（二）屯[5]都司守备[6]……

大清嘉庆元年[7]仲夏[8]之吉，所辖各寨……于是……皇清诰赠[9]老大人[10]墓前，稽首[11]顿首[12]，祝而文[13]曰：呜呼!忆自丙金[14]不法，吾公揣度天意[15]……台湾[16]、把勒[17]、西藏[18]仰[19]等处，共计出征三十七次，屡建勋猷，名标紫[20]。不幸于乾隆六十年[21]二月，因在营中患病，奉旨遣发，回籍养病。行抵阳县[22]城内，正寝告终，享寿春光[23]年五十一岁。蒙皇恩差官，扶柩回籍，并赏赐祭银，□□□年，择期安葬……幸而平定，仰赖我大老爷仁慈宽厚，施恩逾格[24]，将我百姓，仍复归回故土。使我百姓……仁慈厚德，爱我弁百姓，无微不至。其买家人应赏赐奴婢尽使行出，立为烟户[25]。惜乎!……

弁□□聪瑟[26]过人，堪继吾公之志，凡一应太……

嘉庆元年六月初十……

（三）大清嘉庆元年仲夏之吉，属下所辖各寨黎民[27]……日，齐诣皇清诰赠老大人墓前，稽首顿首，祝而文曰：呜呼!忆……天朝以来，随征甘肃[28]、兰州[29]、台湾、勒巴、西藏等处，共计……乾隆六十年二月，内、黔、楚逆苗不法[30]，奉调带兵征……遣发回籍养病，行抵阳县城内，正寝告终……

【注释】

[1] **揣度天意**　揣测忖量上天的旨意。

[2] **勋猷**　卓越的军功。

[3] **紫阁**　即"紫光阁"，在今北京中南海内。乾隆年间用以悬挂功臣画像之地。

[4] **塔尔府君穆公**　即穆塔尔，又写为木塔尔。小金八角乡太阳沟人。乾隆三十七年（1772年），小金川头人僧格桑叛乱，木塔尔顺应天意，率部降清，并参与平乱，屡立战功，擢升三等侍卫，赐孔雀翎。后又随温福等攻打金川，索诺木等投降，赐勇号赞巴巴图鲁。四十六年（1781年），甘肃撒拉尔回民苏四十三起义，随海兰察镇压，受伤，赐二品衔，以四川管理降番副将题补。四十九年（1784年），甘肃固原回民田五起义，随保宁镇压，赐散秩大臣衔。五十六年（1791年），廓尔喀为乱，随成德出征，上特召慰劳，赐酒，赉银缎。六十年（1795年），贵州苗族举事，随福康安镇压，途中生病，奉旨回乡养病，不幸于归途中病故，享年51岁。穆塔尔曾先后三次复图于紫光阁中："第一次平定金川"后五十功臣，第二次平定台湾前二十功臣，第三次平定廓尔喀后十五功臣。府君：子孙对其先世的敬称。

[5] **屯**　即"土屯"。屯田之一种。清代在四川藏、羌等族聚居地区实行"改土归流""改土归屯"后所设立的军屯。为与"汉屯""满屯"相区别，而称为"土屯"。屯民平时务农，战时充兵。乾隆朝在原杂谷和大小金川土司辖区内，设土屯十余处，置守备以下各屯官。

[6] **都司守备**　官府所授予土屯带兵官的称呼，与绿营兵都司守备在权限、品级上略有不同。

[7] **大清嘉庆元年** 公元1796年。

[8] **仲夏** 农历五月。

[9] **诰赠** 明清对五品以上官员的曾祖父母、祖父母、父母及妻室之殁者，以皇帝的诰命追赠封号。

[10] **老大人** 旧时尊称年老位尊的人。

[11] **稽首** 为古代跪拜礼九拜中最隆重的一种，常为臣子拜见君父时所用。跪下并拱手至地，头也至地。

[12] **顿首** 指磕头，亦为古代跪拜礼九拜中的一种。但在书简表奏中则表示致敬，常用于结尾。

[13] **祝而文** 即"祝文"。古代祭祀神鬼或祖先的文辞。

[14] **丙金** 应为"两金"。指大小金川。丙："两"之误笔。

[15] **吾公揣度天意** 据赵尔巽等《清史稿》卷三三三《列传·一百二十》载："木塔尔，小金川人。乾隆三十七年（1772年），小金川头人僧格桑为乱，拒我师，木塔尔率亲属及所部降。将军温福令从军，即率土兵夺八角碉，降千余人，复官寨。攻木果木，面中石伤。克达响谷山梁，枪伤额。累擢三等侍卫，赐孔雀翎。僧格桑窜大金川，大金川头人索诺木匿之，与同乱。将军阿桂令木塔尔侦路，约内应，遂克阿不里，招其叔朗纳降。金川山径歧互，阿桂令木塔尔指画，绘图呈览；又以功噶尔拉贼守坚，谘木塔尔。木塔尔言：'谷噶山路崎岖，树木深密。若密遣精兵昼伏夜行，出贼不意，亦一策也。'从之。战有功。官兵护台站，遇贼稍怯。阿桂令木塔尔偕降人赓噶率土兵截击，擒头人穆工阿鲁库。攻噶鲁什尼后山及登春诸地，擒头人拉尔甲，创僧格尔结，以功赐缎。贼遣别斯满尼僧布薄伪降，私询木塔尔军事，木塔尔密以闻。上嘉其诚，果擢头等侍卫。师攻噶拉依，索诺木等出降，赐号赞巴巴图鲁。图形紫光阁，列后五十功臣。授八角碉屯守备，督率噶尔角克及萨纳木雅诸地降人屯田。"

[16] **台湾** 乾隆五十一年（1786年），因当时的台湾知府孙景燧取缔天地会，导致天地会领袖林爽文反抗，爆发了台湾有史以来规模最大的农民暴动。乾隆五十二年（1787年），乾隆派福康安及海兰察出兵镇压，战事前后持续一年零四个月，最后以生擒林爽文而告终。是役，木塔尔随福康安出征，"偕侍卫博斌等生擒首逆庄大田于琅峤。台湾平，复图形紫光阁，列前二十功臣"。

[17] **把勒** 疑"勒巴"之误笔。勒巴：地名，在今青海省玉树藏族自治州境内。事件不详。

[18] **西藏** 乾隆五十三年（1788年），因廓尔喀（今尼泊尔）主动攻击西藏，乾隆皇帝先后派成德和福康安出兵西藏。福康安军势如破竹，逼近尼泊尔首都加德满都，尼泊尔被迫议和，于乾隆五十七年（1792年）签订《钦定西藏章程》。

[19] **仰** 疑为衍字，或"等"字误笔。

[20] **名标紫** 应为"名标紫阁"。

[21] **乾隆六十年** 公元1795年。

[22] **阳县** 今四川资阳市下辖雁江区（原资阳县）。

[23] **春光** 岁月。

[24] **逾挌** 即"逾格"，破格。挌：古同"格"。

[25] **烟户** 人户。《清会典·户部·尚书侍郎职掌五》："正天下之户籍，凡各省诸色人户，有司察其数而岁报于部，曰烟户。"

[26] **聪瑟** 形容一个人心思灵敏，庄重严谨。

[27] **黎民** 庶民，人民。泛指普通百姓。

[28] **甘肃** 指乾隆四十六年（1781年）苏四十三领导的撒拉、回、东乡各族穆斯林暴动。清廷先后命福康安、阿桂和海兰察率兵镇压，最后以回民的失败而告终。是役"木塔尔从，中枪伤，赐银缎。复攻华林寺，再受伤，赐二品衔，以四川管理降番副将题补。"

[29] **兰州** 指乾隆四十九年（1784年）甘肃固原回民田五在石峰堡发动的新教回民暴动。清廷命成都将军保宁率兵镇压。是役"木塔尔从，力疾赴调，赐散秩大臣衔。至石峰堡，屡有斩获，被石伤。"

[30] **内、黔、楚逆苗不法** 指乾隆六十年（1795年）贵州苗民石柳邓、石三保等在白莲教的鼓动下，发动湘西、黔东苗民大暴动。乾隆派遣云贵总督福康安等分路镇压。是年十二月，石柳邓战死于贵鱼坡，起义失败。是役，木塔尔"从征……贼居下石花、土空等处，循沿河山坡筑城卡，阻我师。总督福康安遣木塔尔于下游河岸设伏，……突出击之，夺其渡船。师进迫之，……连克城卡。进攻土空，偕总兵花连布等连战三昼夜，破之，赐荷包。以病还师，至资阳，道卒，赐白金百。"

汶川三江刘氏百代兴隆碑

【位置】汶川县三江镇照壁村

【年代】清嘉庆八年（1803年）

【形制】悬山式顶，二柱一开间。碑呈竖长方体

【尺寸】高186、宽93、厚13厘米

【内容】

前裕后承宗祧[1]**同乾坤悠久　左昭右穆伦序**[2]**并日月光明**
本音刘氏门中历代先祖昭穆宗亲之墓百代兴隆

窃我刘氏，四川防属西道茂州文镇[3]之居。远祖刘什魁颁旨至，蒙恩……启时，大明隆庆四年[4]矣。世受头人之职，络绎八九代余也。今全族无知始之源，年久多系，历代族孙无不……先代宣扬，后世子孙不忘本源也。以碑为志，名垂不朽，是以为序。

远祖刘什魁、氏余木大。始祖适木志、氏玛格姐；别木志、氏余恩大。高祖么子、氏玛格姐；适太、氏刘妹；刘志、氏苦姐；适木□□□；我木勺、氏计妹姐；备勺保、氏日木；大板古、氏适木；刘黄水、氏计妹姐；黑保、氏别姐；刘加、氏白什姐；忍保、氏板登勺；我保、氏木姐；□□、氏刘姐。祖爷我舍勺、氏余妹姐；余陆、氏得六姐；我木甲、氏别过姐；余木止、氏苦木大；别舍勺、氏罗姐；罗木舍、氏别木留；什保、氏□妹；余止保寿、氏安康；木纳、氏余木大；罗舍、氏正姐；别

第一篇　存世碑刻

汶川三江刘氏百代兴隆碑

六、氏苦妹姐；我木甲、氏吴木留；适木加、氏苦吉；通澄、氏么姑；么子什保、氏□□；董保、氏大姐；保得、氏二姐；么子、氏神保姐；白正、氏水木姐；谷□□、氏适大；谷受保、氏六思妈；通安、氏二姐；么子、氏山章勺　伯□余不止备朋□妹、氏日达；龙太、氏么姑；别志保、氏纳马扎；光音保、氏得保姐；什汀保、氏余保姐；木一太、氏□志、氏无保姐；苦保、氏□□□□；余得保、氏保姐；我什勺、氏富妹姐；么子得木勺、氏纳姐；木勺、氏杨保姐；罗木加、氏日大；刘木勺、氏别姐；别什勺六斤保；拆□□□妹姐；我保受板登加、氏罗姐；别木勺、氏押格勺；法□余勺、氏别木姐；福保受、氏余木姐；法林保、氏我妹姐；刘藩、氏木受姐；押马□三保受张英保；刘盛、氏格思；木法聪；刘俊、氏克吉；刘杰、氏神保姐；刘得、氏吒舍；马保、氏余思；吉罗勺、氏别受姐；日保止刘世勺、氏阿□；□□、氏阿格耳；西林保、氏沙乃；刘受保铁林保；勺止保、氏得余保安保；阿什勺、氏别受姐；刘长保西勺、氏余吉仓保……氏吴妹姐；别受保、日保、太谷舍保□□长兄勤保、氏押格勺；张命保、氏余木姐；保木甲□□寿林拆甲保……氏苦姐；吴受保陈甲、氏刘保姐；刘三、氏勺保川；刘天保、氏勺……木西保、氏余妈奴；备光保、氏谷保受、氏长受姐；西林保、氏汪保姐……刘正祥[5]、氏水保姐；刘裕昌；别止保；得止保；刘正宗；刘正坤；刘正科；安中乃山呼保……刘正富；沙纳朋；西止保；刘桂保……刘元保；孟光保；刘贵保；刘成、何氏；□□、倪氏；刘正、杨氏；刘忠……刘润保；福元。孙刘文迁、李氏；孟旺保、徐氏……

大清嘉庆八年[6]岁次癸亥又二月十四日立

艮山峰向[7]

继承人□□□□、刘保□

【注释】

[1] **宗祧**　祖先。宗：宗庙。祧：远祖之庙。

[2] **伦序**　有条理，顺序。南朝梁刘勰《文心雕龙·诔碑》："傅毅所制，文体伦序。"

[3] **文镇**　今茂县南新镇文镇村。

[4] **大明隆庆四年**　公元 1570 年。

[5] **刘正祥**　据汶川县博物馆馆藏刘正祥墓碑载，生于清乾隆十五年（1750年），乾隆五十七年（1792年）受命随福康安出征西藏，抗击廓尔喀入侵。同年阵亡，享年四十三岁。

[6] **大清嘉庆八年** 公元1803年。

[7] **艮山峰向** 风水学术语。指方位。

茂县三龙勒依世代宗枝碑

【位置】原存茂县三龙乡勒依村，现已遗失。拓片存阿坝州文物管理所

【年代】清嘉庆十三年（1808年）

【形制】竖长方体

【尺寸】不详

【内容】

  从来自古王道[1]治天下，以姓为名[2]，风醇俗美[3]，无不感化[4]。凡我本族，身居山地，未有定姓名。从来水有源头，木有根枝，天下人各有宗枝[5]，其姓不同，遵依五伦[6]。我等会首同一处，商议言定派性[7]，尊辈[8]上下，勿得紊乱，依字取名。自定之后，今我纳儿、勿勒、亦之、竹多、木利寸等，系是同宗。恐后人不知起祖[9]之名，开列于碑，万世不朽。

  起祖：余禄枝。名曰：坤见只、口丹只、□只日、完不只

  孙名：余天招、大、黄、寿、富、才、玉

  余天坝、奉、格、吉、祥、明

大清嘉庆十三年[10]六月四日众姓吉立

【注释】

[1] **王道** 即指仁政，是儒家的政治主张。统治者宽厚待民，施以恩惠，以利取得民心。孔子在对"仁"的解释中，已有关于"仁政"的思想。孟子发挥孔子学说，明确提出"仁政"的主张。《孟子·梁惠王上》："王如施仁政于民，省刑罚，薄税敛，深耕易耨，壮者以暇日，修其孝悌忠信，入以事其父兄，出以事其长上。可使制梃以挞秦楚之坚甲利兵矣。"

[2] **以姓为名** 以姓氏取名字，亦即取姓名。

[3] **风醇俗美** 民风习俗淳朴优美。醇：同"淳"，淳厚质朴。

[4] **感化** 用言行感动人，使之转变。

[5] **宗枝** 同"宗支"。同宗族的支派。

[6] **五伦** 即古人所谓君臣、父子、兄弟、夫妇、朋友五种人伦关系。

[7] **派性** 即"派行"（háng），亦写为"排行"。起名时用同一字或同一偏旁的字表示行辈。清顾炎武《日知录·排行》："兄弟二名而用其一字者，世谓之排行……单名以偏旁为排行。"性："行"之错别字。

[8] **尊辈** 即"尊卑"。辈："卑"之错别字。

[9] **起祖** 即"启祖"，祖先。起："启"之错别字。

[10] **大清嘉庆十三年** 公元1808年。

汶川三江刘正祥墓碑

【位置】汶川县博物馆馆藏
【年代】清嘉庆十五年（1810年）
【形制】穹窿顶长方体
【尺寸】通残高90厘米，顶宽51厘米，碑残高70、宽45厘米
【内容】

世 泽[1] 默 佑
日：龙踞虎蟠三江水　月：鸾飞凤舞逆流营
皇清特授[2]千总[3]、显考[4]刘公讳正祥[5]府君大人[6]之墓

亡命于乾隆十五年[7]庚午岁……时生，于五十七年[8]西藏出师郭[9]……廿二日阵亡，享寿四十三岁……
祀男：刘□、哈年。女：汪保姐、桂英。婿：王珍龙、银花姐

大清嘉庆十五年[10]岁次庚午三月初二立

【注释】

[1] **世泽**　祖先的遗泽。

汶川三江刘正祥墓碑

[2] **特授**　超越常规授予某项官职。

[3] **千总**　清代绿营兵编制，营以下为汛，以千总、把总统领之，称"营千总"，为正六品武官，把总为正七品武官。又四川、云南等省的土司官也有此职，称土千总、土把总。

[4] **显考**　对已故的父亲的美称。

[5] **正祥**　刘正祥，汶川县三江乡人，时任瓦寺土司三江头人。生于乾隆十五年（1750年），于乾隆五十七年（1792年）受瓦寺土司派遣，随福康安出征西藏，抗击廓尔喀入侵。于五十八年阵亡，享年四十三岁。《汶川县三江刘氏百代兴隆碑》内载其姓名。

[6] **府君大人**　对已故父亲的尊称。

[7] **乾隆十五年**　公元1750年。

[8] **五十七年**　即乾隆五十七年，公元1792年。

[9] **郭**　即郭尔廓，也书写为廓尔喀，今尼泊尔。乾隆五十三年（1788年），廓尔喀主动攻击西藏，乾隆皇帝先后派成德和福康安出兵西藏。福康安军势如

破竹，连战连胜，逼近尼泊尔首都加德满都，尼泊尔被迫议和，于乾隆五十七年（1792年）签订《钦定西藏章程》。

[10] **大清嘉庆十五年** 公元1810年。

理县薛城欢喜坡袁氏宗支总碑

【位置】理县薛城镇欢喜村活动室西南50米

【年代】清嘉庆乙亥年（1815年）

【形制】竖长方体

【尺寸】高210、宽130、厚12厘米

【内容】

袁氏宗支总碑

碑何以立，肃宗支[1]也；宗支不肃，则世系或紊，将木本水源之谓何？溯我始祖京公，原籍江西吉安府[2]泰和县[3]，出授湖广[4]德安路[5]守御都督使。迁移来蜀，子孙繁衍，历数百年。虽有总碑，其间播越[6]者仅留名讳，世守者尚存墓碣[7]。第恐[8]日久湮没，宗支渐消，是亦子孙之罪也，谨按源流立此宗支碑，并书祖遗五言律为子孙序脉[9]。庶几[10]无或有忘焉尔：

> 景德莫华粹，芳声卓蔚杨。
> 道明徽达远，枝裕泽流长。
> 显耀承君锡，飞腾振帝帮。
> 嘉谟钦世守，继序永安康。

嘉庆乙亥年[11]季秋月[12]谷旦[13]

（谱系图略）

理县薛城欢喜坡袁氏宗支总碑

【注释】

[1] **宗支** 同宗族的支派。《新唐书·吴兢传》："自昔翦伐宗支，委任异姓，未有不亡者。"

[2] **吉安府** 明洪武元年（1368年）置，府治庐陵（在今江西省吉安县）。

[3] **泰和县** 地处江西省中部的吉泰平原（吉泰盆地），属江西省吉安市管辖。隋开皇十一年（591年），因"地产嘉禾，和气所生"而更名"泰和县"。泰和素有"声名文物之邦""江南望郡""文章节义之帮""金庐陵"的美誉。抗战时期，泰和县是江西省的临时省会，省政府驻县城西上田村。1940年在泰和杏岭成立国立中正大学。

[4] **湖广** 我们熟悉的"湖广"一词多出现在和清朝有关的历史中。作为地名，主要指湖北、湖南二地。其实"湖广"一词的历史可以上溯到元朝。"湖广"或"湖广行省""湖广省"，为元朝和明朝时期直属中央政府管辖的国家一级行政区。元朝时期的一级行政区湖广等处行中书省的简

称；明朝时期的一级行政区湖广承宣布政使司的简称，辖湖北、湖南和河南小部分。清朝设湖广总督，辖湖南、湖北。

[5] **德安路** 治所在今湖北省安陆市。

[6] **播越** 传扬、流传。此处指迁徙到其他地方。

[7] **墓碣** 墓碑的别称。墓：坟墓。碣：石碑，方的叫碑，圆的叫碣。

[8] **第恐** 只怕。表示推测。

[9] **序脉** 排序脉络。

[10] **庶几** 或许可以，表示希望或推测。《史记·秦始皇本纪》："寡人以为善，庶几息兵革。"

[11] **嘉庆乙亥年** 即清嘉庆二十年，公元1815年。

[12] **季秋月** 农历九月，秋季的最后一个月。

[13] **谷旦** 良辰；晴朗美好的日子。旧时常用为吉日的代称。

茂县飞虹水草坪巡检司历代先祖墓碑

【位置】茂县飞虹乡水草坪村北10米的农田里

【年代】清道光十一年（1831年）

【形制】仿木结构单檐歇山式顶，二柱一开间。碑呈竖长方体

【尺寸】碑高160、宽90厘米

【内容】

水草[1]呈祥凤舞仪　罗多[2]□钟灵毓秀

苏氏先茔

四川茂州营水草坪土舍[3]勤谨地方送，唯大……明周三年[4]拾二月十六日特授[5]四川茂州营游击都司世袭，倾心投诚抚番……道奉永历三年[6]七月……皇恩镇守四川署西路松潘等处地方提汉土官……旨万历四年[7]四月初拾日……署四川茂州□北路抚吏……

嘉靖三年[8]□月初拾日

大清嘉庆己巳年[9]孟春[10]朔二日[11]补修

大清道光十四年[12]菊月[13]朔八日[14]重修

【注释】

[1] **水草** 今茂县飞虹乡水草坪村水草坪组。

[2] **罗多** 今茂县飞虹乡水草坪村箩兜寨。

[3] **水草坪土舍** 据道光《茂州志》卷三《土司》载："水草坪巡检土司苏国琥，其先蟒答儿，明时随剿

茂县飞虹水草坪巡检司历代先祖墓碑

黑水、三齐番有功,以长子为正安抚司,次子为副安抚司,住牧水草坪。国朝顺治九年(1652年)投诚,将副安抚司印信呈缴。康熙六年(1667年)颁给巡检司印信号纸。"

[4] **明周三年** 此处有误,但具体年代不详。

[5] **特授** 超越常规授予某项官职。

[6] **永历三年** 疑为明永乐三年,公元1405年。永乐:明成祖朱棣的年号(1403—1424年)。

[7] **万历四年** 公元1576年。万历:明神宗朱翊钧的年号(1573—1620年),为明朝使用时间最长的年号,共48年。

[8] **嘉靖三年** 公元1524年。嘉靖:明世宗朱厚熜的年号(1522—1566年),是明朝使用第二长的年号,共45年。

[9] **大清嘉庆己巳年** 即清嘉庆十四年,公元1809年。

[10] **孟春** 农历一月。

[11] **朔二日** 农历每月初二。

[12] **大清道光十四年** 公元1834年。

[13] **菊月** 农历九月。是菊花开放的时期。

[14] **朔八日** 农历每月初八。

茂县光明刀溪何延福墓志

【位置】茂县光明镇刀溪村二组
【年代】清道光十一年(1831年)
【形制】穹窿顶长方体
【尺寸】通高139厘米,顶高30、宽86厘米,碑高109、宽60、厚6厘米
【内容】

墓　志
乾山巽兼辰戌

例赠[1]登士郎[2]何公延福,字纯九,增生[3],里谥[4]和厚。生于顺治己亥[5],没于康熙丁亥[6],享四十七寿。其元配孺人何母孟太君,里谥瑞静,生于顺治庚子[7],没于雍正乙卯[8],享七十四寿。公平生事绩,年久不复考稽。吾家源派[9]以来,历宋、元、明而及清[10],可谓远矣。忆前代文献,不足可考者隐隐[11]。公祖绍舜,父世藩,生子五,以禧、禄、福、祉、祺而分五大支,公三支世祖也。公生三子,长名琨,贡生[12];次名琬,增生;三名琼,廪生[13]。其下又分三支,其大支之琨生一恺,恺生四子曰文桂、文郁、文斗、文射。又桂生子曰清云,郁生子曰清发、清耀,斗生子曰清富,射生子曰清贵。其二支之琬生一元、一忱,元生子曰文孝,忱生子曰澍。又文孝生子曰清仁、清泽、清润。澍生子曰清运。其三支之琼生一生、一山。生生三子曰铭、曰鹏、曰钿;山生二子曰镛、曰锜。又铭生子曰清如、曰清涟;鹏生子曰清海、清源;钿乏嗣。镛生子

曰清元；錡乏嗣，如也。本支嫡派，世抛桑梓[14]，寄籍[15]石泉白[16]，曾祖游学[17]而居焉，历四代于彼矣。其缺于祀享[18]者殊深，然如之所歉者，亦余曾祖不得已而远游。以曾祖不得已之心，宜为后人酌复补。夫所谓补者，使后世者可有处耳。窃念如赋性庸愚，髫龄[19]即向往芸窗[20]，惜补生[21]不遂，屡为孙山[22]，偃蹇[23]者三十载。至道光丁亥[24]已半百，始临幸桑梓，岁得□□□□，兹往来于祖茔之侧，睹其碑残墓圮，目击□□□□□□□□□□碑石，以志其略云。元孙清如志。

道光十一年[25]冬月[26]

茂县光明刀溪何延福墓志

【注释】

[1] 例赠　循例赠予官爵。指朝廷推恩把官爵授给官员已去世的父祖辈。

[2] 登士郎　文散官名。唐始置，为文官第二十七阶，正九品下。宋正九品。元代设置的掌管宗卷、钱谷的属吏。明正九品，初授将仕郎，升授登仕郎。清正九品，概授登仕郎。

[3] 增生　科举制度中生员名目之一。明清时生员都有月廪，并有一定名额，称廪膳生员。后又于正额之外，增加名额，称为增广生员，简称"增生"，无月米，地位次于廪生。

[4] 里谥　地方上赠予的谥号。

[5] 顺治己亥　清顺治十六年，公元1659年。

[6] 康熙丁亥　清康熙四十六年，公元1707年。

[7] 顺治庚子　清顺治十七年，公元1660年。

[8] 雍正乙卯　清雍正十三年，公元1735年。

[9] 源派　犹源流。事物的起源和发展。《新唐书·韦述传》："述好谱学，见柳冲所撰《姓族系录》，每私写怀之，还舍则又缮录，故于百氏源派为详，乃更撰《开元谱》二十篇。"

[10] 宋、元、明而及清　据道光《茂州志》卷三《土司》载："陇木长官司何棠之，其先杨文贵，于宋时随剿罗打鼓有功授职。明洪武四年（1371年）颁给印信。嘉靖间土司杨翱随总兵何卿征白草番，著有劳绩，命改何姓。国朝顺治九年（1652年）投诚，康熙二十四年（1685年）颁给印信号纸，住（驻）牧陇东（今茂县光明镇刀溪沟村）。"

[11] 隐隐　隐约；不分明。

[12] 贡生　科举制度中生员名目之一。指挑选府、州、县生员（秀才）中岁试成绩优秀或资格老的，送入国子监继续学习的学生。

[13] 廪生　明清两代称由公家给以膳食的生员，又称廪膳生。明初生员有定额，皆食廪。其后名额增多，因谓初设食廪者为廪膳生员，省称"廪生"，增多者谓之"增广生员"，省称"增生"。

又于额外增取，附于诸生之末，谓之"附学生员"，省称"附生"。后凡初入学者皆谓之附生，其岁、科两试等第高者可补为增生、廪生。廪生中食廪年深者可充岁贡。清制略同。

[14] **桑梓** 古时人们喜欢在住宅周围栽植桑树和梓树，后来人们就用"桑梓"代指家乡、故乡。

[15] **寄籍** 长期离开本籍，居住外地，附于外地的籍贯。

[16] **石泉臼** 即今北川县禹里乡政府驻地治城。

[17] **游学** 指远游异地，从师求学。《北史·樊深传》："游学于汾晋间。习天文及算历之术。"

[18] **祀享** 祭祀供献。

[19] **髫龄** 幼年。

[20] **芸窗** 亦作"芸牕"，指书斋。唐萧项《赠翁承赞漆林书堂诗》："却对芸窗勤苦处，举头全是锦为衣。"

[21] **补生** 递补正额外的生员名额。

[22] **孙山** 即"名落孙山"，指考试或选拔没有录取。典出宋范公偁《过庭录》："吴人孙山，滑稽才子也。赴举他郡，乡人托以子偕往。乡人子失意，山缀榜末，先归。乡人问其子得失，山曰：'解名尽处是孙山，贤郎更在孙山外。'"

[23] **偃蹇** 困顿；窘迫。

[24] **道光丁亥** 即清道光七年，公元1827年。

[25] **道光十一年** 公元1831年。

[26] **冬月** 农历十一月。

松潘施家堡双河义冢碑

【位置】松潘县施家堡乡双河村旧堡子组

【年代】清道光十二年（1832年）

【形制】弧顶长方体

【尺寸】通高100、宽65、厚9厘米

【内容】

义　　冢[1]

尝闻积善之家，必有余庆。故大德者必受命富贵荣华，岂不从阴骘[2]中而来者也。惟施家堡为松城东之首堡，地土丰华，各有管□迁移往来。立疆空□，遇有行往者，或因病故亡，无地安葬，为其恻哉。今有客商□□□□□曹文和，系重庆府属渠县人氏，年以七旬，至彼营谋，自发善心，愿助囊金，得卖陈姓山地一段，其地界上至石边，下至大路，左齐梁，右齐梁，四至分明，施为义地，以济孤贫病故，于此地安葬。不敢言其乐善好施，权为尸骸暴露之居，惟公之德甚美。故余等不忍暗昧此功，同众公增义冢碑记，替公扬名于千载，愿锡[3]世代以荣昌，聊为是序。

施家堡约、保、客商等穗赠

青城曾义方书

大清道光拾贰年[4]六月功□日吉日立

【注释】

[1] **义冢** 系旧时由族人或慈善团体出资收购用于收埋无主尸骸的墓地。

[2] **阴骘** 原指默默地使安定，转指阴德。

[3] **锡** 古同"赐"。赏赐，给予。

[4] **大清道光拾贰年** 公元1832年。

小金抚边粮台王公殉节碑

【位置】小金县抚边乡粮台村

【年代】清道光十四年（1834年）

【形制】砖石仿阙建筑，硬山式顶。碑呈长方体

【尺寸】阙高600厘米，面阔326厘米，进深200厘米；碑高374、宽144厘米

松潘施家堡双河义冢碑

【内容】

皇清诏授中宪大夫[1]、恤赠太仆寺卿[2]、原任贵州贵西兵备道[3]、先祖考[4]岚溪公殉节事略

乾隆三十七年[5]，两金川[6]构逆[7]，我祖考太仆公由贵西道镌级奉旨以四品衔，从定边将军大学士温公[8]往封边军，驻木果木[9]。日久，公属蒋建田来，见用日[10]磨所佩剑使极利，见者咸诧之。未几，贼诱合[11]降番，内外窃发，元戎[12]遇害。有劝公走者，公不应。脱猪关[13]玉鞢[14]付仆从，公曰："□□□此关无益，宜速去，持此归以葬。"即抽所佩剑，跃马奔贼，击杀七八人，俄[15]中铳殁。协镇某在高险处目击，以语人后，广访顾乡[16]众先生，得以笔于传记者也，是为乾隆三十八年[17]六月十二日事。

事闻，赠太仆寺卿，贵[18]银三百两以葬，荫[19]一子入官，加恩骑尉[20]世职。先大夫[21]在籍闻变，匍匐奔丧，至潼关[22]外，彭山[23]已扶柩至。所殡即玉鞢及衣冠数事而已，遂奉以归葬。是时两金川道梗[24]，先大夫年仅弱冠[25]，哭泣欲往寻公死之所，而先祖妣[26]在堂，未之许也。制[27]终，以难荫[28]知县，屡迁甘肃、宁夏道。叔父成立后，亦以县丞[29]效力东河[30]，历任良乡[31]、天津[32]、清苑[33]知县，各羁官守，欲求其至新疆[34]近地，不可得。且金川平定，距兵变时已历数年，至其地者，悉欲考询当日列幕之区[35]，交绥之所[36]，已无复踪迹，又焉睹丹心碧玉之所在哉。此先大夫所以抱恨终身，而叔父之至今戚戚[37]者也。嘉庆十四年[38]，椿源选授四川江津县令，以事镌级降补遂宁县丞。道光六年[39]委管抚边屯务。所谓登春[40]、木果木皆为接壤，窃计二十年来所冀，以补先大夫遗恨万一者。庶几在此，亦殆有天马[41]，乃仅得于白草黄沙，风嘶雨啸中，招魂一祭。呜呼！是则可哀也已。公讳如玉，字

岚溪，貌魁伟端凝，世为山西灵石县[42]人，殁时春秋[43]四十有一。行实详家乘[44]，兹不具载其殉节始末。如此时有成都岳君廷栻者，威信公钟琪[45]后矣，在公幕下亦从殁。道光十三年[46]三月朔日[47]，四川渠县知县、前管抚边屯务、世袭恩骑尉长孙椿源谨记。

赐进士出身[48]、太子少保[49]头品顶戴、兵部尚书兼都察院右都御史、总督四川等处地方军务兼理粮饷管巡抚事鄂山书丹[50]。

赐进士出身、兵部侍郎兼都察院右副都御史、巡抚山西等处地方兼管提督盐政印务、节制太原城守尉尹济源填讳[51]。

道光十四年[52]岁次甲午嘉年月[53]谷旦敬立

小金抚边粮台王公殉节碑

【注释】

[1] **中宪大夫** 文官名。金始置，正五品。元升正四品，宋、金、辽皆实施。明为正四品升授之阶，清正四品。

[2] **太仆寺卿** 官名。初称太什、太仆正。始置于春秋。秦、汉沿袭，为九卿之一。掌皇帝的舆马和马政。王莽一度更名为太御，南北朝不常置。北齐始称太仆寺卿，历代沿置不革。清为从三品。清后期废。

[3] **贵西兵备道** 清乾隆设，驻安顺，监督贵州西部军事事务。兵备道：官名。明制于各省重要地方设整饬兵备的道员，明洪熙年间始置，本为遣布政司参政或按察副使至总兵处整理文书，参与机要之临时性差遣。弘治年间始于各省军事要冲遍置整饬兵备之"道员"，称为兵备道。掌监督军事，并可直接参与作战行动。此官由按察使或按察佥事充任，是分巡道的一种。又称兵备副使、兵宪。清代沿置，有整饬兵备道、抚治兵备道等称谓。在乾隆时，全国共置兵备道八十余员。

[4] **先祖考** 已故的祖父。

[5] **乾隆三十七年** 公元1772年。

[6] **两金川** 指大金川土司索诺木和小金川土司僧格桑。转指大小金川土司所辖地域。

[7] **构逆** 造反，发动叛乱。指第一次大小金川土司叛乱。

[8] **温公** 即温福，八旗满洲镶红旗人，费莫氏，字履绥，文华殿大学士温达孙。乾隆时曾历任户部郎中、湖南布政使、贵州布政使、内阁侍读学士、福建巡抚、吏部侍郎、理藩院尚书等职。乾隆三十六年（1771年），授定边右副将军，师征金川，三十六年十二月授定边将军，以阿桂、丰升额副之。与侍郎桂林率军自南北两路征讨大小金川。三十八年（1773年）春，驻军木果木。因刚愎自用，布防无章，遭土兵偷袭，中枪而亡。

[9] 木果木　嘉绒藏语，意为"右下边地方"，今金川县卡撒乡布达村。

[10] 用日　应为"永日"。从早到晚；整天。汉刘桢《公䜩》诗："永日行游戏，欢乐犹未央。"用："永"之错别字。

[11] 诱合　应为"诱惑"。合："惑"之错别字。

[12] 元戎　主将，统帅。指定边将军温福。

[13] 脱猪关　地名。古隘口，在今小金县崇德乡境内。

[14] 玉鞢（dié）　玉石所做的饰件。鞢：古代北方少数民族衣带上用以佩物的金属装饰。

[15] 俄　一会儿；不久。

[16] 顾乡　应为"故乡"。顾："故"之错别字。

[17] 乾隆三十八年　公元1773年。

[18] 赍（jī）　送给。

[19] 荫　因祖先有勋劳或官职而循例受封、得官。

[20] 恩骑尉　清代爵名，正七品。凡阵亡者子孙，袭爵次数已尽，授以恩骑尉，令其世袭。

[21] 先大夫　即先父。

[22] 潼关　位于陕西省渭南市潼关县北，北临黄河，南踞山腰。《水经注》载："河在关内南流潼激关山，因谓之潼关。"始建于东汉建安元年（196年）。潼关是关中的东大门，历来为兵家必争之地。

[23] 彭山　人名，王岚溪的仆从。

[24] 道梗　道路阻塞。

[25] 弱冠　源自《礼记·曲礼上》"二十曰弱，冠"。古代男子20岁行冠礼，表示已经成年，但体犹未壮，还比较年少，故称"弱"。

[26] 先祖妣　已故去的祖母。

[27] 制　即守制。旧时父母或祖父母死后，儿子或长孙在家守孝二十七个月，在此期间，不任官、应考、嫁娶等。

[28] 难荫　清制。凡文武官员因公殉职，则录用其子，谓之"难荫"。如年幼，则例得一子入国子监读书，谓之"难荫生"。《清会典事例·吏部·除授》："难荫录用，康熙三年（1664年）定，三品以上荫知州，四品以下荫知县。十八年（1679年）定，布、按、都三司首领，及州县佐贰六品七品官之子，准荫县丞；八品九品官之子，准荫县主簿，未入流之子，准荫州吏目。"

[29] 县丞　始置于战国，为县令之佐官，掌管文书及仓狱。清代为正八品，但所设不多，在全国也仅有345人。

[30] 东河　地名，在今内蒙古自治区境内，具体地点不详。

[31] 良乡　今北京房山区区府所在地。秦朝始置，因"人物俱良"而得名，自古就是商贾云集之地，现为全区政治、文化、商贸中心。

[32] 天津　今天津市东丽、西青、津南、北辰四区，清代为天津县管辖范围。

[33] 清苑　今河北省保定市清苑区。

- [34] **新疆** 新的疆域，此处专指大小金川地区。
- [35] **列幕之区** 即军队驻扎之地。幕：古代战争期间将帅办公的地方。
- [36] **交绥之所** 即战场。交绥：本意为敌对双方军队刚接触即各自撤退，后引申为交战。
- [37] **戚戚** 忧虑、忧伤。
- [38] **嘉庆十四年** 公元 1809 年。
- [39] **道光六年** 公元 1826 年。
- [40] **登春** 今小金县木坡乡登春村。
- [41] **天马** 天神之马。转指军队或人烟。
- [42] **山西灵石县** 今山西省灵石县静升古镇。王岚溪系王氏十七世人，后人辑著有《岚溪诗抄》传世。其所居王家大院现为全国重点文物保护单位。
- [43] **春秋** 年龄。
- [44] **家乘** 家谱。乘：志书。
- [45] **威信公钟琪** 即岳钟琪（1686—1754），字东美，号容斋，四川成都人。南宋著名的抗金将领岳飞的 21 世孙。清代名将，历康熙、雍正、乾隆三朝。雍正时受过吕留良案牵连，下狱险死。乾隆时复用，授予他总兵之衔，后改授四川提督，赏戴孔雀花翎，在"一定金川"中招降金川土司莎罗奔有功，加太子少保，赏三等威信公爵位。乾隆十九年（1754 年）病逝于四川资阳。乾隆皇帝赞为"三朝武臣巨擘"。
- [46] **道光十三年** 公元 1833 年。
- [47] **朔日** 初一。
- [48] **赐进士出身** 清朝科举殿试后举行传胪典礼，把登科进士分为三甲：头甲三人，即状元、榜眼和探花，赐进士及第；二甲第一名，称"传胪"（起初，三甲头名亦称传胪，后仅限于二甲头名），其余皆赐进士出身；三甲人数最多，皆赐同进士出身。
- [49] **太子少保** 原为古代东宫负责教习太子的太师太保的副手，到明清时多为一种荣誉性的官衔而加给重臣近臣，正二品。
- [50] **书丹** 碑刻术语。即刻石（又包括碑、摩崖、造像、墓志等类型）必须经过的三道工序（撰文、书丹、勒石）之一。指用朱砂笔将所撰文字书法摹写在碑石上。后泛称书墓志铭为书丹。
- [51] **填讳** 旧时子孙为祖先撰写行状、碑志等文字，请人代写祖先名号，称填讳。
- [52] **道光十四年** 公元 1834 年。
- [53] **嘉年月** 农历十二月。

茂县东兴亚坪重刊任氏历代历世宗支源序

【位置】茂县东兴乡亚坪村亚坪组

【年代】清道光二十一年（1841 年）

【形制】歇山式顶，长方体立柱

【尺寸】顶高 45、宽 70 厘米，碑高 155、边宽 40 厘米

【内容】

重刊任氏历代历世宗支源序

　　盖闻宗庙之礼，所以祀乎其先也。又曰春秋修其祖庙，可知尊祖敬亲之情，固自古而有然者也。粤稽[1]我始祖，原系湖广黄州府[2]麻城县孝感乡[3]倒石桥人氏，于大唐年间散至四川，落业于茂。甚赖祖德流芳，子孙发达，一脉流传十有二世，三祖入策[4]于版籍[5]，四世名著于泮宫[6]，庶而不富贵而未显，诚非一日于斯矣。迄今山居路处，宛如星布，彼徙此迁，竟若云连。每逢春秋祭扫之际，其历厝[7]之坟墓诚有，或则天南，或则地北者矣。孙等触目警心，欲溯洄[8]而无，自思孝享[9]以何凭？固将丕振[10]宗祀，以侑妥夫先灵[11]，俾孙辈之高尊祖考，咸得享其孝思之诚，则生者顺而死者安矣。无如[12]宗祀之隆，有志未逮[13]。工当创造，共叹维艰。思为易举，聊以寄念[14]。爰集众族，垂碑勒石，以普载名氏，并记根源，则虽不若七庙[15]之规模，亦何莫非九族[16]之巨观也，是为序。

大清道光廿一年[17]岁次辛丑三月中浣之吉旦
奉祀九世玄孙广训文生任宗仑薰沐敬撰

永垂后裔

本源自古堪共溯

世系于今可历征

　　远故始祖考妣：任公讳普元、雍氏。高祖：任公之聘、张氏；任公之秀、雍氏；任公之年、张氏。尊祖：任公继光；任公继明、许氏、蹇氏；任公继恩、陈氏、杨氏；任公继宣、许氏、雍氏；任公继伏；任公德宣、韩氏、郭氏。显祖：任公运昌、田氏；任公连栋、许氏；任公连昌。

正性碑铭

　　故高祖考妣：任公拔、李氏；任公邦舟、任氏、叶氏；任公邦彦、侯氏；任公邦作、李氏；任公邦奇。故尊祖：痒生任公字以敏；任公字以恭；任公字以宽；任公字以信；任公字以惠；任公字以贵；任公字以奉；任公字以相。显祖讳：任公讳怀隆、任公怀长、任公怀直、任公怀珍、任公大成、任公怀瑷、任公怀璧、任公怀现、任公怀勋、任公怀要、任公怀兴、任公怀喜、任公怀俊、任公怀志、任公怀海、董公弘任。显考：任公字有荣、任公字有忠、任公字有金、任公字有富、任公字有用、任公字有安、任公字有泰、任公字有□、任公字有平、任公字有常、任公字有龙、任公字有益、任公字有学、任公字有义、任公字有德、任公字有才、任公字有明、任公字有武、任公字有文、任公字有道、任公字有贤、任公字有华、任公字有□、任公字有□、任公字有厚、任公字有禄、任公字有雄、侯公字良任。

　　清故显考妣：任公讳宗全、礼全、万全、福全、富全、正全、天全、兴全、仲全、世全、志全、美全、贵全、岱全、壮全、济全、惠全、星全、□全、泰全、茂全、匡全、喜全、奉全、禄全、法全、甫全、守全、孝全、廉全、顺全；宗要、宗照、宗宇、宗庆、宗化、宗顺、宗位、宗志、宗岱

宗仑、嵜山、嵜佑。奉祀：自目、自位、自温、自华、自春、自要、自援、自洋、自元、自隆、自高、自诚、自长、自应、自崇、自兴、自佑、自发；士朝、士敏、士慎、士广、士朋、士品、士均、士海、士聘、士锡、士绛、士恒、士济、士本、士甫；孙履通、履唐、履丰、履周、履川。

九族等立
承行首事：任自要、任孝全、任康全同置

【注释】

[1] **粤稽** 考核；核查。粤：助词，古与"聿""越""曰"通用，用于句首或句中。

[2] **黄州府** 隋开皇五年（585 年），分设黄州总管府。明洪武元年（1368 年），改黄州路为黄州府，属湖广行省。嘉靖四十二年（1563 年），置黄安县。至此，黄州府辖有黄冈、麻城、黄陂、黄安、蕲水、罗田、广济、黄梅 8 县和蕲州。清代沿袭明制。康熙三年（1664 年），属湖北布政司；雍正七年（1729 年），黄陂县划属汉阳府。清末黄州府治黄冈（今湖北省黄冈市黄州区）。下辖：黄冈（县治在今湖北省黄冈市黄州区）、黄安（今湖北省红安县）、蕲水（今湖北省浠水县）、罗田（今湖北省罗田县）、麻城（今湖北省麻城市）、广济（县治在今湖北省武穴市梅川镇）、黄梅（今湖北省黄梅县）共 7 县，蕲州（州治在今湖北省蕲春县蕲州镇）1 散州。1913 年废除。

茂县东兴亚坪重刊任氏历代历世宗支源序

[3] **麻城县孝感乡** 今湖北省黄冈市辖麻城市鼓楼办沈家庄，是中国古代"八大移民发源地"之一，明清"湖广填四川"的起始地和集散地，素有"湖广填四川，麻城过一半"之说。

[4] **入策** 即"入册"。登记、加入。策："册"之错别字。

[5] **版籍** 户口册。《后汉书·仲长统传》："明版籍以相数阅，审什伍以相连持。"李贤注："《周礼》曰：'凡在版者。'注云：'版，名籍也，以版为之也。'"

[6] **泮宫** 古代的国家高等学校，后也代指学校。

[7] **厝**（cuò） 安置。

[8] **溯洄** 语出《诗·秦风·蒹葭》："所谓伊人，在水一方。溯洄从之，道阻且长。"溯洄从之，指逆流而上追寻意中人。后以"溯洄"为追念思慕之意。

[9] **孝享** 指祭祀。《诗·小雅·天保》："吉蠲为饎，是用孝享。"孔颖达疏："享，献也。聚道既全，可以至于有庙设祭祀而致孝享也。"

[10] **丕振** 大力振兴。《东周列国志》第六十九回："乃不思大展经纶，丕振旧业，以光先人之绪。"

[11] **先灵** 祖先的神灵。

[12] **无如** 连词，有"哪里想到"的意思，表示后面说的同前面想的正好相反。语气比"无奈"委婉些，略带意外的意味。多用于书面语。

[13] 末逮　能力有限，没有完成。

[14] 寄念　寄托思念。

[15] 七庙　本指四亲（高祖、曾祖、祖、父）庙、二祧（高祖的父和祖父）庙和始祖庙。《礼记·王制》："天子七庙，三昭三穆，与太祖之庙而七。"后泛指帝王的宗庙。

[16] 九族　"九族"泛指亲属。但"九族"所指，诸说不同。一说是上自高祖、下至玄孙，即玄孙、曾孙、孙、子、身；父、祖父、曾祖父、高祖父。一说是父族四、母族三、妻族二：父族四是指姑之子（姑姑的子女）、姊妹之子（外甥）、女儿之子（外孙）、己之同族（父母、兄弟、姐妹、儿女）；母族三是指母之父（外祖父）、母之母（外祖母）、从母子（娘舅）；妻族二是指岳父、岳母。碑文中应指前者。

[17] 大清道光廿一年　公元1841年。

理县下孟楼若穆氏宗支碑

【位置】理县下孟乡楼若村下寨张赵平住宅西10米

【年代】清咸丰二年（1852年）

【形制】穹隆顶长方体

【尺寸】高180、宽77、厚7厘米

【内容】

启后光前恭承徃[1]训　忠君爱国善读遗书

穆　氏　宗　支

　　家之有谱，犹国之有史也。二者虽殊，其理同一也。如下孟营行营都督穆君者，世守《官箴》[2]，簪缨[3]恭训。语及穆氏宗支，于今四世。其先祖[4]从士从戎，立功塞外，可称鞠躬尽瘁，懋[5]邀殊恩。无如长□□□孰考订畴。昔文献不足，孰告语将来。除□□□□，竖立之始，不揣固陋，作俚言一章也：

　　致身戎政[6]立纲常[7]，薛郡[8]长留姓字氏。略执经[9]，已遂汉班。章于今，正气风孰。颉颃[10]寄语，他年修史吏好凭。

　　　　咸丰二年[11]桂月[12]吉旦立

　　　　　　春城[13]王吉云竖

理县下孟楼若穆氏宗支碑

【注释】

[1] 徃　古同"往"。

[2]《官箴》　古书名，宋吕本中撰。《四库提要》载："此

书多阅历有得之言，可以见诸实事。书首即揭清、慎、勤三字，以为当官之法，其言千古不可易。"

[3] **簪缨** 古代达官贵人的冠饰。后遂借以指高官显宦。

[4] **先祖** 即文献所记载之"木泰尔"。按同治《理番厅志》载："木泰尔，下孟寨人，从征金川、兰州、石峰堡、台湾、郭尔喀，累著功绩，升授副将衔，赏戴花翎，赐宁都巴图勇号。奉敕撰廓尔喀后十五功臣图赞木泰尔焉。赞曰：扑甲古拉，攻集木集。蚁杂蜂屯，魄丧胆慑。突入突出，犄之角之。是为贞吉，有律之师。"

[5] **懋** 勤奋努力。

[6] **戎政** 谓军事与政务；亦专指军旅之事。

[7] **纲常** 即"三纲五常"的简称。封建时代以"君为臣纲，父为子纲、夫为妻纲"为三纲，"仁、义、礼、智、信"为五常。

[8] **薛郡** 今理县薛城镇，清理番厅治所所在地。

[9] **执经** 手持经书。谓从师受业。《汉书·于定国传》："定国乃迎师学《春秋》，身执经，北面备弟子礼。"

[10] **颉颃（xié háng）** 原意为鸟上下飞。源自《诗·邶风·燕燕》："燕燕于飞，颉之颃之。"后泛指不相上下，相抗衡。

[11] **咸丰二年** 公元 1852 年。

[12] **桂月** 农历八月。正是桂花盛开的时候。

[13] **春城** 云南省昆明市。

小金崇德金川案内阵亡万人墓记事碑

【位置】 小金县崇德乡海平村农田内

【年代】 清咸丰三年（1853 年）

【形制】 弧顶长方体

【尺寸】 高 210、宽 80、厚 12 厘米

【内容】

金川案内阵亡万人墓记事碑

伏惟[1]为国亡身，斯名壮士[2]；见危授命，不愧英雄。在昔金酋[3]之跳梁频烦[4]，圣主之西顾[5]，该酋坐成自外[6]，稔恶[7]为心，屡幸天地之仁，莫化桀骜之性。于是王赫斯怒[8]，我武维扬[9]，载戢干戈[10]，用张挞伐[11]。已见长驱直入，势若摧枯。岂期[12]既胜而骄，顿忘明诏[13]。遂使死灰萌复然[14]之影，烽炮连山；烈士无少退之心，肝肠若铁。以致盖已难捡[15]得势之封豕[16]，先而失策之将军[17]，只将许国之身，奋洒化磷之血[18]。事势至此，痛曷可言。此所以两金川有再入之师，而万人墓兴无穷[19]之感也。迨后大功告蒇[20]，逆氛消亡。后蒙仁圣之恩，□□□烈之士，建为祠宇，恤其室家，惟时觐祭[21]。□公太守王公，始拾遗骼[22]于荒岩，悉为厝[23]置于□□。道光丙午年[24]间，都督怡亭叶

公、总理定后□公回,追怀其往烈为聿[25],备其蒸尝[26]。适崇德汛[27]□□□□凤怀盛槩[28],敬仰宪慈,始筹薄资,以时祭享,爰为禀请立案,思作长谋。戊申[29]秋,维州协镇□□□□明文代阅悬属,道经荒冢,凭吊兴悲,祀□□毛。谕之守土,使思绵远之计,庶慰忠烈之魂。□□后来,勿替前志。文魁遵奉之,下敬缕于心,略述往昔之徽,用摁[30]近贤之绩,谨为勒石于墓前,立案于府署,庶后贤得有考稽而存殁,均无遗憾。将流丹心碧血,永垂千载之光;清酒乌羊[31],长享万年之祀。谨叙。

署四川懋功协标中军都司、尽先即升[32]守备张文魁谨撰,替率汛官尤万禄、领旗郑天俸刊立。

咸丰三年[33]春二月廿七日清明前一日
游元龙书、石匠王正林刻

小金崇德金川案内阵亡万人墓记事碑

【注释】

[1] **伏惟** 亦作"伏维"。表示伏在地上想,下对上陈述时的表敬之辞。古语中多用于奏疏或信函。如汉扬雄《剧秦美新》:"臣伏惟陛下以至圣之德,龙兴登庸……为天下主。"

[2] **壮士** 勇士。《史记·陈涉世家》:"壮士不死。"

[3] **金酋** 指乾隆"一定金川"时金川土司莎罗奔,清史中又多写为"色勒奔细"。

[4] **频烦** 亦作"频繁",屡次,多次。

[5] **圣主之西顾** 指乾隆为巩固对大西北的统治,于1755年平定准噶尔部;1757年再定准噶尔部;1759年平定新疆回部。

[6] **自外** 置身于事物之外。唐韩愈《感春》诗之二:"为此径须沽酒饮,自外天地弃不疑。"

[7] **稔(rěn)恶** 罪恶深重。稔:庄稼成熟。

[8] **王赫斯怒** 勃然大怒的样子。源自曹操的《孙子略解》中转引《诗经》:"王赫斯怒,爰整其旅。"

[9] **我武维扬** 形容威武凌厉,奋发向上的样子。出自《尚书·泰誓》:"今朕必往,我武惟扬,侵于之疆,取彼凶残,杀伐用张,于汤有光。"

[10] **载戢干戈** 比喻不再进行战争、动用武力了。出自《诗经·周颂·时迈》:"载戢干戈,载櫜弓矢。"戢:聚藏,把武器收藏起来。

[11] **用张挞伐** 大规模地攻击或讨伐。

[12] **岂期** 没有预料到。

[13] **明诏** 英明的诏示。《史记·苏秦列传》:"臣请令山东之国奉四时之献,以承大王之明诏。"

[14] **复然** 亦作"复燃"。

[15] **拴** "擒"之异体字。

[16] **封豕(fēng shǐ)** 本义大猪,引申为贪婪、暴虐。

[17] **失策之将军** 指温福。八旗满洲镶红旗人，费莫氏，字履绥，文华殿大学士温达孙。乾隆时曾历任户部郎中、湖南布政使、贵州布政使、内阁侍读学士、福建巡抚、吏部侍郎、理藩院尚书等职。乾隆三十六年（1771年），授定边右副将军，师征金川，三十六年十二月授定边将军，以阿桂、丰升额副之。与侍郎桂林率军自南北两路征讨大小金川。三十八年（1773年）春，驻军木果木。因刚愎自用，布防无章，遭土兵偷袭，中枪而亡。

[18] **化磷之血** 满腔热血。比喻甘为正义而献身的豪情壮志。

[19] **无竆** 即"无穷"，没有穷尽。竆：古字"穷"。

[20] **告葳（chǎn）** 告竣；告成。葳：完成。

[21] **惟时觐祭** 随时参拜祭奠。

[22] **遗胔（zì）** 遗骸，遗体。胔：肉还没有烂尽的骨殖。

[23] **厝（cuò）** 浅埋以待改葬，或停柩待葬。

[24] **道光丙午年** 清道光二十六年，公元1846年。

[25] **聿** 毛笔，转指记录。

[26] **蒸尝** 本指秋冬二祭，后泛指祭祀。

[27] **崇德汛** 汛：清代兵制，凡千总、把总、外委所统率的绿营兵均称"汛"，其驻防巡逻的地区称"汛地"

[28] **盛槩** 强烈的感慨。槩：古通"慨"

[29] **戊申** 清道光二十八年，公元1848年。

[30] **摭（zhí）** 搜集。

[31] **清酒乌羊** 祭祀用的供品。

[32] **尽先即升** 优先准备晋升。

[33] **咸丰三年** 公元1853年。

马尔康松岗义塚碑

【位置】马尔康市松岗镇松岗村东北"石钵卡"，俗称"乱葬坟"
【年代】清咸丰七年（1857年）
【形制】穹窿顶长方体
【尺寸】通高110厘米，顶高40、宽85厘米，碑高70、宽68、厚7.5厘米
【内容】

千里来龙归此地　万年富贵在□□

为善祖茔

窃思人之为善，天必锡[1]之以福。如松岗东北里许，旧有义塚[2]，其地窄狭，及乾隆年间[3]公置。

而兹遭牛羊践踏难堪，予等触目凄然，隐有善念。附近采择吉地已就，并右[4]短墙一周。于是邀集众善捐锱[5]，恳求土司蒙允，协准其永远茔墓。久之，不但生人胥悦，而亡者亦得其安妥所矣。勒石不朽，奚敢云功，是志。

领袖：熊文进、李天佑。

承办：通司[6]谭土地。

匠：王义福。

王兰惠捐银五两；李天佑捐银五两；熊文进捐银二两；王兰秀捐银二两六钱；闫公正捐银一两六钱；旷上进捐银一两三钱；洪占春捐钱一两一钱；□天东捐银一两；李永德、董源清、周必盈各捐银五钱；王权芳、陈东之二人各捐银三钱；洪复兴、赵文典、黄顺福各捐银二钱。

大清咸丰柒年[7]岁次丁巳春三月中浣日[8]吉旦[9]立

【注释】

[1] 锡　古通"赐"。给予；赐给。

马尔康松岗义塚碑

[2] 义塚　系旧时收埋无主尸骸的墓地。

[3] 乾隆年间　公元 1736—1795 年。

[4] 右　"佑"之错别字。

[5] 捐锱　捐资、捐钱。锱：古代重量单位，一两的四分之一。后亦引申为货币。

[6] 通司　民族地区的翻译或翻译兼向导。

[7] 大清咸丰柒年　公元 1857 年。

[8] 中浣日　中浣：亦作"中澣"。浣：唐代定制，官吏十天休息、沐浴一次。每月分为上浣、中浣、下浣，后借作上旬、中旬、下旬的别称。

[9] 吉旦　泛指吉祥的日子。

茂县凤仪克都余氏祖坟墓碑

【位置】茂县凤仪镇茶山村克都组

【年代】清咸丰八年（1858 年）

【形制】仿木石结构，歇山式顶，两柱一开间。碑呈竖长方体

【尺寸】高 170、宽 75 厘米

【内容】

皇清正故余宅门中历代高曾远祖昭穆考妣之墓

尝思国祚[1]绵长，原赖前王之德漙[2]；后裔昌大，实由先祖之功深。遐思先祖，身产荆楚[3]，籍属四川。由明及清三百余岁，自祖至孙十代有余。我祖持身以来，凛圣人之三畏[4]，心中无愧；法君子之九思[5]，籍内有凭。和睦乡党，爱敬亲朋。治家以孝弟[6]为本，处世以忠厚当先。孽海[7]茫茫，先祖弗喻而弗觌[8]；尘寰[9]扰扰，前人未见以[10]未闻。克勤复继乎克俭，惟知创业之匪易[11]；有条又兼于有序，常恐垂统[12]之弗符。迨至今，兹启我后人绵远，书香登仕籍[13]之上；茂盛宗族，比螽斯[14]之多，后裔难忘。时值仲秋[15]，纷纷槿花[16]香宅院，颗颗枣实熟门墙。于是请良匠而琢磨，动精工以彤朱，建一碑以铭前烈。虽未能尽生前之事，问寝[17]以亲膳，亦可获殁后之期，鉴观而兴起者矣。敬谨是序。

奉祀：男余化坤、梁氏；孙耀蛟、蔡氏；重孙[18]开元、有元、选元；玄孙[19]成林、成鹏；曾孙[20]余凤；云孙[21]职员余登科、余登第；来孙[22]文生智、怀德、怀喜；耳孙[23]世珍。

咸丰八年[24]岁次戊午中秋月[25]立

【注释】

[1] 国祚（zuò）　国运。祚：福；福运。

[2] 漙（tuán）　形容露水多。

[3] 荆楚　荆：中国古代"九州"之一，春秋时楚国别称。后多以"荆楚"代指今湖北、湖南。

[4] 圣人之三畏　语出《论语·季氏》："君子有三畏：畏天命、畏大人、畏圣人之言。小人不知天命而不畏也，狎大人，侮圣人之言。"

[5] 君子之九思　语出《论语·季氏篇第十六》："孔子曰：'君子有九思：视思明，听思聪，色思温，貌思恭，言思忠，事思敬，疑思问，忿思难，见得思义。'"

茂县凤仪克都余氏祖坟墓碑

[6] 孝弟　亦作"孝悌"。孝顺父母，敬爱兄长。《论语·学而》："其为人也孝弟，而好犯上者鲜矣。"朱熹集注："善事父母为孝，善事兄长为弟。"

[7] 孽海　罪孽的深渊。孽：罪恶。

[8] 觌　古同"睹"。

[9] 尘寰　亦作"尘阛"，指尘世、人世间、现实的世界。

[10] 以　"也"之错别字。

[11] 匪易　不容易。

[12] 垂统　把基业留传下去。旧多指皇位的承袭。《资治通鉴·晋武帝泰始三年》："创业之初而政本不立，将以垂统后世，不亦难乎！"

[13] 仕籍　旧指记载官吏名籍的簿册，转指进入仕途。宋苏舜钦《与欧阳公书》："舜钦年将四十矣，齿摇发苍，才为大理评事，廪禄所入，不足充衣食。性复不能与凶邪之人相就近，今得脱去仕籍，非不幸也。"

[14] 螽斯　蝗虫的一种,今俗称蝈蝈,喜聚,能产。古人以此比喻子孙众多的家庭,祝贺人多生子孙称"螽斯衍庆"。源自《诗经·周南·螽斯》:"螽斯羽,诜诜兮。宜尔子孙,振振兮。螽斯羽,薨薨兮。宜尔子孙,绳绳兮。螽斯羽,揖揖兮。宜尔子孙,蛰蛰兮。"

[15] 仲秋　农历八月。

[16] 槿花　即木槿花。木槿,落叶灌木。夏秋开花,有白、紫、红诸色,朝开暮闭,栽培供观赏,兼作绿篱。花、皮可入药。茎的纤维可造纸。

[17] 问寝　问候尊长起居。

[18] 重孙　口语中将"孙之子"说成重孙。

[19] 玄孙　曾孙的儿子,或称孙子的孙子,或称儿子的曾孙。《尔雅·释亲》:"孙之子为曾孙,曾孙之子为玄孙。"

[20] 曾孙　孙子的儿子。

[21] 云孙　礽孙之子。《尔雅·释亲》:父之子为子,子之子为孙,孙之子为曾孙,曾孙之子为玄孙,玄孙之子为来孙,来孙之子为晜孙,晜孙之子为礽孙,礽孙之子为云孙,云孙之子为耳孙。

[22] 来孙　玄孙的儿子。《尔雅·释亲》:父之子为子,子之子为孙,孙之子为曾孙,曾孙之子为玄孙,玄孙之子为来孙,来孙之子为晜孙,晜孙之子为礽孙,礽孙之子为云孙,云孙之子为耳孙。

[23] 耳孙　云孙之子,即九世孙。

[24] 咸丰八年　公元1858年。

[25] 中秋月　即中秋节,每年农历八月十五。

茂县东兴亚坪王氏宗族家谱碑

【位置】茂县东兴乡亚坪村亚坪组

【年代】清光绪元年（1875年）

【形制】长方体方柱

【尺寸】高130厘米,边宽28厘米

【内容】

益闻源之远者流自长,根之深者枝必茂。故礼祀庙堂之处,明德□具虚文,实所以溯洄[1]而报本也。我闻□□先祖文进,籍本湖广武昌府[2]人氏,自明时万历年间[3],来游于蜀,落业于茂郡之东邑豆迓坪[4],而王之族遂兴焉,迄今二百余年。间世[5]生人,闻人成世,盖济济[6]乎,支派之浩繁矣。使[7]不为之刻石纪名,则年湮代远,派姓[8]风微。不几[9]各祖其祖,各宗其宗,派姓而莫辨哉。爰邀我族同堂叔伯昆弟[10],将先祖来历、讳名一一刊刻碑,左昭右穆,不失其序;长幼大小,悉得其源。俾后世子孙知先祖之由来,识祭扫之依归。春露秋霜,永荐馨香[11]。庶几螽斯可衍[12]、瓜瓞可庆[13]于万斯年矣。是以为序。

大清光绪元年[14]岁次乙亥仲春月[15]之下旬日吉旦

德垂后裔

籍本湖广分派　人□治乃永昌

清故始祖：父王讳文进、母李太君。故高祖：父王讳□义、母郭太君。故曾祖父：王讳定国、母任氏；王讳福国、母任氏；王讳匡国、母张氏；王讳兴国。

永垂万古

兹因先祖讳名录碑可查。爰同我族捐赀[16]刻碑，望后代子孙不忘耳。

七世起王崇□、崇德、崇国、崇通、崇泰、崇建、崇长、崇游。

维康、维泰、维栋、维佐、维□、维富、维盛、维熙、维□。

金□、金斌、金有……

（余碑面剥落，字迹模糊不清，略。）

仝族承立

荣芳百代

王士美、任氏；王士君；王士才、田氏；王士弘、董氏、杨氏；王士用、□氏；王士义；王士俊、□氏、□氏。

王汝栋、杨氏；王汝雄、桂氏；王汝梅、王氏；王汝清、任氏、沐氏；王汝斌；王汝体；王汝封；王汝□、□氏；王汝斗；王汝柏；王汝先；王汝□；王汝□；王汝□。

王明佑、任氏；王明进、李氏；王明敏、张氏；王明元、田氏；王明洪、□氏；王明广、凌氏、田氏；王明宽、田氏、田氏；王明义，任氏；王明壮、任氏、董氏。

茂县东兴亚坪王氏宗族家谱碑

【注释】

[1] **溯洄**　语出《诗·秦风·蒹葭》："所谓伊人，在水一方。溯洄从之，道阻且长。"溯洄从之，指逆流而上追寻意中人。后以"溯洄"为追念思慕之典。

[2] **武昌府**　今湖北省武昌市。

[3] **明时万历年间**　公元1573—1620年。万历：明神宗朱翊钧的年号，是明朝使用时间最长的年号，共48年。

[4] **豆迓坪**　今茂县东兴乡亚坪村。

[5] **间世**　隔代。

[6] **济济**　众多的样子。

[7] **使**　假如；如果。

[8] **派姓**　即"派行"或"排行"。姓："行"之错别字。

[9] **不几** 难道不是。几：通"岂"。《闲情偶寄》："使与不费辛勤之牡丹、芍药齐观等视，不几恩怨不分，而公私少辩乎？"

[10] **昆弟** 兄和弟。

[11] **馨香** 指祭祀用的香火。

[12] **螽斯可衍** 即"螽斯衍庆"。语出《诗经·周南·螽斯》："螽斯羽，诜诜（shēn）兮。宜尔子孙，振振（zhēn）兮。螽斯羽，薨薨（hōng）兮。宜尔子孙，绳绳（mǐn）兮。螽斯羽，揖揖（jí）兮。宜尔子孙，蛰蛰（zhé）兮。"螽斯：昆虫名，产卵极多。衍：延续。旧时用于祝颂子孙众多，人丁兴旺。

[13] **瓜瓞可庆** 比喻子孙繁衍，相继不绝。语出《诗·大雅·緜》："绵绵瓜瓞，民之初生，自土沮漆。"朱熹集传："大曰瓜，小曰瓞。瓜之近本初生常小，其蔓不绝，至末而后大也。"

[14] **大清光绪元年** 公元1875年。

[15] **仲春月** 农历二月。

[16] **捐赀** 即捐资。赀：同"资"。

茂县飞虹苏氏先祖之坟"禁火兴发"碑

【位置】茂县飞虹乡水草坪村苏氏巡检司火坟墓前

【年代】清光绪三年（1877年）

【形制】长方体抹角

【尺寸】长133、宽74、厚7厘米

【内容】

禁 火[1] 兴 发[2]

盖闻孝弟、忠信、礼义、廉耻[3]，世道之根本。尧舜之道，孝弟[4]而已矣。夫孝弟□□人之本兴[5]，总之不离孝弟之道乎。孝弟之道，实由根本而生人伦[6]也，□□根本哉。夫根本由蒂而生枝，由枝而生叶。根本不立，枝叶何荣，不自枯之。故禁火兴发，皆由于根本之不立耳。情因上年世人，古直忠厚，父母亡故，世□□□□实立火坟。圣言"父母之丧，无贵贱一也"[7]乎，所以男女仁人细想父母□□□□事，何况处备衣衾棺木。葬期临时，荤酒[8]狂徒抬丧出来，由如造反一般□□□，即那[9]斧乱坎[10]。有的举火，有的举柴，烧得你污焦巴躬[11]，那火杆抄[12]得你□□□抄滥[13]，抛尸露骨，儿孙其心何忍。故此数代，人不兴发，代代故绝，人财两空。因宗官一族商筹议论，从今禁革火葬，兴其血葬[14]，男女善欢，永远不□□□□安葬，日后依此行事，不乱妄言之人，人财两旺。倘若反口，不依前辈话语，□□欲保一族男女生死，若有此人，绝子灭孙之毒也。今逢寒食之节[15]，垂碑勒石，永垂万古。自禁之后，历代先祖，荫中一族。家家□□□□□扶持人兴财旺云耳，是以为序。

大清光绪三年[16]二月廿三日　阖族公立

【注释】

[1] **禁火** 指禁止火葬而改为土葬。火葬为古羌人的传统葬俗。

[2] **兴发** 兴旺发达。

[3] **孝弟、忠信、礼义、廉耻** 古称"八德",即做人的基本道德要求。

[4] **孝弟** 亦作"孝悌"。孝顺父母,敬爱兄长。语出《论语·学而》:"其为人也孝弟,而好犯上者鲜矣。"朱熹集注:"善事父母为孝,善事兄长为弟。"

[5] **本兴** 即"本性",兴:"性"之错别字。

[6] **人伦** 封建礼教所规定的人与人之间的关系。特指尊卑长幼之间的等级关系。

[7] **父母之丧,无贵贱一也** 语出《中庸》18章:"期之丧,达乎大夫。三年之丧,达乎天子。父母之丧,无贵贱一也。"孔颖达疏:"唯父母之丧,无问天子及士、庶人,其服并同,故云'无贵贱一也。'"朱子注:"父母之丧,上下同之,推己以及人也。"

[8] **荤酒** 相对于"素酒"而言,即就着肉食喝酒。素酒,也称"寡酒",没有食物佐酒。

[9] **那** "拿"之错别字。

[10] **坎** "砍"之错别字。

[11] **污焦巴躬** 方言。形容人或物经过火烧后的狼狈形象。

[12] **抄** 方言。音同"操",意为来回翻动。

[13] **抄滥** 方言,即弄得四零八碎。滥:"烂"之错别字。

[14] **血葬** 穴葬,即土葬。血:"穴"之错别字。

[15] **寒食之节** 即寒食节,亦称"禁烟节""冷节""百五节",在夏历冬至后一百零五日,清明节前一二日。是日初为节时,禁烟火,只吃冷食。后来逐渐增加了祭扫、踏青、秋千、蹴鞠、牵勾、斗鸡等风俗。寒食节绵延两千余年,曾被称为民间第一大祭日。为汉族传统节日中唯一以饮食习俗来命名的节日。

[16] **大清光绪三年** 公元1877年。

茂县飞虹苏氏先祖之坟"禁火兴发"碑

小金沙龙桃梁刘子珍夫妻合葬墓碑

【位置】小金县沙龙乡桃梁村农田内

【年代】清光绪十一年(1885年)

【形制】仿木结构,歇山式顶,二柱一开间。碑呈长方体

【尺寸】顶高120、宽100厘米,碑高100、宽60厘米

【内容】

万 古 流 芳

玉树青梅舍孝意　金枝绿柳恸哀情

（碑阳）亥山巳[1]

皇清新故显考[2]刘公讳子珍老大人[3]、显妣[4]母曹氏老太君[5]之坟墓

祖系湖南武昌省保庆府五刚洲麻城县孝敢[6]。乾隆上川，于灌邑石羊场[7]立业流传。又系至懋功营较场坝[8]生长，三碉湾[9]立业。

孝男：俸荣。孙：映芳、鹏、全、安。重孙：万宝、禄、寿叩

大清光绪拾壹年[10]小阳月[11]廿日吉立

（碑阴）佑启后人

父系生于壬午年[12]七月十二日巳时[13]，生于懋功营较场坝人氏，亡于癸未年[14]正月十七日午时[15]沙龙沟三碉湾，地分因老生□。

母系生于己卯年[16]十一月十一日巳时，生于懋功营沙龙沟德营寨[17]人氏，亡于□□年月日时于沙龙沟三碉湾□故。

【注释】

[1] **亥山巳**　"亥山巳向"的略写，风水学术语，指方位。即坐西北偏北向东南偏南，为较旺方位。

[2] **显考**　对已故父亲的美称。

[3] **老大人**　对已故父亲的尊称。

[4] **显妣**　对已故母亲的美称。

[5] **老太君**　对已故母亲的尊称。

[6] **湖南武昌省保庆府五刚洲麻城县孝敢**　此段文字有误，所列各行政区划在历史上均无隶属关系，应为传说之误。武昌属湖北，清代未有省级建制。保庆府为湖南省邵阳市旧称，南宋宝庆元年（1225年），宋理宗赵昀登基，用年号命名自己曾领防御使的封地，升邵州为宝庆府，宝庆之名始于此。宝庆地区包括今娄底市，以及益阳部分地区。自明中叶至清初，宝庆府居民大量迁往四川等地，为"湖广填四川"的重要发源地之一。五刚洲应为武冈州，今湖南省武冈市。明初始设为州，属宝庆府，辖武冈、新宁二县。麻城县孝敢，即麻城县孝感乡，今湖北省黄冈市辖麻城市鼓楼办沈家庄，是中国古代"八大移民发源地"之一，明清"湖广填四川"的起始地和集散地，素有"湖广填四川，麻城过一半"之说。

[7] **灌邑石羊场**　今都江堰市石羊场镇。

[8] **懋功营较场坝**　今小金县美兴镇老街小金中学所在地。

[9] **三碉湾**　今小金县沙龙乡沙龙沟内小地名。

小金沙龙桃梁刘子珍夫妻合葬墓碑

[10] **大清光绪拾壹年** 公元1885年。

[11] **小阳月** 农历十月，初冬时节。明代《五杂俎》："四月多寒，而十月多暖，有桃李生华者，俗谓之小阳春。"又《尔雅》："十月为阳。"又《左传》疏文作："古人以盈数为吉，数至十则小盈，故十月为良月。"

[12] **壬午年** 清道光二年，公元1822年。

[13] **巳时** 古代十二时辰制计时名称。指上午9点至11点。

[14] **癸未年** 清光绪九年，公元1883年。

[15] **午时** 古代十二时辰制计时名称。上午11点至下午1点。

[16] **己卯年** 清嘉庆二十四年，公元1819年。

[17] **德营寨** 今小金县沙龙乡桃梁村驻地德营寨。因清乾隆兴兵金川，于此设置营寨而得名。

汶川威州茨里沟毛氏家谱碑

【位置】汶川县威州镇茨里沟村

【年代】清光绪十三年（1887年）

【形制】仿木石质单檐歇山式顶，二柱一开间。碑呈长方体

【尺寸】碑高120、宽60、厚8厘米

【内容】

始祖毛公讳守勋大人[1]张氏孺人[2]神道[3]

（碑阳）二世：讳□□、董氏。三世：讳明奎、张氏。四世：讳鸿翱、袁氏。五世：讳锦佩、仝氏。六世：文生讳浚、袁氏；文生讳清、薛氏；讳湄、郭氏；讳溥、薛氏。七世：讳元模、薛氏；讳元桃、金氏、郭氏；讳元楷、薛氏；讳元桂、仝氏。八世：讳启珠、仝氏；讳启□、仝氏、杨氏、袁氏、马氏；讳启珖、薛氏；讳启瑛、董氏；讳启珍、仝氏；讳启桦、张氏；讳启琮、薛氏、陈氏；讳启复、张氏。九世：讳万奇、高氏；生员[4]讳万吉、冯氏；讳万年、岳氏、李氏；讳万发、孟氏；讳万荣、袁氏、张氏；讳万福、董氏；讳万春、薛氏；讳万才、仝氏；讳万有、牟氏。十世：讳世□、张氏；讳世遽、郭氏、蔡氏；讳世通、董氏、刘氏；讳世安、仝氏；讳世禄、郭氏；讳世胤、郭氏；讳世祥、郭氏；讳世祐、郭氏；讳世远、仝氏；讳世凤、王氏；讳世绩、董氏；讳世昌、仝氏；讳世臣、何氏；讳世喜、罗氏；讳世郭、仝氏；讳世祈；讳世遂；讳世玛、仝代；讳世张、孟氏。十一世：讳本兴、薛氏；讳本隆、张氏；武生讳本善、董氏；讳本周、仝氏；讳本基、薛氏；讳本先、尚氏；讳本枝、董氏；讳本华、梁氏；讳本盛、郭氏；本文、蒲氏；本贵、蒲氏；本业、氏；本耕、氏；本强、氏；本周、氏；本道、氏；本性、氏；本近、氏。十二世：泰明、李氏；泰林、尚氏；泰□、氏；泰福、张氏；泰超、氏；泰山、氏；泰喜、氏；泰银、氏。

（碑阴）尝思"大哉乾元，万物资始[5]"；"厚哉坤元，万物资生[6]"，理既垂于宇宙。国有祖庙，犹木之本；家有宗支[7]，犹水之源，今我亦传于古。今我始祖公讳守勋、始祖妣张氏，自明将末时，

由湖广麻城县孝感乡入川，来至兹土，勤耕苦读，世发功名。然细思吾族，代有名士。自秦毛焦一谏，全母子之恩[8]，数语感弟兄之义。更有注诗[9]传世，捧橄养亲[10]。然皆重本敦源，盖根种固者也。但恐世远年湮，人繁族盛，宗派有乖[11]，谱系易淆，与世之不肖子辈数传，而亲者偶疎[12]矣，久传而疎者相忘矣。不思张公九世同居[13]，范公千人共爨[14]，其所以睦族和亲者至矣。自三世祖讳明奎时，一支分于灌邑河西玉堂场[15]，其余尚有他迁、他适[16]者，未能细访的确[17]也。丁亥[18]秋，后裔等目睹始祖墓，乱石为堆，藤蔓相绕。爰请工匠垂碑勒石，铲削修理。俾[19]祖宗魂魄安于九泉[20]，佑子孙功名显于万代。既舜帝登席，克爱为亲[21]；周公封鲁，不施其亲[22]，实可效而可法[23]也。凡我同宗，务宜和睦。庶几[24]，子孙繁衍，世世情同紫荆[25]，生生恩蒙丹诏[26]，何前烈[27]之不可嗣发[28]，吾族之大幸矣，是以为序。

大清光绪拾叁年[29]岁次丁亥仲冬月[30]上浣[31]日　房族人等同立

【注释】

[1] **大人**　对已故父亲的尊称。

[2] **孺人**　对已故母亲的尊称。

[3] **神道**　原指墓道。《后汉书·中山简王焉传》："大为修冢茔，开神道。"李贤注："墓前开道，建石柱以为标，谓之神道。"此处指坟墓。

[4] **生员**　唐国学及州、县学规定学生员额，因称生员。明清指经县、府、院三级考试录取，由学政分入府、州、县学学习者。

汶川威州茨里沟毛氏家谱碑

习称秀才，亦称诸生。生员的名目分廪膳生、增广生、附生。初入学为附学生员，廪、增有定额，据岁考、科试成绩递补。廪生月给廪米，故名。增广生亦名增生，因于廪外增额，故名。

[5] **大哉乾元，万物资始**　出自《周易·乾卦·彖辞》，原文为"大哉乾元，万物资始，乃统天。云行雨施，品物流行。大明终始，六位时成，时乘六龙以御天。乾道变化，各正性命，保合太和，乃利贞。首出庶物，万国咸宁"。乾元，即乾之元，乾是天，元是始，即天道伊始之意。元，代表春天万物资始。乾元之气，是万物所赖以创始化生的动力资源。

[6] **厚哉坤元，万物资生**　出自《周易·坤卦·彖辞》，原文为"至哉坤元，万物资生，乃顺承天。坤厚载物，德合无疆。含弘光大，品物咸亨。牝马地类，行地无疆，柔顺利贞。君子攸行，先迷失道，后顺得常。西南得朋，乃与类行。东北丧朋，乃终有庆。安贞之吉，应地无疆"。坤元：坤为地，元为根元。指大地为生长万物的根元。

[7] **宗支**　同宗族的支派。

[8] **毛焦一谏，全母子之恩**　毛焦，实为茅焦，战国末期齐国人。秦王政十年（前237年），秦王政（即后来的秦始皇）因为嫪毐与太后行淫而杀嫪毐，并将太后迁居于雍，茅焦力谏秦王应迎太后以尽孝道，因此被秦王封为上卿。典出《史记·秦始皇本纪》载："十年，相国吕不韦坐嫪毐免。桓齮为将

军。齐、赵来置酒。齐人茅焦说秦王曰：'秦方以天下为事，而大王有迁母太后之名，恐诸侯闻之，由此倍秦也。'秦王乃迎太后于雍而入咸阳，复居甘泉宫。"《史记·吕不韦列传》载："秦王十年十月，免相国吕不韦。及齐人茅焦说秦王，秦王乃迎太后于雍，归复咸阳，而出文信侯就国河南。"

[9] **注诗** 即毛诗，指西汉时鲁国毛亨和赵国毛苌所辑和注的古文《诗》，即现在流行于世的《诗经》。毛诗每一篇下都有小序，以介绍本篇内容、意旨等。而全书第一篇《关雎》下，除有小序外，另有一篇总序，称为《诗大序》，是古代诗论的第一篇专著。东汉经学家郑玄曾为《毛传》作"笺"，至唐代孔颖达作《毛诗正义》。

[10] **捧檄养亲** 语出《后汉书·刘平等传序》，记载东汉人毛义素有孝名。一次张奉去拜访他，刚好府檄至，要毛义去任守令，毛义拿到檄，表现出高兴的样子，张奉因此看不起他。后来毛义母死，毛义终于不再出去做官，张奉才知道他不过是为亲屈，感叹自己知他不深。后以"捧檄"为"为母出仕"的典故。

[11] **乖** 指背离、违背、不和谐。

[12] **疎** 同"疏"。

[13] **张公九世同居** 语出《新唐书·孝友传序》："张公艺九世同居，北齐东安王永乐、隋大使梁子恭躬慰抚，表其门。"九世同居：九代人居住在一起不分家。

[14] **范公千人共爨（cuàn）** 典故出处不详。爨：①烧火煮饭。《孟子·滕文公上》："许子以釜甑爨，以铁耕乎？"②灶。《诗·小雅·楚茨》："执爨踖踖，为俎孔硕，或燔或炙。"

[15] **灌邑河西玉堂场** 今都江堰市玉堂镇政府所在地。

[16] **他适** 女子另嫁他人。

[17] **的确** 真实；准确。

[18] **丁亥** 即清光绪十三年，公元1887年。

[19] **俾** 使。

[20] **九泉** 指地下。死人埋葬的地方，即阴间。出处汉阮瑀《七哀》诗："冥冥九泉室，漫漫长夜台。"

[21] **舜帝登席，克爱为亲** 源于二十四孝中的"孝感动天"。舜，传说中的远古帝王，五帝之一，姓姚，名重华，号有虞氏，史称虞舜。相传他的父亲瞽叟及继母、异母弟象，多次想害死他：让舜修补谷仓仓顶时，从谷仓下纵火，舜手持两个斗笠跳下逃脱；让舜掘井时，瞽叟与象却下土填井，舜掘地道逃脱。事后舜毫不嫉恨，仍对父亲恭顺，对弟弟慈爱。他的孝行感动了天帝。舜在历山耕种，大象替他耕地，鸟代他锄草。帝尧听说舜非常孝顺，有处理政事的才干，把两个女儿娥皇和女英嫁给他。经过多年观察和考验，尧选定舜做他的继承人。舜登天子位后，去看望父亲，仍然恭恭敬敬，并封象为诸侯。

[22] **周公封鲁，不施其亲** 周公，姬姓，名旦，也称叔旦，早年因封地在周（今陕西省宝鸡市），故称周公或周公旦。周文王姬昌第四子，周武王姬发同母弟。西周初期杰出的政治家、军事家、思想家和教育家，被尊为儒学奠基人。曾先后辅助周武王灭商、周成王治国。周公移中原封国于鲁后，就以长子伯禽代己摄鲁政，以后受封，称鲁公。初代摄鲁政，临行时，周公谓伯禽曰："君子不施其

亲，不使大臣怨乎不以；故旧无大故，则不弃也。无求备于一人。"意思是"君子不疏远他的亲属，不使大臣们抱怨不用他们。旧友老臣没有大的过失，就不要抛弃他们，不要对人求全责备"。

[23] **可效而可法**　可以效仿和学习的。

[24] **庶几**　差不多。

[25] **紫荆**　植物名，属豆科植物，因其木似黄荆而色紫，故名。在中国古代，紫荆常被人们用来比拟亲情，象征兄弟和睦、家业兴旺。据南朝梁吴均《续齐谐记·紫荆树》载：田真兄弟三人析产，堂前有紫荆树一株，议破为三，荆忽枯死。真谓诸弟"树本同株，闻将分斫，所以憔悴，是人不如木也"。因悲不自胜，兄弟相感，不复分产，树亦复荣。后因用"紫荆"为有关兄弟之典故。

[26] **丹诏**　帝王用朱笔写的诏书。出自唐韩翃《送王光辅归青州兼寄储侍御》诗："身著紫衣趋阙下，口衔丹诏出关东。"

[27] **前烈**　前人的功业。

[28] **嗣发**　继承发扬。

[29] **光绪拾叁年**　公元 1887 年。

[30] **仲冬月**　农历十一月。

[31] **上浣（huàn）**　上旬。浣：中国唐代定制，官吏十天休息、沐浴一次。每月分为上浣、中浣、下浣，后借作上旬、中旬、下旬的别称。

茂县三龙大寨子王氏排行碑

【位置】茂县三龙乡卓吾寨村大寨子组上寨"热约"地

【年代】清光绪己丑年（1889 年）

【形制】弧顶长方体

【尺寸】高 144、宽 100、厚 17 厘米

【内容】

王氏历代昭穆[1]高曾远祖茔

子孙繁衍，富贵绵远

王氏牌行[2]：

保庭朝宗顺，自国发春枝。天开光明现，万世永寿昌。

存阳后裔王姓众等叩

大清光绪己丑年[3]夹钟月[4]中瀚日[5]谷[6]立

茂县三龙大寨子王氏排行碑

【注释】

[1] **昭穆**　中国古代宗法制度对宗庙或墓地的辈次排列规则和次序。始祖居中，左为昭，为父；右为穆，为子。

[2] **牌行**　即"排行"。起名时用同一字或同一偏旁的字表示行辈。牌："排"之错别字。

[3] **大清光绪己丑年** 清光绪十五年，公元1889年。

[4] **夹钟月** 农历二月。夹钟：古代乐律名。古乐分十二律，阴阳各六，第四为夹钟，在古代农历中对应二月。

[5] **中瀚日** 中旬。

[6] **谷** 即谷日、谷旦：吉日；良辰。

汶川银杏桃关董氏家族合葬墓碑记

【位置】原立汶川县银杏乡桃关村，今已无存

【年代】清光绪十八年（1892年）

【形制】竖长方体

【尺寸】高110、宽60、厚8厘米

【内容】

宜夫支[1]同茂育[2]，脉贯渊源。业有螽斯[3]之名，世无螟蛉[4]之载，子孙繁衍。坟冢峥嵘[5]，大不幸。光绪庚寅岁[6]五月十二寅卯[7]刻，天降洪雨，孽龙出焉。五六百尺之峰源头上走，数千余年之墓尽赴江中。不但坟冢流漓[8]，而生[9]被水冲者聊聊[10]。无所[11]，何以祀之？若不当图，子孙怠。三葬吾支，尊卑不论，孀妇无分，合成大坟，刊碑奉祀。抑子孙恩当图报，而宗祖佑启后人。讳氏刊扬，永垂不朽，谨序。

董茂逵、董李氏。董能生，董有生，董福生。董春生、董米氏。董增元，董增华，董增明，董增序，董于家，董于邦。董于典、董何氏、董胡氏。董茂莲、董胡氏。董定生、董李氏、董吴氏、董钟氏、董王氏。皇清特授诰封[12]贞女[13]董彩芝。节妇[14]董王氏。董茂赵、董申氏。董梧生，董照生，董澍生。董威生、董钟氏。董增缘、董宁氏、董高氏。董增垣，董于谟，董于训。董于洁、董堪氏。董龙生、董孟氏。董宸生。董宁生、董张氏、董刘氏。董大妹。

附刊被水冲没者层次序列

董姜氏。文生董策醇、董汤氏。董增吉、董鲜氏。董于朝、董郑氏。董于德、董吴氏。董康善、董志善。监生[15]董策名、董连氏。董增秋、董汤氏。董于范、董吴氏。董金珠。董金川。董开贞。董金贞。董增溢、董胡氏。董增端，董于正、董贺氏。董韩氏。董于川。

光绪十八年[16]壬辰姑洗月[17]寒食节[18]本支奎生、双生、智生；侄增庆、增恬、增槐；孙于畤、于书、于光等立

【注释】

[1] **支** 宗支。

[2] **茂育** 努力培育。

[3] **螽斯** 蝈蝈之学名，产卵极多。旧时用于祝颂子孙众多或代指子孙。源自《诗经·螽斯》："螽斯羽，诜诜兮。宜尔子孙，振振兮。螽斯羽，薨薨兮。宜尔子孙，绳绳兮。螽斯羽，揖揖兮。宜尔子孙，蛰蛰兮。"

[4] **螟蛉** 一种绿色小虫。蜾蠃是一种寄生蜂,蜾蠃常捕捉螟蛉存放在窝里,产卵在它们身体里,卵孵化后就拿螟蛉作食物。古人误认为蜾蠃不产子,喂养螟蛉为子,因此用"螟蛉"比喻义子。

[5] **峥嶙** "峥嵘嶙峋"之缩写,意为山棱突出。此处形容墓葬之荒芜零乱。

[6] **光绪庚寅岁** 光绪十六年,公元1890年。

[7] **寅卯** 古代十二时辰制计时名称。指凌晨三至七时。

[8] **流漓** 流离。漓:"离"之错别字。

[9] **生** 活人。

[10] **聊聊** 应为"寥寥",非常稀少。

[11] **无所** 没有地方。

[12] **诰封** 诰命封赏。在明清之际,对文武官员及其先代妻室赠予爵位名号时,皇帝命令有诰命与敕命之分,五品以上授诰命,称诰封;六品以下授敕命,称敕封。《清会典》中载,诰命针对官员本身的叫诰授;针对曾祖父母、祖父母、父母及妻时,存者叫诰封,殁者叫诰赠。

[13] **贞女** 有节操的女子或从一而终的女子。《史记》:"贞女不更二夫。"

[14] **节妇** 夫死不改嫁,坚守贞操,抚育子女,侍奉公婆,直到老死而终生守节的妇女。

[15] **监生** "国子监学生"的简称。国子监是明清两代的最高学府,照规定必须贡生或荫生才有资格入监读书。所谓荫生即依靠父祖的官位而取得入监的官僚子弟,此种荫生亦称荫监。监生也可以用钱捐到的,这种监生通称例监,亦称捐监。

[16] **光绪十八年** 公元1892年。

[17] **姑洗月** 农历"三月"别称。"姑洗"原为十二律的第五种,六律的第三种。《汉书·律历志》载:"律十有二,阳六为律,阴六为吕。律以统气类物,一曰黄钟、二曰太族、三曰姑洗。"古人又把十二律与十二月相配,姑洗配夏历三月。故《淮南子·天文训》:"清明加十五日,斗星指辰则谷雨,音比姑洗。"汉班固《白虎通·五行》:"三月谓之姑洗何?姑者,故也;洗者,鲜也。言万物皆去故就其新,莫不鲜明也。"

[18] **寒食节** 亦称"禁烟节""冷节""百五节",在夏历冬至后一百零五日,清明节前一二日。是日初为节时,禁烟火,只吃冷食。后来逐渐增加了祭扫、踏青、秋千、蹴鞠、牵勾、斗卵等风俗,寒食节绵延两千余年,曾被称为民间第一大祭日。

汶川漩口姚富常夫妻合葬墓碑

【位置】原立汶川县漩口镇西南煤管站后农田,今已佚失
【年代】清光绪壬辰年(1892年)
【形制】竖长方体
【尺寸】高170、宽88、厚13厘米

【内容】

（碑阳）光绪壬辰年[1]仲冬月[2]朔八日敬立

皇清恩荣[3]上寿[4]故显考[5]姚公讳富常府君老大人[6]、显妣[7]袁氏老孺人[8]之墓

祀男：姚贞德、明、益。孙：御柯、枢、樟松敬竖

（碑阴）尝思根之深者，其叶茂；源之远者，其流长。物本乎天，人本乎祖。盖木本水源，不可不究其始矣。自乾隆初年，曾祖公由粤[9]来川，营谋生理[10]，落业于漩口广东街[11]为业。脉生三子，长子早丧。惟予之祖公清礼公，行四，配祖母何氏。勤俭持家，温良处世。生父弟兄三人。父行三，配母亲袁孺人[12]，生弟兄三人，生女一。"明而动，晦而休"[13]，更加勤俭，家计渐丰。于光绪七年[14]又配慈母[15]杨氏，生于道光乙酉年[16]八月廿四日未时[17]。父于道光辛巳元年[18]冬月[19]十六日亥时[20]生，痛于光绪壬辰年[21]二月二十七日戌时[22]，享年七十有二。母生于丙戌年[23]八月二十日子时[24]，亡于辛巳年[25]正月[26]二十四日卯时[27]。今卜吉于壬辰[28]冬月初八日，与母合葬于广东街斑竹林[29]后，择立申山寅向兼庚申三分，宜庚申，向庚寅分金[30]。今当勒碑谨存之石，用志不忘[31]，以庆螽斯麟趾[32]之盛云。

【注释】

[1] 光绪壬辰年　即光绪七年，公元1892年。

[2] 仲冬月　农历十一月。

[3] 恩荣　集中记载历代皇帝对本家族或某些成员的褒奖，其目的是以此彰明祖德。

[4] 上寿　原意指百岁老人。《左传·昭公三年》孔颖达疏："上寿百年以上，中寿九十以上，下寿八十以上。"此处意为高寿。

[5] 显考　对已故父亲的美称。

[6] 府君老大人　对已故父亲的尊称。

[7] 显妣　对已故母亲的美称。

[8] 老孺人　对已故母亲的尊称。

[9] 粤　广东省的简称。

[10] 生理　生活。做生意。

[11] 漩口广东街　原汶川县漩口镇广东街。现因紫坪铺水利枢纽工程被淹没。

[12] 孺人　妇人的尊称。

[13] 明而动，晦而休　即"日出而作，日落而息"，比喻勤奋耕耘。原文出自《国语·鲁语》："自庶人以下，明而动，晦而休，无日以息……社而赋事，烝而献功，男女效绩，愆则有辟，古之制也。"

[14] 光绪七年　公元1881年。

[15] 慈母　庶母。《仪礼》："慈母者，何也？传曰：妾之无子者，妾子无母者。"

[16] 道光乙酉年　即道光二十九年，公元1849年。

[17] 未时　古代十二时辰制的计时名称，指下午一时至下午三时。

[18] 道光辛巳元年　即道光元年，公元1821年。

[19] 冬月　农历十一月。

[20] 亥时　古代十二时辰制的计时名称，指晚上九时至十一时。

[21] 光绪壬辰年　即光绪十八年，公元1892年。

[22] 戌时　古代十二时辰制的计时名称，指晚上七时至九时。

[23] 丙戌年　即道光二十六年，公元1826年。

[24] 子时　古代十二时辰制的计时名称，指晚上十一时至凌晨一时。

[25] 辛巳年　即光绪七年，公元1881年。

[26] 正月　农历一月。

[27] 卯时　古代十二时辰制的计时名称，指凌晨五时至七时。

[28] 壬辰　壬辰即光绪十八年，公元1892年。

[29] 斑竹林　即漩口镇广东街煤管站后，现已淹没于紫坪铺水库下。

[30] 申山寅向兼庚申三分，宜庚申，向庚寅分金　风水学术语，指方位。

[31] 用志不忘　因此记录下来备忘。用：因此。

[32] 螽斯麟趾　"螽斯衍庆，麟趾呈祥"的简称。形容家庭子孙繁茂，仁德厚义。螽斯：蝗虫的一种，俗称蝈蝈，喜聚，能产。古人以此比喻子孙众多之家庭，祝贺人多生子孙称"螽斯衍庆"，源自《诗经·周南·螽斯》。麟趾：麒麟之趾，传说麟足"不践草木，不履生虫"，其仁竟如此。祝贺人生育有仁德之子孙称"麟趾呈祥"。

汶川雁门小寨子袁氏族谱排行墓碑

【位置】汶川县雁门乡索桥村小寨子

【年代】清光绪二十年（1894年）

【形制】竖长方体

【尺寸】高100、宽60、厚10厘米

【内容】

德二三扶一水　功万代永流通
皇清故袁氏历代高曾远祖之墓

　　盖闻先祖语吾：当是时也，湖广填川[1]。我先祖来川者，乃弟兄八人，原系麻城孝感县[2]人氏。上川进灌[3]，分处插业。惟祖袁文嘉，来至古绵虒[4]，上山到此，即今上水里[5]也。草木畅茂，有方里而井。居房朽杯，建者死。残坊上书"乐善村"三字，今人呼为"小寨子"也。我祖欣然乐插先业，种粮入册，垦田园，创房宅。彼时此地泥水汜滥，安葬亡魂者，悉肌肤遍泥。故立此墓，号曰"火坟"，世代先祖搬葬于此墓。后人丁兴发二十余家，以后各扦[6]莹墓。近因年久日深，深惧后人忘怃本源矣。而将族谱派行[7]，编刊于碑。二十四字曰："天培世隆，庆康文光。照耀斗辉，□□□□。大有士明，洪朝正开。"以晓后人，是以为序。

　　祀来孙：赵长寿、袁长□、袁朝忠、袁进髦[8]

祀曾孙：王金贵、袁正经

祀重孙：袁久长、袁天长

光绪二十年[9]**三月二十二日**

袁朝辅奉书，众侄男立

（此碑文中华民国《汶川县志》卷七《艺文·附文献》有载。文字略有差异）

汶川雁门小寨子袁氏族谱排行墓碑

【注释】

[1] **湖广填川**　即"湖广填四川"。四川地区人口几度锐减之后，从元末明初开始，清代初年达到高潮的大规模移民入川的一个历史过程。其结果是使四川地区接纳了大量的外地移民，其总数超过了四川本地的居民。大量移民入川既是人口的融合，也是文化的融合。这种融合促进了四川地区经济文化的发展，也使得四川地区清代以来经济文化的复苏和发展更加具有兼容并蓄、汇纳百川的显著特点。

[2] **麻城孝感县**　此处有误，应为麻城县孝感乡。

[3] **灌**　即灌县，今都江堰市。

[4] **古绵虒**　今汶川县。按《后汉书》记载，西汉在此曾设绵虒道，故名。

[5] **上水里**　清置。管辖今汶川县自绵虒以南飞沙关起，北到雁门乡萝卜寨的岷江东岸所有村寨及河西簇头以上的各村寨。

[6] **扞**（hàn）　同"捍"，护卫、守护。

[7] **派行**　即"排行"，依长幼排列次序。

[8] **髦**（máo）　毛中的长毫，喻英俊杰出之士。

[9] **光绪二十年**　公元1894年。

理县蒲溪下寨余腾芳夫妻合葬墓碑

【位置】理县蒲溪乡蒲溪村下寨组

【年代】清光绪丙午年（1906年）

【形制】仿石木结构歇山式顶二柱一开间，碑呈竖长方体

【尺寸】通高195厘米，顶高90、宽103厘米，碑高105、宽53、厚8厘米

【内容】

（碑阳）千里来龙钟福地　一湾秀山绕明前

文　山　坤　向[1]

皇清新故[2]显考[3]余公腾芳府君[4]、显妣[5]韩氏老大人之墓

祀男：贵喜、韩氏。孙：监生[6]登富、登禄。重孙：余泰□

清光绪丙午年[7]小阳月[8]下浣[9]

（碑阴）尝闻树有千枝，万叶多从根。父母本，子孙本。时祖脉传，祖祠、祖墓好□，后代子孙忠孝为本。父母特□永墓，劬劳[10]养育之恩。舍身[11]□崇庆州[12]有祖遗，落业在大浦溪寨。新登[13]显考余公讳腾芳老大人八十上寿，韩氏□命。生于道光丁亥年[14]冬月[15]二十日丑时[16]，于丙午年[17]前四月初八日丑时告终。使之□人勤耕苦读，祖宗须远，祭祀不可不□，诗书不可不读，后辈人等身荣立志□□□□，是为序。

为父安葬开奠道场重生

居士：□□□

清光绪三十三年[18]七月二十二日吉时

理县蒲溪下寨余腾芳夫妻合葬墓碑

【注释】

[1] 文山坤向　风水学方位术语，具体方位不详，吉向。

[2] 新故　刚刚去世。

[3] 显考　对已故的父亲的美称。考：去世的父亲。《尔雅·释亲》："父为考。"

[4] 府君　古时对已故男子的尊称。多见于神主、碑文或墓志。

[5] 显妣　对已故的母亲的美称。妣：原为母亲的通称。《尔雅·释亲》："母为妣。"后专指去世的母亲。《说文》："妣，殁母也。"

[6] 监生　明清时国子监学生的简称。国子监为明清两代的最高学府，照规定必须贡生或荫生才有资格入监读书。所谓荫生即依靠父祖的官位而取得入监的官僚子弟，此种荫生亦称荫监。监生也可以用钱捐到，这种监生，通称例监，亦称捐监。

[7] 清光绪丙午年　清光绪三十二年，公元1906年。

[8] 小阳月　指农历十月。《事物异名别称词典》引明代《五杂俎》："四月多寒，而十月多暖，有桃李生华者，俗谓之小阳春。"

[9] 下浣　下旬。浣：唐代定制，官吏十天休息、沐浴一次。每月分为上浣、中浣、下浣，后借作上旬、中旬、下旬的别称。

[10] 劬（qú）劳　劳苦，勤劳。劬：《诗·小雅·蓼莪》："哀哀父母，生我劬劳。"

[11] 舍身　抛却。

[12] 崇庆州　今四川省崇州市。

[13] 新登　刚刚登仙。隐讳"逝世"。

[14] 道光丁亥年　清道光七年，公元1827年。

[15] 冬月　农历十一月。

[16] 丑时　又名荒鸡。十二时辰的第二个时辰，每天凌晨1点至3点。

[17] 丙午年　清光绪三十二年，公元1906年。

[18] 清光绪三十三年　公元1907年。

理县桃坪佳山马朝钦夫妻合葬墓碑

【位置】理县桃坪乡佳山村佳山寨

【年代】清光绪丁未年（1907年）

【形制】竖长方体

【尺寸】高170、宽72、厚7厘米

【内容】

（碑阳）今将派行[1]开列于左：

天开治五伦，文朝成明登，

位列德正山，凤高龙海全。

丙 山 壬 向[2]

皇清待赠[3]显考[4]马公讳朝钦老大人、待诰[5]显妣[6]母陶太君老孺人之莹墓

祀男：成龙、成斌。媳：张氏、王氏。

孝侄：成富、成名、成兴。

祀孙、侄孙：监生明光、明亲、明元、明镜、明君、明先、明龙、明玉、明扬、明润、明能。

氏：桂、玉香、周、香嫂。

曾孙：登龙、登元、登鳌、登林仝[7]具。

（碑阴）马大人、孺人合墓碑铭

佳山之阳多居马氏。岁夏客经，族有成龙、成斌以先考、妣墓志属[8]予，旋记其历。伊对曰：先父讳朝钦、母陶氏，俱生道光丙申[9]间。同治庚午[10]冬，慈父见背[11]。龙方五龄，斌尚遗腹，逾年斌生。母以只身抚双孤，操井臼[12]，直致昆季[13]成立，家声载振。母乃告陨[14]于光绪己丑[15]之冬，合葬于兹，与先祖讳文忠、杨氏；曾祖讳伦策保、龙氏，膝下三子，长曰讳文龙、次曰讳文元诸墓。皆陇蜀相系，进溯高远从火葬，不可殚述。孟云：上世不葬，其亲可例矣[16]。嘻嘻！孝子仁人，伊之昆季，其殆[17]庶几[18]。予感其诚求，更缀伊先圣以质诸原[19]。马氏一族肇扶风[20]，属羽音，本姓嬴，伯之后[21]。赵王子赵奢[22]封马服君，子孙因氏马。古有师皇[23]，以针龙传异。厥后可核者有云、台、耀、武、瞿、铄[24]、称、援[25]。融[26]、良[27]以文才素著，超[28]、续[29]以武德流辉，循吏如棱[30]，博学如富，化行[31]如瑶、裕，民如臻[32]，备载汉书，不比无稽。至盛唐之际，若燧[33]与周[34]，皆姿度魁杰[35]不爽[36]封侯，璘[37]与总[38]悉猛男非常。述、勋逮[39]业、异[40]，诗传险怪不减。自然之异术[41]，仙升[42]希范狭洞庭，足超五代之重绩。博览逮宋之世，善行[43]杰出者涓[44]及光祖[45]，山水工[46]妙者

远[47]及和之[48]。彼公亮[49]、知节[50]，一以荫补显，一以好学传；晞骥[51]、赵之，一以不惑名，一以天文著；钰[52]和仙姑[53]修炼齐升，暨[54]、端临[55]忠贞并列。此自宋至元，齿颊[56]尤馨[57]者也，其他鑫斯衍庆[58]，历官[59]炫彩[60]者，指不胜屈。今兹贵族崇丰，谅亦此木本水源之发轫[61]也。语云：根深叶茂，源远流长，吾当拭目焉，是以为序。

撰书□右唐安氏雨峰；太原氏科廷字；大工师[62]任安康

龙飞光绪丁未年[63]季夏月[64]吉日立

理县桃坪佳山马朝钦夫妻合葬墓碑

【注释】

[1] **派行** 即排行。按照一定的顺序排列，在起名时用同一字或同一偏旁的字表示行辈。

[2] **丙山壬向** 风水学方位术语，坐南偏东向北偏西，吉向。

[3] **待赠** 等待封赠，即等待皇家追赠荣耀的意思。专指男性。

[4] **显考** 对已故的父亲的美称。考：去世的父亲。《尔雅·释亲》："父为考。"

[5] **待诰** 等待封诰。专指女性。

[6] **显妣** 对已故的母亲的美称。妣：原为母亲的通称。《尔雅·释亲》："母为妣。"后专指去世的母亲。《说文》："妣，殁母也。"

[7] **仝** 古同"同"。

[8] **属** 古同"嘱"。嘱咐，托付。

[9] **道光丙申** 道光十六年，公元1836年。

[10] **同治庚午** 同治九年，公元1870年。

[11] **见背** 谓父母或长辈去世。晋李密《陈情表》："生孩六月，慈父见背。"

[12] **操井臼** 亲自操持家务。操：从事。井臼：汲水舂米。泛指家务劳动。汉刘向《列女传·周南妻传》："家贫亲老，不择官而仕，亲操井臼。"

[13] **昆季** 兄弟。长为昆，幼为季。

[14] **告陨** 告别陨落。代指离世或逝世。

[15] **光绪己丑** 清光绪十五年，公元1889年。

[16] **上世不葬，其亲可例矣** 出自《孟子·滕文公》篇，原文为"盖上世尝有不葬其亲者，其亲死，则举而委之于壑"。

[17] **殆** 几乎。汉孔融《论盛孝章书》："海内知识，零落殆尽。"

[18] **庶几** 差不多；近似。《易·系辞下》："颜氏之子，其殆庶几乎？"高亨注："庶几，近也，古成语，犹今语所谓'差不多'，赞扬之辞。"

第七章 家谱碑及墓碑

[19] **以质诸原（源）** 考证其家族渊源。

[20] **扶风** 即扶风郡，在今陕西咸阳市东。

[21] **本姓嬴，伯之后** 相传唐尧有位大臣，叫偃皋陶，官居大理之职。皋陶之子名伯益，因助大禹治水有功，虞舜招其为驸马，将姚姓公主妻之，赐其为嬴姓。伯益在朝佐虞舜驯养鸟兽，其后承传此技，尤善豢马，并世以此为业。姒禹称帝，以嬴伯益为辅。姒禹崩，嬴伯益即帝位。伯益在位三年，被姒禹之子姒启所迫，退隐于箕山。夏朝末年，伯益后裔费昌去夏归商，为汤武王车御，因佐商灭夏有功，封为费侯。商天子太戊时，伯益后裔中衍为帝车御，功封诸侯。周穆王时，中衍后裔造父为天子车御，驾八骏车载周穆王西游，后以平定徐偃王之功，封于赵城，并赐姓赵。周孝王时，中衍后裔非子为天子御马有功，封于秦，袭嬴姓。因嬴伯益的后裔在夏、商、周三代均以马政位显当时，并以兵事见长，所以古人便以其所主掌的事物为官名——"司马"。为了光宗耀祖，后人遂以祖上官职为姓，称"司马氏"。后来，司马氏家族不断发展壮大，遂分为司、马二姓。因此说嬴伯益乃马姓最初的得姓始祖。

[22] **赵奢** 战国时赵国将领，生卒年不详。与赵王室同宗，当属贵族，战国八将领之一，主要生活在赵武灵王（前340—前295年）到赵孝成王（前265—前245年）时期，享年60余岁。初为田部吏，执法无私，由平原君荐，主管赵国赋税，卓有成效。后为将，悉心治军，对下严而和，凡有赏赐必分部属。熟谙兵法，尤重灵活运用。常诫其子赵括不可满足于纸上谈兵。赵奢以出奇制胜闻名，与廉颇、蔺相如同位，赐号"马服君"。其子孙以马为姓，此为汉族"马"姓起源。

[23] **师皇** 即马师皇，中国神话中的神医，黄帝时的马医。知马形生死之诊，治之辄愈。后有龙下，向之垂耳张口，皇曰："此龙有病，知我能治。"乃其下口中，以甘草汤饮之而愈。后数数有龙出其波，告而求治之。一日，龙负皇而去。师皇典马，厥无残驷。精感群龙，术兼殊类。灵虬报德，弥鳞衔辔。振跃天汉，粲有遗蔚。

[24] **云、台、耀、武、瞿、铄** 此六人中除马武外，余史书无载。马武（？—61），东汉大臣，字子张，南阳湖阳（今河南唐河湖阳镇）人，"云台二十八将"之一。初入绿林军，为新市兵将领，后归刘秀，东汉建立后，任捕虏将军，封杨虚侯。

[25] **援** 即马援（前14—49），字文渊，东汉开国功臣之一，扶风茂陵人，因功累官伏波将军，封新息侯。新莽末年，天下大乱，马援初为陇右军阀隗嚣的属下，甚得隗嚣的信任。归顺光武帝后，为刘秀的统一战争立下了赫赫战功。天下统一之后，马援虽已年迈，但仍请缨东征西讨，西破羌人，南征交趾（今越南），其"老当益壮""马革裹尸"的气概甚得后人的崇敬。

[26] **融** 即马融（79—166），字季长，右扶风茂陵（今陕西兴平东北）人。东汉名将马援的重孙，东汉儒家学者，著名经学家，尤长于古文经学。他设帐授徒，门人常有千人之多，卢植、郑玄都是其门徒。

[27] **良** 即马良（187—222），字季常，襄阳宜城（今湖北宜城南）人。三国时期蜀汉官员，马谡的哥哥。马良兄弟五人都有才名，而马良又在五人中最为出色，因此有"马氏五常，白眉（马良）最良"的赞誉。

[28] **超** 即马超（176—222年），字孟起，扶风茂陵（今陕西兴平）人。东汉末年群雄之一，汉伏波将军马援的后人，起初在其父马腾帐下为将，先后参与破苏氏坞、与韩遂相攻击、破郭援等战役。后马腾入朝为官任卫尉，马超统率其部众割据于三辅。后与韩遂等联合，一同进军潼关与曹操相持，败于渭南。此后马超率众联合羌氏兼并陇右，杀凉州刺史韦康，自称征西将军、并州牧、督凉州军事。又被韦康故吏杨阜等击败，投奔张鲁复攻凉州无利。又降刘备，迫降成都，参与下辩之战。刘备称帝，拜马超为骠骑将军，领凉州牧，封斄（tái）乡侯。次年马超病逝，终年47岁。

[29] **续** 即马续，生卒年不详。字季刚，是马援的侄孙，马融的哥哥，将作大匠马严的儿子，扶风茂陵（今陕西兴平）人。《后汉书》记载马续"十六治诗，博观群籍，善《九章算术》"。曾任中郎将、张掖太守、度辽将军、护羌都尉等职。

[30] **棱** 马棱，字伯威，扶风茂陵（今陕西兴平）人，马援之族孙也。少孤，依从兄马毅共居业，恩由同产。毅卒无子，棱心丧三年。建初（76—84年）中，仕郡功曹，举孝廉。公元83年，以棱行义，征拜谒者。章和元年（87年），迁广陵（今江苏扬州）太守，时谷贵民饥，奏罢盐官，以利百姓，赈贫羸，薄赋税，兴复陂湖，灌田二万余顷，吏民刻石颂之。永元二年（90年），转汉阳（今甘肃天水）太守，有威严称。大将军窦宪，西屯武威，棱多奉军费，侵赋百姓。永元四年（92年），坐抵罪。后数年，江湖多巨贼，以棱为丹阳（今江苏镇江）太守，棱发兵掩击，皆擒灭之。转会稽（治在今江苏苏州）太守（约102—105年），治亦有声。转河内（今河南黄河以北地区）太守，永初（107—113年）中，坐事抵罪，卒于家。

[31] **化行** 教化施行。

[32] **臻** 即马臻（88—141），字叔荐，东汉水利专家。扶风茂陵（今陕西兴平）人，一说是会稽山阴（今浙江绍兴）人。章和二年（88年）出生在广陵（扬州）。马棱之子，过继给从兄马毅，是和帝（89—105年在位）时最后一位会稽太守。后因创立鉴湖（今浙江省绍兴城西南，为浙江名湖之一）之始，多淹冢宅，为豪强所诬，马臻被刑。越人思其功，将遗骸由洛阳迁回山阴，安葬于鉴湖边，并立庙纪念。

[33] **燧** 即马燧（726—795），唐朝名将。字洵美，汝州郏城（今河南郏县）人。学兵书战策，沉勇多智略。《新唐书》《旧唐书》均有传。

[34] **周** 即马周（601—648），唐初大臣。字宾王，博州茌平（今山东省茌平县茌平镇马庄）人。少孤贫，勤读博学，精《诗》《书》，善《春秋》。后到长安，为中郎将常何家客。公元631年代常何上疏二十余事，深得太宗赏识，授监察御史，后累官至中书令。曾直谏太宗以隋为鉴，少兴徭赋，提倡节俭，反对实行世封制。

[35] **姿度魁杰** 姿态风度高大雄健。

[36] **不爽** 不差。出自《诗·小雅·蓼萧》："其德不爽，寿考不忘。"毛传："爽，差也。"

[37] **璘** 即马璘，唐代名将，生卒年不详，岐州扶风（今属陕西）人。少孤无业，年二十，读马援传，深为所激。开元末，仗策从安西节度府，以奇劳累迁金吾卫将军。至德初，王室多难，统精甲三千赴凤翔，肃宗委以东讨。战渭南，破叛军五千。随从李光弼攻洛阳，率敢死士五百，

持长刀，三次冲入史朝义的十万大军，往来冲击，大破敌阵，以功迁试太常卿。次年援河西，仆固怀恩叛变，马璘引军转斗而还凤翔，擢兼御史大夫。后官至检校尚书左仆射，进扶风郡王，大历中卒于军。

[38] 总　即马总，扶风（陕西扶风县）人，字会元。（《道藏》本作"元会"），唐代德宗、宪宗时人。性笃学，虽吏事倥偬，书不去前，论著颇多，摘录诸子要语为《意林》。历任方镇，终于户部尚书，赠右仆射，谥曰"懿"。

[39] 逮　到；及。《荀子》："武侯谋事而当，群臣莫能逮。"

[40] 异　即马异，睦州人，生卒年不详。少与皇甫湜同学。性高疏，词调怪涩。卢仝以为同志，与之订交。兴元元年（784年）进士第二及第，后不知所终。异诗作风与卢仝同，有集《唐才子传》传世。

[41] 异术　法术。

[42] 仙升　死的婉辞。宋无名氏《安恭皇后上仙发引、黄钟羽导引》词："金殿晚，愁结坤宁。天下母，忽仙升。云山浩浩归何处，但闻空际彩鸾声。"

[43] 善行　美好的品行；美好的行为。《礼记·曲礼上》："博闻强识而让，敦善行而不怠，谓之君子。"

[44] 涓　即马涓，字巨济，生卒年不详。四川阆中保宁（今四川南部）人。

[45] 光祖　即马光祖，字华父，赐号裕斋，封金华郡公，谥号庄敏。生于南宋庆元庚申年（1200年），宝庆丙戌年（1226年）"试南宫叨进士"。后历任沿江制置使、江东转运使、知临安府（今杭州）、三知建康府（今南京）、户部尚书、大学士。咸淳三年（1267年）拜参知政事，咸淳五年（1269年）升授为知枢密院事，以金紫光禄大夫（加金章紫绶者的光禄大夫）致仕。卒于咸淳癸酉年（1273年），享年七十有四。是与范仲淹、王安石等齐名的宋朝名相，《宋史》卷四六有传。

[46] 山水工　即山水工笔画。

[47] 远　即马远（1190—1279），字遥父，号钦山，南宋著名画家，原籍河中（今山西永济市附近），南宋光宗、宁宗两朝画院待诏。与李唐、刘松年、夏圭并称南宋四家，又与夏圭并称马夏。主要作品有《水图》《梅石溪凫图》《西园雅集图》《孔丘像》等。

[48] 和之　即马和之，南宋著名画家，钱塘（今浙江杭州）人，生卒年不详，活跃于高宗时期（12世纪）。高宗绍兴（1131—1162年）中登第，一说官至工部或兵部侍郎。画院待诏（南宋宫廷画院中官品最高的画师），居御前画院十人之首。

[49] 公亮　即马公亮。事迹不详。

[50] 知节　即马知节，北宋将领。真御使马全义之子，荫补为官。先后任枢密副使及枢密使。素以耿直刚烈闻名，《宋史》有传。

[51] 晞骥　即马晞骥，字文驹，号千里，华萼里潮连乡人，岭南马氏始祖马直北之孙，宋淳熙八年（1181年）辛丑科进士。官到朝议大夫、雷州太守。其父马琼为容州太守，其子马宜祖为英德太守。祖孙三世太守，传为佳话。

[52] 钰 即马钰（1123—1183），世界道教主流全真道祖师，原名从义，字宜甫，入道后更名钰，字玄宝，号丹阳子，世称马丹阳，山东宁海（今山东牟平）人。在出家前，马钰与孙不二是夫妇。马钰是全真道祖师王重阳在山东收下的首位弟子。王重阳逝世后，马钰成为全真道第二任掌教。在道教历史和信仰中，他与王重阳另外六位弟子合称为"北七真"，著有《洞玄金玉集》十卷。

[53] 仙姑 即孙不二（1119—1182），为全真清静派创始人。原名孙富春，宁海（今山东牟平）人，是全真教创始人王重阳所收的一名女弟子，道号清静散人，人称孙仙姑，和另外六位师兄共称全真七子。本是孙忠翊之女，在出家前为马钰之妻。元世祖赐封"清静渊真顺德真人"，元武宗加封为"清净渊贞玄虚顺化元君"。著有《元君法语》，为气功内丹术女功代表作。

[54] 暨 马暨，生年不详，卒于1276年，南宋宕州（今甘肃宕昌县）人。初知钦州（今广西钦州），后知邕州（今广西南宁）。因守边有功，封为左武卫将军，后驻守静江府（今广西桂林），在抵抗元兵南下斗争中被俘遇害。

[55] 端临 即马端临（1254—1323），字贵舆，号竹洲，饶州乐平（今江西乐平）人。宋元之际著名的历史学家，著有《文献通考》《大学集注》《多识录》。《文献通考》是中国古代典章制度方面的集大成之作，体例别致，史料丰富，内容充实，评论精辟。

[56] 齿颊 本意为牙齿和嘴巴，引申为口头谈说。宋罗大经《鹤林玉露》卷六："灌夫不负窦婴于摈弃之时，任安不负卫青于衰落之日，徐晦越乡而别临贺，后山出境而见东坡，宜其足以馨千载之齿颊也。"

[57] 馨 散布很远的香气。也指人品德美好高尚。

[58] 螽斯衍庆 螽斯：昆虫名，产卵极多。衍：延续。庆：喜庆。旧时用于祝颂子孙众多。出自《诗经·周南·螽斯》："螽斯羽，诜诜（shēn）兮。宜尔子孙，振振（zhēn）兮。螽斯羽，薨薨（hōng）兮。宜尔子孙，绳绳（mǐn）兮。螽斯羽，揖揖（jí）兮。宜尔子孙，蛰蛰（zhé）兮。"

[59] 历官 先后连任官职。

[60] 炫彩 闪耀光彩之义，也可以解释为绚丽多彩。

[61] 发轫 事物的开端。

[62] 工师 工匠。汉王充《论衡·量知》："铜锡未采，在众石之间，工师凿掘，炉橐铸铄乃成器。"

[63] 光绪丁未年 即清光绪三十三年，公元1907年。

[64] 季夏月 农历六月。

理县薛城水塘余则万保夫妻合葬墓碑

【位置】理县薛城镇水塘村东350米

【年代】清宣统二年（1910年）

【形制】仿木结构歇山式顶二柱一开间。碑呈竖长方体

【尺寸】通高180厘米，顶高40、宽80厘米，碑高140、宽70、厚7厘米

第七章　家谱碑及墓碑

【内容】

（碑阳）佑启后人

千里来龙钟福地　大湾秀水绕明堂

开木万腾源，荣华恩后先。衍庆芝兰茂，家声有昆绵。

清故诰赠[1]建威将军[2]、增设守府[3]、显考[4]余讳则万保老府君[5]大人、显妣[6]母杨氏老太君孺人之墓。

祀男□□、□秀莲，胞堂姪腾凤、腾桂、腾照奉竖
宣统二年[7]七月初九日吉日

（碑阴）世代冠裳

宣统己酉[8]冬，余奉札委赴理番任巡警教练所讲席……常戴治印，其故则父死未久也。明年清明生归杨墓……询之则曰：吾家世居兹土之千余季矣。乾隆间分故地为……千名，九子屯其一也。吾先人授隶九子兵，籍于水塘寨……吾父授居二瓦寨，而位游击守备。初屯例各守备兵□□三屯，□九子、上、下孟三屯，则各额获新增一额，获者世袭。只……自光绪初年，随从本营守府杨管带防兵办理马塘[9]夷务……劳，后使回营。曾蒙恩保举，赏给行营千总[10]，复升外委[11]……举增设守府都司职衔，是赓父伤之而子迹之……俸养终季，未报效劳。何则我父一疾旧染，延医无效……树静而风不息，子养而亲不在。儿之失怙[12]，伤悲焉计。……生于道光庚戌岁[13]。吾母杨氏生吾及幼弟并妹一。吾……吾父讳则万保也，字则善堂也。予领之坐退，既而访于……故九子屯额设杨守府之主器[14]也。惟诚笃，言不虚……嗟尔余君，百夫之特，位极屯官，憾应无求……邑乘[15]有纂，戎职一门，详给恩款，生英……后人启佑，福禄绵绵。

中江县增生[16]吴□撰

古威州童生[17]阳俊臣书

理县薜城水塘余则万保夫妻合葬墓碑

宣统二季岁[18]宫庚岁署月[19]日

【注释】

[1] **诰赠**　明清对五品以上官员的曾祖父母、祖父母、父母及妻室之殁者，以皇帝的诰命追赠封号。

[2] **建威将军**　武官名，始见于西汉。清代多为军阶或爵位，正一品。

[3] **守府**　指明清时期常备军武职守备，武五品。

[4] **显考**　对已故的父亲的美称。考：去世的父亲。《尔雅·释亲》："父为考"。

[5] **府君**　古时对已故男子的尊称。多见于神主、碑文或墓志。

[6] **显妣** 对已故的母亲的美称。妣：原为母亲的通称。《尔雅·释亲》："母为妣。"后专指去世的母亲。《说文》："妣，殁母也。"

[7] **宣统二年** 公元1910年。

[8] **宣统己酉** 即清宣统元年，公元1909年。

[9] **马塘** 今马尔康市梭磨镇马塘村一带。

[10] **千总** 官名。明初京军三大营置把总，嘉靖中增置千总，皆以功臣担任。以后职权日轻，至清为武职中的下级，位次于守备。

[11] **外委** 清代绿营兵的额外低级武官，有外委千总、外委把总、额外外委，职位与千总、把总相同，但薪俸较低。

[12] **失怙（hù）** 指丧父。怙：依靠，仗恃。《诗·小雅·蓼莪》："无父何怙？无母何恃？"

[13] **道光庚戌岁** 即清道光三十年，公元1850年。

[14] **主器** 太子或长子。明都穆《听雨纪谈·父子之称》："今人自称其父曰家严，称人之长子多曰主器，谓皆本之于《易》也。"

[15] **邑乘** 县志；地方志。

[16] **增生** "增广生员"的简称。科举制度中生员名目之一。明初定制，生员名额有定数，府学四十人，州学三十人，县学二十人，每人月给米六斗为廪食。后增加人数，廪者遂称廪膳生员，增广者称增广生员。清沿其制，而名额皆有定数，廪生有廪米、有职责，增生无之，故增生地位次于廪生。

[17] **童生** 明清的科举制度，凡是习举业的读书人，不管年龄大小，未考取生员（秀才）资格之前，都称为童生或儒童。

[18] **宣统二季岁** 公元1910年。

[19] **署月** 农历六月。

理县通化九子屯张寿泽夫妻合葬墓碑

【位置】理县通化乡九子屯村道旁

【时代】清代

【形制】竖长方体

【尺寸】高80、宽50、厚8厘米

【内容】

门婿[1]：副总府[2]世袭骑尉高坤定。

皇清待赠[3]武义将军[4]、钦赐游府[5]花翎[6]、世袭骑尉张公讳寿泽老大人之茔墓。

皇清待诰[7]淑人[8]、显妣[9]张母高老太后之墓。

宗派[10]：茂嘉安定志，辅国凤麟芳。明良喜炳蔚，世德庆禄祥。

奉祀：男安邦、孙定海刊。

　　　　　　　……季春[11]念[12]一日敬立

【注释】

[1] 门婚　又称"望门婚"，指女子未过门而丈夫已夭亡的婚姻形式，为中国古代的一种婚姻陋习。根据封建伦理道德，女子要从一而终，订了婚就是夫家的人。虽然未婚夫去世，但不得另嫁他人，而要嫁过门去为亡夫终身守寡。但此处含义不详。

[2] 副总府　"副将"之简称。清绿营兵副将，次于总兵，高于参将，又称为协镇，官秩从二品。

[3] 待赠　等待封赠，即等待皇家追赠荣耀的意思。专指男性。

[4] 武义将军　武散官名。金始置，从六品。元、明两代从五品。清代为武官爵位。

[5] 游府　转指游击。游击，清代武官名。从三品，位次参将一级。

[6] 花翎　清官员、贵族冠饰。清制，武职五品以上、文职巡抚兼提督衔及派往西北两路大臣，以孔雀翎为冠饰，缀于冠后，称花翎，除因军功赏戴者外，离职即摘除。花翎有单眼、双眼、三眼（"眼"即孔雀翎毛上圆花纹）之别，除贝子、固伦、额驸因其爵位戴三眼花翎，镇国公、辅国公、和硕额驸戴双眼花翎外，品官须奉特赏始得戴用，一般为单眼花翎。

[7] 待诰　等待封诰。专指女性。

[8] 淑人　即淑女。

[9] 显妣　对已故的母亲的美称。妣：原为母亲的通称。《尔雅·释亲》："母为妣。"后专指去世的母亲。《说文》："妣，殁母也。"

[10] 宗派　本指宗枝、宗族的支派。这里为宗族排行。

[11] 季春　农历三月。

[12] 念　"廿"的大写，即"二十"。

理县通化九子屯张寿泽夫妻合葬墓碑

茂县白溪陈万玉夫妻合葬墓碑

【位置】茂县白溪乡白溪村

【时代】清代

【形制】长方体

【尺寸】不详

【内容】

清故显考陈公讳万玉老大人、考妣杜、王、余、涂氏老孺人之墓

陈公字讳万玉，系茂属西乡白溪[1]生长人也。公□父有德，生公弟兄四人，公居长。公生平为人，忠信诚笃，勤俭端方，强于力行，敏于志务□也。□□□处而终友，护家□□以忠信接物，故乡人皆好[2]公，以举为一方之保正[3]。苟于释礼而□□忠信明，夫无□□□公以诚笃持己。凡于语言，而必以退让明礼，五尺不欺。公□□□治家，故先苦其心志，劳其筋骨，则动心而忍，惟公以端方当运，则临时而不□取□□不作，免银分壹百，求其多胜，此公之所以平生为人也如此。然不第[4]此也，□□□□□皆颂曰。膝下虽有二女，外向者[5]也，犹不能继，先乏嗣论也，以于伦有失，爰将公之昆弟之子□年杰而过抚，以承嗣焉。公有能者也，与杰定娶，不惜聘仪，婚以为期，□□□其妻子好合，宜尔室家，则父母其顺矣乎。公有为者也，经营货殖[6]，亿则□□□□□则财恒足矣。既而富有，置其田畴[7]百亩之田，八口之家可以无饥矣。□□□□□高数仞，鸟革翚飞[8]，君子攸宁[9]矣。公也未尝学问，于孝弟无亏，于礼义无逾，作□□□□□□。公惟嗜酒，但不为量，则亦既醉止，威仪抑抑[10]，而终不及乱焉。若九思[11]三□□□□则心□计之理，然由之动□不藏，此公之本乎。天性遂其一生，所□□□□□无复□□□□人一等矣。余于是岁舌耕[12]于斯，值公建造寿茔[13]，摛笔[14]作□□□其事，是为记也。

茂县白溪陈万玉夫妻合葬墓碑

【注释】

[1] **白溪** 今茂县白溪乡白溪村。

[2] **好**（hào） 喜爱，喜欢。

[3] **保正** 一保之长，即保长。

[4] **不第** 不但。

[5] **外向者** 旧指女子婚后偏向丈夫方面。即女子始终要出嫁，成为男方家庭的人。

[6] **货殖** 利用货物的生产与交换进行商业活动，从中生财求利。

[7] **田畴** 泛指田地。

[8] **鸟革翚**（huī）**飞** 革：鸟张翅。翚：羽毛五彩的野鸡。如同鸟儿张开双翼，野鸡展翅飞翔一般。旧时形容宫室华丽。出自《诗经·小雅·斯干》："如鸟斯革，如翚斯飞。"

[9] **君子攸宁** 君子在这里居住得非常安稳。出自《诗经·小雅·斯干》："殖殖其庭，有觉其楹。哙哙其正，哕哕其冥。君子攸宁。"

[10] **抑抑** 慎审；谦谨。《诗·小雅·宾之初筵》："其未醉止，威仪抑抑。"毛传："抑抑，慎密也。"

[11] **九思** 出自《论语·季氏篇第十六》,孔子曰:"君子有九思:视思明,听思聪,色思温,貌思恭,言思忠,事思敬,疑思问,忿思难,见得思义。"

[12] **舌耕** 即教书谋生。典出晋王嘉《拾遗记》卷六《后汉》:"(贾逵)门徒来学,不远万里,或襁负子孙,舍于门侧。皆口授经文,赠献者积粟盈仓。或云:'贾逵非力耕所得,诵经舌倦,世所谓舌耕也。'"

[13] **寿茔** 生时所做的坟茔。宋洪迈《夷坚丙志·应梦石人》:"既葬二亲,又自为寿茔于左次。"

[14] **摛(chī)筹** 铺陈谋划。摛:铺陈。

理县桃坪佳山龙氏家谱碑序

【位置】理县桃坪乡佳山村活动室以东 200 米

【时代】清代

【形制】竖长方体

【尺寸】高 118、宽 58、厚 6 厘米

【内容】

从来祖之有始而有本也,宗之有法而有谱也。自盘古氏有龙子[1],而上古之圣人,亦有龙逢[2]而夏桀之臣,我始祖此时之来历也。昔日我鼻祖生在岁零县[3]北门外龙万世,传于百代,其有功于子也。吾先祖之时,皆有独中第一高魁[4],以为翰林学士之内。又遇荒年,借乱迁移至于灌邑[5]新场[6]龙家湾落业,有名龙八千,治田千亩,修房屋碾磨,取名龙家碾。传至三代弟兄,耗费甚众,难以继,分爨[7]各居。惟有我高祖龙明才营生[8]走入西路,来至理番上三里佳山村,开垦荒山,创业成家,生有三子:长曰天元;次曰天进,招赘[9]立木基,与杨姓作子;三曰天贵,生有一女。其有曾祖天元,生我祖德配独子一人,育有四子:长登富、次登有、三登全、四登海。表论远年以及排行[10],一毫不乱,以便取名。先辈治业,劳苦非常,传于后代。子孙曾玄,坚守其业,百世其昌,千秋护福。可爱者,若螽斯之蛰蛰[11];堪美者,如瓜瓞之绵绵[12]。望其子孙发达,兰桂腾芳[13]之意云耳,是以谨序。

理县桃坪佳山龙氏家谱碑序

叔、侄龙朝俊、龙文漳敬撰

【注释】

[1] **盘古氏有龙子** 盘古氏,上古时的神话传说人物。据《绎史》卷一引《五运历年纪》:"盘古之君,

龙首蛇身，嘘为风雨，吹为雷电，开目为昼，闭目为夜。死后骨节为山林，肠为江海，血为淮渎，毛发为草木。"

[2] **龙逄** 即关龙逄，夏代末年大臣。夏桀王荒淫无道，不理朝政。关龙逄常引黄图直谏，立而不去，夏桀烧去黄图，以龙逄"妖言犯上"为罪，将他囚禁杀死。

[3] **岁零县** 即今四川遂宁市。岁零：遂宁的方言读音。

[4] **高魁** 科举考试第一名。泛指科举名列前茅。魁：魁星，为北斗星中第一星，又第一星至第四星的总称。后泛指位居第一名的。

[5] **灌邑** 即灌县，今都江堰市。

[6] **新场** 即新场镇，原属灌县管辖，中华人民共和国成立后划归大邑县。

[7] **分爨（cuàn）** 即分开来做饭，引申为分家。爨：烧火做饭。

[8] **营生** 指经商，做生意。

[9] **招赘** 即入赘，到女方家做上门女婿。

[10] **排行** 按照一定的顺序排列，在起名时用同一字或同一偏旁的字表示行辈。据调查，龙氏排行为："明天德登朝，文治自升超。扬辉勋尚达，学业正邦耀。"

[11] **螽斯之蛰蛰** 比喻子孙众多而有贤德。出自《诗经·螽斯》："螽斯羽，诜诜兮。宜尔子孙，振振兮。螽斯羽，薨薨兮。宜尔子孙，绳绳兮。螽斯羽，揖揖兮。宜尔子孙，蛰蛰兮。"螽斯：今俗称蝈蝈，喜聚，能产。蛰蛰：众多。

[12] **瓜瓞（dié）之绵绵** 如同一根连绵不断的藤上结了许多大大小小的瓜一样。引用为祝颂子孙昌盛。出自《诗·大雅·绵》："绵绵瓜瓞，民之初生，自土沮漆。"瓞：小瓜。

[13] **兰桂腾芳** 比喻子孙显贵发达。出自清程允升《幼学故事琼林·祖孙父子》："子孙发达，谓之兰桂腾芳。"兰桂：芝兰和丹桂，儿孙的美称。芳：美名、美德、美声。

茂县南新牟托巡检司家史碑

【位置】茂县南新镇牟托村
【时代】清代
【形制】竖长方体
【尺寸】高136、宽76、厚10厘米
【内容】

巡检司[1]为述发迹本原，振复土规章程事。

始祖温光耀，系西秦[2]宝鸡人也。于隋朝文帝[3]时，充当汛营战卒，调征川夷，留戍无忧[4]。娶司农恩登女，生二世祖灿沙，七岁父亡，生长夷地，话通番语。后唐朝应运，川夷复叛。开元二年[5]进兵征剿，二祖投营効力，授乡导[6]职，居营八载。凡交兵对垒，冒刃冲锋，斩关夺寨，奋勇忘形。平夷之后，蒙督军元帅上奏天聪[7]，恩授抚职衔，赐敕书铜印，管摄茂南河西[8]等处，界至龙溪

职台[9]。历宋及元代建有功。至明天启九年[10]，世祖折未加奉剿蔺贼[11]。初御龙泉驿[12]，次战城都[13]草堂寺[14]，损土舍二员，土兵二千，失勒印于当阵。具文申赴，监军御使察验功的[15]，奏加宣抚[16]职衔，换颁宣抚勒印。仍令回番，点选番兵，飞驰援省，俘报[17]在案。旋奉剿白马、脚都、别拓、牛罗[18]，征功在卷。崇贞十年[19]起，值寇李成龙[20]协贼张献忠攻破夔关[21]等处，奉檄截战，恢复崇、郭、彭、灌[22]等处州县。十七年[23]九月，又被献贼踞陷蜀川，监军副使罗大举义师聚集，世祖伯仕、都司温用忠分布征剿，攻寇出省。继又监军御使所属岩头、脊鱼、戍成三寨[24]被黑苦[25]生番入寇，派往征剿，败贼四阵，悚息归巢。奉宪札去霸州[26]，割付[27]岩头，镇守生番，兹值皇清定鼎[28]。顺治九年[29]，祖伯仕归顺本朝，将明印缴还，蒙颁号纸，未给新印。后睹太祖[30]圣谕："有能捍大患而御奸侮，则功入世袭。或印未领者，钦准奏颁。"祖遵圣谕，具详征功，申禀钦差御使罗台前，蒙恩赉[31]文。详呈阁府部院请题，奉勇略将军总督云南贵州等处地方、四川军务兼理粮饷、兵部尚书兼都察院右副都御使赵，转奉督府部院李等，因奉："此该土司温世英坐居牟托，石垒高碉，耕种山坡陡地。设溜索[32]二道，用长绳、木壳过河。看守地方南至保子关[33]，北至阜康[34]，东向烟墩[35]，西连黑苦生番[36]。信守五路冲要，额设效义、永安、绵远、从化、归化、黄草、后坪墩台七坐[37]，自设绿由例。"于康熙二十四年[38]颁给牟托巡检司方印一颗，系康字五千七百三十四号。至四十年[39]夷落归州，皇恩念及前人有大勋劳，留职勒印世袭，赏以牟托地方沟内数处，以示优恤。奈地少民稀，后遇旱涝瘟疫，半皆故绝逃亡。今本司欲体皇上之恩，继美前人之盛。凡新旧土民，当遵土规。所有条程，序列于后。勒坚珉[40]以垂示不朽云尔。

茂县南新牟托巡检司家史碑

【注释】

[1] 巡检司　巡检司为元朝、明朝与清朝县级衙门底下的基层组织。该组织于元朝首创时，通常为管辖人烟稀少地方的非常设组织，除了无行政裁量权之外，也没有常设主官管，其功能性以军事为主。牟托巡检司：按道光《茂州志》卷三《土司》载："牟托巡检土司温清近，其先灿沙，唐时归附授职。国朝顺治九年（1652年）投诚，康熙六年（1667年）颁给印信。二十七年（1688年）复给号纸，职列阃外，住牧牟托。其地东至大河界二里，南至州属水磨沟二十里，西至州属斗族三十里，北至岳希土司界二十五里。管寨三，每年认纳麦粮一石二斗四升。"

[2] 西秦　今陕西。

[3] 隋朝文帝　即隋文帝杨坚（541—604）。

[4] **无忧** 即无忧城，又称维州城，在今理县杂谷脑镇老街，州级文物保护单位。

[5] **开元二年** 公元714年。开元：唐玄宗李隆基的年号，共计29年。

[6] **乡导** 即"向导"，带路的人。乡：古通"向"。

[7] **天聪** 对天子听闻的美称。唐白居易《贺雨》诗"稽首再三拜，一言献天聪。"后亦代指天子。

[8] **茂南河西** 即茂县南部岷江西岸地区，含今汶川县龙溪乡大部。

[9] **职台** 今汶川县龙溪乡直台村。

[10] **明天启九年** 公元1629年。天启：明熹宗朱由校的年号。

[11] **蔺贼** 指永宁（今四川叙永县，古称蔺州）宣抚司奢崇明。明朝天启年间，四川永宁（今叙永）宣抚司奢崇明及贵州水西（今大方一带）宣慰司安位叔父安邦彦发动叛乱，史称"奢安之乱"，在贵州又称"安酋之乱"。奢崇明于天启元年（1621年）九月于重庆起事，围成都达一百多天。安邦彦于天启二年（1622年）二月起兵，进围贵阳两百多天。叛乱因明朝廷调水西及永宁兵赴辽东作战而激起。战争从天启元年至崇祯十年（1637年），前后持续17年，波及川黔云桂四省，死伤百余万，大规模交战持续9年。战乱中，四川巡抚徐可求死难，贵州巡抚王三善死难，西南大将之冠的总理鲁钦兵败自刎，贵州总兵阵亡于贵阳城下。最后被四川巡抚朱燮元、石柱总兵秦良玉、四川总兵杜文焕、贵州巡抚王三善等平定。

[12] **龙泉驿** 今成都市龙泉驿区。

[13] **城都** 即成都市。

[14] **草堂寺** 今川中千年古寺。约建于公元408年至413年。杜甫入川后，曾暂住草堂寺。后在寺西建浣花溪草堂。1949年后，草堂寺已成空寺，遂并入成都杜甫草堂。

[15] **功的** 功劳。

[16] **宣抚** 即宣抚使。唐后期派大臣巡视战后地区及水旱灾区，称宣先安慰使或宣抚使。宋不常置，掌宣布威灵、抚绥边境及统护将帅、督视军旅之事，以二府大臣充。元于西南少数民族地区置，管理军民，参用土官。明清沿置，为武职土官。辛亥革命后仍有沿用旧名者。

[17] **俘报** 献俘报命。

[18] **白马、脚都、别拓、牛罗** 均为地名，在今茂县、松潘、平武一带。

[19] **崇贞十年** 公元1637年。贞："祯"之错别字。崇祯：明思宗朱由检的年号，他是明朝最后一位皇帝，同时也是统治全中国的最后一位汉族皇帝，在位十七年。

[20] **李成龙** 明末农民起义军领袖，曾与闯王高迎祥领导陕北安塞起义。其他生平事迹不详。

[21] **夔关** 在今重庆奉节县境内，为长江上游的重要隘口。

[22] **崇、郫、彭、灌** 今成都市崇州市、郫都区、彭州市、都江堰市。

[23] **十七年** 即崇祯十七年，公元1644年。

[24] **岩头、脊鱼、戊成三寨** 在今茂县南新镇及汶川龙溪沟境内。

[25] **黑苦** 今茂县黑虎乡。

[26] **霸州** 在今汶川龙溪乡东门寨。据乾隆《保县志》卷一《古迹》载："废霸州，在县治（今汶川

保子关）北二十五里。《唐志》：天宝元年（742年），招附生羌，置静戎郡。乾元元年（758年），改霸州，治安信县，与州同置。广德后废为行州。"

[27] **劄付** 驻扎。劄：古同"扎"。

[28] **定鼎** 新皇朝定都建国。相传禹铸九鼎，夏、商、周三代都把它们作为传国重宝，此后"鼎"便成为拥有政权的象征，后世因称定都建国为"定鼎"。

[29] **顺治九年** 公元1652年。

[30] **太祖** 即爱新觉罗·努尔哈赤。清王朝的奠基者，通汉语，喜读《三国演义》，二十五岁时，在祖居起兵统一女真各部，平定中国东北部。明神宗万历四十四年（1616年），建立后金，建都辽东赫图阿拉（今辽东省新宾县西），建元天命。萨尔浒之役后，迁都沈阳。次年兵败宁远城之役。同年四月努尔哈赤以蒙古喀尔喀五部降而复版，发兵征讨。七月中旬，努尔哈赤身患毒疽，不久去世，葬于沈阳福陵。清朝建立后，尊为清太祖，谥号：承天广运圣德神功肇纪立极仁孝睿武端毅钦安弘文定业高皇帝。

[31] **赉**（lai） 赐予，给予。

[32] **溜索** 又称绳渡，古书称之为"笮"，是一种最古老最原始的渡河方式，距今已有两千多年的历史。一般用一根或两根粗如碗口的竹缆，使之倾斜而横跨在河谷两岸，并固定于木桩、树桩或巨石上，再用约尺长的竹壳或木壳（中心挖空）破劈为两半套合在竹缆上，谓之溜壳。过渡者以皮带或麻绳系于腰部，身体凌空，手攀足蹬，随溜索飘然而达彼岸。溜索不仅可以溜渡人，而且还可以溜渡货物、牲畜等。此种方式在1949年以前岷江上游及支流地区极为普遍。

[33] **保子关** 今汶川县威州镇保子关。

[34] **阜康** 茂州城南门名，在塔子山麓，20世纪五六十年代修建威茂公路时拆除。

[35] **烟墩** 地名。在今茂县牟托村附近临口处。

[36] **黑苦生番** 即黑虎十七寨，今茂县黑虎乡。

[37] **坐** "座"之错别字。

[38] **康熙二十四年** 公元1685年。

[39] **四十年** 即康熙四十年，公元1701年。

[40] **坚珉** 石碑。珉：石之美者。

九寨沟安乐寨杨官臣墓碑

【位置】九寨沟县安乐乡安乐寨后山

【年代】洪宪元年（1916年）

【形制】穹窿顶长方体

【尺寸】通高110、宽100厘米，碑高90、宽80厘米

【内容】

九寨沟安乐寨杨官臣墓碑

乙 山 辛 向[1]

前清例赠[2]武信都尉[3]杨公字尹卿[4]府君[5]行一[6]

大人之墓

先考[7]名官成，字尹卿，行一，同治五年[8]三月生。年方六岁，祖父早逝。又一年，而祖母辞尘。考因鞠劳[9]未报，抱恨终天[10]。尝与男[11]言及之，恸生中怀[12]矣。犹幸继祖母在堂，时深孝养，聊报养育于万一，现今寿逾八旬，犹称强健。考秉质忠直，至性纯孝，和陆[13]手足，接人以礼，待人以恭。偶逢他人为难之事，无不即力周全。前因辛亥[14]松漳之交[15]，先考偕同城中绅首，亲赴黑白两河[16]调和称事，幸得桑梓[17]无恙，安居故土。不意年长神衰，积劳成疾，于……

大汉洪宪元年丙辰[18]……

【注释】

[1] **乙山辛向** 风水学方位术语，所指不详。

[2] **例赠** 循例赠予官爵。指朝廷推恩把官爵授给官员已去世的父祖辈。

[3] **武信都尉** 武散官，正七品。散官，有官名而无职事的官称，即无实际职务，始于隋，明、清因之。

[4] **杨公字尹卿** 即杨官成。据《南坪乡土志·武备志·土司》载："杨官成，字尹卿，四寨土守备。天姿（资）聪敏，秉性刚直，幼读诗书，略明大义。其待人以恭，其接人以礼。凡汉番有事，无不即力周全，人多爱之。前幼时，常在松潘王瀛州门下游，往来薰陶，时蒙训诲，深沾利益，王公亦器重之。其父名青杰，值庚申之变，因黑河塘关卡难攻，炮伤甚多。成父倾心投诚，愿为乡导，收官兵数百人，由羌活沟越山，大兵突出，以破八寨，时人德之。父早死，且孝其母，承欢养老，颇得母心。其母死而继母犹存，后虽与母另居，而问寒问暖，常关心焉。值辛亥之变，出入黑白两河，往返驰驱，调和时事，积劳成疾，年四十八而亡。乡人因其保全地方，化导玩（顽）夷，民不能忘，特立功存桑梓石碑，并碑记千言，于水扶州场口观音阁侧，以志不朽焉。"其事迹还可参考本书《土守备杨官成并马公贞吉等靖难碑记》。

[5] **府君** 古代对男子的尊称。此处为碑额助语，亦表示尊敬之意。

[6] **行一** 排行第一，即老大。

[7] **先考** 对已离世的父亲的称呼。出自《礼记·曲礼》："生曰父，曰母，曰妻；死曰考，曰妣，曰嫔。"

[8] **同治五年** 公元1866年。

[9] **鞠劳** 养育之恩。

[10] **终天** 终身。一般用于死丧永别等不幸的时候。晋代陶潜《祭程氏妹文》:"如何一往,终天不返!"

[11] **男** 儿子或儿子对父母的自称。

[12] **中怀** 内心、内脏。汉苏武《别诗》之二:"幸有弦歌曲,可以喻中怀。"

[13] **和陆** 和睦。《隶释·汉成阳令唐扶颂》:"耽经史兮履仁义,内和陆兮外奔赴。"

[14] **辛亥** 即清宣统三年,公元1911年。

[15] **松漳之交** 指辛亥松潘民变事件。是年,为配合四川的保路运动,松潘、漳腊等地各族民众纷纷起事,处处设防,成功阻止驻防松潘等地的清军回援成都。最后,在全川人民的共同努力下,清王朝在四川的统治被推翻,成立了大汉四川军政府。

[16] **黑白两河** 即今黑河和白河。此处泛指黑、白两河流域,即今黑河桥以上至贡杠岭以下广大区域。

[17] **桑梓** 指家乡、故乡。古代人们喜欢在住宅周围栽植桑树和梓树,后来人们就用"桑梓"代称家乡。

[18] **大汉洪宪元年丙辰** 洪宪:袁世凯复辟帝制时所创的"中华帝国"年号。"中华帝国"始于1915年12月25日,终于1916年3月23日,存世仅83天。洪宪元年丙辰即1916年。大汉或是臆想而增加的,或是指大汉四川军政府。

茂县松坪火鸡村"义冢坟山"碑

【位置】茂县松坪乡火鸡村小路旁
【年代】中华民国四年(1915年)
【形制】竖长方体
【尺寸】高160、宽90、厚8厘米
【内容】

义冢[1]坟山

盖闻上苍有浩生[2]之泽,人生无敬畏之心。人之生死,古今皆有。自满清初年,夷人[3]不通风气[4],往来茂意[5]病故者,多于白骨现天。今有刘正兴协同众善友,捐助仝[6]买熟地[7]一段,将来作为义冢,来往客任[8]随意安葬。寨上并无擦针[9]之土,不得在此添言[10]。亡者生天[11],后世绵远。□□客人在此安葬,不许乱择[12]墙上石板,拿获罚钱五两。义冢坟茔,不得乱放,倘牛、骡、马拿获,罚钱伍两。

中华民国四年[13]冬月[14]初十日同众首事勒石

茂县松坪火鸡村"义冢坟山"碑

【注释】

[1] 义冢 系旧时收埋无主尸骸的墓地。

[2] 浩生 应为"好生"。浩:"好"之错别字。

[3] 夷人 原意是对中国境内华夏族之外的各族人的通称。此处特指居住在这里的羌族。

[4] 风气 风尚习气。宋苏辙《奉使契丹·燕山》诗:"居民异风气,自古习耕战。"此处特指汉民族的风俗习惯。

[5] 茂意 "贸易"之错别字。

[6] 仝 古同"同"。

[7] 熟地 方言,已开垦为农田的土地,相对于生地而言。

[8] 客任 即"客人"。任:"人"之错别字。

[9] 擦针 即"插针"。擦:"插"之错别字。

[10] 添言 即"聒言","聒言乱语"的简称。指没有根据,不符实际的瞎说,或说胡话。添:"聒"之错别字。

[11] 生天 即"升天",上升于天界。生:"升"之错别字。

[12] 乱择 即"乱拆"。择:"拆"之错别字。

[13] 中华民国四年 公元1915年。

[14] 冬月 农历十一月。

茂县光明松坪组李国斌墓碑

【位置】茂县光明镇马蹄村松坪组

【年代】中华民国八年（1919年）

【形制】仿木结构二柱一开间,碑呈竖长方体

【尺寸】碑高155、宽36、厚8厘米

【内容】

(墓前碑文)皇清正故待赠[1]修职[2]登仕郎[3]、显考[4]里谥[5]温良公李公讳国斌字廷英老大人之灵墓

尝思木有本,水有源,人有祖,理固然也。何则[6]木无本不立,水无源不流,人无祖不生。然而追究根源,溯寻始祖。自启祖李荣先由湖广而至西蜀,迁于茂东[7],落业小地名松坪[8],而生高祖李富,高祖而生曾祖李朝柱,曾祖而生显祖李洪义,显祖而生显考李国斌（妣郭氏）。本命生于道光庚寅（丁亥）年[9]三（五）月十一（十九）日子（亥）时[10]。建斌生。大限[11]亡于光绪壬辰（乙巳）年[12]金（三）月[13]廿六（十八）日申（亥）时[14]告终,高年人间春光[15]六十三（七十九岁）。而生玉林,不幸身亡。而娶我母冯氏,本命生于咸丰辛酉年[16]三月廿二日子时。赋生而生玉昆。玉林无

310

嗣。二女招赘[17]正秾，而生文海、魁。玉昆而生郁、馥秾，郭母抚。玉林无嗣，马母抚。玉明而生春、翠秾，自发派。

奉祀：男、媳监生李玉麟、曾氏；李玉昆、冯氏。次男、媳：玉元、罗氏，玉明、冯氏。祀孙、媳：郁秾、赵氏，馥秾、李氏。次孙、媳：正秾、李氏，春麟、尹氏，翠秾、冯氏，杨秾。曾孙、媳：文海、王氏，文魁、谢氏，文银、何氏；玄孙兴贵叩。

中华民国八年[18]岁次屠维协洽[19]仲夏月中浣[20]谷旦

（墓后碑文）尝读诗曰："父兮生我，母兮鞠我。抚我畜我，长我育我。顾我复我，出入腹我。欲报之德，昊天罔极。"[21]追念生平，我父由启祖遗业松坪，而至光绪年间，置业马三湾[22]上河坝。田地房屋，立业维艰。沐雨栉风，不辞风尘之劳苦；披星戴月，何嫌早夜之奔驰，无非为儿之辛苦也。又与长兄玉林娶媳完婚，欲光门闾[23]，弃儒业[24]而送习武科[25]。俟后功名未就，乃例名[26]国学[27]，不吝锱铢，无非为儿扬名显亲之心也。迨至胞姊择配李门，培办妆奁，费米花钱，诲三从而四德[28]无违，无非为女之苦心也。不数年，长兄亡故，而我父年将半百，老来丧子，大不幸也。虽有嫡母存世，年迈力弱，上不能承宗续嗣，下不能助理兴家。故娶继室我母冯氏，帮助中馈[29]，井臼[30]同理，创业兴家，幸而涉水登山，不辞跋涉之艰难，谁知苦心人天不昧。后冯母生我、玉昆。我父为儿牵衣绕膝，褔襁提抚。年方三六，不幸我父仙逝，独留郭母守业松坪，而我母管理上河。家宽难理，特抚玉明。后上河家遭不幸，住房失火，五谷家具，片瓦无存。不一年而两母奋忘为雄，费尽万苦千辛，又与儿房屋修全，买田置业，无非我母为儿恢先绪[31]之苦心也。不特于此，又送玉昆攻书，玉明习武，意日后功名成就，不负两母辛苦一生，义方[32]教子之心矣。谁知文武尽废，特与二子完姻，又与玉昆例名国子京监。迨至光绪乙巳年[33]，郭母忽焉[34]谢世，单留我母冯氏。自父去世，年方廿九，守洁坚贞，常以矜孤恤寡，造桥修路，赈济孤凄，至今母存。二子虽不能行坊建表，而事略著于石矣。

茂县光明松坪组李国斌墓碑

【注释】

[1] **待赠** 等待封赠，即等待皇家追赠荣耀的意思。

[2] **修职** 尽职。清侯方域《豫省试策三》："激之以不可遏之赏，则小贤将以其图功者而争修职也。"

[3] **登仕郎** 文散官名。唐始置，为文官第二十七阶，正九品下。宋正九品。元代设置的掌管宗卷、钱谷的属吏。明正九品初授将仕郎，升授登仕郎。清正九品概授登仕郎。

[4] **显考** 对已故的父亲的美称。考：去世的父亲，《尔雅·释亲》："父为考。"

[5] **里谥** 地方上赠予的谥号。

[6] **何则** 为什么。多用于自问自答。

[7] **茂东** 指茂县土地岭以东地区，俗称"东路"。

[8] 松坪　今茂县光明镇马蹄村松坪组。

[9] 道光庚寅（丁亥）年　清道光十（七）年，公元1830（1827）年。

[10] 子（亥）时　晚上十一时至凌晨一时（晚上九时至十一时）。

[11] 大限　寿数，死期。

[12] 光绪壬辰（乙巳）年　清光绪十八（三十一）年，公元1892（1905）年。

[13] 金（三）月　农历十月（三月）。

[14] 申（亥）时　下午三时至下午五时（晚上九时至十一时）。

[15] 高年人间春光　高寿、享年。

[16] 咸丰辛酉年　清咸丰十一年，公元1861年。

[17] 招赘　又称"入赘"，招人到自己家里做女婿，即招女婿。

[18] 中华民国八年　公元1919年。

[19] 屠维协洽　即己未年，公元1919年。

[20] 仲夏月中浣　农历五月中旬。

[21] 父兮生我，母兮鞠我。抚我畜我，长我育我。顾我复我，出入复（腹）我。欲报之德，昊天罔极　源自《诗经·小雅·蓼莪》，哀痛父母生养自己，恩德无极而不能终养。原文为："蓼蓼者莪，匪莪伊蒿。哀哀父母，生我劬劳。蓼蓼者莪，匪莪伊蔚。哀哀父母，生我劳瘁。瓶之罄矣，维罍之耻。鲜民之生，不如死之久矣。无父何怙？无母何恃？出则衔恤，入则靡至。父兮生我，母兮鞠我。拊我畜我，长我育我。顾我复我，出入腹我。欲报之德，昊天罔极！南山烈烈，飘风发发。民莫不穀，我独何害！南山律律，飘风弗弗。民莫不穀，我独不卒！"

[22] 马三湾　今茂县光明镇马蹄村马桑湾组。

[23] 门闾　家门；家庭；门庭。

[24] 儒业　谓读书应举之业。

[25] 武科　科举制度中专为选拔武官而设的科目，即武举。

[26] 例名　指捐纳财物而取得入学的资格或名号。

[27] 国学　指以"国子监"为首的国立学校。

[28] 三从而四德　是一种中国古代女性的道德规范。三从：未嫁从父，既嫁从夫，夫死从子。四德：妇德、妇言、妇容、妇功。

[29] 中馈　指家中供膳诸事。《易·家人》："无攸遂，在中馈。"孔颖达疏："妇人之道……其所职，主在于家中馈食供祭而已。"

[30] 井臼　汲水舂米，泛指操持家务。汉刘向《列女传·周南之妻》："亲操井臼，不择妻而娶。"

[31] 先绪　祖先的功业。

[32] 义方　指行事应该遵守的规范和道理。后多指家教。

[33] 光绪乙巳年　清光绪三十一年，公元1905年。

[34] 忽焉　迅速的样子。《左传·庄公十一年》："禹、汤罪己，其兴也浡焉；桀、纣罪人，其亡也忽焉。"

汶川水磨黄家坪高世谦墓碑

【位置】汶川县水磨镇黄家坪村

【年代】中华民国十年（1921年）

【形制】仿木结构，歇山式顶，二柱一开间。碑呈竖长方体

【尺寸】通高180、宽120厘米，碑高120、宽80、厚10厘米

【内容】

（碑阳）辛山乙向[1]

中华民国十年[2]九月一日终立

故显考[3]高公讳世谦老大人[4]之茔墓[5]

室[6]吴氏、男泰昌

（碑阴）痛哉！父于辛酉年[7]七月公出，由新街[8]贸易，九月送归，行在鹞子山碑杠[9]，遇匪劫杀，搂劫[10]财物千金之多。父魂不散，使匪自投天往[11]，显然活报[12]。警队拿获数匪送县，祖父呈控，监督讯明，匪等公任不讳[13]，验明正身，处已[14]死刑。男年四□□□，吾知罪重如山。

室吴氏、男泰昌立

汶川水磨黄家坪高世谦墓碑

【注释】

[1] 辛山乙向　风水学术语，指方位。

[2] 中华民国十年　公元1921年。

[3] 显考　对已故父亲的美称。

[4] 老大人　对已故父亲的尊称。

[5] 茔墓　墓地，坟墓。

[6] 室　妻子。

[7] 辛酉年　中华民国十年，公元1921年。

[8] 新街　今汶川县映秀镇新街村。

[9] 鹞子山碑杠　位于汶川县水磨镇与三江乡间，清代为瓦寺土司辖地与灌县交界处，有小道相通，岭上有"灌瓦大界"石碑一通，故名。

[10] 搂劫　抢劫。

[11] 天往　"天网"之错别字。

[12] 活报　现实报应。

[13] 公任不讳　应为"供认不讳"。公任："供认"之错别字。

[14] 已　"以"之错别字。

第八章　墓志铭及买地券

重庆云阳景云碑

【位置】重庆市云阳旧县坪，2004年3月考古发掘出土。现藏于重庆三峡博物馆

【年代】东汉熹平二年（公元173年）

【形制】竖长方体

【尺寸】不详

【内容】

　　汉巴郡[1]朐忍[2]令广汉[3]景云叔于[4]，以永元十五年[5]季夏仲旬[6]己亥卒。君，帝高阳之苗裔[7]，封兹楚熊[8]，氏以国别。高祖龙兴[9]，娄敬画计，迁诸关东，豪族英杰，都于咸阳[10]，攘竟蕃籓[12]。大业既定，镇安海内。先人伯况，匪志慷慨，术禹石纽[13]，汶川之会[14]，帏屋甲帐[15]，龟车留滞[16]。家于梓橦[17]，六族布列[18]，裳繈相袭[19]，名右冠盖[20]。君其始仕[21]，天资明哲[22]。典牧二城[23]，朱紫有别[24]，彊[25]不凌弱，威不猛害。政化如神，烝民乃厉[26]。州郡并表[27]，当享符艾[28]。大命颠覆[29]，中年殂殁[30]。如丧考妣[31]，三载泣怛[32]。退勿八音[33]，百姓流泪。魂灵既载，农夫恻结。行路抚涕，织妇喑咽。吏民怀慕，户有祠祭。烟火相望，四时不绝。深野旷泽，哀声忉切。追歌遗风[34]，叹绩亿世。刻石纪号，永永不灭。乌呼哀哉！乌呼哀哉！

　　赞曰：皇灵炳璧[35]，郢令[36]名矣。作民父母，化洽平矣[37]。百工维时[38]，品流刑矣[39]。善劝恶惧，物咸宁矣[40]。三考绌敕[41]，陟幽明矣[42]。振华处实[43]，旸遐声矣[44]。

　　重曰：皇灵禀气[45]，卓有纯兮[46]。惟汶降神，梃斯君兮[47]。未升卿尹，中失年兮[48]。流名后载，久而荣兮。勒铭金石[49]，表积勋兮。冀勉来嗣，示后昆兮[50]。

　　熹平二年[51]仲春上旬，朐忍令梓潼雍君讳陟字伯宁，为景君刊斯铭兮。

【注释】

[1] **巴郡**　古代的郡级行政区，辖今天重庆和四川部分区域。秦惠文王更元九年（前316年）置，郡治江州县（今重庆市江北区）。汉承秦制，仍为巴郡，领县十二。东汉时领城十四，即江州、宕渠、朐忍、阆中、鱼复、临江、炽、涪陵、垫江、安汉、来都、充国、宣汉、汉昌。到唐武德元年（618年）改巴郡为渝州。此后巴郡的名称不再使用。

[2] **朐忍**（qú rěn）　古代巴郡属县。东周赧王元年（前314年）于朐忍夷人之地建朐忍县（今云阳县双江镇建民村），其境在今云阳、开县、万州、梁平及湖北利川一带。北周天和三年（568年）迁县治于汤口（今云阳县云阳镇），更县名"云安"。其故城在重庆市云阳县旧县坪。

[3] **广汉**　指广汉郡。西汉高帝六年（前201年）始置，辖13县。其管辖范围大致相当于德阳市全部及绵阳市、遂宁市的部分县市。其治所先后设在梓潼（今四川梓潼县），积雒（今四川广汉市），

广汉（今四川遂宁县东北），北周时废除广汉郡。碑中景云公之先人"家于梓幢（潼）"，为广汉郡属县，故以广汉为籍贯。

[4] **景云叔于**　依汉碑行文惯例，姓景名云字叔于。

[5] **永元十五年**　即东汉和帝永元十五年，公元103年。

[6] **季夏仲旬**　农历六月中旬。季：排序第三。仲：排序第二。旬：古代十日为一旬，一月分三旬，分别为上旬、中旬、下旬。

[7] **高阳之苗裔**　高阳的后代。高阳，即颛顼（zhuān xū）。中国上古部落联盟首领，"五帝"（黄帝、颛顼、帝喾、尧、舜）之一，号高阳氏，黄帝之孙，昌意之子。

[8] **封兹楚熊**　受封于楚国。楚熊：据《史记·楚世家》载："熊绎当周成王之时，举文、武勤劳之后嗣，而封熊绎于楚蛮，封以子男之田，姓芈氏，居丹阳。"故楚熊当指熊绎，亦可代指荆楚或楚国。

[9] **高祖龙兴**　高祖：汉高祖刘邦。据《史记·高祖本纪》载："高祖，沛丰邑中阳里人，姓刘氏，字季。父曰太公，母曰刘媪。其先刘媪尝息大泽之陂，梦与神遇。是时雷电晦冥，太公往视，则见蛟龙其上，已而有身，遂产高祖。"其意说高祖乃真龙降世，是为了振兴天下，建立汉室。

[10] **娄敬画计，迁诸关东，豪族英杰，都于咸阳**　娄敬：生卒年不详，后因刘邦赐姓改名刘敬。西汉初齐国卢人。娄敬作为齐国的戍卒，正被发往陇西戍边，同乡虞将军引荐他见刘邦，力陈都城不宜建洛阳而应在关中。刘邦疑而未决，张良明言以建都关中为便，遂定都长安。赐姓刘，拜为郎中，号奉春君。高帝九年，娄敬又献策："匈奴河南白羊、楼烦王，去长安近者七百里，轻骑一日一夜可以至秦中。秦中新破，少民，地肥饶，可益实。夫诸侯初起时，非齐诸田，楚昭、屈、景莫能兴。今陛下虽都关中，实少人。北近胡寇，东有六国之族，宗强，一日有变，陛下亦未得高枕而卧也。臣愿陛下徙齐诸田，楚昭、屈、景，燕、赵、韩、魏后，及豪杰名家居关中。无事，可以备胡；诸侯有变，亦足率以东伐。此强本弱末之术也。"上曰："善。"乃使刘敬徙所言关中十余万口。景云之先辈当于此时由楚迁入关中。画计：筹谋计策。

[12] **攘竟蕃蘅**　指娄敬所筹谋的计策，其目的是外御匈奴胡寇，安定边境。内灭异姓藩，以安国境。用以构建汉室的蕃卫制度，作为国家长治久安的屏障。攘：抵御；防御。竟：假借为"境"，边境，国境。蕃蘅：应为"蕃卫"，捍卫；屏障。

[13] **术禹石纽**　宣扬禹生石纽的圣迹。石纽：今四川省汶川县绵虒镇石纽山，相传为大禹的出生地。

[14] **汶川之会**　在汶川举行的祭祀神禹的民俗盛会。

[15] **帏屋甲帐**　带着居住和供奉神祇的帐篷，乘坐车辆前往汶川祭拜。帏屋：自居的帐篷。甲帐：飨神的帐篷。

[16] **龟车留滞**　所乘坐的车辆中途停留。龟车：原指道仙所乘的"飞龟车"，此处转指伯况朝拜所乘的车辆。

[17] **家于梓幢**　从此在梓幢安家落户。梓幢：今四川绵阳市梓潼县，西汉时曾为广汉郡的郡治。幢："潼"之错别字。

[18] **六族布列**　从此景氏发展成为当地的名门大户，其六族亲属遍布梓潼各地。六族：六亲。历代

说法不一，大致有以下几种：①指父子、兄弟；从父兄弟、从祖兄弟、从曾祖兄弟、同族兄弟；②指父子、兄弟、姑姊、甥舅、婚媾、姻亚；③指父、母、兄、弟、妻子、子女；④指父子、兄弟、夫妇；⑤指外祖父母、父母、姊、妹、妻兄弟之子、从母之子、女之子。后泛指亲属。

布列：遍布之意。

[19] 裳絻相袭 世代承袭家业。裳：下衣。絻：同"冕"，帽子，转指家业或祖宗业绩。

[20] 名右冠盖 显赫的名声和地位是其他地方官吏不可比拟的。冠盖：古代官吏的帽子和车盖，借指官吏。

[21] 始仕 开始进入仕途。

[22] 天资明哲 先天的资质和禀赋。明哲：明智。

[23] 典牧二城 景云公曾主政二城，其中包括在朐忍为令，另一城不可考。典牧：谓主管一方政事。

[24] 朱紫有别 对待人和物能明辨是非，洞察细微，而不迷惑。朱紫：《论语·阳货》："恶紫之夺朱也。"何晏集解引孔安国曰："朱，正色；紫，间色之好者。恶其邪好而夺正色。"后因以"朱紫"喻正与邪、是与非、善与恶。有别：有所区别。

[25] 彊 同"强"。

[26] 烝民乃厉 管理措施得当，百姓精神振奋。烝民：民众，百姓。厉：振奋。

[27] 州郡并表 州郡地方官员均向皇上进表，褒扬景公的德惠仁政。

[28] 当享苻艾 应当享受皇上封侯授印。苻：通"符"，符信；符节；符策。《说文解字》："符，信也，汉制以竹，长六寸，分而相合。"《史记·高祖本纪》："乃行功与诸列侯剖符行封。"艾：艾绶。艾色的印绶，即绿绶，系印纽的绿色丝带。汉官秩二千石以上者用之。

[29] 大命颠覆 命运颠倒。大命：天年，寿命。颠覆：颠倒失序。

[30] 殂殁（cú mò） 亦作"殂没"，突然死亡。

[31] 考妣 古代称已死的父母。父死后称"考"，母死后称"妣"。

[32] 三载泣怛 流泪三年。泣怛：悲痛哭泣。

[33] 八音 我国古代八种制造乐器的材料，通常为金、石、丝、竹、匏、土、革、木八种不同质材。《史记·五帝本纪》："诗言意，歌长言，声依永，律和声，八音能谐，毋相夺伦，神人以和。"后泛指音乐。

[34] 追歌遗风 追思之歌，唱颂着景公遗留下来的风范。

[35] 皇灵炳璧 皇灵：庄严辉煌的灵魂。炳璧：辉映着璧玉。意为景云公庄严辉煌的英灵映照着天空。

[36] 郢令 郢：楚国都城，春秋时楚文王定都于此，即今湖北宜城东南楚郢都。借指楚国、楚地。景云公为高阳之后，朐忍在战国后期曾一度为楚地，故名郢令。

[37] 化洽平矣 推行教化，使民风和洽，社会平定。

[38] 百工维时 各行各业都应时而作。百工：中国古代主管营建制造的工官名称，以后沿用为各种手工业者和手工业行业的总称。

[39] **品流刑矣** 出自《易经·象》："大哉乾元，万物资始，乃统天。云行雨施，品物流形。"品：繁育。流：赋予。刑：汉碑中同"形"，形体。意为各种产品被制造出来。

[40] **物咸宁矣** 事物都归于安宁。

[41] **三考绌敕** 古代官吏的考绩制度。《书·舜典》载："三载考绩。三考，黜陟幽明。"孔颖达注曰："言帝命群官之后，经三载，乃考其功绩。经三考则九载，黜陟幽明，明者升之，暗者退之。"连续考察三次后，有政绩的提升，无政绩的罢退。绌：同"黜"，降职或罢免。敕：诫饬，告诫。

[42] **陟幽明矣** 陟：升。幽：昏庸无能之辈。明：精明干练，政绩卓著。

[43] **振华处实** 虽名震华夏，但接人待物真诚务实。处实：犹务实。语本《老子》："前识者，道之华，而愚之始。是以大丈夫处其厚不居其薄，处其实不居其华。"

[44] **畅遐声矣** 名声远播。畅：汉碑中畅字多作"畅"，故"畅"通"畅"，通达，通畅。遐：远。声：名声，名气。

[45] **禀气** 禀承天地之气。

[46] **卓有纯兮** 卓越而纯粹的品德。卓：优秀；出色；超出一般。纯：专一不杂，亦指人品。

[47] **惟汶降神，梃斯君兮** 因为汶川石纽神禹降生，才有此位君子的劲直挺拔。

[48] **未升卿尹，中失年兮** 还未晋升高官，中年就去世了。卿尹：原为官名，后为高级官吏的代称。

[49] **金石** 碑石的别称。

[50] **冀勉来嗣，示后昆兮** 希望勉励后代子孙。

[51] **熹平二年** 公元173年。熹平：是东汉皇帝汉灵帝刘宏的第二个年号（172年5月—178年3月）。

河南偃师郭虚己墓志铭并序

【位置】1997年出土于河南省偃师市首阳镇一砖厂，现存于偃师博物馆

【年代】唐天宝八载（749年）

【形制】长方体

【尺寸】高107、宽104、厚4.5厘米

【内容】

唐故工部尚书[1]赠太子太师[2]郭公墓志铭并序

剑南节度孔目官[3]、征仕郎[4]行太仆寺[5]典厩署[6]丞[7]张庭询检校

朝议郎[8]行殿中侍御史[9]颜真卿[10]撰并书

维唐天宝八载[11]太岁己丑夏六月甲午朔十有五日戊申，银青光禄大夫[12]、守[13]工部尚书兼御史大夫[14]、蜀郡[15]大都督府[16]长史[17]、上柱国[18]郭公薨[19]于蜀郡之官舍，春秋五十有九。

皇上闻而悼焉。诏赠太子太师，赗[20]物千疋[21]，米粟千石。官给灵轝[22]，递还东京[23]。所缘葬事，量事官供。明年青龙庚寅夏五月戊子朔十五日壬寅，葬于偃师县之首阳[24]原先茔之东，礼也。

第一篇 存 世 碑 刻

河南偃师郭虚己墓志铭并序

呜呼!公讳虚己,字虚己,太原人也。其先虢叔[25]之后。虢或为郭,因而姓焉。巨况泰璞蝉联史氏。公即隋骠骑大将军[26]、开府仪同三司[27]昶之玄。

皇朝泾州[28]刺史[29]、朔方道[30]大总管赠荆州[31]都督[32],谥曰忠澄之曹朝散大夫[33]、太子洗马[34]琰之孙,朝散大夫、赠郑州刺史义之子也。自骠骑至于郑州,世济[35]鸿休[36],有嘉闻[37]而不陨名矣。公粹精元和,禀秀星象,蹈道[38]深至,安仁峻极。孝悌[39]发于岐嶷[40],德性沦于骨髓。幼怀开济[41]之心,长有将明[42]之望。十岁诵老庄[43]即能讲解,枭诸经典一览无遗。十一丁郑州府君忧[44],泣血斋诵,三年不怠。太夫人在堂,终鲜兄弟,左右就养,朝夕无远,

六亲感叹焉。未冠[45],授左司御率[46]府兵曹[47],秩满授邠州[48]司功[49],充河西支度营田[50]判官[51],拜监察御史[52]里行[53],改充节度判官[54],正除[55]监察御史转殿中侍御史,判官仍旧属。吐蕃[56]入寇瓜、沙[57],军城凶惧。公躬率将士,大歼戎师。

皇帝闻而壮之,拜侍御史[58],俄迁驾部[59]员外郎[60]、检校[61]凉州[62]长史、河西行军司马[63]转本司郎中[64],余如故。转驾部郎中兼侍御史,充朔方行军司马。开元廿四载[65],以本官兼御史中丞[66]、关内道采访处置使[67]、加朝散大夫、太子左庶子[68]兼中丞使如故。数年迁工部侍郎[69]顷之,充河南道黜陟使[70]转户部侍郎,赐紫金鱼袋[71]。天宝五载[72],以本官并御史大夫、蜀郡长史、剑南节度支度营田副大使、本道并山南西道采访处置使。清静寡欲,不言而化,施宽大之政,变绞讦[73]之风,不戮一人,吏亦无犯。省徭费,蠲[74]力役,巴蜀之士,嫄然[75]生春。前后摧破吐蕃不可胜纪。

有羌豪董哥罗者,屡怀翻覆[76],公奏诛之,而西山[77]应定。特加银青光禄大夫、工部尚书。七载,又破千碉城[78],擒其宰相。八载三月,破其摩弥[79]、咄霸[80]等八国四十余城,置金川都护府[81]以镇之。深涉贼庭,蒙犯冷瘴,六月举归蜀郡,旬有五日而薨。呜呼!公秉文武之姿,竭公忠之节,德无不济,道无不周,宜其丹青[82],盛时登翼[83]。王室大命[84]不至,殁于王事。上阻圣君之心,下孤[85]苍生之志,不其惜欤。至若幕府之士,荐延[86]同升,则中丞张公、鲜于公持节钺[87]而受方面矣。司马垂、刘璀、陆众、韩洽布台阁[88]而立朝廷矣,其余十数士皆国之闻人,信可谓能举善也,已矣。

有子五人,长曰揆,河南府参军[89],先公而卒,赠秘书丞[90];次日恕,右金吾卫[91]兵曹;次日弼,太原府参军;次曰彦,左威卫[92]骑曹[93];季曰枢,冲年[94]未仕。皆修洁[95]克家[96],祗荷崇构[97]。紫毁孺慕[98],累然[99]衔恤[100]。以真卿宪台[101]之属,尝饱德音[102],见托则深,敢忘论撰铭曰:

天降时雨,山川出云。帝思俾乂[103],闲气[104]生君。君公峨峨[105],国之威宝[106]。有赫其德,无竞[107]伊道。道妙[108]德充[109],如岳之松。七司天宪[110],六践南宫[111]。澄清关辅,节制巴賨[112]。

雨人夏雨，风物春风。仁惠载孚[113]，典刑克举[114]。吐蕃叛德，王师振旅。公实征之，深入其阻。呼国都护，首恢吾围[115]。蒙疾西山，吉往凶还。孰云剑阁，翻同玉关。皇鉴丕绩[116]，爰申宠锡[117]。师范[118]元良[119]，以嘉魂魄。归葬于何？首阳之阿[120]。嶕峣[121]坟阙，牢落[122]山河。气咽箫鼓，风凄薤哥。行人必拜，屑泪滂沱。

【注释】

[1] **工部尚书**　古代官职名。工部是古代中央尚书省六部之一，掌管全国屯田、水利、土木、工程、交通运输、官办手工业等，工部尚书为其长。

[2] **太子太师**　古代官职，西晋始置。与太子太傅、太子太保并称为"东宫三师"。多为虚衔无实职。主要是追赠死去的重臣。

[3] **孔目官**　旧时官府衙门里的高级吏人，掌管狱讼、账目、遣发等事务，始于唐代。

[4] **征仕郎**　文散官名。隋始置。唐为文官第二十三阶，正八品下，宋废。金再置，从八品上。元升从七品。明为从七品升授之阶。清亦称征仕郎，从七品。

[5] **太仆寺**　中国古代官署名，中央机构之一。秦、汉九卿中有太仆，为掌车马之官。历代沿置。北齐定制，以寺为官署名，寺卿为官名。

[6] **典厩署**　南朝梁、陈太仆有龙厩，北齐有左右龙署，隋炀帝改典厩署。唐沿置，设令二人、丞四人，令秩从七品下，掌饲养马牛及杂畜。

[7] **丞**　助手。

[8] **朝议郎**　文散官名。隋文帝开皇六年（586年）置，为八郎之首（余七郎为通议、朝请、朝散、给事、承奉、儒林、文林），秩正六品上，炀帝时罢。唐为文官第十四阶，正六品。

[9] **殿中侍御史**　三国时期官名。三国魏派御史二人居殿中，察非法，后乃以之为官名。两晋南北朝沿置。隋改称殿内侍御史。炀帝时省。唐复置殿中侍御史，掌纠察朝仪，兼知库藏出纳及宫门内事，及京畿纠察事宜，位从七品下，较侍御史（从六品下）低。

[10] **颜真卿**（709—784）　唐代名臣、著名书法家。颜真卿，字清臣，小名羡门子，别号应方，生于京兆万年（今陕西西安）。开元二十二年（734年），颜真卿登进士第，曾四次被任命为监察御史，迁殿中侍御史。因受权臣杨国忠排斥，出为平原太守，人称"颜平原"。安史之乱时，起义军对抗叛军。唐肃宗即位后，拜工部尚书兼御史大夫，为河北招讨使。至凤翔，授宪部尚书，后迁御史大夫。唐代宗时官至吏部尚书、太子太师，封鲁郡公，人称"颜鲁公"。兴元元年（784年），遭宰相卢杞陷害，被遣往叛将李希烈部晓谕，凛然拒贼，终被缢杀。颜真卿擅长行、楷，创"颜体"楷书，与赵孟頫、柳公权、欧阳询并称为"楷书四大家"。又与柳公权并称"颜柳"，被称为"颜筋柳骨"。善诗文，著作甚富，有《韵海镜源》《礼乐集》《吴兴集》《庐陵集》《临川集》，均佚。宋人辑有《颜鲁公集》。

[11] **唐天宝八载**　公元749年。天宝：唐玄宗年号，天宝十四载安史乱起，逊位。

[12] **银青光禄大夫**　光禄大夫：相当于战国时代置中大夫，汉武帝时始改为光禄大夫，秩比二千石，掌顾问应对。隶于光禄勋。魏晋以后无定员，皆为加官及褒赠之官：加金章紫绶者，称金紫光

禄大夫；加银章青绶者，称银青光禄大夫。唐、宋以后用作散官文阶之号，唐朝光禄大夫为从二品，金紫光禄大夫为正三品，银青光禄大夫为从三品。宋朝光禄大夫为从一品，金紫光禄大夫为正二品，银青光禄大夫为从二品。

[13] 守　掌管。

[14] 御史大夫　官名。秦代始置，负责监察百官，代表皇帝接受百官奏事，管理国家重要图册、典籍，代朝廷起草诏命文书等。西汉沿置，东汉又改为司空。晋以后多不置御史大夫。唐复置，专掌监察执法。

[15] 蜀郡　古代行政区划之一。蜀郡以成都一带为中心，所辖范围随时间而有不同。

[16] 大都督府　唐代官署名。一般设有都督一人，从二品；长史一人，从三品；司马二人，从四品下；录事参军事一人，正七品上；录事二人，从九品上；功曹参军事、仓曹参军事、户曹参军事、田曹参军事、兵曹参军事、法曹参军事、士曹参军事各一人，正七品下；参军事五人，正八品下；市令一人，从九品上；文学一人，正八品下；医学博士一人，从八品上。

[17] 长史　职官名，其执掌事务不一，但多为幕僚性质的官员，亦称为别驾。在唐代，大都督府的长史则地位较高，甚至会充任节度使。

[18] 上柱国　自春秋起为军事武装的高级统帅。汉废。五代复立为将军名号。北魏、西魏时设"柱国大将军、上柱国大将军"等，北周时增置"上柱国大将军"。隋代有"上柱国""柱国"，以封勋臣。唐以后正式确立隋朝的六部制度，兵权归中央机构，"上柱国"逐渐成为功勋的荣誉称号。

[19] 薨（hōng）　古代称诸侯或有爵位的大官死去。

[20] 赙（fù）　拿钱财帮助别人办理丧事。

[21] 疋　古通"匹"。

[22] 灵轝　即灵车。轝：同"舆"。

[23] 东京　今河南省开封市。

[24] 偃师县之首阳　今河南省偃师市首阳镇。

[25] 虢叔　姬姓，名不详，周文王的弟弟，季历的第三子，和哥哥虢仲开始都是周文王的卿士。周武王伐纣灭商朝后，封两个叔叔为虢国国君。其中虢叔被封在雍地，称作西虢，虢仲被封在制地（今河南荥阳），被称作东虢。东、西虢国在王畿的左右，作为周王室藩屏。西周初年由周武王封于西虢，授爵公爵，号虢公。因"虢""郭"音同，又称"郭公"。其后代就以郭为姓，虢叔为郭姓的受姓始祖。

[26] 骠骑大将军　武散官名。西汉始置，历代沿置。唐为从一品，武官官阶仅次于天策上将（唯李世民一人曾督此职）。

[27] 开府仪同三司　魏晋南北朝时期的一种高级官位。隋唐至元文散官的最高官阶，从一品。

[28] 泾州　州名。北魏神䴥三年（430年），于安定郡城（今甘肃泾川北）置州，治安定县，州因泾水得名。治所在今甘肃省泾川县。

[29] **刺史** 职官名。汉设立，本为监察郡县的官员，唐、宋以后沿用为一州长官的别称。

[30] **朔方道** 在今内蒙古自治区河套地区。朔方：北方。道：作为行政区划始于秦朝，起初跟县同级别，专门设立在少数民族聚居的偏远地区。《汉书·地理志》解释为"有蛮夷曰道"或者"县主蛮夷曰道"。到了隋唐时代，出兵征战经常以方位路向加以命名，为"某某道"，唐初分天下为十道，为州县之上的一级行政区划，之后迭有增加，至二十三道之多（唐睿宗景云年间）。但节度使制掌握地方实权后，"道"日渐演变为对一个节度辖区的称呼，和初唐、盛唐时的意义有所不同。

[31] **荆州** 今湖北省荆州市。

[32] **都督** 军事职官名。兴于三国，其后发展成为地方军事长官，明以后成为中央军事长官。中华民国初年各省也设有都督，兼管民政。

[33] **朝散大夫** 文散官名。隋始置。唐为从五品下，文官第十三阶。宋为从五品上，文官第十二阶。元丰改用以代中行郎中，后定为第十八阶。金仍从五品。元升为从四品。明废。

[34] **太子洗马** 官职名称。辅佐太子，教太子政事、文理的官员，官居三品。

[35] **世济** 世代继承。

[36] **鸿休** 鸿业；大业。

[37] **嘉闻** 亦作"嘉问"。问：通"闻"，美名；好声誉。《左传·昭公三十二年》："卜人谒之曰：'生有嘉闻，其名曰友，为公室辅。'"杜预注："嘉名闻于世。"

[38] **蹈道** 履行正道。《穀梁传·隐公元年》："若隐者，可谓轻千乘之国，蹈道，则未也。"范宁注："未履居正之道。"

[39] **孝悌** 孝：指对父母还报的爱。悌：指兄弟姊妹间的友爱。

[40] **岐嶷** 语出《诗·大雅·生民》："诞实匍匐，克岐克嶷。"朱熹集传："岐嶷，峻茂之状。"后多以"岐嶷"形容幼年聪慧。

[41] **开济** 开创并匡济。

[42] **将明** 语出《诗·大雅·烝民》："肃肃王命，仲山甫将之；邦国若否，仲山甫明之。"谓人臣奉行王命，明辨国事。

[43] **老庄** 是老子和庄子的并称，也指老学与庄学的合称。

[44] **丁郑州府君忧** 即丁忧，指古代官员的父母死去，官员必须停职、守制的制度。在籍丁忧期间，丁忧的人不准为官，如无特殊原因，国家也不可以强召丁忧的人为官，但因特殊原因国家也可夺情强召丁忧的人为官。

[45] **未冠** 尚未加冠。古礼男子年二十而加冠，故未满二十岁为"未冠"。

[46] **左司御率** 隋唐时期的散官名，无印绶、不理事。

[47] **兵曹** 古代管兵事等的官员。汉代为公府、司隶的属官。唐代为府、州设立的"六曹"（或"六司"）之一，在府称"兵曹参军"，在州称"司兵参军"。后世或沿用此称。

[48] **邠州** 州名。唐开元十三年（725年）改豳州为邠州。治所在新平（今陕西彬县），辖境相当于今陕西彬县、长武、旬邑、永寿四县地。

[49] **司功** 即司功参军事。州僚佐。掌官员、考课、祭祀、礼乐、学校、选举、表疏、医筮、丧葬等事。

[50] **支度营田** 即支度营田使，唐代军中主管军需供给的官职。

[51] **判官** 幕僚名。官员助理，掌文书事务等。

[52] **监察御史** 官名，隋开皇二年（582年）始设，改检校御史为监察御史。唐御史台分为三院，监察御史属察院，品秩不高而权限广。掌分察百僚，巡按州县，狱讼、军戎、祭祀、营作、太府出纳皆莅焉；知朝堂左右厢及百司纲目。宋、元、明、清相袭。

[53] **里行** 官名。唐置，宋因之。有监察御史里行、殿中里行等，皆非正官，也不规定员额。唐刘肃《大唐新语·举贤》："初，周以布衣直门下省，太宗就命监察里行，俄拜监察御史。'里行'之名，自周始也。"

[54] **节度判官** 节度使的幕僚。唐代特派担任临时职务的大臣皆得自选中级官员，奏请充任判官，以资佐理，掌文书事务。

[55] **正除** 谓授以正式官职。

[56] **吐蕃** 公元7—9世纪时古代藏族建立的政权，是一个位于青藏高原的古代王国，由松赞干布到达磨延续二百多年，是西藏历史上创立的第一个政权。

[57] **瓜、沙** 即瓜州和沙州。瓜州：今甘肃省酒泉市瓜州县。沙州：今甘肃省敦煌市。

[58] **侍御史** 官名。秦置。受命御史中丞，掌纠举百官、入阁承诏、知推（推鞫）弹（弹举）公廨（知公廨事）、杂事（御史台中其他各事）等事。

[59] **驾部** 官署名。三国魏始设，为尚书的一曹，有尚书郎。掌车舆、牛马厩牧之事。晋、南北朝沿置。北齐有驾部，归殿中尚书管辖。隋改归兵部，置郎中、员外郎，唐、宋沿袭。

[60] **员外郎** 职官名。原指设于正额以外的郎官。隋朝于尚书省二十四司各置员外郎一人，为各司之次官。

[61] **检校** 古代官名。始于南北朝，加于官名之上，有稽查核实之意，但非正式官衔。至隋时入衔。唐中前期，加"检校"官职虽非正式拜授，但有权行使该职，相当于"代理"。

[62] **凉州** 今甘肃省武威市凉州区。曾经是著名的"丝绸之路"要冲与重镇，河西富邑。

[63] **行军司马** 始建于三国魏元帝咸熙元年（264年），职务相当于军谘祭酒。至唐代在出征将帅及节度使下皆置此职，实具今参谋长的性质。唐后期军事繁兴，多以掌军事实权者充任。

[64] **郎中** 属员外级，分掌各司事务，其职位仅次于丞。

[65] **开元廿四载** 公元736年。

[66] **御史中丞** 官名。秦始置。汉朝为御史大夫的次官，或称御史中执法。到唐宋时，因御史大夫不常授，中丞实为御史台的长官。

[67] **采访处置使** 使职名。唐玄宗开元二十一年（733年）置，分十五道监察州、县官吏，京城长安、陪都洛阳以御史中丞领使职。

[68] **庶子** 官名。太子官属。汉以后为太子侍从官之一种，南北朝时称中庶子，唐以后于太子官署

第八章 墓志铭及买地券

中设左右春坊（太子宫的别称），以左右庶子分隶之，以比侍中、中书令。自此相沿，至清代犹用以备翰林官之迁转。清末始废。

[69] **工部侍郎** 职官名，为工部尚书的副职。

[70] **黜陟使** 官名。唐太宗贞观八年（634年）派李靖等13人为"黜陟大使"，二十年（646年）又派大臣分六条线路巡察全国各地，考查官吏，进行奖惩，并了解各地情况。玄宗、肃宗时，亦曾遣使出巡。德宗建中元年（780年）为推行"两税法"，又在各道设黜陟使，以统一税制，同时考察地方官吏的政绩。后废此官。

[71] **紫金鱼袋** 古代的一种服色制度，用以区别官员品级。紫：紫袍。金鱼袋，用以盛鲤鱼状金符。唐三品以上服紫佩金鱼，四品以上佩金鱼。同时也可作为一种类似荣誉称号的职位授予，因此在唐、宋官衔中常有此名。

[72] **天宝五载** 公元746年。

[73] **绞讦** 急切指责别人的过失。

[74] **蠲** 同"捐"，免除、去掉。

[75] **煖然**（xuān rán） 春天般温暖的意思。出自《庄子》："煖然似春，喜怒通四时，与物有宜而莫知其极。是顺物适时，不以心捐道者也。"煖：同"暖"。

[76] **翻覆** 反复无常；变化不定。

[77] **西山** 唐代所谓的"西山"，原则上是对成都平原以西，岷江上游诸山的统称。但当时众多的羌人部落主要分布在今阿坝州茂（县）、汶（川）、理（县）、黑（水）等地以西，直到甘孜州境的崇山峻岭中，其中势力较大者曾建八个地方小国或部落体，史称"西山八国"。因此，西山实际所指应为今杂谷脑河流域及大渡河上中游地区。

[78] **千碉城** 隋唐时西山地区的一支羌人部落的聚落中心。按《隋书·崔仲方传》载，崔仲方任会州（州治今茂县凤仪镇）总管时，其地有紫祖、四邻、望方、涉题、千碉、小铁围山、白男王、弱水等部落。故千碉国当在今大渡河上游流域，甚至可能就是隋唐时以女性为中心的东女国。

[79] **摩弥** 史无载，具体位置不详。亦当为当时势力较大的羌人部落。

[80] **咄霸** "西山八国"之一。《旧唐书·东女国传》记载的"西山八国"是哥邻国、白狗国、逋租国、南水国、弱水国、悉董国、清远国、咄霸国。这八国"皆散居山川"。据杨铭先生考证，咄霸应为春桑羌置，在今四川红原县南部和阿坝县东南部。

[81] **金川都护府** 史无载，或为保宁都护府。据载，天宝初年（742年）唐与吐蕃的战争中，唐朝取得了几次胜利，剑南西界较之高宗至玄宗开元时旧界有所扩展。八载（749年），置保宁都护府于索磨川（今四川阿坝梭磨河，有说即今马尔康市婆陵甲莎城堡），以领新恢复的若干贞观旧羁縻州和增设的羁縻州。安史之乱后又没于吐蕃。

[82] **丹青** 指史籍。古代丹册纪勋，青史纪事。意为正是建功立业、名留史册的时候。

[83] **登翼** 登：升。翼：辅佐。《文选·班固〈封燕然山铭〉序》："有汉元舅曰车骑将军窦宪，寅亮圣皇，登翼王室。"李善注："登翼，谓登用辅翼。"

[84] 大命　帝王的命令。

[85] 孤　古同"辜"。辜负。

[86] 荐延　荐举招致。

[87] 节钺　符节与斧钺。古代授予官员或将帅，作为加重权力的标志。

[88] 台阁　尚书省的别称。

[89] 参军　官名。中国古代诸王及将帅的幕僚。

[90] 秘书丞　官名。古代掌文籍等事之官。

[91] 右金吾卫　唐代官署名，唐十六卫之一。掌管皇帝禁卫、扈从等事的亲军。

[92] 左威卫　唐代官署名，唐十六卫之一。掌宿卫各军籍帐、差科、词讼等事。

[93] 骑曹　骑曹参军一类的小官。唐顾况《哭从兄苌》诗："身终一骑曹，高盖者为谁。"

[94] 冲年　幼年。

[95] 修洁　高尚纯洁。《韩非子·八说》："人君之所任，非辩智则修洁也。"

[96] 克家　指能继承家业。唐杜甫《奉送苏州李二十五长史丈之任》诗："食德见从事，克家何妙年。"

[97] 祗荷崇构　意为对先辈的崇高业绩充满敬畏之心。祗：恭敬。荷：担子。崇构：高垒。

[98] 紫毁孺慕　对去世的父母满怀悼念之情。紫毁：紫色的衣服毁坏了，引申为父母离世。孺慕：本意是指幼童爱慕父母之情，后引申为对父母的哀悼、悼念。

[99] 累然　众多。

[100] 衔恤　关怀，顾恤。

[101] 宪台　御史官职的通称。

[102] 德音　犹德言，指合乎仁德的言语、教令。

[103] 俾乂　派人治理。

[104] 闲气　亦作"间气"。旧称英雄伟人，上应星象，禀天地特殊之气，间世而出，故称。

[105] 峨峨　山体高大陡峭。引申为卓然特立。

[106] 威宝　尊贵的宝器。比喻栋梁之材。

[107] 无竞　不可争衡；无比。《诗·周颂·执竞》："执竞武王，无竞维烈。"朱熹《诗集传》："言武王持其自强不息之心，故其功烈之盛，天下莫得而竞。"

[108] 道妙　指文章。

[109] 德充　即庄子《德充符》，其中心在于讨论人的精神世界应该怎样反映宇宙万物的本原观念和一体性观念。

[110] 天宪　指朝廷法令。出自南朝宋范晔《后汉书·宦者列传》："手握王爵，口含天宪，非复掖廷永巷之职。"

[111] 南宫　宫殿名，相传天帝的宫殿太微殿也叫南宫。南宫本是周公修建的成周城宫殿区，终周一朝，都为周王朝的宫殿区。后转指皇宫。

[112] 巴賨（cóng） 指今四川巴中地带。賨：賨人。古代西南地区的少数民族，又称寅人、板楯蛮，也是现在土家族的"主源"。其存在于春秋战国之前，主要分布于嘉陵江畔。此处泛指西南少数民族。

[113] 孚 为人所信服。

[114] 克举 限期举事。《列子·汤问》："管仲勉齐桓公，因游辽口，俱之其国，几克举。"

[115] 圉（yǔ） 边境。《左传》："亦聊以固吾圉也。"

[116] 丕绩 显著的功绩。

[117] 宠锡 皇帝的恩赐。唐白行简《李娃传》："天子异之，宠锡加等。"

[118] 师范 学习的模范，榜样。

[119] 元良 大善至德。指大贤之士。董必武《挽陈毅同志》："久被病魔折，元良竟丧生。"

[120] 阿 角落。

[121] 嶕峣（jiāo yáo） 高耸。《汉书·扬雄传下》："泰山之高不嶕峣，则不能浡滃云而散歊烝。"颜师古注："嶕峣，高貌也。"

[122] 牢落 同"寥落"，稀疏零落的样子；零落荒芜的样子。《文选·司马相如〈上林赋〉》："牢落陆离，烂熳远迁。"李善注："牢落，犹辽落也。"

茂县羌族博物馆馆藏陈敏墓志

【位置】现存茂县羌族博物馆

【年代】明景泰六年（1455 年）

【形制】竖长方体

【尺寸】高 51、宽 38 厘米

【内容】

故赠朝请大夫[1]、赞治少尹[2]、四川布政司右政[3]陈公[4]墓志

公讳敏，字志学，姓陈氏。世为[5]松江之华亭人[6]，由邑庠弟子员[7]充太学生[8]。永乐十三年[9]授上林苑监[10]冰鉴典察署职，职有能声。不一年，迁直隶保定府清苑[11]知县。永乐十九年[12]，升知四川成都府茂州事。然茂州古荒服，羌戎素号难治，公布威德，莫不倾心向化，风移俗易，与中国比。

先是土番梗化弗庭，公所治之民亦叛。朝廷命将统兵征剿，公乃擐甲胄，率士民直捣贼巢，一鼓而破黑虎等寨。克捷而功，升同知[13]成都府，仍掌茂州事，复赐以彩缎、珠宝。公在边累立勋劳，正统五年[14]九月，敕升四川布政司右参议[15]，仍掌本州事，兼往来抚治茂州到松潘一带番夷，赞理[16]军务。

景泰元年[17]，皇上嗣登宝位，敕赐白金[18]十五两，纻丝[19]二表里[20]。复降敕奖谕云："今以尔在边年久，夷民信服，特奖尔本司右参政，仍掌本州事，兼抚安番夷、赞理松潘军务。"景泰

五年[21]十月二十日，以疾卒于官，享年六十九岁。以景泰六年[22]八月十七日，葬于茂州城南之平原。

公娶同里王氏，先公卒。男一人，曰贤，早世[23]；女二人，长曰月清，赘前史目金声之季子曰琰，生外孙一人，曰能，公以为嫡。琰之夫妇相归，相继而殁；次女月贞，适[24]茂州卫指挥章威，皆王氏所出。再娶李氏，克相有方，以公之勋，阶授诰封夫人，有子三，曰容、曰宝、曰安。公之卒也，当道以事白。

上允其请如例，赐祭修坟，侈公之劳也。公之历任巨细颠末备见钦差提督松潘兵备、刑部左侍郎罗公[25]撰墓志，毋容喙喙。

景泰六年岁次乙亥八月吉日谨志

【注释】

[1] **朝请大夫** 文散官名。隋始置。唐为从五品上，文官第十二阶。宋从五品，第十三阶。元丰改制用以代前行郎中，后定为第十七阶。金从五品上，元升为从四品。明从四品初授朝列大夫，升授朝议大夫，加授朝请大夫。清废。

[2] **赞治少尹** 职官名。唐高宗龙朔二年（662年），置左右赞善大夫，左代中允，右代中舍人。咸亨元年（670年）十二月，中允、中舍人均复原称。睿宗景云二年（711年），另增左右赞善大夫各五人，分属左右春坊，秩正五品上，掌传令、讽谏、赞礼仪、教授诸郡王（指太子之子）经籍。辽南面官亦有此官。金亦置，官名只称赞善。元至元十九年（1282年）设詹事院时别置此官。明清赞善分属左右春坊，秩均从六品。

[3] **右政** 即右参政。明代、清初布政使的下属官员。布政使掌管一省的政务，参政、参议分守各道，并分管粮储、屯田、军务、驿传、水利、抚名等事，一般是正四品。

[4] **陈公** 即陈敏。据道光《茂州志》载："陈敏，甘肃华亭人。永乐（1403—1424年）中知茂州，遭丧去官。诸长官司、番民百八十人诣阙奏言：'州僻处边徼，在万山中，与松、叠诸番邻近，岁被其患。自敏莅州，抚驭有方，民得安业。今以忧去职，军民失所依。乞矜念远方，还此良牧。'帝立报'可'。九载满，军民复请留，进成都同知，仍视州事。秩满擢参议，又进右参政，视州事如前。景泰（1450—1457年）时，麦穗五歧，明宣宗制《满庭芳》词赐之。后为按察司张淑所劾罢职。任茂几及三十年，威信大行，番民胥悦。解任后夫妻卒于茂，州人为之合葬于南门外。通判王升即墓前建祠祀之。"另据《明史》卷一六五载："陈敏，陕西华亭人。宣德（1426—1435年）时，为四川茂州知州。遭丧去官，所部诸长官司及番民百八十人诣阙奏言：'州僻处边徼万山中，与松潘、叠溪诸番邻，岁被其患。自敏莅州，抚驭有方，民得安业。今以忧去职，军民失所依。乞矜念远方，还此良牧。'帝立报'可'。正统（1436—1449年）中，九载满，军民复请留。进成都府同知，视茂州事。都司徐甫言敏及指挥孙敬在职公勤，群番信服。章下都御史王翱等核实，进敏右参议，仍视州事。以监司秩莅州，前此未有也。黑虎寨番掠近境，为官军所获。敏从其俗，与誓而遣之。既复出掠，为巡按御史陈员韬所劾，诏责之。提督都御史寇深器其才，言敏往来抚恤番人，赞理军政，乞别除知州，俾敏专戎务。吏部以敏莅茂久，别除恐未悉番

情，猝难驯服，宜增设同知一人佐之。报可。敏既以参议治州，其体俪监司。遂劾按察使陈泰无故杖死番人。泰亦评敏，帝不问。而泰下狱论罪。景泰改元，参议满九载，进右参政，视州事如前。莅州三十余年，威信大行，番民胥悦。秩渐高，诸监司郡守反位其下，同事多忌者。为按察使张淑所劾，罢去。"

[5] **世为** 祖籍。

[6] **松江之华亭人** 松江府始建于元，明清因之，其地域相当于现今的上海市。府治（府衙）在今上海市松江区中山街道松江二中附近。上海古名华亭，明弘治年间《上海县志》称："上海县旧名华亭，在宋时，番商辐凑，乃以镇名，市舶提举司及榷货场在焉。元至元二十九年（1292年），以民物繁庶，始割华亭东北五乡，立县于镇，隶松江府，其名上海者，地居海之上洋也。"

[7] **邑庠弟子员** 即州县学校的学生。邑庠：明清时期对州县学的称呼。弟子员：明清时期对县学生员的称谓。

[8] **太学生** 指在太学读书的生员，亦是最高级的生员。明清时太学即国子监的俗称。国子监是古代最高学府与教育行政管理机构。内设绳、博士、典簿、典籍等厅，以分理各项具体事务；设率性、修道、诚心、正义、崇志、广业六堂，以供生徒听课、自修及习所。设祭酒、司业各一人为正副长官，其属有监丞、五经博士、六堂助教、学正、学录、典簿、典籍等学官掌教务。太学生多由府、州、县学生员中选拔，亦有由恩荫难荫和捐纳而得者，入监就学者有贡生、监生之分。

[9] **永乐十三年** 公元1415年。

[10] **上林苑监** 明官署名。永乐五年（1407年）始置，设良牧、蕃育、嘉蔬、林衡、川衡、冰鉴及典察左右前后十署。洪熙元年（1425年），并为蕃育、嘉蔬二署。宣德十年（1435年），定为良牧、蕃育、林衡、嘉蔬四署。良牧署牧养牛羊猪，蕃育署饲育鹅鸭鸡，林衡署种植果树花木，嘉蔬署莳艺瓜菜。苑地在北京附近，东至白河，西至西山，南至武清，北至居庸关，西南至浑河。主官左、右监正及左、右监副，后不常设，以左、右监丞署职。

[11] **清苑** 今河北省保定市清苑区，位于河北省中部，北京、天津、石家庄三角腹地。

[12] **永乐十九年** 公元1421年。

[13] **同知** 职官名。明清时地方行政长官的副职。

[14] **正统五年** 公元1440年。

[15] **参议** 职官名。明代、清初布政使的下属官员，与参政分领各道，并分管粮储、屯田、军务、驿传、水利等事。

[16] **赞理** 代理；助理。

[17] **景泰元年** 公元1450年。

[18] **白金** 古代白银的别称。

[19] **纻丝** 即缎子，一种质地厚密而有光泽的丝织品。

[20] **表里** 衣服的面子与里子。亦泛指衣料。

[21] **景泰五年** 公元1454年。

[22] **景泰六年** 公元 1455 年。

[23] **早世** 早逝：过早地离世。

[24] **适** 旧称女子出嫁为"适"。

[25] **罗公** 即罗绮。据中华民国《松潘县志》卷六《宦迹》载："《明史》本传：磁州人，宣德五年（1430年）进士。景泰七年（1456年）镇松潘。贼首卓劳纠他寨阿儿结等频为寇，绮擒斩之。土官王永、高茂林、董敏相仇杀，守将不能制。绮捣永巢诛之。又败黑虎诸寨番，斩馘三百五十。在镇七年，威名甚震。崇祀名宦。"

茂县羌族博物馆馆藏禹江苏墓志铭

【位置】茂县羌族博物馆馆藏

【年代】明万历壬辰年（1592年）

【形制】横长方体

【尺寸】高 56、宽 81、厚 7 厘米

【内容】

明奉直大夫[1]禹江苏先生墓志铭[2]

承德郎[3]、四川成都府通判[4]督运松茂粮饷，豫章[5]、庐陵[6]通家[7]，侍教生[8]刘学轼、瞻之甫顿首[9]拜撰

余仲叔[10]兵宪[11]公曩奉命整饬威茂[12]。丙戌岁[13]致政[14]，因谭[15]茂林[16]有苏大夫，质而且文，才练边猷[17]，私心[18]企之[19]。逾年，余授任成都分驻管理威茂兵饷，时叔台[20]耿公为郡长守，述苏大夫贤状，且谓子："请益有槇[21]。"及余入谒[22]当道[23]，先生即过从[24]馆舍[25]。倾盖间[26]，异其古貌[27]温恭[28]。与之谭，率质直，经世语[29]，余盖有味乎其言，知先生非今世士矣。嗣频往茂，即脂车孔棘[30]，公必颈余，余必频教[31]，半晷[32]乃别。且因其子采为州名士[33]，间以[34]文事[35]见教，知公之素履[36]为悉。今年夏四月入茂，亟访先生。一会，先生以疾辞。逾数月，讣闻。呜呼悲哉！其孤等将奉先生葬于南庄[37]，山乙辛向[38]。时余适[39]署事[40]茂郡，子采自持述状[41]谒余，曰："先大夫府君[42]事行[43]具是矣。幽室之铭[44]，幸赖不朽。"余念沐先生教非一日，又与叔氏耿公素知善，盖通家世谊[45]也。即不文[46]，曷敢辞。按状：先生讳继文，字光祚，"禹江"其别号，新号"四吾"。先世为吴和州[47]人，传祖彬应高皇帝[48]举义兵，屡以军功，历授松潘卫镇抚[49]，一传改授茂州卫镇抚，即家于茂入业。而至于公之大父[50]皆世官，而雅好儒术[51]，曾建植[52]宅门，有文士儒服突至之兆，即奇曰："吾家素重儒，来者其儒风，大振乎？"先生父名时，号达庵；母张氏，果生先生焉。先生自髫龄[53]相貌古朴，若愚[54]而聪慧，颖达[55]出人意表[56]。独于强记稍劣，而务多读以胜。虽百倍其功，不惮[57]苦也。尝从晏鸿胪[58]，窃见其有稜抄[59]曰"上恺悌[60]"者，私请数卷归。丙夜漏残[61]，手录弗倦。幼之时笃志锐[62]，然以儒业为己责矣。其事厥[63]，父母谨视，问同忧乐，承颜顺志[64]，恪服[65]教言，咸得其欢心。而友于之爱，有棠棣风[66]，士林[67]共推其孝友[68]云。年十六，以习礼武

生应毛文宗试，毛奇之曰："□岂武弁[69]子弟哉！"录入马附学生，公淬砺[70]。从陈云村先生游[71]，文益进。岁壬寅[72]，补州学生，木泾周文宗大奇之。遂与晏方村先生同游于故太史玉垒王公门[73]。博综[74]群籍[75]，淹贯[76]经史[77]。随试，辄冠诸生，若陈公雨泉、胡公鹿崖方轨[78]，域中[79]士鲜得当者，独于先生赏识，命入大益书院[80]，与群彦[81]切劘[82]。公独于内江高太湖先生最契[83]，联榻禅室[84]者久之。先生问学[85]日博，名籍籍起，微独先生芥视[86]一第[87]。自同侪[88]而比于乡，先达[89]长者，鲜所不心识[90]公也。亡何累试，场屋[91]不偶[92]。即以戊午[93]，里选[94]入太学[95]，司成公又奇之。初，达庵世荫[96]，先生长子木业已优给[97]。待年及辛酉[98]，而长子卒。公复慨然，有投笔志[99]，诣京调大司马[100]蒲州[101]虞坡杨公[102]，当试文事武备论，公首云："天下之道一，故其学一，其才一，故其用一。"杨公击节[103]叹曰："可惜子哉。"遂弗许，而以仲子[104]采荫[105]焉。既归犹应甲子[106]乡试，复不第[107]，乃叹曰："苦志有年，贾用弗售[108]，天乎？"比选[109]期已迫不得已，谒选部[110]，君授楚之谷城[111]令，复出虞坡公门。谷，故称"冲疲"[112]邑也。公下车，吏白[113]故事，有修廨[114]十八金之贽[115]。先生曰："吾莅邑而廨舍苟安，可矣，何复以金而致困苦民哉！"竟却[116]之。嗣是印烙[117]之常规[118]、里甲之供应[119]、入觐[120]之公胥[121]，悉以例革，风清政举。邑常被水灾，城尽浸圮。前令修之期年，费十倍而功不半。公至，传询调停，鲁不糜[122]公帑[123]半钱，三月而城垣告成。御史[124]舒公以旌礼至，所注称"有财不加，而足调停。时未几而完坠工，鼓万姓以乐从，成一方之保障"语。他如请设马驿[125]，请谷救荒，招复流移，条议痛快，上下协从[126]。教养□□□于丘、王二子，裁抑[127]豪右[128]如于彪氏二子，兼捕累年不获大奸朱朝三，殄[129]累访不悛[130]巨恶何邦济。一时政誉流闻远近，而瑞麦[131]、甘露[132]之应叠见[133]，虽古循良[134]不过也。迨转辰阳[135]，别驾[136]去谷，攀号者[137]载道，如失慈怙[138]。比至辰，施为矩度[139]，一以令谷者行之，士民欣洽，不啻[140]谷人。职司边粮，公精于裁核，游刃有余。地所领者辰州七郡邑，之外有靖[141]之郡邑四，湖、贵两省之卫八，大镇三，列哨十有三。而常职[142]外复于当道[143]，诸公或褝赞[144]经营，辞命[145]挥洒，狱讼平反与查盘，行县[146]居半焉。任四载，擢[147]滇之陆凉[148]。陆凉为郡，流土[149]错置，而土酋长即世厥妻昂继之，守者一不慎饬[150]，辄坠其术。先生清正自律，恩礼不失，严峻执法，机权时用，昂肃如[151]也。郡故无城，公为创牙城[152]，帑藏[153]图圄[154]，乃稍稍壮固。罗雄[155]酋长者继荣父子争立，当道下其事，先生矢[156]公直勘[157]之。继荣拥三千兵入境，以重币来献，要[158]以必受，而直其情。先生抱郡符[159]，匹马驱卫城，然后遣使宣谕威棱贴，然随以退听。庚辰[160]，先生以疾致仕[161]，昂谓其侄世益曰："吾人受苏公德厚，可忘报耶？"于是以鞍马金帛[162]奉，觊[163]固拒之。乃挈琴与书数囊，飘然西入蜀。其崭然于辞受，进退之际如此。公自为诸生时，已自能挺身[164]奋学，及戊辰[165]登仕至庚辰[166]解组，凡三仕，十有三稔[167]，而始终一节，故署之者有曰："五载始任，一囊如洗。"有曰："心事同青天白日，才华比蜀锦齐纨[168]。"有曰："科目遗贤，循良首吏。"有曰："壮猷方叔[169]，识治贾生[170]。"凡膺奖[171]者三十余次，揭部一次，钦赏一次。既归庐，谓诸邦人曰："吾乃今得生还矣，象简花鏊[172]，不失先人。故物而出处，去就之义，庶亦称明。独奈何久羁尘绁[173]，不以有余[174]贻[175]后人耶。敝衣垢冠，寒素如昔，绝不与公事[176]。"以故甲申[177]奉诏，犹被恩赉[178]之典而十二年。间十八宾乡饮席[179]，当路者[180]既高其品，又垂其文，靡不[181]造庐宾礼[182]。且究

第一篇 存世碑刻

意[183]边防兵饷，载纪列志，述往谭今，纤悉[184]备具，凿凿[185]可为千百年长画者，当适[186]暨州[187]大夫悉以属[188]先生著述。先生清约[189]，得诸性成[190]，朗谿[191]超于物表[192]，俭足[193]中礼[194]，庶不矫情[195]。待人无众寡大小，一以礼恭[196]。宴会惟论文叙谊，情投即夜夜不倦。若在座[197]醵杂[198]，知则不赴，赴亦不终。至其掞藻摘辞[199]，不剿陈言[200]，奇崛[201]自异，先生岂今世士也哉。今年春，以脾虚肺喘遘[202]疾，子采当有选贡[203]行，先生且手书勉慰："无以我老虑。"采归，又喜曰："子归，吾有主矣。"越明日卒。其洞然于父子死生之间，如是益可证先生之养矣。余常观于今世学士大夫，惇恂简朴[204]者，或啬于文章；而磊落亢爽[205]，好行其德者，类阔[206]略于检饬[207]。如公者，岂菲鲜[208]哉。誉流郡邑，望重[209]荐绅，乡评侈德，诵谊者无间，言刘[210]有子籍，其家教以起隆隆于未艾[211]，此之谓食未竟之报也哉，可以志矣。先生生嘉靖壬午[212]二月一日，卒万历壬辰[213]六月廿一日。配冀州[214]太学生[215]京女邢氏，次唐安[216]陈氏、次温江丁氏、次太和[217]刘氏。子男五：长木，优给舍人[218]，娉陈氏女，蚤世[219]；次禾，袭卫镇抚，娶郑氏，先先生卒；次采，州学生，娶支氏；次秉，娶文氏；次黍，亦学宫弟子[220]，娶姜氏。女二：长琼华，适[221]故指挥吴吉；次琼莹，适千户周官，俱蚤世。木、禾、琼华、莹，俱邢出[222]；采、黍，俱陈出；秉，丁出；养子一，曰苏萧，刘出。孙内外男女十有五人：曰永年，应袭，曰宫姑、曰腊姑，俱禾出；曰有年、曰贞媛、曰静媛、曰纯缓、曰一媛、曰清媛，俱采出；曰长年，禾出；嗣秉曰先春、曰遇春，俱秉出；曰大年，黍出；曰银姑，吉出；曰周四友，官出。得缕书之，铭曰：神禹之乡，泽[223]发茫茫[224]；禹泽沛[225]江，秀钟[226]喆良[227]。学优而仕，壮行孔臧[228]；辞荣[229]若凭，母贫何伤[230]。兴学[231]力行，弥老[232]而光；彼博名高[233]，叵测[234]肺伤。彼鲜坚贞[235]，中道[236]而僵[237]；初末一辙[238]，惟公擅长。瑞气[239]郁蒸[240]，用昌[241]麟凤[242]；铭以诏来[243]，识垂[244]穷壤[245]。

皇明万历壬辰[246]冬十一月吉旦

茂县羌族博物馆馆藏禹江苏墓志铭

【注释】

[1] 奉直大夫 文散官名。宋始置，初为文臣寄禄官。大观二年（1108年），以右朝议大夫改称。金、元、明、清各代为文散官。金代为四十二阶之第二十九阶，从六品上。元代同金阶，升秩从五品，宣授。明代为四十二阶之第二十六阶，从五品，升授。清代为十六阶之第十阶，从五品。

[2] 墓志铭 古代的一种悼念性的文体，一般由志和铭两部分组成。志多用散文撰写，叙述逝者的姓名、籍贯、生平事略；铭则用韵文概括全篇，主要是对逝者一生的评价。但也有只有志或只有铭的。墓志铭可以是自己生前写的，也可以是死后家人请别人写的。

[3] 承德郎 文散官名。金始置，正七品上。元正六品。明正六品初授承直郎，升授承德郎。清正六品概授承德郎。

[4] **通判** "通判州事"或"知事通判"的简称,古代的中央特派员,兼行政与监察于一身。宋初,为了加强对地方官的监察和控制,防止知州职权过重,专擅作大,宋太祖创设"通判"一职。由皇帝直接委派,辅佐郡政,可视为知州副职,但有直接向皇帝报告的权力。知州向下属发布的命令必须要通判一起署名方能生效。通判的差选,初由朝廷选京官任职,后改由转运使、制置使及提举司等监司奏辟。通判之掌除监州外,凡兵民、钱谷、户口、赋役、狱讼听断之事,皆可裁决,但须与知州通签文书施行。

[5] **豫章** 今江西南昌市。汉高帝初年(约前202年)设豫章郡(治南昌县)。后在东汉、三国、两晋以及南朝时期,豫章郡、豫章国为大致相当于今江西省北部(吉安以北)地区的地理单元。东汉末,扬州豫章郡的一部分属交州。隋开皇九年(589年)罢豫章郡置洪州。大业二年(606年)又改南昌县为豫章县,"豫章"所指从南昌地区变为南昌一县。唐宝应元年(762年),因避代宗李豫名讳,豫章县改名钟陵县,"豫章"不再为正式区划名称,而作为南昌的别称。

[6] **庐陵** 今江西吉安。广义的庐陵指整个地级吉安市,狭义的庐陵指庐陵县[今吉州区、吉安县、青原区(不含天玉镇、富滩镇)范围]。元初取"吉泰民安"之意改称吉安,沿用至今。

[7] **通家** 指彼此世代交谊深厚,如同一家。有"通家之好"一说。

[8] **侍教生** 明代学问上后辈对前辈的尊称,多用于名帖或其他书面文字中。

[9] **顿首** 指磕头,古代汉族的一种交际礼仪。而用于书简表奏中则表示致敬,常用于结尾。

[10] **仲叔** 即二叔。仲:兄弟中排行第二者。

[11] **兵宪** 即兵备道,明制于各省重要地方设整饬兵备的道员,明洪武年间始置,本为遣布政司参政或按察副使至总兵处整理文书,参与机要之临时性差遣。弘治年间始于各省军事要冲遍置整饬兵备之"道员",称为兵备道。掌监督军事,并可直接参与作战行动。此官由按察使或按察佥事充任,是分巡道的一种。又称兵备副使、兵宪。

[12] **威茂** 威州和茂州,此处指今岷江上游的汶川、茂县一带。

[13] **丙戌岁** 明神宗万历十四年,公元1586年。

[14] **致政** 即"致仕",指官吏将执政的权柄归还君主,正常退休。《礼记·王制》:"五十而爵,六十不亲学,七十致政。"郑玄注:"还君事。"

[15] **谭** 古同"谈"。

[16] **茂林** 即茂州,今四川省茂县。

[17] **猷**(yóu) 计谋,打算,谋划。

[18] **私心** 内心,个人意愿。唐韩愈《赴江陵途中寄赠三学士》诗:"前日遇恩赦,私心喜还忧。"

[19] **企之** 希望结交认识。

[20] **叔台** 即叔叔。

[21] **请益有缜** 多多请教能够使人心细缜密。请益:向人多多请教。《礼记·曲礼》:"请业则起,请益则起。"缜:古同"缜",细密。

[22] **入谒** 进见,请见。一般用于臣对君、下对上、幼对长。

[23] **当道** 在路上。唐柳宗元《牛赋》："当道长鸣，闻者惊辟。"

[24] **过从** 来访；相互往来。归有光《邢州叙述》："得友天下士，旦夕相过从。"

[25] **馆舍** 官署。

[26] **倾盖间** 从那一刻起。倾盖：指途中相遇，停车交谈，双方车盖往一起倾斜。形容一见如故或偶然的接触。

[27] **古貌** 相貌古朴。

[28] **温恭** 温和恭敬。《书·舜典》："濬哲文明，温恭允塞。"孔颖达疏："温和之色，恭逊之容。"

[29] **世语** ①俗语；②指南朝宋刘义庆及其门客所写的《世说新语》一书。

[30] **脂车孔棘** 即刻驱车前往。脂车：油涂车轴，以利运转，借指驾车出行。晋夏侯湛《抵疑》："仆固脂车以须放，秣马以待却。"孔棘：很紧急；很急迫。《诗·小雅·采薇》："岂不日戒，玁狁孔棘。"郑玄笺："孔，甚也；棘，急也。"

[31] **公必颈余，余必颊教** 交谈时十分亲密，相互搂着脖子，脸贴着脸。

[32] **半晷** 即半天。晷：按照日影测定时刻的仪器。亦指白天。

[33] **名士** ①指已出名而未出仕的人。《礼记·月令》："勉诸侯，聘名士。"郑玄注："名士，不仕者。"②泛指有名的人。杜甫《陪李北海宴历下亭》诗："海内此亭古，济南名士多。"③特指恃才放达、不拘小节的人。

[34] **间以** 时断时续，经常。

[35] **文事** 文化、教育的事务。

[36] **素履** 《易·履》："初九：素履往，无咎。象曰：素履之往，独行愿也。"王弼注："履道恶华，故素乃无咎。"高亨注："素，白色无文彩。履，鞋也。'素履往'比喻人以朴素坦白之态度行事，此自无咎。"后用以比喻质朴无华、清白自守的处世态度。

[37] **南庄** 今茂县凤仪镇南庄村，在县城南面。

[38] **山乙辛向** 应该为"乙山辛向"，风水学方位术语。

[39] **适** 正好，恰好。宋苏轼《超然台记》："方是时，予弟子由，适在济南。"

[40] **署事** 处理公事或代理职事。《南史·沈庆之传》："庆之粗有口辩，手不知书，每将署事，辄恨眼不识字。"

[41] **述状** 即回忆文章。

[42] **府君** 旧时对已故者的敬称，多用于碑版文字。

[43] **事行** 事迹。《管子·正世》："夫五帝三王所以成功立名，显于后世者，以为天下致利除害也。事行不必同，所务一也。"

[44] **幽室之铭** 即墓志铭。幽室：墓穴。晋陶潜《挽歌》："幽室一已闭，千年不复朝。"

[45] **世谊** 世交。

[46] **不文** 没有文采，多为自谦辞。

[47] **吴和州** 今安徽省和县，五代十国时为吴国领地。

[48] **高皇帝** 即明太祖朱元璋。

[49] **镇抚** 镇抚司的长官。元、明均于诸卫置镇抚司，负责本卫的法纪、军纪。

[50] **大父** 指祖父或外祖父。

[51] **儒术** 指先秦儒家的学说、原则、思想。《史记·封禅书》："窦太后治黄老言，不好儒术。"

[52] **建植** 修建。

[53] **髫（tiáo）龄** 幼年。髫：古代小孩头上扎起来的下垂头发。

[54] **若愚** 即"大智若愚"。某些才智出众的人，看起来好像愚笨，不露锋芒。宋苏轼《贺欧阳少师致仕启》："大勇若怯，大智如愚。"

[55] **颖达** 智慧超人。

[56] **出人意表** 出乎人们意料。《南史·袁宪传》："宪常招引诸生与之谈论，新义出人意表，同辈咸嗟服焉。"

[57] **不惮** 不害怕。

[58] **鸿胪** 古代官名。周代叫"大行人"，秦代和汉初叫"典客"，汉武帝太初年间改其名为"鸿胪"，"传声赞导，故曰鸿胪"，也即"鸿胪"之官，是专管朝廷庆贺吊丧赞导之礼的。

[59] **绫抄** 抄录在绫上的文章或书籍。绫：疑为"绫"，一种很薄的丝织品，一面光，像缎子，可书写。

[60] **上恺悌** 古书名，已佚。恺悌：和颜悦色，易于接近。

[61] **丙夜漏残** 不分白天黑夜。丙夜：三更时分，指深夜。《颜氏家训·书证》："或问：'一夜何故五更？更何所训？'答曰：'汉魏以来，谓为甲夜、乙夜、丙夜、丁夜、戊夜……亦云一更、二更、三更、四更、五更，皆以五为节。'"漏残："漏断更残"的缩写，指剩下的时间不多了。更和漏都是过去的计时工具。晚上打更，白天漏沙，用以计时。更残：是指到了五更天了，最后一次打更了，天要亮了。漏断：是指到了黄昏，漏斗里的沙子快漏完了，天要黑了。

[62] **志锐** 坚毅的志气。

[63] **事厥** 做事时昏倒了。

[64] **承颜顺志** 看父母的脸色，顺从其旨意。

[65] **恪服** 恪守服从。

[66] **棠棣风** 兄弟风范。棠棣：也作"常棣"，语出《诗·小雅·常棣》"常棣之华，鄂不韡韡；凡今之人，莫如兄弟"，是一首申述兄弟应该互相友爱的诗。后常用以指兄弟。

[67] **士林** 读书人的圈子。

[68] **孝友** 事父母孝顺、对兄弟友爱。

[69] **武弁** 低级武官。《明史·熹宗纪》："国家文武并用，顷承平日久，视武弁不啻奴隶，致令豪杰解体。"

[70] **淬砺** "淬火磨砺"的缩写。制造刀剑必须淬火和磨砺。比喻刻苦锻炼。

[71] **游** 即"游学"，指远游异地，从师求学。《北史·樊深传》："游学于汾晋间。习天文及算历之术。"

第一篇　存世碑刻

[72]　**壬寅**　明世宗嘉靖二十一年，公元 1542 年。

[73]　**太史玉垒王公门**　即王元正。王元正，字舜卿，盩厔人。明正德六年（1511 年）进士。由庶吉士授检讨。明武宗游幸宣化、大同时，元正作《五子之歌》以讽之。嘉靖三年（1524 年）爆发"大礼议"事件，王元正与杨慎等二百多人死伏左顺门，撼门大哭，哭声响彻殿庭，自言"国家养士百五十年，仗节死义，正在今日。"杖死者十六人。以大礼议谪戍茂州卫。初号三溪，因在京系狱时，有玉垒山之梦，改号玉垒。过汶川威州玉垒山时，叹曰："今何至此耶？"遂徘徊不去。兵备道孙元即于山下筑室居之，题所居曰"山水间读书处"，人称玉垒先生。后与杨慎同修《蜀志》。所题匾额今存威州师范学校。

[74]　**博综**　亦作"博纵"，犹博通。

[75]　**群籍**　亦作"群书"。原指五经以外诸书，后泛指各种书籍。

[76]　**淹贯**　深通广晓。唐杨炯《杜袁州墓志铭》："淹贯义方，周览典籍。"

[77]　**经史**　指经书和史书。经：指儒家经典著作。史：指正史。

[78]　**方轨**　比肩。清黎松门《〈续板桥杂记〉序》："梯崖缒渊，往往方轨古人。"

[79]　**域中**　原意为寰宇间；国中。此处引申为一定范围内。

[80]　**大益书院**　位于四川成都。明正德十三年（1518 年）提学王廷相建于府城东北。嘉靖三年（1524 年）巡抚许廷光增修，巡抚范永銮等置学田于双流，岁收租谷 460 余石。十三年（1534 年）巡抚熊爵等重修，左布政使陆深有记。万历五年（1577 年）张居正议毁天下书院，遂毁。十五年（1587 年）提学郭子章改建为大儒祠，知府耿定力有记。后废。

[81]　**群彦**　众英才。汉蔡邕《答元式》诗："济济群彦，如云如龙。"

[82]　**切劘（mó）**　切磋相正。宋王安石《与王深父书》："自与足下别，日思规箴切劘之补，甚于饥渴。"劘：切削。

[83]　**契**　情意相投。

[84]　**禅室**　禅房，佛徒习静之所。此处指寝室。

[85]　**问学**　即学问。宋罗大经《鹤林玉露》卷一六："试将此酒反观我，胸中问学当日新。"

[86]　**芥视**　轻视。《元史·嵊嵊传》："奉命往核泉舶，芥视珠犀，不少留目。"

[87]　**一第**　指考中进士。清代赵执信《赠李生诗》："生本田野夫，一第良忝冒。"

[88]　**同侪**　指与自己在年龄、地位、兴趣等方面相近的平辈。

[89]　**先达**　有德行学问的前辈。明宋濂《送东阳马生序》："从乡之先达执经叩问。"

[90]　**心识**　意识。明孔贞运《明兵部尚书节寰袁公墓志铭》："（袁可立）公尝查盘海上兵饷，一武弁遗公三倭刀。不纳，然心识其为琉球物也。"

[91]　**场屋**　科举考试的场所，亦引申为"应试"的意思。

[92]　**不偶**　不遇；不合。引申为命运不好。

[93]　**戊午**　即明世宗嘉靖三十七年，公元 1558 年。

[94]　**里选**　古代中央命地方选荐人才的制度。《后汉书·章帝纪》："夫乡举里选，必累功劳。"

[95] **太学** 中国古代的大学。太学之名始于西周。汉代始设于京师。魏晋至明清或设太学，或设国子学，或两者同时设立，均为传授儒家经典的最高学府。

[96] **世荫** 古代子孙因先世官爵而得官。

[97] **优给** 优先给予。

[98] **辛酉** 即明世宗嘉靖四十年，公元1561年。

[99] **投笔志** 投笔从戎的志向。

[100] **大司马** 古代最高军事长官。《周礼》以大司马为夏官之长。"大司马之职，掌建邦国之九法，以佐王平邦国。……以九伐之法正邦国。"后时设时废，到隋时全部废除。明清时为兵部尚书的别称，统管全国军事行政长官，明代正二品，清代从一品。

[101] **蒲州** 今山西省永济市。古称蒲坂，是中华民族发祥地的核心区域，司马迁在《史记》中称这里为"天下之中"。《路史》中记述"柱所都蒲坂"，认为上古传说中的农神，即烈山氏之子柱曾建都于此。

[102] **虞坡杨公** 即明朝名臣杨博，字惟约，号虞坡。山西蒲州（今运城永济）人。嘉靖八年（1529年）进士，被严世蕃认为是天下三才之一。先后任右佥都御史、兵部左侍郎、蓟辽总督、兵部尚书、少保、吏部尚书等职。明穆宗时接连加封少傅兼太子太傅、少师兼太子太师。万历元年（1573年）因病重致仕归乡。万历二年（1574年）去世，享年六十六岁。赠太傅，谥号襄毅。著有《虞坡集》及各类奏议共八十四卷。《皇明经世文编》收录有其文及奏疏。

[103] **击节** 打拍子。形容对别人的诗、文或艺术等的赞赏。《晋书·乐志下》："魏晋之世，有孙氏善歌旧曲，宋识善击节唱和。"

[104] **仲子** 二儿子。

[105] **荫** 即"庇荫"。古代因祖先有勋劳或官职，而循例受封得官。

[106] **甲子** 明世宗嘉靖四十三年，公元1564年。

[107] **不第** 即落第，科举考试不中。清范阳询《重修袁家山（袁可立别业）碑记》："方其初读儒书，于唐会昌中两举进士不第，遇钟离子得授金丹。"

[108] **贾用弗售** 即"贾用不售"，卖不出东西。出自《诗·邶风·谷风》："既阻我德，贾用不售。"郑玄笺："如卖物之不售。"

[109] **比选** 考校选择。为古代屡考不中而又有真才识学的读书人又一入仕途径。《大戴礼记·保傅》："于是比选天下端士孝悌闲博有道术者，以辅翼之，使之与太子居处出入。"

[110] **选部** 官署名，东汉末置，专掌选举，不问祠祀。三国魏改选部为吏部。后为吏部的代称。

[111] **谷城** 今湖北省襄阳市谷城县。

[112] **冲疲** 谓地当冲要，民情疲顽。清黄六鸿《福惠全书·莅任·驭衙役》："郯地当南北孔道，素号冲疲。"

[113] **白** 禀告；报告。唐柳宗元《童区寄传》："虚吏白州，州白大府。"

[114] **廨** 官署。旧时官吏办公处所的通称。

[115] 赀　同"资"。

[116] 却　退还，不受。

[117] 印烙　在牲畜或器物上烫火印。

[118] 常规　从前沿袭下来经常实行的规矩，即老规矩。

[119] 供应　供给所需的财物。唐韩愈《论变盐法事宜状》："所有为官所使，到村之后，必索百姓供应。"

[120] 入觐　指地方官员入朝进见帝王。郑玄笺："诸侯秋见天子曰觐。"

[121] 赆　进贡的财物。

[122] 縻　古通"靡"，消耗，浪费。

[123] 公帑　公款；国库。

[124] 御史　古代官职。御史大夫，从一品，负责监察朝廷、诸侯官吏的失职和不法行为，同时也负责保管朝廷的档案文件。

[125] 马驿　驿站。明代规定每六十里至八十里设马驿一所。在冲要的地方，每所备马三十四、六十四、八十四不等。一般的马驿，每所备马五匹、十匹至二十匹。并且每匹马颈上悬挂小牌，分别写明上、中、下等级，以备选用。

[126] 协从　顺从。宋陆游《谢赦表》："观人心之鼓舞，知天意之协从。"

[127] 裁抑　制裁。明沈德符《万历野获编·科场三·举人勒停会试》："今年署礼部事，侍郎李廷机上疏，谓举人在籍恣肆，作奸犯科，无法惩创，请将最不肖者，勒停会试，以示裁抑。上允之。"

[128] 豪右　原是西汉时期出现的占有大量田产的豪族，此处指横行乡里的地主恶霸。

[129] 殄　歼灭。

[130] 不悛（quān）　坚持作恶，不肯悔改。悛：改过，悔改。

[131] 瑞麦　一株多穗或异株同穗之麦，古代以为吉祥之兆。

[132] 甘露　甘美的露水，古代以为吉祥之兆。

[133] 叠见　接连出现。

[134] 循良　奉公守法的官吏。明李介《天香阁随笔》卷一："吾每见循良之吏，有活民之心，而民终不能活者，不刚也。"

[135] 辰阳　汉高帝二年（前205年）置。初名辰陵，五年以地当辰水之阳改名辰阳。地当今湖南辰溪、怀化、麻阳、花垣、凤凰等市、县。

[136] 别驾　官职名。全称为别驾从事史，也叫别驾从事。汉代设置，为州刺史的佐吏。别驾因其地位较高，刺史出巡辖境时，别乘驿车随行，故名。后引申为官员所乘的车辆。

[137] 攀号者　攀附着车子而号啕大哭的人。

[138] 慈怙　慈祥的父母。怙：父母的合称。白居易《寄乌江十五兄文》："孩失其怙，幼丧所亲；旁无弟兄，茕然一身。"

[139] 矩度　规矩法度。《宋史·理宗纪一》："出入殿庭，矩度有常。"

- [140] **不啻** 不只、不仅。
- [141] **靖** 即靖州，今湖南省靖州苗族侗族自治县，北连会同，东接绥宁，南抵通道，西与贵州省黎平、锦屏、天柱三县毗邻。
- [142] **常职** 固有的职务《左传·文公六年》："宣子于是乎始为国政……本秩礼，续常职，出滞淹。"孔颖达疏："续常职者，职有废阙，任贤使能，令续故常也。"
- [143] **当道** 执政者；掌权者。清百一居士《壶天录》卷中："曹恣情不讳，触怒诸当道。"
- [144] **裨赞** 辅助。《明史·张祐传》："总督姚镆召至军中，待以宾礼，多所裨赞。"
- [145] **辞命** 即辞令。应对的言辞。《左传·襄公三十一年》："公孙挥能知四国之为，而辨于其大夫之族姓、班位、贵贱、能否，而又善为辞令。"
- [146] **行县** 谓巡行所主之县。《后汉书·崔骃传》："（崔篆）乃遂单车到官，称疾不视事，三年不行县。"李贤注引《续汉志》："郡国常以春行县，劝人农桑，振救乏绝。"
- [147] **擢** 提拔。
- [148] **陆凉** 今云南省曲靖市陆良县。
- [149] **流土** 外来人与土著人。流：流民，因躲避天灾人祸而四处奔波的人，多为汉民。土：土著人，多指生活在本地的少数民族。
- [150] **慎饬** 谨慎治理。
- [151] **肃如** 同"肃然"，恭敬整饬的样子。汉扬雄《法言·渊骞》："仲元，世之师也，见其貌者，肃如也。"
- [152] **牙城** 军中主帅或主将所居之城，以例当建牙旗，故称。《资治通鉴·后梁太祖开平元年》："渥父行密之世，有亲军数千，营于牙城之内。"胡三省注引《蜀注》："古者军行有牙，尊者所在。后人因以所治为衙，曰牙城，即衙城也。"
- [153] **帑藏** ①国库。《后汉书·杨秉传》："帑藏空虚，浮食者众。"②钱币、财产。明刘元卿《贤奕编·警喻》："有富人子自童亡外，既长行乞过家而不识也。其父识引之，子复家，授以帑藏，退不敢当。"
- [154] **囹圄** 监牢。《韩非子·三守》"至于守司囹圄，禁制刑罚，人臣擅之，此谓刑劫。"后又引申出束缚、困难的意思。
- [155] **罗雄** 今云南省曲靖市罗平县。
- [156] **矢** 古通"誓"，发誓。《论语·雍也》："夫子矢之曰……"
- [157] **勘** 实地调查。
- [158] **要** 要挟。利用对方的弱点，仗恃自己的势力，胁迫他人满足自己的要求。
- [159] **郡符** 郡太守的印信。
- [160] **庚辰** 明神宗万历八年，公元1580年。
- [161] **致仕** 古代官员正常退休叫作"致仕"，一般致仕的年龄为七十岁，有疾患则提前。此外还常用致事、致政、休致等名称，盖指官员辞职归家。

[162] 鞍马金帛　泛指金银财物。鞍：马鞍。马：骏马。金：黄金。帛：丝绸。

[163] 赆　同"尽"，全部。清崔象川《白圭志》："遂将此诗赆看，不觉天明。"

[164] 禔身　安身；修身。汉扬雄《法言·修身》："或问：'士何如斯可以禔身？'曰：'其为中也弘深，其为外也肃括，则可以禔身矣。'"李轨注："禔，安。"

[165] 戊辰　明隆庆二年，公元1568年。

[166] 庚辰　明神宗万历八年，公元1580年。

[167] 稔（rěn）　①庄稼成熟。②年。古代谷一熟为年。

[168] 蜀绵齐纨　形容才华横溢。蜀绵：四川成都出产的彩锦。齐纨：古代齐国（今山东）出产的白细绢。

[169] 壮猷方叔　像方叔一样足智多谋。出自《诗·小雅·采芑》："方叔元老，克壮其猷。"郑玄笺："猷，谋也；谋，兵谋也。"朱熹注："猷，谋也；言方叔虽老，而谋则壮也。"

[170] 识治贾生　像贾谊一样懂得治世之道。贾生：贾谊（前200—前168），西汉初年著名政论家、文学家，世称贾生。贾谊少有才名，十八岁时，以善文为郡人所称。文帝时任博士，迁太中大夫，受大臣周勃、灌婴排挤，谪为长沙王太傅，故后世亦称贾长沙、贾太傅。三年后被召回长安，为梁怀王太傅。梁怀王坠马而死，贾谊深自歉疚，抑郁而亡，时仅33岁。司马迁对屈原、贾谊都寄予同情，为二人写了一篇合传，后世因而往往把贾谊与屈原并称为"屈贾"。

[171] 膺奖　接受奖励。膺：接受。

[172] 象简花鞶（pán）　比喻做官。象简：象笏，象牙制的手板。古代品位较高的官员朝见君主时所执，供指画和记事。花鞶：鞶囊，古代官吏用来盛印绶的革制袋囊。

[173] 久羁尘绁（xiè）　长久地为世间俗事束缚。羁：马笼头。尘：人世间。绁：绳索，系牲口的缰绳。

[174] 有余　剩余的日子，即有生之年。

[175] 贻　赠给；留下。

[176] 公事　朝廷之事；公家之事。《诗·大雅·瞻卬》："妇无公事，休其蚕织。"朱熹《诗集传》："公事，朝廷之事也。"

[177] 甲申　明神宗万历十二年，公元1584年。

[178] 恩赉　犹恩赐。《宋史·外国传六·大食国》："真宗不欲违其意，俟其还，优加恩赉。"

[179] 宾乡饮席　乡饮酒礼的贵宾。宾：《仪礼·乡饮礼》注，"贤者为宾，其次为介，又其次为众宾"。乡饮：乡饮酒礼，古代官方举办的嘉礼之一。起源于宋代，盛行于明清。表面上是一种简单的餐饮宴请活动，但有着极其重要的政治意义。整个仪式实际上是在弘扬与宣传封建社会为臣尽忠、为子尽孝、兄弟相亲、邻里和睦、朋友有信、长幼有序等道德伦理规范。

[180] 当路者　掌握政权的人，即官员。

[181] 靡不　无不。靡：《尔雅》："无也。"

[182] 造庐宾礼　以上宾之礼登门拜访。

- [183] **究意** 留意研究。
- [184] **纤悉** 细微详尽。
- [185] **凿凿** 确实。清蒲松龄《聊斋志异·段氏》："言之凿凿，确可信据。"
- [186] **适** 担任。
- [187] **暨州** 今江苏省江阴市。
- [188] **属** 同"嘱"，嘱咐。
- [189] **清约** 清廉节俭。宋陆游《朝奉大夫直秘阁张公墓志铭》："比右史奉公丧归，至无屋可庐，其清约如此。"
- [190] **性成** 即习以性成。长期的习惯养成的性格。
- [191] **朗豁** 开朗豁达。
- [192] **物表** 物外，世俗之外。《文选·北山移文》："若其亭亭物表，皎皎霞外，芥千金而不眄，屣万乘其如脱。"张铣注："表，外也。物表、霞外，言志高远也。"
- [193] **俭足** "惟俭足用"的简称。只有节俭才能富足。
- [194] **中礼** 符合"礼制"的要求。
- [195] **矫情** 故意违反常情。
- [196] **礼恭** 礼仪周全而恭敬。
- [197] **在座** 在聚会、宴会的座位上。泛指参加聚会或集会。
- [198] **醵（jù）杂** 凑钱饮酒或其他杂事。醵：凑钱饮酒。
- [199] **掞藻摛辞** 施展文采，铺陈辞藻。摛、掞：发舒，铺陈。
- [200] **不剿陈言** 比喻文章或艺术等有独创风格，不落俗套。不剿：应为"不窠（kē）""不落窠臼"的简称，指文章不为陈旧格式所束缚，具有独创性。陈言：陈旧的言辞。
- [201] **奇崛** 独特不凡。陆贽《谢密旨因论所宣事状》："自揣凡庸之才，又无奇崛之效。"
- [202] **遘** 遇到。《说文》："遘，遇也。"
- [203] **选贡** 科举制度中由地方常贡之外贡入国子监的生员之一种。明制，于岁贡之外考选学行俱优者充贡，因有此名。《明史·选举志一》："弘治中，南京祭酒章懋言：'……乞于常贡外，令提学行选贡之法，不分廪膳、增广生员，通行考选，务求学行兼优、年富力强、累试优等者，乃以充贡。'"清定拔贡、优贡之制，亦由此而来。
- [204] **惇恂简朴** 做人敦厚诚信，生活简单朴素。
- [205] **磊落亢爽** 正大光明，性格直爽。
- [206] **阔** 胸襟开阔，才思广博。
- [207] **检饬** 言行谨慎，自我约束。
- [208] **菲鲜** 少之又少；罕见。菲：微薄。鲜：少。
- [209] **望重** 名望大。《醒世恒言·三孝廉让产立高名》："（许武）此时望重朝班，名闻四野。"
- [210] **矧（shěn）** 况且；亦；也。

[211] 未艾　未尽；未止。

[212] 嘉靖壬午　明世宗朱厚熜嘉靖元年，公元 1522 年。

[213] 万历壬辰　明神宗朱翊钧万历二十年，公元 1592 年。

[214] 冀州　今四川省茂县叠溪镇。

[215] 太学生　指在太学读书的生员，亦是最高级的生员。明清时太学即国子监的俗称。

[216] 唐安　今四川省崇州市江源镇。

[217] 太和　具体地点不详。

[218] 舍人　明代军卫应袭子弟称"舍人"。

[219] 蚤世　与"早逝"相同，过早地死去；夭死。

[220] 学宫弟子　学生。学宫：古代地方政府设立的学校。

[221] 适　旧称女子出嫁为适。

[222] 出　生育。

[223] 泽　恩惠。

[224] 茫茫　广阔，深远。

[225] 沛　水势湍急的样子。泛指盛、大。

[226] 秀钟　即"钟秀"，聚集灵秀之气。清唐孙华《酬徐蕢洲侍郎》诗："孕奇钟秀异人出，词华哲匠多精能。"

[227] 喆良　贤明的人；有智慧的人。喆同"哲"。

[228] 孔臧　汉蓼侯孔聚之子。文帝九年（前 171 年）嗣聚为御史大夫。臧愿嗣家业，求为太常，与从弟安国缀集古义。武帝重违其意，遂拜太常，礼赐如三公。臧与博士等议劝学励贤之法，请著功令，自是公、卿、大夫、吏，彬彬多文学之士，在官数年卒。

[229] 辞荣　逃避富贵荣华的生活，即辞官退隐。晋陶潜《感士不遇赋》："望轩唐而永叹，甘贫贱以辞荣。"

[230] 何伤　没有妨害。《论语·先进》："子曰：'何伤乎？亦各言其志也。'"

[231] 兴学　兴办学校，振兴教育。《礼记·王制》："乐事劝功，尊君亲上，然后兴学。"

[232] 弥老　即老弥，"老而弥坚"的缩写，形容老年人的心态更加坚强。弥：更加。人虽已老，但志向却更加坚定。

[233] 名高　即高名。盛名，名声大。《韩非子·十过》："过而不听于忠臣，而独行其意，则灭高名，为人笑之始也。"

[234] 叵测　无法预料、不可推测。

[235] 坚贞　节操坚定不变。唐韦应物《睢阳感怀》诗："甘从锋刃毙，莫夺坚贞志。"

[236] 中道　半路；中途。

[237] 僵　去世；死亡。

[238] 初末一辙　与"如出一辙"义相同。从开始到最后都沿着同一车轮碾出的痕迹前进。比喻立场

坚定，始终如一。

[239] **瑞气**　瑞应之气。泛指吉祥之气。《晋书·天文志中》："瑞气：一曰庆云。若烟非烟，若云非云，郁郁纷纷，萧索轮囷，是谓庆云，亦曰景云。此喜气也，太平之应。"

[240] **郁蒸**　凝聚和蒸腾。《太平广记》卷四〇引唐裴铏《传奇·陶尹二君》："天地尚能覆载，云气尚能郁蒸，日月尚能晦明，川岳尚能融结。"

[241] **昌**　昌盛。

[242] **麟凰**　代指子孙后代。麟：麒麟。雄性称麒，雌性称麟。凰：凤凰。雄为凤，雌为凰。

[243] **诏来**　告诫后世。

[244] **垂**　传下去，传留后世。

[245] **穷壤**　贫穷而偏僻的地方。

[246] **皇明万历壬辰**　明神宗朱翊钧万历二十年，公元1592年。

松潘文管所馆藏徐太夫人墓志铭

【位置】松潘县文物管理所藏
【年代】明万历癸卯岁（1603年）
【形制】横长方体
【尺寸】高59、宽64、厚7厘米
【内容】

万历癸卯[1]之秋，鄙人无以[2]自锦里[3]还舍[4]。居少暇，适姻亲徐太夫人捐馆[5]。长君以主事[6]自夜郎[7]闻讣，匍匐奔归。期将初虞[8]，乃卜地祖茔，卜于是年[9]拾月十三日归殡[10]。徐君携其弟与男升慕，经手泣杖[11]，卷发垢面，捧令母生平状[12]，且拜且泣。须后徐君请同先妣逝若干□美，遵照家礼不敢久停，归葬在即，□不肖无能显扬，恐先德湮没，负罪巨多。愿借一言，以垂不朽，荐不孝之怼[13]少释，□将持之有立也。予让再三，相求益切。予视徐君，孝心诚笃，度不能辞，及夷考[14]夫人懿行[15]，再肆踌躇，方敢属笔[16]焉。夫人姓路氏，出自昭信校尉[17]路公。事母戴氏，年龄十八，曰嫔，子徐君承业。徐君乃中山[18]后裔，世为昭勇将军[19]。自夫人于归[20]，壹范[21]严肃，妇道攸彰；克相夫子，内外无间[22]。是以岷山公勋业日益盛，家道日益昌，亲生三凤[23]二女。岷山公遂疾，夫人竭历汤药，日无宁晷[24]。及岷山公告殂，夫人几兴俱亡。经而矢志无他，永肩一心[25]；干放家政，克端母仪。以韬略而尊长也，则有陵母[26]之风；日诗书而迪汶也，媲美三□之教。以致凤麟济济，忠贤成华，二十春秋，历如一日，诚女中之叟[27]，出而媚道[28]之特异也。夫人生长君佳，继荫祖职，荡平南夷，晋秩都戎，□征□十余年。忻两台优荐者六，历升平番守备，旋擢遵义骠骑游击将军，奏敕正二品。髫年[29]配吴氏，继配汪氏、章氏、吴氏。生长孙之龙，配任氏、王氏。生长孙女徐氏，即指挥荫袭余弘绪；次君佳庆，庠生[30]，沉酣典籍，厕[31]负乡校，配徐氏，生次孙之孟、次女孙堡，哥三姐四。季君佳选配王氏，长女徐氏，适[32]儒士[33]黄应□；次女徐氏适指挥吴继

341

恭子其周。所睹记者如此矣，瓜瓞之绵绵[34]，奕叶[35]之昌茂，未尽书也。夫人生于嘉靖戊戌年[36]十月初三寅时[37]，卒于万历癸卯年正月初一日子时[38]。今择本年十月十三日酉时[39]，安厝[40]于城南祖茔。大约夫人之始终全节，生顺死安备矣，尽矣。第榆杨不尽，徐君其无我罪焉，谨志。再书幽宅[41]之美而铭曰：

贞而静兮，夫人之风；婉而勤兮，夫人之志。坚而□兮，夫人之心；孝而纯兮，夫人之恒。有之茕茕[42]兮，克振家道；诸子骏巆[43]兮，文昌[44]令嗣[45]。南山之阳兮，虎踞龙蟠；洮水之滨兮，螯集媲聚。藏珍掩玉兮，千万斯年；和气悠□兮，脉衍千亿。

明万历癸卯岁十月十三日
华阳谕郡人□生吴悌谨识[46]

【注释】

[1] **万历癸卯** 即明神宗万历三十一年，公元 1603 年。

[2] **无以** 即"无已"，不得已。《孟子·梁惠王上》："无已人，则王乎。"

[3] **锦里** 即锦官城。晋常璩《华阳国志·蜀志》："州夺郡文学为州学，郡更于夷里桥南岸道东边起文学，有女墙，其道西城，故锦官也。锦工织锦，濯其中则鲜明，他江则不好，故命曰'锦里'也。"后即以"锦里"为成都之代称。

[4] **还舍** 即回家。

[5] **捐馆** 是死的比较委婉的说法。捐：放弃。馆：官邸。从字面上来说，就是放弃了自己的官邸，一般指官员的去世。后遂以"捐馆"为死亡的婉辞，亦省作"捐舍"。语出《战国策》卷一九《赵策二》："苏秦从燕之赵，始合从，说赵王曰：'天下之卿相人臣，乃至布衣之士，莫不高贤大王之行义，皆愿奉教陈忠于前之日久矣。虽然，奉阳君妒，大王不得任事，是以外宾客游谈之士，无敢尽忠于前者。今奉阳君捐馆舍，大王乃今然后得与士民相亲，臣故敢献其愚，效愚忠。'"宋鲍彪注："妇人死曰捐馆舍，盖亦通称。"

[6] **主事** 北魏置尚书主事令史，为令史中的首领。隋以后但称主事，本为雇员性质，非正规官职。金代始列为正官，职务以文牍杂务为主，也分管郎中、员外郎之职。明代于各部司官中置主事，官阶从七品升为从六品。清代又升为正六品，与郎中、员外郎并列为六部司官。其他官署如内务府、理藩院及各部亦有主事。

[7] **夜郎** 古国名，是秦汉时期在西南地区由少数民族建立的国家，是中国历史上神秘的三大古国之一。其管辖范围在今贵州大部及湖南一部。后以"夜郎"代指贵州。

[8] **虞** 预料。

[9] **是年** 今年。

[10] **归殡** 入土安葬。

[11] **泣杖**：相传汉韩伯俞因过受母笞打时，感到母亲年老力衰，笞打无力，因而哭泣。事见汉刘向《说苑·建本》。后以"泣杖"为尽孝之典型。

[12] **生平状** 即画像。状：样子、相貌。

[13] 愆　罪过，过失。

[14] 夷考　考察。《孟子·尽心下》："夷考其行，而不掩焉者也。"赵岐注："考察其行，不能掩覆其言。"

[15] 懿行　即善行。宋濂《故天台朱府君霞坞阡表》："惟恐其嘉谟懿行不暴白于后世也。"

[16] 属笔　执笔撰写或委托执笔。属，古同"嘱"。

[17] 昭信校尉　武散官名。金始置，正七品，元升正六品。明正六品初授昭信校尉。清废。

[18] 中山　中山即明朝开国军事统帅徐达（1332—1385）。徐达，字天德，濠州钟离（今安徽凤阳）人。初朱元璋为郭子兴部将，往归之。从南略定远，取和州。渡江攻城拔寨，皆为军锋之冠，后为大将，统兵征战。1364年，被朱元璋封为左相国，拜大将军。洪武初累官中书右丞相，封魏国公，追封中山王。

[19] 昭勇将军　明代正三品武散官阶，正三品武官初授昭勇将军，升授昭毅将军，加授昭武将军。

[20] 于归　指女子出嫁。语出《诗·周南·桃夭》："之子于归，宜其室家。"朱熹集传："妇人谓嫁曰归。"

[21] 壹范　即"懿范"，美好的风范。多用于赞扬妇女美德。壹："懿"之错别字。

[22] 无间　没有隔阂；关系极密。

[23] 凤　凤凰为中国古代传说中的百鸟之王，常用来象征祥瑞。雄的叫凤，雌的叫凰。凤：引申为男。

[24] 日无宁晷　每天都没有片刻空闲时间。晷：古同"賅"，本指日光兼覆，引申为兼备，包容。

[25] 永肩一心　全心全意。语出《书·盘庚下》："式敷民德，永肩一心。"

[26] 陵母　即汉将王陵母亲。《汉书》卷四〇《张陈王周传·王陵》："王陵，沛人也。始为县豪，高祖微时兄事陵。及高祖起沛，入咸阳，陵亦聚党数千人，居南阳，不肯从沛公。及汉王之还击项籍，陵乃以兵属汉。项羽取陵母置军中，陵使至，则东乡坐陵母，欲以招陵。陵母既私送使者，泣曰：'愿为老妾语陵，善事汉王。汉王长者，毋以老妾故持二心。妾以死送使者。'遂伏剑而死。项王怒，烹陵母。陵卒从汉王定天下。以善雍齿，雍齿，高祖之仇，陵又本无从汉之意，以故后封陵，为安国侯。"

[27] 女中之叟　即女中丈夫。叟：男人。

[28] 媚道　是一种致爱巫术，就是希望利用超自然的神秘力量来获取爱情。

[29] 髫（tiáo）年　幼年。髫：幼童时期。古代儿童尚未束发时自然下垂的短发，故称之，也称作"垂发"。

[30] 庠生　古代学校称庠，故学生称庠生，为明清科举制度中府、州、县学生员的别称。

[31] 厕　夹杂在里面；参与。

[32] 适　旧时女子出嫁曰适。

[33] 儒士　崇奉孔子学说的人，汉以后亦泛称读书人、学者。

[34] 瓜瓞之绵绵　喻子孙繁衍，相继不绝。《诗·大雅·绵》："绵绵瓜瓞，民之初生，自土沮漆。"朱熹《诗集传》："大曰瓜，小曰瓞。瓜之近本初生常小，其蔓不绝，至末而后大也。"

- [35] 奕叶　累世，代代。
- [36] 嘉靖戊戌年　明嘉靖十七年，公元1538年。
- [37] 寅时　指凌晨3点到5点。平旦，又称黎明、早晨、日旦等，此时是夜与日的交替之际。
- [38] 子时　指晚上11点至凌晨1点整。夜半，又称子夜、中夜。古时十二时辰制的第一个时辰。
- [39] 酉时　指下午5点至下午7点。日入，又名日落、日沉、傍晚。意为太阳落山的时候。
- [40] 安厝　停放灵柩待葬或浅埋以待正式安葬。出自《孝经·丧亲》："卜其宅兆而安厝之。"邢昺疏："宅，墓穴也；兆，茔域也。葬事大，故卜之。"
- [41] 幽宅　坟墓，墓地。
- [42] 茕茕　孤独无依靠的样子。晋李密《陈情表》："茕茕孑立，形影相吊。"
- [43] 骏嶷　英俊聪慧。
- [44] 文昌　文昌本星名，亦称文曲星，或文星，古时认为是主持文运功名的星宿。民间喻能读书、考取功名的人为"文曲星下凡"。
- [45] 令嗣　指对他人之子的敬称，如同称"令郎"。
- [46] 谨识　郑重记叙。宋汪藻《〈苏魏公集〉原序》："今乃尽得其书读之，可谓幸矣。故谨识其端，而归其书于苏氏。"

松潘文管所馆藏徐太夫人章氏镇墓文券

【位置】松潘县文物管理所藏

【年代】明天启五年（1625年）

【形制】横长方体

【尺寸】高49、宽56、厚5厘米

【内容】

大 明 文 券

地理镇墓文券[1]。今据安葬明诰封[2]太夫人徐母章氏[3]三正魂之灵存目。阳命丙子相[4]二月初四日时受生，原系绵州[5]南门正街地分生长人氏，享年人间五十岁大限。亡于天启五年[6]四月二十一日午时分，在松潘卫左所南门东小街告终。幸得亡运今年，正合魂运入墓，五音大利，八卦相连，运气通良，合伸安葬。于复山[7]期，谨备地价冥钱九九之数，恭叩山家土府九垒高皇太帝位前，买到艮龙发脉，巽山乾向，加龙三分。其地左至青龙朝拱，右至白虎护持，前至朱雀兑位，后至玄武相迎，上至青天盖载，下至点穴其尊，中央一穴永为亡者作万年墓宅，永荫清吉，子孙加官进职，永远富贵。自安葬之后，不得地脉伏尸，故气前来侵占。如有抢夺来脉风水者，计本境山神、土地押赴泰山门下，仰仗岁月值符使者，齐领文券上奉天宫，依女青天律究治，施行须至券者，祖师六各无穹高明大帝、山川地泽昭烈武成王、中宫地厚土德镇星君。地理杨、鲁二仙师判券。

344

右给付明诰封太夫人徐母章氏三正魂

天启五年乙丑岁戊子月庚申日庚辰时给

【注释】

[1] **镇墓文券** 即镇墓文。是东汉中后期出现的具有鲜明道教文化特征的随葬文字材料，主要内容是为死者买阴间宅地一处，要求幽冥各级官吏不要侵害死者灵魂，阴阳殊界，死者鬼魂也不要回到人间作祟，复连生者。

[2] **诰封** 诰命封赏。在明清之际，对文武官员及其先代妻室赠予爵位名号时，皇帝命令有诰命与敕命之分，五品以上授诰命，称诰封；六品以下授敕命，称敕封。

松潘文管所馆藏徐太夫人章氏镇墓文券

[3] **太夫人徐母章氏** 章氏为"左绵隐士章义之季女，游戎徐升翁之继室也"。事迹详见松潘文物管理所馆藏《明诰封徐太夫人墓志铭》。

[4] **丙子相** 即明万历四年，公元1576年。

[5] **绵州** 今绵阳市游仙区。

[6] **天启五年** 公元1625年。

[7] **复山** 祭奠仪式的一种。丧葬过程中，安葬后第三日，后辈要上坟添土，称为复山。复山之时，还要用小猪、鸡、豆腐等供奉，烧化香亭、纸马等。

松潘文管所馆藏明诰封徐太夫人墓志铭

【位置】松潘县文物管理所藏
【年代】明天启五年（1625年）
【形制】竖长方体
【尺寸】高70、宽57、厚8厘米
【内容】

明诰封[1]徐太夫人墓志铭

赐进士第[2]、奉议郎[3]、户部河南司郎中[4]……

赐进士第、承德郎[5]、南京户部广东司主事[6]罗……

余为诸生[7]时，闻松维[8]有徐氏者，派出中山[9]。地产英杰，以锁钥边疆，常欲亲，久而……伯桐柏有犹子[10]之爱。余因得辱为通家[11]弟兄，接其人，温如冠玉，朗若然犀[12]，欢若平生……而乞志铭[13]于余。夫志铭，所以光幽宅[14]、垂不朽也，非若橡者笔昌克任之，余敢遵重命乎……

之效颦[15]焉。按状夫人姓章氏，为左绵[16]隐士章义之季女[17]，游戎[18]升台徐翁之继室也。升翁弱冠[19]……继娶王氏，生女朝姐。甫三稔[20]，又不禄[21]。占配外邦[22]，娶夫人委禽[23]时，年方及笄[24]。其姑夫人婿居[25]及重夫[26]……潇潇[27]、省侍[28]笑语，务得其欢心。姑夫人少不洽意，夫人不乐也。相升翁侍篆[29]十年，事上官、待宾友、睦族周……不能过之已，而升翁声望飙发，擢守平番[30]，于姑夫人虽不能朝夕承顺，其恋慕之诚，百里不隔也。秩满[31]，擢……绝□者之忍，坚不偕往。姑夫人以夫人不出，苦遣之，方揾泪[32]行抵任，无何姑夫人讣至，夫人以为人子妇，而生……属纩[33]，哀慕号痛，几不获生，乃劝升翁谓："功名可以再图，姑夫人死不复生矣，若不乞归，以求尽子道。"如此周往，向……冠驰归。归而诸祭葬之仪，助敕赞功，一遵礼制，乡里美之。读礼中当事者以升翁风望壮猷[34]，起为国屏，夫人劝曰："君家世縻好爵[35]，宜留不尽以遗子孙。无为，造物忌也。"升翁求进之念因止，而今云际永袭祖荫，□□夫人□获和九[36]之训，温恂儒雅有古名将风。侍篆十二年，承夫人之助，一如升翁侍篆时名，因勃勃振起，而蛮哈之……命下。云际性孝纯徇笃，坚不离于膝下，夫人一如姑夫人之慰升翁者慰之，云际谓蛮哈远在天际之间，经年方连，志不欲行，然又恐拂亲意也。正踌躇间，会成都议以守戎坐营镇远，云际陈情改任，得题允之，理营务二载于兹[37]。才干操守，远当宁[38]者。三登[39]拜异数[40]，企足可待[41]。夫人之宠褒，方骏骎未艾[42]，奈何奄忽[43]而为朝露[44]也。嗟乎!人世泡影，鹤之长，兔之短，厥有定数。惟是为母而又难矣，为继母当愈亦难焉。夫人事姑孝而敬，相夫顺而肃，抚先子女慈而严，待姻族厚而有礼，御诸婢童奴惠而有恩，盖无不人人颂美焉。其最超类者，贵而不骄，丰而不侈，且处下秉风人橡木[45]之德，待两弟无汉世交丐[46]之悲，其去得介俗妇，又不啻径庭矣。夫世岂无人子而大，舜[47]、闵损[48]独擅美者，谓母继而化于子之孝也。兹夫人之贤固彰□人耳目□□□□□妇之孝亦岂可诬耶。夫人生万历丙子[49]二月，卒天启乙丑[50]四月，得寿五十一。子即云际，名元龙，配指挥佥事汪庆女汪氏。二再娶侧室彭氏，有男一，名钢，聘左绵廪生余一□女。孙女四：长适指挥佥事谢起源长子谢朝宠，次许指挥同知史继玮次子史尊周，以上汪出；次许指挥佥事路道昌长子路伟，次尚襁褓，以上彭出。女一：即朝姐，适指挥同知余弘绪婚。甥一、甥女三。礼宜修[51]，尝之铭曰：

  大□闵损，名传千古。匪名之传，因际贤母。其贤如何，兹孝作主。鸣鸡解佩，相夫干蛊[52]。贻厥孙□，□其□□。节彼□山，汜兹番□。□□秀舍，虎蟠龙踞。千万斯年，永光□土。

天启五年[53]拾壹月拾伍日

【注释】

[1] **诰封** 诰命封赏。在明清之际，对文武官员及其先代妻室赠予爵位名号时，皇帝命令有诰命与敕命之分，五品以上授诰命，称诰封；六品以下授敕命，称敕封。

[2] **进士第** 是科举时代考选进士，录取时按成绩排列的等第。宋洪迈《容斋三笔·词学科目》："任子中选者，赐进士第。"

[3] **奉议郎** 文散官名。隋置通议郎，唐改奉议郎，为文官第十六官阶，从六品上。宋元丰改制用以代太常丞、秘书丞、殿中丞、著作郎。后定为第二十四阶。金、元均不置。

[4] **郎中** 官名。始于战国，秦汉沿置。掌管门户、车骑等事；内充侍卫，外从作战。另尚书台设郎中司诏策文书。晋武帝置尚书诸曹郎中，郎中为尚书曹司之长。隋唐迄清，各部皆设郎中，分掌各司事务，为尚书、侍郎之下的高级官员，清末始废。

[5] **承德郎** 文散官名。金始置，正七品上。元正六品。明正六品初授承直郎，升授承德郎。清正六品概授承德郎。

[6] **主事** 北魏置尚书主事令史，为令史中的首领。隋以后但称主事，本为雇员性质，非正规官职。金代始列为正官，职务以文牍杂务为主，也分管郎中、员外郎之职。明代于各部司官中置主事，官阶从七品升为从六品。清代又升为正六品，与郎中、员外郎并列为六部司官。其他官署如内务府、理藩院及各部亦有主事。

松潘文管所馆藏明诰封徐太夫人墓志铭

[7] **诸生** 古代经童试录取而进入府、州、县各级学校，包括太学学习的生员。生员有增生、附生、廪生、贡生等，统称诸生。

[8] **松维** 即松州和维州，此处应指松潘。

[9] **派出中山** 即明朝开国军事统帅徐达之后裔。徐达（1332—1385），字天德，汉族，濠州钟离（今安徽凤阳）人。初朱元璋为郭子兴部将，往归之。从南略定远，取和州。渡江攻城拔寨，皆为军锋之冠，后为大将，统兵征战。1364年，被朱元璋封为左相国，拜大将军。洪武初累官中书右丞相，封魏国公，追封中山王。

[10] **犹子** 如同儿子。《论语·先进》："回也视予犹父也，予不得视犹子也。"

[11] **通家** 世代交好之家，指两代以上彼此交谊深厚，如同一家。

[12] **然犀** 传说点燃犀牛的角可以照见怪物。后以明察事务为然犀。

[13] **志铭** 即墓志铭。古代的一种悼念性的文体，一般由志和铭两部分组成。志多用散文撰写，叙述逝者的姓名、籍贯、生平事略；铭则用韵文概括全篇，主要是对逝者一生的评价。但也有只有志或只有铭的。墓志铭可以是自己生前写的，也可以是死后亲属请别人写的。

[14] **幽宅** 死人居住的地方，即坟墓。

[15] **效颦** 效颦即"东施效颦"的寓言故事。出于《庄子·天运》："西施病心而颦其里，其里之丑人见而美之，归亦捧心而颦其里。"后人称故事中的丑人为东施。将机械模仿者叫作"东施效颦"或"效颦"。

[16] **左绵** 旧时四川绵阳的代称。"左绵"一词出于晋人左思《蜀都赋》："左绵巴中、百濮所充。"原意并非指绵阳，因隋开皇五年（585年）建绵州，州名出现"绵"字，加之绵州地处成都东北方，符合古地理方位"左"方，故杜甫诗《海棕行》云："左绵公馆清江濆，海棕一株高入

云。龙鳞犀甲相错落，苍棱白皮十丈文。自是众木乱纷纷，海棕焉知身出群！移载北辰不可得，时有西域胡僧识。"

[17] **季女** 小女儿。

[18] **游戎** 转指游击。明朝武官名，明朝镇戍军中置，位在参将之下，率游兵往来防御。

[19] **弱冠** 古代男子二十岁叫作"弱"，这时要行"冠礼"，即戴上表示已成人的帽子。后世泛指男子二十左右的年纪。

[20] **稔（rěn）** 年。古代谷一熟为年。

[21] **不禄** "夭折"之别称。

[22] **外邦** 指地方州郡。

[23] **委禽** 亦称"纳采"，即提亲。古代结婚礼仪（即"六礼"）中，除纳征外，其他五礼，男方都要向女方送上雁作为贽礼，所以称纳采为委禽。

[24] **及笄** 亦作"既笄"。古代女子满十五岁结发，用笄贯之，因称女子满十五岁为及笄，表示已到出嫁的年岁。语出《礼记·内则》："女子……十有五年而笄。"

[25] **婿居** 居住在女婿家中。

[26] **重夫** 再嫁。

[27] **滫瀡（xiǔ suǐ）** 本意为淘米水，转指饮食。

[28] **省侍** 探望，侍奉。宋苏轼《与子安兄书》之一："拜违十八年，终未有省侍之期。岁行尽，但有怀仰。"

[29] **侍篆** 做官。篆：印章多用篆文，故为官印的代称。

[30] **平番** 今松潘县镇江关镇五里堡。

[31] **秩满** 官吏任期届满。

[32] **揾泪** 拭擦眼泪。

[33] **属纩** 古代汉族丧礼仪式之一。即病人临终之前，要用新的丝絮放在其口鼻上，试看是否还有气息，此一仪式称为"属纩"，因而"属纩"也用为"临终"的代称。《礼记·丧大记》："属纩以俟绝气。"郑玄注："纩，今之新丝，易动摇，置口鼻之上，以为候。"

[34] **壮猷** 宏大的谋略。

[35] **好爵** 高官厚禄。晋陶潜《辛丑岁七月赴假还江陵夜行涂口》："投冠旋旧墟，不为好爵萦。"

[36] **和丸** 比喻母亲教子勤学。语出明汪廷讷《狮吼记·抚儿》："他和丸不厌朝和暮，你反哺休忘桑与榆。"

[37] **于兹** 在此。《书·盘庚上》："我王来，既爰宅于兹。"

[38] **当宁** 处在门屏之间。宁，古代宫室门内屏外之地。君主在此接受诸侯的朝见。《礼记·曲礼下》："天子当宁而立，诸公东面，诸侯西面，曰朝。"孔颖达疏："天子当宁而立者，此为春夏受朝时也。宁者，《尔雅》云：'门屏之间谓之宁。'郭注云：'人君视朝所宁立处。'"后以"当宁"指皇帝临朝听政，又引申指皇帝。

[39] **三登** 谓连续二十七年皆五谷丰收。亦借指天下太平。

[40] **异数** 特殊的情况；例外的情形。明钱谦益《尚宝司少卿袁可立前母陆氏加赠宜人》："国家异数霈恩，推及前母。"

[41] **企足可待** 抬起脚后跟来等着。比喻不久的将来就能实现。

[42] **骎骎（qīn qīn）未艾** 比喻事业进展得很快，但尚未达到止境。骎骎：形容马跑得很快的样子。未艾：未尽，未止。《诗·小雅·庭燎》："夜如何其，夜未艾。"

[43] **奄忽** 疾速，突然。明归有光《寒花葬志》："回思是时，奄忽便已十年。"

[44] **朝露** 早晨的露水。比喻人生短促。出处《汉书·苏武传》："人生如朝露，何久自苦如此。"此处为"死亡"之隐语。

[45] **风人椽木** 辅助提携之意。风人：①指古代采集民歌风俗等以观民风的官员。②诗人。《文选·曹植〈求通亲亲表〉》："是以雍雍穆穆，风人咏之。"吕延济注："风人，诗人也。"

[46] **汉世交丐** 意为刻薄吝啬。语出《笑林》："汉世有人，年老无子，家富，性俭啬。恶衣蔬食，侵晨而起，侵夜而息，管理产业，聚敛无厌，而不敢自用。或人从之求丐者，不得已而入内取十钱。自堂而出，随步辄减。比至于外，才余半在，闭目以授乞者。寻复嘱云：'我倾家赡君，慎勿他说，复相效而来。'老人俄死，田宅没官，货财充于内帑矣。"

[47] **舜** 中国传说历史中的人物，是五帝之一。相传舜的家世甚为寒微，虽然是帝颛顼的后裔，但五世为庶人，处于社会下层。舜的遭遇更为不幸，父亲瞽叟，是个盲人，母亲很早去世。瞽叟续娶，继母生弟名叫象。舜生活在"父顽、母嚣、象傲"的家庭环境里，父亲心术不正，继母两面三刀，弟弟桀骜不驯，几个人串通一气，必欲置舜于死地而后快；然而舜对父母不失子道，十分孝顺，与弟弟十分友善，多年如一日，没有丝毫懈怠。舜在家里人要加害于他的时候，及时逃避；稍有好转，马上回到他们身边，尽可能给予帮助，所以是"欲杀，不可得；即求，尝（常）在侧"身世如此不幸，环境如此恶劣，舜却能表现出非凡的品德，处理好家庭关系，这是他在传说故事中独具特色的一个方面。

[48] **闵损** 姓闵名损，字子骞，比孔子小十五岁，鲁国人。闵损以德行著称，孔子特别表彰他的孝行，说他顺事父母，友爱兄弟。汉代刘向《说苑》中曾记载闵损幼年时遭后母虐待，他父亲知道以后，非常愤怒，要把后妻赶走，闵损反而为后母求情。他说，母在一子寒，母去三子单。因为后母生了两个孩子，如果后母被赶走了，那么两个孩子就没人照顾了。他的孝行感动了父母，也深得远近之人的赞赏。同时，他也是孔子弟子中唯一明确主张不做官的人。

[49] **万历丙子** 明神宗朱翊钧万历四年，公元1576年。

[50] **天启乙丑** 明熹宗朱由校天启五年，公元1625年。

[51] **宜修** 修饰合宜。《楚辞·九章·橘颂》："纷缊宜修，姱而不丑兮。"

[52] **干蛊** 典故名，典出《周易》卷三《蛊卦》。指"干父之蛊"。谓儿子能继承父志，完成父亲未竟之业。

[53] **天启五年** 公元1625年。

汶川映秀黄家院吴恒墓铭

【位置】汶川县映秀镇黄家院村吴家三组

【年代】清光绪三十年（1904年）

【形制】竖长方体

【尺寸】高155、宽85、厚29厘米

【内容】

吴 公 墓 铭

廪生[1]侄曾孙绍龄撰并书

秦始制碑，记功德也。汉仿竖碑，悲往事也。前人创于前，今人因遵于后。爰命匠人琢磨凿石，不惟功德记焉、往事悲焉，而公之名也不没焉。但公之碑竖自乾隆，五十年间，自然历久，风雨飘零，模糊字迹不见。有四房朝辅之子思仲，念祖德宗功，重竖碑铭。庶几，世世子孙霜露增，感时展孝思焉云耳，敢序。公生乾隆乙丑年[2]七月初四亥时[3]，没于己酉年[4]六月廿四午时[5]。本族族行序左：

启世鸣国，日友思自。永林泽心，崇性道尚。志述芳型，学业惟承。继光先载，德馨万文。传□□广，誉进朝廷。

光绪三十一年[6]岁在乙巳仲冬[7]吉日重竖

汶川映秀黄家院吴恒墓铭

【注释】

[1] **廪生** 明清两代称由公家给以膳食的生员。又称廪膳生。明初生员有定额，皆食廪。其后名额增多，因谓初设食廪者为廪膳生员，省称"廪生"，增多者谓之"增广生员"，省称"增生"。又于额外增取，附于诸生之末，谓之"附学生员"，省称"附生"。后凡初入学者皆谓之附生，其岁、科两试等第高者可补为增生、廪生。廪生中食廪年深者可充岁贡。清制略同。

[2] **乾隆乙丑年** 即乾隆十年，公元1745年。

[3] **亥时** 指晚上9点至11点。

[4] **己酉年** 乾隆五十四年，公元1789年。

[5] **午时** 指上午11点至下午1点。

[6] **光绪三十一年** 公元1905年

[7] **仲冬** 冬季的第二个月，即农历十一月。

汶川绵虒玉龙罗式中墓志铭

【位置】汶川县绵虒镇玉龙村

【年代】清光绪乙巳（1905年）

【形制】横长方体

【尺寸】高55、宽90、厚7厘米

【内容】

盖闻祖德宗功，持躬笃厚，水源木，木成性，孝慈[1]。想当年，奉始祖而三楚[2]，远别耕读家传，辞麻城[3]而西属，初迁路门、古法[4]，徙竣汶水[5]，爰得乐土。承先世经荣百计，裕后昆[6]体志两行。地生百鱼，水秀青山。人传十一代，清白家风，脉气一支，诗书门第，一堂之上，其乐浅浅，其乐融融。无非上体亲心，下承启后，其默默之相通者，惟志而已。以亲之志通乎子之志，亦以子之志通乎亲之志，《小雅》云："孝子不匮，永锡尔类。"[7]其垂范为无穷焉。想曩时[8]祖父母之艰苦备尝，创业难，守业尤难，何也？苦心孤诣，沿及今日，既不负先君之立志，又不怠子孙之勤劳。想先父弃书躬耕，报捐国学，生于道光辛丑年[9]八月十六日吉时，承继宗祧[10]，先灵启后，扶持默佑，家道兴隆，夫而后福寿全归，利名一律斯时也。先行阴宅[11]，应卜二眠。为善之家，必有余庆。佑丁繁衍，世代荣昌。以志不朽之序云。

光绪乙巳[12]二月新造吉□

监生王衡氏敬书

汶川绵虒玉龙罗式中墓志铭

【注释】

[1] **孝慈** 指孝慈之道。对尊长孝敬，对下属或后辈慈爱。

[2] **三楚** 战国楚地疆域广阔，秦汉时分为西楚、东楚、南楚，合称三楚。多指长江中游以南，今湖南湖北一带地区。

[3] **麻城** 今湖北省麻城市。明末清初"湖广填四川"移民的中转枢纽。

[4] **路门、古法** 应为地名，具体位置不详。

[5] **汶水** "岷江"之别称，这里指汶川县。

[6] **后昆** 亦作"后绲"。后嗣；后代子孙。

[7] **孝子不匮，永锡尔类** 出自《诗·大雅·既醉》："孝子不匮，永锡尔类。"朱熹《诗集传》："类善也……孝子之孝诚而不竭，则宜永锡尔以善矣。"锡：古通"赐"，给予。

[8] 曩（nǎng）时　往时；以前。汉贾谊《过秦论上》："深谋远虑，行军用兵之道，非及曩时之士也。"

[9] 道光辛丑年　即清道光二十一年，公元1841年。

[10] 宗祧（tiāo）　宗庙。祧：远祖之庙。《礼记·祭义》："筑为宫室，设为宗祧，以别亲疏远迩，教民反古复始，不忘其所由生也。"

[11] 阴宅　即坟墓。安葬祖先灵柩，使之长眠安息的地方，故称"阴宅"。

[12] 光绪乙巳　清光绪三十一年，公元1905年。

汶川映秀黄家村吴思仲暨安人汤氏墓铭

【位置】汶川县映秀镇黄家村

【年代】清光绪三十二年（1906年）

【形制】竖长方体

【尺寸】高130、宽70、厚6厘米

【内容】

庆云公吴思仲暨安人[1]汤氏墓铭

山不在高，有仙则名；水不在深，有龙则灵。是公也，居山水之间，不啻[2]若仙焉，若龙焉，何也？人生七十，自古尚稀。公今八十有九，安人七十有四，夫妻齐眉[3]，百岁同登，拔山[4]涉水，如游平坦，非地灵而何有此人杰？惜公无嗣[5]，抚本族自长之子永发为孙，以承宗祧[6]。族中长幼老少，永不得移。而公一生勤俭，健[7]产修房，夫妇到老不懈，诚吴门中克肖[8]人也。

爰题铭曰：岷山[9]苍苍[10]，汶水[11]洋洋。云翁之德，山高水长。

公生嘉庆戊寅二十三年[12]二月初一寅时[13]，没于光绪三拾二年[14]四月六日亥时[15]寿终。安人生于道光壬辰十二年[16]冬月[17]廿八日巳时[18]，没　年　月　日时终。

光绪三十一年[19]岁次乙巳冬月吉日
崇阳[20]增生[21]陈光祖撰书

汶川映秀黄家村吴思仲暨安人汤氏墓铭

【注释】

[1] 安人　①封建时代命妇的一种封号。宋代自朝奉郎以上，其妻封安人。明清时，六品官之妻封安人。如系封与其母或祖母，则称太安人。②犹夫人，对妇人的尊称。

[2] 不啻　不止；不仅仅。

[3] **齐眉** 指夫妻间互敬互爱，源自典故"举案齐眉"。《后汉书·逸民列传·梁鸿传》："遂至吴，依大家皋伯通，居庑下，为人赁舂。每归，妻为具食，不敢于鸿前仰视，举案齐眉。"

[4] **拔山** 即"跋山"。拔："跋"之错别字。

[5] **无嗣** 没有继承的人；没有后代。

[6] **宗祧** 继承祖业。祧：远祖之庙。

[7] **健** "建"之错别字。

[8] **克肖** 能继承前人。明李贽《礼诵药师经毕告文》："念此僧虽非克肖，在僧中亦无大愆。"

[9] **邙山** 邙山又名北芒，横卧于洛阳北侧，是崤山支脉，为洛阳北面的天然屏障和重要的军事要地，同时也是古代帝王理想中的埋骨处所。此处应指岷山。

[10] **苍苍** 茂盛；众多。《诗·秦风·蒹葭》："蒹葭苍苍，白露为霜。"毛传："苍苍，盛也。"

[11] **汶水** 即"岷江"，古代亦称汶江。

[12] **嘉庆戊寅二十三年** 公元1818年。

[13] **寅时** 古代十二时辰制计时名称。指凌晨3点到5点。

[14] **光绪三拾二年** 公元1906年。

[15] **亥时** 古代十二时辰制计时名称。指晚上9点到11点。

[16] **道光壬辰十二年** 公元1832年。

[17] **冬月** 农历十一月。

[18] **巳时** 古代十二时辰制计时名称。指上午9点到11点。

[19] **光绪三十一年** 公元1905年。按正文所述，此处有误，应为光绪三十二年。

[20] **崇阳** 今四川崇州市崇阳镇。

[21] **增生** "增广生员"的简称。科举制度中生员名目之一。明初定制，生员名额有定数，府学四十人，州学三十人，县学二十人，每人月给米六斗为廪食。后增加人数，廪者遂称廪膳生员，增广者称增广生员。清沿其制，而名额皆有定数，廪生有廪米有职责，增生无之，故增生地位次于廪生。

第九章 其 他

理县木卡姜维城"□□武墩"匾额

【位置】理县木卡乡三寨村姜维城内，现已佚失

【年代】明嘉靖三十六年（1557年）

【形制】抹角长方体

【尺寸】高44、宽32、厚15厘米

【内容】

　　　　　　　　　　□□武墩

　　成都府威州保县知县舒文璧
　　提督西路茂州卫指挥蒋启
　　□官威州所督工指挥鲁绢
　　□□县堡威州所指挥宋希效
　　□□茂州卫督工百户万邦宪
　　保□□典史冯世达
　　□□□□威所百户戴崇民、陈思

　　　　　　　　　　　　嘉靖叁拾陆年[1]春叁月□□□立
　　　　　　　　　　　　管队总旗高荣、文成

【注释】

[1] 嘉靖叁拾陆年　公元1557年。

茂县沟口"宁江堡"匾额

【位置】原存茂县沟口乡宁江村宁江堡城门洞上，现已佚失

【年代】明万历三十六年（1608年）

【形制】横长方体

【尺寸】高75、宽130厘米

【内容】

　　历饬[1]威茂等处[2]兵备、综理[3]粮储、四川按察司[4]副使邢有忭。

　　　　　　　　　宁　江　堡[5]

　　　　　　钦差协赞[6]四川叠茂南路等处地方[7]游击[8]、管参将事[9]陈策
　　　　　　万历三十六年[10]秋八月吉日建

【注释】

[1] **历饬** 多次整顿治理。

[2] **威茂等处** 威州和茂州一带地方。

[3] **综理** 总揽，管理。

[4] **按察司** "提刑按察使司"的简称。明清时省级司法和检察机关，主管一省的刑名、诉讼事务。同时也是中央监察机关——都察院在地方的分支机构，对地方官员行使监察权。

[5] **宁江堡** 在今茂县沟口乡宁江村。据道光《茂州志》卷二《关隘》载："宁江堡，州西四十里，旧名韩湖。明洪武十年（1377年）建。"现城址尚存。

[6] **协赞** 协助；辅佐。《三国志·蜀志·来敏传》："（来忠）与尚书向充等并能协赞大将军姜维。"

[7] **叠茂南路等处地方** 指叠溪以南至茂州以北广大区域。

[8] **游击** 明朝武官名。明沿边与要地驻军置游击，分掌驻地防守应援，初多以功臣、外戚充任，无品级，无定员，位次参将。后定游击从三品。

[9] **管参将事** 掌管参将职责。参将：中国明朝首设的官制名称，为镇守边区的统兵官，无定员，位次于总兵、副总兵，分守各路。

[10] **万历三十六年** 公元1608年。万历：明神宗朱翊钧的年号（1573—1620年），为明朝使用时间最长的年号。

茂县沟口"宁江堡"匾额

茂县凤仪静州"佳城"匾额

【位置】原存茂县凤仪镇静州村东岳庙（又名大庙），现存茂县羌族博物馆

【年代】明崇祯元年（1628年）

【形制】横长方体

【尺寸】高45、宽110、厚9厘米

【内容】

大明崇祯元年[1]五月初六吉日。

佳　　城

静州司[2]宣抚[3]董应诏

【注释】

[1] **大明崇祯元年** 公元1628年。崇祯：明朝最后一位皇帝明思宗朱由检（1610—1644）的年号。

[2] **静州司** 即静州宣抚司，驻地茂县凤仪镇静州村。据道光《茂州志》卷三《土司》载："静州长官司，其先董整伯，唐开元间（713—741年）投诚授职。国朝康熙五年（1666年）归

诚，仍授原职，颁给印信号纸，住牧静州。其地东至大河陇木土司界四界，南至水磨沟二十里，西至州属核桃沟十里，北至州属巴珠沟二十五里。管寨十二，每年认纳麦粮一十九石三斗二升。"

[3] **宣抚**　即宣抚使，为宣抚司的长官。宣抚司：金朝置，有节制、监察职责。元在边远少数民族地区置宣抚司，为地方行政机构。有达鲁花赤、宣抚使、同知、副使等官。明清沿置，皆土司世袭武官职。

金川安宁亮福"牢骚碑"

【位置】原立于金川县安宁乡政府驻地崖壁下，现已无存

【年代】清乾隆癸卯岁（1783年）

【形制】横长方形抹角

【尺寸】高60、宽70厘米

【内容】

种树栽花修五衙，

崇化[1]地址我始发。

曾在云普[2]为总镇[3]，

生成机遇不堪夸。

今落微员[4]难展志，

差来岂敢废驰加[5]。

整顿一切循乎理，

贤愚怨乐听其他。

乾隆癸卯岁[6]庚申月[7]治处

京都世家长白亮福[8]题

【注释】

[1] **崇化**　今金川县安宁乡安宁村。清乾隆两定金川后，于此设绿营兵崇化营。

[2] **云普**　云南普雄。

[3] **总镇**　即"总兵"，清代镇守地方的绿营兵的最高军事长官，官阶正二品，受提督统辖，掌理本镇军务，又称"总镇"。其直接统辖的绿营兵称"镇标"。

[4] **微员**　职位卑下的人员。

[5] **驰加**　修炼内功。

[6] **乾隆癸卯岁**　清乾隆四十八年，公元1783年。

[7] **庚申月**　农历七月。

[8] **亮福**　曾任云普总兵，后因事获罪而降级。清乾隆后期曾任崇化营游击。其他生平不详。

汶川绵虒凤头关双镇塔赞

【位置】 原立汶川县绵虒镇高店村飞沙关洞顶之古道旁，现存汶川县博物馆

【年代】 清咸丰五年（1855 年）

【形制】 横长方体

【尺寸】 高 45、宽 90、厚 9 厘米

【内容】

凤头关[1]双镇塔[2]赞

惟汶石纽[3]，古凤头山[4]。群峰锁钥，泉壑门阑[5]。迹追先圣[6]，功集后贤[7]。临渊作塔，倚壁为垣。沙飞雁鹜[8]，石结龙盘[9]。金峦拱翠，玉浪回璇[10]。壶中日月[11]，洞里云烟[12]。灵昭古庙，险踞重关。创捐双镇，留题二仙。钟英毓秀[13]，于万斯年。

赐进士出身[14]知汶川县事[15]闽岩黄杰[16]题

督工、监修：高谦、寒时祥、孟廷选、高联麒、陈三锡、周海、高家鼎

咸丰五年[17]正月[18]吉旦立

汶川绵虒凤头关双镇塔赞

【注释】

[1] **凤头关** 即今汶川县绵虒镇高店村飞沙关。相传，唐时杨贵妃进京途中，因天晚宿于该地，见月色皎洁，星光灿烂，河水清清，花香袭人，于是决定乘夜色去岷江河中沐浴，洗去一路风尘，不想被人偷窥，杨贵妃怒而扬沙，从此这里不再月明风清，而是狂风大作，飞沙射人，飞沙关由此得名。

[2] **双镇塔** 位于今汶川县绵虒镇高店村飞沙关洞顶圣母祠旁，现已毁。

[3] **石纽** 即石纽山刳儿坪，在今汶川县绵虒镇高店村山上，有洗儿池、禹王庙、"禹迹"等遗迹，相传为大禹出生地。《史记·夏本纪》："夏禹，名曰文命。"张守节正义引汉扬雄《蜀王本纪》："禹本汶山郡广柔县人也，生于石纽。"《三国志·蜀志·秦宓传》："禹生石纽，今之汶山郡是也。"

[4] **凤头山** 今汶川县绵虒镇石纽山，俗称凤岭。"绝高。小道盘旋，路为沙壅，下临深渊，时时大风吹沙上飞。或曰山下池水一泓，为杨贵妃少时浴澡处也。"其中，"浤"应为"泓"。

[5] **门阑** 亦作"门栏"，门框或门栅栏。

[6] **迹追先圣** 追忆先圣大禹光辉事迹。

[7] **功集后贤** 千秋功绩泽被后代子孙。

[8] **沙飞雁鸷**（zhù） 飞沙如同大雁一样高飞。鸷：振翼而上，高飞。唐宋之问《度大庾岭》："魂随南鸷鸟，泪尽北枝花。"

[9] **石结龙盘** 岩石扭曲如同盘龙一般。

[10] **回璇** 即"回漩"。璇："漩"之错别字。

[11] **壶中日月** 过着悠闲清静的神仙生活。唐李白《下途归石门旧居》："何当脱屣谢时去，壶中别有日月天。"

[12] **洞里云烟** 如云似烟的时光飞转流逝。

[13] **钟英毓秀** 指山川秀美，人才辈出。钟英，应为"钟灵"。出自清陆以湉《冷庐杂识·神缸》："天台为仙境，为佛地，无怪钟灵毓秀，甲于他邑。"

[14] **赐进士出身** 清朝科举分为三甲。头甲三人，即状元、榜眼和探花，赐进士及第。二甲赐进士出身。三甲人数最多，赐同进士出身。

[15] **知汶川县事** 汶川县知事。

[16] **黄杰** 道光进士，福建人，咸丰二年至咸丰五年（1852—1855年）任汶川知县。

[17] **咸丰五年** 公元1855年。

[18] **正月** 农历一月。

松潘进安观音阁"李德裕七层楼"碑记

【位置】松潘县进安镇七层楼（观音阁）

【年代】清同治十二年（1873年）

【形制】弧顶长方体

【尺寸】残高84厘米，顶高27厘米，碑残高77、宽95、厚12厘米

【内容】

同治十二年[1]岁次癸……

唐李卫公德裕[2]七层楼[3]……

署松潘厅事[4]……

松潘进安观音阁"李德裕七层楼"碑记

【注释】

[1] **同治十二年** 公元1873年。

[2] **李卫公德裕**（787—850） 李德裕：字文饶，赵郡赞皇（今河北赞皇）人，唐代政治家、文学家，牛李党争中李党领袖，中书侍郎李吉甫次子。文宗太和四年（830年）十月至太和六年（832年）十二月，因受朝中牛僧孺党排挤，出任剑南道西川节度

使。此时正值唐王朝与吐蕃在川西北地区进行旷日持久的军事对抗。云南南诏政权也在南方偶尔侵扰，虎视眈眈，形势对唐王朝在西南地区的统治极为不利。李德裕上任后，吸取前任教训，调查研究，调兵遣将，建关置堡，修筑城池，以防御吐蕃、南诏的联合进攻。为使决策者心中有数，运筹帷幄，他召集各地乡贤名宦、军政要员，详细了解各地的民情风俗、山川河流、险隘关卡、特产资源等情况，在松潘县城建七层楼，在汶川七盘沟建七盘楼，在理县、汉源清溪及成都大慈寺分别建筹边楼。在楼内用图画形式一一标明，故名曰筹边楼。李德裕在蜀期间，曾建筹边楼三座，一在成都大慈寺统筹整个西南地区；二在汉源清溪筹划南诏；三在理县薛城筹划川西北防务。惜前二处早已毁于战火。

[3] **七层楼**　中华民国《松潘县志》卷二《古迹》载：七层楼，治城内卫公崖麓。唐李卫公筹边时建。清咸丰庚申毁，现改为观音阁。

[4] **厅事**　原意为官署视事问案的厅堂，代指同知。

小金美兴观音阁"避水火书"碑

【位置】小金县美兴镇观音阁
【时代】中华民国年间
【形制】竖长方体
【尺寸】高90、宽65、厚7厘米
【内容】

万 古 昭 烈[1]

金川仙境地，普陀[2]灵仙阁[3]。鸟听声簧[4]音，湾湾曲曲水，重重叠叠山。时听波罗密[5]，仙音水潺潺。回头脑当壮，□劫好仙丹。□人学此法，□是极乐天。万古不朽矣。

避水火书：龙

纯中道人老叟八十八学写天书[6]

【注释】

[1] **昭烈**　显赫；显著。曹操《表糜竺领嬴郡》："偏将军糜竺，素履忠贞，文武昭烈。"

[2] **普陀**　即普照陀山，浙江省舟山群岛中的一个岛屿，与山西五台山、四川峨眉山、安徽九华山并称为中国佛教四大名山，为观音菩萨的道场。

[3] **灵仙阁**　神仙居住的地方。

[4] **声簧**　即"笙簧"，古代一种乐器，相传为女娲所制。后借指美妙的音乐或声音。声："笙"之错别字。

[5] **波罗密** 即《般若波罗蜜多心经》,也称为《摩诃般若波罗蜜多心经》,简称《般若心经》或《心经》,是般若经系列中一部言简义丰、博大精深、提纲挈领、极为重要的经典,为大乘佛教出家及在家佛教徒日常背诵的佛经。密,"蜜"之错别字。

[6] **天书** 《简易道德经》载:"人献河洛,问何物,昊曰天书。"河洛二字在一起,说明是河图、洛书的意思。有人奉送河图和洛书的时候,问是什么东西,太昊伏羲说:"天书。"从此,人祖伏羲受到启发,创造了一套完整的龙魂字符,以这些龙魂字符所著述的《九极八阵》和《简易道德经》及《无极玄易功》统称为《天书》。

第二篇 文献碑文

第十章　同治《理番厅志》、乾隆《保县志》

报功祠[1]碑记

[明]威州知州　　贺新[2]

夫祭之为言也，报本也。报本何道也，功德所被。人心以后同之，所以敦厚也。夫天地者，万物之始也，故有郊社[3]之礼。父母者，生人之始也，故有宗庙之祭，此祀之大端也。日月星辰，所瞻仰也；风雨露雷，所资生也；山林川泽，土谷所产财用也。则各以其类祭之，此由天地而推者也，广物道也。古哲、帝王、先圣、先师、功臣、烈士、名宦、乡贤，安国家、庇生民、垂大法、捍大患，则各以其族祭之，此由父母而推者也，广人道也。《记》曰："乐，乐其所自生；礼，反其所自始。祭之，义也。非此族也，不在祀典。"按：威，古氐羌之地，自武王时始入中国，秦郡县之，尽夷类也。汉大将军姜维讨叛羌[4]至此，筑城[5]以界之。闲有汉民后世顾其城，思其人，因名之曰"维城"。唐乃改置维州，宋因为威州，其原自姜氏始也。至吐蕃作乱，戎马交驰，牛僧儒欲弃之，时李德裕为节度使，屹然为保障之计，民赖以全。迄于今不沦于腥膻童首[6]者，李公之赐也。夫姜公者，威州所由始；李公者，威州所由生。无姜、李，则无威矣。祀而报之，不亦宜乎！然李公，里人处处犹祀之，姜公则不知祀，岂非以其远而遂迷其本始欤！嘉靖戊申[7]，前兵宪[8]小东马公兴废闸幽，追崇往迹，乃命有司春秋举祭焉，姜、李之列祀典自兹始。惜其祠，因诸旧楼，倾颓简陋，莫可周旋。甲寅[9]之秋，予莅任未几，诣词展礼，慨然欲创造之，难其地。越明年乙卯，诸生或告予曰："祠旁有千户彭氏故宅，居之弗利。鬻[10]诸谢氏，谢氏亦罔。或利将鬻，诸人弗得也，盍图？"诸子遂往观焉。规模轩豁，栋宇宏壮，乃卜诸心曰："何以弗利于人，或者神将有意乎？"立召谢氏子庠生[11]朝升、朝阶，语其事，二生欣然，愿鬻为公祠。乃众议定价二百金有奇，因割大悲寺之废址易之，抵价金四十。其余则命僧人祖祥偕民周良田以义论众，共襄厥成。诸所请，无不人人翕然愿助者。予以其故告之今兵宪云峰来公，公曰："予职在安边，志在崇功，此义举也。"捐米四十石。予亦捐米金若干为众倡。既而保县知县舒子文璧、儒学训导[12]刘子万荣从而和之。于是提督西路指挥蒋君启、署威所千户蒋君承恩、指挥鲁君绰、乡大夫吴君玙、谢君天爵、王君鹗、董君刚、庠生杜俨辈、义民王永和等各捐有差。合之计谢氏之值，改作之需，绰然有余裕矣。乃命吏目魏玑稽出纳，仓副使李汝翼、典史冯世远敦匠事。凡增修大门三间，两旁各为小室，以居守祠。次为二门，为左右厢房。前堂后寝，悉仍其旧，稍加饰焉，气象益焕然改观矣。将以明年丙辰仲春，迁神致祭。诸生与里民会呈于州曰："姜、李之功尚矣。后有作者，若前太守崔公哲[13]招徕逆番，境土用靖；范公渊[14]以文饰治，以礼化俗，至今有遗惠焉。请以从祀。"夫惟天下名贤所寓，宦绩流芳，必祀诸学宫，以昭不泯，威独阙焉，不可以为训。祀崔、范于姜、李之后，礼以义起也，从之。祭之日，俎豆馨香，

礼仪具备，肃然无哗。众情以和神之格思[15]，其可度矣。呜呼！是举也，有二道焉：祀姜、李者，所以表为下报功之义也；祀崔、范者，所以劝为上施德之仁也。仁至斯，义尽矣。牧斯土者，可无仁乎哉！爰记其事，以告来者。并刊其助金者姓名于碑阴云。

明嘉靖三十四年[16]

——同治《理番厅志》卷五《艺文》。又见乾隆《保县志》卷七《艺文志》

【注释】

[1] **报功祠** 按《保县志》载："报功祠，又名录佑祠，在厅东宁江堡。明嘉靖三十五年（1556 年）威州知州贺新为合祀姜维、李德裕建。"今已无存。

[2] **贺新** 据乾隆《保县志》卷三《职官》载："贺新，明嘉靖间任，曾偈创姜、李二公祠。有碑文。"

[3] **郊社** 祭天地。周代冬至祭天称郊，夏至祭地称社。

[4] **汉大将军姜维讨叛羌** 指三国蜀汉建兴十年（232 年）"是岁，汶山平康夷反，维率众讨定之"。详见《三国志·姜维传》。

[5] **筑城** 相传今汶川县威州镇后夯土城为姜维所筑。但经考古发掘证明，姜维城始筑于汉代，即为汉代汶山郡址。三国时，姜维应是在汉城基础上进行加固维修。

[6] **腥膻童首** 对少数民族生活习俗的蔑称，亦代指少数民族。腥膻：难闻的腥味。亦比喻人间丑恶污浊的现象。晋葛洪《抱朴子·明本》："山林之中非有道也，而为道者必入山林，诚欲远彼腥膻，而即此清净也。"童首：秃头。宋沈括《梦溪笔谈·神奇》："急去巾，视童首之发，已长数寸；脱齿亦隐然有生者。"

[7] **嘉靖戊申** 明世宗嘉靖二十七年，公元 1548 年。

[8] **兵宪** 即兵备道，又称兵备副使，明朝于各省重要地方设整饬兵备的道员。明洪武年间始置，本为遣布政司参政或按察副使至总兵处整理文书，参与机要之临时性差遣。弘治年间始于各省军事要冲遍置整饬兵备之"道员"，称为兵备道。掌监督军事，并可直接参与作战行动。此官由按察使或按察佥事充任，是分巡道的一种。

[9] **甲寅** 明世宗嘉靖三十三年 公元 1554 年。

[10] **鬻**（yù） 卖，出售。

[11] **庠生** 古代学校称庠，故学生称庠生，为明清科举制度中府、州、县学生员的别称。

[12] **儒学训导** 官名。明清于府、州、县学均置训导，辅助教授、学正、学谕教诲生员。

[13] **崔公哲** 即崔哲。据乾隆《保县志》卷三《名宦》载："崔哲，辽东人。正德二年（1507 年）调知威州。修举边防，诸蕃相继纳款，民以安堵。相地于城西，移建学官，以伦理化导士民。"

[14] **范公渊** 即范渊。据乾隆《保县志》卷三《名宦》载："范渊，桂阳人。正德中以郎中谪威州。选番民子弟入学官，教以诗书，番民慕义归顺，士民德之。"

[15] **格思** 来，到。思：语助词。《诗·大雅·抑》："神之格思，不可度思，矧可射思。"毛传："格，至也。"

[16] **明嘉靖三十四年** 公元 1555 年。

南 堡 记

[明]威州知州　　贺新[1]

隋开皇间，于西极建薛城戍[2]，即今保县。唐相李文饶[3]并维州，经略重地也。我太祖高皇帝平蜀，而后历十八年乃定，累朝以次封殖之，称锁钥焉。尔因房寇肆虐，无食无兵，几无守吏。莅兹土者不暖席[4]，民莫必其命[5]，主上恝焉[6]西顾，特简帝系朱公[7]临之。公奉命兼程驰至保，愈不能兵。咸谓："吐蕃部落以千数计，外者虽多，犹以为远我。内者曰岐上[8]，又曰蒲溪五寨[9]，皆逼邻近甸，噬保人者也。兵之则罹祸，俟之则难支，佥谋[10]不能决。"公喟然曰："鸡肋犬牙，何足烦朝廷。而呶呶[11]聚讼，为不曰'囊漏贮中'[12]乎！"伏斩积渠夏至，而蒲、岐崩厥角[13]矣。计毙叛凶卜太，而九子诸寨[14]输诚矣。戎既静，士民无议。爰步各险，得南浦地，古称浴蛇村，扼戎房出入，有聚庐而处之者，既报平。乃仿赵充国屯田故事[15]，筑城以守。遂尽诸子遗户[16]而榖之[17]，地饶火种，保人薪租赖于兹，始有生人趣。繇[18]是赈饥复糈[19]，造士练兵，设学义田，捐俸买犊，一切因之。建堡一，建墩十。又于山左辟一坦道，以防岐蛮出没不测。其制墩卫堡，堡、墩仍交相卫，烟火相联，首动尾应，延袤二十里许，鸡犬声闻城中。从来无人涧壑，殆已另开一世界矣。则又仿古"计口授地"[20]之法，区画于其中，孰者为民恒产，孰者为学义田，轻重布之，井井有条，可谓开辟一时，千古永赖。猗欤都哉！故名其堡曰"南堡"，名其墩曰"受降墩"。夫南者，明也。明为阳，为中国。明天子在上，深山穷谷，思耀光明。而公代天理物，向明勤化[21]，于以褫[22]毡裘[23]之胆，而固吾圉[24]；驯诸夷之骜，而服其心。王威远播，绝域怀宁，岂偶然哉？于是士沐其化，民怀其惠，与诸父老讴吟，踊跃相率，谋记于予，以记盛事。予南楚竖儒[25]，固陋不文，何能扬公之德政万一。谨揭其大者附众，刊石以志不朽。

——同治《理番厅志》卷五《艺文》

【注释】

[1] **贺新**　据清乾隆《保县志》卷三《职官》载："贺新，明嘉靖间任，曾偈创姜、李二公祠，有碑记。"

[2] **薛城戍**　隋开皇四年（584年）建，属会州管辖，治所在今理县薛城镇。

[3] **李文饶**　即李德裕。唐文宗太和三年（829年）至七年（833年）以检校兵部尚书出任西川节度使。曾于此修建筹边楼。

[4] **暖席**　久坐而留有体温的坐席，指安坐闲居；安居。陈毅《过太行山书怀》诗："我行半中国，廿年不暖席。"

[5] **莫必其命**　没有必要听其命令。语出《荀子·议兵》："纣刳比干，囚箕子，为炮烙刑；杀戮无时，臣下懔然莫必其命。"

[6] **恝（nì）焉**　忧思伤痛的样子。形容忧伤思念，痛苦难忍。恝：忧思。

[7] **朱公**　即朱蕴标，字玉藻，号鹿洞，楚昭王元孙。崇祯年间任保县知县，主修南堡。

[8] **岐上** 今理县薛城镇大岐、小岐一带。

[9] **蒲溪五寨** 今理县蒲溪乡大蒲溪寨、休溪寨、葵寨、色尔寨、河坝寨。

[10] **佥谋** 众人筹划。《旧唐书·武宗纪》:"虽朕以恩不听,而群臣以义固争,询自佥谋,谅非获已。"

[11] **呶呶(náo náo)** 没完没了之意。唐柳宗元《与韦中立书》:"(仆)渐不喜闹。岂可使呶呶者早暮哔吾耳,骚吾心?"

[12] **囊漏贮中** 指粮食从小器漏入大器,其实并未漏掉。常比喻实际利益并未外流。汉贾谊《新书·春秋》:"汝知小计而不知大计,周谚曰:'囊漏贮中。'而独弗闻钦?"

[13] **崩厥角** "若崩厥角"之省写。像野兽折了头角一样,比喻危惧不安的样子。语出《书·泰誓中》:"百姓懔懔,若崩厥角。"孔颖达疏:"以畜兽为喻,民之怖惧,若似畜兽崩摧其角然。"

[14] **九子诸寨** 因村内有九个村寨而得名,今属理县木卡乡九子村。

[15] **赵充国屯田故事** 赵充国(前137—前52),字翁孙,西汉著名将领,原为陇西上邽(今甘肃省天水市)人,后移居湟中(今青海西宁地区)。公元前119年,随着汉武帝取得了第三次大举征讨匈奴的胜利,为保障北方边境的长治久安,支援频繁的战争,减轻人民负担,赵充国提出屯田"十二便",移民七十万口于湟中(今青海省湟水两岸),亦兵亦农,就地筹粮。屯田制度对后世影响很大。

[16] **孑遗户** 遭受兵灾等大变故后遗留下的少数人户。

[17] **鷇(kòu)之** 帮助。鷇:须母鸟哺食的雏鸟。

[18] **繇(yóu)** 古同"尤"。从,由。

[19] **糈(xǔ)** 粮。

[20] **计口授地** 按人口给予土地,用来耕种或养蚕。

[21] **勷(xiāng)化** 辅助教化。勷:古同"襄",助;辅助。

[22] **褫(chǐ)** 剥夺。

[23] **毡裘** 亦作"毡裘"。①指古代北方游牧民族以皮毛制成的衣服。②借指我国古代北方游牧民族或其君长。③泛指异族。

[24] **圉(yǔ)** 边陲。

[25] **竖儒** ①自己的谦称。《后汉书·马援传》:"惟陛下留思竖儒之言,无使功臣怀恨黄泉。"李贤注:"言如僮竖无知也。"②对儒生的鄙称。《史记·郦生陆贾列传》:"沛公骂曰:'竖儒!夫天下同苦秦久矣,故诸侯相率而攻秦,何谓助秦攻诸侯乎?'"司马贞索隐:"竖者,僮仆之称,沛公轻之,以比奴竖,故曰'竖儒'也。"

朱公开设南堡德政碑记

[明]保县训导[1] 钱养民

古之豪杰,欲树功名于天壤,随所藉资皆足以发抒胸臆,非其挟持有素,焉能胜任而愉快乎?

今夫保，小邑也，僻在万山丛阿中。土瘠民贫，一切所需，悉仰给于土官，且负载百里外，谋朝夕命。蛮獠围绕，山岭插天为巢穴，仅隔一衣带水，与官道相望。每河涸草枯之际，刦人于途，铤而走险，往来者莫能遂也。当道恒勤西顾之忧，而苦于鞭长莫及，非腹心之患而何幸。邑侯朱公奉天子简命[2]，来莅兹土，倘亦保之泰运将开，厚邀天幸，而荷此一路福星者耶！朱公讳蕴镖，字玉藻，号鹿洞，楚昭王元孙也。凤负异材，有天下己任之志，顷以牛刀小试。甫下车即锐意政事，暇则作新士类诹咨民瘼[3]。一日召诸父老抚循之曰："咨一邑风景，何萧然乃尔乎？余从东来，过威郡，涉桥以西，羊肠一线，蚕丛路[4]也。及入邑，浏览山川，则又皆石田无用。万一此道梗塞，县不几为釜中鱼乎？闻西有地，名曰南沟，曷为不耕不桑，而榛莽委之也，抑何治之拙欤？"诸父老跽曰："然。乃请得陈荒芜之故，可乎？以县孤悬一隅，诸夷实逼处此，而岐酋[5]跳梁为最。往往伏戎，掳我人畜，阻我刍茂[6]。议抚而屡以叛，议剿而艰于饷。数十年间，目为畏途，安望蕾之而畲[7]之。"侯怃然曰："吾目此辈特几肉耳！"遂令传谕诸番头目本卜太等，告以朝廷威德，归则抚之，不则有灭，此朝食已耳。乃下令邑中，简精悍军兵，除戎器，勤训练，为攻守备。以百夫长、千夫长领之，日夕游兵，侦蛮要路，以捕不时窃发。未几，而岐山叛酋夏至等，果潜图[8]来攻县城。赖公早见先谋，伏兵以待，一时就擒者六、七人，遂枭首以示。诸寨番众股栗，皆率所部来降。若蒲溪、若木、兑若、印上等路，无不闻风内附，各以牛、酒抚谕归寨。自是豺狼肃清，制产可得而言矣。乃率官军踏看南沟一带山原，而博士[9]及弟子员[10]随之，则见膏腴入望，无非可耕艺之区。侯喜曰："民之甦生[11]在是矣。"于是为未有之事，经画一新。或问南堡之伐，较唐无忧城、柔远城孰多？予曰："非吾所知也。虽然唐会昌年间，天下粗安。李文饶[12]以平章节度西川，易为力耳。今天下多事，西南不堪再兵。以不得已之时，兴不得已之役，其任已艰乎。往昔凡天下所不得已而为之者，必曰'权宜'。以不得已为之，亦将以不得已终之。必如是而后可以已也。公之苦心，其殆未已乎哉。《易》之'行权'，莫若巽木之乘坎水，曰'豚鱼，吉，利'。涉大川，木游也，水虚也。以虚而游，权之义也，然有险焉。匪信豚鱼之于风也，至信及豚鱼，何险不夷也。南堡之建，公其善权乎哉？予以为不离乎信。"公以博雅名天下，世但知其文章、政事，兹乃一试，其武奇伟卓越乃尔。《诗》云"彻彼桑土，绸缪牖户[13]"，姬公之诗也。公以帝室之胄，熙帝载之隆，公其姬公乎！尚论千古，实获我心。今割鲜方[14]始行，将调燮台省乌得而拟[15]。诸绅衿[16]王子佳允、袁子懋中[17]、用中等征言于余，爰集所闻书之，尚其勒之危崖峭壁，以为记。是役也，赞襄[18]则儒学训导钱养民、代捕吏目陈命保。守备居其所，例得备书。

——同治《理番厅志》卷五《艺文》。又见乾隆《保县志》卷七《艺文志》

（两志中有部分出入，今按行文规矩修正）

【注释】

[1] **训导** 古代文官官职名。明清府、州、县儒学的辅助教职，其职能通常为辅佐地方知府负责教育方面的事务，为基层官员编制之一。

[2] **简命** 选派任命。

[3] **民瘼** 人民的疾苦。瘼：疾，疾苦。

[4] **蚕丛路** 出自李白《送友人下蜀》:"见说蚕丛路,崎岖不易行。山从人面起,云傍马头生。芳树笼秦栈,春流绕蜀城。升沉应已定,不必问君平。"蚕丛路,即蜀道。是古代由长安通往蜀地的道路,因穿越秦岭和巴山,道路难以行走。因此蜀道(蚕丛路)常成为难以行走的代名词。

[5] **岐酋** 居住在岐山的部落首领。

[6] **刍荛(chú ráo)** 割草打柴,也指割草打柴的人。泛指老百姓。

[7] **菑(zī)之而畲(shē)** 耕耘之意。菑:开垦。《书·大诰》:"厥父菑,厥子乃弗肯播。"畲:①火耕地,指粗放耕种的田地;②垦了二三年的熟田。

[8] **潜图** 暗中谋划。《后汉书·方术传上·李郃》:"潜图大计,以安社稷。"

[9] **博士** 秦汉时是掌管书籍文典、通晓史事的官职,后成为学术上专通一经或精通一艺、从事教授生徒的官职。

[10] **弟子员** 汉对太学生、明清对县学生员的称谓。

[11] **甦生** 苏醒。甦:"苏"之异体字。

[12] **李文饶** 即李德裕。唐文宗太和三年(829年)至七年(833年)以检校兵部尚书出任剑南西川节度使。曾于此修建筹边楼。

[13] **绸缪牖户(chóu móu yǒu hù)** 意思是在未下雨前将窗户缠缚关紧。常用来比喻提前做好准备,应对可能发生的紧急情况。绸缪:紧密缠缚。《诗·唐风·绸缪》:"绸缪束薪,三星在天。"毛传:"绸缪,犹缠绵也。"牖户:门窗,门户,借指家。

[14] **鲜方** 西方。《尚书·大传》卷一上:"西方者,何也?鲜方也。"

[15] **将调燮台省乌得而拟** 此段文理不通,似有脱落遗漏。

[16] **绅衿** 泛指地方上体面的人。绅:绅士,有官职而退居在乡者。衿:青衿,生员所服,指生员。

[17] **袁子懋中** 据《保县志》卷四《人物》载:"袁懋中,旧保人。由选贡举孝廉方正,廷试上第,授涞水令,以清正闻于上,擢襄阳守。亲老乞终归里。"

[18] **赞襄** 辅助,协助。

报功祠[1]记

[明]蒋英才[2]

宁江[3],旧为韩胡,去茂城仅数十里许。虽弹九一区,而经络松、茂,抵邻黑虎,一切虎狼之穴,烽火时惊最险塞。云:先是堡治,滨江之浒,亦越有余年,屹为保障。亡何?岁当丁未庚戌[4]之秋一日,流风驱雷,长虹扬霄,漂沙走石,不一瞬而崩涛汹湍,江水逆流。又未几,而淳呔荡湃[5],汇为大泽。堡人皇皇,持急以告。维时参戎[6]陈公首闻之,愕然曰:"吾当宁此一方民。"遂戴星命驾,诣山川而祈祷之。诸所以濡手足,焦毛发,调停措置,靡不殚厥心焉。仿禹故事,首先疏凿,由是水方东下,而堡不为沼矣。越季冬癸丑,惠徼兵宪[7]刑公莅茂,始决意改建。简[8]指挥曹守

爵董其事，百户阮进副之，不半月而功告成焉。迩来[9]乡人恒相谓曰："吾民之获此宁宇也，刑公之功不可忘矣；吾民之获此宁宇也，陈公之功其可忘乎？"相与构木为祠，范金[10]为像，更乞余言，以志不朽。余曰："甚盛哉！不稽虞廷[11]之勋乎？当浲水[12]横流，有功疏通者，有宅四隩[13]者，功施至今烂焉。此宁江也，当水势济逆之秋，不为之疏凿，是无堡矣；当江流底定之后，不为之改建，是无民矣。功并崇而恩并著，矧[14]崇德报功，古今人同一心者。故睹河而颂明德，游校而仰斯文，所以俎豆[15]而尸祝[16]之者，与天壤俱不敝，则今日报功祠之建，其亦颂明德而仰斯文之意，与夫地平天成大业也。物阜民安，大德也；安内攘外，大威也。一举而加惠边防，摅怀[17]宵旰[18]，功岂浅鲜？乌知数禋[19]而后指宁江，而遡其某也疏凿，某也改建，则二公之功，不万年为烈哉！"余拜手，复为之记曰："奠居安民，刑公之功不在禹下；疏江导河，陈公之功亦不在禹下。应得并祀之，以垂永赖。"乡人咸唯唯曰："书之矣，敬勒诸石。"

——同治《理番厅志》卷五《艺文》

【注释】

[1] 报功祠　按正文所语，此报功祠应在今茂县沟口乡刁林沟村境内，而非保县之报功祠。

[2] 蒋英才　今茂县人。据道光《茂州志》卷八《人物志》载："蒋英才，拔贡。任江南巢县知县，廉明公正，巢人为立生祠，额曰'金斗神君'。"

[3] 宁江　即"宁江堡"，位于今茂县沟口乡刁林沟村宁江堡组。据道光《茂州志》卷二《关隘》载："宁江堡。州西四十里，旧名韩湖。明洪武十年（1377年）建。"现部分城垣尚存。

[4] 庚戌　具体时间不详。

[5] 渟吰（hóng）荡湃　形容水势很大，汹涌澎湃。吰：①象声词，指钟鼓声、喧嚣声等；②吰，古同"宏"。

[6] 参戎　明清武官参将的俗称。

[7] 兵宪　即"兵备道"的别称。兵备道：官名。明制于各省重要地方设整饬兵备的道员，明洪武年间始置，本为遣布政司参政或按察副使至总兵处整理文书，参与机要之临时性差遣。弘治年间始于各省军事要冲遍置整饬兵备之"道员"，称为兵备道。掌监督军事，并可直接参与作战行动。此官由按察使或按察佥事充任，是分巡道的一种。又称兵备副使、兵宪。

[8] 简　选择。

[9] 迩（ěr）来　近来、最近。唐韩愈《寒食日出游》诗："迩来又见桃与梨，交开红白如争竞。"迩：意为距离近。

[10] 范金　用模子浇铸金属品。《礼记·礼运》："后圣有作，然后修火之利，范金合土，以为台榭宫室牖户。"孔颖达疏："范金者，谓为形范以铸金器。"

[11] 虞廷　指虞舜的朝廷。相传虞舜为古代的圣明之主，故亦以"虞廷"为"圣朝"的代称。

[12] 浲水　洪水。《孟子·滕文公下》："《书》曰：'浲水警余。'浲水者，洪水也。"

[13] 四隩　亦作"四奥"。四方的边远地区或四方边远地区的人。

[14] 矧（shěn）　况且，何况。

- [15] **俎豆** 俎和豆，古代祭祀、宴飨时盛食物用的两种礼器，亦泛指各种礼器。后引申为祭祀和崇奉之意。
- [16] **尸祝** 祭祀。
- [17] **摅（shū）怀** 抒发情怀。唐太宗《秋日翠微宫》诗："摅怀俗尘外，高眺白云中。"
- [18] **宵旰（gàn）** "宵衣旰食"之简称。宵：夜间。衣：穿衣。旰：天已晚。天不亮就穿衣起来，时间晚了才吃饭。形容为处理国事而辛勤地工作。多用以称颂帝王勤于政事。
- [19] **数嬗（shàn）** 多次更替。意为年代久远。嬗：更替，变迁。

迁复威州厅事记

[清]威州牧　李天植[1]

志载：宋乾德四年[2]，迁威州于玉垒山[3]下，是其地原迁所也。明正德五年[4]，前守范公[5]缘厅事抵浅，近迁龙洞之阳，勒石记其事，阅百八十年于兹。夫以威之为州，地仅六十里，城可弹丸，前临大江，后逼山麓。即欲大展规模，已碍于地势之无可如何，矧[6]兹边鄙，民不聊生。任司牧者，抚绥无术，宁遑安处。且其堂忱上流，衙宇排连。石陨不测，栋摧梁折。水溃治前，涛声聒耳。前守襄南左公[7]题联云"云足响衙鼓，江声走治门"，已刻画殆尽矣。又何爱于少展数武[8]，以抵浅辞。《诗》曰"惟龟正之"[9]，又曰"卜云其吉"[10]，古人慎重于地理也。庚午[11]春，予以菲材[12]授任兹守事，考黉宫[13]登贤书者，止于正统[14]。然人文蔚盛，古今不殊，非山川之不效灵，由迁置之失安妥？旧启圣祠并大成殿，术士廖姓告以接风脉，故撘[15]诸父子一脉之理，宜改之，便迨竣其事。癸酉[16]科文场举一人，武场举一人。越丙子[17]，文又举一人，武连举二。由是观之，风水信其有然也。时术士亦以厅事仍玉垒告，予悼其劳民，兼苦俸薄，迁延七载。山石数坠，堂室不蔽风雨，迁复势不能已。遍观玉垒，奇峰笋翠，玉液飞珠，树木森阴，岚光掩映，诚为发祥蔚起之地。昔人迁此，岂属无谓。遂下议士民，报"可"。予因申闻当事，择期鸠工，量地置宜。一切堂室，惟发旧料转移。夫匠工食，捐竭己囊供用。新建大门二，门悉仍其旧。大堂扁[18]题"上帝临汝"四字。堂后转折步许，开道延进二堂，直接龙洞[19]檐前，临池绿水，架桥通渡，悬其额曰"洁矩堂"。西壁嵌玉垒旧题"洞龙深处"[20]四字，壁后为厩牧所。东绕山曲径至乾龙洞前，构营书室，少假公余憩息。西进内宅，门垒台层，次建住房三进各三门，两厢小房六间。宅后连山，阔地数十丈，用资蔬圃。垣墙外，竖吏目厅署，规模差可观。甬道东出大门，左建土地祠及牌坊一道，右设监狱。治门外傍，留余地四丈二尺，设乡约所。二丈为户首公处。二门两傍，修盖科房。甬道东栽槐四株。大堂侧置仓一所，接连小房二间，以备衙役住宿。治前周围隙地，除拨补民居外，共新安插民一十九家。又治西空地，新创斋院一所。凡门、堂、内室、厢房、厨厩，无一不备。两丹墀[21]亦种花木各色六本，院后菜园以土墙界之。诸有不逮，仍俟后来君子。予非志图辉煌，不过信志乘[22]以绍前业，鉴学宫以利将来。抑且远避山石，冀垂永久。乃未几一月，人争趋事，厅事聿新，民居凑集。于落成之明日，瑞雪盈

空，状五花六花。顷异鸟和鸣，翱翔上下，盈日不散。州人士庶，诧为未有之奇，予亦莫测其故。第揣神人协应，禽鸟来仪。或亦地运将兴，康阜吾民之兆也。爰镌诸石，以志岁月云。

——乾隆《保县志》卷七《艺文志》，另同治《理番厅志》卷五《艺文》也有载，然遗阙甚多，现据两书修正）

【注释】

[1] **李天植**　据乾隆《保县志》卷三《职官》载："李天植，八旗汉军整红旗监生，康熙二十九年（1690年）任威州知州。"

[2] **宋乾德四年**　公元966年。乾德：宋太祖赵匡胤年号。

[3] **玉垒山**　在今汶川县威州镇汶川县委背后。据中华民国《汶川县志》卷一《山川》载："玉垒山，旧治城里许，县徙，为威州主山，奇石千尺，翠苍可挹，镌玉垒山三大字，甚奇古。或曰宋淳熙时书也。"而民间则传为蜀后主刘禅所题。

[4] **明正德五年**　公元1510年。正德：明武宗朱厚照的年号。

[5] **范公**　即范渊。据乾隆《保县志》卷三《名宦》载："范渊，桂阳人。正德中以郎中谪威州。选番民子弟入学宫，教以诗书，番民慕义归顺，士民德之。"

[6] **矧**（shěn）　况且，何况。

[7] **襄南左公**　即左峴。据乾隆《保县志》卷三《职官》及《名宦》载："左峴，浙江进士，康熙二十四年（1685年）任威州知州。惠爱子民，振兴文教，至今人称颂之。"

[8] **数武**　数步。武：古时半步为"武"。

[9] **惟龟正之**　出自《礼记·坊记》。全文："子云：'善则称人，过则称己，则民让善。'诗云：'考卜惟王，度是镐京。惟龟正之，武王成之。'"

[10] **卜云其吉**　出自《诗经·定之方中》。全文："定之方中，作于楚宫。揆之以日，作于楚室。树之榛栗，椅桐梓漆，爰伐琴瑟。升彼虚矣，以望楚矣。望楚与堂，景山与京。降观于桑，卜云其吉，终焉允臧。灵雨既零，命彼倌人，星言夙驾，说于桑田。匪直也人，秉心塞渊，騋牝三千。"

[11] **庚午**　康熙庚午年，即康熙二十九年，公元1690年。

[12] **菲材**　亦作"菲才"，浅薄的才能。多用作自谦之词。明王鏊《震泽长语·梦兆》："余以菲才谬登政府，虽不久，秩一品。"

[13] **黉**（hóng）**宫**　学宫，即学校。黉：古代称学校。

[14] **正统**　明英宗正统年间（1436—1449年）。

[15] **揆**（kuí）　推测、揣度。

[16] **癸酉**　康熙癸酉年，即康熙三十二年，公元1693年。

[17] **丙子**　康熙丙子年，即康熙三十五年，公元1696年。

[18] **扁**　古同"匾"。

[19] **龙洞**　据中华民国《汶川县志》卷七《古迹》载："玉垒山有池曰玉液池，俗称为龙洞，深五丈，

阔一丈。上荫异木十余株，各长十数丈，枝叶幽蓼，不见天日。水深四五丈，甚寒而甘，中有鱼四五，长数尺，时游水面，人莫敢戏，谓之龙也。波流绕城而达于江，旱祷即雨。元至正间，石刻'洞龙深处'四大字于洞额。"

[20] **洞龙深处** 又按乾隆《保县志》卷八《艺文》清郑方城《浮支亭记》载，"洞龙深处"四字为明王元正题写。王元正，字舜卿，陕西盩厔人。明正德六年（1511年）进士，与杨慎同年进士。由庶吉士授检讨。明武宗游幸宣化、大同时，元正作《五子之歌》以讽之。嘉靖三年（1524年）爆发"大礼议"事件，王元正与杨慎等二百多人死伏左顺门，撼门大哭，哭声响彻前朝后庭，自言"国家养士百五十年，仗节死义，正在今日"。杖死者十六人。后谪戍茂州，卒于任上。初号三溪，少时，有过青城经玉垒之梦，因改号玉垒。及谪过玉垒山时，叹曰："前定之矣。"徘徊不去。其居所所题之"山水间读书处"石匾，今存威州师范学校内。

[21] **丹墀**（chí） 指官府或祠庙的台阶。墀：台阶上面的空地，也指台阶。

[22] **志乘** 志书。清章学诚《文史通义·〈和州志政略〉序例》："夫州县志乘，比于古者列国史书，尚矣。"

重建旧保县城记

[清]陈克绳[1]

今上[2]即位之二年，德威遐播，百度维新。于是太子太保[3]、文华殿大学士[4]、前总督川陕、兵部尚书查公[5]；巡抚四川、兵部侍郎兼都察院右副都御史硕公[6]，以直隶茂州所属之保县建城增兵之议，请于朝，边防也，天子报"可"。命官所司出帑金，兴工役。署州守沈公承檄董其事，率僚吏，募民夫，运木凿石于寒空鸟道中。逾年工成，令知保县事陈克绳为之记。绳按史所载，汉定冉駹[7]，县其地，有广柔，后县废。隋时讨叛羌，以地置薛城戍[8]。唐贞观二年[9]，列为薛城县。明因之，曰名"保"。世宗宪皇帝雍正五年[10]，前抚臣以羌夷慴服，毋劳吏民，议裁保南之威州，即州治为县，称其地为旧保，不数年而复议增兵建城焉。盖蜀为西南最险之区，而旧保又蜀西南最险之邑也。自保以外，山高水激，诸羌部分类巢居者，绵延数千余里。昔吐蕃盛时，据维州以为"无忧城"，拥兵数十余万，率所附党项、白兰、白狗诸羌部，时来往河、湟、兰、洮间，与中国争胜负。而保以一孤城，当维州之冲，司西蜀之门户。威汶以下，视其动静，以为安危者，数十州邑，保亦险矣哉。然自唐中叶以后，韦皋[11]、严武[12]、李德裕[13]先后节度西川，修武备，严战守，如所纪龙溪、通化、古州、定廉诸城戍，环保邑百里内，十有余处，其防御吐蕃，且不独保也。今我朝神圣威武，柔远能迩，自彼氐羌，莫不来享来王。而吐蕃余种，若杂谷、梭磨、沃日、大小金川诸土酋，隶于县者，率皆受职司，听约束，通贡赋，兢兢凛凛，为版图赤子。向之增城筑堡，风鹤震惊者，其颓垣故址，已为我民宅，尔畋尔田[14]，无所事增修矣。虽并旧保城守而亦置之可矣，然而犹汲汲兴是役，岂非所谓安不忘危，而设险以守其国欤。城周丈四百有十，高丈者有二尺，广半之。将弁厅守大小十余、

戍兵居室远近百有余，依山络山，屹如金汤。一二父老咸扶杖太息[15]，谓邑废而复兴矣。绳故乐观其成，为之详记其本末，欲使官是土者，爰知天子、大臣防边之意。未雨绸缪，思共保治于无穷也。是为记。

——乾隆《保县志》卷七《艺文志·序记》、同治《直隶理番厅志》卷五《艺文志》

【注释】

[1] **陈克绳** 浙江人。乾隆二年（1737年）考取进士，乾隆三年（1738年）任知保县事，后升茂州知州。

[2] **今上** 指清乾隆皇帝。

[3] **太子太保** 东宫职官名，与太子太师、太子太傅一起负责教习太子。到清朝时太子太保等是从一品官，但是有衔无职，一般作为一种荣誉性的官衔加给重臣、近臣。

[4] **文华殿大学士** 官名。明洪武十五年（1382年）置，秩正五品，本为辅导太子之官，后侍皇帝左右，以备顾问。仁宗时阁职渐崇。清承明制，并逐渐演化形成"三殿三阁"的内阁制度，文华殿大学士的职掌变为辅助皇帝管理政务，统辖百官，权限较明代大为扩展。

[5] **查公** 即查郎阿，八旗满洲镶白旗人，清雍正七年（1729年）任川陕总督。

[6] **硕公** 即硕色，八旗满洲整黄旗人，清乾隆二年（1737年）任四川巡抚。

[7] **汉定冉駹** 指西汉武帝元鼎六年（前111年），以冉駹部落之地置汶山郡，治汶江县（今四川茂县北），辖广柔等五县。

[8] **薛城戍** 隋开皇四年（584年）置，属会州。治所在今理县薛城。

[9] **唐贞观二年** 公元628年。

[10] **雍正五年** 公元1727年。

[11] **韦皋（746—805）** 字城武，京兆万年（今陕西西安）人，唐代中期名臣。唐代宗广德元年（763年）为建陵挽郎。大历初任华州参军，后历佐使府。德宗建中四年（783年）以功擢陇州节度使，兴元元年（784年）入为左金吾卫大将军。贞元元年（785年），韦皋出任剑南节度使，在蜀二十一年，和南诏，拒吐蕃，累加至中书令、检校太尉，封南康郡王。顺宗永贞元年（805年）卒，年六十，赠太师，谥忠武。

[12] **严武（726—766）** 字季鹰，华州华阴人。生于唐玄宗开元十四年（726年），卒于代宗永泰元年（765年），享年四十岁。武虽武夫，亦能诗。初为拾遗，后任成都尹。两次镇蜀，以军功封郑国公。与杜甫友善，常以诗歌唱和。

[13] **李德裕（787—850）** 字文饶，赵郡赞皇（今河北赞皇）人，唐代政治家、文学家，牛李党争中李党领袖，中书侍郎李吉甫次子。文宗太和四年（830年）十月至太和六年（832年）十二月，因受朝中牛僧孺党排挤，出任剑南道西川节度使。此时正值唐王朝与吐蕃在川西北地区进行旷日持久的军事对抗。云南南诏政权也在南方偶尔侵扰，虎视眈眈，形势对唐王朝在西南地区的统治极为不利。李德裕上任后，吸取前任教训，调查研究，调兵遣将，建关置堡，修筑城池，以防御吐蕃、南诏的联合进攻。为使决策者心中有数，运筹帷幄，他召集各地乡贤名宦、

军政要员,详细了解各地的民情风俗、山川河流、险隘关卡、特产资源等情况,在松潘县城建七层楼,在汶川七盘沟建七盘楼,在理县、汉源清溪及成都大慈寺分别建筹边楼。在楼内用图画形式一一标明,故名曰筹边楼。李德裕在蜀期间,曾建筹边楼三座,一在成都大慈寺统筹整个西南地区;二在汉源清溪筹划南诏;三在理县薛城等划川西北防务。惜前二处早已毁于战火。

[14] 尔畋（tián）尔田　租地耕种。畋:古同"佃"。
[15] 太息　叹息。太:古通"叹"。

第十一章 道光《绥靖屯志》

新修惜字库[1]碑记

[清]李涵元[2]

尝览《颜氏家训》[3]曰"文字者，坟籍[4]根本"。又《文心雕龙》[5]曰"言语之体貌，文章之宅宇"，岂可秽亵、抛弃而不甚爱惜乎？况斯地自乾隆四十一年[6]改土为屯，边烽永靖，文教遐敷[7]，凡我黎庶[8]，耕凿相安。蠢尔番夷，梯航[9]向化，迩来[10]风俗，愈知礼义，渐识诗书，固大异乎獉狉[11]之习矣。

予承乏[12]三年，修举[13]废坠，不敢告劳。兹于灯杆坝[14]隙地，捐置字库，收拾烬余。庶几，鸟迹虫书[15]，咸归净域；羊皮虎仆[16]，不染劫灰。他日者，重译[17]通乎？万里乐歌，献夫三章[18]。上昭国家声教之隆，下见边徼怀来之盛，岂非守土者之幸哉。工既竣，因书缘起，勒诸石，俾后来者知所考焉。

——道光《绥靖屯志》卷九《艺文》

【注释】

[1] **惜字库** 据《绥靖屯志》卷三《建置·义学》载："惜字库，在屯治市中灯竿坝，道光五年（1825年）屯务李涵元捐建。"

[2] **李涵元** 贵州普定县人，由监生遵川例报捐未入流，投效留川，补授冕宁县典史。道光二年（1822年）六月任绥靖屯务。兴义学，捐修惜字库，编修《绥靖屯志》等。

[3] **《颜氏家训》** 南北朝时期北齐文学家颜之推的传世代表作，全书共七卷二十篇。是我国历史上第一部内容丰富、体系宏大的家训，也是一部学术著作。书中阐述了立身治家的方法，内容涉及许多领域，强调教育体系应以儒学为核心，尤其注重对孩子的早期教育，并在儒学、文学、佛学、历史、文字、民俗、社会、伦理等方面提出了自己独到的见解。文章内容切实，语言流畅，具有一种独特的朴实风格，对后世的影响颇为深远。

[4] **坟籍** 亦称"坟丘""坟史""坟典"等，泛指古书、古籍。《后汉书·郭太传》："（郭太）就成皋屈伯彦学，三年业毕，博通坟籍。"

[5] **《文心雕龙》** 作者刘勰（xié）。成书于南朝齐和帝中兴元年至二年（501—502年）。是中国文学理论批评史上第一部结构严密、体系庞大、考虑周详的文学理论专著，对后世影响颇大。全书共10卷50篇。原分上、下部，各25篇。

[6] **乾隆四十一年** 公元1776年。

[7] **遐（xiá）敷（fū）** 远播。遐：远也。敷：又通"布"，宣告；陈述。

[8] **黎庶** 黎民百姓。

[9] **梯航** 梯与船，登山渡水的工具。后引申为有效的途径和方法。明谢榛《四溟诗话》卷三："悟不可恃，勤不可间；悟以见心，勤以尽力。此学诗之梯航也。"

[10] **迩来** 近来。唐韩愈《寒食日出游》诗："迩来又见桃与梨，交开红白如争竞。"

[11] **獉狉**（zhēn pī） 亦作"獉獉狉狉"，指远古时代文明未开的原始景象。清王韬《原道》："盖獉狉之气倦而思有所归，高识之士以义理服之，遂足以绥靖多方，而群类赖以生长。"

[12] **承乏** 古代暂任某官职时的谦称，谓职位一时无适当人选，暂由己充数。《左传·成公二年》："敢告不敏，摄官承乏。"杜预注："言欲以己不敏，摄承空乏。"

[13] **修举** 谓事务处理及时、得当。

[14] **灯杆坝** 在今金川县勒乌镇老街中段，地名尚存。

[15] **鸟迹虫书** 指古代的鸟虫书。借指变化莫测、难以辨认的书体。明李东阳《答罗明仲草书歌》："紫阳之书冠今古，其大如斗小者虺，虫书鸟迹不复识。"

[16] **羊皮虎仆** 纸和笔的代称。羊皮：羊皮纸，以羊皮为原材料做成的可以书写的纸张，由古希腊时期文化中心之一的帕珈马人发明。3到13世纪，盛行于欧洲各国。14世纪起逐渐被中国的纸所取代，但仍有些国家使用羊皮纸书写重要的法律文件，以示庄重。虎仆：兽名。《太平御览》卷九一三引晋张华《博物志》："逢伯云所说，有兽缘木，绿文似豹，名虎仆，毛可为笔。"后因以为笔之代称。

[17] **重译** 辗转翻译。《三国志·薛综传》："山川长远，习俗不同，言语同异，重译乃通。"

[18] **三章** 原指汉高帝刘邦率兵进入咸阳时，与父老的约法三章。后泛指简单明确的法律或规章。

创兴义学[1]碑记

[清]甲子举人　　潘时彤

盖闻屯名戊己[2]，筹边首重邵农[3]；域启庚辛，易俗尤期劝学。况度索寻橦[4]之地，半属峡徒[5]；献琛纳贡[6]之区，类多獠子[7]。苟非化獉狉[8]以礼乐，泽稚鲁[9]以诗书。将梵呗[10]佛言，岂识中华典籍；狼歌鸟译，焉知上国文章。此相如所以受经，文翁所以倡教也。如懋功厅属绥靖屯者，逆酋[11]旧穴，亡虏遗墟。居徼外之一隅，去成都而千里。婪婪豺虎，不受羁縻；蠢蠢犬羊，旋遭屠戮。既星流而彗埽[12]，亦雷动而风驱。瓯脱[13]春残，但见兔葵燕麦[14]；邛笼[15]月落，惟闻鹤唳猿啼。盖自勒乌围[16]附入版图，已经数十载。而阿尔古[17]改司屯务，又越十余年矣。今者士卒储骨，櫜弓卧鼓[18]；商民□鹜[19]，带阛通阓[20]。六万亩边荒，刀以耕而火以种；二千家生聚，肉为食而酪为浆。畜则谷量马牛[21]，布则斡积賨幏[22]。虽师贞无咎[23]，早偃伯[24]于灵台；而蒙养[25]宜端，先习礼于绵蕞[26]。乡塾之设，固其宜矣；义学之兴，乌可已乎？则有李君熙斋，台登少尹，普里雄才，尉学神仙，军参蛮府[27]。谢履[28]览山川之胜，韩碑[29]依日月之光。飞凫噶谷塘[30]边，音闻空谷；饮马温泉[31]

376

水畔，志在廉泉[32]。半亩园[33]开，吏隐何妨抱瓮[34]；独松戍[35]近，公余恰好哦诗。三载栖迟[36]，一官落拓[37]。念瓜期[38]其欲代，思棠荫[39]其长甘。爰捐禄俸之余，用佐弦歌[40]之治。美哉！斯举黉舍[41]于以始，基隆矣；上仪儒宫[42]于焉，启化也。已维时，佩刀童子，负笈而来；驰马健儿，担簦[43]以至。怀经者云会，问字者风从。十样笺裁，译语不翻贝叶；五言绵织，颂词弗写羊皮。以六籍为笙簧[44]，顿洗嚯歌[45]之陋；以百家为穀饌，浑忘桐酒[46]之膻。信偃武者必修文，知兴养者必立教焉。由是人多翘秀，士乐观摩。小学既勤，大成可望，休息乎典章之圃，翱翔乎著作之林。家有塾而党有庠，乡可举而里可选。异日者，莘莘俎豆[47]，济济缙绅。儒雅以应旁求，咏歌以宣上德。则岂仅张翕遗爱[48]，夷人喜奉郎君[49]；耿恭[50]示威，酋长争来子弟也哉。目耕少获[51]，耳食多疎[52]；笔乏三长[53]，书无万卷。纪华阳之士女，有愧道将；编玉垒之边防，殊惭元正（予曾修《华阳县志》并《茂州志》）。乃嘱修夫屯志，兼索识夫新猷[54]，勉从事于椠铅[55]，恐难垂于金石。幸睹鸿规[56]之焕，联同免藻[57]之欣。韦宏机[58]像绘名儒，仁见边陲劝勉；刘孝绰[59]文模后进[60]，敢希绝域流传。是为记。

道光五年[61]岁次乙酉仲夏[62]中澣[63]日

——道光《绥靖屯志》卷九《艺文》

【注释】

[1] **创兴义学**　道光《绥靖屯志》卷三《建置·学校》载："屯列版图甫数十年尚未设学校，亦无书院、义学。道光五年（1825年），屯务李涵元创兴义学于城隍庙左廊，延师训课。每岁捐送束脩（薪水）十金，并以前任屯务马文耀查出遗留屯民二户，租五石，以资薪水。"

[2] **戊己**　指土地，即屯田区。

[3] **邵农**　劝农，鼓励农业生产。

[4] **度索寻橦**　渡河的两种方法，代指交通落后。度索：以绳索相引而渡。寻橦：今称为溜索。即植两木于两岸，以绳贯其中，上有一木筒（橦）。人缚橦上，以手缘索而进，以达彼岸，有人解之，所谓寻橦。

[5] **姎徒**（yāng tú）　犹吾徒。古代西南少数民族语。《后汉书·南蛮传》："（蛮夷）名渠帅曰精夫，相呼为姎徒。"

[6] **献琛**（chēn）**纳贡**　进献珍宝，进贡财物，表示臣服。献琛：语出《诗·鲁颂·泮水》："憬彼淮夷，来献其琛。"

[7] **獠子**　封建统治者对西南少数民族的蔑称。晋张华《博物志》卷二："荆州极西南界至蜀，诸民曰獠子。"

[8] **榛狉**（zhēn pī）　草木丛杂，野兽出没的原始景象，如"若以中国师徒，委之波涛漂渺之中，拘之风土榛狉之地，真乃入于幽谷"。

[9] **稚鲁**　即"稚鲁无知"之简称，指幼稚无知。稚：幼小。鲁：鲁莽，不懂事。

[10] **梵呗**　中国佛教音乐的原声，源于印度声明学。为曹魏时代陈思王曹植尝游鱼山，感鱼山之神而制，故历史上曹植被尊称为中国佛教音乐创始人——梵呗始祖。后引申为和尚念经的声音。

[11] **逆酋**　指乾隆年间一再武装叛乱的大金川土司莎罗奔及索诺木。

[12] **彗埽** 谓如彗星扫过。多形容兵锋迅速，歼敌无数。

[13] **瓯脱** 古代少数民族屯戍或守望的土室。《史记·匈奴列传》："（东胡）与匈奴间，中有弃地，莫居，千余里。各居其边为瓯脱。"也指边地，边境荒地。温州东瓯王庙石刻古联："画野分疆，瓯脱江山开辟早。务农兴业，海隅民物阜康初。"

[14] **兔葵燕麦** 形容景象荒凉。唐刘禹锡《再游玄都观》序："重游玄都，荡然无复一树，唯有兔葵燕麦动摇于春风耳。"兔葵：植物名。《尔雅·释草》作"莵葵"。燕麦：单子叶植物，禾本科，一年生草本。产于西北、内蒙古自治区、东北等地区，籽粒可食，茎、叶可作青饲料，也可作造纸原料。

[15] **邛笼** 也称"碉楼"。用泥土、石块修造的一种建筑形式。始于秦汉，流行于今川西北高原的羌、藏族地区。一般平面呈四方形，用石块砌造。分三层，上层放粮食，中层住人，下层饲养牲畜。有门，层与层之间有独木梯上下。最多达十三至十四层，高30余米，具有居住和防卫等用途。《后汉书·南蛮西南夷列传》云："众皆依山居止、累石为室，高者至十数丈，为邛笼。"

[16] **勒乌围** 地处大金川河东岸一级台地，勒乌沟注入大金川河处，今金川县勒乌镇前锋村，清乾隆中期前称"勒乌围"，原为大金川土司官寨所在地。"第二次平定金川"战役后，清廷于此修建御碑亭，竖"御制平定金川勒铭勒乌围之碑"于亭中。

[17] **阿尔古** 即今金川县勒乌镇老街。原为大金川安抚司管辖的一个寨落，嘉绒语叫"阿尔古"，意思是"河岸上面"。"两定金川"后，清朝在此设阿尔古直隶厅，下属阿尔古、噶拉依、马尔帮粮务，派重兵镇守。厅治先在勒乌，后移至阿尔古。1779年，改阿尔古粮务为绥靖屯务。

[18] **櫜（gāo）弓卧鼓** 指战事停息，天下太平。出自《后汉书·隗嚣传》："驰使四夷，复其爵号。然后还师振旅，櫜弓卧鼓。申命百姓，各安其所。"櫜：古代车上用来盛东西的大袋子；也泛指袋子。

[19] **商民□鬻** 谓商民囤积并待价出卖。

[20] **带阓（huì）通阛（huán）** 亦作"通阛带阓"，谓市区遍设市场。阓：古指市场的大门。阛：环绕市区的墙。

[21] **谷量马牛** 以山谷为单位来计算马牛的数量，意为马牛过多，无法用"匹""头"计算。源自《史记·秦始皇本纪》："乌氏倮畜牧，及众，斥卖，求奇缯物，间献遗戎王。戎王什倍其偿，与之畜，畜至用谷量马牛。秦始皇帝令倮比封君，以时与列臣朝请。"

[22] **軨（líng）积賨幏** 軨积：谓用车载运聚积。《后汉书·南蛮西南夷列传》："又其賨幏火毳驯禽封兽之赋，軨积于内府。"軨：车阑。即车厢前面和左右两厢横直交结的栏木。賨幏：賨布。秦汉时今湖南、四川一带板盾蛮等少数民族作为赋税交纳的布匹。《后汉书·南蛮传》："秦昭王使白起伐楚，略取蛮夷，始置黔中郡。汉兴，改为武陵，岁令大人输布一匹，小口二丈，是谓賨布。"后亦代指赋税。

[23] **师贞无咎**　谓师出有名，为正义之师时，会使主帅吉利。出自《周易·师卦》第七："师，贞，丈人吉，无咎。"《象》曰："师，众也。贞，正也。能以众正，可以王矣。刚中而应，行险而顺，以此毒天下，而民从之，吉又何咎矣。"

[24] **偃伯**　亦作"偃霸"，指休战。《后汉书·马融传》："臣闻昔命师于鞬櫜，偃伯于灵台，或人嘉而称焉。"李贤注："偃，休也；伯，谓师节也。"

[25] **蒙养**　古人把对儿童进行的初等教育称为"蒙养"，或"发蒙"。《易经》云："蒙以养正，圣功也。"

[26] **绵蕞**　制定整顿朝仪典章，泛指朝仪典章。语出《史记》卷九九《刘敬叔孙通列传·叔孙通》，亦作"绵蕝"、"緜蕞"或"緜蕝"。

[27] **蛮府**　旧指主管少数民族的官署。明陈子龙《送吴峦稚司李桂林》诗："蛮府官闲能作赋，汉廷恩近忆鸣珂。"

[28] **谢履**　即"谢公屐"，一种前后齿可装卸的木屐。原为南朝刘宋诗人谢灵运游山时所穿，故名。

[29] **韩碑**　即韩愈的《平淮西碑》，歌颂了平叛战争，突出宰相裴度的战略决策之功，着眼于宣扬唐朝廷削平藩镇割据的战略方针，表现出独特的政治卓见。

[30] **噶谷塘**　今金川县河西乡甲咱村之噶谷塘。清乾隆"第二次平定金川之役"后，清军曾于此设立塘汛。

[31] **温泉**　今金川县咯尔乡热水塘温泉。

[32] **廉泉**　今安徽合肥市包公祠旁边的一口古井。原为包拯专为附近书院师生解决喝水难问题而挖掘的，也告诫后人立世做人，务要像此井水一般清澈明净。相传饮用此水，廉者可润肠解渴，贪者可致头痛。

[33] **半亩园**　位于今金川中学校内，遗址无存，据《绥靖屯志》卷二《舆地·胜迹》载：在屯署右隙地数弓，旁植花木，中有池亭，跨以小桥，颇称幽静。屯务马文耀题曰"半亩园"。范堃题曰"听风听雨亭"，又曰"鞠船读书处"。李涵元题曰"涉趣"，又云"云舫"。

[34] **抱瓮**　典故名，典出《庄子集释》卷五下《外篇·天地》。传说孔子的学生子贡，在游楚返晋过汉阴时，见一位老人一次又一次地抱着瓮去浇菜，"搰搰然用力甚多而见功寡"，就建议他用机械汲水。老人不愿意，并且说：这样做，为人就会有心机，"吾非不知，羞而不为也"。后以"抱瓮灌园"比喻安于拙陋的淳朴生活，亦省作"抱瓮"。

[35] **独松戍**　在今金川独松乡独松村。清乾隆"第二次平定金川之役"后，在此屯兵戍边，设独松戍都司一员。

[36] **栖迟**　游玩休憩。

[37] **落拓**　豪放，放荡不羁。《北史·杨素传》："素少落拓，有大志，不拘小节。"

[38] **瓜期**　原指戍守一年期满。后用以指官吏任期届满。明唐顺之《答陈编修约之柏乡见寄》诗："菟苑俱将命，瓜期独未归。"

[39] **棠荫**　亦作"棠阴"。棠树树荫，比喻惠政或良吏的惠行。

[40] **弦歌**　指礼乐教化、学习诵读。古代传授《诗经》，均配以弦乐歌咏，故称"弦歌"。后亦指礼乐教化、学习诵读为"弦歌"。

[41] **黉舍**　校舍，借指学校。

[42] **儒宫**　古代官立学校。《陈书·儒林传·沉不害》："至是国学未立，不害上书曰：'……宜其弘振礼乐，建立庠序，式稽古典，纡迹儒宫，选公卿门子，皆入于学。'"

[43] **担簦**（dēng）　背着伞。谓奔走，跋涉。南朝宋吴迈远《长相思》诗："虞卿弃相印，担簦为同欢。"簦：古代有柄的笠，如今之雨伞。

[44] **笙簧**　即乐音。张素《初至江南》诗："山村隐图画，鸟语替笙簧。"

[45] **嬥**（tiǎo）**歌**　古代巴蜀一带的民歌。《文选·左思〈魏都赋〉》："或明发而嬥歌，或浮泳而卒岁。"张载注："嬥歌，巴土人歌也。何晏曰：'巴子讴歌，相引牵，连手而跳歌也。'"

[46] **挏**（dòng）**酒**　即挏马酒，又称马酪。因取马奶制成，故称"挏马"。因马酪味如酒，故称"酒"。《汉书·礼乐志》："给大官挏马酒。"颜师古注："马酪味如酒，而饮之亦可醉，故呼马酒也。"挏：摇动。

[47] **俎豆**　俎和豆，古代祭祀、宴飨时盛食物用的两种礼器，亦泛指各种礼器。后引申为祭祀和崇奉之意。

[48] **张翕遗爱**　语出《后汉书·西南夷传·邛都》："天子以张翕有遗爱，乃拜其子湍为太守。"遗爱：指留于后世而被人追怀的德行、恩惠、贡献等。

[49] **郎君**　汉制，二千石以上官员得任其子为郎，后来门生故吏因称长官或师门子弟为郎君。

[50] **耿恭**　字伯宗，扶风茂陵（今陕西兴平东北）人，东汉大将。曾率东汉军队与匈奴作战。因违忤马防被劾，下狱审治，后来免除还归本郡。不久，耿恭死于家中。

[51] **目耕少获**　纵使自己努力读书，但收获也不大。目耕：谓读书。

[52] **耳食多疎**　谓不加审察，徒信传闻，故多有疏漏。

[53] **笔乏三长**　自谦辞。指写作缺乏才、学、识。意为才疏学浅。三长：三种长处。《旧唐书·刘子玄传》："史才须有三长，世无其人，故史才少也。三长，谓才也，学也，识也。"

[54] **新猷**　新的谋略。指建功立业而言。清黄六鸿《福惠全书·莅任·查交代》："其何以振新猷而彰誉问乎？"

[55] **椠**（qiàn）**铅**　古人书写文字的工具，此处借指写作。椠：木板片。

[56] **鸿规**　根本大法。南朝齐王俭《高帝哀册文》："俾兹良史，敬修旧则，敢图鸿规，式扬至德。"

[57] **凫藻**　亦作"凫蘂"。谓凫戏于水藻，比喻欢悦。

[58] **韦宏机**　唐代人，高宗时任司农少卿，专事农业之职。

[59] **刘孝绰**　南朝梁官员。本名冉，小字阿士（481—539），彭城（今江苏徐州）人。能文善草隶，号"神童"。年十四，代父起草诏诰。初为著作佐郎，后官秘书丞。迁廷尉卿，被到洽所劾，免职。后复为秘书监。卒年五十九。明人辑有《刘秘书集》。

[60] **后进**　后辈。亦指学识或资历较浅的人。《论语·先进》："先进于礼乐，野人也；后进于礼乐，

君子也。"邢昺疏："后进，谓后辈仕进之人也。"

[61] **道光五年** 公元1825年。

[62] **仲夏** 农历五月。

[63] **中澣（huàn）** 中旬。澣："浣"之异体字。浣：唐制，官吏十天休息、沐浴一次。每月分上浣、中浣、下浣，后来借作上旬、中旬、下旬的别称。

第十二章　道光《茂州志》

张自成[1]德政碑序

[清]松潘总兵　　周文英[2]

威、茂两郡，旧为绵虒、冉駹地。南接灌口，关蜀之咽喉；北抵蚕丛，当甘松之冲要。焦齿文身，裸袒之属，又多杂处于两郡之间。抚内番而制外夷，务在得其用以为捍蔽[3]，非若他汛之专事守御而已。张君长辅，生燕赵[4]，古多豪杰之邦。束发[5]请缨，即有"乘长风破万里浪"[6]之志，爰历戎行，屡建奇绩。其以参戎[7]分镇此土也，武以立威，仁以示信。不独缮治兵甲，辑和[8]军民，抑且柔远能迩，罔不宾服。是以军容暇整[9]，德化遐敷[10]，刁斗无闻[11]，而边庭安堵[12]。此予节松疆时，所极加奖许者，欲藉光荐剡[13]，以上慰圣天子拊髀[14]之思。适余以予告未果，然中怀[15]之蕴结[16]，不知几经反侧矣。今上懋赏[17]贤劳，擢置张家口副戎[18]，尚未之任，特旨升授西安协镇[19]。余深庆国家有长城之倚，且喜鸿才之终收大用。况于其行也，两郡士民衢歌巷舞，著为篇什，或歌一节，或颂全义。虽体裁不一，要以形容君之壮猷[20]伟略，则不啻钟鼓将之黼黻[21]崇之。余考君家，金吾将军[22]，江淮草木，尽知威名。魏国公[23]一时倚重，有铁山之号。行见采风，陈谣得之闾左[24]；达于彤廷[25]，彝鼎[26]而垂金石。又何难媲美前徽宁，仅声被下里[27]也哉。

——道光《茂州志》卷三《武秩》

【注释】

[1] **张自成**　据道光《茂州志》卷三《武秩》载："张自成，字长辅，山西岢岚人。康熙四十一年（1702年）任威茂营参将。建桥修路，军民德之。"

[2] **周文英**　据中华民国《松潘县志》卷六《宦积》载："周文英，字谓轩，山阴人，武进士。康熙三十五年（1696年），授松潘副总兵。礼贤下士，奏请保举沿边俊杰，以登仕版。修葺明伦堂，振兴教化。"

[3] **捍蔽**　遮挡；护卫。

[4] **燕赵**　在人们的惯常意识中"燕赵"往往是河北省的别称。其实，古代的"燕赵"之地，还包括现在的北京、天津以及山西、河南北部、内蒙古自治区南部的部分地区。

[5] **束发**　古代男孩成童时束发为髻，因以代指成童之年。汉贾谊《新书·容经》："古者年九岁入就小学，蹍小节焉，业小道焉；束发就大学，蹍大节焉，业大道焉。"

[6] **乘长风破万里浪**　即为成语"乘风破浪"。典出南北朝人宗悫（què）。据载："宗悫，字元干，南阳人也。叔父炳，高尚不仕。悫年少时，炳问其志，悫曰：'愿乘长风破万里浪。'炳曰：'汝不富贵，即破我家矣。'兄泌娶妻，始入门，夜被劫。悫年十四，挺身拒贼，贼十余人皆披散，不

得入室。时天下无事，士人并以文义为业，炳素高节，诸子群从皆好学，而憼独任气好武，故不为乡曲所称。江夏王义恭为征北将军、南兖州刺史，憼随镇广陵。时从兄绮为征北府主簿，绮尝入直，而给吏牛泰与绮妾私通，憼杀泰，绮壮其意，不责也。"

[7] **参戎** 明清时武官"参将"的别称。

[8] **辑和** 团结和睦。《资治通鉴·晋武帝太元二十一年》："道子欲辑和内外，乃深布腹心于恭，冀除旧恶。"

[9] **暇整** 即"整暇"，语出《左传·成公十六年》："日臣之使于楚也，子重问晋国之勇，臣对曰：'好以众整。'曰：'又何如？'臣对曰：'好以暇。'"后以"整暇"形容既严谨而又从容不迫。

[10] **遐敷** 远播。

[11] **刁斗无闻** 形容无战事。刁斗：亦称"金柝"，古代军中用的一种铜锅，白天用来做饭，晚上用来报更。

[12] **安堵** 安定；安居。汉陈琳《檄吴将校部曲文》："百姓安堵，四民反业。"

[13] **荐剡**（jiàn yǎn） 原指推荐人的文书，后引申作推荐。明吾丘瑞《运甓记·太真绝裾》："如今虽蒙刘公荐剡，薄沾寸禄，无甚烦难职守。"

[14] **拊髀**（fǔ bì） 以手拍股。表示激动、赞赏等心情。明孔贞运《明兵部尚书节寰袁公墓志铭》："今海水几沸，天子拊髀，思熊罴不二心之臣，安得起公（袁可立）于九原也！"

[15] **中怀** 内心。

[16] **蕴结** 郁结。《诗·桧风·素冠》："我心蕴结兮，聊与子如一兮。"

[17] **懋赏** 褒美奖赏。《书·仲虺之诰》："德懋懋官，功懋懋赏。"孔传："勉于功者，则勉以赏。"

[18] **副戎** 明清时武官"副总兵"的别称。

[19] **协镇** 明清时武官"副将"的别称。

[20] **壮猷** 宏大的谋略。清魏源《默觚下·治篇七》："何谓'壮猷'？非常之策。陈汤不奏于公卿，破格之功。班超不谋于从事，出奇冒险。不拘文法、不顾利害者是也。"

[21] **黼衮**（fǔ gǔn） 即"衮黼"，"衮衣黼裳"之简写。古代帝王或上公在祭祀天地、宗庙、社稷、先农、册拜、圣节和举行大典时所穿的礼服。

[22] **金吾将军** 中国古代武职官员等级阶位的称号。金、元时也称散官，分别设 42 级、34 级；明代又称散阶，设武散阶 30 级。金吾将军为明代第六级武散阶称号，属正二品官的升授之阶。金代第十级、元代第二级武散官称为金吾卫上将军。

[23] **魏国公** 明代开国功臣徐达之封号，后代承袭达十代之久。此处魏国公所指何人不详。

[24] **闾左** 贫苦穷人。古代二十五家为一闾，贫者居住闾左，富者居于闾右。秦代指主要由雇农、佃农等构成的贫苦人民。

[25] **彤廷** 汉代官廷。因以朱漆涂饰，故称。后泛指皇宫或朝廷。

[26] **彝鼎** 泛指古代祭祀用的鼎、尊、罍等礼器。

[27] **下里** 乡里，乡野地。语出战国楚宋玉《对楚王问》："客有歌于郢中者，其始曰'下里巴人'，国中属而和者数千人。"

胡子岭[1]修路记

[清]刘辅廷[2]

昔我往矣，攀荆披棘。今我来思，骑马乘舆。造物无权，山川易败。惟宪之惠，惟民之力。奉宪使民，克赞厥成[3]。

——道光《茂州志》卷一《山川》

【注释】

[1] **胡子岭** 据道光《茂州志》卷一《山川》载："胡子岭，州东南一百里，向有小径通安、绵。背负者不能行。嘉庆二十四年（1819年），吏目刘辅廷亲履其地，督工开凿上下一百余里，商贾皆出于其途矣。"

[2] **刘辅廷** 据道光《茂州志》卷三《文秩》载："刘辅廷，安徽旌德附贡。嘉庆十六年（1811年）恭应，召试二等。二十二年（1817年）任。"

[3] **厥成** 他的功德、功劳。

茂州学宫[1]记

总督　戴三锡[2]

昌黎[3]有言：自天子到郡邑守长，通得祀而遍天下者，惟社稷[4]与孔子为然。故今自太学及府、州、县学，莫不建庙奉至圣先师唯谨。盖典礼为立教之本，是以学必有庙。而有庙之制，则有孔庙，三门六戟，殿列两庑，薄海[5]内外，莫有异焉。我国家敦崇礼教，超越往古。百数十年来，虽荒陬[6]僻壤，皆知释奠[7]。习乡射之礼[8]，俎豆笾簋[9]。笙镛琴瑟[10]之仪，人道德而家礼。义士之游于学者，罔在不致其诚敬也。茂州，古冉駹国地，雍正五年[11]改置直隶州，其地逼近羌戎，参错堡寨扼西域之路，当江渎之源。圣庙旧在南明门外，明万历间[12]移建城内，旋复今处。国朝虽屡加修治，而规模粗备，未肃观瞻。钱塘李绍祖[13]、新城杨迦怿[14]先后来知州事，顾瞻太息[15]，乃谋而新之，首捐银一百金，州之乡士大夫咸率私钱以助。于是鸠工庀材，命吏目刘辅廷[16]奔走将事[17]，倾者培之，覆者植之。先葺殿宇，次东、西庑，次戟门、棂星门。乏贤工绌，署牧周銮继而捐缗。缭[18]以垣墙，涂以丹臒[19]，竹木瓦甓[20]之高厚坚实，较旧制改观，噫可为贤矣。道光丁亥孟夏[21]工甫，迨适余奉命巡阅过此，士民以余曾任兹土，欲兴是役而时有不逮，欢然相告，请为之记。夫学者，效也，所

以效学之所为，俾之明善复性，由小成以底于大成也，今庙宇既焕然一新矣。入是学者，果能顾名思义，砥砺廉隅[22]。如诗所云"济济多士，克广德心"[23]者，举贤刺史，正本清源之意。推而广之，日相与藏修息游，涵养性情文优艺，而器识[24]备彬彬焉，雍雍[25]焉，与邹鲁[26]同风，岂不懿[27]哉。捐输姓氏例书碑阴[28]。是为序。

——道光《茂州志》卷二《学校》

【注释】

[1] **学宫** 据道光《茂州志》卷二《学校》载："学宫，南明门外，明永乐八年（1410年）州人沈连上封事请学，知州刘坚即指挥徐凯宅为之。宣德三年（1428年）知州陈敏始建学于此。嘉靖中兵备胡鳌、知州王生贤重修。隆庆间署知州王乔华增建灵（棂）星门。万历庚戌（1610年）知州段宜标改迁内城。崇祯八年（1635年）副使史赞舜复迁今处。明末毁。国朝顺治十六年（1659年）署知州赵廷祯重建。康熙六年（1667年）知州黄升建学舍四楹。乾隆元年（1736年）知州刘添建崇圣祠。嘉庆二十年（1815年）学正聂元樟重修明伦堂及学署。道光三年（1823年）署知州李绍祖、知州杨迦怿先后劝捐，委吏目刘辅廷督，改修正殿、崇圣祠、东西庑、名宦乡贤各祠并泮池、宫墙。木石坚固，规模宏厂（敞），洵从古未有也。"

[2] **戴三锡**（1758—1830） 字晋藩，号羹门，顺天大兴人，原籍江苏丹徒，清朝大臣。乾隆五十八年（1793年）进士，授山西临县知县，连丁父母忧。嘉庆六年（1801年），服阕，发四川，补南充。历马边、峨边两厅通判，署资州、眉州、邛州，并有政声。邛州民黄子贤以治病为名，倡立鸿钧教，捕治之。事闻，仁宗命送部引见，擢茂州直隶州知州。历宁远知府、建昌道、四川按察使。道光二年（1822年），迁江宁布政使，回避本籍，仍调四川。三年，署总督。五年，实授，兼署成都将军。三锡自牧令洊陟封疆，二十余年，未离蜀地。尽心民事，兴复通省书院，增设义学三千余所。四川旧有义田，积储备赈，谷多则变价添置良田。三锡以岁久将膏腴多成官产，留谷太多，又虞霉变亏挪，差定三千至万石为额，溢额者出粜，价存司库，以备凶岁赈恤之用。又以蜀地惟成都附近俱平畴沃野，余多山谷硗瘠，遇水冲塞，膏腴转为砂石，因地制宜，多设渠堰，以资捍卫宣泄。新都奸民杨守一倡立邪教，造妖书惑众，擒诛之。九年（1829年），因年老召来京，署工部侍郎。寻致仕，未几，卒。诏嘉其"宣力有年，官声素好"，赠尚书衔，依赠衔赐恤。

[3] **昌黎** 即韩愈（768—824），字退之，贞元八年（792年）进士。河南河阳（今河南省孟州市）人，祖籍郡望昌黎郡（今河北省昌黎县），自称昌黎先生，世称韩昌黎。晚年任吏部侍郎，又称韩吏部。唐代文学家，与柳宗元共同倡导"中唐古文运动"，合称"韩柳"。与柳宗元、苏轼、苏辙、苏洵、曾巩、欧阳修、王安石合称为唐宋八大家。苏轼称赞他"文起八代之衰，道济天下之溺，忠犯人主之怒，勇夺三军之帅"（八代：东汉，魏，晋，宋，齐，梁，陈，隋）。散文、诗均有名，著有《昌黎先生集》。

[4] **社稷** 土神和谷神的总称。分言之，社为土神，稷为谷神。土地神和谷神是以农为本的中华民族最重要的原始崇拜物。

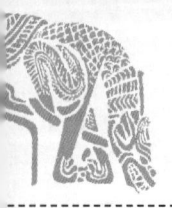

[5] **薄海** 泛指海内外广大地区。

[6] **荒陬（zōu）** 边远偏僻的地方。陬：隅，角落。

[7] **释奠** 即"释奠礼"。古代在学校设置酒食以奠祭先圣先师的一种典礼，后成为国家和社会祭祀孔子的一种公祭形式。《礼记·文王世子》："凡学，春官释奠于其先师，秋冬亦如之。凡始立学者，必释奠于先圣先师。"郑玄注："释奠者，设荐馔酌奠而已。"

[8] **乡射之礼** 古代射箭饮酒的礼仪。乡射有二：一是州长于春秋于州序（州的学校）以礼会民习射；一是乡大夫于三年大比贡士之后，乡大夫、乡老与乡人习射。

[9] **俎豆筐筥（fěi）** 泛指各类祭祀供品，或指古代祭祀用的盛食器。俎豆：古代祭祀、宴飨时盛食物用的两种礼器，亦泛指各种礼器。筐筥：盛物竹器，方曰筐，圆曰筥。

[10] **笙镛琴瑟** 泛指祭祀时所演奏的乐章。笙：管乐器，一般用十三根长短不同的竹管制成，吹奏。镛：大钟，打击乐器。琴：弦乐器，最初是五根弦，后加至七根弦（亦称"七弦琴"，通称"古琴"）。瑟：拨弦乐器，形状似琴，有25根弦，弦的粗细不同，每弦瑟有一柱，按五声音阶定弦。最早的瑟有五十弦，故又称"五十弦"。

[11] **雍正五年** 公元1727年。

[12] **明万历间** 公元1573—1620年。

[13] **李绍祖** 史料无载。按文中所述及道光《茂州志》卷三《文秩》杨迦怿的记载，则李绍祖应为杨迦怿之前任，即嘉庆末年至道光二年（1820—1822年）。

[14] **杨迦怿** 据道光《茂州志》卷三《文秩》载："杨迦怿，直隶新城拔贡，道光二年（1822年）年任茂州知州。"

[15] **太息** 叹息。太：古通"叹"。

[16] **刘辅廷** 据道光《茂州志》卷三《文秩》载："刘辅廷，安徽旌德附贡。嘉庆十六年（1811年）恭应，召试二等。二十二年（1817年）任。"

[17] **将事** 从事于某项任务或工作。《左传·成公十三年》："晋侯使郤锜来乞师，将事不敬。"

[18] **缭** 绕，缠绕。

[19] **丹雘（huò）** 红色颜料。雘：赤石脂（一种粉红色陶土）之类，古代用作颜料。

[20] **瓦甓（pì）** 泛称砖瓦。甓：砖，古代又称"瓴甓"。

[21] **道光丁亥孟夏** 清道光七年孟夏，公元1827年4月。

[22] **砥砺廉隅** 指磨炼节操。宋苏轼《刘有方可昭宣使依旧嘉州刺史内侍押班制》："砥砺廉隅，有搢绅之风。"

[23] **济济多士，克广德心** 语出《诗经·泮水》。

[24] **器识** 器量与见识。出自《晋书·张华传》："器识宏旷，时人罕能测之。"

[25] **雍雍** 犹雍容，从容大方。《太平广记》卷四四引唐薛渔思《河东记》："既及弱冠，仪形甚都，举止雍雍，可为人表。"

[26] **邹鲁** 邹：中国周代诸侯国名，在今山东省邹县东南。鲁：中国周代诸侯国名，在今山东省西

南部。邹鲁文化发源地位于今山东省邹城市，它是东夷文化和邾娄文化的延续和发展，是融会了周文化、殷文化和东夷文化而后形成的文化，博大而精深。邹鲁也是儒学的发源地，以鲁产孔子、邹产孟子而著称于世。

[27] **懿** 美好。

[28] **碑阴** 碑的背面。

第十三章　中华民国《汶川县志》

龙池龙王庙[1]碑记

[清]雷澍

同治十年[2]，川中大旱。自春至夏，江河浅蚀，井泉干渴，通都大邑，迭灾于火。当此之时，农不插种，商绝往来，盗风骎骎[3]欲起。且自咸丰九年[4]，遭滇、粤诸匪[5]之乱以来，兵戈阢[6]之，水火阢之，瘟疫阢之。其饥馑之阢，起于同治甲子岁[7]，迄今八载。大荒荐臻[8]，市无赤米，囷鹿[9]空虚，道殣相望，岌岌乎周于黎民，靡有孑遗之势也。时值大司马吴公督蜀。公忠孝文武，仁慈惠和，轸念[10]殷殷，终悯疮疾未复，讵意复降此大厉[11]，岂果欲尽斩伐耶？公夙夜忧惧，吁祷穹苍，遍及江渎山川诸神，为民请命，久之迄无应。公曰："昔成汤[12]圣人，而位天子，犹婴茅代牺。今我微末凡庸，焉能有格天[13]之德？是予与民命固尽之时也。"于是有前署汶川县令桐君叶先生[14]者，乃上言曰："汶治之南百二十里，循溪东上，岭横霞绮，中有天池，盈盈清水，弥漫巨浸，寂然停止，其神最灵，行云布雨，救旱祈年，感应无比。明公竭诚，云霓将起，泽沛甘霖，宜在于此。谨呈愚昧，公其祷祀。"公曰："善哉！"即命成都太守黄公往祷。覆命后，殊不雨。公忧危益甚，复沐书忱悃[15]，西出郭门，礼望遥祝。选择太守周公、副将军贵公往祷。二公往，竭诚尽志，于望五日旋省后，风清月朗，天犹昭昭，然有彗其星焉。斯时，公及群僚戚戚之衷，皆无聊奈矣。时将夜半，云从西来，掩蔽星月，雨满天垓[16]，赤地千里，同时滋培，连朝三次，酣注盈阶。通国士庶，欢声若雷，福国佑民，扫患御灾。公命建祠斯池之隈，面阳位吉，祭筑层台，奏请祀典，将享永赉。蜀山崔巍，蜀水潆洄，于万斯年，神其佑哉。由此观之：苏子瞻[17]以雨名亭，诗喜一时，小而私者也。公因雨建祠，求恩万世，普而公者也，岂可同日语哉？独忆宣王中兴[18]，旱魃[19]为虐，其灾威也。蕴隆虫虫，涤涤山川，其灾害也。饥馑荐臻，大命近上[20]，忧惧之危，至于兢兢业业，如霆如雷焉。祭祷之切，至于不殄[21]禋祀[22]，靡神不宗焉，诚于尽礼也。靡爱斯牲，圭璧既卒矣，遍于仰诉也。上至昊天上帝，下及群公先正[23]矣。群臣助救之多，贵而冢宰[24]庶正[25]，贱而膳夫左右，靡人不周矣。而其灾之不可猝弭[26]，究不知曷惠其宁至无聊欲遯[27]矣。夫宣王侧身修行，中兴圣主也，弭灾救害之难如此，其足见天心之难必[28]。今明公一祷于龙池，再祷于龙池，不崇朝而神灵应。阴阳和，嘉祥见，百姓安者，何若斯之奇也，意者其有异术欤？噫嘻！我知之矣。宣王承厉王之烈，乖戾之气，蟠结未消，故求猝弭也难。我国家定鼎以来，圣君代作，深仁厚泽，固结天心。虽有小丑，犹尺雾障天，寸云点日，顷刻消散耳。故今上以冲幼[29]践阼[30]，肃清海宇，存神于穆，与天合符，诚中兴之令辟[31]，福世之圣人。祥风和气，遍蒸海内矣。且龙者，天地之精，君象也。明公圣朝辅翼[32]，云行，祷雨斯池，诚云之从龙，公即云，云即雨也。岂非有感斯通，泽从公降哉？《易》曰："云行雨施，品物流形。"又曰："云从龙，风从虎，圣人

作而万物睹。"其此之谓欤？明年壬申[33]秋，祠成。公遣祀奠安其位，书其额曰"泽普崇朝"。深山岩壑，创兹巍峨庙貌。凡荒陬[34]老叟，山谷黄童，莫不扶杖往观，欣欣然空谷回春，均列骈幪[35]之下，捧觞执爵，皆愿为明公寿。自兹以往，有不进而为礼教富庶之乡哉？后见公遗绩，闻风慕德猷，将流连永叹，兴起泽润生民之思。澍虽草茅下士[36]，不获登公之堂，以歌颂皇仁功德。然生于斯，长于斯，宁能已于斯，而不纪其胜事耶？故不揣愚陋，备陈其迹，勒诸贞珉[37]。澍愿来守是邦者，聿修祀事，以介景福[38]。无慢神，自能感神。能感神，在无负民。无负民，乃无负公也。是为记。

文生雷澍撰并书
——中华民国《汶川县志》卷七《艺文》

【注释】

[1] **龙池龙王庙** 位于今都江堰市龙池国家森林公园内，由庙门、祈雨台、正殿和配殿等构成，是迄今为止全国最大的龙王庙建筑群。

[2] **同治十年** 公元1871年。

[3] **骎骎（qīn qīn）** 形容马跑得很快的样子，比喻事业进展得很快。

[4] **咸丰九年** 公元1859年。

[5] **滇、粤诸匪** 指云南李永和、蓝大顺农民起义和广西太平天国运动。

[6] **阸** 同"厄"。阻塞。

[7] **同治甲子岁** 即清同治三年，公元1864年。

[8] **荐臻** 不断来到；一再遇到。《国语·楚语下》："嘉生不降，无物以享，祸灾荐臻，莫尽其气。"

[9] **囷（qūn）鹿** 粮仓。圆者为囷，方者为鹿。

[10] **轸念** 悲痛地思念。《梁书·沈约传》："思幽人而轸念，望东皋而长想。"

[11] **大厉** 大恶，大祸害。《诗·大雅·瞻卬》："孔填不宁，降此大厉。"毛传："厉，恶也。"

[12] **成汤** 即商汤，商朝的创建者，前1617—前1588年在位，在位三十年，其中十七年为夏朝商国诸侯，十三年为商朝君主。今人多称商汤，又称武汤、天乙、成汤、成唐，甲骨文称唐、大乙，又称高祖乙。

[13] **格天** 感通上天。语本《书·君奭》："在昔成汤既受命，时则有若伊尹，格于皇天。"

[14] **桐君叶先生** 据中华民国《汶川县志》卷二《职官》载："叶庆荣，咸丰七年（1857年）任，浙江监生。修孚佑帝君庙，设平粜局。"

[15] **忱悃（chén kǔn）** 真诚。忱：真诚的情意。悃：诚恳，诚挚。

[16] **天垓** 天际，天边。垓：荒远之地，一方广大区域，"天子居九垓之田"。

[17] **苏子瞻** 即苏轼（1037—1101），字子瞻，又字和仲，号"东坡居士"，因此也称"苏东坡"，四川眉山人。北宋著名文学家、书画家和诗人。

[18] **宣王中兴** 指周宣王即位后，任用召穆公、周定公、尹吉甫等大臣，整顿朝政，使王道已衰落的周朝王室得到一时的中兴，因此史家以"宣王中兴"称之。不过，宣王中兴为时并不长，到了宣王晚年，国势又走下坡路。

第二篇 文 献 碑 文

[19] 旱魃　传说中引起旱灾的怪物。《诗·大雅·云汉》："旱魃为虐，如惔如焚。"孔颖达疏："《神异经》曰：'南方有人，长二三尺，袒身，而目在顶上，走行如风，名曰魃，所见之国大旱，赤地千里，一名旱母。'"

[20] 大命近上　指君臣。大命：帝王的命令，转指君王。近上：接近君王的人，转指大臣。

[21] 不殄　不善，不好。《诗·邶风·新台》："燕婉之求，籧篨不殄。"郑玄笺："殄当作腆。腆，善也。"

[22] 禋祀　古代祭天的一种礼仪。先燔柴升烟再加牲体或玉帛于柴上焚烧。意为让天帝嗅味以享祭。后泛指祭祀。

[23] 先正　亦作"先政"。前代的贤臣。《书·说命下》："昔先正保衡，作我先王。"孔传："正，长也，言先世长官之臣。"

[24] 冢宰　官名。即太宰。西周置，位次三公，为六卿之首。太宰原为掌管王家财务及宫内事务的官。周武王死时，成王年少，周公曾以冢宰之职摄政。

[25] 庶正　众官之长。《诗·大雅·云汉》："鞫哉庶正，疚哉冢宰。"郑玄笺："庶正，众官之长也。"

[26] 猝弭　突然停止。

[27] 遯　同"遁"，逃避，躲闪。

[28] 难必　难以肯定。中国近代史资料丛刊《辛亥革命·立宪纪闻》："立宪之事，既如是繁重，而程度之能之与否，又在难必之数。"

[29] 冲幼　年幼。

[30] 践祚（zuò）　即位；登基。祚：皇位。

[31] 令辟　贤明的帝王。清薛福成《庸盦笔记·桃花夫人示梦》："是夫人既有功于社稷，而贞毅明达，葆全节于危难之中，实巾帼中所罕觏，宜其能生昭王，为中兴之令辟也。"

[32] 辅翼　辅佐，辅助。《礼记·文王世子》："保也者，慎其身以辅翼之，而归诸道者也。"孔颖达疏："辅，相也；翼，助也。谓护慎世子之身，辅相翼助，使世子而归于道。"

[33] 壬申　清同治十一年，公元1872年。

[34] 荒陬　荒远的角落。晋左思《吴都赋》："其荒陬谲诡，则有龙穴内蒸。"

[35] 帲幪（píng méng）　古代称帐幕之类覆盖用的东西。在旁的叫帲，在上的叫幪。

[36] 草茅下士　浅陋微贱的人。草茅：在野未出仕的人。下士：才德差的人。

[37] 贞珉　石刻碑铭的美称。

[38] 以介景福　赐予大大的福气。

胜因院[1] 记

[宋]文同[2]

　　繇[3]玉垒山南下，过窄迤西循皂江，左折越太平渡，行深入曲，无虑六十里。至茂之汶川，有

地曰柘平，群山却立，大陆初露，畦[4]麻□稻，杳远窒阔。披壖[5]带麓，壤土鲜润，景物环丽，人物纯笃。就其佳处，有院曰"罗汉"。昔有头陀德钦，戒操甚严，岁腊[6]居久，其徒委散，是身独在。常惧其所，将底堕落，愿择高行，属以香火。得永康军[7]大中祥符寺僧义海者付之。至惟简师，凡五世也。惟简惟颛洁[8]，所趣端慎。守僧律，作佛事。癯形晦面，不避风雨，远近四众，咸宗仰之。既至此地，乃图崇饰，伐木镌岩，大辑材础，构广厦，设尊像，储秘典，纳净侣，凡所欲有，一二恒具。殆逾一纪[9]，功力方绝，以名上列，乃锡[10]今号。庭堂虚敞，檐宇飘动，丹明碧照，缋绣[11]崖谷，诚归乡之福地，而庄严之道场也。惟简，余之邑人，远来求纪其事。间常谓余曰："青城诸峰，惟大岷最为高厚。然丈人[12]、上清[13]之望者，乃世俗之所能见尔？如吾所居，正向其面。脉络表里，披敛出没。涧壑钩蔓，峦岭曲折。高林巨槲[14]，巍冈险顶。晨霞夕霭，染渍辉耀。湍瀑淙激，禽虫啼响。一日万状，无有穷极。鬼眼倾耳[15]，不知厌倦。此方外清绝之境，世间奇伟之观。而惟简辄擅有之，山林之人，所获多矣。安得君之车马一至其地，以信吾言之不诬？"余听其说衮衮[16]，令人喜闻。回视此身，若处泥穽[17]。何时濯洗，以从师傲兀于其间哉！因命笔缀次其事，使归琢诸岩石，遂以为记云。

熙宁二年[18]十月十五日记

——中华民国《汶川县志》卷七《古迹》

【注释】

[1] **胜因院** 原位于汶川县漩口镇圣因寺村圣因寺一组。20世纪末因修建紫坪铺水库，搬移至阿坝铝厂后，其原址被淹没于水中。

[2] **文同** 字与可，号笑笑居士、笑笑先生（1018—1079），人称石室先生等。北宋梓州梓潼郡永泰县（今属四川绵阳市盐亭县）人。宋仁宗皇祐元年（1049年）进士，迁太常博士、集贤校理，历官邛州、大邑、陵州、洋州（今陕西洋县）等知州或知县。元丰初年，赴湖州（今浙江吴兴）就任，世人称文湖州。元丰二年（1079年）正月二十日，病逝于陈州（今河南省淮阳县），享年六十一岁。他与苏轼是表兄弟，以学名世，擅诗文书画，深为文彦博、司马光等人赞许，尤受其从表弟苏轼敬重。

[3] **繇（yóu）** 同"由"。

[4] **畦（qí）** 田园中分成的小区，如畦田、菜畦。

[5] **壖（ruán）** 同"堧"。城郭旁、宫殿庙宇外或河边的空地。

[6] **岁腊** 年终。

[7] **永康军** 宋置，本唐镇静军，后蜀曰灌州，宋改为永安军，又改为永康军，元改置灌州，今四川都江堰市府所在地。

[8] **颛（zhuān）洁** 善良纯洁。颛：善良。

[9] **一纪** 十二年。《国语·晋语四》："文公在狄十二年，狐偃曰：'蓄力一纪，可以远矣。'"韦昭注："十二年，岁星一周为一纪。"

[10] **锡** 古同"赐"。

[11] 缋（huì）绣　　五彩描绘。缋：同"绘"。

[12] 丈人　　即丈人山，今都江堰市青城山。青城山古名天仓山，唐开元十八年（730年）更为现名。相传轩辕黄帝遍历五岳，封青城山为"五岳丈人"，故又名丈人山。

[13] 上清　　①上天；天空。②道家所称的三清境之一。《云笈七签》卷三："其三清境者，玉清、上清、太清是也。亦名三天，其三天者，清微天、禹馀天、大赤天是也……灵宝君治在上清境，即禹馀天也。"

[14] 樾（yuè）　　树荫或道旁林荫树。

[15] 嵬（wéi）眼倾耳　　亦作"嵬目鸿耳"或"嵬眼澒耳"。犹言动人观听。出自唐樊宗师《绛守居园池记》："虚明茫茫，嵬眼澒耳，可大客旅钟鼓乐。"嵬：高大耸立。

[16] 衮衮　　连续不断，众多。

[17] 弅（jǐng）　　古同"阱"。

[18] 熙宁二年　　即宋神宗熙宁二年，公元1069年。

沙窝[1]陈氏茔墓碑记

进士□□□郎、北京大司徒、云南清夷王事侯维章撰，奉训大夫[2]、知成都府威州事、福建乡贡进士[3]、蒲田杨国本书。

嘉靖七年[4]三月初一日，威州守御[5]千总宋琏，其内闱[6]陈氏以病陨，□诣□言曰：兹墓石幸有□□□□卜新域于五龙山原，将送殡而徙焉。为是阡□无文，无以表识[7]将来，敢以托□以□生。按陈氏属成都人，父□□有潜德，为□府所重，君闻而纳之。天性沉静慈和，□□□□费出诸口。而事上逮下，皆有法度。经纪家务，外内维新。君坐视不□，而得一乃心力，弘济边艰，氏力也。

先是予未第[8]时，尝游维州，与君善。见其庶务整办，盖陈氏□□处者□□。二子希郊、希祁，皆□俊可重。问之曰："陈氏出也。"始之陈氏之以克干□蛊，有德以克昌厥后[9]，其有功于宋宗不浅矣。景命[10]不融，溘尔长逝，□□也哉！氏生宏治丙辰[11]正月二十日，据卒之年，寿仅三十又三。涓[12]是年十一月初六日，葬五龙山原上，去威□里，在汶川旧县境。面江拱山，翠峰迤逦，□□□有风气□□者，以三千金易之。□□□□□□于三月戊子，竣事五月壬午，遂成一佳域焉。夫衣衾□委此□□□□棺椁□世人□□秋占牛，黄鹤乘生炁[13]者也，此青乌[14]景□氏之术□□□□。剡[15]陈氏卓有贤声，两生贤嗣，氏宜得此胜地而封之，用荫孙枝，则君之□□□为石椁南山者哉。其穴，成都术士徐古用□其地，居民张富、董志华鬻[16]之□□□□□杨旺董之法当□书，是为记。

嘉靖七年仲冬[17]初六日立

——中华民国《汶川县志》卷七《艺文·附文献》

【注释】

[1] 沙窝　　今汶川县威州镇万村沙窝子组，因地处狭谷口，岷江水流在此回漩沉积河沙，加之风大，

久而积沙成丘，故名。

[2] **奉训大夫**　文散官名。金始置，从六品下。元升为从五品。明为从五品初授之阶。清废。

[3] **乡贡进士**　指各省府、州、县依据私学养成的士人，经童生试、乡试两级选拔，合格者被举荐参加礼部贡院所举行的进士科考试，未能中试者被民间称为"乡贡进士"。

[4] **嘉靖七年**　公元1528年。

[5] **守御**　即守御千户所，为明代实行的卫所兵制的一级军事单位。卫所制即几个府为一个防区，设卫。卫以下设千户所、百户所。兵数大抵以五千六百人为卫，一千一百二十人为千户所，一百一十二人为百户所。百户所有总旗二，各辖五十人；小旗十，各辖十人。兵士称"军"，世袭当兵，另编军籍。千户所的主官称千户。

[6] **内阃**（kǔn）　内室。阃：门槛，门限。

[7] **表识**　标识；标志。

[8] **未第**　科举考试未中。

[9] **克昌厥后**　语出《诗·周颂·雝》："燕及皇天，克昌厥后。"郑玄笺："文王之德安及皇天……又能昌大其子孙。"后称子孙昌盛为"克昌"。厥后：从那以后。

[10] **景命**　大命。《诗·大雅·既醉》："君子万年，景命有仆。"郑玄笺："天之大命。"

[11] **宏治丙辰**　即明弘治九年，公元1496年。宏治：应为"弘治"之误，明孝宗朱祐樘的年号。

[12] **涓**　选择。左思《魏都赋》："涓吉日，陟中坛，即帝位，改正朔。"

[13] **生炁**（qì）　道教认为，从半夜至次日中午之气为"生炁"，从日中至半夜之气为"死炁"。炁：同"气"。

[14] **青鸟**　传说中的古代堪舆家。

[15] **矧**（shěn）　另外，况且，何况。

[16] **鬻**（yù）　卖，出售。

[17] **仲冬**　农历十一月。

七盘山武侯庙[1]题刻

[明]刘孟雷

惟公卧南阳[2]，忠扶汉室。管乐[3]岂俦[4]，伊吕[5]其匹[6]。奋志讨贼，尽瘁勤王。义不两立，帝业重光。惟维与汶，声教旁既。仰止威名，百世不替。爰秩祀典，崇报勋劳。苍山碧水，遗像清高。望神格[7]止，辑宁西边。除暴佑良，亿万年斯。

明万历二十三年[8]

——中华民国《汶川县志》卷五《祀典》

【注释】

[1] **七盘山武侯庙**　按中华民国《汶川县志》卷一《山川》及卷五《祀典》载：七盘山位于今汶川县

七沟。山有古道七盘，险要非常。岭上古庙一座，题曰："丞相武乡侯祠。"神像森严，年久祠倾。明万历二十三年（1595年），西川按察使刘孟雷者，过而祀之，且命邑令杨某，重修祠宇，建春秋祀，并泐文于石。清乾隆年间，庙祀犹存。现庙与题刻已无迹可考。

[2] **南阳**　今河南省南阳市。古称宛，位于河南省西南部、豫鄂陕三省交界地带，因地处伏牛山以南、汉水以北而得名。有3000多年的建城史，为楚汉文化的发源地。西汉时为全国六大都会之一，东汉时期为光武帝刘秀的发迹之地，故有"南都""帝乡"之称。曾孕育出"科圣"张衡、"医圣"张仲景、"商圣"范蠡、"智圣"诸葛亮、"谋圣"姜子牙等历史名人。三国时期，南阳是诸葛亮躬耕隐居之地，刘备"三顾茅庐"的发源地。

[3] **管乐**　"管仲、乐毅"二人的合称。管仲：又名夷吾，也称敬仲，颍上（今安徽颍上县）人，春秋战国时期著名的政治家，曾在齐桓公时为相，锐意改革，使齐国民足国富、社会安定，奠定了齐桓公称霸的经济基础，成就了齐桓公"九会诸侯，一匡天下"的霸业壮举。乐毅：生卒年不详，中山灵寿（今河北灵寿西北）人，战国后期杰出的军事家，曾辅佐燕昭王振兴燕国，报了强齐伐燕之仇。

[4] **俦**　同辈。

[5] **伊吕**　"伊尹、吕望"二人的合称。伊尹（前1649—前1549），名挚，小名阿衡（"尹"不是名字，而是"右相"的意思）。商朝初年著名丞相、政治家、道家思想家，是中华厨祖，中原菜系创始人。约公元前16世纪初，他辅助商汤灭夏朝，为商朝建立立下汗马功劳。他任丞相期间，整顿吏治，洞察民情，使商朝初年经济比较繁荣，政治比较清明，商朝国力迅速强盛。吕望：姜尚，史称太公望，史书皆称吕尚、吕望，俗称姜太公、姜子牙。西周初期杰出的韬略家、军事家与政治家。西周的开国元勋，齐文化的创始人。儒、道、法、兵、纵横诸家皆追他为本家人物，被尊为"百家宗师"。

[6] **匹**　匹敌。

[7] **格**　人的道德品质。

[8] **明万历二十三年**　公元1595年。

重修关帝庙碑记

[清]张耀祖[1]

粤自炎鼎将倾，群雄竞起，关公以天生神武，义重桃园，忠扶帝胄，独伸志誓死不回。予耀祖披阅志余，当兼危之际，公叱吴人曰："大丈夫生则立威，死则立节。我死，当有精灵上薄霄汉，且将神随天帝缥缈，下鉴人世顺逆忠节，若者福，否者祸，令万古知有我。"夫哉斯言，炳若丹券！迄于今千百余年，令人景仰于九天之上。其勇雄义风，精忠大节，真堪以骐箕[2]驭无，类日月之星辰。庙食普天，神灵百代，凡有血气，莫不钦崇。至其振古之威名，累朝之封号，夫且与天壤同其悠久，

小子何敢复赘一辞。汶城西南，旧有关帝庙，自置县以来，久经崇祀。国朝定蜀之年，耀祖来守兹土，拜谒之余，亟图所以新之。惟边疆甫靖，拮据勿遑，于己亥[3]春正月望后[4]三日，鸠工缔造，阅数月而告成。岿然[5]翼然[6]，不特[7]重新其坛宇，复有像而尊奉之，俨然如在其上。俾瞻拜之下者，凛凛其敬，不啻亲接神灵于觌面[8]者，何莫非公之精爽所致哉。盖申公之忠义，历万古而不磨，故公之英灵，自亘万古而不朽。益信乾坤正气，无往不周，正所谓掘地得泉，随在见水，又何独汶之庙祀而已。庙貌既新，神明孔赫，爰匾其榜曰："关帝庙。"夫公之称号多矣，前将军故蜀汉本号也，称真君，称元帅，称侯，称王，以至称帝，皆历代崇之号。予之建庙，至尊也，故从其尊者而称云。

大清康熙元年[9]岁次壬寅吉日立

文林郎[10]知汶川县事蓬莱张耀祖鼎

——中华民国《汶川县志》卷七《艺文》

【注释】

[1] **张耀祖** 据中华民国《汶川县志》卷二《职官》载："张耀祖，顺治初任。建学宫、文昌祠。在汶凡二十一年。"

[2] **骑箕（qí jī）** 亦作"骑箕翼"。指大臣死亡、去世。《庄·宗师》："傅说得之以相武丁，奄有天下，乘东维，骑箕尾，而比于列星。"傅说一星，在箕星尾星之间，相传为傅说死后升天而化。后因以指游仙。

[3] **己亥** 清顺治十六年，公元1659年。

[4] **正月望后** 正月十八日。望：月圆之时，农历每月十五或十六日。

[5] **岿然** 庄严屹立。

[6] **翼然** 像鸟张开翅膀一样。

[7] **不特** 不仅；不但。

[8] **觌（dí）面** 当面；迎面。

[9] **大清康熙元年** 公元1662年。

[10] **文林郎** 文散官名。于隋文帝开皇六年（586年）设置，从九品上。隋炀帝大业三年（607年）时废。唐武德七年（624年）又置，为从九品上的文散官。宋初为四十二阶，后定为第三十三阶。金、元时皆用为文散官名称，金为正八品上，元为正七品。明清时都用来授正七品文官。散官是用来定级别的。

重修城隍庙碑记

[清]张耀祖[1]

传曰："天生民而立之君，使司牧之。"[2]故长吏为天子守土而亲民，是大君所分符而出治者也。设一州县，必设一城隍。会典[3]中皆载有封号，于其理幽冥[4]而司祸福，是上帝所分灵而幽赞[5]者也，

是故幽明一理也。鬼神之德之盛，其彰瘅[6]之微权，直堪以佐衮钺[7]之用，而襄政教所不及也。使天下之人，群而奉之，莫不敢射也。汶川之下关[8]，出城数十武[9]，旧设有城隍庙，每祷必灵，为民除害，至今遗有"获豹碑"，威灵赫如也。兵燹后，满目沧桑，神庙且鞠为丘墟而莫之问。予耀滥叨司牧，怅然伤怀，亟亟焉议复新之，不靳[10]劳费，而修善者亦愿乐输以从。然无材木，弗给何？丙申[11]夏，忽大水陡作，江流溯湃[12]，涌至大木若干，随材取用，周不具备，而独少一柱为栋木，索之弗得也。无已[13]，命工由水滨觅至凤头关[14]下，见沙渚上露有大木寸许，循而求之，其大小与前栋木同。及揣其本末，则长短尺寸，与前栋木恰相合，众皆异然，惊喜过半。冥漠[15]中真有若启若翼于其间者，微神威灵不及此。遂于是岁七月，告吉兴工，不几月而工竣，宜若有神助焉。规画经营，适皆如是，黝垩丹漆[16]，焕然一新。从此拜邀神贶[17]，庇我烝民[18]，予何幸而乐观厥成也。虽然朔望之期，公议之会，入其庙，神明在上，司牧者得无恍然思乎？思何以抚下而保民？思何以奉公而经国？思何以恪供乃职而服官？思之切而慊，自心之神明，使可以对在上之神明。入其庙，天鉴在兹，司牧者得无悚然惧乎？惧其剥膏而浚[19]民生，惧其覆餗[20]而隳[21]国计，惧其筐篚不饬[22]而玷官箴[23]。惧之深而不愧，自心之天鉴，使可以对在上之天鉴。定以古人膺任[24]之初，必斋宿于庙，然后升堂视事，盖惟先质鬼神而后乃莅民物，惟贞白[25]乃心，而后能靖共尔位。则分灵而幽赞，与分符而出治者之感召，志气之蒸，未尝不互相协赞，而谓幽明有二理哉？予耀承乏[26]汶川，先后几二十年，所治民事神，行虽不逮[27]，而心窃志之，庶神之灵有以鉴其言。记于后，以告后之君子。

大清康熙元年[28]壬寅仲夏
文林郎[29]知汶川县事蓬莱张讳耀祖
——中华民国《汶川县志》卷七《艺文》

【注释】

[1] **张耀祖**　据中华民国《汶川县志》卷二《职官》载："张耀祖，顺治初任。建学官、文昌祠。在汶凡二十一年。"

[2] **天生民而立之君，使司牧之**　语出《左传·襄公十四年》："天生民而立之君，使司牧之，勿使失性。"司牧：管理，统治。

[3] **会典**　记载一个朝代官署职掌制度的书，源出于《周官》(《周礼》)，唐有《唐六典》。明清改称"会典"，意思是"典章会要"。会典大多属当代官修断代式政书，以职官为纲，记录中央与地方官职制度沿革。注重记述法令典章，而不详备史实。

[4] **幽冥**　指阴间。

[5] **幽赞**　谓暗中受神明佐助。语出《易·说卦》："昔者圣人之作《易》也，幽赞于神明而生蓍。"高亨注："言圣人作《易》，暗中受神明之赞助，故生蓍草，以为占筮之用。"

[6] **彰瘅**（dàn）　"彰善瘅恶"之缩写，意为表扬善的，憎恨恶的。彰：表扬。瘅：憎恨。

[7] **衮钺**　古代赐衮衣以示嘉奖，给斧钺以示惩罚，故云。

[8] **下关**　据中华民国《汶川县志》卷四《交通·附关隘》载："下关，距城（绵虒镇）里许，在城南门下，清嘉庆五年（1800年）春建。"此碑文说明《汶川县志》记载有误，下关当建于清康熙前。

[9] **武** 古代六尺为步，半步为武。

[10] **不靳（jìn）** 不吝惜。靳：吝惜。

[11] **丙申** 清顺治十三年，公元1656年。

[12] **澎（péng）湃** 即"澎湃"。澎：古同"澎"。

[13] **无已** 不得已。《孟子·梁惠王下》："是谋非吾所能及也，无已，则有一焉。"

[14] **凤头关** 今汶川县绵虒镇石纽山，俗称凤岭。"绝高。小道盘旋，路为沙壅，下临深渊，时时大风吹沙上飞。或曰山下池水一泓，为杨贵妃少时浴澡处也。"

[15] **冥漠** 指阴间。宋陈亮《祭金伯清父文》："谓冥漠之如在，想英灵之未遐。"

[16] **黝垩（yǒu è）丹漆** 泛指各种颜色。黝垩：黑色和白色。丹漆：朱红色的漆。

[17] **神贶（kuàng）** 神灵的恩赐。贶：赠，赐。

[18] **蒸民** 众民；百姓。《孟子·告子上》："《诗》曰：'天生蒸民，有物有则。'"

[19] **浚** 掘取，榨取。

[20] **覆餗（sù）** 谓倾覆鼎中的珍馔。后又比喻力不胜任而败事。餗：鼎中的食物，泛指佳肴美味。

[21] **隳（huī）** 毁坏。

[22] **簠簋不饬** 指为官不清正廉洁的人。簠簋：古代的食器、祭器。不饬：不整齐。

[23] **官箴** 为官的行为准则。

[24] **膺任** 被任命、提升或被选举而担任官职。

[25] **贞白** 守正清白。

[26] **承乏** 古代暂任某官职时的谦称，谓职位一时无适当人选，暂由己充数。

[27] **不逮** 不足之处。逮：及，达到。

[28] **大清康熙元年** 公元1662年。

[29] **文林郎** 文散官名。于隋文帝开皇六年（586年）设置，从九品上。隋炀帝大业三年（607年）时废。唐武德七年（624年）又置，为从九品上的文散官。宋初为四十二阶，后定为第三十三阶。金、元时皆用为文散官名称，金为正八品上，元为正七品。明清时都用来授正七品文官。散官是用来定级别的。

建修文庙碑记

[清]康熙元年[1] 大学士[2] 胡世安[3]

圣皇初御万年之历，汶川学宫[4]，于时告竣。众谓有词，宜泐石以纪成功，而属[5]之余。谨拜首稽首[6]而言曰：粤[7]自洪蒙肇判[8]，圣喆挺生[9]，羲轩[10]而降，作者非一人矣。乃孔子独巍然为帝者师，万世无改，岂值以包举[11]群圣，金声而玉振[12]之哉？盖以孔子之道，乾坤不足以喻其大，日月不足以喻其明，山海不足以喻其高深。先孔子而圣者，非孔子无以传；后孔子而圣者，非孔子无以

法。生民以来，未有盛于孔子者。所谓贤于尧舜，岂虚语哉！自周西而后，或尊孔子为尼父，为褒尊侯为文宣王，宋加至圣，元加大成，极崇褒之，而未有定制。至明，始改王为师，易像为主，礼备四代[13]，乐有八佾[14]。倚欤休哉，昭天地而超今古矣！皇清定鼎，首重文教，以学校之废兴，课有司之殿最[15]，万代瞻仰，在此举也。汶川屡遭寇兵屠蹂，城舍垢墟，学宫鞠[16]为茂草。濒九年，所欲图更造而未能。大参[17]陈公子达，以内翰[18]分藩威、茂，聿兴盛举。邑侯张公[19]襄厥成，汶人亦相帅[20]出力，以缮其事。工不阅岁，而烬者兴，墟者完，门殿宫墙，焕乎一新。诸生趋跄其中，率德励行，共修大业，与海内结轨而驰。孰不曰自今日始，第兵燹后，琐尾流离[21]，文献淹没而不可考，诸生亦知尔汶庠之发祥有自来乎？唐元友谅[22]以名进士起家，文章事业，彪炳一时。明董策[23]中乙卯乡试，孟绍孔[24]以恩选贡，由州守仕至二千石，而臬而藩而抚军[25]，功业烂然。其余府佐州县，不可缕数。盛朝初辟贤科[26]，杨开运[27]以髫龄[28]中甲午[29]科乡试。时当圣主当阳，海宇宁谧，方修礼乐，崇儒术，以至太平。诸生幸逢其会，当必有硕大光明之才，应期而出，树骏流鸿[30]，以为兹学宠重，庶不负邑侯张公耀祖兴起学校，乐育人才之美意哉！张公，山阴人，自署篆[31]即真县令，莅汶者二十余载，与士民共甘苦，同患难，生聚教养，不遗余力。如复县治，筑城堡，建神祠，重建桥垒，调驭夷情，湛恩汪濊[32]，沦洽肌髓，汶民之尸祝[33]恐后，不亦宜乎？是役也，四川监军道程公凤翔，松龙副戎沈公继芳，经始于前，捐助有差，于法得并书，而复系之以诗曰：

昊穹[34]生民，厥有圣神。体阴法阳，尊主群伦。于灿宣尼[35]，道隆德博。金玉其成，时惟木铎[36]。六经删定[37]，典训煌然。譬彼日月，朗而行天。流泽鸿庞，以觉来裔。万祀宗之，血食[38]勿替。皇清御宇，惟圣是式。薄海之内，庙貌有翼。瞻彼岷麓，黉宫[39]兀突。流氛鼓焰，建遭回禄[40]。上下交饬，亟命鼎新。斥金捐廪，心经目营。爰度爰诹，爰兴缔构。群工毕艺，不日而就。肆肆[41]其楹，奕奕[42]其榱。丹臒[43]黼黻[44]，既穆且贞。爰入其门，爰跻其堂。执事且陈，金丝[45]琅琅。厥荐维何？豆笾[46]簠簋[47]。神之来临，既安且喜。章甫[48]峨峨[49]，缝掖[50]翩翩。威仪有楚，载歌载弦。元灵有辉，万年有造。人文丕炽，赞我皇道。岷山矗矗，汶水汤汤[51]。琢词贞珉[52]，并垂无疆。

——中华民国《汶川县志》卷七《艺文》

【注释】

[1] **康熙元年** 公元1662年。

[2] **大学士** 又称内阁大学士、殿阁大学士、协办大学士等，为辅助皇帝的高级秘书官，正一品。执掌钧国政，赞诏命，厘宪典，议大礼、大政，裁酌可否入告。修实录、史、志，充监修总裁官，经筵领讲官，会试充考试官，殿试充读卷官，春秋释奠，摄行祭事。

[3] **胡世安** 字处静，别号菊潭，四川井研人。生年不详，卒于清圣祖康熙二年（1663年）。明崇祯元年（1628年）进士，朝考选庶吉士。累官詹事府少詹事。入清，授原官。顺治时，累官武英殿大学士，兼兵部尚书。寻加太子太保、少傅，兼太子太傅。康熙元年（1662年），为秘书院大学士。以疾乞归，加少师兼太子太师致仕。工诗文，著有《秀岩集》十一卷，凡诗二十二卷，文九卷，及《大易则通》《禊帖综闻》《异鱼图赞笺》《异鱼图赞补》，均《四库总目》等三十余种并传于世。

[4] **汶川学宫** 即今汶川县绵虒镇文庙。据中华民国《汶川县志》卷三《学校》载："汶邑自唐代元

和中即有进士显者，追溯其源，则建学或当自唐代始。而考之旧志，明嘉靖二年（1523年）始立学官。""明嘉靖二年，提学副使张邦奇奏立，中为大成殿，左右两庑，前戟门，灵（棂）星门，泮池东西，为义路礼门。殿后启圣祠，年久损坏，顺治七年（1650年），知县张耀祖重建正殿。康熙六年（1667年），知县陆治源始建两庑，后又损坏。乾隆六十年（1795年）至嘉庆五年（1800年），重修正殿两庑。乡贤名宦，新建节孝祠一所。嘉庆九年（1804年），新建明伦堂，又建学署三门、泮池宫，于是备矣。"

[5] 属　古同"嘱"。嘱咐，叮嘱。

[6] 拜首稽首　拜手：作揖。稽首：古时的一种跪拜礼，叩头至地，是九拜中最恭敬的。用于书信向对方表示敬意。出自《尚书·益稷》："皋陶拜手稽首。"

[7] 粤　文言助词，用于句首或句中。

[8] 洪濛肇判　意为宇宙结束混沌，天、地初分。洪濛：天地形成前的混沌状态。清吴伟业《退谷歌》："无乃此世非洪濛，元气茫茫鬼神凿。"肇判：初分。《秦并六国平话》卷上："鸿蒙肇判，风气始开。"

[9] 圣喆挺生　诞生了智慧超人的人。圣喆：指超人的道德才智，亦指具有这种道德才智的人。喆：同"哲"。挺生：挺拔生长，亦谓杰出。《后汉书·西域传论》："灵圣之所降集，贤懿之所挺生。"

[10] 羲轩　伏羲氏和轩辕氏（黄帝）的并称。

[11] 包举　全部占有。贾谊《过秦论》："有席卷天下，包举宇内，囊括四海之意，并吞八荒之心。"

[12] 金声而玉振　"金声""玉振"表示奏乐的全过程，以击钟（金声）开始，以击磬（玉振）告终。以此象征孔子思想集古圣先贤之大成，赞颂孔子对文化的巨大贡献。后人把孔庙门前的第一座石坊命名为"金声玉振"。语出《孟子·万章下》："（孔子）集大成者，金声而玉振之也。金声也者，始条理也；玉振之也者，终条理也。"

[13] 四代　指虞、夏、商、周四个朝代。《礼记·学记》："三王四代唯其师。"郑玄注："四代，虞、夏、殷、周。"

[14] 八佾（yì）　古代的一种乐舞，因共有八行八列而称作"八佾"。按照礼法规定，只有天子才能使用这种制度的乐舞。佾：舞列。纵横都是八人，共六十四人。

[15] 殿最　考课；评比。

[16] 鞠　养育。

[17] 大参　"参政"的别称。参政：宋以后历代皆置，地位高下不一。宋为参知政事的简称，为宰相之副。元中书省设参政，位于平章政事左、右丞之下，为丞相的副贰。明在各省布政使下设左右参政，分领各道，为地方长官的副贰。清入关前六部、理藩院有承政、参政。顺治元年（1644年）改为尚书侍郎，参政地位似侍郎。清初各省布政使下酌置参政、参议，多由道员兼。乾隆十八年（1753年）后不再置。

[18] 内翰　清代"内阁中书"的别称。

第二篇 文献碑文

[19] **张公** 即张耀祖，山阴人，清顺治初任署篆，后升为知县。在汶川二十一年，建学宫、文昌祠等，政绩显著。

[20] **相帅** 同"相率"。相继；一个接一个。《资治通鉴·晋元帝太兴三年》："石生虏宋始一军，北渡河，于是河南之民皆相帅归矩（李矩），洛阳遂空。"胡三省注："帅，读曰率。"

[21] **琐尾流离** 比喻处境由顺利转为艰难。琐尾：亦作"璅尾"。《诗·邶风·旄丘》："琐兮尾兮，流离之子。"朱熹《诗集传》："琐，细；尾，末也。流离，漂散也……言黎之君臣，流离琐尾，若此其可怜也。"后以"琐尾"谓颠沛流离，处境艰难。流离：枭的别名，枭幼小时可爱，长大后却非常丑恶。

[22] **元友谅** 汶川人，唐元和进士。曾撰《汶川县唐威戎军制造天王殿记》，收录于《全蜀艺文志》卷三八。

[23] **董策** 汶川人，明万历乙卯（1615年）举人，曾任河南巩县知事。

[24] **孟绍孔** 汶川人，明拔贡，历升云南曲靖府同知。

[25] **而臬而藩而抚军** 臬：俗称臬台，明清时按察使的别称。藩：俗称藩台，明清时布政使的别称。抚军：清代巡抚的别称，亦称抚院、抚台、抚宪。

[26] **贤科** 科举时代对选拔官吏所分科目的美称。

[27] **杨开运** 据中华民国《汶川县志》卷六《文科》载："杨阅运，顺治甲午（1654年）举人，任福建安县知县。"二人应为一人，其名应为杨开运。《文科》人名有误。

[28] **髫（tiáo）龄** 童年，幼年。髫：小孩前额下垂的头发。

[29] **甲午** 清顺治甲午年，即顺治十一年，公元1654年。

[30] **树骏流鸿** 树木生长迅速而茂盛，河流湍急而浩荡。

[31] **署篆** 署印。因官印皆刻篆文，故名。掌握印信之人。

[32] **汪濊** 亦作"汪秽"，深广。

[33] **尸祝** 祭祀。

[34] **昊穹** 苍天。《文选·司马相如》："伊上古之初肇，自昊穹之生民。"李善注引张揖曰："昊穹，春、夏天名。"

[35] **宣尼** 即孔子。西汉平帝元始元年（公元元年）追谥孔子为褒成宣尼公，后因称孔子为宣尼。

[36] **木铎** 以木为舌的大铃。古代宣布政教法令时，巡行振鸣以引起众人注意。《周礼·天官·小宰》："徇以木铎。"郑玄注："古者将有新令，必奋木铎以警众，使明听也……文事奋木铎，武事奋金铎。"

[37] **六经删定** 指经过孔子整理而传授的六部先秦古籍：《诗经》《尚书》《仪礼》《乐经》《周易》《春秋》。

[38] **血食** ①谓受享祭品。古代杀牲取血以祭，故称。②指用于祭祀的食品。③吃鱼肉之类荤腥食物。在我国古代，尤其是春秋战国时期，常常以"血食""不血食"借以指代国家的延续和破灭。《史记·陈涉世家》载："高祖时为陈涉置守冢三十家砀，至今血食。"即指分派三十户为陈胜祭祀，使其勿绝。

[39] **黉（hóng）宫** 古代称学校。因古时学校多与文庙合二为一，故黉宫亦为文庙或孔庙之别称。

[40] **回禄** 传说中的火神，引申为火灾。

[41] **肆肆** 并列。唐韩愈《袁氏先庙碑》："柏版松楹，其筵肆肆。"

[42] **奕奕** 高大。《诗·大雅·韩奕》："奕奕梁山，维禹甸之。"毛传："奕奕，大也。"

[43] **丹雘（huò）** 泛指好的色彩。雘：红色或青色的可作颜料的矿物。

[44] **黼黻（fǔ fú）** 绣有华美花纹的礼服。黼：古代礼服上绣的半白半黑的花纹。黻：古代礼服上绣的半青半黑的花纹。

[45] **金丝** 原指乐器的金属弦，引申为声音或音乐。

[46] **豆笾（dòu biān）** 古代祭祀或宴会时盛果实、干肉等的容器。木制的叫豆，竹制的叫笾。

[47] **簠簋（fǔ guǐ）** 两种盛黍稷稻粱之礼器。簠：长方形器，有盖，有耳；盖和器身形状相同，大小一样，上下对称，合则一体，分则为两个器皿；出现于西周早期，主要盛行于西周末春秋初，战国晚期以后消失。簋：亦为长方形，圆口，双耳。自商代开始出现，延续到战国时期。

[48] **章甫（zhāng fǔ）** 亦作"章父"。古代一种礼帽。

[49] **峨峨** 原意为山体高大陡峭，此处引申为高耸的样子。

[50] **缝掖（féng yè）** 亦作"缝腋"。大袖单衣，古儒者所服。亦指儒者。

[51] **汤汤（shāng shāng）** 水势浩大、水流很急的样子。范仲淹《岳阳楼记》："衔远山，吞长江，浩浩汤汤，横无际涯。"

[52] **贞珉** 石刻碑铭的美称。

重修文庙碑记

佚名

世运之盛衰在人才，人才之奋兴由学校。圣天子重道崇儒，诞敷[1]文教，亲致祭于阙里[2]，洒[3]神翰[4]于泮宫[5]，配享[6]诸贤有赞，训饬[7]士子有文，颁示宇内，光昭天壤。近奉考试直省[8]师儒，分黜陟[9]以端表率，即有司考成，亦必以学校之兴理为课最良。以胶庠[10]乃风化之本，尼山[11]实万代之宗，非若梵宫箫院，兴废一任乎人也。汶学创始嘉靖三年[12]，后燬[13]于兵。康熙壬寅岁[14]，始克重建，规模初具，皆属草创。朔望[15]非不谒也，惟循街四拜；春秋非不祀也，仅举爵三登。以致菁莪[16]胜地，将同茂草荒区。甲戌[17]春，浔阳廖公[18]来莅兹土，目击心凛，毅然以重修为己任，奈需费其奢。名虽因而实创也，捐俸倾笥[19]，心力交瘁，几几乎大观矣，乃功未竟而公遽卒。有心有犹，系思不置。甲申[20]夏初，威郡陈公[21]兼摄汶篆，谒庙之际，虑废坠之不修，惜成劳之并弃，慨然追廖公而终其事。于是由殿宇而及庑门、墙、坊、关及圣龛、贤座，凡鸠工庀材[22]，丹涂既茨[23]，悉捐囊办理。不数月间，而百年丹雘之盛，于今复靓[24]。且欲建魁楼以培地势，筑泮楼以肃观瞻，宗庙之美，必臻其备。史传文翁[25]治蜀，郡国皆置文学，蜀人自此显名不绝。今汶之有学，煌煌甲

于他邑，入其门而赫然以临，登其堂而气然入见，则从事于圣人之道，也必力于文翁之化，不几先后有同揆[26]耶？《易》曰："圣人作而万物覩[27]。"余汶虽处僻壤，沐浴既久，殆必有仰副圣朝，作人之雅化者也。至于端学术，正人心，立品行，存道德，非法言不敢言，非法行不敢行。破拘牵[28]之习，以进于圣贤之途，是在我辈之克自振拔而已。是役也，肇始于甲戌，告讫于甲申，阅今十年。天干合而人事竣，夫岂偶然也哉？后之君子，可以兴矣。

——中华民国《汶川县志》卷七《艺文》

【注释】

[1] 诞敷　遍布。《书·大禹谟》："帝乃诞敷文德，舞干羽于两阶。"孔传："远人不服，大布文德以来之。"

[2] 阙里　孔子故里。在今山东曲阜城孔庙东墙外的阙里街。因有两石阙，故名。孔子曾在此讲学，后建有孔庙，几占全城之半。《孔子家语·七十二弟子解》："颜由，颜回父，字季路，孔子始教学于阙里，而受学，少孔子六岁。"后亦代指孔庙。

[3] 洒（xǐ）　古同"洗"，洗涤。

[4] 翰　原指长而坚硬的羽毛，后来借指毛笔、文章、书信等。

[5] 泮（pàn）宫　即学官，古代的国家高等学校，因建筑在文庙泮水后，故名。《礼记·王制》："大学在郊，天子曰辟雍，诸侯曰泮宫。"

[6] 配享　亦作"配飨"，合祭；祔祀。指孔子弟子或历代名儒附祀于孔庙。

[7] 训饬　教训诫勉。

[8] 直省　指直隶地区和各省。清方苞《狱中杂记》："文书下行直省。"

[9] 黜陟（chù zhì）　指人才的进退，官吏的升降。《后汉书·韦义传》："（韦义）数上书顺帝，陈宜依古典，考功黜陟，征集名儒，大定其制。"

[10] 胶庠（jiāo xiáng）　周代学校名。周时胶为大学，庠为小学。后世通称学校为"胶庠"。

[11] 尼山　原名尼丘山，位于山东省曲阜市城东南30千米，海拔340余米，山顶五峰连峙，唯中峰为尼丘。史载孔子父母"祷于尼丘得孔子"，所以孔子名丘字仲尼，后人避孔子讳称为尼山。

[12] 嘉靖三年　公元1524年。

[13] 燹（xiǎn）　本义野火。后多指兵乱中纵火焚烧。

[14] 康熙壬寅岁　康熙元年，公元1662年。

[15] 朔望　农历每月的初一和十五。旧时为官员上朝参见或到庙宇拜祭之日。

[16] 菁莪（jīng é）　本意为赞美培育人才，后世遂用来比喻乐育英才。出自《诗经·小雅·菁菁者莪》："菁菁者莪，在彼中阿。"菁：韭菜花。莪：蘑菇的别名。

[17] 甲戌　康熙三十三年，公元1694年。

[18] 廖公　据中华民国《汶川县志》载："廖应拔，江西德化县荫生。康熙三十二年（1693年）出任汶川知县，同年卒于任上。"

[19] 倾笥（sì）　全部之意。笥：一种盛饭食或衣物的竹器。

[20] **甲申**　康熙四十三年，公元1704年。

[21] **陈公**　据中华民国《汶川县志》载："陈于琏，湖广黄陂县举人。康熙三十三年（1694年）任汶川知县。"

[22] **鸠工庀（pǐ）材**　招集工匠，准备材料。鸠：聚集，召集。庀：具备、治理。

[23] **茨**　堆积填满。

[24] **覯（gòu）**　遇见。

[25] **文翁**（前156—前101）　姓文，名党，字翁仲。西汉时期教育学家。景帝时任蜀郡太守，在此期间，倡导教化，教民读书，学法令，选拔郡县小吏十余人到京都研习儒经，在成都城中设立学校，选官吏子弟入学。重视对学生进行从政能力的培养。景帝嘉奖文翁兴学。文翁兴学实为中国历史上地方政府设立学校之始。

[26] **同揆**　同一法则，同一道理。《三国志·吴志·周鲂传》："夫物有感激，计因变生，古今同揆。"

[27] **圣人作而万物覩（dǔ）**　出自《周易·乾》："同声相应，同气相求。水流湿，火就燥。云从龙，风从虎。圣人作而万物睹。"覩：同"睹"。

[28] **拘牵**　拘泥牵挂。

新建尤溪公馆记

[清]薛鲁

尤溪[1]当太平驿[2]、灌县关道之冲，上下相去各四十里许。山川盘折，道路阻修。使节、宾旅往来，率停午于斯。旧设有铺，丘墟久矣。供亿[3]者向假[4]龙王庙前楹为草舍，权也。庙去铺数步，夹在民居，岁月既久，栋宇腐颓，户垣毁折，湿秽日甚。余顾而叹曰："是可以驻使节，是尚可以仍陋而就敝哉！"乃谋与监收[5]别驾[6]李子檄、汶川尹[7]邹子古计更构，约费二十余金。予出所余养廉银十二两，委典吏[8]蒋文举、张鹤，驿丞[9]巨邦奇，鸠工庀材，更制而鼎新之。李子、郑子暨灌尹税子，亦各捐己以资共济焉。经营五旬，工告讫。作室三间，中为厅事，左右二官房。前二门，门各有廊，傍各有庑区。而厢之凡六，为门厨胥隶之所。缭垣周固，粉饰其美。供帐什物，亦略具焉。匾曰"尤溪公馆"，为使车暂憩云。是役也，财不帑费，力不及宿，供者既便，行去无虞，因告成事，爰记所由。勿俾践履[10]，勿俾倾圮，司款之责，看守以人。勿谓无益，一劳永逸。勿谓易易，详观斯记。

钦差整饬威茂等处兵备[11]、四川按察司副使[12]、前吏部考功清吏司[13]员外郎[14]、闽福清南岐薛鲁撰

替理成功：成都府监收、威茂粮储通判李如粟

管理工程：汶川县知县邹启元、灌县知县税廷宾、汶川县典史蒋文举、灌县典史张鹤、太平驿丞[15]巨邦奇

乾隆三年[16]岁次己巳夏五月端阳[17]吉日立

——中华民国《汶川县志》卷七《艺文·附文献》

【注释】

[1] 尤溪　今都江堰市龙池镇，旧称尤溪场。

[2] 太平驿　今汶川县映秀镇太平驿村。

[3] 供亿　供给，供应。刘禹锡《谢贷钱物表》："馈饷时久，供亿力殚。"

[4] 向假　平常借用。

[5] 监收　监督收取。

[6] 别驾　"通判"的别称，明清各府置通判，分掌粮运、水利、屯田、牧马、江海防务等事。

[7] 尹　地方行政长官。

[8] 典吏　吏员的通称。清代司、道、府、厅、州、县的吏员都叫典吏。

[9] 驿丞　明清之制，各州县设有驿站之地，均设驿丞。掌管驿站中仪仗、车马、迎送之事，不入品。

[10] 践履　踩踏。《诗·大雅·行苇》："敦彼行苇，牛羊勿践履。"

[11] 兵备　即"兵备道"之简称，职官名。明制于各省重要地方设整饬兵备的道员，明洪武年间始置，本为遣布政司参政或按察副使至总兵处整理文书，参与机要之临时性差遣。弘治年间始于各省军事要冲遍置整饬兵备之道员，称为兵备道。掌监督军事，并可直接参与作战行动。此官由按察副使或按察佥事充任，是分巡道的一种，又称兵备副使、兵宪。清代沿置，有整饬兵备道、抚治兵备道等称谓。

[12] 按察司副使　职官名。明初所设按察司的副长官，正四品。洪武十四年（1381年）改为从四品。其职掌一为按事分巡察兵备、学政、海防、清军、监军等；一为按地区分巡察、佥视刑名按劾等。初为临时性质，后逐渐形成分道，故又称道员。清初沿置，乾隆时裁去副使衔，专设分巡道。

[13] 考功清吏司　官署名。是明清时期吏部下设的机构。掌文职官之议叙与处分，三岁京察及大计则掌其政令。

[14] 员外郎　官名。明清时期六部下级官员，从五品。

[15] 承　"丞"之错别字。

[16] 乾隆三年　公元1738年。

[17] 端阳　即端阳节，每年农历五月初五。又称端午节、午日节、五月节等，是中国传统节日之一。

书院学田[1]记

[清]王声鋆[2]

余登岷山，涉汶水，见石骨峻嶒[3]，江流盘折。白云青霭，遍照桃花。碧岫丹岩，时舒兰臭[4]。鸟鸣千涧，猿啸三更。意必有钟[5]江山之秀，抱瑜瑾[6]之光者，乃青衿[7]领袖，质则胜文[8]。而丹

朣[9]宫墙，名无其实。门庭寥落，几兴茂草之嗟；书卷飘零，竟作焦灰之悼。深求其故，知古之以贫而工者，今且以贫而废也。余亟思振之，岁省养廉[10]之余，为士子延师膏火之费[11]。又值边陲有事[12]，路当孔道，军行火烈，檄动星驰。凡我土民，相从于奔驰扰攘[13]间者，日无宁晷[14]，迥思曩志[15]，谨托空言矣。十四年[16]春，圣德覃敷[17]，元臣[18]振旅，予恰受特恩，迁合州牧，得代之后，稍有余暇。光华纟色[19]，云霓[20]扬干羽[21]之辉；淑问[22]清和[23]，膏雨[24]润琴书之气。山明川媚，铺开锦绣文章；卷咏涂谣，系动康衢[25]舞龠[26]。乃进绅士孟申生等，买田六十三亩于崇宁县[27]之平乐村，岁得租五六十石，作饘粥[28]之资，为经久之计。投戈讲学[29]，绰有余闲。而偃武修文，良无废事。余买田租之意，非徒为文人骚客，玩山林花鸟之资，实欲使异质殊尤[30]，储经济[31]献为[32]之器也。嗟嗟! 风平浪息，河清海晏[33]之秋；雾散空晴，虹驾云垂之势。进举堂而习礼，远绍鹿洞[34]渊源；而绛帐[35]以传经，快睹龙门[36]蔚起。式鲁齐[37]之遗意，推文正[38]之良模。勉尔生徒，同登衽席[39]。将见焚膏继晷[40]，为韩潮苏海[41]之词宗；不患画粥[42]谈经，无刘庄陆厨之错助也。至买田为数甚少，本不足筹。但源不清则流浊，谨纪其事于石。

——中华民国《汶川县志》卷七《艺文》

【注释】

[1] **学田** 供学校费用的田地。

[2] **王声銮** 据中华民国《汶川县志》载："王声銮，北直举人，乾隆十三年（1748年）任（汶川知县）。"

[3] **峻嶒**（jùn céng） 高峻突兀的样子。杜甫《望岳》："西岳峻嶒竦处尊。"

[4] **兰臭**（xiù） 《易·系辞上》："同心之言，其臭如兰。"孔颖达疏："谓二人同齐其心，吐发言语，氤氲臭气，香馥如兰也。"后因以"兰臭"指情投意合。臭：古同"嗅"，气味的总名。此处指空气清新，芬芳四溢。

[5] **钟** 聚集。

[6] **瑜瑾** 泛指美玉。《左传·宣公十五年》："谚曰：'高下在心，川泽纳污，山薮藏疾，瑾瑜匿瑕。'"后引申为美德贤才。

[7] **青衿**（jīn） 周代学子的服装。古为贤士、读书人、秀才之代称。衿：①古代服装下连到前襟的衣领。②系衣裳的带子。

[8] **质则胜文** 源自《论语》："质胜文则野，文胜质则史。文质彬彬，然后君子。"意为质朴胜过文采，就显得粗野；文采胜过质朴，就显得虚浮；文采和质朴兼备，然后才能成为君子。

[9] **丹朣**（huò） 可供涂饰的红色颜料。

[10] **养廉** 即养廉银，清代雍正起官员于正俸外加给的一种收入。清朝官俸很低，一品大员年俸银一百八十两、禄米九十石，七品知县年俸银四十五两、禄米二十二石，武官所得更少。养廉之数，各省不同，总督每年从一万三千两至二万两，知县从四百两至两千两不等。

[11] **膏火之费** 借指求学的费用。膏：点灯的油。膏火：灯火。清霁园主人《夜谭随录》："欲登第须理旧业读书，欲读书须膏火之费，吾视君皆未易办也。"

第二篇 文献碑文

[12] **边陲有事** 指清乾隆"一定金川"之役（1747—1749年）。

[13] **扰攘** 亦作"扰穰"。混乱；骚乱。《汉书·律历志上》："战国扰攘，秦兼天下。"

[14] **宁晷（guǐ）** 安定的时刻。清黄六鸿《福惠全书·莅任·详文赘说》："送往迎来，日无宁晷。" 晷：古代用来观测日影以及定时刻的仪器。也指日影，比喻时光。

[15] **曩（nǎng）志** 过去的志向。曩：以往，从前，过去的。

[16] **十四年** 即清乾隆十四年，公元1749年。

[17] **覃敷（tán fū）** 广布。清蒋士铨《桂林霜·议恤》："推恩赏功，弃瑕录用，圣朝膏泽覃敷，不遗微末如此。"

[18] **元臣** 重臣；老臣。唐韩愈《送汴州监军俱文珍序》："当藩垣屏翰之任，有弓矢鈇钺之权，皆国之元臣，天子所左右。"

[19] **光华糺（jiū）缦** 日月光华照耀，瑞气缭绕呈祥。源自上古诗歌《卿云歌》，原文为："卿云烂兮，糺缦缦兮。日月光华，旦复旦兮。明明上天，烂然星辰。日月光华，弘于一人。日月有常，星辰有行。四时从经，万姓允诚。于予论乐，配天之灵。迁于贤圣，莫不咸听。鼚乎鼓之，轩乎舞之。菁华已竭，褰裳去之。"卿云：一种彩云，古以为祥瑞的象征。卿，通"庆"。糺："纠"，结集、连合。缦缦：萦回舒卷。光华：光辉照耀。

[20] **云霓** 彩虹。《孟子·梁惠王下》："民望之，若大旱之望云霓也。"赵岐注："霓，虹也，雨则虹见，故大旱而思见之。"

[21] **干羽** ①古代舞者所执的舞具。文舞执羽，武舞执干。《书·大禹谟》："帝乃诞敷文德，舞干羽于两阶。"②指文德教化。宋张孝祥《六州歌头》词："干羽方怀远，静烽燧，且休兵。"

[22] **淑问** 美名。《汉书·匡衡传》："道德弘于京师，淑问扬乎疆外。"颜师古注："淑，善也；问，名也。"

[23] **清和** 清静和平，形容升平气象。汉贾谊《新书·数宁》："大数既得，则天下顺治；海内之气，清和咸理，则万生遂茂。"

[24] **膏雨** 滋润作物的雨露。《左传·襄公十九年》："小国之仰大国也，如百谷之仰膏雨焉。"

[25] **康衢** 指四通八达的大路。

[26] **舞龠（yuè）** 演奏乐器。龠："钥"之繁体，古代一种乐器，形状像萧。

[27] **崇宁县** 中国古代行政区划名。唐朝仪凤二年（677年）置唐昌县，北宋徽宗崇宁元年（1102年），以皇帝年号"崇宁"改名为崇宁县，其疆域位于成都平原西部，今郫都区西北部及都江堰市、彭州市部分区域，县城位于今郫都区唐昌镇。

[28] **饘粥** 稠粥。清方文《卖卜润州邬沂公有诗见赠赋此答之》："所求升斗供饘粥，不向侏儒说姓名。"

[29] **投戈讲学** 放下武器，转入学习。

[30] **异质殊尤** 有特殊禀赋的优秀人才。异质：特异的资质、禀赋。殊尤：特别优异。

[31] **经济** ①经世济民。《晋书·殷浩传》："足下沉识淹长，思综通练，起而明之，足以经济。"

406

②指治国的才干。清《睢阳袁氏（袁可立）家谱序》："与参由明经高第为沁源令，吏治明敏，清节著闻，秩满擢新宁守，才品经济尤为世重。"

[32] **猷（yóu）为** 建立功业。《宋史·英宗纪》："既为皇子，慎静恭默，无所猷为。而天下阴知其有圣德。"猷：功业；功绩。

[33] **河清海晏** 指黄河的水清了，大海也平静了。比喻天下太平。语出唐郑锡《日中有王子赋》："河清海晏，时和岁丰。"

[34] **鹿洞** 即白鹿洞书院，位于庐山五老峰南麓（今属江西省九江市），享有"海内第一书院"之誉。始建于南唐升元年间（940年），是中国首间完备的书院。南唐时建成"庐山国学"（又称"白鹿国学"），为中国历史上唯一的由中央政府于京城之外设立的国学。宋代理学家朱熹出任知南康军（今星子县）时，重建书院，亲自讲学，确定了书院的办学规条和宗旨，并奏请赐额及御书，名声大振，成为宋末至清初数百年中国一个重要的文化摇篮。白鹿洞与岳麓、睢阳、石鼓并称天下四大书院。

[35] **绛帐** 对师门、讲席之敬称。

[36] **龙门** 古代科举试场的正门，后喻指科举中第为登龙门。"桂树曾争折，龙门几共登。"

[37] **鲁齐** 即齐鲁文化，齐文化和鲁文化的统称。春秋时期的鲁国，产生了以孔子为代表的儒家思想学说；而东临滨海的齐国却吸收了当地土著文化（东夷文化）并加以发展。两种古老文化存在差异，相对来说，齐文化尚功利，鲁文化重伦理；齐文化讲求革新，鲁文化尊重传统。两种文化在发展中逐渐有机地融合在一起，形成了具有丰富历史内涵的齐鲁文化，对中国传统文化影响深远。

[38] **文正** 中国古代谥号，代指学问深邃、影响巨大的文人。在中国的历史上，自宋代以后，有一个很奇特的现象，文人做官后，梦寐以求地想得到一个谥号——文正。而作为统治者的皇帝，是不轻易把这个谥号给人的。在历史上，能得到文正这个谥号的人，大多是当时文人敬仰的对象。

[39] **衽席** 亦作"袵席"，宴席，座席。比喻科举中第，进入仕途。

[40] **焚膏继晷** 膏：油脂之属，指灯烛。晷：日影，比喻时光。语出唐韩愈《进学解》："焚膏油以继晷，恒兀兀以穷年。"后形容夜以继日地勤奋学习、工作等。

[41] **韩潮苏海** 亦作"韩海苏潮"。指唐朝韩愈和宋朝苏轼的文章气势磅礴，如海如潮。清俞樾《茶香室丛钞·韩海苏潮》："国朝萧墨《经史管窥》引李耆卿《文章精义》云：'韩如海，柳如泉，欧如澜，苏如潮。'然则今人称'韩潮苏海'，误矣。"

[42] **画粥** 据《宋朝事实类苑》卷九引宋文莹《湘山野录》载：宋范仲淹早年求学时曾寄居僧寺，贫困异常，每日"惟煮粟米二合作粥一器，经宿遂凝，以刀为四块，早晚取二块"。后以"画粥"为安于贫困之典。

重修城隍庙碑记

[清]孟其才[1]

寰宇之大，凡府卫州邑，无不立庙祀城隍。诚以理明治幽神，盖与牧守令长分司此土者也。汶邑神庙，旧载康熙元年[2]壬寅，邑侯张公耀祖建。落落数楹，简略弗备。历百余年，风雨剥蚀，且就倾圮，邑人议更新之。乾隆三十四年[3]己丑，粤西刘父台[4]摄县事，领首等具由以请，捐赀报可。因分募于众，一时士民商客咸乐输，以襄厥美，敛金颇饶。庙基故窄隘，买地改筑，倍加深广。鸠工庀材，凡殿寝廊庑，以及乐台垣墙，次第兴作，阅三年告成。迎神殿中而拜妥之，并妆像诸所宜奉。推称其所美金，复筹派起息于前。四十二年[5]，买业邑之下水里尤溪[6]，以资焚献，事难而克就，固人情慕善之诚要，莫非神之默为助也。从兹以还，神之为汶祐[7]者，宁有极哉？计始事迄今，春秋已十二易，恐日久实晦，谨列其端末，泐诸碑阴[8]，以志不朽。

——中华民国《汶川县志》卷七《艺文》

【注释】

[1] **孟其才** 汶川人，清乾隆庚寅（1770 年）举人。

[2] **康熙元年** 公元 1662 年。

[3] **乾隆三十四年** 公元 1769 年。

[4] **粤西刘父台** 即刘昌蔚。广东全州举人，清乾隆三十四年至三十五年（1769—1770 年）任汶川知县。父台：父母官。

[5] **四十二年** 即乾隆四十二年，公元 1777 年。

[6] **尤溪** 今都江堰市龙池镇。

[7] **祐** 同"佑"。保佑，庇护。

[8] **碑阴** 碑的背面。

戴家坪[1]禹迹纪事碑

[清]邑令　郑命新[2]

县南十里许，名飞沙关[3]。山顶有石纽刳儿坪，相传即禹诞生处。论者谓禹为石泉[4]人，盖泥古[5]石泉县有"禹穴"故耳。不知"禹穴"为憩息处，无石纽名。今考《蜀志·秦宓传》谓"禹生石纽"，即今之汶川县。按汶始于汉，五代时置郡、置县，称汶川、汶山不一。自隋及唐，罢郡建汶川县，属茂州，至今因之。《皇舆表》载："汶山县省入茂州，汶山即汶川也。"谯周《（蜀）本纪》："禹本汶山郡广柔县人，生于石纽，其地名刳儿坪。"按广柔县：晋初，属汶山郡，寻废。则广柔之地，已并入汶川也。今刳儿坪石纽现在，知禹生汶川，洵[6]不诬矣。夫神圣诞生之区，后人往往传

闻附会，争之为里邑光。况禹生汶川，稽之往册，实有明征，而竟令其久而不传，则官斯土者咎也。因续入志乘[7]，并泐石焉。

——中华民国《汶川县志》卷七《古迹》

【注释】

[1] 戴家坪　在汶川县绵虒镇至高店村之间老灌汶路旁，因住户姓戴而得名。

[2] 郑命新　据中华民国《汶川县志》卷二《职官》载："郑命新，乾隆五十年（1785年）任（知县）。福建举人。"

[3] 飞沙关　又名风头关，为明清时岷江上游十八关之一。今汶川县绵虒镇高店村境内。据《汶川县志》卷四《交通》载："飞沙关，在城南十里，山绝高，中通一线，下临大江。"相传，唐时杨贵妃进京途中，因天晚宿于该地，见月色皎洁，星光灿烂，河水清清，花香袭人，于是决定乘夜色去岷江中沐浴，洗去一路风尘，不料被人偷窥，杨贵妃怒而扬沙，从此这里不再月明风清，而是狂风大作、飞沙射人，飞沙关由此得名。

[4] 石泉　今绵阳市北川县禹里乡。

[5] 泥古　拘泥于古代的成规或古人的说法而不知变通。

[6] 洵　诚实，实在。

[7] 志乘　志书。

石纽山圣母祠碑记

[清]李锡书[1]

城南十里曰飞沙岭，俗呼凤岭，即石纽山也。岭上平衍处，曰刳儿坪。有祠曰启圣祠，年久圮废。山侧有路，陡险不可行。飞沙射人，往来以为难。乙丑岁[2]，邑士孟其敏等请移其路于山之麓。于是凿壁开道，阅三月而成，建祠于其上，而崇祀焉。考诸记载：禹，汶川人，母曰修己，见流星贯昴[3]生禹于石纽；又曰女嬉得薏苡[4]而生高密；又曰女秋得月精[5]吞而孕。而《路史》称修己年壮不字[6]，获苡后于石纽，服媚[7]之而孕十四月，以六月六日屠鬴[8]而生禹。数说不同，皆荒远不可稽。太史公[9]犹近古，无所依据，其意可知也。虽然，大禹，神人也，其所自出，必神人也。或称字，或称名，记载不同，要亦汶人也。平成之绩，明德远矣，天下后世被其泽，而不推其所自出以崇报之，可乎？况我汶人犹当溯水源木本之思，而不祀圣母以崇报之，可乎？祠既成，爰以六月六日，率乡邑民人而致享焉，岁以为常。用鼓吹牲醴[10]，令愚夫愚妇尽知之，自为祈报。圣母，神人也，必有以佑我汶人而延受[11]多福也。爰书而志之于石。

——中华民国《汶川县志》卷七《艺文》

【注释】

[1] 李锡书　中华民国《汶川县志》卷二《职官》载："李锡书，号见庵，山西静乐人，乾隆庚戌

（1790年）进士。嘉庆四年（1799年）到任。六年（1801年）署蒲江县。八年（1803年）署蓬州，授同知。十二年（1807年）回任，创修县志，重修文庙文昌宫，新建学署、明伦堂、启圣祠、奎星阁，重修雁门关，捐建本城上下二关，改建飞沙关新路。再署蓬州，再署江北厅。十六年（1811年）领咨引见。"

[2] **乙丑岁** 清嘉庆十年，公元1805年。

[3] **流星贯昴（mǎo）** 源出《史记》正义《帝王纪》："父鲧妻修己，见流星贯昴，梦接意感，又吞神珠薏苡，胸坼而生禹。名文命，字密，身九尺二寸长，本西夷人也。《大戴礼》云'高阳之孙，鲧之子，曰文命'。扬雄《蜀王本纪》云'禹本汶山郡广柔县人也，生于石纽。'"昴：星宿名，二十八宿之一。

[4] **薏苡（yì yǐ）** 为禾本科，一年生粗壮草本，须根黄白色，海绵质，直径约3毫米。花果期6至12个月。主产湖北、湖南、河北、江苏、福建等省。味甘淡，性微寒。其中以湖北蕲春四流山村为原产地的最为出名，有健脾利湿、清热排脓、美容养颜功能。薏苡仁是中国传统的食品资源之一，可做成粥、饭、各种面食供人们食用。尤其对老弱病者更为适宜。

[5] **月精** 神话传说中的月的精灵，亦借指月亮。《初学记》卷一引《淮南子》："羿请不死之药于西王母，羿妻姮娥窃之奔月，托身于月，是为蟾蜍，而为月精。"

[6] **不字** 未能生育。《易·屯》："女子贞不字，十年乃字。"字：妊育。

[7] **服媚** 喜爱佩带。《春秋左传正义》："冬，郑穆公卒。初，郑文公有贱妾，曰燕姞。梦天使与己兰，曰：'余为伯鯈，余而祖也。以是为而子，以兰有国香，人服媚之如是。'"晋杜预注："媚，爱也。欲令人爱之如兰。"

[8] **屠副（pi）** 剖开。副：古同"副"，用刀剖开。

[9] **太史公** 即《史记》作者司马迁。因在汉武帝时任太史令，受宫刑，作《史记》，故后人亦称之为太史公。

[10] **牲醴** 指祭祀用的牲口和甜酒。

[11] **延受** 即延寿。受："寿"之错别字。

购买学田碑记

[清]李锡书

教官[1]岁得俸银四十金，薪米费亦足用矣。惟汶地苦寒，不产□□，买运斗米，值钱八百，以习为常。而汶学□考，入学六名，多□在□□邑中士寥寥也。以故历年来学师多不至汶。余之来也，力杜岐冒籍之弊，非土著不考送，所取之生皆汶士。阅十年得十余人，皆彬彬妙才也，是不可不有以教之。因念吾人学古入宫，原不徒为□□，惟是身衣口食，亦不可缺，枵腹[2]从事，人情之所难堪。戊辰[3]春，汶邑士高从孔、孟其敏、杨明远、董海、杨正仁、孟其基、冯良弼、陈三俊、孙芳、贾廷献、

吴友谅十一人，得三百五十金，买灌县金马场田三亩，岁入租粮三十石。除支费外，岁奉学师米八石，为羞□之用。又添署数楹，什物备具，□是出入有□，朝夕有□，乃支学师至我汶邑之□，登而堂，课而士，□先生其安居此，□□汶士之□□□□□未有□际也。于是邑□士请书其事泐石。

嘉庆十四年[4]仲春[5]吉旦
赐进士出身[6]、文林郎[7]知汶川县事、候补[8]同知[9]、加五级纪录、大功十次李锡书撰
经买田：监生[10]孟其敏
——中华民国《汶川县志》卷七《艺文·附文献》

【注释】

[1] **教官** 即教谕。学官名，掌文庙祭祀，教育所属生员。

[2] **枵（xiāo）腹** 指饿着肚子办公家的事，形容一心为公。枵：空虚。

[3] **戊辰** 清嘉庆十三年，公元1808年。

[4] **嘉庆十四年** 公元1809年。

[5] **仲春** 农历二月。因处春季之中，故称仲春。

[6] **赐进士出身** 明清科举殿试后举行传胪典礼，公布钦定新科进士名次，分为三甲：头甲三人，即状元、榜眼和探花，赐进士及第；二甲赐进士出身；三甲人数最多，赐同进士出身。

[7] **文林郎** 文散官名。于隋文帝开皇六年（586年）设置，从九品上。隋炀帝大业三年（607年）时废。唐武德七年（624年）又置，为从九品上的文散官。宋初为四十二阶，后定为第三十三阶。金、元时皆用为文散官名称，金为正八品上，元为正七品。明清时都用来授正七品文官。散官是用来定级别的。

[8] **候补** 清制，没有补授实缺的官员在吏部候选后，吏部再汇例呈请分发的官员名单，根据职位、资格、班次，每月抽签一次，分发到某一部或某一省，听候委用，称为候补。

[9] **同知** 明清时知府的副职，正五品，因事而设，每府设一二人，无定员。

[10] **监生** "国子监学生"的简称。国子监是明清两代的最高学府，照规定必须贡生或荫生才有资格入监读书。所谓荫生即依靠父祖的官位而取得入监的官僚子弟，此种荫生亦称荫监。监生也可以用钱捐到，这种监生，通称例监，亦称捐监。

谕九寨羌民

[清]魏煜[1]

九寨羌民等知悉：汶邑无处不山，又极寒冷。天愈晴而风愈大，粮益贵而贩益稀。汉人集处城市之中，犹虞无术可谋升米。尔等世处山头之上，即便有能，那[2]挣分毫。火种刀耕，纵遇风调雨顺，收获尚且无多；卖柴鬻[3]炭，就是终岁辛勤，得钱诚然有限，故富户少而贫民多。日食杂粮，五味之调和[4]未曾入口；常穿麻布，衣裳之锦绣那能着身。霜夜爬山，雪天上岭，冷透骨髓，谁为

矜怜。一有急需，非出重息，无人赊借。加以路通松茂，非第零星流差，累尔羌民。即是大宪巡阅，亦是无有帮贴。由来县定章程，照久暂远近，给发工钱，恐所得亦未敷用。昔年九寨户口全在，差徭尚可互为通融。近年偶遭干旱，庄务不好，计杂粮所获，除还借债外，桶柜竟不余留。父母饥寒，妻儿冻馁，无门赊借。有业者不得不折算当卖，割肉心头；产尽者只好远去他乡，佣工枥[5]下。推其本意，何甘久弃窝巢，忍离故土也。现查户口甚少，未减差徭，尔等急公奉上之心，不分闲忙，一呼即至，无论远近，从未失遗。本县洞悉尔等境况，鼻酸泪落，踌躇至再。本欲多为捐廉，可令目下公私有益，祇[6]缘力绵缺苦，必须十年，方受福泽，捐发钱廿千，计属无几。若以尔等借债，至少之息，每月每千三十，利上获利，积至九年，本利可积四百余千。津贴差徭，岂不超超有余哉？愿尔等在九年之内，全作无钱之想，好好依照条欵，谨慎经理，不少懈怠，其取益自无穷极。捐钱虽少，行之日久，保惠羌民无穷。此番苦衷，业经禀告城隍神灵阴鉴。愿尔羌民，依上所开条欵，实力久遵，神必降之以福，多受神益，至无穷极。倘阳奉阴违，欺凌羌民昏弱无知，明之王法，暗之鬼神使之也。况冥冥中之昭报，何可胜记哉！凛之！慎之！

道光乙未[7]

——中华民国《汶川县志》卷七《艺文》

【注释】

[1] **魏煜** 据中华民国《汶川县志》卷二《职官》载："魏煜，清道光十四年（1834年）任，有惠政。羌民至今思念之。"

[2] **那** 同"哪"。

[3] **鬻**（yù） 卖。

[4] **调和** 方言。调味。

[5] **枥**（lì） 马槽，马房。

[6] **祇** 应为祇（zhǐ）。同"只"。

[7] **道光乙未** 清道光十五年，公元1835年。

月里庙宇（川主庙）[1]碑记

盖闻：神得人妥，人得神安。神非人，何以得崇庙宇而奉明禋[2]；人非神，何以托庇护而隆昭报？是神与人，两相需者也。我汶治月里村，旧属威州吊下里，建立有川主、土主神庙。应感常昭，威灵丕著，不知经历多年矣。查考实鼎上所刻名讳，前朝邱、高、冯、张、向、王、杨七姓人等修建，年号遗失。国朝康熙乙亥年[3]重建，大殿上文瓦、木柱、石，皆是古人创造，迄今千百余载。为风雨所飘摇，而庙庑缺角；为鸟鼠所休息，而丹膳剥残。是神不妥而人亦不安也。客岁[4]十月之朔，因山神会期，酒后失手，误伤二人，命延旦夕，连夜梦神医救，不日伤愈无恙。若非神圣保佑，不但二人恩沾再造，即合村亦受庥[5]矣。川主、土主在天之灵，有求必应，无感不通。爰有首事等谋之村人公同计议，即于本处募化锱铢，今功成勒石。乃圣乃神，有妥侑[6]

之，所以享以祀，得瞻拜之休。士农工商获清平之庆，东南西北感沾惠泽之孚。是神妥人安，一举而兼得。同乡善士捐钱，计刻于后。永垂不朽，以是为序。

大清咸丰六年[7]六月二十四日吉旦
文生赵万寿
——中华民国《汶川县志》卷七《艺文·附文献》

【注释】

[1] **月里庙宇（川主庙）** 原在汶川县雁门乡月里村一村。现庙及碑已毁无存。

[2] **明禋（yīn）** 洁敬。指明洁诚敬的献享。《书·洛诰》："伻来毖殷，乃命宁予以秬鬯二卣，曰明禋，拜手稽首休享。"蔡沉集传："明，洁；禋，敬也，以事神之礼事公也。"

[3] **康熙乙亥年** 公元1695年。

[4] **客岁** 去年。明刘世教《合刻〈李杜分体全集〉序》："客岁南迈，从子鉴进而请曰：'先生必将笺而后行乎？夫解者之不必笺，而笺者之不必解也。'"

[5] **异** "益"之错别字。

[6] **妥侑** 语出《诗·小雅·楚茨》："以妥以侑。"毛传："妥，安坐也；侑，劝也。"后以"妥侑"为劝酒。此处指安坐。

[7] **咸丰六年** 公元1856年。

神龙祠[1]谕示

四川直隶茂州汶川县知事、加三级纪录十次 为遵批示谕，以垂久远事。成绵道承札开：光绪十五年[2]六月十九日，奉总督部堂[3]刘札开，案据藩司[4]详称，该县会勘估计神龙祠工程，及筹款修理暨岁修银两，统应给发九七平银五百六十两，作为现届工程应用。余银四百两，即由该县转发三费局[5]士月领生息，作为岁修之费。当即于库储土厘公费项下，提拨九七平银五百六十两，札发该县查收，遵照办理等因。奉此，除饬本城三费局绅周之鼎等，具领岁修生息银肆百两，并尤溪龙祠首事陈守谦等，具领现在培修银一百六十两外，复经本县禀覆藩、督、道宪札示立案。所有现修工程，饬令督饬首事，核实兴修，不得偷减干咎[6]，事竣报销。其岁修本银肆百两，发交城内三费局士结领，岁缴息四十两。遇有应修之处，须由住持告知祠内首事，禀请勘估确实数目，动息培修。每年息银如有余剩，仍行积存，以备历久大修之用。兹特刊碑泐石，以垂久远。合行示谕，为此示仰三费局绅、神龙祠首事，并军民人等一体遵照毋违。特示遵！右谕通知。

光绪十五年十二月十八日
——中华民国《汶川县志》卷七《艺文·附文献》

【注释】

[1] **神龙祠** 今都江堰市龙池镇境内。

[2] **光绪十五年** 公元1889年。

[3] 总督部堂 即总督。部堂：明清时期对总督的另一称呼。明代各衙署之长官因在衙署之大堂上处理重要公务，故称堂官。清朝沿袭明朝制度，称各官署长官为堂官，各省、大区总督凡例兼兵部尚书、都察院右都御史衔，通称部堂。

[4] 藩司 明清时"布政使"的别称。主管一省民政与财务的官员。

[5] 三费局 晚清四川财税机构。三费指官府受理命、盗案件所需的招解、相验、缉捕等费。其费自道光以来皆苛派于地方，书役里胥借此敲榨勒索，每出一案，祸延数十户，扰及数十里。一家发案，比户皆逃，乡民多有因此倾家。同治初，各州县纷纷按粮摊派，专作三费供支。光绪三年（1877年）各州县正式设立三费局，由地方官委绅董经理局务。年终各局将收支情况造册报县转本管道、府查核报销。光绪三十一年（1905年），刑部令全国各省仿照四川三费章程全面推行。

[6] 干咎 自取罪咎。

重建索桥村外三圣宫庙宇碑序

佚名

盖闻："莫为之前，虽盛弗传；莫为之后，虽美弗彰。"[1]然神人妥而神与人安，神因人则灵，人因神则佑。故神，人有求必应；而人，神有诚必通。今昔若是，各道皆然，宗教所由，理固然矣。惟我索桥一村[2]，所建三圣[3]神圣之庙宇，自古昭然。由唐、宋、元、明以来至前清，历有年所。忆昔顺治年间，已经前人补葺，乐善捐输，以遗后世万载不朽之功耳。特是寒来暑往，山河变迁，月缺日盈，成败旋转，物无不敝[4]之理，而事亦无不转移之机。虽庙貌辉煌，经百余年之风霜雨雪，鸟鼠栖留，有不凋残颓败者乎？于斯时也，我村中之忠厚长者，积聚公项，共乐为善。存积数年，觉有余钱百十千，兼之村内老幼同心，协力募化。乐善诸公，囊贮锱铢，众善适从，鸠工庀材，锐意修建。择就吉日吉时，开阔庙基宽数丈。兴工修建，不数月，而庙宇焕乎为之一新，诚足以壮大观。兹则功成告竣，华彩美丽，殿宇巍峨，神灵赫耀[5]，斯乃神以妥而以灵，而人宜福亦宜寿。此固神人胥庆，正所谓大有丰年，时和岁稔，祝颂升平，而歌咏醉饱[6]者耶。故有捐资勒石，芳名永著。庶我村各善士后之子孙，共鉴此意。而庙宇之香火，千秋万古，以传不朽云。

又尝考天角有缺，以石补之[7]；衮职有阙[8]，以德补之。故乡有亭而里有庙，或字库塔子[9]，以补地势，以培山川育秀之气矣。通都大邑，何则无之，乡村市镇，各道皆然。想我村朱、陈两姓，原属亲谊。自大明时离湖广麻城孝感地方，伙同上川。由灌近汶，辄迹至今相沿，屈指四百余年。当始之时，其地四面虽山，而高低凸凹，颇有形势：上有美女看船，下有龙墩塞雁，兴龙磨月，背岭添光，前背鱼潭走马，古号万载江山。况又黑土在右，黄泥在左，泉源溪水，合塘入河，磨沟旋转，乾坤不停。其间葡萄满架，一碗千金。尔时之突兀峥嵘，蜒蜿绵亘，其形若势，无不壮丽。迄今沧海桑田，几成泽国。山崩石落，宛如丘墟，不无颓败，竟不地其地，亦人所当为兴衰在人之力欤？岂今日之索桥非昔日之索桥也。虽年丰岁稔，而吾人不无告急，意者地脉纷驰，应动乎人，故

414

余等集合同商，众善乐捐，修枋建柞，三相培补，以壮地势，而美观瞻。圣代即今多雨露，人文从此会风云。家欢户乐，人寿年丰，庶可无冻馁云尔。

——中华民国《汶川县志》卷七《艺文·附文献》

【注释】

[1] **莫为之前，虽盛弗传；莫为之后，虽美弗彰** 语出韩愈《与于襄阳书》，意思是：事情不要做在前头，虽然盛大却不能流传下去；也不要做在后头，虽然是好事却无人知晓。

[2] **索桥一村** 今汶川县雁门乡索桥村索桥组。

[3] **三圣** 道教指居住在三清仙境的三位尊神：玉清元始天尊、上清灵宝天尊、太清道德天尊（即太上老君）。

[4] **敝** 破旧。

[5] **赫耀** 显赫。

[6] **醉饱** "醉酒饱德"的简称。出自《诗·大雅·既醉》："既醉以酒，既饱以德。"又序："既醉，太平也。醉酒饱德，人有士君子之行焉。"后用为酬谢主人宴饮之辞。

[7] **天角有缺，以石补之** 源自女娲炼石补天的传说。据《三皇本纪》记载：水神共工与火神祝融交战，共工被祝融打败，用头去撞西方的世界支柱不周山，导致天塌陷，天河之水注入人间。女娲不忍人类受灾，于是炼五色石补好天空，折神鳌之足撑四极，平洪水杀猛兽，人类始得以安居。

[8] **衮职有阙** 指帝王职事的缺失。语出《诗·大雅·烝民》："衮职有阙，维仲山甫补之。"意为宣王君德有失也，仲山甫则能补之。衮职：帝王的职事，亦借指帝王。阙：缺点；错误、过失。

[9] **字库塔子** 即字库塔。四川叫"字库"或"惜字宫"，其他地区亦有叫"敬字亭""惜字塔""焚字炉"等的。是古人专门用来焚烧字纸的建筑。据史料记载，字库塔始建于宋代，到元明清时已经相当普及了。

邓显廷[1]德政碑

[民国]邑绅　周骏声

昔者郑侨[2]火烈，诸葛[3]尚严，众母秤心[4]，均称上理。礼经曰：大畏民志[5]。孔子以为知本，信哉，其有征也。县知事[6]邓公显廷，天性明察，刚断勇为。民国十一年[7]六月，知县事。下车之日，集诸父老于庭，相告曰："显廷，茂人也。于汶为邻[8]，汶事知最稔。而爱汶之念，与爱吾乡同。今父老子弟苦于兵燹以来，徭役久矣，当力请军部先除之。"事上，果得请，民乃大悦。先是，邑中称强梁者[9]凡数辈，悉捕真[10]诸法。时地方多盗，行旅有戒心，公严饬联团游弋，连得盗数，仅禽[11]其渠[12]，盗遂远徙，境内又安。公乃少事简出，以其余暇，振兴实业，推广教育，捐金盈千，以厚学欵[13]。并助留学经费，岁需千缗[14]，无少悋[15]也。公尝语于人曰："使吾汶人材辈出，吾虽他去，

亦当乐为输资也。"又曰："吾在汶所例入者，概归汶用，去当不名一钱而后快。"公在汶凡十六阅月，奖学劝业，锄奸治盗，划迆济租，且捐巨金，以实仓储。庙宇堂庑，丹垩[16]一新。境以内，关梁沟渠，靡不治理，政成民乐，遐迩无间。今十月，以擢晋军职，解任。去官之日，遮道攀辕。汉士羌族，莫不歌颂。於戏[17]!盛哉!颂曰：

公之来汶兮，人畏其神明。公之去汶兮，人怀其遗芳。贞石[18]可泐[19]兮，流泽孔长。昭兹来许兮，民不能忘。

中华民国十二年[20]癸亥十月壬戌二十四日庚午，阖邑各法团等公立，暨士民等恭颂。邑绅周骏声撰，高体全书

——中华民国《汶川县志》卷二《职官》

【注释】

[1] 邓显廷 中华民国《汶川县志》卷二《职官》载："四川茂县人，民国十一年（1922年）任汶川县知事，在位一年零四个月。廉公有威，民情爱戴。"

[2] 郑侨（1144—1215） 南宋人，字惠叔，号回溪，永泰（今四川盐亭县）赤锡乡双桂村龟岭人，郑樵从子。幼时聪慧，勤奋好学。南宋乾道五年（1169年）己丑科状元，授签书镇南军节度判官。光宗、宁宗两朝国师，升任吏部尚书及参知政事（副宰相），进知枢密院事。耿直敢谏，体恤民情，多次奏请朝廷赈灾减赋。工书法，尤擅长行书。

[3] 诸葛 即诸葛亮。

[4] 秤心 谓心无偏私，公平如秤。清褚人获《坚瓠补集·秤心斗胆》："诸葛武侯尝言：'吾心如秤，不能为人作轻重。'"

[5] 大畏民志 出自《礼记·大学》。全文为："子曰：'听讼，吾犹人也。必也使无讼乎!'无情者不得尽其辞，大畏民志，此谓知本。"意思是：审理案件，我与别人一样，分清是非曲直。不同的是希望诉讼的案件不再发生。使隐瞒真实情况的人不能尽说狡辩的话，使民心民意得到尊重和敬服，这就叫作知道根本。

[6] 县知事 官名。负责一县的行政官员职务。清以前称知县，辛亥革命后废府、州，仅设县，置县知事为一县行政长官，国民党执政后易名为县长。

[7] 民国十一年 公元1922年。

[8] 鄰 同"邻"。

[9] 强梁者 强盗；强横凶暴的人。

[10] 捕寘（zhì） 追捕处置。寘：放置。

[11] 禽 古通"擒"。

[12] 渠 首领。

[13] 欵 同"款"。

[14] 缗 古代穿铜钱用的绳子。后泛指钱财。

[15] 悋（lìn） "吝"之异体字。

[16] 丹垩（è）　涂红刷白，泛指油漆粉刷。明袁可立《甲子仲夏登署中楼观海市》："谛观之，飞檐列栋，丹垩粉黛，莫不具焉。"垩：一种白色土。

[17] 於戏　亦作"於熙"，感叹词，犹呜呼。

[18] 贞石　坚石。亦作碑石的美称。

[19] 泐（lè）　铭刻，用刻刀书写。

[20] 中华民国十二年　公元1923年。

第十四章　中华民国《松潘县志》

参府[1]题名记

[明]检讨[2]　　王元正[3]

国朝制驭羌番，其法甚周：以维、茂[4]为松潘南路，设右参将主之；以龙、绵[5]为松潘东路，设左参将主之。协赞松潘总兵守要害，遏远人，于是乎参将之职甚重。关中蒋君敬夫以书来告山人[6]曰：某守东路，栗栗恐弗胜，乃往搜前人名目。自成化癸卯[7]至于今嘉靖丙戌[8]，共得一十五人。谨以姓名、履历镌[9]诸石，竽我观法云耳，幸题一言于端。山人以罪累辞，伻[10]再至，意恳不能违，乃略言曰：夫主东路者凡几人，今已既往矣。其仁其暴，其廉其贪，其勇其怯，其攻其守，其建功，其偾世[11]，行履之迹，人言历历乎，耳可闻也。又乃加诸石，则赫赫乎！姓氏之昭白，目可睹矣，闻诸耳也。复观诸石，人焉廋[12]哉！是则可畏已也。夫畏焉而思齐，则可。苟若小人之无忌惮也，人之言弗我怨，石肯为我拚[13]欤？斯不又无穷之畏也夫！敬夫尝为茂州游击将军，爱下而廉去，后人思之。今主东路，汲汲用心，若此盖非徒畏者也。谨记。

——中华民国《松潘县志》卷八《文苑》

【注释】

[1] **参府**　即参将，明代镇守边区的统兵官，无定员，位次于总兵、副总兵，分守各路，秩正三品。

[2] **检讨**　官名，掌修国史。唐、宋均曾设置，检讨从七品位次、编修正七品。明清属翰林院，常以三甲进士出身之庶吉士留馆者担任。

[3] **王元正**　据《明史》载："王元正，字舜卿，鳌屋人。"明正德六年（1511年）进士。由庶吉士授检讨。明武宗游幸宣化、大同时，元正作《五子之歌》以讽之。嘉靖三年（1524年）爆发"大礼议"事件，王元正与杨慎等二百多人死伏左顺门，撼门大哭，哭声响彻殿庭，自言"国家养士百五十年，仗节死义，正在今日"。杖死者十六人。后谪戍茂州（今四川茂县），卒于任上。隆庆初年，赠修撰。又据中华民国《汶川县志》卷七《古迹》载："王元正，字舜卿，陕西鳌屋人。正德辛未年进士，官翰林检讨，嘉靖三年（1524年）大礼议起，何孟春等二百余人，跪在左顺门，帝使司礼谕退，不从。杨慎、王元正撼奉天门大哭。帝怒，俱下狱，为首者戍边。于是元正受廷杖，谪戍茂州。初元正号三溪，少时有过青城经玉垒之梦，因改号玉垒。及谪过玉垒山时，叹曰'前定之矣'，徘徊不去，人称玉垒先生。"其寓所题写的"山水间读书处"石匾现尚存威州师范学校内。

[4] **维、茂**　即维州与茂州，今理县、汶川、茂县地区。

[5] **龙、绵**　即龙州府与绵州，今绵阳市所辖之游仙区、平武、江油、北川、安县地区。

[6] **山人** ①一般指隐士或与世无争的高人；②又指山野之人或山里之人，谦称；③旧时为修身、悟道，一般不与世俗人来往，选择在山水美好之地参悟自然、宇宙规律之人；④还有以易经、卜卦、八卦、风水、数理、五行算命为职业的人，也称"山人"。

[7] **成化癸卯** 明宪宗成化十九年（1483年）。

[8] **嘉靖丙戌** 明世宗嘉靖五年（1526年）。

[9] **镵**（chán） 刺，刻。

[10] **伻**（bēng） 使者。《书•洛诰》："伻来，以图及献卜。"

[11] **偾世** 把事情搞坏。

[12] **廋**（sōu） 隐蔽，隐匿。

[13] **掩**（yǎn） 古同"掩"。

明司寇罗绮[1]德政记

[明]郭子章[2]

松潘，古荒服地，皆吐蕃、羌、猓之俦[3]，髽骨[4]毳裳[5]，鸟语垢面。历代有国者，惟羁縻[6]之，使无为边患而已。洪武初，置祈命等十四族冠带酋长，岁贡方物，重译来王。正统壬戌[7]，虏构乱阻兵，经平蛮将军方政[8]、蒋贵[9]歼之。丙寅[10]，复命都御使冠琛[11]抚治之。景泰辛未[12]，虏复叛，少司寇罗公[13]实任提督松潘兵备，幕下连帅十一人，统兵数万计，历战而群校一心，入守而百雉齐固。首擒渠魁，肆以大戮，军民安堵。于是设学校，用夏变夷；储盐粮，充实边备。给衣鞋而济贫寒，资药饵以扶疾患。营设既终，咸遂栖止；屯田归复，得以耕获。赈青川[14]出俸廉之银，立御所为守边之计。招集生番数万，咸入边氓[15]。追缴杂谷安抚司[16]印信。其余诸益，殆难悉数。余闻周之中兴，申、甫[17]作辅；方、召[18]平夷，见于雅歌。今公振英武，安社稷，莫大之功，诚西南柱石矣。镇守都指挥使周贵[19]赸[20]公行事，请勒金石，用彰厥德。昔寇准决策澶渊[21]，以重望镇大名，北门锁钥，非准不可；富弼使北虏[22]，面折契丹，不许割地，争献纳，崇国体，卒定南北。公之勋与方、召同符，公之望与寇、富并驾。顾兹西南柱石，岂有异于北门锁钥乎？蜀民瞻德威，佩恩惠，维高且深，有如岳海[23]。然则欧阳公所谓"德被生民，而功施社稷"[24]者，其惟公之志欤？余与公同朝，稔知其出处，故为之记。

——中华民国《松潘县志》卷八《文苑》

【注释】

[1] **罗绮** 据中华民国《松潘县志》载："磁州人，宣德五年（1430年）进士。景泰七年（1456年）镇松潘。贼首卓劳纠他寨阿儿结等入寇，绮擒斩之。土官王永、高茂林、董敏相仇杀，守将不能制，绮捣永穴，诛之。又败黑虎诸寨，斩馘三百五十。在镇七年，威名远震，崇祀名宦。《明史》有传。"碑原竖城隍庙侧，今无存。又据道光《茂州志》卷三《职官志》载："罗绮，磁州进士。

正统中,巡抚四川,景泰二年(1451年)总理军务。布德宣威,赏罚必信,军势大振。擒威贼王永,边人感戴。兴贤育才,文教蔚起。"

[2] **郭子章** 字相奎,号青螺,又自号曰蚍衣生,泰和人。嘉靖二十一年(1542年)出生于江西泰和县一个书香门第。隆庆五年(1571年)考中第三甲进士,随即除为福建建宁府推官、摄延平府事,入为南京工部虞衡清吏司主事,又督榷南直隶太平府、领凤阳山陵(即明祖陵)事。万历十年(1582年)迁广东潮州府知府,四年后督学四川,不久迁为浙江参政、山西按察使、湖广右布政、福建左布政。万历二十六年(1598年)被万历皇帝任命为右副都御史巡抚贵州,兼制蜀楚军事,与湖广川贵总督李化龙合力剿平播州杨应龙叛乱,彻底消灭了盘踞播州八百余年、世袭了二十九世的杨氏土司,又多次平定贵州苗、瑶起义,以功授兵部尚书、右都御史,加太子少保衔。六十七岁时告老还乡。万历四十六年(1618年)去世,卒年七十六岁。他一生虽久在官场,但读书不辍,"文章、勋业亦烂然可观矣",史称他"能文章,尤精吏治"、"于书无所不读"、"宦辙所至,随地著书"、"著述几于汗牛"、"以为欧阳永叔之后,一人而已"。

[3] **俦(chóu)** 同辈,同类。

[4] **髡(kūn)骨** 裸体,不穿衣服。髡:古代剃去男子头发的一种刑罚。

[5] **毳(cuì)裳** 毛制衣裳。毳:鸟兽的细毛。

[6] **羁縻** 亦作"羇縻"。笼络;怀柔。中国古代中央王朝对少数民族地区所采取的一种统治措施。语出汉司马相如《难蜀父老》:"盖闻天子之牧夷狄也,其义羁縻勿绝而已。"即一方面要"羁",用军事手段和政治压力加以控制;另一方面要"縻",以经济和物质的利益给予抚慰。

[7] **正统壬戌** 明朝皇帝朱祁镇正统七年,公元1442年。

[8] **方政** 据中华民国《松潘县志》转《江南通志》载:"方政,全椒人。勇略过人,以靖难功累迁都督同知,充总兵官,出镇松潘。叛番听命,逋亡复业。"

[9] **蒋贵** 据中华民国《松潘县志》载:"蒋贵,字大富,江都人。宣德二年(1427年),四川松潘番叛,充左参将,从总兵官陈怀讨之。募乡导绝险而进薄其巢,一日十数战,大败之。进都督指挥同知。七年(1432年),复命为参将,佐怀镇松潘。进都督同知,充总兵官,协方政镇守。又明年(1434年),诸番叛,贵督兵四千攻破任昌、大寨,会指挥赵得胜聚兵,以次计平龙溪等三十七寨。进都督同知,充总兵官,佩征蛮将军印,代政镇守松潘。英宗即位,贵以所统皆边地奏增兵士粮。正德元年(1506年),召还为右都督。《明史》有传。"

[10] **丙寅** 即明正统丙寅年,公元1446年。

[11] **冠琛** 据中华民国《松潘县志》转《明史》载:"冠琛,字文渊,唐县人,监生。正统间,以佥都御史提督松潘兵备,瞻视有威,将士事之如神。完城堡,修边路,单骑巡督,诸番凛然。叠溪无井,琛于山后数里外凿石引水入城,军民汲饮,至今利赖。又添永镇等堡,蜀之门户始固。景泰初,诏还,迁左都御史。死于曹钦之难,谥壮庄。"又据道光《茂州志》卷三《职官志》载:"寇深,字文渊,唐县人。任四川巡抚、提督松潘军务。威惠并著,决策如神。沿边城堡,多所创筑。建镇西桥。"

[12] **景泰辛未**　即明代宗朱祁钰景泰二年，公元 1451 年。

[13] **少司寇罗公**　即罗绮。

[14] **青川**　今四川省广元市青川县。

[15] **边氓**　亦作"边甿"，亦作"边萌"。即边民。

[16] **杂谷安抚司**　嘉绒十八土司之一。于明永乐年首授安抚司。当时杂谷土司的辖区为：西有梭磨、卓克基、松岗、党坝，东有甘堡、孟董、九子诸营，东北之"新番、旧番、三溪番"，以及黑水流域以西之羌系部落之地，皆属杂谷领域之内。乾隆"一定金川"时，土司苍旺随征有功，授为宣慰司。此后，苍旺狂妄自大，横行霸道，三次弃妻，与众土司结怨成仇。乾隆十七年（1752 年）四月，杂谷土司苍旺杀害头人易沙，又与梭磨土司勒儿悟、卓克基土司娘儿吉发生争执，而且不邀请地方官调解，甚至带兵攻毁属于梭磨、卓克基的寨落，还"私造铁炮，潜蓄逆谋"。八月，清军出兵平乱，苍旺被缚，当众正法。将其地改设甘堡、杂谷、上孟董、下孟董和九子五屯，以各寨头人选补为守备。此事不仅对第二次金川之役有一定影响，而且对"理番四土"土司的最后形成及嘉绒地区的政治、社会、经济的变化都起了很大的作用。

[17] **申、甫**　周代名臣申伯和仲山甫的并称。后借指贤能的辅佐之臣。

[18] **方、召**　亦作"方邵"。西周时助宣王中兴之贤臣方叔与召虎的并称。后借指国之重臣。

[19] **周贵**　据中华民国《松潘县志》转《明史》载："周贵，江南人，正统间，协守松潘。景泰三年（1452 年），土番王永性凶犷，杀其土官高茂林、男妇五百余口及故土官董敏子白浩等二十余人，又纠合番蛮攻击地方，指挥周贵与镇守松潘左侍郎罗绮统领官军直抵桑坪，执永等诛之，边境肃清。"

[20] **韪**（wěi）　是，对。如冒天下之大不韪。

[21] **寇准决策澶渊**　寇准（961—1023），字平仲，宋华州下邽（今陕西渭南）人。北宋政治家、诗人。宋真宗景德元年（1004 年），辽萧太后与辽圣宗亲率大军南下，深入宋境。宋真宗想迁都南逃，因宰相寇准的劝阻，才勉强至澶州督战。宋军坚守辽军背后的城镇，又在澶州城下射杀辽将萧挞览。辽害怕腹背受敌，提出和议。宋真宗畏敌，历来主张议和，先通过降辽旧将王继忠与对方暗通关节，后派曹利用前往辽营谈判，于十二月间（1005 年 1 月）与辽订立和约，规定宋每年送给辽岁币银 10 万两、绢 20 万匹。因澶州在宋朝亦称澶渊郡，故史称"澶渊之盟"。这场战役叫作"澶州之战"。

[22] **富弼使北虏**　富弼（1004—1083），字彦国，洛阳（今河南洛阳东）人。宋仁宗天圣八年（1030 年）以茂才异等科及第。宋仁宗庆历二年（1042 年）春，契丹国大兵压境，扬言要以武力扫平中原，要求大宋割地赔款才息兵。富弼临危受命，被任命为大使，拜任枢密直学士，出使契丹。经过与契丹主先后四次面谈，打消了契丹国进犯的图谋，使两国化干戈为玉帛，此后的几十年间，两国一直和平相处。

[23] **岳海**　高山和大海。

[24] **德被生民，而功施社稷** 出自宋欧阳修《相州昼锦堂记》："惟德被生民，而功施社稷，勒之金石，播之声诗，以耀后世而垂无穷。此公之志而士亦以此望于公也，岂止夸一时而荣一乡哉！"

文庙[1] 碑记

[清]学政[2] 曾王孙[3]

蜀自文翁[4]启化，俗比邹鲁[5]。贼焰既炽，变动所在，文庙皆不可问。今年冬十月，松潘教授[6]张其赤率诸生张良佐等，以《重修文庙碑记》来请，曰："卫旧有学，垂二百载。乱后鞠为茂草，盖数十年于兹矣。总戎[7]卓公[8]来镇斯土，慨然以修复为己任，于是率将校及卫守，与其赤、良佐等共勷[9]厥成。经始于康熙三十四年[10]春二月十有九日，成于秋八月朔[11]日。自大成殿、启圣祠及东西两庑、棂星门、月台、角屏焕然更新，足以示瞻仰于边陲，明声教之远讫，微总戎无以致是也。"余于是叹总戎崇儒重道，能以身先之。所谓修明樽俎之间，折冲千里之外者[12]，非耶？考诸图志，松潘为古氐羌，自汉通西南夷，叛服不常，明初始平。至景泰三年[13]建学宫，由是置博士弟子员[14]，登圣人之堂，为圣人之徒，岂不幸甚！顾地极寒薄，不产嘉穀。闻士子读不废耕，以供事畜，盖异常辛苦矣。夫生瘠土者，劳而思之，即善心生。今诸生入庙而思敬奉，庠序之教[15]，朝夕黾勉[16]，求不诡于圣人，将进此邦以礼义，不既灿然君子哉！夫表章[17]兴学、明伦[18]以启学者，学臣之责也。而总戎乃首崇是举，是诚不可以无记。卓公名策，闽之惠安人，卫守备，为贾尚谋。博士弟子张良佐而下凡五十八人例得备载。

——中华民国《松潘县志》卷八《文苑》

【注释】

[1] **文庙** 据中华民国《松潘县志》载："文庙，县城东街。明景泰三年（1452年），侍郎罗绮建。嘉靖、万历年间相继补修。崇祯八年（1635年），副使史瓒舜增修。清康熙中，总兵卓策、周文英相继重建。咸丰庚申（1860年），番变，毁。"

[2] **学政** "提督学政"的简称，是由朝廷委派到各省主持院试并督察各地学官的官员。一般由翰林院或进士出身的京官担任，与巡抚、巡按属同级别正三品，然因主管行政，列名第一。

[3] **曾王孙**（1624—1699） 字道扶，孙枩长子。清顺治戊戌（1658年）进士，授汉中府司理，改江西都昌令，升山西司户部员外郎，晋刑部郎中，出为四川按察司佥事，提调学政。著有《清风堂集》6卷。

[4] **文翁**（前156—前101） 姓文，名党，字翁仲，西汉时期教育学家。景帝时任蜀郡太守，在此期间，倡导教化，教民读书，学法令，选拔郡县小吏十余人到京都研习儒经，在成都城中设立学校，选官吏子弟入学，重视对学生进行从政能力的培养。景帝嘉奖文翁兴学，文翁兴学实为中国历史上地方政府设立学校之始。

[5] **邹鲁** 邹：中国周代诸侯国名，在今山东省邹县东南。鲁：中国周代诸侯国名，在今山东省西南

部。邹鲁文化发源地位于今山东省邹城市，它是东夷文化和邾娄文化的延续和发展，是融会了周文化、殷文化和东夷文化而后形成的文化，博大而精深。邹鲁也是儒学的发源地，以鲁产孔子、邹产孟子而著称于世。"邹鲁"一直被尊崇，在中国各地有很多类似"滨海邹鲁""江南邹鲁"的称呼，"邹鲁"之词亦不绝于史书典籍。

[6] **教授** 古时设置在地方官学中的学官。

[7] **总戎** 清时"总兵"的别称。

[8] **卓公** 即卓策。据中华民国《松潘县志》卷五《官师》载："卓策，福建惠安人。康熙三十三年（1694年）授（总兵）。"又据中华民国《松潘县志》卷六《宦迹》载："卓策，福建惠安人。康熙三十三年（1694年）任松潘总兵，捐廉修文庙，延师设教，民知向学。崇祀名宦。"

[9] **勷**（xiāng） 古同"襄"，助；辅助。

[10] **康熙三十四年** 公元1695年。

[11] **朔**（shuò） 农历每月初一，如朔日、朔望。

[12] **修明樽俎**（zūn zǔ）**之间，折冲千里之外者** 源自春秋齐国晏婴的故事。语出《晏子春秋·杂上十八》："仲尼闻之曰：'善哉！不出尊俎之间，而折冲于千里之外，晏子之谓也。'"樽俎：同"尊俎"，古代盛酒肉的器皿；樽以盛酒，俎以盛肉；后来常用做宴席的代称。折冲：使敌方的战车折返，意谓抵御、击退敌人。

[13] **景泰三年** 公元1452年。景泰：明代宗朱祁钰的年号。

[14] **博士弟子员** 古代博士所教授的学生。汉武帝设博士官，置弟子五十人，令郡国选送，其后员数大增。博士弟子免徭役、赋税，到一定年限，经考核，一般可在郡国任文学职务，优异者可授中央及地方行政官，不勤学及学而无成者退学，所授以儒家经学为主。明清时亦用为生员的别称。

[15] **庠序之教** 学校教育。庠序：古代的地方学校，后也泛称学校或教育事业。《孟子·滕文公上》："夏曰校，殷曰序，周曰庠。"

[16] **黾勉**（mǐn miǎn） 亦作"黾俛"。勉励，尽力。

[17] **表章** 同"表彰"。

[18] **明伦** "明人伦"简写。明人伦就是"父子有亲，君臣有义，夫妇有别，长幼有序，朋友有信"。后世也称为"五伦"。孟子着眼于处理好五种最基本的人际关系，其目的在于维护上下尊卑的社会秩序和道德观念。

同知何远庆[1]德政碑

[清]徐云衢

朱子曰："德之，犹言得也，行道而有得于心；政之，为言正也，所以正人之不正。有其心无其

政，是谓徒善；有其政无其心，是谓徒法。二者皆不足以仁覆斯民也。"我松地处边徼，万番环绕。自咸丰十一年[2]兵燹后，番性玩梗，掳掠频仍。商旅往来，常怀戒心。民生日蹙，几无乐趣。其间非无廉能官吏，而此邦人士从未有享磐石之安者，抚绥[3]诚难言哉！何公于庚子[4]之冬来守是邦，洞悉舆情，下车伊始，恩威兼济。斩土酋而捍夷慑志，布清声而荒裔[5]纳粮。且单骑捕土安寨劫贼，擒红土坡猾虏。一时匪焰肃清，商旅通行。继以培文风，振学校，建青云塔[6]，兴义学馆。天和感召，雨旸[7]时若，岁则大熟，讫无凶告。复建仓廒，储麦稞，用备不虞。此皆公之竭虑殚精，拨乱为治。以故军民戴德，汉番从风，洵[8]难能矣。尤可美者，生道杀民，虽杀不怨[9]；佚道使民，虽劳不辞[10]。猗欤休哉[11]！其善政善教，寓于仁爱，实非词笔所能尽也。今公去任有日，返辔无时，士民感佩弗忘。爰为勒石，撮其大端，以志不朽云。

——中华民国《松潘县志》卷八《文苑》

【注释】

[1] **何远庆**　据中华民国《松潘县志》卷六《宦迹》载："何远庆，字冕之，湖北人，拔贡。同治三年（1864年）任同知。晓畅边务，夷人畏服。创修文庙，建青云塔于东山顶，修常平仓，建张公祠。亲书'唐李卫公筹边故趾'，笔划劲道，竖石七层楼畔。"

[2] **咸丰十一年**　公元1861年。

[3] **抚绥**　安抚，安定。《书·太甲上》："天监厥德，用集大命，抚绥万方。"

[4] **庚子**　此处有误，应为庚午年，即清同治九年，公元1870年。

[5] **荒裔**　边远地区。

[6] **青云塔**　据中华民国《松潘县志》卷二《古迹》载："治城外东山顶，高三丈三尺。清同知何远庆建，宣统辛亥（1911年）毁。"

[7] **雨旸（yáng）**　谓雨天和晴天。《魏书·天象志三》："皆雨旸失节，万物不成候也。"旸：晴天。《说文》："旸，日出也。"

[8] **洵（xún）**　诚然；实在。

[9] **生道杀民，虽杀不怨**　语出《孟子·尽心上》："以生道杀民，虽死不怨杀者。"生道：使民生存之道。

[10] **佚道使民，虽劳不辞**　语出《孟子·尽心上》："以佚道使民，虽劳不怨。"佚道：逸道，使百姓安乐之道。

[11] **猗欤休哉**　多么美好呀！猗欤：叹词，表示赞美。休：美好。

御敕马元[1]神道[2]碑

奉天承运，皇帝诏曰：朕闻弧矢[3]宣威，爰藉鹰扬[4]。鼎钟[5]纪徽，用酬虎旅[6]之勋[7]。载念前劳，式崇懋锡[8]。尔原任广西提督马元，出身军校，久莅戎行，传檄[9]而苗顽格化。恩沾雨霖，屡沐宠纶[10]。感激风生，更扬鸿伐[11]。渠魁叠缚，旌麾[12]周三省而遥；邪孽全消，况瘁[13]阅七年之久。

彤缨是赉[14]，勇号爱颁。既专戎阃[15]于泸维[16]，旋总军枢于陕右[17]。乃者蚁屯滑邑[18]，临冲则拉朽功成。迨乎虎拜彤廷[19]，舍矢而穿杨[20]艺熟。牙璋[21]特锡，隆膺[22]帝眷于枫宸[23]；铜柱可铭，聿[24]振军威于桂岭[25]。方资专阃[26]，忽怆沈[27]星。谥以壮勤，昭兹恩礼。于戏！风凄雕俎[28]，弥怀麟阁[29]之功；云护丰碑，丕焕螭文[30]之采。钦兹嘉命，式是后昆[31]。（光绪元年）

——中华民国《松潘县志》卷六《乡贤》

【注释】

[1] **马元** 据中华民国《松潘县志》卷六《乡贤》载："生而俊伟，抱负不凡，通书史，善骑射，勇力绝伦。乾隆四十五年（1780年）入松潘标中营马兵。四十九年（1784年）出师甘肃，攻克石峰堡，奖头等军功。五十二年（1787年）随松镇穆赴台湾，攻斗六门等处，擒首逆林爽文、庄大田，赏行营外委。五十三年（1788年）赴西藏，拔额外。五十五年拔外委。五十六年（1791年）随福督康安攻擦木那台，赏蓝翎，补阜和左营把总。六十年（1795年）出师湖南，解永绥围，攻克滚牛坡，左膀受伤。嘉庆元年（1796年）拔懋功抚边营千总。二年（1797年）调往达州，剿捕教匪，收复东乡县，腰受石伤。六月，拿获高明贵，攻克苏麻寨，平陇乾州，列功超等。三年（1798年）在陕西三岔河歼道逆姚之富，追贼回川，擒道逆罗其清等四名。十一月，又攻克大鹏寨，补维州协右营守备。五年（1800年）正月，由襄城追贼至甘肃两当、秦州，擒道逆冉添元，赏库吉推巴图鲁，补云南督标中营都司。五月，攻斩股匪多名，川督题奏，补直隶正定镇左营游击。六年（1801年），在太宁二郎坝歼首逆高二，左膝受伤，补陕西延安参将，升绥定协副将，调四川维州协副将。十月，在巫山县生擒伪元帅陈侍学并股匪五百余人。又剿除开县马家营贼五百余名，毙道匪劳之秀，调阜和协副将。奉派赴楚剿灭刘喳须子，全股荡平。十一年（1806年）三月，署重庆镇，保卓异，交军机存记。十二年（1807年），奉派会建昌道郑成基查办里塘番案。十三年（1808年），剿办长老山、二道坪，焚烧象鼻子贼巢四十余所、夷居二十七所，毙贼数十，生擒三十余，夷寨全行归荡，余从投诚，勘定全局，朝命授陕西宁陕镇总兵。十九年（1814年）正月，在陕西南山剿灭陈四万。十二月，用地雷攻破滑城，杀毙贼目宋元帅等犯。又奉直督那调剿河南匪，两月荡平，调补甘肃凉州镇总兵。二十年（1815年）三月，署广西提督。由镇南一路搜捕万五、吴抓等匪，生擒道逆尹朝贵，奉命补授广西提督。任内振军经武，边境乂安。二十四年（1819年），卒于任所，年六十八岁，谥壮勤，一等轻骑都尉。合四川总督蒋攸铦致祭，乾庆武臣，战功元推巨擘。因松潘原籍，地方番匪不时蠢动，遂寄籍郫县，葬郫东高店铺侧里许。"

[2] **神道** 指墓道。《后汉书·中山简王焉传》："大为修冢茔，开神道。"李贤注："墓前开道，建石柱以为标。谓之神道。"

[3] **弧矢** 武功。明杨一清《甘凉道中书事感怀》诗："弧矢威天下，雷霆震寰中。"

[4] **鹰扬** 逞威；大展雄才。《后汉书·刘陶传》："群小竞进，秉国之位，鹰扬天下，乌钞求饱，吞肌及骨，并噬无猒。"

[5] **鼎钟** 鼎与钟。古代钟鼎上刻铭文，以旌有功者。有时即借指功业。《三国志·魏志·陈思王植

传》:"每览史籍,观古忠臣义士,出一朝之命,以徇国家之难,身虽屠裂,而功铭著于鼎钟,名称垂于竹帛,未尝不拊心而叹息也。"

[6] **虎旅** 指勇猛的军队。

[7] **勋** 古同"勋"。功勋。

[8] **锡** 古同"赐"。赏赐;给予。

[9] **传檄** 传布檄文。《史记·张耳陈馀列传》:"诚听臣之计,可不攻而降城,不战而略地,传檄而千里定。"

[10] **纶(guān)** 原意为古代官吏系印用的青丝带。引申为提拔、重用。

[11] **鸿伐** 大功。《晋书·张协传》:"盖闻圣人不卷道而背时,智士不遗身而匿迹,生必耀华名于玉牒,没则勒鸿伐于金册。今公子违世陆沉,避地独窜,有生之欢灭,资父之义废。愁洽百年,苦溢千载,何异促鳞之游汀泞!"

[12] **旌麾** ①帅旗;指挥军队的旗帜。《三国志·夏侯渊传》:"大破遂军,得其旌麾。"②借指军队。《资治通鉴》:"旌麾南指。"

[13] **况瘁** ①亦作"况瘁",憔悴。况:通"怳"。《诗·小雅·出车》:"忧心悄悄,仆夫况瘁。"②劳累。郭孝成《民国各团体之组织》第一节:"跋涉驰驱,不辞况瘁,扶伤掩死,成效卓著。"

[14] **赉** 赐予,给予。

[15] **戎阃** 犹帅府。唐白居易《与师道诏》:"卿业重相门,位崇戎阃。"

[16] **泸维** 泸州营和维州营。

[17] **陕右** 今陕西关中地区。

[18] **滑邑** 今河南省滑县。

[19] **彤廷** 亦作"彤庭"。汉代宫廷,因以朱漆涂饰,故称。后泛指皇宫。

[20] **舍矢而穿杨** 比喻技艺精湛。舍矢:放箭。穿杨:百步穿杨。

[21] **牙璋** ①古代的一种礼器:器身上端有刃,下端呈长方形,底部两侧有突出的钼牙。②古代调动军队的符信。古代皇帝调兵的令牌,共有两块,一凹一凸,皇帝一块,主将一块,用以调兵。

[22] **膺(yīng)** 接受,承当。

[23] **枫宸** 宫殿。宸:北辰所居,指帝王的殿庭。汉代宫廷多植枫树,故有此称。

[24] **聿** 文言助词,无义,用于句首或句中。

[25] **桂岭** 指广西。

[26] **专阃** 专主京城以外的权事。语出《史记·张释之冯唐列传》:"臣闻上古王者之遣将也,跪而推毂曰:'阃以内者,寡人制之;阃以外者,将军制之。'"裴骃集解引韦昭曰:"此郭门之阃也。门中橛曰阃。"后称将帅在外统军为"专阃"。

[27] **沈** 古同"沉",坠落。

[28] **雕俎** 一种雕绘的木制礼器,祭享时以盛牺牲。

[29] **麟阁** "麒麟阁"的省称。汉代阁名,在未央宫中。汉宣帝时曾图霍光等十一功臣像于阁上,

以表扬其功绩。封建时代多以画像于"麒麟阁"表示卓越功勋和最高的荣誉。《三辅黄图·阁》："麒麟阁，萧何造，以藏秘书，处贤才也。"

[30] **螭文**　指籀文之类古文字。蟠曲如螭形，故称。后多为碑文之代称。清钱泳《履园丛话·阅古·古砖》："一面有螭文，笔势劲挺。"

[31] **后昆**　亦作"后绳"，后代子孙。

虹 桥 碑 记

[灌县]丁九如

古虹桥[1]，昔之映虹桥也。或曰桥迤逦如虹，是即映虹桥所由名乎？曰：不然。陈子昂诗云"虹飞百尺桥"[2]，李白诗云"双桥落彩虹"[3]。虹，固桥之通称。此独名"映虹"者，殆以斯地赖有斯桥，若云霓之能慰大旱，所望云尔。既经日久，不无摧塌之虞。有创于前，当继其后，是必徒舆丕变[4]，济渡无忧。牵车者始可策马而驰，临河者不致望洋而叹矣。然沟深岸阔，非一木能支；功力弹巨，须多财乃足。所幸松潘总兵李公[5]、同知周公[6]、萧公[7]发济川之仁，漳腊参将蔺公[8]、邓公[9]当作楫之任，督率绅耆，募化重修。而大贾富商，亦复慷慨捐助。相与有成，厥功告竣，众善宜彰。利济及于无穷，仁泽流于靡暨[10]。斯不可忘，因记之。

——中华民国《松潘厅志》卷一《山川》

【注释】

[1] **古虹桥**　据中华民国《松潘厅志》卷一《山川》载："县北三十里，通甘肃要道。清同治间，漳腊参将蔺朝举重建。宣统辛亥圮。中华民国十年（1921年），巴郎土官募捐培修稳固。"现遗址无存。

[2] **虹飞百尺桥**　出自陈子昂《春日登金华观》，原诗为："鹤舞千年树，虹飞百尺桥。还疑赤松子，天路坐相邀。"

[3] **双桥落彩虹**　出自李白《秋登宣城谢脁北楼》，原诗为："江城如画里，山晚望晴空。两水夹明镜，双桥落彩虹。人烟寒橘柚，秋色老梧桐。谁念北楼上，临风怀谢公。"

[4] **徒舆丕变**（tú yú pī biàn）　徒舆：众人。宋叶适《林正仲墓志铭》："玉虹桥在市心，坏久，计费数百巨万，徒舆缩手，正仲自与钱勠成之，至今为利。"丕变：变化很大。丕：大。

[5] **李公**　即李德泰。据中华民国《松潘县志》卷五《官师》载："李德泰，湖南人。清同治年间任（总兵）。"

[6] **周公**　即周侪亮。据中华民国《松潘县志》卷五《官师》载："周侪亮，贵州人，举人，内阁中书。同治八年（1869年）任（同知）。"又据《松潘县志》卷六《宦迹》载："周侪亮，字西屏，贵州麻哈人，举人。同治八年任同知。详请督、学两宪转奏：松属柴门关土番归化，增广文武学额一名。修启圣祠、戟门并小河营城垣、河堤。"

第二篇　文献碑文

[7] 萧公　即萧锦。据中华民国《松潘县志》卷五《官师》载："萧锦，湖南人。同治十四年任（同知）。"（此年号有误，因同治皇帝于同治十三年十二月病逝，故无同治十四年。实应为光绪元年，公元1875年。）

[8] 蔺公　即蔺朝举。据中华民国《松潘县志》卷五《官师》载："蔺朝举，成都人。同治间任（参将）。"又据《松潘县志》卷六《宦迹》载："蔺朝举，字才甫，成都人。同治年间署漳腊营参将。明察果断，严正有威，番夷畏服。设营学、义学，造就人才，绅民竖德政碑以志爱。"

[9] 邓公　即邓全胜。据中华民国《松潘县志》卷五《官师》载："邓全胜，广东茂名县人，同治间任（参将）。"又据《松潘县志》卷六《宦迹》载："邓全胜，字冠军，广东茂名人，同治年间补授漳腊营参将。练兵振武，兴学化夷，建仓储麦，捐廉赈贫。在漳腊十余年，营政边防，克尽厥职。"

[10] 靡暨　直到现在。

重建三坛[1]碑

[清]同知　刘廷恕[2]

社为五土[3]之祇[4]，其配为勾龙氏[5]；稷为五谷之祇，其配为周弃氏[6]。风师为箕[7]，雨师为毕[8]，其祀尚矣。唐初令郡国得通祀社稷风雨云雷。明初，令郡县均得置社稷坛，又云雨风雷、山川、城隍同一坛。清初因之。至先农坛为耕藉重祀，别有坛壝[9]。松潘则合而置之北关外，年久坍塌，无议修者。基址虽存，皆菜畦麦地，人不知为坛壝所在。窃以食土者，民而司土，福民者神。神无凭依，民其获安乎？则食德而思报者，礼也。余守郡两年，瓜代有日[10]，与岐山军门捐廉重建一坛合祀，以祈民福。奉区区之诚，力所能为而为之，事所可具而具之，非所谓尽礼以补前人之阙者与。此地仅种一季稞麦，夏间冰雹，不时有伤禾黍。初秋飞雪，难期有成。余于孟夏朔日[11]诣西门城顶，祭五海龙君，祝止冰雹，连岁丰稔。吾民以为诚敬所召，岂知为神福斯民哉！从此修洁[12]馨香[13]，使阴霾之气化为阳和，旱潦[14]之虞休征协瑞。苟明禋[15]不替，斯受福无疆矣。

——中华民国《松潘县志》卷五《坛庙》

【注释】

[1] 三坛　即社稷坛、神祇坛、先农坛。社稷坛：治城北门外，明总兵何卿建，中设木主二，一书社神，一书稷神，番变毁。神祇坛：治城南门外，明总兵何卿建，内设三木主，中曰风云雷雨之神，左曰本境山川之神，右曰本境城隍之神，番变毁。先农坛：治城东门外，明总兵何卿建，番变毁。

[2] 刘廷恕　据中华民国《松潘县志》卷六《宦迹》载："刘廷恕，字仁斋，湖南人，清光绪元年（1875年）任松潘同知。培修县城，创修岷山书院，筹捐膏火，作育人才。又建城内鼓楼，高可瞭望，以备边警。"

[3] **五土** 指青、赤、白、黑、黄五色土。古代帝王铺填社坛分封诸侯仪式所用之土。赵殿成注："蔡邕《独断》：天子大社，以五色土为坛。皇子封为王者，授天子之社土，以所封之方色，东方授青，南方授赤，他如其方色，苴以白茅，授之各以其所封之色，归国以立社，故谓之授茅土。"

[4] **祇（zhī）** "祇（qí）"之错别字，地神。

[5] **勾龙氏** 社神名，在古史传说中为共工之子"后土"的别称，为中华民族远古祖先之一。《左传·昭公二十九年》："共工氏有子曰句龙，为后土，后土为社。"

[6] **周弃氏** 即后稷，姬姓，名弃，黄帝玄孙，帝喾嫡长子，母姜原，尧舜时期掌管农业之官，周朝始祖。后稷出生于稷山（今山西省稷山县），被称为稷王（也做稷神或者农神）。曾经被尧举为"农师"，被舜命为后稷。后稷教民耕种，被认为是开始种稷和麦的人。

[7] **风师为箕** 风师：亦称风伯、箕伯，古代人对风神的一种称呼。箕：箕宿，二十八星宿之一，属水，为豹。东方最后一宿，为龙尾摆动所引发之旋风。故箕宿好风，一旦特别明亮就是起风的预兆。《风俗通义》中称："风师者，箕星也。箕主簸扬，能致风气，故称箕伯。"其塑像常作一白发老人，左手持轮，右手执扇，作扇轮子状，称风伯方天君。

[8] **雨师为毕** 毕，即毕宿八星，状如叉爪。古代将网小而柄长者称为毕。毕星又号称雨师，又名屏翳、号屏、玄冥。

[9] **坛壝（wéi）** ①天子外出，平地筑坛围以矮墙作为临时住宿之所。②坛场；祭祀之所。壝：坛和墠（shàn，古代祭祀用的平地）的统称，也特指周边有矮墙的坛。

[10] **瓜代有日** 即"瓜代有期""及瓜而代"，指两人轮流戍守一地，瓜熟时赴任，来年瓜熟再派人交接。后来引申为有一定的轮替期限，期限一到，自然有人来接替。语出《左传·庄公八年》："齐侯使连称、管至父戍葵丘，瓜时而往，曰：'及瓜而代。'"

[11] **孟夏朔日** 农历四月初一。

[12] **修洁** 谓使整洁。《国语·周语下》："三日姑洗，所以修洁百物，考神纳宾也。"

[13] **馨香** 指供奉神佛的香火。

[14] **旱潦（lào）** 亦作"潦旱"，水涝与干旱。潦：古同"涝"，雨水过多，水淹。

[15] **明禋（yīn）** 洁敬。指明洁诚敬的献享。禋：古代祭天的祭名；后泛指祭祀。

重修鼓楼、岷山书院[1]碑

[清]同知　刘廷恕[2]

松潘，在《禹贡》梁州之域。周，氐羌地。自汉迄明，沿革不一。雍正七年[3]，设抚民直隶厅。居民汉少于夷，俗好争斗，非善教以移之，殆不足平嚣凌之气也。城中旧有鼓楼，道光二年[4]被回禄[5]，民物因之浸衰。岷山书院则焚于咸丰庚申[6]，盖城陷所致。虽历任诸君子志切举废，然皆议而不果行，惜哉！予来守是邦，巡阅厅城形势，宛如斗柄[7]，负山带水，秀轶尘氛[8]。固知无鼓楼不足

以启文明，无书院不足以兴教育。良图既坠，故址就湮，私心为怦然动者久之。爰与岐山镇军[9]谋，以是举不可缓，毅然捐廉俸，令营属筹金为之，倡绅耆米东阳、邹启桂、沙中聚、赵世华、李含春相与董其事。城乡士民商贾皆量力醵金[10]，共襄善举。先成鼓楼，重迭三层，以壮瞻视。即以余金修复书院。于光绪元年[11]七月经始，九月落成，共需二千四百余金。巍然焕然，远胜畴昔[12]。是役也，镇军力为之，民不劳而事成，费不糜而功毕，盖镇军安边有年，番畏其威，民怀其德，如唐李卫公[13]风度，是不啻筹边之有楼也。为语邦人士，其益砥行励学，发名成业，将见文修武饬，庶于边陲有豸[14]。

——中华民国《松潘县志》卷八《文苑》

【注释】

[1] 岷山书院　据中华民国《松潘县志》卷二《学校》载："在城东文庙侧。建于清初，咸丰十年（1860年）毁于番变。光绪二十九年（1903年），朝议变法，停科举，设学堂。同知黄汝楫就岷山书院旧址并入张公祠地，改建学堂。规模阔大，校室完美，拟立中学。而松属辽僻，中学不宜，仍立为高等小学校，附设师范传习所。三十三年（1907年），并为高初两等小学校。宣统三年（1911年），番变，毁。中华民国四年（1915年），知事何光国另于学署旧址建校舍，设模范初等小学校。旧学校基址遂荒废焉。"

[2] 刘廷恕　字仁斋，湖南人，清光绪元年（1875年）任松潘同知。培修县城，创修岷山书院，筹捐膏火，作育人才。又建城内鼓楼，高可瞭望，以备边警。

[3] 雍正七年　公元1729年。

[4] 道光二年　公元1822年。

[5] 回禄　相传为火神之名，引申为火灾。

[6] 咸丰庚申　即清咸丰十年，公元1860年。

[7] 斗柄　指北斗七星中玉衡、开阳、摇光三星。

[8] 尘氛　尘俗的气氛。

[9] 镇军　清代总兵的俗称。

[10] 醵（jù）金　集资，凑钱。宋陶谷《清异录·黑金社》："庐山白鹿洞，游士辐凑，每冬寒，醵金市乌薪为御冬备，号黑金社。"醵：聚集，凑钱。

[11] 光绪元年　公元1875年。

[12] 畴昔　往昔；日前；以前。《礼记·檀弓》："于畴昔之夜，梦坐奠于两楹之间。"

[13] 李卫公　即李德裕，字文饶，唐宪宗元和年间宰相李吉甫之子。文宗太和四年（830年）十月至太和六年（832年）十二月，因受朝中牛僧孺党排挤，出任剑南道西川节度使，曾于松潘城内建七层楼以筹边。

[14] 有豸（zhì）　有所解除；得以解除。《左传·宣公十七年》："余将老，使郤子逞其志，庶有豸乎！"杜预注："豸，解也。"杨伯峻注："言患乱得解也。"

建修本郡城隍庙[1]碑

佚名

自古建国，范土为城，傍城凿池曰隍。《易·泰六》云"城复于隍"，是也。又按《三礼图考》："伊耆氏[2]祀八腊[3]，其七曰水庸。庸训为墉，城也；水训为池，隍也。"今之城隍盖即古之水庸。汉高帝封纪信[4]为城隍神，所以辅郡国而庇人民，故列在祀典，天下后世皆主焉。松邑之有城隍，相传明建文逊国后曾居之。至成祖敕建，规模宏廓，藻饰华丽，实较他郡为胜。清咸丰十年[5]，番乱，城陷被毁。同治四年[6]，克复厅城，联镇军[7]创建三楹，以续时祀。至七年[8]三月，神诞届期，邦人云集，见其湫隘[9]，乃举首事赴省募捐，刻神像，置舆服，归而祀之。十年[10]正月，首事恩知厅事何君[11]设各项公德局，抽收百货厘金，以次修建祀典祠庙，复委绅督理。于是修正殿、内殿、过厅、乐楼、山门，并装塑大小神像。其有不敷，复颁印簿广化，军民皆踊跃捐助。至光绪二年[12]三月蒇事[13]。虽未能复旧制，而奉神有堂，斋宿有室，陈设有庭，内外具备，焕然一新，亦足以妥神灵而光祀事。倘值水旱、疾疫之灾，人有所祷，神必阿护，岂第壮观瞻已哉！工既竣，集众清算，即同新议首事二十人，举所置产业、文约并历年制造器用，并交妥人经管。若能继起前工，以复曩时[14]之宏廓华丽，实所厚望。因述崖略[15]，勒之贞珉[16]。

——中华民国《松潘县志》卷五《坛庙》

【注释】

[1] 城隍庙　今松潘县城西崇山半山腰上。据中华民国《松潘县志》卷五《坛庙》："城隍庙，治城崇山上，明指挥耿忠建。清咸丰庚申（1860年）毁于番变。同治五年（1866年），同知吕绍裔重修。宣统辛亥（1911年），全城烧毁，此庙岿然独存，亦诸番崇信神道之故也。内有古柏十四株，盘根错节，苍秀参天，屡经兵火无恙，殆千年余物也。"现存城隍庙为21世纪初复建。

[2] 伊耆氏　古帝号，即神农，一说为帝尧。《礼记·郊特牲》："伊耆氏始为蜡。"郑玄注："伊耆氏，古天子号也。"

[3] 八腊　古时腊月祭祀的名称。《礼记·郊特牲》："八腊以祀四方。"郑玄注："四方，方有祭也。腊有八者：先啬一也，司啬二也，农三也，邮表畷四也，猫虎五也，坊六也，水庸七也，昆虫八也。"

[4] 纪信（？—前204）　字成，秦末阆中县（今四川阆中市）人，汉初刘邦的部将。先从刘邦起兵，为部曲长。公元前204年，纪信在荥阳城被围时设计假扮刘邦出城投降，让刘邦逃脱，自己被项羽烧死。后汉高祖立国后，封纪信为督城隍，并下令全国各县城建城隍庙。故后人称纪信庙为"城隍庙"，纪信塑像为"城隍老爷"。历代王朝都有追封：宋封"忠祐安汉公"，元封"辅德显忠康济王"，明封"忠烈侯"。

[5] 清咸丰十年　公元1860年。

[6] 同治四年　公元1865年。

[7] **镇军** 清代总兵的俗称。

[8] **七年** 清同治七年，公元1868年。

[9] **湫隘（jiǎo ài）** 地势低洼狭小。《春秋左传》："晏子之宅湫隘"。

[10] **十年** 清同治十年，公元1871年。

[11] **知厅事何君** 即何远庆。据中华民国《松潘县志》卷六《宦迹》载："何远庆，字冕之，湖北人，拔贡。同治三年（1864年）任同知。晓畅边务，夷人畏服。创修文庙，建青云塔于东山顶，修常平仓，建张公祠。亲书'唐李卫公筹边故趾'，笔划劲道，竖石七层楼畔。同治九年（1870年）任松潘同知。"

[12] **光绪二年** 公元1876年。

[13] **蒇（chǎn）事** 事情办理完成。蒇：完成，解决。

[14] **曩时** 往时；以前。汉贾谊《过秦论上》："深谋远虑，行军用兵之道，非及曩时之士也。"

[15] **崖略** 简略叙述。

[16] **贞珉** 石刻碑铭的美称。

李道人修路碑

[清]夏毓秀[1]

蜀西道极艰险，自灌历汶、茂至松，凡六百余里。其间穷崖陡绝，怪石嶙峋，以致行人多所损失，仕宦、商旅视为畏途。有道人者，慨然引为己任，募赀培修积十余年，而险道尽坦途焉。道人姓李名本善，崇庆州籍。故习石工，尝佣蜀西诸郡邑。目击险阻，即欲从事修凿，以亲老未遑他顾。惟日勤工作，备饔飧[2]，承菽水欢[3]。既毕养，售器物，翛然[4]出尘[5]，思偿其夙愿。同治三年[6]，遂倾囊积，并募赀鸠工，兼以躬作。审曲面势，于途之横阻者通之，悬绝者补之，务使归于坦荡。红崖[7]等处则傍岩架木，绝[8]险凿幽，所费尤巨。盖途平而力亦殚矣。予以辛巳[9]夏仲[10]来镇松州，询之士人，备悉道人事。其募集之赀，日给工食，自奉则甚薄也。嗣道人晋见，草履黄冠，无纷华气。而事切利济，情见乎？辞洵乎？舆论之称道弗虚。自后凡数见，仍募修无懈志。壬午[11]冬，予奉公锦里[12]，道人来谒，后遂远行，不知所终。其功成而羽化耶？抑功更有大于此者，故不遑此处耶？嗟乎！吾川之官吏、富绅、大贾多矣，往往征逐[13]酒食，不惜巨费。至婚丧酬应，益竟胜不止。间有以利人济物事功之者，则吝甚，或不予一钱。为问有穷乏而又苦卓如道人之历久不渝者乎？固知其怀抱，别有在也。近日杨玉海、王启有诸人，尚承道人余绪[14]，迭加修葺，而又得见大府[15]捐廉培修。蜀西一带道途，自后无复虑其艰险矣。但道人往矣，道人之功德不可没。用缀数语，以志其梗概云。

——中华民国《松潘县志》卷八《文苑》

【注释】

[1] **夏毓秀** 据中华民国《松潘县志》卷五《官师》载："云南昆明县人。光绪七年（1881年）任（总

兵)。九年(1883年)任。二十一年(1895年)任。"又据中华民国《松潘县志》卷六《宦迹》载:"夏毓秀,字琅溪,云南昆明人。刚介有勇,咸丰滇乱,由偏裨累功至统将。每战身先士卒,积伤如鳞。光绪中,置松潘镇,实心图治,百废俱举。黑水、松坪诸番作乱,毓秀派员往谕解散。甘肃拉布朗番僧屡劫川商,毓秀禀咨四川、陕甘两督,派员三次划界,毋相侵扰,如遇抢劫,以该寺僧论罪。丙申(清光绪二十二年,1896年),包座生番构衅,毓秀带兵深入,诸夷悉定。募设利字马队百名,巡游边地,保护商旅。初,统兵入关日,西南彩云见,毓秀曰:'此云主占大有。'秋收麦稞双穗,遂建瑞麦、彩云二亭。创修广济仓、文武庙、武侯祠、相国祠。任松十余载,谦逊和平,未尝以显贵傲物。常集诸生会课,优给膏火,嘉惠寒畯。升任四川提督,调任广西提督、湖北提督。去之日,茂、理、汶士民合建生祠于茂州。"

[2] 饔飧(yōng sūn) 早饭和晚饭;饭食。《京本通俗小说·拗相公》:"况且民穷财尽,百姓饔飧不饱,没闲钱去养马骡。"

[3] 菽水欢 即菽水之欢。菽水:豆与水,指普通饮食。欢:侍奉父母使其欢喜。语出《礼记·檀弓下》:"啜菽饮水尽其欢,斯之谓孝。"

[4] 翛然(xiāo rán) 迅疾。宋司马光《馆宿遇雨怀诸同舍》:"佳雨濯烦暑,翛然生晓凉。"常与"清逸"并用,如清逸翛然。

[5] 出尘 指出家。清纪昀《阅微草堂笔记·滦阳消夏录六》:"不如削发出尘,可无此虑。"

[6] 同治三年 公元1864年。

[7] 红崖 今松潘县黄龙乡境内红崖子。

[8] 缒(zhuì) 人系在绳子上放下崖去。

[9] 辛巳 清光绪七年,公元1881年。

[10] 夏仲 即"仲夏"。农历五月。

[11] 壬午 清光绪八年,公元1882年。

[12] 锦里 锦里即锦官城。晋常璩《华阳国志·蜀志》:"州夺郡文学为州学,郡更于夷里桥南岸道东边起文学,有女墙。其道西城,故锦官也。锦江,织锦濯其中则鲜明,濯他江则不好,故命曰锦里也。"后即以锦里为"成都"之代称。

[13] 征逐 追随;追求。

[14] 余绪 未完成的事业。

[15] 大府 泛指上级官府。明清时亦称总督、巡抚为"大府"。

重修武庙[1]序

[清]夏毓秀

光绪十七年[2],承乏[3]松镇。下车之始,见有缺略,即欲补苴[4]。然彼时营规颓废,百弊丛生,

赴愬[5]吁请者，悉以苦乐不均为辞。予乃按券逐层稽核，去偏枯，补亏短，不如例者裁之，恪遵职守者奖之。章程酌定，而兵弁安和。制府[6]丁文诚公[7]善其法，俾将条规勒石营门，永示遵守，并檄通省，着以为令。越二年，恭承简命[8]，莅镇斯土。事无巨细，胥照旧章，故不劳而理，罔有陨越[9]。自时厥后，兵民乐业，屡获丰年，家给人足，彩云迭见，麦穗双歧。凡此嘉祥，皆圣天子至德充周[10]，克享天心所致。予小臣，戴履高厚[11]，随分[12]尽职，竟得躬逢其盛焉，诚大幸矣。然而歌舞太平，不可有废坠之功；鼓吹休明[13]，所宜修美备之事。每值朔望，祭祀各神，见他庙虽未壮丽，尚足妥庇神灵。武庙狭隘不度，拜谒之余，辄愀然[14]难安，从不解其何故。乃集绅耆[15]而讯之，绅耆曰："松州武庙，旧在南关外，不知创自何年。越时既久，陷于榛芜[16]。庚申之岁[17]，适罹兵燹[18]，遂至片瓦无存。肃清之后，移南关内，苦于无资营造，是以荒陋至此。"予曰："关帝忠义，超越古今，扶汉鼎，辅昭烈，史有明文，不待言矣。我朝受命以来，屡着灵异，率土蒙庥[19]。因以载在祀典，内而京师，外而行省，以逮海澨山陬[20]，殊方异域[21]，靡不崇奉维谨，而松州乃亵慢[22]若此乎？"迨十三年[23]春夏之交，乃会商太守周君侨亮[24]、绅耆、队目，出前办营务存款千余金与中、左两营弁兵捐资千余金以为始，复募资于茶号各行，附近士民以为继。不足则更属[25]各营弁兵量力资助，又不足则自捐廉俸以竣其事。于是购地基，选材木，督工匠，克日[26]兴工而庙已成。初予之议，修武庙也，岂惟是沾沾焉，为事神之计哉。我国家重熙累洽[27]，庆赏大典，遝迤钦承，向来朝贺，常于神庙择地举行。屋宇既卑[28]，又系仓猝布置，常惧无以尽诚敬备礼仪也。乃并创建会府[29]，堂阶[30]牖户[31]、左右廊环，悉如其制。于正中虔设万岁亭一座，衣冠会聚，足昭济济翔翔[32]之盛（与武庙同日建成）。惟取给群力而不费公家之资，遂令祀缮拜飏之地无缺，亦云备矣。然吾窃有感焉：夫官位者，宦途之逆旅耳。今岁南辕，明岁北辙，谁同南阳老朱勃[33]哉？吾愿后之君子，镇抚于兹，俯念地瘠民贫，措置不易，一砖半瓦，竹头木屑，罔非从艰难得来。无令风雨所剥蚀，愚顽所轻亵，随时加意而护惜之。俾年深日久，金碧常新。人之称之者，不仅归美创始之人也。特记其缘起如此。

——中华民国《松潘县志》卷五《坛庙》

【注释】

[1] **武庙** 据中华民国《松潘县志》卷五《坛庙》载："武庙，治城南月城内，明总兵何卿建。庚申（1860年）番变，毁。同治间重修。光绪十四年（1888年），总兵夏毓秀因规模狭窄，复于城西崇山下改建。辛亥（1911年）复毁。中华民国壬戌年（1922年），官绅募资重建。"现无存。

[2] **光绪十七年** 公元1891年。

[3] **承乏** 承继空缺的职位。后多用作任官的谦辞。《左传·成公二年》："敢告不敏，摄官承乏。"杜预注："言欲以己不敏，摄承空乏。"

[4] **补苴**（jū） 补缀，缝补。汉刘向《新序·刺奢》："今民衣敝不补，履决不苴。"引申为弥补缺陷。

[5] **愬** 同"诉"。

[6] **制府** 宋代的安抚使、制置使，明清两代的总督，均尊称为"制府"。

[7] **丁文诚公** 即四川总督丁宝桢。丁宝桢（1820—1886年），字稚璜。贵州平远（今织金）人。道光二十五年（1845年）迁往平远州进修。咸丰三年（1853年）中进士，选翰林院庶吉士，自此步入仕途，后任翰林院编修。丁宝桢是洋务派重要成员，官至四川总督，曾诛杀骄纵不法的大太监安德海。去世后赠太子太保，谥文诚，并在山东、四川、贵州建祠祭祀。著名川菜"宫保鸡丁"传说即其在川任职时发明的。

[8] **简命** 选派任命。

[9] **陨越** 败绩，失职。

[10] **充周** 充满；充足。明王守仁《传习录》卷中："盖其元气充周，血脉条畅，是以痒疴呼吸，感触神应，有不言而喻之妙。"

[11] **戴履高厚** 头顶着天，脚踩着地，形容人活在天地之间。比喻恩德深广，如天高地厚。戴：顶着天。履：踏，踩着。

[12] **随分** 指安分；守本分。

[13] **休明** 用以赞美明君或盛世。《文选·谢朓〈始出尚书省〉》诗："惟昔逢休明，十载朝云陛。"李善注："休明，谓齐武皇帝也。"

[14] **愀（qiǎo）然** 形容神色变得严肃或不愉快的样子。《史记·司马相如列传》："于是二子愀然改容，超若自失。"

[15] **绅耆** 指地方上的绅士或有声望的人。

[16] **榛芜** 指丛杂的草木。形容荒凉的景象。

[17] **庚申之岁** 清咸丰十年，公元1860年。

[18] **兵燹（xiǎn）** 因战乱而造成的焚烧破坏等灾害。燹：《说文·火部》："燹，火也。"

[19] **蒙庥** 受到庇荫，保护。

[20] **海澨（shì）山陬** 山隅和海边，泛指荒远的地方。清王晫《今世说·德行》："宦辙所至，山陬海澨，有以读书能为文者，必枉车骑过之。"澨：堤岸；岸边。

[21] **殊方异域** 指远方或国外。殊方：远方。异域：异邦、外国。

[22] **亵慢** 轻慢，不庄重。比喻人随随便便，没有教养。《北齐书·封子绘传》："子绣在渤海，定远过之，对妻及诸女燕集，言戏微有亵慢，子绣大怒，鸣鼓集众将攻之。"

[23] **十三年** 公元1874年。

[24] **周君侪亮** 据中华民国《松潘县志》卷五《官师》载："周侪亮。贵州人，举人，内阁中书。同治十一年（1872年）任松潘同知。光绪十六年（1890年）复任。"又据卷六《名宦》载："周侪亮，字西屏，贵州麻哈人，举人。同治八年（1869年）任同知。详请督、学两宪转奏：松属柴门关，土番归化，增广文武学额各一名。修启圣祠、戟门并小河营城垣、河堤。"两处记载差别较大，此处存疑。

[25] **属** 同"嘱"。

[26] 克日　约定日期或规定时间内。

[27] 重熙累洽　指国家接连几代太平安乐。汉班固《东都赋》："至乎永平之际，重熙而累洽。"张铣注："熙：光明也。洽：合也。言光武既明，而明帝继之，故曰重熙累洽。"

[28] 卑　地势低下或狭窄矮小。

[29] 会府　"斗魁"的别称，指北斗七星中第一星至第四星。《新唐书·天文志一》："斗魁谓之会府，阳精之所复也。"此处代指魁星阁。

[30] 堂阶　厅堂前的台阶。

[31] 牖（yǒu）户　本意为窗与门。特指窗户，借指屋舍。

[32] 济济翔翔　庄敬貌。《礼记·玉藻》："朝廷济济翔翔。"郑玄注："庄敬貌也。"

[33] 朱勃　东汉人。字叔阳，年十二能诵《诗》《书》。常候马援兄况。勃衣方领，能矩步，辞言娴雅。援裁知书，见之自失。况知其意，酌酒慰书援曰："朱勃小器速成，智尽此耳，卒当从汝禀学，勿畏也。"勃未二十，右扶风请试守渭城宰。及援为将军，封侯，而勃位不过县令。援后虽贵，常待以旧恩而卑侮之，勃愈自亲。及援遇谗，唯勃能终焉。

夏毓秀辖夷口[1]修路碑

[清]王世万代作

辖夷口者，旧传为古人御夷要地。悬崖迭嶂，下阻溪流，山麓径路尤险。然东达龙郡[2]，西达松州，实行旅必由之道也。夏秋山水暴涨，横截冲刷，每令行人踯躅[3]。向来架木为桥，雨淋日炙，旋修旋败。俯而窥之，深邃幽暗，渺不见底，偶然失足，人畜皆无幸。冬春冰雪凝沍[4]成块，累挂峰巅，几若巨石。日映冰坠，时复伤人，往来经过，视为畏途焉。数年以来，屡议兴修，而事冗不果。迨己丑[5]春间，余往小河营[6]查修城工、堤工，取道于此，踏勘山势，以期化险为夷。爰集居民筹议，咸愿输力，惟饷工乏赀，无由措办。余捐俸廉银七十五两以倡，中营游击陈君时霖董之，亦捐银二十两为继。以后捐赀接济不绝。自春徂[7]秋，遂竣其事。虽侨助[8]有多寡，而向义则无异同。兹值告成，未忍湮其美意，用勒贞珉[9]，以为乐善者泐[10]也。

——中华民国《松潘县志》卷八《文苑》

【注释】

[1] 辖夷口　在今黄龙乡境内，位于通往小河古道上，其上为老塘房，下接三路口，距县城一百三十五里。

[2] 龙郡　即龙安府。明嘉靖四十五年（1566年），实行"改土归流"，改龙州宣抚司为龙安府，隶四川承宣布政使司。万历十八年（1590年），新设宁武县（次年更名平武）附郭。清顺治六年（1649年），仍设龙安府，治所在今四川省平武县。

[3] **踯躅**（zhí zhú） 同"踟蹰"，徘徊不前。

[4] **凝冱**（hù） 亦作"凝沍"，结冰；冻结。冱：冻。

[5] **己丑** 清光绪十五年，公元1889年。

[6] **小河营** 设于明洪武年间，隶属松潘卫。地处松、龙之间，控制着松潘东路最重要的地段。现城址尚存。四川省文物保护单位。

[7] **徂**（cú） 往；到。

[8] **佽助**（cì zhù） 帮助。

[9] **贞珉** 石刻碑铭的美称。

[10] **泐**（lè） 铭刻，用刻刀书写。

夏 公 祠[1] 碑

[清]李尚昆

于戏[2]！仁义之政不修，治民者之于民，犹秦人之遇越人也，久矣。若其分不相率，其休戚不相及，则心尤恝[3]焉。方咸、同之际[4]，重臣宿将接踵于天下，戡暴底乱之功伟矣。观其师旅所至，往往以厉称，岂不以为恤民非将帅职，而遂恣然以自肆哉？至于声名不彰于世，则又诿罪于民之性情之薄，然则彼之性情固独厚也，欤哉！夏公镇松潘先后十余年，遂以上命晋提督。昆辱公知爱，恒以闲暇与清燕[5]，杂论古今事。连类[6]语及松潘患者，则若有忧容。如某事已解，则其容怡如也。昆退思自叹，忆公居松潘之日，诚不可谓不久，于其地宜相习。然固有牧之者幸安辑[7]，非总兵劳，即有不利大吏，不以责总兵也。休戚无所与，而忧与怡若不自制者，其殆天予之性，有异于人哉？其真知朝廷建官之意，固不问文武，胥以奠百姓为归。提督以下诸职，不专为修备御设也。公不忘松潘人如此，而松潘人来者[8]自缙绅士民以逮部吏伍卒，但言及公事，若靖松坪乱、划四川甘肃界、伏拉布郎寺、克谷尔坝夷、纾台兵、创谷储、立孔子庙诸事，务求有利于松，皆若慈母之于赤子，不忍须臾离者，其诚之感人为何如哉？前乎公镇松潘者几人，今之父老犹多及见之，或不能举其姓字，犹此民此性情也。不当于今乃忽增厚，则宁有所阿好而。然而公之持性情以鞭策人，其术诚神其化之。所讫且旁及理、茂，举熙熙然安耕凿，而无意外之扰也。丁酉岁[9]，松潘廪生[10]马光远、蒙春辉、汤自新、文为富，茂才[11]米家书、文成章、任光超、文耀光，太学生[12]哈玉发、邹启桂、文登儒，都司[13]张从礼，茂州学博[14]王锡绶、赵树清，茂才张兆麟及军功蒋宗汉，理番廪生雷震修等以边陲不靖，赖公力无敢蠢其事，始松潘而茂州、理番亦获绥宁[15]，军民欢呼。无识与不识，胥铭诸肺肝，弗能谖[16]。佥议[17]建祠[18]，以祈公之寿于天。又以其人皆思慕公，不能挽靳[19]公之无去也，镌长生木[20]主于堂。其老其稚，无贤与不肖，苟思公，有愿见之者，瞻于此，拜于此，庶几足偿松、理、茂士民无穷之望也，以此意告昆，丐[21]记。祠，非古也。昔钱镠[22]王吴越，杭州父老列状，请为镠建生祠，太祖宠之碑文。镠之，世无非镠者。公之得人艰于镠，固知世之君

子不责礼而累德也，虽然不厚性情以予人，越制侵分以公为祖者，公之罪人也。于是本公之所由得人，人所由德公者。碑于祠，以榜后之来此邦者。祠经始三月丁酉日至己亥[23]八月成。费若干，不备及。

——中华民国《松潘县志》卷八《文苑》

【注释】

[1] **夏公祠** 夏公，即夏毓秀。因政绩显著，民立生祠于"城外里许上桥之西"，今无存。

[2] **于戏** 亦作"于熙"或"吁戏"，感叹词，犹于乎。《礼记·大学》："《诗》云：'于戏！前王不忘。君子贤其贤而亲其亲，小人乐其乐而利其利。'"

[3] **恝（jiá）** 淡然，不经心。语出《孟子·万章》："夫公明高以孝子之心，为不若是恝。"

[4] **咸、同之际** 清咸丰、同治之时。

[5] **清燕** 亦作"清宴"，清闲；安逸。

[6] **连类** 连同，连带。鲁迅《华盖集·补白》："然而一面又拜才女，捧神童，甚至于还想借此结识一个阔亲家，使自己也连类飞黄腾达。"

[7] **安辑** 犹安抚。《三国演义》："策入秣陵，安辑居民，移兵至泾县来捉太史慈。"

[8] **来者** 将来的人；后辈。《论语·子罕》："后生可畏，焉知来者之不如今也？"

[9] **丁酉岁** 清光绪二十三年，公元1897年。

[10] **廪生** 廪膳生员，科举制度中生员名目之一。明府、州、县学生员最初每月都给廪膳，补助生活。名额有定数，明初府学四十人，州学三十人，县学二十人，每人月给廪米六斗。清沿其制，经岁、科两试一等前列者，方能取得廪生名义。名额因州、县大小而异，每年发廪饩银四两。廪生须为应考的童生具结保证无身家不清及冒名顶替等弊。

[11] **茂才** 又作"茂材"，是汉代的另一种察举常科，西汉时原作秀才，东汉时，为了避讳光武帝刘秀的讳而改为"茂才"。茂者，美也。茂才者，有美才之人也，即优秀人才。后来有时也称"秀才"为"茂才"。

[12] **太学生** 指明清时就读于国子监的生员，亦是最高级的生员。

[13] **都司** 清朝绿营武官，位于参将与游击之下，县府守备官之上，或任协将或副将的中军，也可称为协标都司。正四品。

[14] **学博** 始于唐朝，在府、郡置经学博士各一人，掌以五经教授学生。后泛称学官为学博。

[15] **敉宁（mǐ níng）** 抚定；安定。《书·大诰》："民献有十夫，予翼以于，敉宁武图功。"孔传："用抚安武事，谋立其功。"

[16] **谖（xuān）** 忘记。

[17] **佥（qiān）意** 众议。佥：众人，大家。

[18] **祠** 此处为生祠。即为还活着的人修建祠堂。

[19] **挽靮** 挽留。

[20] **长生木** 木头雕像或书写有姓名的木牌。

[21] 丐　请求。

[22] 钱镠（852—932）　字具美（一作巨美），小字婆留，杭州临安人，五代十国时期吴越国创建者。其在位期间，采取保境安民的政策，使吴越经济繁荣，渔盐桑蚕之利甲于江南；文士荟萃，人才济济，文艺也著称于世。曾征用民工，修建钱塘江海塘，由是"钱塘富庶盛于东南"。在太湖流域，普造堰闸，以时蓄洪，不畏旱涝，并建立水网圩区的维修制度，由是田塘众多，土地膏腴，有"近泽知田美"之语。还鼓励扩大垦田，由是"境内无弃田"，岁熟丰稔。两浙百姓都称其为海龙王。

[23] 己亥　清光绪二十五年，公元1899年。

马节妇墓志铭

[清]罗德舆

　　节妇[1]姓米氏，生而慧淑，甚见爱于父母。年十九归[2]马君隆，瑟琴[3]静好。上事舅姑，中处妯娌[4]，下抚卑幼，孝慈和顺，人无间言[5]。马故望族，以商雄松、灌间。节妇善治生[6]，相助为理，货益殖。然好行其德，不吝多金，而自奉泊如[7]。当析居[8]时，节妇恐伤亲意，每厚人而薄己，群季[9]欢焉，此尤人所难者。先是，海宇承平久，边备寝弛。松潘僻在西陲，物力丰物[10]，番族垂涎，突变攻城。马君率众御寇，创甚，嘱节妇以子女逃，曰："吾当与城同存亡也。"节妇涕泣，不忍去，马君竟死，群季亦相率逈。逾年，城陷，节妇赖其兄力，间关[11]挈子女出。寇平，乃收夫骨而必[12]葬焉。嗟夫！人当危急，死生间不容发，即免犹属恒情[13]，况又托之以后事者耶！节妇不背所夫，视死如归，更不识有生之可乐，然终不得死，并全其子女，岂天欲存奇节，故示人以不可测舆？节妇生于道光某年，卒于光绪十六年[14]，寿六十有六。长子光联，工心计，能世其业；次子光远，邑庠生[15]，依母教成立。越七年，大吏题奏节孝，得旌表建坊如例。门人祁生，婿于马氏光远，介之请志，为书厓略[16]并系以铭焉。

　　铭曰：岷源滥觞，锁钥西羌。山川磅礴，郁郁苍苍。灵秀诞钟，匪阳维阴。卓哉节孝，孰与主张。能父能母，何必姬姜[17]。番戎豕突[18]，祸烈昆冈[19]。有才而德，履变若常。如古烈女，庄严商皇[20]。死慰生顺，险阻其忘。寿之贞珉[21]，与天地长。英英正气，接于混茫[22]。

——中华民国《松潘县志》卷六《列女》

【注释】

[1] 节妇　旧指坚守节操，丈夫死后不再改嫁的妇女。

[2] 归　女子出嫁。

[3] 瑟琴　琴瑟之音和谐，比喻和合友好。《诗·小雅·常棣》："妻子好合，如鼓瑟琴。"

[4] 妯娌（zhóu li）　兄弟的妻子的合称。

[5] 间言　同"闲言"。非议；异议。

[6] **治生** 经营家业；谋生计。《管子·轻重戊》："出入者长时，行者疾走，父老归而治生，丁壮者归而薄业。"

[7] **泊如** 恬淡无欲。《汉书·扬雄传下》："时雄方草《太玄》，有以自守，泊如也。"

[8] **析居** 分别居住，谓分家。宋范正敏《遯斋闲览·娶妇离间友爱》："季怒，遂逼其兄析居，而孝友衰焉。"

[9] **群季** 诸弟。出自李白《春夜宴从弟桃李园序》："群季俊秀，皆为惠连；吾人咏歌，独惭康乐。"惠连、康乐：人名。

[10] **丰牣**（rèn） 犹丰足。牣：满。

[11] **间关** 形容旅途的艰辛，崎岖、辗转。《汉书·王莽传》："间关至渐台。"

[12] **必** 疑为衍字。或为"备"之错别字。礼仪齐备。

[13] **恒情** 常情。

[14] **光绪十六年** 公元1890年。

[15] **邑庠生** 古代学校称庠，故学生称庠生，为明清科举制度中府、州、县学生员的别称。

[16] **厓略** 梗概，大略。清龚自珍《六经正名答问四》："《曾子》十八篇亡，厓略稍稍见，《大戴》又有功焉。"

[17] **姬姜** 指贵族妇女，泛指美女。《春秋左传·成公九年》："虽有丝麻，无弃菅蒯。虽有姬姜，无弃蕉萃。"晋杜预注："逸《诗》也。姬、姜，大国之女；蕉萃，陋贱之人。"

[18] **豕突** 谓像野猪一样奔突窜扰。转指暴乱。

[19] **昆冈** 亦作"昆岗"或"昆冈"，即昆仑山。《书·胤征》："火炎昆冈，玉石俱焚。"

[20] **矞**（yù）**皇** 即矞矞皇皇，形容艳丽。《太玄经·交》："物登明堂，矞矞皇皇。"司马光集注引陆绩曰："矞皇，体美貌。"

[21] **贞珉** 石刻碑铭的美称。

[22] **混茫** 指广大无边的境界。唐杜甫《瀼溪堆》诗："天意存倾覆，神功接混茫。"

雪泥鸿爪碑记

[清]同知　黄汝楫[1]

松潘届孟夏[2]日朔[3]，官斯土者祀雹神[4]于西山[5]之岭，为民祈谷[6]，礼也。今岁大雪封山，非舆马所能至，暂从望祀[7]，良用歉然。越三日，戊子[8]，天气稍霁[9]，策马以升，欲补过也。山岭巍峙，层楼上祀关圣帝君。闻之父老云：山后数十里，海中有怪，出则冰雹随之，惧伤稷麦，惟帝君是祷焉。深山穷谷之中，魍魉[10]潜踪，理或然欤[11]。帝君祠遍寰区，灵异昭著。如汝楫之凡庸，亦屡示兆焉。出头之梦，既验于戊子年[12]，犹记癸卯在籍。梦登层楼危梯，手颤心惊，每悬想象，究不知应于何地？是日，拾级而登，机之所触，豁然大悟，其在斯乎！其在斯

乎！则斯楼也，身未至而神已先至，岂古所谓梦游者耶？岁之元日，在广元差次[13]，奉檄[14]权松篆[15]，辞不获命，事由天定，弗可强也。橡露而瓦不鳞，阶颓而墙尽裂。鸠工[16]既成，爰濡笔[17]为之记。

——中华《松潘县志》卷一《山川》

【注释】

[1] **黄汝楫** 据中华民国《松潘县志》载：云南赵州人，进士。光绪二十九年（1903年）任松潘知县。

[2] **孟夏** 初夏，指农历四月。农历一年四季中的每个季节都有"孟""仲""季"的排列。农历夏季的三个月即四、五、六月，分别对应"孟夏""仲夏""季夏"。

[3] **日朔** 疑为"朔日"。中国农历将朔日定为每月的第一天，即初一。朔：又称新月，指每月农历初一。

[4] **雹神** 传说中指主管降雹的神，相传为西汉开国名将李左车。民俗农历四月初一拜祭之，以求"多降山谷，勿伤禾稼"。

[5] **西山** 即崇山，又称西岷山，在松潘县城西北隅仓坪村后。据中华民国《松潘县志》载："自羊博岭发脉，万山朝拱，堪舆家以为岷山之祖云。城垣半跨山顶，盘旋而上，可望雪栏诸胜，层楼巍峙，祀关壮缪侯，旁有雹神祠，番变俱毁。"

[6] **祈谷** 古代祈求谷物丰熟的祭礼。《礼记·月令》："（孟春之月）天子乃以元日祈谷于上帝。"

[7] **望祀** ①古代祭名，遥祭山川地祇之礼。《周礼·地官·牧人》："望祀，各以其方之色牲毛之。"郑玄注："望祀五岳、四镇、四渎也。"②遥望祭祀。《史记·秦始皇本纪》："行至云梦，望祀虞舜于九嶷山。"

[8] **戊子** 戊子为干支之一，顺序为第25个，即农历25日。

[9] **霁** 雨雪停止，天放晴。

[10] **魍魉**（wǎng liǎng） 古代传说中的山川精怪。一说为疫神，传说为颛顼之子所化。

[11] **欤**（yú） 古汉语助词，表示疑问、感叹、反诘等语气，用法与"乎"大致相同。

[12] **戊子年** 按中华民国《松潘县志》卷五《官师》载：黄汝楫出任松潘同知为清光绪二十九年（1903年），故戊子年应为光绪十四年，即1888年。

[13] **差次** 分别等级次序。《史记·商君列传》："明尊卑爵秩等级，各以差次名田宅。"司马贞索隐："谓各随其家爵秩之班次。"此处引申为当差做官。

[14] **奉檄** 遵令。

[15] **篆** 官印的代称。亦指官职。

[16] **鸠工** 聚集工匠。唐黄滔《泉州开元寺佛殿碑记》："乃割俸三千缗，鸠工度木。"

[17] **濡笔** 谓蘸墨书写或绘画。清龚自珍《己亥杂诗》之一七六："东南不可无斯乐，濡笔亲题第四园。"

通远桥[1]记

[民国]叶惠三

古桥春涨，为松州八景[2]之一。在东关外，有桥曰通远，古名也。下接茂汶，上连吐蕃。雪山对峙，岷岭拱环。玉垒[3]罗后，金蓬[4]列前，睥睨炉峰[5]，咫尺龙潭[6]。二十五州[7]之要道，四百余寨之关键。长桥卧波，江水潺潺，古松、映月[8]，鼎足而三。惟惜乎经营缔造，不知始自何年。其在上古，蚕丛辟国，神禹导江。初启鸟道，未成徒杠[9]。下逮周秦，及于汉唐，相度地势，创建舆梁。中朝用兵，挞彼氐羌，将军靖房，可汗归王[10]。往返士卒，辎运械粮，宋元迄今，多事西方。既有斯桥之利济，自不兴叹于望洋。甚至夷汉互市，商贾驰骤。孺子进履[11]，丈夫题柱[12]。送客万里，骖騑[13]上路。过斯桥者，不知其数。是故以地理言之，则有取乎通；以年代言之，则有取乎远。古人以通远名其桥，诚名实两副也。虽屡经兵燹，而桥名仍旧，亦存古意耳。辛亥番变桥毁，邑人醵金[14]重建。功既竣，爰约略为之记。

——中华民国《松潘县志》卷八《文苑》

【注释】

[1] 通远桥 据中华民国《松潘县志》卷一《山川》载："通远桥，县城东门外，清光绪二十九年（1903年），同知黄汝楫募赀重建。跨岷江上游，每届雪消，虽水势汪洋，清澈见底。昔称'古桥春涨'，为八景之一。"

[2] 松州八景 指古桥春涨、炉峰晓烟、金蓬晚照、龙潭秋月、大悲梵钟、赤松古迹、风洞秋声、雪栏霁色。

[3] 玉垒 即今崇山，亦称西岷山，有时亦概指岷山。

[4] 金蓬 即金蓬山。据中华民国《松潘县志》卷一《山川》载："金蓬山，在县东五里，与岷顶对峙，形势巍峨，气脉绵远，为东南要隘。入夏，青翠欲滴。薄暮，诸峰暗澹，此山余辉犹映，列县志八景之一。昔羌酋金蓬居此，遗冢尚存，故名。"

[5] 炉峰 据中华民国《松潘县志》卷一《山川》载："炉峰山，县南一里，山峰对峙，形如炉鼎。每当晴明晨晓，辄有青烟自峰顶直上，为八景之一。"

[6] 龙潭 据中华民国《松潘县志》卷一《山川》载："小分水岭，县东北八十里，与弓杠岭相接。南为岷江源，东北为嘉陵江源。山势平坦，上有龙潭。龙潭秋月为县八景之一。"

[7] 二十五州 即唐贞观年间在岷江上游地区所设的二十五个羁縻州，分别为：岷州、懿州、麟州、雅州、蘩州、可州、远州、奉州、岩州、诺州、蛾州、彭州、轨州、盍州、直州、肆州、位州、玉州、嶂州、祐州、阔州、台州、桥州、序州、嵯州。

[8] 古松、映月 指今县城内的古松桥和映月桥。

[9] 徒杠 供徒步行走的小桥。

[10] **将军靖虏，可汗归王** 出自《新唐书》卷一四〇。颉利可汗（579—634），东突厥可汗。名咄苾，为启民可汗第三子。620年继其兄处罗为颉利可汗，复以其后母隋朝义成公主为妻。颉利初承父兄基业，兵马强盛，阻挠唐代统一。后又连年侵唐边地，杀掠吏民，劫夺财物。唐初定中原，无力征讨。626年再度入侵，唐太宗亲临渭水，与颉利隔水而语，结渭水便桥之盟，东突厥军队方始退还。629年，唐太宗派李靖、李勣出兵与薛延陀可汗夷男等夹攻颉利，次年大败颉利于阴山，颉利被擒送长安，东突厥前汗国亡。颉利至京，太宗赐以田宅，授右卫大将军。634年死于长安，赠归义王，谥曰荒，以突厥习俗火葬。

[11] **进履** 源自典故"进履圯桥"。据《史记·留侯世家》载：秦末一老父，在下邳桥上故意将鞋子掉到桥下，命张良为他取鞋、穿鞋，张良见他年老，忍怒取鞋，跪着为他穿上。老父又经再三考验，将《太公兵法》传授给张良，使张良后来成为刘邦的军师。后用以称屈己尊老，求取教益。

[12] **题柱** 典故名。传说司马相如经过成都升仙桥时，曾在桥上题字："不乘高车驷马，不过此桥。"喻指立志求取功名。

[13] **骖騑**（cān fēi） 古代驾车的马若是三匹或四匹，就有骖、服之分。中间驾辕的马叫服，两旁的马叫骖。一说服左边的马叫骖，服右边的马叫騑。后泛指拉车的马或车马。

[14] **醵**（jù）**金** 集资，凑钱。宋陶谷《清异录·黑金社》："庐山白鹿洞，游士辐凑，每冬寒，醵金市乌薪为御冬备，号黑金社。"醵：凑集，聚敛。

重修松潘文庙[1]序

[清]苟春培

东山[2]泗水[3]，开千古入室之基；圣域[4]贤关[5]，肇四科[6]得门之路。苟不美其宗庙，何贵望其宫墙。我松州文庙，左倚青门[7]，右邻重镇。创造逢羊劫[8]之余，半归潦草；奏公[9]值鸣嗷[10]之集，徒茂池芹。风销雨蚀，殿中既瓦碎垣颓；物焕[11]星移，庑下将墙倾屋析。使孔颜失寻乐之处[12]，庚子无陈经之堂。欲延凤起蛟腾之瑞，气象增新；宜妥金声玉振[13]之灵，文明丕焕[14]。是以鸠工而庇材[15]，其如欲炊而无米。作新之告功甚伟，经费之生息无多。财拟取诸探囊，裘须成乎集腋。为告阖属官绅商农，实心振作，量力捐输。有能胜任之家，自当慷慨；如可拨用之款，亦许通融。或因地制宜，而兴自然之利；或备物致用，而应经始之需。土木之费几许，瓦石之费几许，子毋宁爽乎锱铢；经营之时伊何，成终之时伊何，辛勤无辞于旦夕。从此歌寝庙之安，文风日上；储栋梁之器，文运聿新。翼能用展，天地飞六月之霜；羽可为仪，皇路奋九达[16]之雁。谨序。

——中华民国《松潘县志》卷八《文苑》

【注释】

[1] **松潘文庙** 据中华民国《松潘县志》载："县城东街。明景泰三年（1452年），侍郎罗绮建。嘉靖、万历年间相继补修。崇祯八年（1635年），副使史瓒舜增修。清康熙中，总兵卓策、周文英相继重建。咸丰庚申（1860年），番变，毁。"

[2] **东山** 出自《孟子·尽心上》："孔子登东山而小鲁，登泰山而小天下。"东山，一般认为即今之山东蒙山，为泰沂山脉系的一个分支，跨临沂市平邑、蒙阴、费县和沂南四县，西北东南走向，绵亘75千米，总面积1125平方千米，主峰龟蒙顶（因状如巨龟而名）海拔1156米，为山东省第二高峰，距泰山120千米，与之遥相呼应，堪称伯仲，素有"岱宗之亚"的美誉；另有较大山峰300余座，深谷陡涧300余条，素有"七十二主峰，三十六洞天"之说。1994年被批准为国家森林公园，1995年被定为省级风景名胜区。另尚有峄山说。

[3] **泗水** 即今泗水县，位于山东省中南部。为孔孟之乡，泗河文化的发祥地，有"洙泗渊源之地，圣化融液之区"之誉。东临沂蒙与大海相连，西邻孔子故里曲阜，南峙孟子家乡邹城，北依五岳之尊泰山。历史悠久，商为卞明国，周秦为鲁卞邑，隋始置泗水县至今。

[4] **圣域** 圣人的境界。《汉书·贾捐之传》："臣闻尧舜，圣之盛也，禹入圣域而不优。"

[5] **贤关** 进入仕途的门径。《汉书·董仲舒传》："太学者，贤士之所关也，教化之本原也。"颜师古注："关，由也。"

[6] **四科** 孔子门徒的四种科目，即指德行、言语、政事、文学。

[7] **青门** 原指汉长安城东南霸城门，因其门色青，故俗呼为"青门"或"青城门"。后泛指东门。

[8] **羊劫** 即红羊劫，古代的谶纬之说，代指国难。古人以为丙午、丁未是国家发生灾祸的年份。因天干"丙""丁"和地支"午"在阴阳五行里都属火，为红色，而"未"这个地支在生肖上是羊，每六十年出现一次的"丙午丁未之厄"，后便被称为"红羊劫"。

[9] **奏公** 从事演奏。《诗·大雅·灵台》："鼍鼓逢逢，蒙瞍奏公。"毛传："公，事也。"朱熹《诗集传》："闻鼍鼓之声，而知蒙、瞍方奏其事也。"一说，犹唱歌。高亨注："公，当读为颂。颂，歌也。奏颂，即唱歌。"

[10] **鸣嗷** 大声鸣叫。

[11] **焕** "换"之错别字。

[12] **孔颜失寻乐之处** 指"孔颜之乐"，源自《论语》中孔子与其弟子颜回的一段对话："饭疏食饮水，曲肱而枕之，乐亦在其中矣。不义而富且贵，于我如浮云。""一箪食，一瓢饮，在陋巷。人不堪其忧，回也不改其乐。贤哉，回也！"

[13] **金声玉振** 以钟发声，以磬收韵，奏乐从始至终。比喻音韵响亮、和谐。也比喻人的知识渊博，才学精到。

[14] **丕焕** 巨大的变化。

[15] **庀材** 准备材料。庀：同"庇"。

[16] **九达** 四通八达。

高等小学校碑

[温江]徐劲岑

松邑处万山中，大江发源，灵秀钟萃，代产奇杰。明、清盛时，武员迭著丰功，而文人则鲜留姓字于史册，有之即若为希世[1]珍者。岂僻处番夷，见闻素鲜所致欤，盖亦视乎培植人才若何耳？治城旧有岷山书院[2]，岂无能膺造作人士之任者。自清中叶，往往以幕友[3]主讲，其文行学识，课程矩薙[4]，宽严美恶，姑不具论。而既以幕僚任教育事，势相凌，情相隔。道与权相悖，理与欲相违，政与教又相戾而不相合，难如所期，诚无足怪。虽间有腾达者，要皆成就于外，而院中则寂寂无闻。无惑乎，为人所轻视也。咸丰庚申[5]番变，书院竟毁于火。旋复重建。光绪丙午[6]，改名"中学校"。一时从学者数百人，洗前此官制隔阂之习，既云盛矣。而宣统辛亥[7]，又毁于番变。人以是伤之，不知除旧布新，事在人为。安知风会所趋，不将由晦而明耶？古代邹鲁[8]，近时吴越[9]，或今不古若，或今胜于古，足为龟鉴[10]。不然，数千年之专制，胡一变为共和，故步甚易改也。民国元年[11]，知事[12]就学署旧基，复建高小学校。规画完密，较昔尤宏。不事华丽，有古朴风，殆亦鹅湖[13]、鹿洞[14]之遗意乎！行见变空疏为实用，远驾前日之习武诸贤，不徒以一介名秩为乡里荣宠，则成效当倍蓰[15]于书院，可立待矣。

——中华民国《松潘县志》卷二《学校》

【注释】

[1] **希世** 世所罕有。元欧阳玄《题紫微老人大字歌》："家藏有此希世珍，取酒当为主人寿。"

[2] **岷山书院** 据中华民国《松潘县志》卷二《学校》载："在城东文庙侧。建于清初，咸丰十年（1860年）毁于番变。光绪二十九年（1903年），朝议变法，停科举，设学堂。同知黄汝楫就岷山书院旧址并入张公祠地，改建学堂。规模阔大，校室完美，拟立中学。而松属辽僻，中学不宜，仍立为高等小学校，附设师范传习所。三十三年（1907年），并为高初两等小学校。宣统三年（1911年），番变，毁。民国四年（1915年），知事何光国另于学署旧址建校舍，设模范初等小学校。旧学校基址遂荒废焉。"

[3] **幕友** 明清时地方军政官署中协助办理文案、刑名、钱谷等事务的人员。

[4] **薙（ti）** ①除去杂草。②同"剃"。

[5] **咸丰庚申** 清咸丰十年，公元1860年。

[6] **光绪丙午** 清光绪三十二年，公元1906年。

[7] **宣统辛亥** 清宣统三年，公元1911年。

[8] **邹鲁** 即邹鲁文化，发源地位于今山东省邹城市。它是东夷文化和邾娄文化的延续和发展，是融会了周文化、殷文化和东夷文化而后形成的文化，博大而精深。邹鲁也是儒学的发源地，以鲁产孔子、邹产孟子而著称于世。

[9] **吴越** 江浙地区的借代词。其名来自春秋吴国、越国的国名,各取一字。因五代十国时期建有割据一方的吴越国,自此"吴越"一名便用来指代吴越国疆域所包括的这些地方。中国近代资本主义萌芽于此。

[10] **龟鉴** 比喻可供人对照学习的榜样或引以为戒的教训。鉴:镜子。

[11] **民国元年** 应为中华民国元年,公元1912年。

[12] **知事** 应为县知事。中华民国初期对县一级最高行政官的称呼。

[13] **鹅湖** 山名,亦为书院名。江西省铅山县北荷湖山,有湖,多生荷。晋末有龚氏者,畜鹅于此,因名鹅湖山。宋淳熙二年(1175年),朱熹与吕祖谦、陆九渊兄弟讲学鹅湖寺,后人立为四贤堂。淳祐中赐额"文宗书院",明正德中徙于山巅,改名"鹅湖书院"。

[14] **鹿洞** 即白鹿洞书院,位于庐山五老峰南麓(今属江西九江市),享有"海内第一书院"之誉。始建于南唐升元年间(940年),是中国首家完备的书院;南唐时建成"庐山国学"(又称"白鹿国学"),为中国历史上唯一的由中央政府于京城之外设立的国学。宋代理学家朱熹出任知南康军(今星子县)时,重建书院,亲自讲学,确定了书院的办学规条和宗旨,并奏请赐额及御书,名声大振,成为宋末至清初数百年中国一个重要的文化摇篮。白鹿洞与岳麓、睢阳、石鼓并称天下四大书院。

[15] **倍蓰(xǐ)** 数倍之意。蓰:五倍。

忠 烈 祠[1] 序

[清]举人　徐劲岑

国家设政教以保民,人民仗武勇以捍国。昔鲁童汪锜[2],执干戈以死社稷,葬不以殇[3],孔子嘉其志,礼也。维人受天地之中以生,形赋即理畀[4],有纯一理为主宰与[5]?至诚性为保存,即有坚忍力以操动静,是故阴阳其气,刚柔其性,仁义其德,恻怛[6]果决。其情辨别报施,其理昭之以信,而人道以立。苟有违拂,则本所畀赋[7],发纵驰赴,自卫国而情不能禁。富贵福泽皆泡影昙花,孝义忠贞乃英光浩气。文明者完其自有,武毅者作其固然。虽捐生命,仍葆灵神。又况名延后世,荫及子孙。死不如死,较与草木同腐者,奚啻[8]霄壤[9]?以正气所钟之伟人,尽其所得以还天地,而建不朽之功烈。此在坊表,何可少哉!今共和建国,凡有勋劳在民者,罔不加褒。松属居民,素称强健。虽专制时代,犹以忠烈受殊荣。况今日尚武,尤不宜听其湮没。明明在天,赫赫在地,当有以凭之矣。兹采忠烈志士,胪列[10]置祠。非但一邑光,抑亦全国幸。吾愿来者鉴古如今,芳流百世也。

——中华民国《松潘县志》卷八《文苑》

【注释】

[1] **忠烈祠** 据中华民国《松潘县志》卷五《坛庙》载:"忠烈祠,治城南街江西馆址内。中华民国二年(1913年),知县(县知事)田兆文、统带张孝著新建。"

[2] **汪锜** 为鲁国公子公为之嬖僮。在齐鲁之间的一次战斗中,他俩同乘一辆战车奋勇拼杀,一同战

死，一同停殡。国人因汪锜年纪甚轻而欲以殇礼葬之，孔子听说后则曰："能执干戈以卫社稷，可无殇也。"

[3] **殇** 未成年而死。《仪礼·丧服传》："年十九至十六为长殇，十五至十二为中殇，十一至八岁为下殇，不满八岁以下为无服之殇。"

[4] **畀**（bì） 给予，赋予。

[5] **与** 同"欤"。

[6] **恻怛**（cè dá） 哀伤。《礼记·问丧》："恻怛之心，痛疾之意，悲哀志懑气盛，故袒而踊之。"

[7] **畀赋** 赋予，给。

[8] **奚啻**（xī chì） 亦作"奚翅"，何止；岂但。《孟子·告子下》："取食之重者与礼之轻者而比之，奚翅食重？"

[9] **霄壤** 比喻相去极远，差别很大。《隶释·汉石经论语残碑》宋洪适释："观遗经字画之妙，非蔡中郎辈不能为，以黄初后来碑刻比之，相去不啻霄壤。"

[10] **胪列** 罗列。

节 孝 坊 序

[清]徐劲岑

金石匪坚，轩裳[1]匪贵。紧维节烈，万古支撑。精神丽乎日星，气魄钟于河岳。有坤德[2]之不贰[3]，亦乾性[4]之同光[5]。周姜以胥宇开基[6]，孟母以断机勖教[7]。乳姑仰唐氏行孝[8]，刃雠全小娥洁贞[9]。月寒孙氏之江[10]，云黯岳家之井[11]。湘灵斑竹犹新[12]，曹女碑词绝妙[13]。秋岭则青枫染血[14]，春闺则赤组销魂[15]。历代女型，固云烈矣，矧[16]维近世，尤可风焉。平时娴内助之仪，临变表真诚之性。或寡居苦节，教子成名；或鳌处[17]勤工，奉亲归葬。或幼龄已嫁，失谐[18]柏舟[19]明志；或童养许笄[20]，未适[21]彤管[22]全身。此皆人生至不幸之遭，抑亦自古至难言之痛也。虽云远徼边陲，文明或逊，屡见行芳志，洁义礼自全。有曾经褒美，瞑目九原[23]；有未及表章[24]，含悲永世。自经采访，悉入坊祠。非惟可励世风，更宜大彰里俗。是宜仰止，其可忽哉？呜呼！地老天荒，海枯石烂；灵鳌虽戴[25]，野马难回。钟鸣鼎食[26]，问几辈到底荣华；玉皎冰清，赖斯人千秋彪炳。谨勒瑜珉[27]，详稽姓氏。岷山岷水，同此绵延。

——中华民国《松潘县志》卷八《文苑》

【注释】

[1] **轩裳** ①犹车服。晋陶潜《杂诗》之十："驱役无停息，轩裳逝东崖。"②指官位爵禄。唐元结《忝官引》："而可爱轩裳，其心又干进。"③古代称有高位的人。唐沈佺期《洛阳道》诗："白日青春道，轩裳半下朝。"④用为对人的敬称。康有为《怀翁常熟去国》诗："早携书剑将行马，忽枉轩裳特执裾。"

[2] **坤德** 即女性的品德。坤：八卦之一，代表地，主阴。代指女性。

[3] **不贰** 专一无二心。

[4] **乾性** 即男性，乾：八卦之一，代表天，主阳。代指男性。

[5] **同光** 同放光辉。《淮南子·俶真训》："能游冥冥者与日月同光。"

[6] **周姜以胥宇开基** 语出《诗·大雅·绵》："爰及姜女，聿来胥宇。"胥宇：犹相宅。毛传："胥，相。宇，居也。"

[7] **孟母以断机勖教** 孟母，孟子之母，仉（zhǎng）氏。夫死，挟子以居，三迁为教。及孟子稍长，就学而归，母方织，问曰："学何所至矣？"对曰："自若也。"母愤，因以刀断机，曰："子之废学，犹吾之断斯机也。"孟子惧，旦夕勤学，遂成亚圣。

[8] **乳姑仰唐氏行孝** 即《二十四孝》中第二十二则故事《乳姑不怠》。唐崔山南曾祖母长孙夫人，年高无齿。祖母唐夫人，每日栉洗，升堂，乳其姑。姑不粒食，数年而康。一日病笃，长少咸集，曰："无以报新妇恩，愿汝孙妇，亦如新妇之孝敬。孝敬崔家妇，乳姑晨盥梳。此恩无以报，愿得子孙如。"

[9] **刃雠全小娥洁贞** 故事源于唐代著名传奇作家李公佐作《谢小娥传》，后收录《太平广记》四九一卷。

[10] **月寒孙氏之江** 故事源于《三国演义》。孙氏，亦称孙夫人，吴国孙权之妹，名曰孙仁。刘备向东吴借荆州不还，鲁肃身负干系。周瑜一为救友，二为国计，于是上书孙权，教使"美人计"，进妹予刘备为夫人，诱其丧志而疏远属下。孙夫人才捷刚猛，有诸兄之风，身边侍婢百余人，皆亲自执刀侍立。不料在诸葛亮的锦囊妙计安排下，假婚成真姻。后来夫人更助刘备返荆州，于路上怒斥追袭的吴将。后刘备入益州，使赵云领留营司马，留守荆州。此时孙权闻知刘备西征，于是遣周善引领舟船以迎孙夫人，而夫人带着后主刘禅回吴，幸得赵云与张飞勒兵截江，方重夺刘禅。彝陵之战，刘备战败，有讹言传入吴中，道刘备已死，孙夫人伤心不已，望西痛哭，投江而死。后人为其立庙，号曰"枭姬祠"。

[11] **云黯岳家之井** 源于《说岳全传》。岳银瓶，一说其本名孝娥，相传是岳飞次女，闻父兄冤死，欲为他们鸣冤不果，抱银瓶投井而死，终年十三岁，世称为"银瓶小姐"。除《说岳》外，其事迹在南宋词人周密《癸辛杂识》和清代以来的杭州地方志中均有记载。

[12] **湘灵斑竹犹新** 源于娥皇女英传说，中国古代传说中尧的两个女儿，长曰娥皇，次曰女英，姐妹同嫁舜为妻。舜父顽，母嚚，弟劣，曾多次欲置舜于死地，终因娥皇、女英之助而脱险。舜继尧位，娥皇、女英之其妃，后舜至南方巡视，死于苍梧。二妃往寻，泪染青竹，竹上生斑，因称"潇湘竹"或"湘妃竹"。二妃也死于江湘之间。自秦汉时起，湘江之神湘君与湘夫人的爱情神话，被演变成舜与娥皇、女英的传说。后世因附会称二女为"湘夫人"。

[13] **曹女碑词绝妙** 即汉邯郸淳所撰写的《曹娥碑》，记载了曹娥救江寻父的孝行。

[14] **秋岭则青枫染血** 故事源出不详。

[15] **春闺则赤组销魂** 故事源出不详。

[16] **矧**（shěn） 况且。

[17] **嫠**（lí）**处** 寡居。嫠：寡妇。

[18] **失谐** 失配。

[19] **柏舟** 语出诗经《国风·邶风·柏舟》，原文为："泛彼柏舟，亦泛其流。耿耿不寐，如有隐忧。微我无酒，以敖以游。我心匪鉴，不可以茹。亦有兄弟，不可以据。薄言往愬，逢彼之怒。我心匪石，不可转也。我心匪席，不可卷也。威仪棣棣，不可选也。忧心悄悄，愠于群小。觏闵既多，受侮不少。静言思之，寤辟有摽。日居月诸，胡迭而微。心之忧矣，如匪浣衣。静言思之，不能奋飞。"

[20] **许笄** 许嫁。语本《仪礼·士昏礼》："女子许嫁，笄而醴之称字。"

[21] **未适** 尚未出嫁。适：旧称女子出嫁。

[22] **彤管** 杆身漆朱的笔，古代女史记事用。《诗·邶风·静女》："静女其娈，贻我彤管。"毛传："古者后夫人必有女史彤管之法，史不记过，其罪杀之。"

[23] **九原** 九泉，黄泉。《旧唐书·李嗣业传》："忠诚未遂，空恨于九原。"

[24] **表章** 同"表彰"。

[25] **灵鳌虽戴** 鳌戴，典故名，典出《列子》卷五《汤问篇》。汉族神话传说谓渤海之东有大壑，其下无底，中有五座仙山，常随潮波上下漂流。天帝恐五山流于西极，失群仙之居，乃使十五巨鳌轮番举首戴之，五山才峙立不动。《楚辞·天问》："鳌戴山抃，何以安之？"后比喻负荷重任。

[26] **钟鸣鼎食** 钟：古代乐器。鼎：古代炊器。击钟列鼎而食，形容贵族的豪华排场。后则多比喻人丁兴旺、生活富裕的家庭。

[27] **瑌**（ruǎn）**珉**（mín） 美石、美玉，引申为石碑。瑌：似玉的美石。珉：像玉的石头，一种美玉。

高等小学校[1]碑

邑人 马鸿藻

　　国家之盛衰，视乎人才；人才之兴替，视乎学校。学校者，造就人才之具也。中国数千年来，号宗孔孟。而科举制兴，专究文艺，涉于空虚，何俾实用。清之末叶，海禁大开。外交日迫，治国无谋，御敌无勇。泄泄沓沓[2]，唫婀[3]成风。平日自命为高才绝学者，遇有大患辄皆屈伏，遗误多矣。清廷愤之，毅然改图，参酌欧制，与时变通。诏天下府、厅、州、县，改建学堂，专讲科学，以次递进。务在实事求是，不尚空谈，庶我国有富强之日乎! 同知黄汝楫[4]奉命办学，就岷山书院[5]设校，规模颇宏。聘教员，增学费，榜曰"高等小学堂"。学子盈门，争先恐后，业已焕然一新矣。辛亥番变，倏化焦土，学舍榛芜，可胜叹哉。民国继起，首重学务。深知强国必赖人才，人才必由教育。譬之精金以冶练成，良玉以琢磨就也。我邑地处边荒，夷人环伺。前此蹂躏已深，若再不思奋，且

将沦于膻俗都人。士有鉴于此,仿昔年成规,更事建筑。从此讲学有地,造就可期。养成通才,共肩巨任。兴学之效,或可见欤。

——中华民国《松潘县志》卷二《学校》

【注释】

[1] **高等小学校** 据中华民国《松潘县志》卷二《学校》载:"清光绪二十九年(1903年),朝议变法,停科举,设学堂。同知黄汝楫就岷山书院旧址并入张公祠地,改建学堂,规模阔大,校室完美,拟立中学。而松属辽僻,中学不宜,仍立为高等小学,附设师范传习所。三十三年(1907年),并为高初两等学校。宣统三年(1911年),番变,毁。民国四年(1915年),知事何光国另于学署旧址建校舍,设模范初等小学校,旧学校基址遂荒废焉。"

[2] **泄泄沓沓** 本指多言,啰唆。后转义指拖拖沓沓。出自《孟子·离娄上》:"泄泄犹沓沓也。事君无义,进退无礼,言则非先王之道者,犹沓沓也。"

[3] **唵婀**(ān ē) 犹豫不决,不能决定的样子。唵:闭口不言。婀:柔美的样子。

[4] **黄汝楫** 云南赵州人,进士,光绪二十九年至三十一年(1903—1905年)任松潘同知。

[5] **岷山书院** 清代建,在松潘城东文庙侧。光绪二十九年(1903年)改建学堂。

第十五章　中华民国《南坪乡土志》

南坪明伦堂清顺治九年卧碑

顺治九年[1]题准刊立卧碑[2]，置明伦堂[3]之左，晓示生员[4]。朝廷设立学校，选取生员，免其丁粮，厚以廪膳，设学院、学道、学官以教之。各衙门官以礼相待，全要养成贤才，以供朝廷之用。诸生皆当上报国恩，下立人品。所有教条开列于后：

一、生员之家，父母贤智者，子当受教；父母愚鲁或有为非者，子既读书明理，当再三恳告，使父母不陷于危亡。

一、生员立志，当学为忠臣清官。书史所载忠清事迹，务须互相讲究，凡利国爱民之事，更宜留心。

一、生员居心，忠厚正直，读书方有实用，出任必作良吏。若心术邪恶，读书必无成就，为官必取祸患。行害人之事者，往往自杀其身，常思宜省。

一、生员不可干求官长，交结权要，希图进身。若果心善德全，上天知之，必加以福。

一、生员当爱身忍性，凡有司官衙门，不可轻入。即有切己之事，只许家人代告。不许干与他人词讼，他人亦不许牵连生员作证。

一、为学当尊教，先生若讲说，皆须诚心听受。如有未明，从容再问，毋妄行辩难。为师长者，亦应尽心教训，勿致怠惰。

一、军民一切利病，不许生员上书陈言。如有一言，以违制论，点革治罪。生员不许纠党，立盟结社，把持官府，武断乡曲，所作文字，不许妄行刊刻。违者，听提调官治罪。

——中华民国《南坪乡土志·学校志》

【注释】

[1] **顺治九年**　公元1652年。

[2] **卧碑**　明清时期称镌刻约束在学生员条规的碑石为卧碑，一般竖于明伦堂的左边，以晓示生员。是明清时期儒学教育的校规，也是生员在校期间的行为规范和守则。

[3] **明伦堂**　多设于文庙、书院、太学、学官的正殿，是读书、讲学、弘道、研究的场所。

[4] **生员**　明清指经本省县、府、院三级考试录取，由学政分入府、州、县学学习者。习称秀才，亦称诸生。生员常受本地教官（即教授、学正、教谕、训导等）及学政（明为学道）监督考核。生员的名目分廪膳生、增广生、附生。初入学为附学生员，廪、增有定额，据岁考、科试成绩递补。廪生给廪米，故名。增广生亦名增生，因于廪生外增额，故名。

乾隆四十五年[1]署南坪都司[2]吴公瑛德政碑记

粤览豪杰崛起，嵩狱效灵[3]；元戎[4]定筹，剑镡[5]呈异。伊古以来，有非常之才者，必有非常之德。才德并着，斯足以咏于城、歌腹心焉。历阅兹土，百不一得。独我南营吴公讳瑛，实有克副其选者。念公族居通都，初以行伍荐拔，名列将士，频觉虎帐增辉。一身奋勇，群美桢干[6]，时形[7]数载功成，竟使运筹丕播。经侯门[8]而课禄，巧分猿背之奇；履边衅而献捷，光参鹰扬[9]之选。流芳武库，才擅文华，艰辛备尝，鼎钟[10]屡锡[11]。勿替勋猷[12]，创建车服[13]，久宠长赓[14]，拾级而上，连步以登。数十载之旌旄[15]，名言莫罄；亿万人之钦歌，爱戴何报。况乃收众望于边陲，集群策而毕举[16]。匪拟《六韬》[17]，利实通诸八蛮[18]；不必《三略》[19]，政自协乎伍军。据鞍之健，不减矍铄风徽[20]；加饭之餐，还睹老成英勇。因此荷蒙额外加锡，广沐圣泽，准给晋任，兼理总职，于是以袭金羌之绣，提若涪之戎。弹丸小试，悉征全功，来商通惠，恤兵爱民。壶浆竞载，莫倾士女之忱；保障仍资，益庆西南之福。遐迩拜德而咏麻[21]，兵民歌仁而颂功。惟愿绩垂燕石[22]，名茂龙骧[23]，渐应列侯之相，争看日月之光。用作舟楫，用作霖雨，孰不愿簪缨[24]以终老也哉。

——中华民国《南坪乡土志·艺文志》

【注释】

[1] **乾隆四十五年** 公元1780年。

[2] **都司** 清朝绿营武官，位于参将与游击之下，县府守备官之上，或任协将或副将的中军，也可称为协标都司。正四品。

[3] **效灵** 显灵。

[4] **元戎** 即元戎剑。相传为远古轩辕黄帝继轩辕剑之后所铸三剑之一，另两剑分别为天子剑与宰相剑。三剑世代相传，自行觅主，时隐时现，欧冶子曾观曰："三剑集于一方，得三剑者必王天下；天子剑与元戎剑若非在一人手，天下必有龙虎斗。竟是天子克元戎，或元戎克天子，尚未可知。"

[5] **剑镡** 剑柄。

[6] **桢干** 比喻栋梁之材。"社稷之桢干，国家之良辅。"

[7] **时形** 经常出现。

[8] **侯门** 权豪势要之家。

[9] **鹰扬** 大展雄才。

[10] **鼎钟** 鼎与钟。古代钟鼎上刻铭文，以旌有功者。后亦借指功业或功名。

[11] **锡** 古同"赐"。赏赐；赐予。

[12] **勋猷** 特殊的功勋。

[13] **车服** 车舆礼服。《书·舜典》："敷奏以言，明试以功，车服以庸。"孔传："功成则赐车服以表显其能用。"孔颖达疏："人以车服为荣，故天子之赏诸侯，皆以车服赐之。"

[14] **膺** 担当重任。

[15] **旌旄** 军中用以指挥的旗子。转指率兵征伐。

[16] **毕举** 完全办好。

[17] **《六韬》** 又称《太公六韬》《太公兵法》，是中国先秦时期著名的黄老道家典籍《太公》的兵法部分。全书有六卷，共六十篇，内容十分广泛，对有关战争和各方面问题，几乎都有所涉及。其中最精彩的部分是它的战略论和战术论。

[18] **八蛮** 古代指南方的八蛮国。《周礼·夏官·职方》："辨其邦国、都、鄙、四夷、八蛮、七闽、九貉、五戎、六狄之人民。"《礼记·王制》："南方曰蛮。"孔颖达疏引《尔雅》汉李巡注云："一曰天竺，二曰咳首，三曰僬（jiāo）侥（yáo），四曰跛（bǒ）踵（zhǒng），五曰穿胸，六曰儋（dān）耳，七曰狗轵，八曰旁春。"后泛指汉族以外的少数民族。

[19] **《三略》** 原称《黄石公三略》，是著名的古代军事著作，属于道家兵书，与《六韬》齐名。此书侧重于从政治策略上阐明治国用兵的道理，不同于其他兵书，是一部糅合了诸子各家的某些思想，专论战略的兵书。

[20] **矍铄风徽** 老人风范。矍铄：形容老年人很有精神的样子。风徽：风范，美德。

[21] **庥**（xiū） 庇荫，保护。

[22] **燕石** 原指燕山所产的一种类似玉的石头。此处为碑石的美称。

[23] **龙骧** 古代将军的名号。

[24] **簪缨** 古代达官贵人的冠饰。后遂借指高官显宦。簪为文饰，缨为武饰。

松潘琅溪夏公德政碑记

盖闻青钱[1]祖道[2]，刘宠[3]金号[4]神君[5]，黄发[6]攀辕[7]；孟尝君[8]然众母，绘召公[9]之像，长荐馨香[10]。刻童令之碑[11]，永怀凤爱。为民作爹，杨公[12]去而辇票者频年；似佛留靴，崔戎[13]归而特镫[14]合郡。是皆感之深而思之永，惜其去而望其来也。而能如愿以偿者卒不慨见，我军门[15]夏公[16]则异矣。公以滇南望族，幼习韬略，从事戎行，所向有功，名动朝野，洵当代之福将，熙朝之名臣也。旋于庚辰年[17]奉天子命镇守松潘，下车之后，布爱用威，兴利除弊，八营[18]戴其德，万姓被其恩，即梗顽如草地生番，亦无不畏威德焉。洎乎[19]壬辰年[20]，太翁[21]弃养[22]，公回滇守制[23]。是时也，攀辕徒殷，挽车无术，军民稽首而称生佛[24]，妇孺焚香而祝福星。而琅溪公归关，松属人民何能一刻忘也。乙未[25]服阕[26]，奉诏陛见，仍复命守松州。虽真西山[27]泉州[28]再到，严郑公[29]剑外[30]重临，何多让也。公莅任未久，包座[31]一带贼番出巢，民不堪命。公领大军，深入不毛，日拔数寨，逆首等各愿迎降。公不涂炭生灵，许其投诚纳款，献出贼首，业经枭首示众，以正国法。迄于今民咸安堵[32]无忧，幸哉，此皆琅溪公之赐

也。今又迁升提督[33]，是一人有庆，全川有福，社稷国家实攸赖也，岂特松属之幸哉。爰立碑碣，铭恩于不朽云尔。

光绪二十二年[34]岁次丙申小阳月[35]谷旦
——中华民国《南坪乡土志·艺文志》

【注释】

[1] 青钱　即青铜钱。唐杜甫《北邻》诗："青钱买野竹，白帻岸江皋。"后也比喻优秀人才。南唐陈陶《赠江南从事张侍郎》诗："姻联紫府萧窗贵，职称青钱绣服豪。"

[2] 祖道　古代为出行者祭祀路神和设宴送行的礼仪。《汉书》载：西汉将领李广利率军队出击匈奴之前，"丞相为祖道，送至渭桥"。

[3] 刘宠　字祖荣。东莱牟平（今山东省烟台市牟平区）人，东汉大臣，汉室宗亲，为西汉齐悼惠王刘肥之孙牟平侯刘渫的后代。年轻时跟随父亲刘丕学习，因通晓经学被举荐为孝廉，出任东平陵县令，有仁惠之政。之后连续担任豫章、会稽太守。在会稽郡时，简除繁苛政令，禁察官吏的非法行为，政绩卓著。后被升职入京，山阴县有五六位须眉皓白的老人，特意从乡下远来给他送行，每人带了百文钱赠送他。他不肯接受，只是从许多钱中挑选一个最大的收下。因此，被后人称为"一钱太守"。其后历任将作大匠、宗正、大鸿胪等职，更两次担任司空，一次任司徒、太尉，每次罢官后都回到家乡，最后得以寿终。

[4] 金号　众人称赞。

[5] 神君　神灵；神仙。古时亦称贤明官吏为神君。语出《韩非子·说林上》："不如相衔负我以行，人以我为神君也。"

[6] 黄发　老年人头发由白转黄，是长寿的象征，后常用指老人。语出《诗·鲁颂·宫》："黄发鲐背。"鲐背：鲐鱼背上有黑斑，老人背上也有，因常借指老人。

[7] 攀辕　"攀辕卧辙"的省称。拉住车辕，躺在车道上，不让车走。旧时用作挽留好官的谀辞。

[8] 孟尝君（？—前279）　名田文，战国四公子之一，齐国宗室大臣。其父靖郭君田婴是齐威王的儿子、齐宣王的异母弟弟，曾于齐威王时担任要职，于齐宣王时担任宰相，封于薛（今山东滕州东南），号靖郭君，权倾一时。田婴死后，田文即位于薛，是为孟尝君，以广招宾客、食客三千闻名。

[9] 召公　又作"邵公""召康公""太保召公"。姓姬名奭，周武王的同姓宗室。曾辅助周武王灭商，被封于燕（今北京市房山区琉璃河镇董家林村），是后来燕国的始祖。因最初采邑在召（今陕西省扶风县东北），故称召公或召伯。周成王时，他出任太保，与周公旦分陕而治，陕原以东的地方归周公旦管理，陕原以西的地方归他管理。他支持周公旦摄政当国，支持周公平定叛乱。

[10] 馨香　指用作祭品的黍稷。后引申为祭祀神灵的香火。

[11] 童令之碑　《隶释》十载："童子讳盛，字伯弥，薄令之玄孙，遂成君之曾孙，安平君之孙，五官掾之长子也。胎怀正气，生克自然。抚育孩婴，弱而能言。至于垂髫，智惠聪哲。过庭受诫，

退诵诗礼。心开意审，闻一知十。书画规矩，制中园范。日就月将，学有缉熙。才亚后夒，当为师楷。自天生授，罔不在初。谓当邛遂，令仪令色。整齐□角，立朝进仕。究竟人爵，克启厥后。以彰明德，胤嗣昭达。何痡季世，颢天不惠。伯强泾行，降此大戾。年十有二，岁在协洽，五月乙巳，嘘□龠。不反。夭隙精晃，苗而不秀。命有悠短，无可奈何。慈父悼伤，割哀回鲤。其十二月丁酉而安措诸，永潜黄□户，没而不存。于是门生东武孙理下密王升等，感激三成，一列同义，故共刊石，叙述才美，以铭不朽。其辞曰：嘉嗣伯弥，天授其姿（资）。蚤克岐嶷，聪睿敏达。当遂逶迤，立号建基。时非三代，符命无恒。人生在世，寿无金石，身潜名彰，显于后叶。光和四年四月五日丁卯立。"

[12] **杨公**（834—904） 杨公，字筠松，号救贫（另有称号叔茂）。杨公天资聪慧，少年悟性异常，始收徒讲学。杨公潜心二十余年，研究、发展、实践并传授堪舆秘术，匡真扬善，救贫扶弱，德艺双馨，声名鹊起，退迩闻名，故能流芳千古，佳誉永驻，被称为中国风水宗师。

[13] **崔戎**（764—834） 字可大。高伯祖玄暐，神龙初有大功，封博陵郡王。祖婴，鄂州刺史。父贞固，太原榆次尉。戎举两经登科，授太子校书，调判入等，授蓝田主簿，为藩镇名公交辟。裴度领太原，署为参谋。时王承宗据镇州版，度请戎单车往谕之，承宗感泣受教。入为殿中侍御史，累拜吏部郎中，迁谏议大夫。寻为剑南东、西两川宣慰使。西州承蛮寇之后，戎既宣抚，兼再定征税，废置得所，公私便之。还，拜给事中，驳奏为当时所称。改华州刺史，迁充海沂密都团练观察等使。将行，州人恋惜遮道，至有解靴断镫者。理兖一年，太和八年五月卒，赠礼部尚书。

[14] **镫** 脱去旧靴，换上新靴，以示遗爱。典出《旧唐书·崔戎传》："将行，州人恋惜遮道，至有解靴断镫者。"后来即用此故事表示百姓对去任地方官的挽留。

[15] **军门** 明代称总督、巡抚为军门者，清代则为提督或总兵加提督衔者之尊称。

[16] **夏公** 即夏毓秀。

[17] **庚辰年** 清光绪六年，公元1880年。

[18] **八营** 即军营。

[19] **洎乎** 等到，待及。

[20] **壬辰年** 清光绪十八年，公元1892年。

[21] **太翁** 即父亲。

[22] **弃养** 书面语。父母逝世的婉辞。谓父母死亡，子女不得奉养。亦泛指尊者、长者死亡。

[23] **守制** 是封建时代的丧礼名，指守孝时遵行居丧的制度。旧时父母或祖父母死后，儿子或长孙在家守孝二十七个月。在此期间，谢绝应酬，不得应考、婚嫁，现任官则须离职。

[24] **生佛** 活菩萨。用以比喻有恩德的官吏。宋戴翼《贺陈待制启》："福星一路之歌谣，生佛万家之香火。"

[25] **乙未** 清光绪二十一年，公元1895年。

[26] **服阕** 守丧期满除服。阕：终了。

[27] **真西山** 即真德秀（1178—1235），始字实夫，后更字景元，又更为希元，号西山。本姓慎，因避孝宗讳改姓真，福建浦城（今浦城县仙阳镇）人。南宋后期著名理学家，与魏了翁齐名，学者称其为"西山先生"。庆元五年（1199年），真德秀进士及第，开禧元年（1205年）中博学宏词科。理宗时擢礼部侍郎、直学士院。史弥远惮之，被劾落职。起知泉州、福州。端平元年（1234年），入朝为户部尚书，改翰林学士、知制诰。次年拜参知政事，旋卒，赠银青光禄大夫，谥文忠。真德秀立朝有直声，于时政多所建言，奏疏不下数十万字。学宗朱熹，修《大学衍义》，称可作《大学章句》之佐。庆元党禁后，程朱理学得以复盛，与力为多。真德秀为继朱熹之后的理学正宗传人，同魏了翁二人在确立理学正统地位的过程中发挥了重大作用，创"西山真氏学派"，有《真文忠公集》。

[28] **泉州** 今福建省泉州市，真西山曾任泉州知府。

[29] **严郑公** 汉隐士严君平、郑子真的并称。严君平（前86—10）：西汉早期道家学者，思想家，名遵（据说原名庄君平，东汉班固著《汉书》，因避汉明帝刘庄讳，改写为严君平），蜀郡成都市人。好黄老。汉成帝时隐居成都市井中，以卜筮为业，"因势导之以善"，宣扬忠孝信义和老子道德经，以惠众人。50岁后归隐、著述、授徒于郫县平乐山，96岁去世后也埋葬于郫县平乐山，在平乐山生活了40多年，写出了"王莽服诛，光武中兴"的预言，提前20多年预测了"王莽篡权"和"光武中兴"两个重要的历史事件。还在山上培养出了得意弟子扬雄，写出了一生最重要的两部著作《老子注》和《道德真经指归》。郑子真（前32—前7）：名朴，字子真，左冯翊谷口（今陕西礼泉东北）人，西汉节士。隐逸民间，修身自保，非其所有，决不苟求。耕于岩石之下，名震京师。成帝时，元舅大将军王凤以礼相聘，他则不诎而终。故扬雄盛称其德曰："谷口郑子真耕于岩石之下，名震京师，冯翊人刻石祀之，至今不绝。"

[30] **剑外** 四川省北部有剑门关，关南的蜀中地区称"剑外"。唐代京都长安在剑门关东北，以长安为中心，此关以南地区为"剑外"，剑外也含有"剑门关外"的意思。

[31] **包座** 今若尔盖县包座、巴西、求吉地区，旧称上包座、下包座。

[32] **安堵** 安定；安居。《史记·田单列传》："即墨即降，愿无虏掠吾族家妻妾，令安堵。"

[33] **提督** 武官名。全称为提督军务总兵官，为清朝各省绿营最高主管官。

[34] **光绪二十二年** 公元1896年。

[35] **小阳月** 农历十月。《事物异名别称词典》引明代《五杂俎》："四月多寒，而十月多暖，有桃李生华者，俗谓之小阳春。"

钦命四川提督军门[1]前松潘总镇[2]夏公毓秀[3]德政碑记

昔者马援铜柱[4]，记殊绩于海隅；羊叔岘山[5]，留去思于湘楚。诸葛公[6]在西蜀，而庙立于南邦；李文饶[7]泽沛西川，而祠成六昭[8]。古名将树威宣声之地，民不能忘，龛以祀之，以记志不朽

也。而沉绳行沙波，千里蒙乐利之庥。韦母贾儿，甘载被生成之泽，有不祝以心香崇以膜拜者哉。夏公军门者，滇人也。于光绪七年[9]五月内，蒙川督丁[10]奏署松潘总镇。时值南坪黑河八邓[11]番酋，勾结包座[12]夷匪滋事，势甚凶凶，行族戒严。公为分别曲直，勒石立案，事旋靖。先是松属各营无着，款项多寡不等，所得无几，公深悯之。叠请大府[13]批准，设法筹填，并请委员金、李履验，积锢一甦[14]，至今各营钱粮丰裕，各兵得以安住室家，皆公力也。向者台丁驻台者，被历任钱粮官私挪，公为历陈大宪，设法筹填，立柜登档，丁台回营，始有着数，并通饬八十二营照办。仁人之言，其利薄哉。自庚申[15]城陷后，公筹商南坪广济仓，每年出陈易新，从此充裕。当青黄不接之际，各兵称贷，饷到扣收，通负者重息。公立仓后，源源接济。草地拉布浪寺[16]道咸回侵松部，蚕食过半，心腹之患也。公叠请上峰，金惧开成边衅不准，公请益力，制府[17]刘委员会同甘员互办，画清疆界，幸于去岁西征包座，拟移得胜之师，声罪致讨。该番首望风胆落，弃所占地悉遁，数十年已失疆土，一旦珠还，微公之力不及此，而非制府知公之深，成功亦不能如此之速，然此犹统全松而言也。南坪为西北通商要道，自黑河之匪猖獗，民不聊生，百货梗滞，林林者欲作乐郊之适[18]。公初晓以大义，不忍不教而诛，乃该匪等负隅益肆，于是公亲率健卒，并咨调滇之宿将韩公廷臣，会同各路将弁，约期进剿，戮力鼓行，五旬未洽，一战成功，岳威信[19]之破罗卜藏[20]，明将之攻凯口屯[21]，无此神速。擒渠扫穴，各部落罗拜[22]，而吐款[23]者数千人。而雪山岭、弓杠岭一路，从此道不拾遗矣。今我南坪绅士兵民，思我公之盛德，虽肝脑涂地，无以报答。只合为祠以祝长生，亦绣佛铸金意也。若夫葺城垣，修庙宇，兴文教，筹膏火，松理茂汶各绅另有词，兹不赘。

——中华民国《南坪乡土志·艺文志》

【注释】

[1] **提督军门** 明代称总督、巡抚为军门。清代则为提督或总兵加提督衔者之尊称。

[2] **总镇** 明清时总兵的别称。

[3] **夏公毓秀** 即夏毓秀。

[4] **马援铜柱** 典故名。指东汉名将马援于汉建武十六年（40年）平定交趾，立铜柱以为汉南边疆界的标志。典出《后汉书》马援列传：援将楼船大小二千余艘，进击九真郡征侧余党都羊等，峤南悉平。唐李贤注引《广州记》曰："援到交址，立铜柱，为汉之极界也。"

[5] **羊叔岘山** 羊叔，即羊祜。岘山：在今湖北省襄阳市，俗称三岘，包括岘首山（下岘）、紫盖山（中岘）、万山（上岘），峰岩直插滔滔汉水，雄踞一方。羊祜（221—278），字叔子，泰山南城人。著名战略家、政治家和文学家。博学能文，清廉正直，娶夏侯霸之女为妻。曾拒绝曹爽和司马昭的多次征辟，后为朝廷公车征拜。司马昭建五等爵制时，以功封为钜平子，与荀勖共掌机密。晋代魏后司马炎有吞吴之心，乃命羊祜坐镇襄阳，都督荆州诸军事。在之后的十年里，羊祜屯田兴学，以德怀柔，深得军民之心；一方面缮甲训卒，做好了伐吴的军事和物质准备，并在吴将陆抗去世后上表奏请伐吴，却遭到众大臣的反对。咸宁四年（278年），羊祜抱病回洛阳，同年十一月病故，并在临终前举荐杜预自代。羊祜的仁德流芳后世，襄阳百姓为纪念他，特地在羊祜生前

喜欢游息之地岘山建庙立碑，原名为晋征南大将军羊公祜之碑，简称羊公碑。此后每逢时节，周围的百姓都会祭拜他，睹碑生情，莫不流泪，羊祜的继任者、西晋名臣杜预因此把它称作"堕泪碑"。

[6] 诸葛公 即诸葛亮。

[7] 李文饶 即李德裕，字文饶，赵郡赞皇（今河北赞皇）人，唐代政治家、文学家，牛李党争中李党领袖，中书侍郎李吉甫次子。文宗太和四年（830年）十月至太和六年（832年）十二月，因受朝中牛僧孺党排挤，出任剑南道西川节度使。此时正值唐王朝与吐蕃在川西北地区进行旷日持久的军事对抗。云南南诏政权也在南方偶尔侵扰，虎视眈眈，形势对唐王朝在西南地区的统治极为不利。李德裕上任后，吸取前任教训，调查研究，调兵遣将，建关置堡，修筑城池，以防御吐蕃、南诏的联合进攻。为使决策者心中有数，运筹帷幄，他召集各地乡贤名宦、军政要员，详细了解各地的民情风俗、山川河流、险隘关卡、特产资源等情况，在松潘县城建七层楼，在汶川七盘沟建七盘楼，在理县、汉源清溪及成都大慈寺分别建筹边楼，在楼内用图画形式一一标明，故名曰筹边楼。李德裕在蜀期间，措施得当，整个西南地区相对稳定。其离任后，各地多建祠以示怀念。

[8] 六诏 唐初，分布在云南洱海地区的众多少数民族部落经过相互兼并，最后形成蒙巂诏、越析诏、浪穹诏、邆赕诏、施浪诏、蒙舍诏六个大的部落，称为"六诏"。其中，蒙巂诏在今巍山县北及漾濞县地，越析诏在今宾川县地，浪穹诏在今洱源县地，邆赕诏在今洱源县邓川，施浪诏在今洱源青索，蒙舍诏在今巍山县地。因其位于诸诏之南，蒙舍诏又称"南诏"。

[9] 光绪七年 公元1881年。

[10] 川督丁 即丁宝桢（1820—1886年），字稚璜。贵州平远（今织金）人。道光二十五年（1845年）迁往平远州进修，咸丰三年（1853年）中进士，选翰林院庶吉士，三年后授翰林院编修。丁宝桢是洋务派重要成员，官至四川总督，曾诛杀骄纵不法的大太监安德海。去世后赠太子太保，谥文诚，并在山东、四川、贵州建祠祭祀。著名川菜"宫保鸡丁"传说即其在川任职时发明的。

[11] 八邓 今九寨沟县大录乡八屯村。

[12] 包座 今若尔盖县包座乡。历史上有上、下包座之称。

[13] 大府 明清时总督、巡抚的别称。

[14] 甦（sū） "苏"的古体字。缓解；免除。

[15] 庚申 即咸丰庚申年，公元1860年。史载是年外有英法联军攻入天津、北京等地，内有太平天国运动及李（永和）、蓝（朝鼎）起义。驻守松潘等地的清军奉命内调，当地居民趁此抗粮不交，遍传木刻起事，攻城掠堡，毁房焚庙，损失惨重。至清同治四年（1865年）结束，前后历时达四年之久。

[16] 拉布浪寺 即"拉卜楞寺"，位于甘肃省甘南藏族自治州夏河县，藏语全称为"噶丹夏珠达尔吉扎西益苏奇具琅"，意思为具喜讲修兴吉祥右旋寺，简称扎西奇寺，一般称为拉卜楞寺。拉卜

楞寺是藏语"拉章"的变音，意思为活佛大师的府邸。是藏传佛教格鲁派六大寺院之一，被世界誉为"世界藏学府"。

[17] 制府　明清两代对总督的尊称。

[18] 乐郊之适　理想快乐的地方。源自《诗·魏风·硕鼠》："逝将去女，适彼乐国。乐国乐国，爰得我直。"乐郊：乐土。

[19] 岳威信　即岳钟琪（1686—1754），字东美，号容斋，四川成都人。南宋著名的抗金将领岳飞的21世孙。清代名将，历康熙、雍正、乾隆三朝。雍正时受吕留良案牵连，下狱险死。乾隆时复用，授予他总兵之衔，后改授四川提督，赏戴孔雀花翎，在"一定金川"中招降金川土司莎罗奔有功，加太子少保，赏三等威信公爵位。乾隆十九年（1754年）病逝于四川资阳。乾隆皇帝赞为"三朝武臣巨擘"。

[20] 罗卜藏　即罗卜藏丹津，青海和硕特蒙古首领顾实汗的孙子，达什巴图尔的儿子。康熙五十三年（1714年）承袭其父的亲王爵位，成为青海和硕特部蒙古贵族的最高首领。他于康熙五十九年（1720年）作为和硕特贵族的代表，参加了清军护送七世达赖喇嘛格桑嘉措入藏坐床的行动。雍正元年（1723年），罗卜藏丹津胁迫青海蒙古各部贵族于察罕托罗海会盟，发动武装割据叛乱。清政府闻变后，立即命年羹尧、岳钟琪等率军镇压，很快将叛乱平定。罗卜藏丹津逃往准噶尔部避难。清政府平定叛乱后，对青海地区的行政建制做了重大改革，使青海完全置于清朝中央政府直接管辖之下。

[21] 凯口屯　今贵州省黔南布依族苗族自治州都匀市凯口镇。据史载：明世宗嘉靖十五年（1536年），居住在都匀的苗族在王聪、王佑、王仲武等人率领下，再次发生暴乱，攻占凯口屯。明廷下诏令巡抚汪珊统兵三万征讨。兵集屯下攻之，三月不克。汪珊乃调万铨兵合剿，万铨力战破敌，王聪等人被杀。

[22] 罗拜　围绕着下拜。《宋史·尤袤传》："后因事至旧治，吏民罗拜曰：'此吾父母也。'"

[23] 吐款　亦作"吐欵"，吐露真情。宋黄庭坚《次韵奉送公定》："长戈仰关来，吐款受羁縻。"

土守备杨官成[1]并马公贞吉等靖难碑记

岁在辛亥[2]，彗星西流。松州番夷变乱[3]，波及南坪，风声鹤唳，一日三掠。吾邑地属弹丸，人无固志，当时全城鼎沸，各自为谋，此送老弱于他乡，彼寄货财于异地，纷纷逃避，谁顾孤城。明明讹言，各相骇惧，迄今回首，犹有畏心。幸天不降丧，官绅同心，联络乡团，堵击隘口，明知掩耳之计，聊顾燃眉之急。时尹卿杨公奋袂而起曰："诸君筹画，非不有益于事，可镇人心。但安危关系，全在黑白两河[4]，如能联和两河，则南坪可望保全。若徒虚张声势，吾邑之忧，不在远而在肘腋之间矣。"于是选出使才，非公不可，公亦欣然，约同乡马公贞吉先生[5]，盖以先生温温恭人，可孚众望也。更约左公晋堂同往至其地，传集各大酋长数十人，始知三寨相约，事出有因。公不禁以手加额曰："吾邑之福也。使再迟数日，其不为松潼之后者几希矣。"

公于是先推马公登台演说，娓娓千言，时逾六十刻，反复开导，往反陈说，或晓之以利害，或责之以大义。当时群首皆大欢喜，稽首刑牲[6]，誓不相害。呜呼！以国威不能震慑之枭悍，而以仁义收复之；以干戈不能御敌之大祸，而以片语消灭之。古所谓杯酒可释杀伐恨者，不过是耶。白河甫定，鞍马未息，又复同赴黑河。于冰天雪窖之中，饮露吸风，真所谓唇敝舌焦，呕尽心血矣。所幸先声夺人，望风归附，民始得保乎故庐，免赋哀鸿。然使非公平日恩威并用，亦未至如是之易。吾既叹公处常而能接人以礼，处变而能定乱有方。吾更叹马公素日本无长言，遇事则言之必中，是非马公不足以成公之志，非公不足以见马公之才也。今日者桑梓奠安，全邑无恙，乡人士谋以勒石记功而问序于予，不文仅志其大略如此，后世达人，遇事而欲流芳百世者，请鉴斯人。

——民国《南坪乡土志·艺文志》

【注释】

[1] 杨官成　据《南坪乡土志·武备志·土司》载："杨官成，字尹卿，四寨土守备。天姿（资）聪敏，秉性刚直，幼读诗书，略明大义。其待人以恭，其接人以礼。凡汉番有事，无不即力周全，人多爱之。前幼时，常在松潘王瀛州门下游，往来熏陶，时蒙训诲，深沾利益，王公亦器重之。其父名青杰，值庚申之变，因黑河塘关卡难攻，炮伤甚多。成父倾心投诚，愿为乡导，收官兵数百人，由羌活沟越山，大兵突出，以破八寨，时人德之。父早死，且孝其母，承欢养老，颇得母心。其母死而继母犹存，后虽与母另居，而问寒问暖，常关心焉。值辛亥之变，出入黑白两河，往返驰驱，调和时事，积劳成疾，年四十八而亡。乡人因其保全地方，化导玩（顽）夷，民不能忘，特立功存桑梓石碑，并碑记千言，于水扶州场口观音阁侧，以志不朽焉。"其简历及事迹还可参考本书《九寨沟安乐村杨尹卿墓碑》。

[2] 辛亥　清宣统三年，公元1911年。

[3] 松州番夷变乱　指辛亥松潘民变事件。是年，为配合四川的保路运动，松潘、漳腊等地各族民众纷纷起事，处处设防，成功阻止驻防松潘等地的清军回援成都。最后，在全川人民的共同努力下，清王朝在四川的统治被推翻，大汉四川军政府成立。

[4] 黑白两河　即今黑河和白河。此处泛指黑、白两河流域，即今黑河桥以上至贡杠岭以下广大区域。

[5] 马公贞吉先生　即马秉忠。据中华民国《南坪乡土志·选举志》载："马秉忠，字贞吉。增生。天性温良，心气和平，与人不较是非，处世不尚奢华。地方公益之事无不为之。宣统二年（1910年）松潘厅宪谢宝珊送有'热心公益'匾额。"

[6] 刑牲　古时为了祭祀或盟誓而杀牲畜荐献或取血。《周书·文帝纪上》："（太祖）因与元毗及诸将刑牲盟誓，同奖王室。"

松潘县教育局长沙剑平南坪高小学校碑记

从来国家之盛衰，视乎人才。人才之消长，视乎学校。学校者，强国之基础，育材之根本也。

南坪远隶松城，界连甘文，古称文化之区，素尚诗书之教。在前科举未停时代，文人学士较松最盛。清之末叶，廷议改设学堂，以求全材而图富强。政令颁发，各省、府、厅、州、县、城镇、乡村靡不雷厉风行，筹款办学。南坪以旧设义学二堂改初等蒙学[1]，学期满时升松县高小[2]，方能毕业。彼时学绅有徐君步蟾[3]者，品学兼优，为主任教员，深忧松南相距三百余里，若从松毕业，一般学子苦于路险，困于资斧[4]，南坪人材势必从此消乏矣。故偕马、左诸公，屡次上书陈说利害，请改设高等以翼人材辈出。民国十年[5]，始行请准。创办期间赵君（即仕奎）[6]不禄[7]，上峰以徐君热心学务，委任校长。任事以来，常怨不辞，经费不足者，提倡筹之；址窄小者，呈请拨之；学舍简陋者，设法建之。又为之购书籍，制桌凳，争拨学款（即税收四百元），整顿校规，尽心竭力，不避怨尤。民国十二年[8]，学制改组，各县劝学所改为教育局，平授邓公[9]委任，由渝返松，接办教育局。任职视事后，适南坪徐校长陈请毕业，平稽查前案，南坪高小建立虽历有年，所惜前任视学未能报省立案，今请毕业，不无障碍。细说前后（即徐校长任期呈请之文）陈报文函，共有数十起，条陈筹款兴学，因地制宜不下十万言。说理明晰，识见超卓。平佩服之余，特将南坪高小成立缘起，徐校长办学热心，历历呈报教育厅。蒙厅长邓批准，嘉奖在案。噫！若徐君者，可无愧鹿洞[10]鹅湖[11]，其有功学校不惟吾松少有，即大地亦难多得也。从可知南坪学校非徐君则发起无人，教育发达非剑平则人才难得。平与徐君可谓此唱彼和也。平今查学来南，则见莘莘学子，秩序井然，程度颇佳，讲堂自习，规范粗具，他日文人蔚起，造成通才，强国强种，其在斯乎。特志其崖略[12]如此，以作学校纪念也可。

——中华民国《南坪乡土志·学校志》

【注释】

[1] 初等蒙学　幼儿的启蒙教育阶段，相当于现在的幼儿园及小学四年级前。

[2] 高小　即高年级小学，一般指五、六年级的小学。但个别地区也指四、五、六年级的小学。

[3] 徐君步蟾　即徐步蟾。据中华民国《南坪乡土志·选举志》载："徐步蟾，字芷升。庠生。小学教员，秉性纯良，不尚虚浮。教诲儿童，循循善诱。"

[4] 资斧　利斧。今借作旅费、盘缠。《易·旅》："旅于处，得其资斧。"

[5] 民国十年　即中华民国十年，公元1921年。

[6] 赵君（即仕奎）　同书也写为"赵士魁"。据中华民国《南坪乡土志·选举志》载："赵士魁，字冠英。庠生。天姿俊修，识解高超，精于岐黄，着手生春，时人称之。"

[7] 不禄　旧时知识分子死亡的讳称。《礼记·曲礼》："天子死曰崩，诸侯死曰薨，大夫死曰卒，士曰不禄，庶人曰死。"

[8] 民国十二年　即中华民国十二年，公元1923年。

[9] 邓公　即邓锡侯，时任四川省省长。

[10] 鹿洞　即白鹿洞书院，位于庐山五老峰南麓（今属江西九江市），享有"海内第一书院"之誉。始建于南唐升元年间（940年），是中国首家完备的书院。南唐时建成"庐山国学"（又称"白鹿国学"），为中国历史上唯一的由中央政府于京城之外设立的国学。宋代理学家朱熹出任知南

康军（今星子县）时，重建书院，亲自讲学，确定了书院的办学规条和宗旨，并奏请赐额及御书，名声大振，成为宋末至清初数百年中国一个重要的文化摇篮。白鹿洞与岳麓、睢阳、石鼓并称天下四大书院。

[11] **鹅湖** 山名，亦为书院名。江西省铅山县北荷湖山，有湖，多生荷。晋末有龚氏者，畜鹅于此，因名鹅湖山。宋淳熙二年（1175年）朱熹与吕祖谦、陆九渊兄弟讲学鹅湖寺，后人立为四贤堂。淳祐中赐额"文宗书院"，明正德中徙于山巅，改名"鹅湖书院"。

[12] **崖略** 大略，梗概。

第十六章 新编《南坪县志》

重修聚宝山[1]记

[清]徐步蟾

邑南郊，越遇仙桥[2]，有一山名聚宝。其形耸翠，其径曲折，山巅平阔，建有庙宇，神圣威灵，感应靡方。每岁正月初九日，城乡善男信女焚香朝拜者络绎不绝，洵足为一邑之屏障，阖境之壮观也。不意同治庚申[3]，突遭番变，栋折闩崩，化为乌有。克复后，仅修三霄[4]殿、灵祖[5]殿各一座。其它玉皇楼、祖师殿、观音、韦驮等堂，均尚阙如。然好善乐施，吾邑虽不乏人，而经营创造，难得倡首之侣。幸有赵公铸九先生与僧人昌兴，均早岁皈依，因思聚宝山为南邑风景所关，楼阁宫殿，非可久废。于光绪丁未[6]岁，提倡募资，督工修造，越数寒暑而功竣。忽一日与友登览之，则见夫栋宇森然，高出云汉之上；神像严威，普照世界之中。凭栏遥瞩，两溪萦洄，潺潺之声盈耳；群峰对峙，巉巉[7]之势满目。幽人[8]骚客游此，莫不心旷神怡，恍然此中别有天地焉。噫！睹斯象也，不禁中怀[9]乍畅，流连低徊而不忍去云。因记其崖略[10]如此。

——新编《南坪县志》，民族出版社，1994年，第955页

【注释】

[1] **聚宝山** 在今九寨沟县城内，山顶有风成庙。据中华民国《松潘县志》卷一《山川》载："聚宝山，县北三百六十里，距南坪城二里。山势如钟，高约三百仞。狭路七盘，其顶平旷，建有玉皇楼、祖师殿、观音庙。每年上九日，乡民往朝者众。"

[2] **遇仙桥** 原横跨于县城南面冲沟上。今已损毁无存。

[3] **同治庚申** 此处有误，应为咸丰庚申，即1860年。史载是年外有英法联军攻入天津、北京等地，内有太平天国运动及李（永和）、蓝（朝鼎）起义。驻守松潘等地的清军奉命内调。当地居民趁此抗粮不交，遍传木刻起事，攻城掠堡，毁房焚庙，损失惨重。至清同治四年（1865年）结束，前后历时达四年之久。

[4] **三霄** 即"琼霄、碧霄、云霄"，又称为"三霄娘娘"、"感应随世仙姑正神"或"感应随世三仙姑"。传说有二：一是道教神话传说中的三位仙女，为财神爷赵公明的三个结义妹妹。她们执掌混元金斗，凡是神、仙、人、圣、诸侯、天子等，不论贵贱贫愚与否，降生都要从金斗转动。从前信士求儿女，都要拜三霄娘娘，所以民间也称三霄娘娘为送子娘娘或送子奶奶。二是《封神演义》里的人物，截教通天教主座下弟子，为人善良，法力高强，三姐妹一同在三仙岛上修炼，过着与世无争的生活，持有法宝混元金斗。为报师兄赵公明之仇，三姊妹布下九曲黄河大阵，凭借教主级别宝物混元金斗先捉二郎真君，后十二仙尽被所擒，在黄河阵里被削去了

顶上三花。后来此阵为原始天尊及太上老君所破，三霄亦被杀死。之后被封神，为感应随世仙姑正神。

[5] **灵祖** 相传为北宋时人，姓王名善，曾师蜀人萨守坚受符法，为林灵素再传弟子，卒后由玉皇封为"先天主将"，主管天上、人间纠察之职，成为道教的护法主将。

[6] **光绪丁未** 清光绪三十三年，公元1907年。

[7] **巉巉**（chán chán） 形容山势峭拔险峻。

[8] **幽人** 指幽居之士。宋苏轼《定惠院寓居月夜偶出》诗："幽人无事不出门，偶逐东风转良夜。"

[9] **中怀** 内心。汉苏武《别诗》之二："幸有弦歌曲，可以喻中怀。"

[10] **崖略** 大略，梗概。

重修下桥碑记

德子明

若谓物知事始，道则近未修齐，善与人同，为以尚夫乐取。如我南坪城者，首松背杨，上下无乡场市镇；襟蜀带陇，兴殖[1]多宝藏货财。因地不大而繁，埠且冲而要也。旋以群山周围，形如中字，其间一河以贯通，独路遥对，治隶左厢，最要两桥而活达。予前任初临，正逢相建，爰续布化，而方落成。乃血汗未干，喘息未定，不幸于卯年未月[2]，遽戾夫[3]癸涨壬冲[4]，侣扼其吭[5]，顿绝其气。以喘湍怒浪，一笫之功用不成；虽踏水横江，万人之急需暂济。奈临深履薄于战兢，岂独戒心将复旧成新，若上下何从着手。每逢绅庶与同等商，因念下桥即有半崖之基，得夫地利，庶用百姓人同之力，宽以年成，斯定策而协谋，乃探囊而倡首。广发印簿，分同募捐。便遇案情，权衡光罚。即资助夫功果，又苦劳夫地方。所幸士庶商民，宜力宜财，共见集腋成裘，更苦徐绅首事则寸则尺，斯成篑覆[6]为山。砌码头则欲高而巩，驾鼍梁[7]则欲大而坚。修两栏以卫往来，盖双板以耐风雨。两关如锁，保固重城；四路如珠，串通各道。四年董事，劳怨弗辞；一旦功成，军民乐跻[8]。未云：何龙兮见在田，长虹卧波兮利涉大川。五金带河兮玉柱擎天，锦屏风水兮盘石奠安。竹苞松茂[9]兮巩固愈坚，功德大成兮济物大观。资劳懋著[10]兮姓氏流传，永垂不朽兮益寿延年。从吾所好兮有开必先，是以为序兮不尽欲宣。

——新编《南坪县志》，民族出版社，1994年，第955页

【注释】

[1] **兴殖** 增殖财货。宋孙光宪《北梦琐言》卷二〇："刘方遇家财数十万……有田令遵者，方遇之妻弟也，善货殖。方遇以所积财，令遵兴殖也。"

[2] **卯年未月** 兔年六月。卯年：在12地支中卯为兔，卯年就是指兔年。未月：农历六月。

[3] **戾夫** 形容事发突然，使人来不及防备。

[4] **癸涨壬冲** 代指洪水。癸、壬：在十大天干中都属水，一个是癸水，一个是壬水。癸水属阴性，壬水属阳性。

[5] **扼其吭**（háng） 掐着喉咙，比喻控制其要害。吭：鸟的喉咙，泛指喉咙、咽喉。

[6] **篑（kuì）覆** 倒一筐土。谓积小成大，积少成多。语出《论语》："子曰：'譬如为山，未成一篑，止，吾止也；譬如平地，虽覆一篑，进，吾往也。'"篑：土筐。

[7] **鼍（tuó）梁** 即桥梁。鼍：爬行动物，吻短，体长二米多，背部、尾部均有鳞甲。穴居江河岸边，皮可以蒙鼓。亦称"扬子鳄""鼍龙""猪婆龙"。梁：架在墙上或柱子上支撑房顶的横木，泛指水平方向的长条形承重构件。

[8] **跻（jī）** 登，上升。《说文》："跻，登也。"

[9] **竹苞松茂** 松竹繁茂。语出《诗经·小雅·斯干》："如竹苞矣，如松茂矣。"比喻家门兴盛。也用于祝人新屋落成。苞：茂盛。

[10] **懋著** 犹显著。《清史稿·圣祖纪二》："赵良栋前当逆贼盘踞汉中，首先入川，功绩懋著。"

重修鼓楼记

张树芳

从来人才之消长，必在风水之培修，如农夫之治田，操作尽善而嘉禾始生焉，其明证也。夫我南坪古营，城廓巩固，庙貌巍峨，桥梁无断阻之忧，道途有康庄之善。其间人文蔚起，贤哲丛生，烟火万家，人民繁富。虽不若通都大邑之名盛，亦可为十室小邑之首焉。自庚申[1]之变，城池失陷，人民流离，楼阁庙宇化为灰烬，市井居民尽遭蹂躏。至同治乙丑岁[2]，克复营城，民始旋梓里[3]。城池竟成旷野，市廛[4]遂为荒丘，荆棘满道，蓬蒿塞途。此数年间，民方创业之不暇，何暇计及于风水也。近代以来，元气稍复，热心公益之士，于境内庙宇楼阁俱皆将次告竣，惟有城内鼓楼为中心之保障，阖城之枢纽，尚未经营创建。乃于光绪戊申岁[5]，有绅首徐、赵、陈、米诸公，好善乐施，倡首捐廉，竭力募化，鸠工庀材，经始于宣统己酉[6]之孟冬[7]，落成于民国癸丑[8]之仲夏[9]，阅五寒暑而工竣，其创造之难可知也。予于甲寅[10]之冬，登高四顾，则见层楼耸翠，上出云霄。飞阁流丹，下临无地。既吐烟霞之气，复照日月之光。梁栋似鸟革之翚飞[11]，巍峨列岗峦之体势。清流萦洄，群峰对峙，不禁兴然有感而咏曰：

长江浪涌抱村流，翠柏苍松景最幽。聚宝[12]凌云高百丈，层峦积雪几千秋。

边城遥望侣仙桃，中踞层楼贯碧霄[13]。绿柳横斜垂两崖，清流环绕锁双桥[14]。

——新编《南坪县志》，民族出版社，1994年，第956页

【注释】

[1] **庚申** 即清咸丰十年（1860年）。史载是年外有英法联军攻入天津、北京等地，内有太平天国运动及李（永和）、蓝（朝鼎）起义。驻守松潘等地的清军奉命内调。当地居民趁此抗粮不交，遍传木刻起事，攻城掠堡，毁房焚庙，损失惨重。至清同治四年（1865年）结束，前后历时达四年之久。

[2] **同治乙丑岁** 清同治四年，公元1865年。

[3] **梓里** 故乡。

[4] 市廛（chán） 街道和民房。廛：民房。

[5] 光绪戊申岁 清光绪二十八年，公元1848年。

[6] 宣统己酉 清宣统元年，公元1909年。

[7] 孟冬 农历十月。

[8] （中华）民国癸丑 中华民国二年，公元1913年。

[9] 仲夏 农历五月。

[10] 甲寅 中华民国三年，公元1914年。

[11] 鸟革之翚（huī）飞 如同鸟儿张开双翼，野鸡展翅飞翔一般。旧时形容宫室华丽。革：鸟张翅。翚：羽毛五彩的野鸡。《诗经·小雅·斯干》："如鸟斯革，如翚斯飞。"

[12] 聚宝 即聚宝山，在今九寨沟县城内，山顶有凤成庙。据中华民国《松潘县志》卷一《山川》载："聚宝山，县北三百六十里，距南坪城二里。山势如钟，高约三百仞。狭路七盘，其顶平旷，建有玉皇楼、祖师殿、观音庙。每年上九日，乡民往朝者众。"

[13] 碧霄 道教文化中九天之一。指青天、天空。意同云霄、碧云、青云等。

[14] 双桥 指横跨于白水江上的上、下桥。

第十七章 其 他

唐威戎军[1]制造天王殿记

[唐]元友谅[2]

至哉。天王之盛也！若乃嘘大海为山陆，扇须弥为尘雾，即药叉[3]众，破修罗[4]属，赫然天王，示其威神也；住水晶宫，护阎浮界[5]，那咤[6]捧塔以前峙，天女持花以凝睇，示其威福也；悬鹿轳剑，秉黄金戟，龙蛇鼓怒以腾目，神鬼睚眦[7]而捧足，以示威力也。天宝中，表其神灵，卫我唐土，化身于于阗之国[8]，摧锋于百万之丑，使圣聪无勍敌[9]之虞，士马绝奔腾之患，示其变通也。

汶川古塞，戎马之境。山雄玉垒[10]，军壮威戎[11]。有护国精舍[12]，凝翠峰叠，甘凉泉涌[13]，创立天王殿一座。其初也，故使惠澄讨论之，寺主智昕缮成之，社众精肃崇构之，两变星霜[14]，方尽其美。我兵马使贺若金，雷霆在天，威戢戎貊，冠簪晶曜，山川载清。当其门阃[15]布德之秋，桃李成蹊[16]之日，副使彭城刘公令昌转佐戎军，恒持妙略，昔闻尽将，今见轻车。判官西河兰公弇[17]风流倩倩[18]，文质彬彬，阮元瑜[19]书记之能，王仲宣[20]从军之乐。汶川县令太原王公炅，水镜临人，清风[21]偃草[22]，邑称三异，名慎四知[23]。都虞侯及诸大将军弓张秋月，剑落繁霜，为国家之长城，作辕门之巨堑。社众冉州守捉[24]判官[25]李建俌等，风情勿替。遂感祥光迭委，灵气荐臻，十旬不□，贞质山立。金冠照烂，宝殿玲珑，山横栋宇之奇，花绽雾岚之异。佑我皇也，弧弓[26]不能壮其威；表其神也，灵怪不能藏其用。寺方智昕，俗姓梁氏，梵行沈密[27]，道容真清。勾当[28]僧惠则，俗姓李氏，洁白虚衷，秋潭月照。俱能辅赞其美，弘阐法梁，巍峨之勋[29]，万古不革[30]之道也。词吏伏命，敢碑斯文。

——《全蜀艺文志》卷三八；另《全唐文》第一四卷第二章也有载

【注释】

[1] **威戎军** 唐文德初，田令孜假置威戎军节度，治彭州（四川彭州市），兼领文、龙、扶、茂四州（今四川西北部及甘肃南部），乾宁初并于前蜀（王建）。

[2] **元友谅** 据中华民国《汶川县志》卷六《选举》载："元友谅，唐元和进士。"又《四川通志》卷三三亦云："元友谅，汶川县人，元和进士。"

[3] **药叉** 梵语的译音。或译为"夜叉""野叉"。义为勇捷，佛教指恶鬼。后常比喻丑陋、凶恶的人。

[4] **修罗** 梵文音译，意为"端正"，国人称其为天神，长相气宇轩昂。与阿修罗相反。

[5] **阎浮界** 即阎浮提，多泛指人世间。明汤显祖《牡丹亭·冥判》："阎浮界，阳世栽埋，又把俺这里门程迈。"

[6] **那咤** 毗沙门天王的太子，亦即三面八臂的大力鬼王。

[7] **眦盱**（yá xū） 发怒状。眦：眼角。盱：张目。

[8] **于阗**（tián）**之国** 即于阗国。于阗是古代西域王国，中国唐代都护府安西四镇之一。古代居民属于操印欧语系的吐火罗人。到11世纪，人种和语言逐渐回鹘化。于阗地处塔里木盆地南沿，东通且末、鄯善、西通莎车、疏勒，盛时领地包括今和田、皮山、墨玉、洛浦、策勒、于田、民丰等县市，都西城（今和田约特干遗址）。

[9] **勍**（qíng）**敌** 强大的敌人。勍：强，强大。

[10] **玉垒** 今汶川县威州镇后玉垒山。

[11] **威戎** 即威戎军，唐时此地属威戎军统辖。

[12] **精舍** 最初是指儒家讲学的学社，后来也指出家人修炼的场所为精舍，现在精舍多指此意。

[13] **甘凉泉涌** 指玉垒山下之龙洞。据乾隆《保县志》卷二《龙洞》载："龙洞，在玉垒山下石峡中，涌泉浸注，澄莹甘冽，上有古树，蟠根苍翠蔚然。虽溽暑如秋。按《旧志》水深四五尺，甚寒而甘，中有鱼四五尾，各长三四尺，人莫敢犯，谓为龙也。波流绕城中而达于江。旱祷即雨。有石刻王元正'龙洞深处'四大字于洞之额。绳（陈克绳）按志求之，淤于沙石矣。募民浚之，沙石尽，泉重出，更引于外筑方池蓄之，州人咸取汲焉。池中掘石刻'龙洞'二字，宋淳熙时书。"

[14] **两变星霜** 意为两载，两年。

[15] **门阑** 亦作"门栏"。门框或门栅栏。借指家门或师门。

[16] **桃李成蹊** 是"桃李不言，下自成蹊"的省语。原意是桃树不招引人，但因它有花和果实，人们在它下面走来走去，走成了一条小路。比喻人只要真诚、忠实，就能感动别人。典出《史记》卷一〇九《李将军列传》。

[17] **弇**（yǎn） 承袭。

[18] **倩倩** 笑容。《诗》云："'巧笑倩兮。'主在乎言笑也。"

[19] **阮元瑜** 即阮瑀，字符瑜。为曹操掌记官，善写国书檄。后因以喻指执掌文书的官员。唐白居易《醉送李协律赴湖南辟命因寄沅八中丞》诗："不羡君官羡君幕，幕中收得阮元瑜。"

[20] **王仲宣** 即王粲（177—217），字仲宣，山阳郡高平（今山东微山）人。东汉末年著名文学家，"建安七子"之一，由于其文才出众，被称为"七子之冠冕"。初仕刘表，后归曹操。因"博物多识，问无不对。时旧仪废弛，兴造制度，粲恒典之"，深得曹操信任，每逢巡游外出或征伐，喜欢邀王粲同行。

[21] **清风** 谓清微的风，清凉的风。清惠的风化。也比喻高洁的品格。语出《诗·大雅·烝民》："吉甫作诵，穆如清风。"毛传："清微之风，化养万物者也。"

[22] **偃草** 风吹草倒，比喻道德教化见成效。语出《论语·颜渊》："君子之德风，小人之德草，草上之风，必偃。"

[23] **四知** 就是天知、神知、我知、子知。语出《后汉书·杨震传》："当之郡，道经昌邑，故所举荆州茂才王密为昌邑令，谒见，至夜怀金十斤以遗震。震曰：'故人知君，君不知故人，何也？'密曰：'暮夜无知者。'震曰：'天知，神知，我知，子知。何谓无知！'密愧而出。"

[24] **守捉** 唐制，军队戍守之地，较大者称军，小者称守捉，其下则有城有镇。《新唐书·兵志》："唐初，兵之戍边者，大曰军，小曰守捉、曰城、曰镇，而总之者曰道。"守捉为唐朝独有，驻兵300至700多不等。

[25] **判官** 官名。隋使府始置判官。唐制，特派担任临时职务的大臣可自选中级官员奏请充任判官，以资佐理。唐睿宗以后，节度、观察、防御、团练等使皆有判官辅助处理事务，亦由本使选充，非正官而为僚佐。

[26] **弧弓** 泛指强弓。《汉书·韩安国传》："且匈奴……畜牧为业，弧弓射猎，逐兽随草，居处无常，难得而制。"

[27] **沈密** 亦作"沉密"，深沉严谨。南朝梁刘勰《文心雕龙·事类》："夫以子建明练，士衡沉密，而不免于谬。"

[28] **勾当** 办理；处理。清魏子安《花月痕》："荷生那日回营，勾当些公事，天已不早。"

[29] **勳** 古同"勋"。

[30] **不革** 不改变。《晏子春秋·内篇谏下八》："今君不革，将危社稷，而为诸侯笑。"

汶川绵虒董氏家谱家法碑（节录）

我辈当上报祖恩，下启后贤，惟孝于亲友兄弟，睦于九族六亲，怜恤于乡党朋友，矜鳏寡、勤本业、守本分存天理、畏国法、顺人情、砺廉耻、明礼让、惩小忿、教子孙。子弟秀切须教之翼其成，子弟顽劣须教之识礼教，相其才能而授以一艺一技。富而不教，强暴者骄纵不法而倾家，懦弱者酒囊饭袋而废业；贫而不教，强者赌盗，弱者饿莩，皆父兄之过也。

　　　…………

毋得上凌下，下犯上，欺愚懦，逼孤寡以富压贫，以众暴寡，亲厚富贵，厌薄贫贱，党同伐异，入室操戈。得罪家门即得罪祖先人等，当以智诱愚，以贤化不肖，以富贵携贫贱，以豪雄庇卑弱。倘因贯钱斗米伤和气，尺土片瓦兴词讼，宗长、房长、邻右切须劝之诫之，令其平。有酗酒大赌，淫荡污行，凶横忤逆，匪盗及中□出丑者，须亲房父老教责之，宗长房长惩创之，屡教不改，然后大会族人按律斟酌处办。（明正德七年，公元1512年）

　　　　　　——李鸣《碉楼与议话坪——羌族习惯法的田野调查》，中国法制出版社，2008年

重修松潘卫文庙碑记[1]

[清]曾王孙[2]

今天子尊崇圣道，躬释奠于阙里[3]，诏新庙貌。天章所颁，四方风动，且命武臣二品以上，得与陪祭。胥天下而教育之，盖莫不鼓舞于《诗》《书》《礼》《乐》之途矣。蜀自文翁[4]化俗，号比邹

鲁[5]。贼焰既炽,之后复遭逆藩变乱。所在文庙,皆不可问。余奉命视学,行部所经,辄语守长,以学校兴废,关王政之盛衰,不可不亟修,以励风俗。而逡巡[6]未有应者,其颓废倾毁,不堪寓目者,可胜道哉。今年春,中丞[7]于公推上德意,合群议新成都府之学宫。复咨曲阜,聘乐舞生、遴童子而肄[8]之。既娴,乃用于庙。于是睹崇牙树羽[9],旄翟[10]之美。闻钟鼓箫管之声,柷敔鼗磬[11]之音,升降有度,进退有节。丞丞皇皇[12],穆然见圣人之德之威。私幸备官[13]于兹,得乐观其成,而又窃念省会者郡邑之倡也。惟兹郡邑,其必慨然有所兴感。庶几奔走,就事以后为羞,以仰慰中丞公之望乎。冬十月,松潘教授张其赤率诸生张良佐等,以《重修文庙碑记》来请,曰:"卫旧有学,垂二百载。变乱之后,鞠为茂草,盖数十年于兹矣。今总戎[14]卓公[15]来镇兹土,慨然以修复为己任,于是率将校及卫守,偕其赤、良佐等共勷[16]其成。工始于康熙三十四年[17]春二月十有九日,成于秋八月朔日[18],自大成殿、启圣祠及东西两庑厅、棂星门、月台、角屏焕然更始,足以示瞻仰于边陲,明声教之远讫焉,微总戎无以致是也。"余于是叹总戎能体圣天子崇儒重道之意,而以身先之。所谓"修之樽俎之间,折冲千里之外"[19]者,非耶!其所以对扬休命[20]者,何与我中丞公不谋而合也。考诸图志,松潘为古氐羌地,自汉通西南夷,叛服无常。明初平定之,至景泰三年[21],始建学宫,由是置博士弟子员[22]登圣人之堂,为圣人之徒,岂不幸甚。顾地极寒薄,不产嘉谷,闻诸生往往负荷取佣值以供俯仰。盖与耕读相半者,更什倍苦辛矣。夫生瘠土者,劳而思之,则善心生,今诸生入庙而思,敬奉庠序之教[23],朝夕黾勉[24],于达道而求不诡于圣人,将偕此邦之人,为礼义之意,而总戎则藏美利于不言者也。夫表章[25]兴复之功,明伦[26]常以振起,后之学者、学臣之责也,是诚不可无记。卓公名策,闽之惠安人,卫守备,为贾尚谋,博士弟子自良佐而下凡五十八人例得备载。

——清《钦定四库全书》卷四七

【注释】

[1] 重修松潘卫文庙碑记　此碑文中华民国《松潘县志》卷八《文苑》有载,但略有异,今同录,以示区别。

[2] 曾王孙(1624—1699)　字道扶,孙枝长子。顺治戊戌(1658年)进士,授汉中府司理,改江西都昌令,升山西司户部员外郎,晋刑部郎中,出为四川按察司佥事,提调学政。著有《清风堂集》6卷。

[3] 阙里　在今山东曲阜城孔庙东墙外的阙里街。因有两石阙,故名。孔子曾在此讲学,后建有孔庙,几占全城之半。《孔子家语·七十二弟子解》:"颜由,颜回父,字季路,孔子始教学于阙里,而受学,少孔子六岁。"后借指曲阜孔庙。三国魏应璩《与广川长岑文瑜书》:"土龙矫首于玄寺,泥人鹤立于阙里。"也借指儒学。唐张说《中书令逍遥公墓志铭》:"究蓬山之百氏,综阙里之六艺。"

[4] 文翁(前156—前101)　姓文,名党,字翁仲。西汉时期教育学家。景帝时任蜀郡太守,在此期间,倡导教化,教民读书,学法令,选拔郡县小吏十余人到京都研习儒经,在成都城中设立学校,选官吏子弟入学对学生进行从政能力的培养。景帝嘉奖文翁兴学,文翁兴学实为中国历史上地方政府设立学校之始。

[5] 邹鲁　邹:中国周代诸侯国名,在今山东省邹县东南。鲁:中国周代诸侯国名,在今山东省西南

部。邹鲁文化发源地位于今山东省邹城市，它是东夷文化和邾娄文化的延续和发展，融会了周文化、殷文化和东夷文化，博大而精深，邹鲁也是儒学的发源地，以鲁产孔子、邹产孟子而著称于世。"邹鲁"一直被尊崇，在中国各地有很多类似"滨海邹鲁""江南邹鲁"的称呼，"邹鲁"之词亦不绝于史书典籍。

[6] **逡巡** 迟疑；犹豫。《北齐书·神武帝纪下》："帝复录在京文武议意以答神武，使舍人温子升草敕，子升逡巡未敢作。"

[7] **中丞** 清代"巡抚"之别称。

[8] **肄** 学习，练习。

[9] **崇牙树羽** 崇牙上面饰羽毛。崇牙：悬挂编钟、编磬之类乐器的木架上端所刻的锯齿。亦代指钟磬架。

[10] **旄翟** 旗子和雉羽。旄：古代用牦牛尾装饰的旗子，"上将拥旄西出征，平明吹笛大军行"。翟：古代乐舞所执的雉羽。《诗·邶风·简兮》："右手秉翟。"舞人十六，执羽翟，以四为列。

[11] **柷（zhù）敔（yǔ）鼗（táo）磬** 古代在音乐演奏时使用的几种打击乐器。柷：像方匣子，用木头做成，奏乐开始时敲打，表示乐曲开始。敔：又称楬，常在乐队中使用，形如伏虎，以竹条刮奏，奏乐将终，击敔使演奏终结。鼗：本义当指边远地区进贡来的鼓，两旁缀灵活小耳的小鼓，有柄，执柄摇动时，两耳双面击鼓作响，俗称"拨浪鼓"。磬：古代用玉、石、金属制成的曲尺形的打击乐器，可悬挂。

[12] **烝烝皇皇** 美盛貌；兴盛貌。语出《诗·鲁颂·泮水》："烝烝皇皇，不吴不扬。"毛传："烝烝，厚也。皇皇，美也。"马瑞辰通释："皇皇为美，推之烝烝，亦当为美。"

[13] **备官** 居官。后常用作任职的自谦之词，谓自己虚在官位，聊以充数。《国语·鲁语下》："鲁其亡乎，使僮子备官而未之闻邪？"

[14] **总戎** 清时"总兵"之别称。

[15] **卓公** 即卓策，福建惠安人。据中华民国《松潘县志》卷五《官师》载："卓策，福建惠安人。康熙三十三年（1694年）任（总兵）。"又据中华民国《松潘县志》卷六《宦迹》载："卓策，福建惠安人。康熙三十三年（1694年）任松潘总兵，捐廉修文庙，延师设教，民知向学。崇祀名宦。"

[16] **共勷（xiāng）** 共同辅助。勷：古同"襄"，助；辅助。

[17] **康熙三十四年** 公元1695年。

[18] **朔（shuò）日** 农历每月初一。

[19] **修之樽俎之间，折冲千里之外** 源自春秋齐国晏婴的故事。语出《晏子春秋·杂上十八》："仲尼闻之曰：'善哉！不出尊俎之间，而折冲于千里之外，晏子之谓也。'"樽俎：同"尊俎"，古代盛酒肉的器皿，樽以盛酒，俎以盛肉，后来常用做宴席的代称。折冲：打退敌人的战车，指抵御敌人。

[20] **对扬休命** 报答。

[21] **景泰三年** 公元1452年。景泰：明代宗朱祁钰的年号。

[22] **博士弟子员** 古代博士所教授的学生。汉武帝设博士官，置弟子五十人，令郡国选送，其后员数大增。博士弟子免徭役、赋税，到一定年限，经考核，一般可在郡国任文学职务，优异者可授中央及地方行政官，不勤学及学而无成者退学，所授以儒家经学为主。明清时亦用为生员的别称。

[23] **庠序之教** 学校教育。庠序：古代的地方学校，后也泛称学校或教育事业。《孟子·滕文公上》："夏曰校，殷曰序，周曰庠。"

[24] **黾勉**（mǐn miǎn） 勉励，尽力。宋苏轼《屈原庙赋》："黾勉于乱世而不能去兮，又或为之臣佐。"

[25] **表章** 同"表彰"。

[26] **明伦** "明人伦"的简写。明人伦就是"父子有亲，君臣有义，夫妇有别，长幼有序，朋友有信"。后世也称为"五伦"。孟子着眼于处理好五种最基本的人际关系，其目的在于维护上下尊卑的社会秩序和道德观念。

理县薛城"严禁转房"碑

为严禁转房以正人伦事。查律载"凡同姓不宗[1]为婚者，男女各杖六十，离异。外姻有服[2]为婚者，以奸论。若娶己之姑、舅、两姨姊妹之亲，及无服亲之妻者，男女各杖一百，离异。若娶己之缌麻亲[3]之妻，及舅甥妻，各杖六十，徒一年，并离异。若娶小功[4]以上之妻者，各以奸论罪，自徒[5]三年至绞斩[6]。若收父祖妾，及伯叔母者，各斩立决。若兄亡收嫂、弟亡收弟妇者，各斩立决"等语。其余亲属不应为婚者殊多，即同姓不宗及外姻亲属尚不得为婚，况同宗均有名分，岂容渎乱无纪，致蹈重罪。乃近闻府属旧有兄亡收嫂、弟亡收弟妇之事，名为转房。缘亡者之兄弟，恐聘娶新妇，不习家务，是以收寡嫂弟妇为妻，□□□□殊不知大乖伦理，重犯典刑，亟宜晓谕严禁。除以往不究外，合行示禁，为此仰府属汉番军民人等知悉：嗣后尔等遇有兄弟亡故，其寡嫂弟妇不肯再醮[7]者，自应听从守节，以成其美。如不愿守节者，可改嫁他姓，毋得贪图己便，以兄弟之妻为妻，致坏名教，而罹重辟[8]。其余凡例禁为婚者，均一概不准擅自嫁娶，以肃伦纪。本府训民以忠孝节义为先，甚不忍愚民灭理乱伦，自蹈刑辟[9]，并犯天理，特此谆谆告诫，尔百姓务以转房等事为戒为耻，共勉为敦伦饬纪[10]之人，本府实有厚望焉。再自此示谕之后，倘有无耻之徒，仍敢违禁转房，乃娶同姓同宗有服□□亲之妻女，并一切违律为婚者，一经发觉，定即照律治罪，决不宽贷。本府言出法随，切勿以身尝试，后悔无及，懔之慎之，切切勿违。特示！

光绪元年[11]钦加道衔[12]、特用直隶州正堂署理番府，加三级纪录十次邓

——庄学本《羌戎考察记》

【注释】

[1] **同姓不宗** 虽有相同的姓氏，但不是一个祖宗或宗族的后代。

[2] **外姻有服** 虽不同姓,但宗族关系在五服之内。

[3] **缌麻亲** 即在丧礼中穿戴缌麻服装的亲属。缌麻:中国古代在丧礼中用于区分亲疏的五种丧服名之一,是次于"小功"的丧服。五服(斩衰、齐衰、大功、小功、缌麻)中最轻的一种。用较细熟麻布制成,做功也较"小功"为细。在清代,凡男子为本宗之族曾祖父母、族祖父母、族父母、族兄弟,以及为外孙、外甥、婿、妻之父母、表兄、姨兄弟等,均服缌麻。服期三月。

[4] **小功** 亦称"上红",丧服名。是次于"大功"的丧服。用稍粗熟麻布制成。服期五月。在清代,凡为伯叔祖父母、常伯叔父母、未嫁祖姑及堂姑、已嫁堂姊妹、兄弟妻、再从兄弟、未嫁再从姊妹,又外亲为外祖父母、母舅、母姨等,均服小功。

[5] **自徙** 自己流放。

[6] **绞斩** 吊死或斩首。

[7] **再醮** 再次结婚。古代男女婚嫁时,父母为他们举行酌酒祭神的仪式叫"醮"。后专指妇女再嫁。

[8] **重辟** 极刑;死罪。

[9] **刑辟** 刑法;刑律。

[10] **敦伦饬纪** 敦睦人伦,遵守法纪。

[11] **光绪元年** 公元1875年。

[12] **道衔** 道一级的官衔。道:清代地方的行政机关,位于省后府前。

黑水芦花"给发断碑谕"

万 古 千 秋

钦加同知衔、署理番抚夷府、补县正堂张怀

委办夷务即补正堂杨为

简放维州协镇都督府世管佐领领班高□□、寥□□、郭禄□

为给发断碑谕,仰黑水五十五沟大小头人、百姓尊悉。按据梭磨土司下属芦花头人苍旺、郎卡[1]被打死时候,黑水芦花众百姓不服,将土司官寨烧了。土司赴省大宪上控,委员王大人带兵上来剿打。有芦花黑水五寺喇嘛和尚等来,在衙门求情。父母官委员大人三位与土司头人、百姓,你们的事情说好了,日后来土司不得与头人百姓约首头子等,这件事不准寻仇害你们。百姓有做不好事的时候,本府面前打票贴治罪。百姓们纳粮、当差、背夫、上草仍照吴大爷、穆大人[2]定章上纳,格外不准新添差使。所有前头做不好事的罚罪银七千两,食物七千两交了。官寨仍照旧培修新的。土司不准想你们百姓前次这件官司头人百姓约首仇恨你们。百姓头人等一律不得在土司面前做不好的事,皇上列制剿打。土司头人遵照外,犯罪之人凶手八人:测龙哈本、白耳灯咒、白耳灯、普龙哈太、即即哈太、哈四达、格格什甲、哈龙本,不准回土司。

——碑文原载蒋旨昂发表于《大学》月刊和《边政公论》的《黑水头人与百姓》、《黑水的社会政治》,现摘自《阿坝史志》1988年第5期发表的张大年的《漫话芦花石碑》

【注释】

[1] 苍旺、郎卡 为兄弟两人。苍旺是清同治、光绪年间的芦花头人，房名党康，又称党康头人。娶麻窝达板足头人的二姐为妻，统治上黑水，势力较大，与弟弟郎卡（或南足）共掌大权。同时也是梭磨土司的世袭带兵官。而达板足头人瓦尔扎（亦记阿尔咱）娶苍旺之姐为妻，二人互为姐夫与妻舅的关系。但瓦尔足与梭磨土司有较密切的血亲关系，其弟郎苏（和尚）住木苏学巴寺，受梭磨土司赐封而管理土司全境宗教事务，因此瓦尔足虽管理地盘较小（仅限于麻窝五沟），但有取代梭磨土司的野心。然而苍旺、郎卡既为头人，又是带兵官，实力较强，成为瓦尔足夺取权力的障碍。故而他向梭磨土司屡进谗言，说苍旺兄弟俩"图谋造反，背叛梭磨土司部族"。梭磨土司在未经调查的情况下，下令苍旺兄弟前往梭磨，并伏兵将其杀害。瓦尔足到党康官寨假惺惺安慰其姐，并以为苍旺兄弟报仇之名，挑拨本头人百姓前往梭磨围攻官寨，土司在属下的保护下潜逃成都，梭磨官寨被焚烧殆尽。后在四川总督李瀚章的调解下，瓦尔足到成都迎回松磨土司斑玛汪扎，赔付损失，重修官寨，事情得以初步解决。为此还颁发了四川总督府结案文告，并四处张贴。现黑水县档案局尚存文告一份，内容为："钦命镇守四川成都等处将军、统辖松茂文武、提调汉土官兵八旗事、云骑尉、世职巴图隆阿巴图鲁、护理四川总督部堂兼管巡抚事云南巡抚部院文：剀节晓谕。照得梭磨土司斑玛汪扎具控芦花黑水五十五沟番夷，出巢滋事，犯上作乱一案，经本将军会同前都督部堂拣员查办，派兵镇（震）慑。现据理番厅禀称，该番等业已就抚，边遵断赔修土司官寨，退还什物，并认为与土司缴银赎罪,.恳请施恩结案等情。据此，查芦花黑水等处番夷，因该管土司擅杀不法头人郎卡、苍旺，辄敢纠众构乱，殊属目无法纪。故念土司肇衅在先，该番夷等甫入迷途，随即醒悟，一闻官兵至境，悔罪投诚，齐至马塘就抚，遵断具结，尚非怙恶不悛。本将军护督部堂体念天地好生之德，法上施仁，姑从宽典，予以自新，合行剀切示谕。为此仰梭磨土司及芦花黑水头目番众等知悉，嗣后该土司务当薄敛，省刑去远妄，事上以礼，待下以诚，头人犯罪，禀官惩治。百姓有罪，只办本人，不得虐其妻孥，抄毁家室。勿追记前嫌，勿任意苛派。该头人夷众尤当洗心革面，痛改前非，敬事长官，格（恪）守本分，照旧纳粮当差，各安耕牧。毋造妄语，毋生事端，毋犯教令。倘敢不遵示谕，复蹈前辙，土司则参革更换，番众则发兵痛剿，决不姑息。自示之后各怀朝庭（廷）威德，永作盛世良番，共乐升平，自免刑戮。懔之！慎之！切切特示！右谕通知。光绪二年七月二十日。"

[2] 吴大爷、穆大人 吴大爷即理番直隶厅同知吴羹梅，河南人，同治年间任职。穆大人为维州协镇带兵官。

后 记

《阿坝金石录》即将正式出版，一桩心事终于了却。虽然这比与刘弘大哥当初约定的期限，迟缓了若干年，但诺言兑现，如释重负，终究是一件令人高兴的事。

需要提前申明一下，本书虽名为《阿坝金石录》，然而有石无金，仅有碑刻资料，而少钟鼎铭文，确实有点名不符实，只有寄望于在今后的工作中，加强对钟鼎铭文等的收集整理，以弥补这一遗憾。

碑刻，即将文字镌刻在石碑或崖壁上，始于金属工具出现的先秦时期，源自商周青铜铭文的启发。最初仅为数字或数十字的纪功性质，之后不断发展演变，明清时达到鼎盛，成为与甲骨文、青铜铭文、秦汉简牍、纸质书籍并列的又一文字载体。碑刻种类繁杂，内容丰富，不论是朝廷政令、官署文告、诉讼判词、疆界勘定、重大战事，还是修桥补路、兴建寺宇、宗支谱系、婚丧嫁娶、邻里纠纷、名家手迹、名宦贤达、普通百姓等，均可竖碑立石，以垂永久。由于碑刻文字多为事件的亲历者、旁观者或近世者所撰写，难免夸大或阿谀之嫌，但其透露的基本信息还是真实可信的，既可弥补文献记载之不足，又可佐证文献记载之谬误，这一点对于史书无载、文献缺失的边远地区和少数民族地区尤为重要。所以，碑刻资料历来为史家所重视，收集、整理、出版、研究蔚然成风，方兴未艾。

公元前 316 年，秦灭巴蜀，在岷江上游地区设置湔氐道，阿坝地区正式纳入中央王朝的行政版图，接受中央王朝的行政管理。伴随着中央王朝统治势力的不断加强，汉文化因素的不断涌入，碑刻这种记事载体也理应传入此地。不过，不知什么原因，阿坝地区暂未发现隋朝以前的碑刻资料。随着田野调查的持续开展和考古发掘工作的不断扩大，我们相信，早期碑刻一定会有所发现。

由于多数碑刻长期处于田边地角、荒郊野外，日晒风吹雨淋，加之材质疏松，碑面剥蚀，字迹漶漫。许多碑已成光面，或凹凸不平，或残断数块，留存文字仅几个或十余个，致使其史料价值大打折扣。随着时间的流逝，受自然灾害和人为破坏的影响，越来越多的碑刻面临消逝的危险境地，抢救保护工作迫在眉睫。从 21 世纪初始，在阿坝州财政局的支持下，阿坝州文物管理所聚集全州文博力量，开展了以"抢救、保护、传承、弘扬"为主要目的的阿坝州碑刻资料专题调查。田野调查期间，调查队员顶烈日、冒严寒、爬陡坡、钻密林、涉溪涧，风餐露宿，历尽艰险，对分散于数万平方千米内的高山河谷、村寨沟边、古寺名刹、悬崖峭壁的古碑、题记进行登记、测量、拍照、拓片，其后又转入室内释读、转录、标点、断句、注释，历时十余载，终于完成了这一浩繁工程。

本书收录了阿坝州境内存世碑刻资料、文献碑文资料共计 257 通。其中，存世碑刻 192 通，又

第二篇 文献碑文

分为摩崖题记题刻、御碑、乡规民约碑、布告碑、德政碑、功德碑、家谱碑及墓碑、墓志铭及买地券、其他等9小类。文献碑文65通，分别摘录于同治《理番厅志》、乾隆《保县志》、道光《绥靖屯志》、道光《茂州志》、中华民国《汶川县志》、中华民国《松潘县志》、中华民国《南坪乡土志》、新编《南坪县志》等文献。时代最早的为隋唐时期，晚的则到20世纪30年代，其中多数存世碑刻是第一次与读者见面。关于这些碑刻的史料价值和研究价值，霍巍教授和刘弘大哥已在序中作了充分论述，此处不再赘言。

考虑到现代人特别是青少年古汉语基础知识的薄弱和欠缺，为方便大多数人的阅读和使用，我们特意将全部碑文从繁体字转化为简化字，从竖排体转为横排体，并加以标点、断句，同时对生僻字、错别字、通假字、异体字以及古代职官、地名、人名、历史典故等均在正文后面作了力所能及的注释。

特别要指出的是，由于碑文撰写者的历史局限和阶级立场，文中或有对少数民族侮辱性、歧视性的称呼以及其他不当的词句。为保持碑文原貌，我们未作任何修改，望读者诸君详加甄别，取其精华，去其糟粕。

衷心感谢四川大学历史文化学院院长霍巍教授、凉山州博物馆馆长刘弘研究员。自从这项工作启动以来，他们无时无刻不关注进展情况，随时给予无私帮助、指导和鼓励。在本书完成时，又拨冗作序，给予高度评价。溢美之词，让人汗颜，却之不恭，受之有愧。我们当谨遵教诲，不忘初心，继续前行，为阿坝文博事业再创佳绩。

本书的顺利完成和出版，是以大量的田野调查资料为基础的。而田野调查工作的开展，则得力于阿坝州财政局的经费支持，得力于四川省文物局、阿坝州文广新体局的业务指导，得力于全州各县（市）文广新体局的通力协助，得力于全州文博战线同仁的积极参与。参加野外调查和室内资料整理的有阿坝州文物管理所陈学志、范永刚、李勤学、李俊、杜万刚、王静、邓小川；阿坝州博物馆邓勇、王扎、罗尔伍、郭永莲；马尔康市杨西川、格尔玛、泽郎头；小金县杨克明；金川县刘文勇；汶川县罗进勇、张发芝、陈婷、张俊清、嘎让秀；茂县李明、任德崩；黑水县杨琦；松潘县刘晓冬、何珍健；九寨沟县马晓青；黄龙管理局孟世才等。由此可以这么说，《阿坝金石录》是阿坝州文博界诸位同仁的集体成果和心血结晶。

非常感谢编辑王琰先生、叶苏苏女士、赵云杰先生，为了本书的顺利出版，他们付出了大量心血。他们严谨、细致、认真的工作态度，以及深厚扎实的古文功底，令人感叹和钦佩。

阿坝州社会科学界联合会提供了本书的出版经费，在此向耿少将主席、陈宝珍主席、董泽友主任等深表谢忱。

尽管在编撰过程中，我们特别注意对碑文的反复校对、核实、修订，但终因认知能力有限、业务水平不高，不足与疏漏之处在所难免，还望读者诸君批评斧正，不吝赐教。

作　者

2019年6月

部分碑刻彩图

理县朴头山战事题记

茂县叠溪点将台"刘文起引兵至此"题记

黑水洛多沃河山"播州营"题记

汶川绵虒羌峰里坪界石

理县下孟沙吉嘉奖碑

御制平定金川勒铭勒乌围之碑

茂县三龙河心坝永远章程条规碑

茂县羌族博物馆馆藏"体恤兵艰"碑

汶川威州铁邑告示碑

汶川雁门小寨子勘界告示碑

茂县南新牟托巡检司土规告示碑

汶川龙溪重修霸州堡碑记

汶川龙溪垮坡玉皇庙功德碑

汶川三江重修跃龙桥志

汶川克枯竹石达川主庙碑序

茂县三龙卡玉观音庙碑文小序

茂县叠溪积水疏导纪念碑

理县薛城欢喜坡袁氏宗支总碑

茂县凤仪克都余氏祖坟墓碑

汶川威州茨里沟毛氏家谱碑

汶川雁门小寨子袁氏族谱排行墓碑

茂县光明松坪组李国斌墓碑

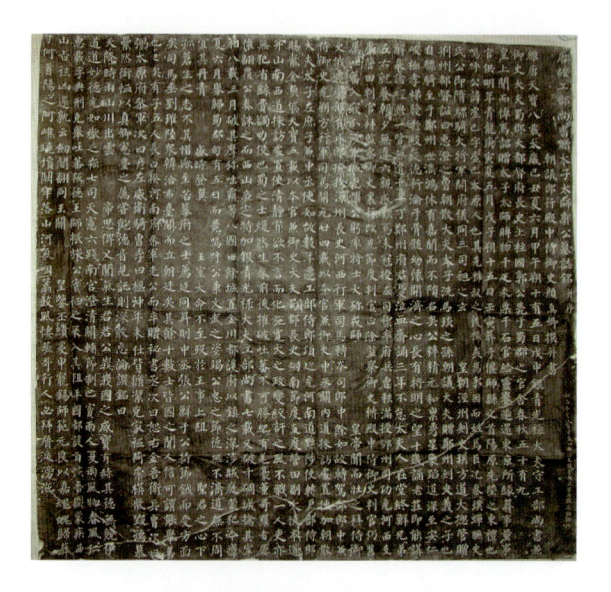

河南偃师郭虚己墓志铭并序　　　　　　　茂县羌族博物馆馆藏禹江苏墓志铭

松潘文管所馆藏徐太夫人章氏镇墓文券　　汶川映秀黄家院吴恒墓铭

茂县沟口"宁江堡"匾额　　　　　　　　汶川绵虒凤头关双镇塔赞

理县朴头山《通道记》 　　　　　　　松潘小姓狮头山"移县记"题记

松潘小姓狮头山"开州陈山于此守捉"题记 　　　松潘镇坪上关口"修鏨麻答嘴"题记

茂县叠溪野鹤山托云诗歌题记

九寨沟郭元柴门关修路功德题记

北京香山敕建实胜寺碑记

(a) (b)

御制平定金川勒铭噶喇依之碑

茂县曲谷河东十二寨议话碑

茂县光明中心劝世碑

茂县羌族博物馆馆藏赤不苏婚约碑

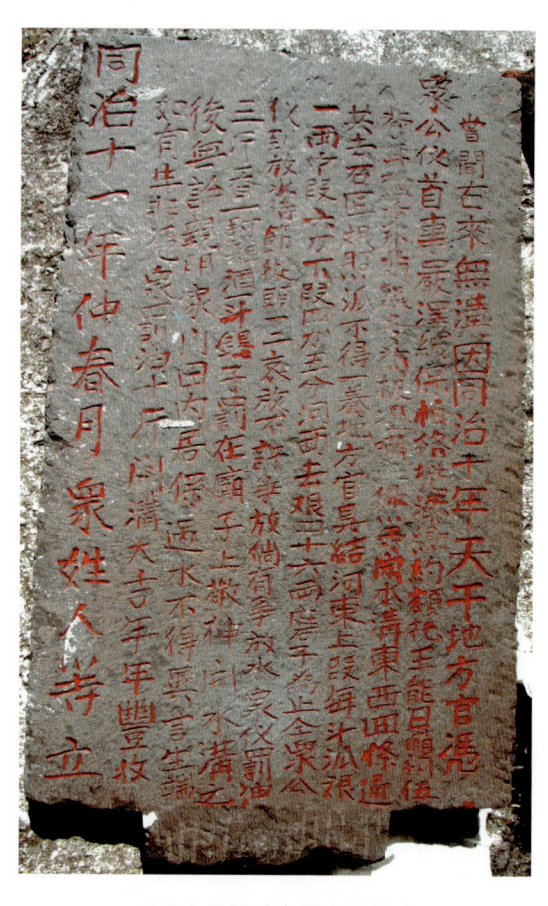

理县上孟绿叶寨用水民约碑

茂县富顺敞子沟"牧牛关山"界址碑记

汶川雁门芤山用水管理碑

汶川草坡克充天佛寺碑记

汶川映秀黄家村吴思仲暨安人汤氏墓铭

(a)   (b)

茂县东兴和平田氏祠堂族规碑

茂县白溪杜家坪永定章程碑　　　　　　汶川水磨茶园保护章程碑

汶川博物馆馆藏应试章程碑记　　　　　小金美兴营盘街懋功营禁令碑

茂县沟口水磨坪治安管理章程碑 　　金川安宁崇化营"辞伍年岁章程"碑序

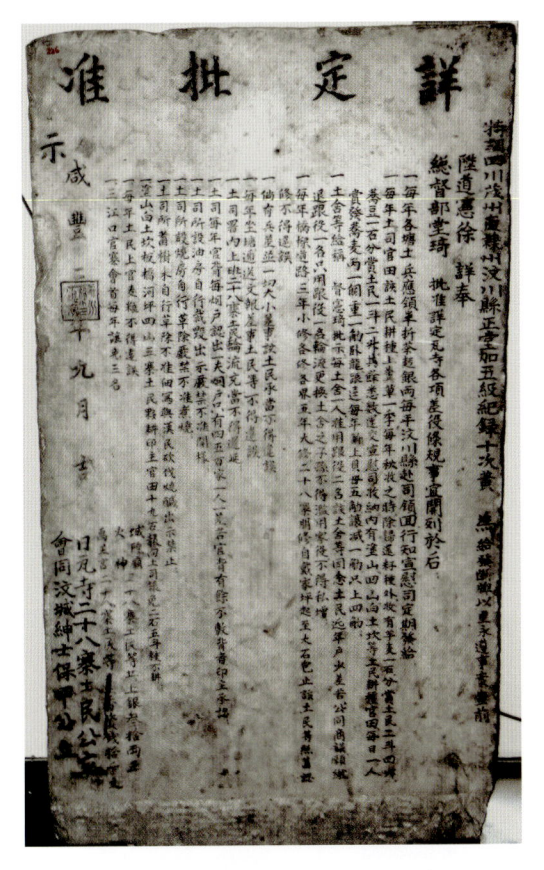

汶川博物馆馆藏瓦寺土司差役碑　　小金美兴营盘街懋功营"马朋条规"碑

九寨沟永河大城增修大驿城碑记

理县薛城理番府"禁革袭补规费"告示碑

理县通化汶山寨告示碑

汶川县博物馆馆藏"裁撤夫马局"碑

小金抚边粮台勘界示谕碑

茂县东兴牛家山护林告示碑

汶川博物馆馆藏三江总督部堂锡示碑

茂县雅都罗娃告示碑

汶川水磨黄龙寺灌县知事公署布告碑 　　　　汶川水磨黄龙寺国民革命军第二十八军第六混成旅司令部布告碑

松潘黄龙寺松潘县政府布告碑 　　　　汶川克枯周达理番县知事公署示谕碑

汶川水磨黄龙寺江防第一师师长邓布告碑 　　汶川水磨黄龙寺全川江防军司令布告碑

汶川水磨黄龙寺四川省长公署布告碑 　　马尔康松岗哈飘沈维祁德政碑

金川马尔邦袁国璜德政碑

九寨沟郭元地震德政碑

金川城厢老街张涤泉德政碑

松潘小河城门洞陈时霖德政碑

九寨沟县柴门关夏毓秀"德政"题记

松潘安宏修复高屯堡赞

松潘文管所馆藏重修雪栏山道碑记

汶川克枯修路碑记

理县营盘街观音庙功德碑

茂县黑虎鹰嘴河观音庙功德碑

小金老营猛固桥功德碑

茂县白溪杜家坪祯祥寺吼佛碑记

汶川克枯修路功德碑

理县桃坪曾头寨修路功德碑

汶川三江四圣寺碑记

九寨沟双河朝阳洞碑碑记

茂县三龙龙窝寨引水功德碑

茂县羌族博物馆馆藏重修宗渠川主庙碑记

汶川雁门索桥平正寺维修功德碑

茂县三龙杨家沟灵兴寺功德碑

金川马尔邦培修马邦汛武庙小序

茂县维城前村新路碑记

九寨沟黑河塘重建黑河桥叙

茂县南新安乡五显庙种德碑

茂县凤仪宗渠回龙寺功德碑 　　　　　　　　茂县富顺鱼听龙王庙捐赀功德碑

茂县回龙白布宝峰寺功德碑 　　　　　　　　茂县南新白水寨买地功德碑

汶川水磨八一中学兴仁书院捐资功德碑

茂县光明和平三合桥功德碑

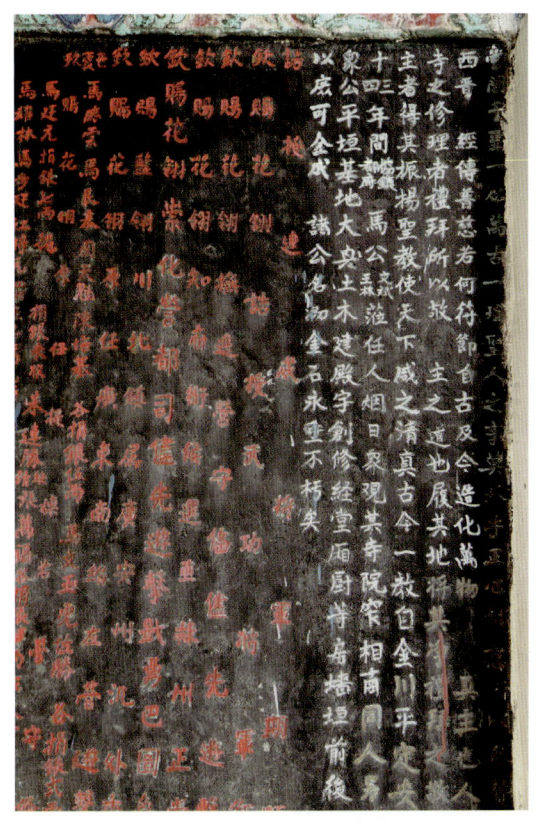

小金美兴营盘街清真寺功德碑

汶川漩口重建胜因院记

小金美兴营盘街清真寺功德碑

小金美兴营盘街武庙及龙王庙盂兰会佃客碑

汶川草坡金波寺瓦寺宣慰使司主母索杨氏给发碑

汶川草坡培修金波寺佛庙内外完字碑

汶川草坡金波寺"广种福田"碑

松潘黄龙寺赎回庙产记

小金美兴新筑三关石梯道路缘起碑

小金日尔木桠桥袁国琏死事碑记

理县薛城水塘杨氏家谱碑

茂县羌族博物馆馆藏陈敏墓碑

汶川绵虒大埃咪张氏家谱碑

金川安宁广法寺大喇嘛罗卜桑札木杨之茔柩

汶川三江刘氏百代兴隆碑 汶川三江刘正祥墓碑

松潘施家堡双河义冢碑 小金抚边粮台王公殉节碑

理县下孟楼若穆氏宗支碑

小金崇德金川案内阵亡万人墓记事碑

马尔康松岗义塚碑

茂县东兴亚坪王氏宗族家谱碑

小金沙龙桃梁刘子珍夫妻合葬墓碑

茂县三龙大寨子王氏排行碑

理县蒲溪下寨余腾芳夫妻合葬墓碑

理县桃坪佳山马朝钦夫妻合葬墓碑

理县薛城水塘余万保夫妻合葬墓碑

理县通化九子屯张寿泽夫妻合葬墓碑

汶川映秀黄家村吴思仲暨安人汤氏墓铭

茂县南新牟托巡检司家史碑

九寨沟安乐寨杨官臣墓碑 　　　　　　　　茂县松坪火鸡村"义冢坟山"碑

汶川水磨黄家坪高世谦墓碑 　　　　　　　松潘文管所馆藏明诰封徐太夫人墓志铭

扫码查看本书彩图